공자사전

孔子辭典

Copyright ⓒ 2013 by Fu Pei-jung
Korean Translation Copyright ⓒ 2025 by Geulhangari Publishing Co.
This translation is published by arrangement with Linking Publishing Co., Ltd.
through SilkRoad Agency, Seoul, Korea.
All rights reserved.

이 책의 한국어판 저작권은 실크로드 에이전시를 통해 Linking Publishing Co., Ltd.와
독점 계약한 (주)글항아리에 있습니다.
저작권법에 의해 한국 내에서 보호를 받는 저작물이므로 무단 전재와 복제를 금합니다.

공자사전

지성수·고영희 옮김
푸페이룽傅佩榮 엮음·감수

공자와 『논어』의 모든 것

글항아리

서문

사전은 공구서고, 공구서의 내용은 본래 대동소이합니다. 새 자동차가 출고되었을 때 사용 매뉴얼을 보면 다른 자동차와 별반 다르지 않고 기껏해야 특별한 장비와 부품에 대한 몇 쪽의 설명을 추가한 것과 같습니다. 그러나 철학가의 사전은 일정한 기간(예컨대 50년)이 지나면 수정 또는 개정이 필요합니다. 그렇지 않으면 그동안 학자들의 연구 성과를 담아낼 수 없고 독자의 요구에 호응할 수 없기 때문입니다. 먼저 독자의 요구 측면에서 말씀드리겠습니다. 21세기로 접어들어 독자는 '자왈 子曰' 또는 '지호자야之乎者也'가 나열된 책보다는 명확하고 매끄러운 현대어로 『공자사전』을 읽을 수 있기를 바랍니다. 그리고 일반적으로 사전을 펴낼 때는 10여 명 또는 수십 명의 전문가가 저마다의 전공 분야와 관련된 항목을 맡아 집필하는데,

이런 경우 공자의 '사상'을 설명한 내용이 서로 저촉되거나 모순되곤 하여 독자는 곤혹감을 느끼게 됩니다.

이제 학자의 연구 측면에서 말씀드리겠습니다. 공자의 사상은 주로 『논어論語』에 기록되어 있습니다. 역사적으로 『논어』를 연구하여 저서를 남긴 학자들만 수백 명이 넘고, 현대에도 비교적 저명한 학자가 10여 명이 넘습니다. 그렇다면 그 많은 연구 성과 중 어떤 것을 선택해야 할까요? 연구자가 많기는 하지만 그들 대부분은 여전히 『논어』 텍스트를 이해하는 데 남송南宋 시대 주희朱熹의 『사서장구집주四書章句集注』를 기준으로 삼고 거기에 소폭의 조정과 수정 또는 비판을 더합니다. 예컨대 인간 본성에 대한 공자의 주장을 '인간의 본성은 선하다人性本善'라고 인정하거나 그에 반대하지 않는다면, 그것은 주희의 주석을 따랐다는 명확한 증거입니다. 이러한 이해의 축이 확립되면 공자 사상에 관한 다른 설명들은 모두 지엽적인 것이 되고 그 내용도 큰 차이가 없습니다. 어떤 학자는 송명宋明 시대 유학儒學을 계승한 이학理學, 심학心學, 기학氣學 중 하나를 채택하여 공자의 사상을 해석합니다. 그렇지만 그것이 합당할까요? 그 판단은 어렵지 않습니다. 상황이 이러하다 보니 새로운 『공자사전』을 펴내는 것은 거의 불가능한 일이 되었습니다.

이 책이 나오게 된 특별한 계기를 말씀드려야 할 것 같습니다. 2010년 여름방학, 롄징聯經 출판사의 발행인 린자이줴林載爵 선생이 타이완대학 연구실로 저를 찾아와 『공자사전』을 맡아 줄 것을 요청했습니다. 그는 현재 타이완과 중국 대륙 지역에서 유가儒家 사상을 재인식하고 발양하려는 움직임이 있으며, 그러한 흐름을 뒷받침하려면 새로운 『공자사전』이 필요하다는 것이 출판계의 입장이라고 했습니다. 저는 그에게 유가에 대한 제 관점이 전통적인 인식, 이른바 '인간의 본성은 선하다人性本善'는 관점과 크게 다르다는 사실을 환기시켰습니다. 저는 '인간의 본성은 선을 지향한다人性向善'를 주장하기 때문입니다. 그리고 종종 학자로서 책이나 공개적인 자리에서 제 주장을 위해 변호를 합니다. 그러니 제가 『공자사전』을 책임지게 된다면 이런 개인의 주장이 실리게 될 텐데 출판사 입장에서 괜찮겠는지 물었습니다. 이에 린林 발행인은 신중하게 생각하고 찾아온 것이라고 대답했습니다. 저는 순간 감동하여 그의 제의를 받아들였습니다.

그다음, 이 책의 편집 원칙을 말씀드리겠습니다. 첫째, 『논어』를 주요 텍스트로 삼고 『논어』와 공자 관련 중요 어휘를 모두 수록했습니다. 이로써 공자 사상의 모든 측면이 명확하게 드러나도록 했습니다. 둘째, 글쓰기는 주로 현대 중국어를 사용했습니다. 『논어』 원문을 인용할 경우에는 문장 뒤에 장절章節의 번호를 붙여 출처를 표기했습니다. 책 뒷부분에 『논어』 원문을 수록하여 독자가 편리하게 찾아볼 수 있게 했습니다. 셋째, 저는 이미 『논어』 관련 책들을 출판했기 때문에 이 책에 담긴 공자 사상에 대한 설명은 제 이해를 근간으로 합니다. 물론 잘못된 것이 있으면 제가 책임져야 합니다. 그리고 이 책은 역사 배경, 인물, 전장典章 제도, 철학 사상, 고사성어 다섯 분야로 구성되어 있습니다. 그리고 『논어』 원문과 공자 연표, 공자의 열국 주유 지도를 부록으로 실었습니다. 그중 가장 중요하고 분량도 많은 분야는 철학 사상으로, 항목을 논리와 지식이론, 인성론과 윤리학, 형이상학과 종교철학, 정치철학, 교육과 예술철학으로 나누었습니다. 이를 통해 공자의 일관된 도道에 어떤 구체적인 내용이 있고, 오늘날 어떤 점을 일깨워주는지 알 수 있습니다.

이 책의 편찬에는 특별한 인연이 있습니다. 저는 30년 동안 많은 학생을 가르쳤습니다. 그리고 이 책을 기획할 당시에는, 이후 이 책의 주요 필자가 된 박사 및 석사 과정의 학생들을 지도하고 있었습니다. 이들 일곱 명은 2년 동안 여러 차례의 토론과 협업을 거쳐 이 책의 내용을 완성했고, 저는 그 원고를 자세히 수정·감수하고 탈고했습니다. 이에 따라 그들을 이 책의 집필위원으로 소개하고, 그 공헌을 인정하는 뜻에서 각자 집필한 항목마다 이름을 밝혀 책 뒤에 정리해두었습니다. 그러나 글에 어떠한 착오가 있다면 마땅히 제가 책임져야 하며, 재판본再版本에서 기꺼이 정정하고자 합니다.

이 책은 공자의 사상을 '인간의 본성은 선을 지향한다'는 관점에서 이해하고 해석하고 있습니다. 이것은 제가 오랜 기간 유가 사상을 연구하면서 깨달은 것입니다. 이 책이 긍정적으로 평가

받거나 평의評議될 부분이 있다면 아마도 이 점일 것입니다. 저로 말씀드리자면, 지식인의 양식에 근거하여 이 책을 펴냈습니다. 나머지는 "무엇이 내게 있을 수 있겠는가何有於我哉?"라는 공자의 말씀으로 서문을 대신하고자 합니다.

2013년 4월
푸페이룽傅佩榮

차례

서문 · 04

一. 역사 배경 · 11
　나라 및 지역 · 12
　사건 · 39

二. 인물 · 69
　공자와 제자들 · 70
　참고할 인물 · 110
　정치 및 유명한 인물 · 117

三. 전장제도 · 187

四. 철학 사상 · 219
　논리와 지식 이론 · 220
　인성론과 윤리학 · 237
　형이상학과 종교철학 · 344
　정치철학 · 368
　교육과 예술철학 · 387

五. 고사성어 · 425

역자 후기 · 554

부록_논어 전문 · 559

부록_공자 연표 · 641

부록_공자 주유 열국 지도 · 670

찾아보기 · 672

一. 역사 배경

나라 및 지역

구이九夷

선진先秦 시대 중국 동부 화이허淮河강 중하류 일대에 거주하던 소수민족의 통칭이다. 형병邢昺은 '구이'란 현도玄菟·낙랑樂浪·고려高麗·만식滿飾·부유鳧臾·색가索家·동도東屠·왜인倭人·천비天鄙를 일컬으며, 외진 곳에 사는 이 아홉 민족은 문화가 낙후하다고 했다.(『논어주소論語注疏』) 주周 왕조 무왕武王은 은나라를 멸한 후 구이와 소통하면서 조공을 요구했으며, 직분과 의무를 잊지 말 것을 당부했다. 공자가 구이에서 살고 싶다고 하자 어떤 이가 구이는 멀고 외지며 누추해서 살기에 적합하지 않다고 했다. 이에 공자는 군자가 구이에 가서 산다면 누추함을 싫어하지 않을 것이라고 했다. 즉 자신이 백성을 교화하여 아름다운 풍습을 이룰 수 있다고 생각한 것이다.(9.14)

: 解文琪

호향互鄕   고대의 지명으로, 현재는 고증할 수 없다.『논어』에서 호향 사람들은 더불어 대화하기 어려운 사람이었다. 그 마을에 사는 나이 어린 소년이 공자를 뵈러 찾아오자 제자들이 난처해했다. 이에 대해 공자는 그의 나아가고자 하는 뜻을 높이 평가하며 그가 퇴보하기를 바라지 않는다고 했다. 또한 상대가 단정한 모습으로 자신을 찾아온다면 그의 단정한 면을 칭찬할 뿐 과거의 행위를 추궁하지 않겠다고 했다.(7.29) 공자는 "15세 넘은 자라면 누구든 가르치겠다"라고 말한 바 있다. 비록 15세가 안 되었다 해도 이에 어긋나는 것은 아니다. 또한 공자는 '가르침에 차별은 없어야 한다有教無類'고 했다. 배우려는 의지가 핵심이기 때문에 스승은 제자의 실수나 출신배경을 염두에 두어선 안 된다는 뜻이다.(7.7; 15.39)

: 解文琪

광匡   광성匡城은 위衛나라, 정鄭나라, 송宋나라에 속한 땅이라는 기록이 있다.(『좌전左傳』) 노魯나라 정공定公 6년, 정공은 양화陽貨를 시켜 정나라를 습격하고 광성을 빼앗고자 했다. 공자가 처음 위나라를 떠나 진陳나라로 향해 광 땅을 지날 때 광 땅에 사는 사람들은 공자의 외모가 과거 자기들을 습격한 양화와 비슷하다는 이유로 공자의 길을 막고 포위했다. 제자들이 공자의 안위를 걱정하자, 공자는 주周 문왕文王 사후 주나라의 문화적 도통道統을 자신이 계승했으니 하늘이 그것을 끝내려 했다면 자신에게 전승의 책임을 맡기지 않았을 것이라고 했다.

그러니 하늘이 문화적 도통이 끊어지기를 원치 않는다면 광 땅의 사람들도 자신을 어찌할 수 없을 것이라고 했다.(9.5;『사기史記』「공자세가孔子世家」) 그리고는 평소와 다름없이 제자들과 함께 거문고를 타고 시를 읊었다. 공자는 하늘이 부여한 문화 전승의 책임을 목숨보다 중요한 사명으로 삼았음을 알 수 있다. 닷새 후 광 땅 사람들은 자신들이 오해했음을 깨닫고 포위를 풀어주었다.

: 解文琪

곡부曲阜 공자의 고향이며 유교 문화의 발원지다. 산둥성 서남쪽에 위치하며 주 왕조 노魯나라의 수도다. 후한後漢 때 응소應劭의 해석에 따르면, 노성魯城에는 토산土山이 있는데 7~8리나 되는 구불구불한 길이 있어 곡부라 불리게 되었다. 전설에 따르면 곡부는 황제黃帝, 신농씨神農氏, 소호씨少皞氏가 도읍을 세운 곳이다. 은殷 왕조 때 곡부는 은의 속국이었으며, 암奄으로 불렸다. 서주西周 초기 주공周公은 성왕成王을 보필하여 나라에 공을 세웠다. 성왕은 주공을 곡부에 봉하여 노나라를 세우고, 전장문물典章文物을 하사하여 교제郊祭를 지낼 때 천자의 예악禮樂을 쓸 수 있도록 했다. 이로 인해 노나라는 서주西周의 많은 예제禮制를 보존할 수 있었다.(『사기』「노주공세가魯周公世家」)

공자는 곡부에서 유교 사상을 완성했으며, 그의 후손도 역대 왕조로부터 관직과 토지를 받았다[封賞]. 곡부의 공묘孔廟와 공부孔府는 지속적으로 확장되어 공림孔林과 함께 삼공三孔으로 불리며, 유네스코 세계문화유산으로 지정되었다.

: 解文琪

오吳

주 왕조 희姬씨의 봉국封國이다. 오나라의 시조 태백泰伯은 주 왕조의 조상인 태왕太王의 큰아들이다. 태왕은 세 아들을 두었는데, 왕위를 둘째 계력季歷에게 넘기고자 했다. 그러자 태백과 아우 중옹仲雍은 계력에게 자리를 양보하기 위해 훗날의 오나라 땅으로 떠났다. 계력의 아들 희창姬昌은 주 문왕文王이며, 문왕의 아들은 무왕武王이다. 무왕은 상商왕조를 멸한 후 태백과 중옹의 후손을 찾아 제후국을 봉했으며, 그 나라의 수도가 오吳였다. 춘추시대에 오나라는 중원의 각국과 교류하면서 패권을 다투기도 했으나 월越나라에 의해 멸망했다.

오나라가 월나라를 정벌할 때 수레에 꽉 차는 뼈를 얻었다. 오나라 왕이 공자에게 사신을 보내 뼈에 관한 지식을 묻자 공자는 해박한 답변으로 사신들을 탄복케 했다. 또한 공자는 계력에게 왕위를 양보한 태백의 행동을 칭송하며 높은 덕행을 드러낸 것이라 했다.(8.1)

: 解文琪

송宋

주 무왕이 상商 왕조를 멸한 후 분봉한 나라다. 무왕은 원래 주왕紂王의 아들 무경武庚을 은殷에 봉했는데, 무경이 반란을 일으키자 처형했다. 이후 주공周公이 다시 주왕의 형 미자계微子啓를 은에 봉했다. 이때 송나라가 건립되었으며 수도는 오늘날 허난성에 있는 상추商丘였다. 송나라는 춘추시대에 한동안 강성했으며, 송宋 양공襄公은 춘추오패春秋五覇 중 한 명이었으나 패권을 쥔 기간은 매우 짧았다. 전국시대에 제齊나라에 의해 멸망했다.

공자의 선조는 노나라로 이주한 송나라의 귀족이었다. 공자가 열국列國을 주유하면서 송나라를 지날 때 큰 나무 아래에서 제자와 함께 예의禮儀를 공부했다. 이전에 공자로부터 비판을 받은 송나라의 사마司馬 환퇴桓魋가 앙심을 품어 공자 일행이 공부하는 터의 큰 나무를 베어버렸다. 공자는 어쩔 수 없이 초라한 행색으로 초楚나라로 떠나야 했다. 제자들이 떠나기를 재촉하자 공자는 자신이 하늘의 계시를 받아 덕을 수양했으니 사마 환퇴도 자신을 어찌할 수 없을 것이라고 했다.(7.23)

: 解文琪

기杞

기나라의 조상은 하夏 왕조의 후손으로서, 상商 왕조 때 기 땅을 분봉받았다. 이후 주 무왕이 상 왕조를 멸하고 하 왕조 우禹의 후손인 동루공東樓公을 찾아 기 땅에 봉함으로써 정식으로 기나라가 세워졌다. 기나라 사람은 사씨姒氏이며, 동루공으로부터 약 20대에 걸쳐 존속되었으나 초楚나라에 의해 멸망했다. 기나라는 약소국이었기 때문에 항상 주변 강국들의 침탈을 피해 도읍을 여러 번 옮겼다. 사마천司馬遷은 기나라가 약소하여 "기나라에 관한 일은 말할 것이 못 된다"라고 했다.

주 무왕이 기나라를 봉할 때 하 왕조의 제사를 계승하도록 했으므로 하 왕조의 예제禮制가 많이 보존되었을 것으로 보이나, 안타깝게도 기나라에 관한 문헌이 많이 유실되었다. 공자는 하 왕조의 예제는 말할 수 있으나 기나라에 대해서는 고증할 수 없다고 했다. 뒷받침할 만한 자료와 인재의 부족함을 말한 것이다.(3.9)

: 解文琪

주周   무왕이 상 왕조를 멸한 후 세운 나라로서 수도는 호경鎬京이다. 무왕은 여러 황족과 공신에게 영토를 분봉함으로써 봉건제도를 실시했다. 무왕이 죽은 후 주공周公 단旦은 성왕成王을 보필하면서 예악禮樂을 만들고 전장典章 제도를 완성했다. 유왕幽王에 이르러 정치가 부패하자 신후申侯가 견융犬戎과 연합하여 주 왕조를 공격했다. 유왕의 죽음으로 제위에 오른 평왕平王은 수도를 낙읍雒邑으로 옮겼다. 역사에서는 이후의 주 왕조를 동주東周 시대로 구별했으며 춘추전국시대가 시작되었다. 춘추시대에 주왕周王의 세력이 약화되자 제후들 중 오패五霸가 등장하여 다른 제후들을 이끌었다. 이후 진晉나라는 한韓, 조趙, 위魏 3씨三氏에 의해 분할되었다. 주왕은 3가三家를 제후국으로 봉했다. 춘추시대에 이어 전국시대에는 거듭된 전쟁으로 인해 역사에 전국칠웅戰國七雄으로 불리는 7개 대국大國이 출현했다. 주周 난왕赧王이 병으로 죽자 칠웅 가운데 진秦나라가 낙읍을 공격하여 800년 역사의 주 왕조를 멸했다.

공자는 춘추시대 말기 노나라에서 출생했다. 주 왕조의 예禮

를 배웠으며 주례周禮의 실현을 사명으로 삼았다. 그는 주 왕조의 예제는 하夏·은殷 왕조를 계승했기 때문에 매우 훌륭하며 백대百代 이후에도 예禮의 덜어냄과 보탬[損益]을 짐작할 수 있다고 했다.(2.23) 공자는 주周 문화의 전승자를 자임했다. 광匡 땅에서 포위되었을 때 공자는 주 문왕 이후의 문화와 전통을 자신이 보존했으며, 하늘이 주의 문화를 아직 버리지 않았으니 광 땅의 사람들은 자신을 해치지 못할 것이라고 했다.(9.5) 또한 주나라는 천하의 3분의 2를 차지하고 있으면서도 상 왕조를 섬겼으며, 무왕에게는 높은 덕행으로써 나라를 다스리는 열 명의 신하가 있었다며 주나라의 덕을 추앙했다.(8.20)

: 解文琪

동산東山 산동 태산산맥의 지류로, 몽산蒙山이라고도 한다. 형병邢昺은 옛날에 선왕이 전욱顓頊을 속국으로 봉해 몽산의 제사를 맡겼으며, 몽산이 동쪽에 있어서 동몽東蒙으로도 불렸다고 했다.(『십삼경주소十三經注疏』) 염약거閻若璩는 비費현 서북쪽의 몽산이 노나라 경계의 동쪽에 있어 동산이라 불린다고 했다.(『사서석지四書釋地』) 동산은 예로부터 역대 제왕들이 칭송하고 섬겼던 문화의 중심지다. 맹자는 "공자가 동산에 올라 노나라를 작다고 했으며, 태산에 올라 천하를 작다고 했다孔子登東山而小魯, 登泰山而小天下"라면서, 제자들에게 우물 안 개구리가 되지 말고 시야를 넓히라고 했다. 또한 학문을 하려면 부단히 공력을 들여야 하며, 때가 되면 자연스럽게 이룰 수 있다고 했다.(『맹자孟

子』「진심盡心 상」)

: 解文琪

무성武城 춘추시대의 성城으로, 남무성南武城이라고도 한다. 현재 산동성 내의 지역이다. 노魯 양공襄公이 제齊나라를 막기 위해 지었으나 이후 비費나라가 흡수했다. 공자의 제자 자유子游가 이곳에서 현장縣長을 지냈다. 인재를 알아보는 안목을 지닌 자유는 공사公私가 분명하고 편법을 쓰지 않는 담대멸명澹臺滅明이라는 인물을 얻었다. 담대멸명은 예악禮樂으로 백성을 교화시켜 마을에 노래와 음악소리가 가득하게 했다. 공자가 무성에 갔을 때 거문고 소리와 시 읊는 소리가 들리자 이렇게 작은 지역을 다스리는 데 예악으로 교화할 필요는 없다는 뜻의 농담을 했다. 자유는 공자에게 배운 대로 "관리가 도리를 배우면 백성을 사랑할 것이며, 백성이 도리를 배우면 다스림에 잘 따를 것"이라고 답하여 공자의 칭찬을 받았다.(6.14; 17.4)

: 解文琪

수사洙泗 고대에 수수洙水와 사수泗水를 합쳐 일컫던 명칭이다. 수수는 오늘날 산동성 쓰수이현泗水縣에서 사수와 합류한 후 취푸曲阜 북쪽에서 다시 두 갈래로 나뉜다. 수수는 북쪽, 사수는 남쪽에 있다. 공자는 수사洙泗 일대에서 강학을 했으며, 죽어서는 사수 가에 묻혔다. 이로 인해 '수사洙泗'는 후세에 공자와 유교를 상징하는 말이 되었다. 공자는 노나라의 도덕적 기풍이 쇠락했다고 비판했다. 당시 수사 일대의 사람들은 논쟁하기를 좋아했으며, 허리 숙여 절하고 겸손히 사양하는 읍양揖讓의 풍속은 찾아볼 수 없었다. 사마천은 수사 일대의 민속에 대해 유술儒術[유학]을 좋아하고 백성의 성품이 고지식하며 뽕나무와 삼베를 많이 재배한다고 소개함과 동시에, 아름다운 풍속이 쇠락했을 때 재물과 이익을 추구함이 주周 땅의 백성보다 심하다고 했다.(『사기』「노주공세가魯周公世家」; 『사기』「화식열전貨殖列傳」) 오늘날에는 교육기관이나 교육계 인사에게 기념의 글을 선사할 때 '수사지풍洙泗之風' 또는 '수사고풍洙泗高風'이라는 글을 많이 쓴다.

: 解文琪

부함負函　　춘추시대 초楚나라에 속한 지역으로, 오늘날 허난성 신양信陽 지역에 있다. 일찍이 섭공葉公이 채蔡나라의 유민들을 불러들여 이곳에 거주케 했다.(『좌전左傳』) 부함은 공자가 열국을 주유하면서 거쳤던 지역 중 가장 남쪽에 위치한 곳이다. 공자 일행이 채나라에서 부함으로 향하던 중 초나라의 초청을 받고 이에 응했다. 진나라와 채나라는 공자의 도움으로 초나라가 강성해질 것을 우려하여 진나라와 채나라 사이에 머물고 있던 공자 일행을 포위했다. 이에 공자는 자공子貢을 초나라로 보내 도움을 청했다. 초 소왕昭王은 그곳으로 군사를 보내 포위를 제거하고 공자를 초나라로 모셨다. 이 사건을 '진채절량陳蔡絕糧'이라 한다. 공자가 초나라에 도착한 뒤 소왕은 공자에게 700리의 땅을 내리려 했으나 영윤令尹 자서子西에 의해 제지당했다. 이에 공자는 초나라를 떠났다.(15.2;『좌전』애공哀公 4년;『사기』「공자세가」)

: 解文琪

하夏 중국 역사상 첫 번째 왕조로, 우禹가 세운 나라다. 순舜임금 때 우가 치수治水로 공적을 쌓자 순임금은 하늘에 우를 천거하고 선양했다. 우는 하 왕조를 세우고 황제의 자리에 오른 후 여러 번 제후들과 회합하여 중국을 구주九州로 나누고 여묘黎苗를 정복했다. 이러한 탁월한 공적으로 그는 '대우大禹'라는 존칭을 얻었다. 우는 선양의 전통에 따라 고요皐陶를 계승자로 정했으나 고요가 일찍 세상을 뜨자 익益을 계승자로 천거했다. 우가 죽자 익은 우의 아들 계啓에게 제위를 양보했고, 현명하고 유능한 계는 천하의 추대를 받아 천자의 자리에 앉았다. 이때부터 제위는 선양禪讓에서 세습으로 바뀌었고, '공천하公天下'는 '가천하家天下'로 전환되었다. 걸桀왕에 이르러 덕치德治를 소홀히 하고 백성을 학대하자 탕湯이 400여 년 역사의 하 왕조를 멸하고 상 왕조를 세웠다.

하왕조의 전장제도典章制度에 박식한 공자는 하 왕조의 예제禮制에 대해 말할 순 있으나 자료와 인재 부족으로 증명할 수 없다고 했다.(3.9) 또한 하나라 우임금은 소박한 의식주를 몸소 실천하면서 치수에 온 정성을 쏟았으며 제물과 예복에 신중을 기했다고 극찬했다.(8.21) 공자는 치국治國에 드러난 우임금의 덕행과 지혜에 대해서도 높이 평가했다. 우임금은 책임을 잘 수행하는 신하에게는 걸맞은 권한을 주었으며, 천하를 가졌으나 억지로 다스리지 않았고, 자신의 이익을 도모하지도 않았다고 했다.(8.18)

: 解文琪

진晉 희씨姬氏 성을 가진 나라로, 처음 분봉을 받은 군주는 주 무왕의 아들이다. 진나라는 익翼을 도읍으로 정했다가 이후 강絳으로 옮겼으며, 경공景公 때 다시 신전新田(지금의 산시성山西省에 속함)으로 옮겼다. 진나라는 춘추시대의 주요 제후국으로서, 진 문공文公 당시 국력이 강성하여 제 환공桓公에 이어 춘추오패春秋五霸 중 하나가 되었다. 춘추시대 후기에 진나라의 육경六卿이 강성해지자 정경正卿 범선자范宣子는 형서刑書를 제정하여 귀족들의 특권을 폐지하고 그 일을 쇠솥에 새겼다. 이에 대해 공자는 법도를 잃은 망국亡國의 행동이라고 비판했다. 범씨范氏와 중항씨中行氏의 가신家臣이었던 필힐佛肸은 조간자趙簡子를 공격할 계획으로 공자에게 협조를 청했으나 이루어지지 못했다.(17.7) 진나라는 육경六卿의 다툼 속에서 영토가 셋으로 갈라지는[三家分晉] 상황에 이르러 멸망하고 말았다. 이때부터 전국시대가 시작되었다.

: 解文琪

태산泰山 고대에는 대산岱山 또는 대종岱宗으로 불렸으며, 산둥성 중부에 있다. 중국의 동부에 위치하여 동악東嶽이라고도 하며, 오악五嶽 중 으뜸가는 산으로 '천하제일산天下第一山'이라는 수식이 따른다. 상고 시대에 72명의 제왕이 이 산에서 하늘과 땅에 제사를 올려 나라와 백성의 평안을 기원한 것으로 전해진다. 춘추시대에 노나라 대부 계씨季氏가 태산에서 제사지내려 하자, 공자는 오직 천자만이 태산 제사를 지내온 전통에 어긋난다고 하며 예악이 무너지고 법도가 사라졌음을 한탄했다.(3.6) 제齊나라 태사太史 자여子與가 공자를 만나 인생과 이상理想을 논한 적이 있다. 자여는 공자의 학식이 태산과 같이 높고 깊은 바다처럼 넓다고 찬탄했다.(『공자가어孔子家語』「본성해本姓解」) 맹자도 제자들에게 "공자가 동산에 올라 노나라를 작다고 했으며, 태산에 올라 천하를 작다고 했다(孔子登東山而小魯, 登泰山而小天下.)"는 말로써 넓은 시야와 높은 이상을 갖출 것을 독려했다.

: 『맹자』「진심盡心 상」_ 解文琪

진秦 춘추시대에 세워진 영씨嬴氏 성의 제후국이다. 주周나라가 동쪽으로 천도할 때 양공襄公이 평왕平王을 호위한 공헌으로 제후에 봉해졌다. 서쪽 끝에 위치한 진나라는 춘추시대 초기에는 주목받지 못하다가 목공穆公이 춘추오패春秋五霸 중 하나가 되자 비로소 중원 각국이 진나라를 중시하기 시작했다. 진나라는 상앙商鞅의 변법으로 세력을 강화했으며, 진왕秦王 정政은 여러 제후국을 병탄하여 통일제국을 세우고 스스로를 시황제로 칭했다.(『사기』「진본기秦本紀」) 제齊 경공景公이 공자에게 진秦 목공이 성공할 수 있었던 까닭을 묻자, 공자는 진 목공이 포부가 원대하고 치국에 뛰어나다고 평했다. 목공이 다섯 장의 양가죽으로 현명하고 유능한 백리혜百里奚를 얻어 대부의 직책을 맡긴 사례를 볼 때 패권을 장악하기에는 부족하지만 현인을 등용하여 천하를 다스릴 만한 능력을 지녔다는 것이다.(『사기』「공자세가」)

: 解文琪

상商

탕湯이 하 왕조의 걸桀을 무너뜨리고 세운 왕조다. 박亳을 도읍으로 정한 뒤에 여러 번 천도했으며, 반경盤庚이 은殷을 도읍으로 정한 이후로 나라가 안정되어 풍성한 문화를 일으켰다. 이로 인해 은 또는 은상殷商으로 불리기도 한다. 17세대에 걸쳐 31명의 군주가 계승하면서 약 600년간 왕조를 잇다가 주紂왕 때 당시 주 무왕에 의해 멸망했다. 탕의 선조는 설契이다. 그는 우禹를 도와 치수治水를 한 공적을 인정받아 순舜임금으로부터 사도司徒로 임명되었으며, 오륜五倫 교육을 시행했다. 그로부터 10대 이후에 상 왕조를 세운 탕이 등장했는데, 그는 제사를 중시하고 천명에 따랐으며 유능한 인재를 기용했다. 특히 그가 다섯 번이나 초빙한 끝에 등용한 이윤伊尹은 탕왕의 현능한 신하가 되어 큰 공헌을 했다. 이윤이 탕왕의 손자인 태갑太甲을 보좌할 때, 태갑이 우매하게 처신하자 3년간 추방했다가 잘못을 뉘우친 후에야 정권을 돌려주기도 했다. 반경이 은을 도읍으로 정한 후로 백성이 이주하는 일이 잦아들면서 나라가 안정되었으며 경제와 문화도 흥성했다. 이후 주紂왕이 현인들을 박해하고 방탕과 쾌락을 일삼자 나라가 점차 쇠락했다. 주 무왕은 상 왕조를 멸한 후 그 후손들을 송宋에 봉해 제사를 잇게 해주었다. 공자는 은상殷商의 예제에 매우 밝았으나 사료가 부족해 입증하기 어렵다고 했다.(3.9) 공자는 또한 주왕 때의 신하인 미자微子, 기자箕子, 비간比干에 대해서는 인仁을 행한 인물이라 했다.(18.1) 안회顔回가 공자에게 나라를 다스리는 방법에 대해 묻자, 상 왕조의 수레가 실용적이고 소박하여 취할 만하다고 했다.(15.11)

: 解文琪

조曹

희씨姬氏 성을 가진 나라로, 주 무왕이 조숙曹叔 진탁振鐸을 제후로 책봉했다. 춘추시대에는 작은 나라에 속했으며 지금의 산둥성 딩타오定陶 근처인 타오추陶丘에 도읍을 세웠다. 조曹 공공共公은 화를 피해 조나라로 건너온 진晉나라의 공자 중이重耳를 무례하게 대접했다. 이후 성복城濮 전투를 승리로 이끌어 진晉 문공文公의 지위에 오른 중이는 공공을 생포해 진나라로 데려왔다. 이 일로 조나라는 진나라에 복종하게 되었다. 춘추시대 후기에 조曹 백양伯陽이 진나라를 배반하고 송나라를 공격했다가 기원전 487년에 멸망했다. 공자가 열국을 주유할 때 위衛나라를 떠나 조나라를 찾았으나 홀대를 당했다. 공자는 다시 송나라로 향하다가 앙심을 품은 사마司馬 환퇴桓魋에게 해를 당할 뻔했다. 이때 공자는 자신의 덕행의 근원은 하늘

에 있으며 이미 자신은 수양을 깊이 쌓았으므로 환퇴도 자신을 어쩌지 못할 것이라고 했다.(7.23)

: 解文琪

거보莒父 　춘추시대 노나라 서부의 성읍으로, 오늘날 산둥성 쥐현莒縣 지역이다. 노魯 정공定公 14년에 성벽을 세웠다. 공자의 제자 자하子夏는 거보의 수령이 되어 공자에게 정치의 도리를 물었다. 공자는 성급히 이루려 하면 이룰 수 없을 것이며 작은 이익을 탐내면 큰일을 그르칠 것이라고 했다.(13.17)

: 解文琪

담郯 　춘추시대의 작은 제후국이다. 성姓은 기씨己氏이며 소호씨少皡氏의 후예로 전해지고 있다. 제후인 담자郯子는 사슴의 젖으로 부모님을 봉양했으며 인仁과 덕德을 널리 베푼 인물로 알려져 있다.(『이십사효二十四孝』) 통치력도 탁월하여 백성이 기꺼이 순종했으며 작은 나라들 사이에서 명성이 높았다. 전국시대에 이르러 월越나라에 의해 멸망했다. 노 소공昭公 17년 담자가 소공을 알현했을 때 대부 소자昭子로부터 소호가 관직명을 새의 이름으로 삼은 까닭이 무엇이냐는 질문을 받았다. 담자는 소호가 즉위할 때 봉황이 날아들었기 때문이라고 대답한 뒤, 상고시대 제왕들이 자연물로써 관직명을 삼은 내력을 들려주었다. 그 이야기를 전해들은 공자는 담자를 찾아가 예를 배웠고, 다른 이들에게 다음과 같이 말했다. '천자의 고대 관제와 그에 관

련한 학문이 먼 작은 나라에 보존되고 있다는 설은 믿을 만하다.'(『좌전』 소공昭公 17년)

: 解文琪

진陳 주 무왕이 분봉한 제후국이다. 성姓이 규嬀씨이며 우순虞舜[순임금]의 후예다. 개국시조는 호공만胡公滿, 즉 규만嬀滿이다. 도읍인 완구宛丘는 오늘날 허난성 화이양淮陽이다. 춘추시대 말 초나라에 의해 멸망했다. 공자가 열국을 주유할 때 진나라에 3년간 머물렀는데, 이 무렵 진晉·초楚 양국이 패권을 잡아 차례로 진나라를 공격했고 나중에 오吳나라까지 침략에 가담했다. 이에 공자는 노나라로 돌아가는 것만 못하다고 한탄했다. 그리고 고향의 젊은이들은 포부가 원대하고 기본수양이 매우 잘 갖추어졌으나 아직 사리 판단의 원칙을 잘 모른다면서 진나라를 떠나기로 했다.(5.21) 훗날 공자는 진陳나라와 채蔡나라 사이에서 곤경에 처했을 때 두 나라의 군주나 신하들과 안면 있는 제자가 없어 나라 안으로 들어가지 못하고 고초를 겪은 일을 개탄했다.(11.2)

: 解文琪

비읍費邑 춘추시대 노나라의 지명이며, 대부 계손季孫씨의 영지로 오늘날 산동성 페이현費縣에 있다. 당시 노나라 삼환三桓 중 계손씨가 비읍을, 맹손孟孫씨는 성읍成邑을, 숙손叔孫씨는 후읍郈邑을 소유했다. 노 정공 12년, 공자가 노나라에서 사구司寇의 자리에 있을 때 삼환이 소유한 도읍은 규정에서 벗어나 있었다. 이에 공자는 계씨의 가신인 자로子路에게 삼환 봉읍封邑의 성벽을 허물도록 했다. 숙손씨는 후읍의 성벽을 부쉈으나 비읍의 가신인 공산불요公山弗擾와 숙손첩叔孫輒이 비읍의 백성을 이끌고 노나라의 수도를 공격했다. 공자는 신구수申句須와 악기樂頎를 보내 이들을 물리쳤고 비읍 성벽을 허물었다. 이후 성읍의 읍재邑宰인 공렴처보公斂處父가 성읍 성벽을 없애는 데 반대하고 나서자 나머지 이가二家도 이에 찬동했다. 결국 정공이 성읍 공격을 중단시킴으로써 공자의 계획은 한순간에 물거품이 되었다.(『좌전』 정공 12년; 『사기』「공자세가」)

: 解文琪

초楚

주周 성왕成王이 분봉한 자작국子爵國이다. 선조는 미羋씨 성으로, 일찍이 영郢·진陳·수춘壽春 등에 도읍을 세운 적이 있다. 초 장왕莊王 때 정치가 안정되고 경제가 번성했으며, 중원 각국을 정벌하여 춘추오패春秋五霸 중 하나가 되었다. 이후 국력이 쇠약해져 전국시대에 진나라에 의해 멸망했다. 공자가 초 소왕昭王의 초빙을 받았으나 진陳나라와 채蔡나라가 공자의 행차를 가로막았다. 이를 가리켜 '진채절량陳蔡絕糧'이라 한다. 공자는 도움을 청하고자 자공子貢을 초나라에 보내 도움을 청했고, 소왕은 군사를 보내 공자를 모셔왔다. 소왕은 호적에 등재된 700리 땅을 공자에게 내리려 했으나 공자의 세력이 커지면 초나라에 위협이 될 것이라며 영윤令尹 자서子西가 만류하여 성사되지 않았다.(15.2; 『사기』「공자세가」)

: 解文琪

섭葉 춘추시대 초나라에 속한 땅으로, 오늘날 허난성 예현葉縣 지역이다. 춘추시대 허許 영공靈公이 남쪽 섭 땅으로 이주하여 초나라의 부속국이 되었다. 이후 초나라 대부 심저량沈諸梁이 이곳을 봉지로 받아 사람들은 그를 섭공葉公 또는 섭공 자고子高라고 불렀다. 그는 백공승伯公勝의 난을 평정해 초나라를 내란의 위기에서 구했으며 나라와 백성을 아끼고 사랑해 존경을 받았다. 공자가 채蔡나라에서 섭 땅에 왔을 때 섭공은 공자에게 정치의 도리에 대한 가르침을 구했다. 공자는 정치란 그 지역의 백성을 기쁘게 하고 바깥에서 백성이 찾아오도록 하는 것이라고 했다. 섭공과 공자는 정직함이란 무엇인가에 대해서도 논했다. 섭공은 아버지가 양을 훔쳤을 때 아들이 아버지를 신고하는 것이 정직함이라고 했다. 그러나 공자는 인간의 본성으로 보면 아버지와 아들이 서로를 감싸주는 것이 정직함이라고 했다.(13.18) 섭공은 자로에게 공자의 사람됨에 대해 묻기도 했다. 그 질문에 자로가 대답하지 않았는데, 공자는 이에 대해 "너는 어찌 '그 분은 발분發憤하여 공부하기를 식사도 잊으며 마음이 즐거워 번뇌를 잊고 늙는 줄조차 모른다'라고 말하지 않았느냐"고 했다.(7.19)

: 解文琪

달항당達巷黨 '당黨'이란 고대의 지방조직으로, 500가구를 1당黨으로 삼았다. 양보쥔楊伯峻은 공자가 과거에 노담老聃을 따라 항당巷黨에서 장례를 도왔다고 한 『예기禮記』의 내용을 근거로 '항당'이란 마을 골목[里巷]을 뜻하는 단어로 추정했다.(『논어역주論語譯注』) 달항당에 사는 어떤 이가 공자의 박식함을 칭찬하면서도 어느 분야의 전문가인지는 모르겠다고 했다. 이 말을 들은 공자는 자신이 무엇을 특기로 삼아야 할지 모르겠으나 육예六藝 가운데 가장 배우기 쉬운 수레몰이가 아니겠느냐고 했다.(9.2) 또한 금뢰琴牢는 공자로부터 "나는 정치적 포부를 펼칠 수 없었기에 많은 기예를 배웠다"는 말을 들었다고 했다.(9.7) 공자의 이러한 겸허함은 '참다운 재능과 견실한 학문'을 갖춰야 존경받을 수 있음을 일깨워준다.

: 解文琪

포蒲 춘추시대 위衛나라에 속한 땅으로, 오늘날 허난성 창위안현長垣縣에 있다. 공자가 포 땅을 지날 때 공숙씨公叔氏가 포 땅을 근거지로 삼아 위나라에 반란을 일으켰다. 포 땅 사람들은 공자가 위나라로 들어가는 것을 두려워하여 그를 붙잡아두었다. 공자는 그들에게 위나라에 가지 않겠다고 약속했으나 포 땅을 벗어나자 곧장 위나라로 향했다. 자공子貢이 공자에게 약속을 지키지 않은 이유를 묻자, 위협으로 맺은 약속은 신명神明이 인정하지 않을 것이라고 대답했다. 형식적인 약속보다 신념을 중시했음을 알 수 있다. 공자가 위나라에 도착하자 위 영공靈公

은 공자에게 포 땅을 정벌할 수 있는지 물었다. 공자는 반란에 가담한 소수의 사람들을 토벌할 수 있다고 답했다. 위 영공은 공자의 제안을 받아들였으나 행동하지 않았고 공자를 중용하지도 않았다. 결국 공자는 위나라를 떠났다. (『사기』「공자세가」)

: 解文琪

조趙 본래 조나라 조趙씨는 춘추시대 진晉나라의 대부로서, 진秦나라와 조상이 같으며 성姓은 영嬴이었다. 주周 목왕穆王 때 조보造父를 조성趙城에 봉하여 조趙를 성姓으로 삼았다. 그러나 주周 유왕幽王이 무도하자 진晉 문후文侯를 섬겨 진나라의 대부가 되었다. 세력이 점차 커지자 한韓, 위魏 두 가문과 진나라를 분할해 조나라를 세우고 전국칠웅戰國七雄 중 하나가 되었다. 이후 진秦나라에 의해 멸망했다. 공자는 열국을 주유할 때 진晉나라의 중신인 조간자趙簡子를 만나려 했으나 황허黃河 가에 닿았을 때 진나라 대부 두명독竇鳴犢과 순화舜華가 살해되었다는 소식을 들었다. 공자는 조간자가 두 인재를 얻어 뜻을 이루자 그들을 죽이고 정권을 독차지한 사실에 통탄해하면서 「추조陬操」를 지어 두명독과 순화의 죽음을 애도하고는 진나라로 가지 않기로 했다. (『사기』「공자세가」)

: 解文琪

제齊 주 무왕이 분봉한 제후국이다. 성姓이 강姜씨이며, 지금의 산둥반도 일대에 위치한 잉추營丘에 도읍을 세웠다. 춘추오패에 속했으며 전국칠웅 중 하나였다. 전국시대 말기 진秦나라에 의해 멸망했다. 춘추시대 초기에 제나라는 재상 관중管仲이 환공桓公을 보좌하여 제후국 사이에서 패권을 잡았다. 공자는 '존왕양이尊王攘夷'를 제기한 관중에 대해 인仁을 행한 인물이라 칭송하면서, 그가 없었다면 백성은 머리를 풀어헤친 오랑캐가 되었을 것이라고 했다.(14.17) 제 경공景公은 공자에게 정치의 도리에 대해 가르침을 청하고 봉지封地를 내리려 했으나 재상 안영晏嬰이 이를 막았다. 앞서 공자가 노나라 사구司寇를 맡고 있을 때 제나라는 노나라가 강대해져 자국을 위협할까 우려했다. 이에 노나라 군주에게 협곡에서 회맹할 것을 제안하고는 오랑캐로 대우하여 모욕을 주었다. 공자는 군자의 예로써 이를 질책했다. 그 후 제나라는 노나라에 악기樂伎를 보냈고, 노 정공과 계환자는 여흥에 빠져 국정을 돌보지 않았다. 이에 공자는 벼슬을 버리고 노나라를 떠났다.(18.4)

: 解文琪

등滕   주 무왕이 상商 왕조를 멸한 뒤 문왕文王의 아들 착숙수錯叔繡에게 분봉한 제후국이다. 지역은 오늘날 산둥성 텅현滕縣 서남쪽이고, 희姬씨 성이다. 춘추시대 초기에 노나라와 밀접한 관계였는데, 월越나라의 침략으로 멸망했다가 얼마 후 되살아났다. 전국시대에 송宋 강왕康王에 의해 멸망했다. 공자가 등나라에 대해 말한 적은 없다. 다만 노나라 대부 맹공작孟公綽에 대해 진晉나라의 조경趙卿과 위경魏卿의 가신家臣을 하기에는 적합하지만 등滕나라나 설薛나라 같은 소국의 대부로는 맞지 않다고 논평했다. 지위로는 대부가 가신보다 높지만 맹공작은 대국의 경대부卿大夫 가신으로 더 적합하다는 말에서 공자의 인물에 대한 통찰력을 엿볼 수 있다.(14.11)

: 解文琪

채 蔡

주 무왕이 은殷을 멸한 뒤 동생 숙탁叔度에게 분봉한 제후국이다. 성姓이 희姬씨이며, 상채上蔡를 도읍으로 정했다. 오늘날 허난성 일대 지역을 관할했다. 춘추시대에 거듭되는 초나라의 공격을 피해 수도를 옮겼으나 허난성 지역을 벗어나진 않았다. 결국은 초나라에 의해 멸망했다. 공자는 열국을 주유할 때 여러 번 채나라를 지났는데, 공자가 채나라에 있을 때 초나라가 예로써 공자를 모시려 한 일화가 유명하다. 진陳나라와 채나라는 공자가 초나라를 도와 강성해질 것을 두려워하여 공자를 진나라와 채나라 사이에 잡아두었다. 이때 양식이 떨어지고 제자들이 병이 나기도 했으나 공자는 평상시처럼 학문을 논하고 거문고를 연주했다.(15.2) 이후 공자는 자공子貢을 초나라에 보냈고, 초 소왕昭王이 군사를 보내 공자를 영접함으로써 포위에서 벗어났다.

: 解文琪

위 衛

무경武庚이 반란을 일으킨 후 주공이 강숙康叔에게 분봉한 제후국이다. 성姓은 희姬씨이며, 첫 도읍은 조가朝歌였으나 이후 여러 번 천도했다. 전국시대 위魏나라에게 병탄되었다가 진秦나라에 의해 멸망했다. 공자가 열국을 주유할 때 위나라에 여러 번 머물렀다. 위衛 영공靈公은 공자가 노나라에서 받았던 녹봉과 같은 수준으로 대우했으나, 주변에서 공자를 험담하는 말에 흔들려 공자를 감시했다. 이에 공자는 위나라를 떠났다. 공자가 두 번째 위나라에 왔을 때 영공은 공자에게 포蒲 땅을 정벌할 수 있는지 물었으나 공자가 제시한 방식을 채택하지 않았다. 이후 영공은 국정에 태만했고, 공자는 다시금 위나라를 떠났다. 공자가 세 번째 위나라에 왔을 때 위衛 출공出公이 정치에 대한 가르침을 청했다. 공자는 치국治國을 하려면 정명正名이 가장 중요하다고 답했다. 공자가 위나라에 머무르는 동안 예우를 받긴 했지만 정사에 참여해 포부를 펼칠 수는 없었다.(13.3)

: 解文琪

정鄭 주周 선왕宣王의 이복동생인 우友, 즉 정鄭 환공桓公이 개국 군주다. 성姓이 희姬씨이며, 오늘날 허난성 신정현新鄭縣 지역이다. 전국시대에 한韓나라에 의해 패망했다. 공자는 정나라가 외교 문건을 발표할 때 심사숙고했음을 칭송했다. 비침裨諶이 문서의 초고를 만들면 세숙世叔이 숙고하여 다듬었으며, 자우子羽가 수정하고 조정한 다음 자산子産이 윤색하고 완성했다.(14.8) 공자는 자산의 공손한 행위, 군주에 대한 섬김, 백성을 보살피고 다스리는 태도는 군자의 풍격이라고 했다.(5,15) 반면 정나라의 음악에 대해서는 정통의 아악雅樂을 어지럽히는 퇴폐적인 음악靡靡之音이라 보았다.(17.18) 공자는 위정자라면 정나라의 음악을 배제하고 순舜임금의 음악 「소韶」와 주周 무왕武王의 음악 「무舞」를 채택해야 한다고 했다.

: 解文琪

노魯

주 무왕이 상商을 멸한 뒤 분봉한 제후국이다. 성姓이 희姬씨이며, 개국 군주는 주공周公의 아들 백금伯禽이고, 도읍은 곡부曲阜다. 춘추시대에 국력이 점차 약해지자 군권軍權은 맹손씨孟孫氏, 숙손씨叔孫氏, 계손씨季孫氏 등 삼환三桓에 의해 분할되었다. 전국시대에는 소국小國이 되어 초나라에 의해 패망했다. 노나라는 고대의 전적典籍을 많이 보존했으며, 공자는 노나라가 서서히 교화를 개선하면 주나라 초기의 왕도王道에 도달할 수 있다고 했다. 공자는 고향인 노나라에서 중도재中都宰에 임명되었으며 뛰어난 업적으로 소사공小司空에 올랐다. 이후 사구司寇로 승진한 뒤 재상의 업무까지 관장하게 되었다. 그러나 노 정공定公이 제나라가 보낸 악기樂伎들에 빠져 국정을 소홀히 하자 공자는 노나라를 떠나 열국을 주유했다. 노나라는 공자를 존중했고 집권자들은 공자에게 정치의 도리를 물었으나 그를 등용하지는 않았다. 노년에 노나라로 돌아온 공자는 교육과 고적古籍 정리에 몰두하다가 일생을 마쳤다.(『사기』「노주공세가」; 『사기』「공자세가」)

: 解文琪

설 薛   시조는 황제黃帝의 후손으로 전해지며, 성姓이 임任씨다. 하우 夏禹 때 거정車正을 맡아 우의 치수治水를 도왔던 해중奚仲이 설 땅에 살았다. 해중의 후손 중훼仲虺는 은상殷商 때 탕湯의 좌상 左相을 맡았다. 주 무왕이 은殷을 멸한 뒤 그의 후손에게 설나라를 분봉했다. 전국시대에 제나라에게 패망했다. 설나라는 비록 작은 나라였지만 역대 군주들이 농업과 상업을 중시해 경제가 번영했다. 공자는 맹공작孟公綽에 대해 진晉나라의 조경趙卿과 위경魏卿의 가신家臣으로는 적합하지만 등滕나라와 설薛나라와 같은 작은 나라의 대부가 되긴 어렵다고 평했다. 대국大國의 공경公卿을 모시는 가신은 작은 나라의 대부보다 일하기 쉽다. 공자는 욕심이 적고 침착한 맹공작의 면모를 두고 대국의 가신으로 더 적합하다고 판단한 듯하다.(14.11)

: 解文琪

추 鄒   춘추시대 노나라에 속한 지역으로, 오늘날 산둥성 취푸현曲阜懸 동남쪽에 있다. 추읍陬邑이라고도 한다. 공자의 조상이 송宋나라에서 노나라로 옮겨 와 정착한 지역이며 공자의 부친 숙량흘叔梁紇이 대부로서 다스리던 봉지이기도 하다. 이에 공자는 '추읍 사람의 자식鄹人之子'이라 불린다. 공자는 주공周公의 묘에 들어갔을 때 예기禮器와 진설 방식에 대해 하나하나 물어가며 가르침을 구했다. 이를 두고 어떤 이가 "누가 추읍 사람의 자식이 예를 안다고 했는가?"라며 공자를 의심했다. 이 말을 들은 공자는 예의 세부절차를 정확히 묻는 것 자체가 예라고 말했다.(3.15) 공자는 예의 형식보다는 예의 내용과 의의를 더 중시했음을 알 수 있다.

: 解文琪

전유顓臾   고대의 나라 이름으로, 오늘날 산동성 서북쪽에 위치한다. 복희씨伏羲氏의 후손으로 풍風씨 성이다. 춘추시대 노나라의 속국이었으며 신하의 예로써 노나라를 받들었다. 노나라의 삼환三桓 중 한 명인 계강자季康子가 전유를 정벌하려 할 때 그의 가신이었던 염구冉求와 자로子路가 이 사실을 공자에게 알렸다. 공자는 두 제자가 보좌의 책임을 다하지 못했음을 지적했다. 공자가 생각하는 정치란 제후와 대부가 사회 안정과 백성 화합에 기여하고, 예악교화禮樂敎化를 통해 먼 곳에 있는 자들이 찾아와 순종케 하는 것이다. 따라서 속국을 공격하는 것은 자국에 위협을 낳는 것이며 나라를 분열과 와해에 빠져들게 할 뿐이다. 공자는 염구와 자로가 적극적으로 계씨의 출병을 만류하지 못한데다가 계씨를 도와 예악교화로써 전유를 복종케 하지 못했다고 했다. 나아가 가신으로서 제대로 수행하지 못했으므로 사임해야 한다고 생각했다.(16.1)

: 解文琪

위魏   전국시대의 제후국이며, 성姓이 희姬씨이다. 전국칠웅 중 하나로, 춘추시대 진晉나라가 분열되면서 세워졌다. 진晉 헌공獻公이 주周 왕조 초기의 위나라를 멸하고 대부 필만畢萬에게 봉했는데, 진晉나라 위경魏卿이 그 후손이다. 평공平公 이후 육경六卿은 점차 진나라 정권의 주도세력이 되었다. 그러나 권력쟁탈 이후 남은 한韓, 조趙, 위魏 삼가三家가 진나라의 거의 모든 국토를 나누어 가졌다. 열공烈公 때 주周 위열왕威烈王이 정식으로 삼가를 제후국으로 인정함으로써 위나라가 정식으로 세워졌다. 이후 전국시대에 진秦나라 왕 정政에 의해 멸망했다. 공자는 맹공작孟公綽을 논평하면서 그가 진나라 조경趙卿과 위경魏卿의 가신으로 적합하며 등滕나라나 설薛나라 같은 작은 나라의 대부는 감당할 수 없을 것이라고 했다.(14.11)

: 解文琪

사건

**공자가
어머니를
장사지내다**

孔子葬母

공자의 어머니는 안징재顏徵在다. 아버지의 이름이 공흘孔紇이며, 추읍鄹邑의 대부였다. 이에 따라 공자는 '추읍 사람의 자식鄹人之子'이라 불렸다.(3.15) 안징재는 공흘의 첩이다. 공흘은 부인 시施씨 사이에서 딸만 아홉을 두었다. 이후 첩에게서 맹피孟皮라는 아들을 얻었으나 다리가 불구였다. 다시 안징재와 야합野合하여 공자를 낳았다. '야합'이란 늙은 남편과 어린 부인의 관계를 뜻하는 말로, 당시의 예제禮制에 맞지 않았다. 공흘은 공자가 태어난 지 얼마 안 되어 세상을 떠났고, 노나라 동쪽의 방산防山에 묻혔다. 공흘이 죽은 뒤 안징재는 공자를 데리고 노나라의 도읍인 곡부曲阜로 떠났다. 공자는 어머니로부터 아버지에 관한 말을 듣지 못했으며 아버지가 묻힌 곳도 알 수 없었다. 어려서부터 의식절차를 흉내 내는 놀이를 하면서 노나라의 문화를 익혔다. 공자가 위대한 사상가가 될 수 있었던 데는 어린 공자를 엄격하게 키운 안징재의 영향이 적지 않았다. 공자의 나이 17세 때 안징재가 숨을 거두었다. 공자는 선친이 묻힌 곳을 몰라 우선 곡부 동남쪽 인근인 오부지구五父之衢에 모친을 안장했다. 이후 고향인 추읍에 가서 선친이 묻힌 곳을 알아낸 뒤 모친의 묘를 옮겨 와 합장했다. 공자의 효심과 신중한 일 처리 자세를 알 수 있다.

: 陳維浩

공자의 관직생활
孔子仕途

공자는 17세 무렵 노나라에서 창고와 목장 관리자로 잠시 일했다. 35세 무렵에 제나라에서 고소자高昭子의 가신으로 일하면서 제齊 경공景公과 정치를 논했지만 중용되지 못하고 노나라로 돌아왔다. 51세에는 약 1년간 중도中都 성읍城邑에서 행정 수장首長을 맡았다. 이후 소사공小司空을 거쳐 사구司寇로 발탁됐다. 사구로 일하면서 재상의 직무를 겸하게 된 공자는 최고 행정장관으로서 나라의 중대사를 직접 계획하고 수행했다. 이 시기에 노 정공을 모시고 제나라와 협곡에서 회담을 벌여 제나라가 무단으로 점거하던 노나라의 속지屬地를 반환케 했다. 이는 노나라 외교의 큰 승리였다. 이후 공자는 계손씨, 맹손씨, 숙손씨 등 삼환의 성읍 벽을 없애는 일을 추진했으나 반대에 부딪혀 사임했다. 사구로서 재임한 기간은 약 3년이다. 이후 열국 주유에 나섰고 다시는 관직을 맡지 않았다.(14.36, 『사기』「공자세가」; 『공자가어孔子家語』「상노相魯」)

: 陳維浩

| 공자가 항탁에게 배우다 孔子問學於項橐 | "7세의 항탁이 공자의 스승이 되다項橐七歲爲孔子師"라는 기록이 여러 문헌에 전해진다.(『전국책戰國策』「진책秦策」; 『회남자淮南子』「설림훈說林訓」「수무훈修務訓」; 『사기』「저리자감무열전樗里子甘茂列傳」; 『신서新序』; 『논형論衡』「실지實知」) 다만 공자가 항탁에게 무엇을 배웠는지는 알 수 없다. 첸무錢穆는 한유漢儒들이 '달항당 사람達巷黨人'(9.2)을 항탁으로 인식했다고 논했다.(『선진제자계년先秦諸子繫年』「항탁고項橐考」) 항탁은 공자의 문하에 들어가지는 않았지만 총명하고 지혜로운 인물로 유명했으며 공자로부터 높은 평가를 받았기 때문에 후세에 '7세의 항탁이 공자의 스승이 되었다'는 전설이 생긴 것으로 보인다.

: 陳維浩

공자가 담자에게 배우다
孔子問學於郯子

담자郯子는 담郯나라의 군주이고, 담나라는 노나라 인근의 작은 나라로 소호씨少皡氏 후예의 봉지다. 노 소공 17년(기원전 525) 담자가 노나라를 방문하자 노 소공이 잔치를 베풀어 대접했다. 이 자리에서 한 대부가 고대에 소호씨가 새의 이름으로 관직 명칭을 삼은 이유를 물었다. 담자는 예로부터 황제씨黃帝氏, 염제씨炎帝氏, 공공씨共工氏, 대호씨大皡氏, 소호씨에 이르기까지 각기 구름·불·물·용·새로 관직의 이름을 삼은 전고典故를 설명했다. 당시 27세였던 공자는 담자의 학식이 해박하다는 소문을 듣고 그를 찾아가 고대 관제에 관한 지식을 배웠다. 공자는 주 왕실의 전장제도典章制度가 무너져 고대의 관학官學은 민간에서 배워야 한다고 했다.(『좌전』 소공 17년)

: 陳維浩

공자가 노자에게 예를 묻다
孔子問禮於老子

공자는 젊었을 때 동주東周의 수도 낙읍雒邑에서 노자에게 예를 배운 것으로 전해진다. 노자는 이름이 담聃이며, 주 왕실의 도서와 전적典籍을 관리하는 관원으로서 학식이 높고 사상이 심오했다. 공자보다 30세가량 많은 명망 높은 사상가였던 그는 고대 전장제도典章制度와 의칙예악儀則禮樂에 정통하여 도가학파의 창시자가 되었다. 낙읍은 당시 중국 문화와 정치의 중심지로, 노魯 소공昭公은 젊은 공자에게 수레 한 대와 하인 한 명을 내주고 낙읍에 가서 고대 주 왕조의 전통문화를 배우도록 했다. 주 왕실에는 많은 고적古蹟 자료와 역사적 문물이 보존되어 있을 뿐만 아니라 각국의 사절과 박식한 학자들이 거주하고 있었다. 이곳에서 직접 보고 배운 내용은 공자의 학식을 넓히는 데 큰 도움이 되었을 것이다. 공자는 낙읍에서 노자를 만나 고대의 예에 관해 가르침을 청했다고 한다. 그 구체적인 내용이 『예기禮記』 「증자문曾子問」에 있는데, 공자는 증자의 질문에 노자에게 들은 견해를 인용해 대답했다. 이 문헌에 따르면 공자는 고대 천자天子, 공후公侯 귀족의 상례의칙喪禮儀則을 노자에게 물었다. 공자는 평민 출신인데다 홀어머니 밑에서 자라 귀족 계층의 번잡한 예의규칙에 대해 잘 알지 못했기에 다른 이로부터 배워야 했다. 노자가 공자를 가르친 일에 대해 『사기』

에는 다음과 같이 기록되어 있다. "군자는 기회를 얻으면 포부를 펼치고 시운時運이 좋지 않으면 환경에 적응하고 만족한다. 높은 덕을 갖춘 군자는 겉으로 우둔해 보인다. 자신의 교만과 과욕을 없애야 한다. 오만한 태도와 지나치게 높은 이상은 이롭지 않다." 공자와 헤어질 때 노자는 함부로 남을 논평하거나 과실을 들추면 화를 입게 되므로 주의하라고 권고했다. 또한 신하로서든 자식으로서든 자신의 견해를 지나치게 고집해선 안 된다고 했다. 노나라에 돌아온 공자는 노자가 한 마리의 용처럼 신비롭고 예측이 불가능한 분이라고 제자들에게 말했다.(『사기』「노자한비열전老子韓非列傳」) 공자가 낙읍에서 유학할 때 만난 노자가 진짜 도가의 창시자인 노자일까? 공자는 진짜 노자에게 예를 물었을까? 대부분의 후대 학자들은 여러 논거를 제시하여 부정적인 견해를 나타내고 있다.

: 陳維浩

공자가 계씨의 팔일무를 논평하다
孔子評季氏舞八佾

팔일八佾은 고대의 악무樂舞다. 일일一佾은 8명이 한 줄로 늘어선 것으로, 팔일八佾은 64명으로 구성된다. 주 왕조의 예제 규정에 따르면 오직 천자만이 최대 규모의 팔일무를 거행할 수 있었다. 천자 이하 제후는 육일六佾, 대부는 사일四佾, 사士는 이일二佾의 악무를 거행한다. 노나라의 권세가였던 대부 계평자季平子는 예제에 따라 사일무四佾舞에 해당되었으나 자기 집 사당 뜰에서 공공연히 팔일무를 거행했다. 당시 35세였던 공자는 계평자가 국가의 정치질서를 어지럽히는 태도에 분노했다.

정치질서의 파괴는 사회적 분란과 가치 혼란의 근원이었으므로 "이것(팔일무)을 참을 수 있다면 무엇인들 참지 못하겠는가 是可忍也, 孰不可忍也?"라고 비판했다.(3.1) 『논어』 제3편의 제목이 '팔일八佾'이다.

: 陳淑娟

공자가 삼가의 '옹'을 논평하다
孔子評三家歌雍

제후가 경대부에게 내린 봉지를 가家라고 한다. 춘추시대 말기 노나라의 국정은 후대에 맹손씨孟孫氏로 불린 중손씨仲孫氏, 숙손씨叔孫氏, 계손씨季孫氏 삼가三家가 번갈아 집권을 했다. 그들은 모두 노魯 환공桓公의 후손이기 때문에 삼환三桓으로도 불린다. 천자가 종묘에서 제사를 올린 뒤 제단에서 제물을 거둘 때 「옹雍」이라는 시(『시경詩經』「주송周頌」)을 노래하는데, 삼환이 천자의 의식을 치르고 「옹」을 불렀다. 자신들도 주공周公의 후손이므로 자격이 있다고 여긴 것이다. 공자의 생각은 달랐다. 시 구절에 "제사를 돕는 것은 제후이며, 천자는 장엄하고 엄숙하게 제사를 주관한다相維辟公, 天子穆穆"는 내용이 있는데 "어찌 삼가三家의 집안에 어울릴 수 있겠는가?"라고 했다.(3.2)

: 陳淑娟

공자가 제나라에 가다
孔子適齊

노 소공 25년(기원전 517) 노나라에 내란이 발생했다. 노 소공에게 죄를 지은 계평자季平子가 맹씨孟氏와 숙손씨叔孫氏를 이끌고 소공을 공격했으나 패한 뒤 제齊나라로 달아났다.(『사기』「노주공세가」) 당시 35세였던 공자는 내란을 피해 제나라로 넘어가

고소자高昭子의 집에 거했다. 제나라에 머무는 동안 공자는 제나라의 대악관大樂官과 음악에 대해 이야기를 나누었는데, 순임금의 음악인 「소韶」를 듣고 크게 감동하여 "3개월 동안 고기 맛을 알지 못했다三月不知肉味"는 일화를 남겼다.(7.14) 제 경공은 수차례 공자에게 정치에 대해 가르침을 청했다. 공자는 대부인 전걸田乞이 민심을 얻도록 방치한 것과 애첩을 총애하여 태자를 세우지 못한 점을 지적하면서 "임금은 임금답고 신하는 신하답고 부모는 부모답고 자식은 자식다워야 한다君君臣臣父父子子"고 말했다. 공자는 나라의 정치가 정상적인 궤도에 올라서려면 군신부자君臣父子가 그 관계에 부합하는 이상적인 행동을 해야 한다고 했다. 또한 4000필의 말을 소유하고 향락을 좋아하는 경공에게 재물을 아껴 써야 오래도록 안정적으로 다스릴 수 있다고 말했다.(12.11; 16.12) 경공은 공자의 말을 듣고 매우 기뻐하며 니계尼谿의 땅을 내리려 했다. 이에 안영晏嬰은 유자儒子의 예악禮樂으로는 나라를 다스릴 수 없다고 간언하며 제지했다. 공자에게 벼슬을 내리지는 못했으나 경공은 여전히 공자를 예우했다. 노나라 계씨에는 미치지 못하나 맹씨보다는 높은 대우였다.(18.3) 이후 제나라 대부가 공자를 해치려 하고 경공이 공자를 등용할 뜻을 보이지 않자 공자는 노 소공 27년에 제나라를 떠나 노나라로 돌아왔다.(18.3; 『좌전』 소공 27년; 『사기』「공자세가」)

: 楊舒淵

공자가 우물을 파서 양을 얻은 사건을 해석하다
孔子釋穿井獲羊

전설에 따르면 노 정공 5년(기원전 505) 여름, 노나라 대부 계환자季桓子가 우물을 파다가 질항아리 같은 기물을 발견했는데, 그 안에 양과 같은 것이 있었다. 계환자는 이 일을 공자에게 전하면서 개와 같은 것을 얻었다고 하자 공자는 그것은 개가 아니라 양의 형상일 것이라면서 근거를 제시했다. 공자는 숲속 괴물로는 사람을 닮은 외발 짐승 노夔와 사람의 목소리를 흉내 내어 사람을 현혹하는 망량罔閬이 있고, 물속 괴물로는 신령한 짐승인 용龍과 사람을 잡아먹는 망상罔象이 있고, 흙속 괴물로는 암수 구별이 없는 분양墳羊이 있다는 말을 전해 들었다는 것이다. 그러나 "정상적이지 않은 것, 힘만 내세우는 것, 난리를 일으키는 것, 괴이한 일怪力亂神"에 대해서는 논하지 않는다는 공자의 원칙에 위배되기 때문에 완전히 믿을 수는 없다.(7.21; 『사기』「공자세가」)

: 陳維浩

공자가 노나라의 사구가 되다
孔子爲魯司寇

노 정공 10년(기원전 500), 52세의 공자는 노나라의 사구를 맡아 국가의 사법, 옥정獄政 형벌을 총괄하는 동시에 최고 행정 장관직인 재상을 대리했다. 그 당시 노나라가 강성해질 것을 우려하던 제齊나라는 협곡에서 군주가 만나 동맹을 맺자고 제안했다. 공자는 정공에게 조언하기를, 군주는 문덕교화文德教化의 일에도 군사적 뒷받침이 필요하며, 고대에 제후가 영지를 떠날 때는 반드시 문무 관원이 수행했다고 했다. 이에 정공은 두 명의 장군이 인솔하는 군대를 수행하도록 했다. 두 나라의 군주가 만난 자리에서 제나라의 안내자가 음악을 연주케 하자 각종 무기를 갖춘 무리가 북을 치며 나왔다. 공자는 황급히 앞으로 나아가 군주가 회의하는 자리에 어찌 거칠고 속된 음악을 연주하느냐고 따져 물었다. 제 경공景公이 악대樂隊를 뒤로 물렸다. 제나라의 안내자가 궁중 음악을 연주시키자 저속한 난쟁이 어릿광대들이 나와서 재주를 부렸다. 공자가 또 다시 나아가 제후의 일을 방해하는 자는 처단해야 마땅하다며 벌을 내릴 것을 청했다. 제 경공은 어쩔 수 없이 그들을 처형했다. 이 일로 부끄러움을 느낀 제 경공은 신하들에게 "노나라 군주는 군자의 방식으로 자신을 대하는데 너희들은 내게 거친 방식으로 노나라 군주를 대하도록 했다"며 꾸짖었다. 그리고 사죄의 뜻으로 예전에 빼앗은 노나라 땅을 돌려주었다. 공자의 재능에 힘입어 노나라는 큰 외교적 승리를 얻었다.

공자는 노나라의 국정을 적극 재정비했으며, 노 정공 12년에 맹孟·숙叔·계季 삼가三家 성읍의 높은 성벽을 허무는 '타삼도墮三都' 정책을 건의했다. 오랫동안 노나라의 권력을 독점하던 삼가의 군사력을 약화하고 왕실의 권위를 회복하려는 계획이었다. 처음에는 삼가도 반대하지 않았다. 그러나 숙손씨의 후읍郈邑 성벽을 허물고 나서 계손씨의 비읍費邑 성벽을 폐하려 하자 읍재邑宰인 공산불요公山弗擾는 곡부曲阜로 진격하여 노 정공과 삼가를 포위했다. 공자는 곧바로 군사를 보내 저항 세력을 진압했다. 한편 성읍成邑의 읍재가 맹손씨에게 간언하기를, 성읍은 제나라에 가깝기 때문에 대대로 내려온 맹손씨의 영지를 지키려면 성벽을 허물어선 안 된다고 했다. 숙손씨와 계손씨도 '타삼도'는 자신들에게 불리하다고 판단하여 공자에게 반기를 들었다. 공자가 군사를 보내 성읍을 포위하고 한동안 공격했으나 항복을 받아내지 못했다. 공자의 개혁정책이 실패하자 제나라는 노 정공과 계환자를 미혹케 할 목적으로 여자 악사樂師들을 선사했다. 노 정공 13년에 공자는 더 이상 자신이 중용될 수 없음을 깨닫고 관직에서 물러났다. 그리고 노나라를 떠나 현명한 군주를 만나기 위한 열국 주유에 나섰다.(『사기』「공자세가」;『좌전』정공 12년)

: 陳維浩

공자가 옥사를 결단하다
孔子斷獄

공자의 소송 판결에 관해 전해지는 이야기다. 공자는 노나라에서 사법계 최고 수장인 사구司寇를 맡아 백성의 소송을 직접 심리한 적이 있다. 공자는 자신의 심리는 남들과 다를 바 없으나, 차이가 있다면 교화教化가 이루어져 소송이 발생하지 않도록 할 뿐이라고 했다.(12.13) 양측이 소송을 취소하고 예법에 따르기를 원했던 것이다. 사구로서 공자는 탁월한 실력을 발휘했다. 이는 매일 많은 소송 사건을 심리했다거나 공정한 판결을 내렸다는 의미가 아니다. 신속하고 공정한 판결은 매우 어려운 일로서, 공자는 충직하고 성실하며 결단력 있는 자로子路가 한쪽의 주장만 듣고도 실제 사정을 파악하고 사건을 판결할 수 있는 능력을 지녔다며 높이 평가했다.(12.12) 하지만 사구는 전국의 사법을 총괄하여 치안을 개선하고 사법사건을 최소화하는 소임을 지고 있었고, 공자는 민심을 살피고 백성을 교화시킴으로써 그 성과를 거둘 수 있었다. 공자의 재판에 관한 전해지는 이야기가 있다. 아버지와 아들이 서로를 고소하자 공자는 둘 다 감옥에 가두고 방치했다. 3개월 후 아버지가 소송을 취소한 뒤에야 공자는 그들을 집으로 돌려보냈다. 이에 대해 계환자季桓子가 아들을 죽이지 않은 것은 효도를 근본으로 삼지 않은 행정이라며 화를 냈다. 그러자 공자는 윗사람이 교화를 중시하지 않는다면 백성은 옳고 그름에 대한 관념을 잃게 될 것이며, 그런 상황에서 죄를 지은 백성을 엄벌로 다스리는 것은 폭정과 다를 바 없다고 했다. 아울러 사회풍조의 타락과 치안 혼란에 대한 책임은 백성을 걱정하지 않는 위정자에게 있다고 했다.(『공자가어孔子家語』「시주始誅」) 『사기』에는 이 일화가 소개되지 않았지만 공자의 '무송사無訟' 원칙을 명확히 드러낸다. 공자의 정치는 형벌에 반대하고 도덕 교화를 중시한다. 공자는 계강자季康子에게도 정치를 하는 지도자는 사람을 죽일 필요가 없다고 충고했다. 지도자의 언행은 바람과 같고 백성의 언행은 풀과 같아서 바람이 불면 풀은 반드시 눕기 마련이듯이, 지도자가 선정善政을 베풀고자 노력하면 백성도 선하게 될 것이라고 했다.(12.19) 이처럼 공자는 엄격한 형벌과 준엄한 법 집행보다 지도자의 모범으로 도덕 교화를 가져온다고 믿었다.

: 陳維浩

공자가 삼도를 무너뜨리다
孔子墮三都

'타삼도墮三都'는 비읍費邑, 성읍成邑, 후읍郈邑의 높은 장벽을 허물어 노나라 삼환三桓의 군사력을 약화시키고 왕실의 권위를 높이려 했던 계획이다. 공자는 노나라 사구司寇를 맡았을 때 타삼도 정책을 밀어붙였다. 처음에는 삼가三家 모두 반대하지 않았으나 숙손씨叔孫氏의 후읍 성벽을 허물고 나서 계손씨季孫氏의 비읍 성벽을 허물고자 할 때 읍재邑宰였던 공산불요公山弗擾의 저항에 부딪혔다. 공산불요는 곡부曲阜로 쳐들어가 노 정공定公과 삼가를 포위했다. 이에 공자는 곧바로 군사를 파견해 저항세력을 진압했다. 그러나 성읍의 읍재가 나서서 성읍은 제나라에 가깝기 때문에 대대로 물려받은 영지를 지키려면 성벽을 허물어선 안 된다고 맹손씨孟孫氏에게 호소했다. 숙손씨와 계손씨 역시 장벽을 허물면 자신들에게 불리할 것으로 판단하여 공자에게 반기를 들었다. 공자는 군사를 보내 성읍을 포위하고 오랫동안 공격했지만 결국 실패하고 말았다.(14.36; 『좌전』 정공 12년; 『사기』 「공자세가」)

: 陳維浩

공자가 소정묘를 죽이다
孔子誅少正卯

전해지는 설에 따르면, 공자가 노나라의 사구司寇가 되어 재상의 일을 맡은 지 7일 만에 노나라 대부 소정묘를 처형했다. 제자들은 공자에게 소정묘를 처형한 것에 문제가 없는지 물었다. 공자는 소정묘의 다섯 가지 중대 악행을 지적했다. 사리에 통달했으나 뜻이 흉악하고, 행동거지가 바르지 않으며 완고하고, 말이 거짓되고 교활하고, 추악한 일들을 기록하여 전파하고, 자신의 악행에 대해 억지 주장을 펼쳤다는 것이다. 이 다섯 가지 악행 중 하나만 저질러도 군자에게 죽임을 당함이 마땅한데 소정묘는 하물며 다섯 가지를 범한 인물이라 했다. 또한 소정묘는 소인小人의 우두머리이므로 소인들이 세력을 모으기 전에 처단하지 않으면 심각한 문제가 발생할 것이라고 했다. 이 내용은 『순자荀子』「유좌有坐」에 최초로 나타나며 『사기』 「공자세가」에도 담겨 있다. 그러나 『논어』 『맹자』 『춘추』 삼전三傳과 『국어國語』에는 관련 기록이 없다. 소정묘의 신분은 후한後漢 때 『논형論衡』 「강서講瑞」에 처음 보이는데 '소정'은 이름이 아닌 관직명이거나 두 글자 성씨[複姓]라는 주장도 제기되었다. 따라서 이 사건이 실제로 있었던 일인지 의문을 제기하는 학자들이 많다. 공자는 교화를 중시하고 처형에 반대하는 입장이었으므로 임명된 지 7일 만에 대부를 죽인다는 것은 공자의 정치관에 크게 어긋나며, 사대부를 죽이지 않는 춘추시대의 사회 풍조와도 맞지 않다. 이 사건은 지어낸 이야기일 것이다.

: 陳維浩

공자가 노나라를 떠나다 孔子去魯

노 정공 13년(기원전 497), 노나라 군주와 권력을 쥔 대부들에게 실망한 55세의 공자는 도道를 실행할 군주를 찾고자 노나라를 떠났다. 떠나기 전까지 공자는 법무장관의 벼슬을 맡았으며 최고 행정장관직을 대리했다. 공자는 맹씨孟氏·숙씨叔氏·계씨季氏 삼가三家의 권력을 약화하는 데는 실패했으나 다른 분야에서는 매우 뛰어난 업적을 보였다. 집권 3개월 만에 노나라의 물가가 안정되었고, 거리에서는 남녀유별의 예의규범이 지켜졌으며, 길에 물건이 떨어져도 아무도 줍지 않을 만큼 바르고 태평한 기풍이 만들어졌고, 타지에서 온 손님들은 융성한 대접을 받았다. 이웃한 제나라의 군신들은 장차 노나라가 강성해져 천하의 패권을 차지하지 않을까 긴장했다. 게다가 협곡에서 회맹을 할 때 공자로부터 질책을 받아 노나라에 땅을 돌려주기까지 했으므로 제나라는 노나라와 공자에게 복수할 기회를 노렸다. 그리고 제나라 대부 여서黎鉏는 노래와 춤에 능한 미녀와 최고의 준마를 골라 화려한 옷과 장식으로 치장하여 노나라에 보냈다. 노나라의 집권 대신인 계환자季桓子와 군주는 제나라가 보낸 선물에 마음을 빼앗겨 정사를 돌보지 않았다. 자로子路는 스승이 중용될 수 없음을 깨닫고 노나라를 떠날 것을 권했다. 공자는 교제郊祭를 마친 후 군주가 예제禮制에 따라 제사 고기를 대부들과 함께 나눈다면 노나라에 남겠다고 했다. 그러나 계환자는 여악사女樂師에 빠져 며칠 동안 정사를 돌보지 않았고, 군주는 제사 고기를 대부들에게 보내지 않았다. 이에 낙담한 공자는 노나라에서 자신의 이상을 펼칠 수 없음을 깨닫고 제자들과 함께 떠나기로 했다. 공자 일행이 노나라 변경에 있는 둔읍屯邑에서 하룻밤을 지낼 때 공자는 계환자와 군주가 사람을 보내 만류해주길 바랐으나 이는 헛된 기대였다. 다만 하급관리 한 명이 배웅하면서 공자에게는 잘못이 없다고 위로했을 뿐이다. 공자는 개탄하면서 "저 여인들의 노래 때문에 내가 떠나게 되었구나! 저 여인들의 아첨 때문에 내가 죽게 되었구나! 자유롭게 세상을 떠돌다가 세상을 마치리라彼婦之口, 可以出走, 彼婦之謁, 可以死敗, 蓋優哉游哉, 維以卒歲" 하고 노래했다. 공자가 떠나기 전에 이러한 노래를 남겼다는 말을 들은 계환자는 자신의 방탕을 질책한 것임을 깨달았다. 맹자는 공자가 제나라를 떠날 때에는 밥을 짓다 말고 쌀을 거두어 떠난 일과 비교하여 노나라를 떠날 때 공자의 발걸음이 더뎠던 것은 부모의 나라를 떠나는 마땅한 태도라고 논평했다.(『맹자』「만장萬章 하」;『사기』「공자세가」)

: 陳維浩

공자가 위나라로 가다 孔子適衛

『사기』에 따르면 노 정공 13년(기원전 497), 55세였던 공자가 노나라 떠나 열국을 주유할 때 처음 방문한 나라는 위衛나라였다. 공자는 나중에도 몇 번 위나라를 방문했으며 대부 거백옥蘧伯玉의 집에 묵곤 했다. 공자가 처음 위나라에 들어갔을 때 위 영공靈公은 공자가 노나라에 있을 때와 같은 수준으로 예우했다. 그러나 어떤 이가 영공에게 공자에 대한 비방과 험담을 하자, 공자는 화가 미칠 것으로 판단하여 위나라를 떠났다. 공자가 다시 위나라에 왔을 때 위 영공의 부인 남자南子의 초대를 받았다. 남자가 영공의 총애를 얻어 정사에 관여하고 있었기에 공자는 초대를 거절하지 못하고 찾아갔고, 남자는 예의禮儀에 맞게 응대했다. 이 일에 대해 공자는 남자와의 만남에 자신이 조금이라도 잘못을 저질렀다면 하늘이 자신을 버릴 것이라고 했다. 이후 영공은 나들이에 공자를 초대하여 마차를 타고 자신의 뒤를 따르게 하고, 공자가 탄 마차 뒤에는 환관 옹거 雍渠를 따르게 했다. 거리를 지날 때 백성에게 이러한 행렬을 보임으로써 여러 나라에 명성이 높은 공자가 자신을 따르는 것처럼 과시했다. 수치심을 느낀 공자는 "여색을 좋아하는 것처럼 덕행을 좋아하는 사람을 보지 못했다"며 개탄하고는 위나라를 떠났다.(6.28; 9.18) 그해 공자의 나이는 57세였고, 노 정공은 세상을 떴다. 이후 공자가 위나라를 방문할 때마다 영공은 성 밖에서 공자를 맞이했으나 노쇠하여 점점 정치에 태만했으며 공자에게 의견을 묻기만 할 뿐 실행에 옮기지 않았다. 공자는 자신을 중용할 만한 군주가 없음을 탄식했다. 영공이 전투에서 진을 치는 방법을 묻자 공자는 군사軍事가 아닌 예의禮儀를 중시해야 한다고 완곡히 조언했다. 이튿날 공자는 위나라를 떠났다.(15.1) 공자 나이 58세 때의 일이다. 몇 년 후 63세의 공자가 다시 위나라를 방문하자 이듬해 위衛 출공出公이 공자를 등용하고자 했다. 자로子路가 공자에게 등용되면 무엇부터 할 것인지 묻자 "반드시 이름을 바르게 하겠다必也正名乎"라고 대답했다. 당시 위 출공과 그 아들인 괴외蒯聵[위 장공莊公] 사이에 권력 다툼이 벌어지자 공자는 위 영공이 예禮와 도道를 잃은 결과라고 여겼다. 이에 군신부자君臣父子의 명분을 바로세워야 "이름이 바르게 되고 말이 순리에 맞아名正言順" 국가의 정무를 추진할 수 있다고 했다.(13.3) 공자는 68세에 위나라에서 노나라로 돌아왔다.(『사기』「공자세가」)

: 楊舒淵

공자가 광 땅에서 구금되다
孔子拘匡

『좌전』에 따르면 광 땅은 위衛나라, 정鄭나라, 송宋나라에 속한 지역이다. 노 정공 6년 당시 광 땅은 정나라의 영토였다. 정공은 양화陽貨에게 군사를 주어 광 땅을 빼앗았다. 이로 인해 광 땅 사람들은 고난을 겪었다. 공자 일행이 위나라를 떠나 진陳나라로 향할 때 광 땅을 지났다. 이때 공자의 제자 안각顔刻[안고顔高]이 채찍을 들어 앞쪽을 가리키며 자신이 예전에 따르던 양화의 군대가 이 지역을 공격했다고 말했다. 이 소문을 들은 광 땅 사람들은 공자의 외모가 양화와 비슷하다며 공자 일행을 포위했으나 닷새 후 실수를 인정하고 공자 일행을 풀어주었다. 이때 공자 일행은 사방으로 흩어졌다. 나중에 안회顔回가 찾아오자 공자는 "나는 네가 해를 당한 줄 알았다"고 했고, 안회는 "스승께서 살아 계신데 어찌 제가 감히 먼저 죽을 수 있겠습니까?"라고 답했다. 이 일화는 당시 매우 위급한 상황이었음을 짐작케 하는 동시에 공자와 안회 사이의 깊은 정을 보여준다.(11.23; 『사기』 「공자세가」) 광 땅에서 감금당했을 때 공자는 불안해하는 제자들을 위로하며 이렇게 말했다. "나는 주나라 문왕文王이 남긴 문화전통을 계승했다. 하늘이 이 문화를 버리려 한다면 후대 사람들은 그 문화를 배울 기회를 잃을 것이다. 하늘이 이 문화를 버리지 않는다면 광 땅 사람들은 나를 해칠 수 없을 것이다."(9.5) 공자는 하늘의 뜻으로 주周 문왕文王의 전통을 계승한다는 신념을 지니고 있었다. 즉 하늘만이 그의 생사와 영욕을 결정할 수 있으므로 그 어떤 고난과 좌절도 공자를 낙심케 할 수 없었다.

:陳維浩

공자가 포 땅에서 맹약을 요구받다

孔子要盟於蒲

포蒲는 위衛나라 공숙씨公叔氏 가문이 대대로 다스려온 읍성으로, 공자는 이 지역에서 곤경을 맞았다. 공자가 열국을 주유하면서 포읍을 지날 때 반란에 실패한 공숙씨는 위 영공靈公에게 쫓겨나 포읍으로 돌아왔다. 그는 포 땅 사람들을 이끌고 위나라 군대에 대적하면서 공자 일행을 포위한 채 자신의 싸움에 가담해줄 것을 요구했다. 용감하고 지혜로운 제자 공양유公良孺가 이에 분개하여 "이전에 광 땅에서 고난을 당했는데 지금 또 다시 포 땅에서 고난을 당할 운명이라면 차라리 죽을 때까지 싸우겠다"고 말한 뒤, 문하생들을 이끌고 포 땅 사람들에게 격렬히 저항했다. 이들의 용맹함에 위축된 포 땅 사람들은 위나라로 들어가지 않겠다고 약속해주면 풀어주겠다고 했다. 공자는 이 제안을 받아들여 맹약을 하고 나서는 곧바로 위나라로 향했다. 자공子貢이 약속을 지키지 않은 이유를 공자에게 물었다. 공자는 "위협으로 맺은 맹약은 귀신이라도 지키지 않는다"고 대답했다.(『사기』「공자세가」) 평소 공자는 정성과 신의를 매우 중시했지만 위협으로 맺은 약속을 지키는 것은 오히려 그들의 악행을 방조하는 일이라 여겼다. 상황에 따라 융통성을 발휘하면서도 옳고 그름을 구분하는 것이야말로 가장 어려운 일이라고 생각한 것이다.(2.22; 9.30)

:陳維浩

공자가 남자를 만나다

孔子見南子

남자는 위衛 영공靈公의 후비后妃로, 위나라의 국정을 좌지우지했으며 단정치 않은 품행으로 평판이 좋지 않았다. 공자가 위나라를 두 번째 방문했을 때 남자는 공자에게 사람을 보내 "위나라에서 포부를 펼치려면 반드시 자신의 도움을 받아야 한다"는 뜻을 전하고 만남을 청했다. 공자는 초대를 완곡히 거절했지만 죄를 얻게 될까 하여 어쩔 수 없이 남자를 알현했다. 공자가 문을 열고 들어와 무릎을 꿇고 조아려 예를 표하자 휘장 너머로 옥 장신구 흔들리는 청아한 소리가 났다. 남자가 꿇어 엎드려 예를 표한 것이다. 이에 공자는 제자들에게 "원래 그녀를 만나고 싶지 않았으나 어쩔 수 없이 만났으며, 그녀의 언행은 모두 예제에 따랐다"고 했다.(『사기』「공자세가」) 자로가 이 일을 불쾌히 여기자 공자는 "내가 잘못을 저질렀다면 하늘이 나를 미워하고 버릴 것이다"라고 했다.(6.28) 공자는 자신의 언행이 천명에 부합하며 하늘에 비추어 부끄러운 바가 없다고 했다. 이후 영공은 공자를 나들이에 초대했는데, 첫 번째 마차에 자신과 남자가 타고 공자는 두 번째 마차에 태워 자신의 뒤를 따르게 했으며 세 번째 마차에 환관 옹거雍渠가 따르게 했다. 이에 수치심을 느낀 공자는 "여색을 좋아하는 것처럼 덕행을 좋아하는 사람을 보지 못했다"면서 강한 어조로 영공을 비판했다.(9.18) 영공이 자신을 중용하지 않을 것을 확신한 공자는 위나라를 떠났다.

: 陳維浩

공자가 정나라로 가다
孔子適鄭

노 애공哀公 2년(기원전 493), 59세의 공자가 정鄭나라로 향하면서 송宋나라를 지나는데 사마 환퇴가 공자를 죽이려 했다. 제자들이 공자에게 서둘러 피신할 것을 권했으나 공자는 떠나려 하지 않고 "하늘이 내 평생 덕행의 근원이니 환퇴는 나를 해칠 수 없을 것"이라고 했다.(7.23) 제자들이 공자를 모시고 피신을 하는 상황에서 모두 뿔뿔이 흩어지게 되었다. 정나라에 도착한 자공子貢이 공자의 행방을 수소문하자 어떤 이가 "동문東門에 한 사람이 서 있는데, 두상은 요堯임금과 같고 목덜미는 고요皐陶와 같으며 어깨는 자산子産과 같은데 허리 아래로는 우禹임금보다 3촌이 짧다. 그리고 뜻을 이루지 못한 행색이 마치 상갓집 개와 같더라"고 했다. 자공이 공자를 다시 만나게 되었을 때 이 말을 전하자, 공자는 웃으면서 "나를 상갓집 개에 비유한 것은 그럴듯하다"고 했다.(『사기』「공자세가」)

: 陳維浩

공자가 진나라로 가다
孔子適陳

공자는 여러 차례 진나라를 찾았다. 처음으로 방문한 때는 노 애공 3년(기원전 492)으로, 그의 나이 60세였다. 진陳 민공湣公은 당시 사성司城 정자貞子의 집에 의탁하고 있는 공자를 상빈上賓의 예로써 대우했으나 관직을 내리지는 않았다. 어느 날 궁궐에서 화살에 맞은 독수리가 발견되었는데 민공이 처음 보는 화살이었다. 민공이 공자에게 사람을 보내 화살에 대해 묻자 공자는 동북 지역에 사는 숙신肅愼 부족이 만든 화살로 보인다고 했다. 주 무왕이 천하를 평정했을 때 각지의 부족들이 조공을 바쳤는데, 동북 지역의 숙신 부족이 이러한 모양의 화살을 바쳤다는 것이다. 주 무왕이 그 화살을 진나라의 조상들에게 하사했으므로 진나라의 창고에 똑같은 화살이 있을 것이라고 일러주었다. 민공이 창고로 사람을 보내 찾아보니 공자의 말대로 같은 모양의 화살이 있었다. 진나라는 진晉과 초楚가 영토를 다투는 곳 근처에 위치하고 있었으며, 오吳나라의 공격에 시달렸다. 이에 공자는 진나라를 떠났다.(『사기』 「공자세가」; 『공자가어』 「변물辯物」)

: 陳維浩

공자가 사양에게 거문고를 배우다
孔子學琴於師襄

『사기』에 따르면 공자는 노나라 악관樂官 사양師襄에게 거문고를 배울 때 한 곡을 열흘 동안 연주했다. 사양이 새로운 곡을 배워도 좋다고 했으나, 공자는 연주하는 곡의 선율에는 익숙해졌지만 곡의 내적인 구조에는 아직 정통하지 못하다는 이유로 완곡히 거절했다. 또한 아직은 음악의 내용을 깊이 알지 못하며 작곡가의 사람됨을 알 수 없다고 했다. 시일이 지나자 깊은 상념에 잠겨 있던 공자는 갑자기 환한 표정으로 먼 곳을 그윽하게 바라보더니 비로소 작곡가의 사람됨을 깨달았다고 했다. "그분의 피부색은 거무스레하고 체격은 건장하며 두 눈은 멀리 바라보는 듯하여, 마치 천하를 가슴에 품은 듯 사방을 통치하는 왕과 같다. 그분이 주나라 문왕文王이 아니고 누구겠는가!"라고 말했다. 사양이 황급히 일어나 공자에게 두 번 절을 올린 다음 자신의 스승으로부터 이 곡의 제목이 「문왕조文王

操]라고 들었다고 했다.(『사기』「공자세가」) 이러한 기록에 따르면 공자의 예술적 경지가 매우 높고 섬세했음을 알 수 있다. 즉 외적으로는 선율과 심층적 구조를 이해하고 내적으로는 작곡자의 인격까지 깊이 이해한 것이다. 『사기』에는 공자가 「문왕조」를 연주했다고 적혀 있으나 현존하는 자료에 따르면 「문왕조」는 명明나라 때의 『오강금보梧崗琴譜』에 처음 보인다.

: 陳淑娟

공자가 진나라와 채나라에서 곤경에 처하다
孔子困於陳蔡

공자가 63세 때인 노 애공 6년(기원전 489), 초楚 소왕昭王이 극진한 예로써 공자를 등용하려 했다. 그러자 진나라와 채나라의 대부는 초나라가 강대해질 것을 우려하여 황야에서 공자 일행을 포위했다. 공자는 초나라에 자공子貢을 사자使者로 보내 군사를 요청함으로써 가까스로 곤경에서 빠져나올 수 있었다. 이 사건은 공자가 열국을 주유하면서 겪은 어려움 가운데 가장 큰 고난이었다. 당시 공자를 따르던 제자들은 진나라와 채나라의 군신과 왕래가 없었기 때문에 해결책을 찾지 못해 어려움을 겪었으며, 스승에 대한 제자들의 신념도 동요될 뻔했다. 이들은 식량이 떨어져 7일간 불을 피우지 못한 채 산나물로 배를 채웠으며 병이 난 제자도 있었다. 항상 스승을 공경하던 자로子路조차 성난 기색으로 "군자도 갈 곳 없이 궁지에 몰릴 수 있습니까?"라고 물었다. 이러한 질문에 공자는 자로에게 "군자는 갈 곳 없이 궁지에 몰린다 해도 소인처럼 도리에 어긋나는 행동을 하지 않으며 원칙을 지킨다"라고 대답했다. 이러한 가르침에 자로는 화를 가라앉혔다.(11.2; 15.2; 『순자荀子』「유좌宥坐」) 공자는 제자들에게 "내가 널리 시행하려는 이상은 올바른 것인데 왜 여러 번 좌절했을까?"라는 질문을 던지기도 했다. 자로는 공자가 인덕仁德과 지혜가 덜 갖춰져서 세상 사람들의 신뢰를 얻지 못한 탓이라고 했다. 자공子貢은 이상을 낮추어 세상 사람들의 지지를 얻는 방식도 괜찮을 것이라고 했다. 안회顏回는 스승의 이상이 펼쳐지지 않음은 오늘날 위정자들의 천박한 식견과 혼란한 세상 풍조를 반영하는 것이므로 근심할 일이 아니라고 했다. 공자는 안회의 대답을 듣고 기뻐했다. 다른 제자들도 안회의 일깨움을 통해 자신감을 회복했다.(『사기』「공자세가」)

: 陳維浩

공자가 초나라로 가다
孔子適楚

공자가 63세 무렵인 노 애공 6년(기원전 489), 오吳나라가 진陳나라를 침략하자 초 소왕昭王이 진나라에 지원군을 보냈다. 지원군이 성보성城父城에 이르렀을 때 공자가 진나라와 채나라 사이를 주유한다는 소식을 접한 소왕은 공자를 초빙해 중용하려 했다. 진나라와 채나라 양국의 대부들은 초나라가 공자의 보필을 받아 더욱 강대해질 것을 두려워하여 공자 일행이 초나라로 들어가지 못하게 막았다. 이에 공자가 자공子貢을 초나라에 사자使者로 보내 구원을 청했고, 소왕은 공자 일행을 맞이할 군사를 보내주었다. 공자가 초나라에 도착하자 소왕은 공자에게 700리의 영지를 내리려 했으나 영윤令尹 자서子西가 이를 반대하고 나섰다. 자서는 공자가 재능과 덕을 겸비했으며 그 제자들이 통치력뿐만 아니라 군사를 다룰 줄 알기 때문에 영지를 내린다면 그 땅을 기반으로 강력한 국가를 세울 것이며, 그렇게 되면 초나라에 이롭지 않다고 생각했다. 결국 소왕은 공자를 중용할 뜻을 접었다. 그해 가을 소왕은 성보성에서 전투 중에 죽었다.(『좌전』 애공 6년; 『사기』 「공자세가」)

: 陳維浩

공자가 노나라로 돌아가다
孔子歸魯

노 애공 11년(기원전 484), 68세의 공자는 노나라 정경正卿 계강자季康子의 요청으로 열국을 주유한 지 14년 만에 위衛나라에서 노나라로 귀국했다. 애공 3년, 죽음을 앞둔 계환자季桓子는 아들인 계강자季康子를 부른 뒤 일찍이 노나라가 흥성할 수 있었으나 제나라 여악사女樂師들을 받아들여 그 기회를 놓쳤다고 했다. 그리고 계강자에게 정경正卿의 지위를 이어받으면 공자를 불러들이라고 충고했다. 계강자가 공자를 불러들이려 하자 공지어公之魚가 나서면서, 이번에도 공자를 등용하지 못한다면 각국의 비웃음을 살 테니 우선 공자의 제자인 염구冉求와 자공子貢 등을 정치에 끌어들일 것을 제안했다. 이에 자공이 등용되어 뛰어난 외교적 성과를 거뒀으며, 계씨의 가재家宰인 염구도 정치적 업적을 쌓았다. 노 애공 11년에 제나라와 노나라 간에 전투가 벌어지자 염구는 군사를 이끌고 나가 승리를 거두었다. 그리고 자신이 공적을 세운 것은 공자의 가르침 덕분이라 했다. 이에 계강자는 공자를 불러들이기로 결심했다.

같은 해에 위나라 대부 중숙어仲叔圉가 위나라 군주의 종족宗族인 대숙질大叔疾을 공격할 뜻을 공자에게 내비치며 의견을 구했다. 공자는 자신은 예의禮儀에 관한 것만 배웠을 뿐 군사에 관한 일은 아는 바가 없다면서 예에 어긋나는 행위를 해선 안 된다는 뜻을 전했다. 외교적 응대에 능한 중숙어가 예에 벗어난 행동을 했다는 것은 위 영공靈公이 도를 잃어 괴외蒯聵와 위 출공出公 간의 권력 다툼이 벌어졌으며 군신의 질서가 어지러워졌음을 뜻한다.(13.3; 14.19; 15.1) 이를 지켜본 공자는 위나라를 떠나기로 했다. 때마침 계강자가 공자를 예로써 초빙하여 노나라로 돌아와 정착했다. 귀국 후 공자는 문화와 교육사업에 몰두했다.(9.15;『좌전』애공 11년;『사기』「공자세가」)

: 楊舒淵

공자가 춘추를 짓다
孔子作春秋

여러 나라를 주유하다가 노나라에 돌아온 뒤에도 공자는 제자를 가르치면서 고대의 전적典籍 자료를 정리하는 데 힘썼다. 노나라 역사에 근거하여 지은『춘추春秋』는 공자가 만년에 심혈을 기울여 저술한 책이다.

노나라의 역사서인『춘추』는 은공隱公 원년에서 애공哀公 14년까지 242년간 노나라 군주 12명에 관한 일을 담고 있다. 공자는 저본이 되는 노나라 역사를 서술하되 문자와 내용을 줄이고 수정했다. 그리고 수사적修辭的 차이와 재료의 선택을 통해 완곡하게 자신의 견해를 표현함으로써 역사적 인물과 사건을 평가했다. 따라서 춘추의 언어는 간략하지만 그 의미는 매우 깊고 넓다. 즉 채택된 모든 글자에는 공자의 가치기준과 포폄褒貶의 평가가 담겨 있다. 이렇듯 한 글자에 포폄의 평가를 담아 『춘추』를 편찬한 방식을 '춘추필법春秋筆法'이라 할 정도로 『춘추』의 모든 글자에는 심오한 의미가 담겨 있다. 자하子夏는 공자가 전한 『춘추』를 이어받았으나 『춘추』의 내용에 한 글자도 더하거나 뺄 수 없었다. 공자는 공허하게 이론을 이야기하기보다는 실제 사건에 직접 응용하여 포폄하는 방식으로 자신의 사상을 사람들에게 명확히 전달하고자 한 것이다.(『사기』「공자세가」;『사기』「태사공자서太史公自序」)

맹자는 공자가 『춘추』를 집필한 뜻을 깊이 이해하고 있었다. 정도正道가 드러나지 않는 혼란한 세상에서는 황당무계한 학설이 난무할 뿐만 아니라 대신들이 군주를 시해하고 자식이 부모를 죽이는 포학한 행위가 빈번하기 때문에 공자가 『춘추』를 지었다는 것이다. 공자는 반란을 일으키는 신하와 불효를 저지르는 아들이 『춘추』로 인해 두려움을 느낄 것이라 했다. 원래 역사적 인물에 대한 평가는 오직 천자의 권한이었다. 따라서 『춘추』를 펴낸 공자는 자신을 알아주는 사람이 있다면 그것은 『춘추』 때문일 것이며, 자신을 탓하는 사람이 있다면 역시 『춘추』 때문일 것이라 했다. 공자가 『춘추』를 집필한 목적은 악행을 징계하고 선행을 발양하는 것이었다. 즉 군주와 아버지를 시해한 난신적자亂臣賊子의 악행을 기록함으로써 후세에 그 이름이 남겨지는 것을 두렵게 하고, 선을 실천한 자는 그 이름을 후세에 알리게 하기 위한 것이었다. 따라서 역사서의 형식을 갖추고 있으나 의미 있는 가치를 담은 정치철학서라고 할 수 있다.(『맹자』「등문공滕文公 하」; 『맹자』「이루離婁 하」)

사마천 역시 주 왕조 이후로 예악이 무너지고 명분이 혼란한 세상을 걱정하여 공자가 『춘추』를 썼다고 보았다. 『춘추』는 위로는 하왕조 우임금, 상 왕조 탕임금, 주 왕조 무왕의 치국대도治國大道를 밝혀 설명하고, 아래로는 인륜기강人倫紀綱을 명확히 밝혀놓은 책이다. 또한 사람들이 의구심을 품을 만한 일에 대해서는 분별分別과 시비是非의 기준을 명확히 제시해 민심이 동요하거나 방황하지 않도록 했다. 선행을 장려하여 악행을 낮추고 억제하며, 현능한 자를 추대하고 품행이 불량한 자를 경시했다. 나라가 멸망에 이르지 않도록 보존하고 세대가 끊어지지 않도록 하며, 폐단을 보완하고 황폐한 사업은 진흥시키고자 했다. 그것이 국가를 다스리는 근본 대의大義이기 때문이다. 사마천은 맹자와 마찬가지로 『춘추』는 단지 노나라 역사를 편집하고 정리한 책이 아니라 공자가 자신의 이상을 기탁한 정치철학서로 보았다.

『춘추』는 이후 중국 정치에 지대한 영향을 끼쳤다. 특히 한漢나라 때 학자들은 보편적으로 『춘추』를 공자가 한왕조를 위해 세운 왕도대법王道大法으로 여겼다. 따라서 그들은 입국立國의 이념에서부터 치국治國의 방략에 이르기까지 『춘추』의 의리義理와 원칙에 근거해 황실에 제안했다. 이후 『춘추』의 경의經義를 설명한 몇 편의 전傳이 저술되기도 했다. 오늘날 현존하는 것은 『공양전公羊傳』 『곡량전穀梁傳』 『좌전左傳』뿐으로, 이 세

권은 '『춘추』 삼전三傳'이라 불린다. 『좌전』의 특징은 역사적 사실을 설명한 것이며, 『공양전』과 『곡량전』의 특징은 대의를 밝힌 것이다.

: 陳維浩

기린이 잡히자 공자가 글쓰기를 그치다
孔子絕筆於獲麟

노 애공 14년(기원전 481) 봄, 노나라 서쪽 외곽에서 어떤 사람이 사냥을 하다가 기린을 잡았다. 이 소식을 들은 공자는 자신의 대도大道가 실현될 수 없음을 깨닫고 통곡을 했다. 결국 『춘추』는 "서쪽에서 사냥으로 기린을 잡았다"(애공 14년)는 문장으로 끝나고 만다.(『사기』「공자세가」) 기린은 인애仁愛로운 짐승으로서 천하가 태평하거나 성인이 도를 행할 때 나타난다는 전설이 있다. 그런 기린이 인간의 손에 잡혀 죽었으니, 공자는 천하태평을 이루려는 포부가 실현될 수 없음을 직감한 것이다. 나아가 『춘추』를 통해 가치규범을 이루고 난세亂世에 정도正道를 갖추고자 하는 이상도 실현될 수 없다고 판단했다.

: 陳維浩

공자의 죽음
孔子之死

공자는 주周 경왕敬王 41년, 노 애공 16년(기원전 479) 73세에 세상을 떠났다. 그해 봄날, 공자가 병이 들자 자공子貢이 공자를 뵈러 왔다. 지팡이를 짚고 집 앞을 산책하던 공자는 자공을 보고는 왜 이리 늦게 왔느냐고 한탄하고 다음과 같은 노래를 불렀다. "태산太山이 무너질 것이다! 들보와 기둥이 부러질 것이다! 철인哲人이 사라질 것이다!" 노래를 마치자 공자는 눈물을 흘리며 자공에게 말했다. "천하의 정치가 바른 길에서 벗어난 지 너무 오래되었고, 세상 사람들은 내가 펼치려는 개혁의 이상을 받아들이지 않는다. 사람이 죽으면 하夏나라에서는 시신을 모신 관을 동쪽 계단에 두고 주周나라에서는 서쪽 계단에 두었다. 은殷나라에서는 관을 두 기둥 사이에 두었다. 어젯밤 꿈에 내가 두 기둥 사이에 앉아 있는 꿈을 꾸었으니, 나는 원래 은나라 사람이다!" 7일 후 공자가 세상을 떠났다. 공자의 부음을 받은 애공은 크게 상심하여 애도하면서, 자신을 보필하도록 그를 곁에 남겨두지 않은 하늘이 인자仁慈하지 않다고 했다. 또한 더 이상 자신은 예법을 따르지 않겠다고 했다. 그 말을 들은 자공은 "애공이 예법을 지키고 싶지 않다고 했는데, 그렇다면 장차 애공은 노나라에서 삶을 마치고 싶지 않다는 것인가? 게다가 스승이 살아 계실 때는 등용하지 않다가 죽어서야 애도를 하는 그것이야말로 예법에 부합하지 않는 것"이라고 했다. 공자는 노성魯城 북쪽 사수泗水 가에 묻혔다. 이때로부터 이곳은 공리孔里로 불렸다. 노나라 사람들은 매년 때를 정하여 공자의 묘소에 제사를 드렸다. 유자儒者들은 한漢왕조 초기까지 200여 년간 이곳에서 예악禮樂을 강습했다. 한 고조高祖 유방劉邦은 노나라 땅을 지날 때 태재太宰의 예로써 공자에게 제사를 드렸다. 제후諸侯와 경상卿相들이 부임할 때도 항상 이곳에 와서 제사를 드리고 난 뒤에 업무에 임했다.(『사기』「공자세가」)

: 陳維浩

二、인물

공자와
제자들

공자孔子   공자는 이름이 구丘, 자가 중니仲尼이며, 주周 영왕靈王 21년(기원전 551)에 태어났다. 당시는 춘추시대 후기로, 제후들은 제멋대로 정사를 펼치고 예악은 무너져가고 있었다. 공자의 조상은 은殷 왕조의 후손인 송나라 사람으로, 노나라로 이주했다. 공자는 추읍鄒邑에서 태어났으며, 3세 때 아버지 숙량흘叔梁紇을 여의고 15세 때까지 어머니 안징재顔徵在 밑에서 촌아이들이 배우는 교육을 받았다. 이후 학문에 뜻을 두었으며, 마침내 박식하고 예를 잘 아는[博學知禮] 인물로 이름이 알려졌다.

공자의 학문은 사람의 도리에 뜻을 두고 있다. 그 구체적인 내용은 오경五經의 지식과 육예六藝의 실천으로서, 그는 배우고 익히기를 좋아했다. 공자는 널리 배워 잘 기억했으며[博學强記], 이성으로 성찰하여 옛것을 익히되 새것도 배웠으며[溫故知新],

때에 맞게 검증하여 활용하고 개선했다.(1.1; 15.3; 17.8) 공자가 17세 되던 해에 어머니가 세상을 떠났고, 20세에 송나라 사람 올관씨兀官氏를 부인으로 맞아 이듬해 공리孔鯉를 낳았다. 그는 창고나 목장을 관리하고 장례를 맡아 처리하는 일을 업으로 삼았다. 30세에는 모든 일을 예禮에 따라 처리했으며, 인생의 바른길로 나아갔다.(8.2) 이 시기부터 가르침을 청하는 제자들이 따랐을 것이며, 학문을 강론하고 덕을 닦아 나라를 다스리고 백성을 이롭게 하는 것을 목표로 사제師弟의 관계가 맺어진 듯하다. 공자는 자나 깨나 덕행을 수행하고 학문을 강론했으며, 의義를 행하고 선善을 추구하면서 체계적으로 학문과 식견을 갖추어 나갔다. 40세 때 감정의 영향을 쉽게 받지 않는 이성理性을 갖추었고, 이로움과 해로움의 경중輕重을 분별하여 미혹에서 벗어날 수 있게 되었다.(7.3; 12.10) 공자는 깊은 도덕 수양과 철저한 자기 각성으로 50세에 자신의 천명天命을 깨달았다. 또한 사람에게는 자기가 주재할 수 없는 운명이 있지만 주체적으로 선善을 실천해야 하는 사명이 있음을 깨달았다. 공자 자신에게 주어진 천명은 정치와 교화에 종사하는 것으로, 올바른 길을 세상에 알리고 사람들이 지극한 선善을 향해 나아가도록 하고, 자기의 운명에 따라 끊임없이 노력을 하는 것이라고 생각했다.(18.7) 이에 따라 51세부터 정치생활을 시작하여 노나라에서 중도재中都宰, 소사공小司空, 사구司寇를 맡았다. 53세 때에는 재상의 직책을 대행하고 계씨季氏를 도와 국정을 처리했다. 이후 '타삼도墮三都'를 주장했지만 안타깝게도 원하던 결과를 얻지 못했다. 노 정공과 계환자는 제나라가 선물한 여악사女樂師들에게 미혹되었으며, 교제郊祭 때 신하들에게 제사 고기를 보내는 예가 실행되지 않았다. 이에 공자는 55세에 관직을 내려놓고 고향을 떠나 열국을 주유하기 시작했다. 군주들에게 자신의 이상을 알리고 도道를 실천하게 하려는 뜻이었다. 이후 14년간 공자의 발자취는 위衛, 조曹, 송宋, 정鄭, 진陳, 채蔡 등의 나라에 이른다. 60세에 이르러 광匡 땅과 송나라에서 생명의 위협에 처했을 때는 자신이 주 왕조의 문화를 계승하여 천명에 따라 덕행을 실천했으니 오직 하늘만이 자신의 명을 결정할 수 있다고 말했다.(7.23; 9.5) 당시 사람들은 공자는 인생의 옳은 길을 아는 "나루터를 아는 자知津者" 또는 "가능하지 않음을 알면서도 실천하는知其不可而爲之" 자로서, 그의 행위는 확고한 지조와 절개를 드러낸다고 인정했다. 더 나아가 어떤 사람들은 공자는 하늘이 사람들을 교화시키기 위해 보낸 '목탁木鐸'이라고 믿었다.(3.24; 14.38; 18.6) 공자가 68세 때 노나라에서 계강자가 집권하자 정식으로 공자를 불러들였다. 만년에 공자는 교육에 힘쓰면서 오경五經의 내용을 첨삭하는 일에 몰두했으며, 특히 『역경易經』을 좋아했다. 공자는 4과科 10철哲과 3000명의 제자를 길러냈으며, 그 가운데 육예六藝에 정통한 제자는 72명이었다.(『사기』「공자세가」) 그의 나이 70세 때 아들 공리孔鯉가 죽었고, 2년 후 제자 안회가 죽었다. 노나라 군주가 기린麒麟을 잡자 『춘추』의 집필을 그만두었다. 현실 삶에 대한 안타까움 속에서도 선善을 권면한 그는 이상적인 대동 세계를 집필로써 예시預示했다. 72세 때 제자 자로子路가 죽었다. 주周 경왕敬王 41년(기원전 479), 공자는 향년 73세로 세상을 떠났다. 많은 제자들이 그를 위해 삼년상을 지켰는데, 자공子貢은 이어서 3년을 더 지켰다. 이후 100여 가구들이 공자의 묘소 근처에 집을 지어 촌락을 이루어 공리孔里라는 마을 명칭이 붙었다.

공자의 사상은 경험에 기초한 논리와 이론이다. 문화의 학습과 이성적 성찰을 중시하면서도 깨달음의 실천을 강조했다. 배움, 생각, 행동은 모두 변증법적으로 선善을 지향해야 하며 인성과 사회적 요구를 벗어나선 안 된다는 '정명正名'을 주장했다. '인성이 선을 지향함人性向善'은 인성론과 윤리학의 중심 사상이다. 그는 삶을 통해 인성을 관찰했고 그로부터 선행의 필요성을 깨달았다. 사람이 참되고 성실하다면 살아가는 동안 무한한 힘으로 선善을 택하고 지킬 수 있으며 지극한 선에 도달할 수 있다는 것이다. 그의 형이상학과 종교철학은 주나라의 신앙을 계승하고 있지만 참된 앎과 탁월한 견해가 담겨 있다. 천명에 대한 깨달음은 인성과 생명의 귀속에 대한 신념이나 견해와 연결된 것이다. 그의 정치철학은 정명正名으로써 바르게 정치를 하는 것으로, 명언名言의 사실 판단을 통해 형식을 이루고 본성의 가치를 지향하는 것을 내용으로 한다. 이는 덕행으로써 교화하고 예제로써 규제하는 덕치德治를 선도하여 백성이 자발적으로 따르고 바른길로 가도록 하는 것이다. 교육과 예술철학은 오경육예五經六藝를 제시하여 덕행의 수양을 중시했다. 사람들 안에 잠재된 선함이 표출되도록 계발하면서 감정을 절도에 맞게 표현하고 봉사의 정신을 일깨우는 교육이다.

공자의 철학은 삶과 서로 호응하여 대도大道의 모범이 되었다. 그는 사람들의 선을 지향하는 본성을 탐구하여 사람에게는 선의 실천이라는 사명이 있다고 믿었다. 그러한 사명을 토대로 자기 한계에 얽매이지 않고 배우기를 좋아하고, 일을 할 때에는 변화의 흐름을 파악하여 민첩하게 대책을 세우고, 나아갈 때와 물러날 때를 잘 알고, 지혜를 잘 활용하고 죽음을 두려워하지 않음으로써 도의道義를 이룰 수 있다고 했다. 공자는 자주적으로 예禮를 갖추되 그 안에서 즐거워할 뿐 근심이 없었다. 따라서 만년에는 "70세에 마음이 하고 싶은 것을 해도 법도에 어긋나지 않았다七十而從心所欲不踰矩"고 했다.(2.4; 8.13; 14.28)

: 楊舒淵

자하子夏   위衛나라 사람이며 이름이 복상卜商, 자字가 자하子夏다. 공자보다 44세 적으며 문학文學에 뛰어나고 문헌 해석에 탁월했다. 공자가 유일하게 자신을 일깨워주는 제자라고 칭찬한 인물이다.(3.8; 11.3) 그는 큰 교육적 성과를 거두었으며, 공자 사후에는 서하西河에서 가르쳤다. 위魏 문후文侯가 그를 스승으로 모셔 공자의 제자 중 유일하게 제왕의 스승이 되었다.(『사기』「위세가魏世家」)

자하는 『시경詩經』에 담긴 "흰색 옷을 걸치면 아름답게 웃는 얼굴과 깊은 눈매가 더욱 빛이 난다"는 표현에 대해 공자에게 가르침을 청했다. 공자가 그림을 채색할 때 흰 색을 나중에 더하는 원리임을 일러주자, 그는 "예는 나중인 것입니까?"라고 물었다. 진실로 선善을 지향하면 예禮가 인성의 아름다움을 돋보이게 하여 사람 사이에서 진심이 적절히 표현될 수 있다는 뜻을 유추한 것이다.(3.8) 공자는 의미를 정확히 이해한 자하를 칭찬했으며, 다른 제자들도 자하에게 가르침을 청했다.(12.5; 12.22)

공자는 고지식하고 온화함이 부족한 자하에게 마음과 뜻이 좁은 소인小人 같은 유자儒者가 되지 말고 도량이 넓고 기백이 넘치는 대인大人의 길을 걸으라고 격려했다.(6.13; 11.16) 그가 거보莒父에서 현장縣長으로 일할 때 공자는 그에게 "서두르면 이르지 못하고 작은 이익에 집중하면 큰일을 이루지 못한다. 행정은 차근차근하게 확실히 해야 할 뿐만 아니라 원대한 계획과 식견이 있어야 한다"고 일깨웠다.(13.17) 훗날 자하는 제자들에게 말하기를 "폭넓게 배우고 지조와 절개를 굳건히 하며, 진지하게 질문하고 가까운 곳을 돌아본다면 그 안에 인仁이 있다"고 했다.(19.6) 이는 근본과 과정을 모두 고려해야 한다는 공자의 가르침을 이해했음을 말해준다. 다만 그의 가르침에는 여전히 개인적인 성향이 있었기에 자유子游는 그의 제자들이 큰 도리를 이해하지 못하고 쇄소응대灑掃應對[물 뿌리고 쓸고 맞이하고 대접함]에만 능숙하다고 비판했다. 이에 대해 자하는 사소한 일이라도 군자가 배워야 하는 도리인데 어찌 함부로 비판하느냐고 되받으면서, 처음과 끝이 일관되고 완벽한 가르침은 오직 성인聖人만이 가능할 것이라고 했다.(19.12)

자하는 정치를 하되 여력이 있으면 배워야 하며, 깨달은 바가 있으면 사람들을 위해 일해야 한다고 생각했다.(19.13) 또한 교육의 의의는 '질문하여 배우고 가르침을 듣는' 표면적인 형식에 있는 것이 아니라 '인간관계와 사무를 처리하는' 때에 합당한 언행을 나타내는 데 있다고 보았다. 그래서 "부인의 외적인 아름다움보다 내적인 미덕을 중시하고, 최선을 다해 부모님을 모시며, 헌신적으로 군주를 섬기고, 벗을 대할 때 말에 신용이 있는 사람은 스스로 배움이 없다 해도 교육을 받은 자로 인정해야 한다"고 했다.(1.7)

: 楊舒淵

자공子貢

성이 단목端木이고 이름이 사賜다. 자가 자공子貢이며 '자공子贛'으로 쓰기도 한다. 위衛나라 사람이며 공자보다 31세 적다. 안회顔回, 자로子路와 더불어 공자를 가장 가까이 모신 제자다. 맹자는 자공에 대해 "언변에 능했다"고 평가했고, 사마천 역시 "언변에 능수능란했다"고 적고 있다. 이로써 자공의 이미지는 사고와 언변이 뛰어났음을 알 수 있다.(11.3;『맹자』「공손추 상」;『사기』「중니제자열전」) 자공은 공자와 여러 차례 멋진 대화를 나누었다. 예컨대 그와 공자는 빈곤하고 부유한 경우의 처신에 대해 대화를 나누었는데, 공자는 자공의 깨달음이 뛰어나 이것으로써 저것을 알 수 있다고 칭찬했다.(1.15) 또한 자공은 정치를 하는 방법이나 '선비士[독서인讀書人]'가 되는 방법에 대해 물을 때도 세세히 따져 물음으로써 문제의 핵심을 짚어냈다.(13.20) 이로써 자공은 총명하고 지혜로우며 언변에 능한 인물임을 알 수 있다. 공자가 자공에게 안회와 본인 중 누가 더 뛰어나다고 생각하는지를 물었을 때 자공은 자신이 안회보다 부족함을 솔직히 인정했다. 이는 자공의 사람을 알아보는 능력과 더불어 자기를 정확히 인식할 줄 아는 도량을 갖추었음을 말해준다. 공자는 그런 자공을 칭찬하면서 그를 '호련瑚璉'이라는 종묘의 귀중한 그릇에 비유했다.(5.3;5.8) 그러나 다른 사람의 장점과 단점을 평가하는 자공의 습관을 지적하면서 그가 "덕에 나아가고 학업에 열중進德修業"하기를 기대하고 격려했다.(14.29) 이런 예를 보면 매우 친밀한 사제 관계였음을 알 수 있다. 공자가 죽은 뒤 공자의 제자들은 삼년상을 치렀지만, 자공은 3년을 더해 애통한 마음을 가라앉힐 수 있었다.

자공이 이룬 성취도 주목할 만하다. 그는 노나라를 위기에서 구하려 일찍이 제齊·오吳·진晉·월越나라에 파견된 적이 있으며, 장사에도 뛰어난 수완을 보였다. 공자는 그런 자공의 상업적 판단이 매우 정확하다고 말했다. 『사기』「화식열전貨殖列傳」에는 자공의 이름이 거상巨商 중 한 명으로 기록되어 있다.(11.19) 자공이 창출한 부富는 각국의 제후들과 연락하고 왕래하는 데 사용됐다. 그 결과 공자의 학식이 각국에 전파되었으며, 공자의 명성이 세상에 널리 알려질 수 있었다. 사마천 역시 공자의 학문을 전파하는 데 가장 크게 기여한 인물이 자공이었다고 했다.

: 陳維浩

자장子張   성이 전손顓孫이고 이름이 사師이며, 자가 자장子張이다. 공자보다 48세 적으며 공자 만년의 제자다. 이후 자장의 계파가 공자의 학설을 전승하고 발양했다.(『순자』「비십이자非十二子」; 『한비자韓非子』「현학顯學」)

자장은 원대한 포부를 지녔으나 태도는 실무적이었으며, 대도大道의 정치를 펼쳐 백성의 삶이 편안해지기를 소망했다. 그는 공자에게 좋은 질문을 던지기도 했지만, 극단적인 성격과 급진적인 언행을 드러내 공자로부터 눈높이 교육을 받곤 했다.(11.16; 11.18) 자장은 독서인讀書人에게 '통달通達'이란 관직을 맡아 천하에 이름을 떨치는 것이라고 생각했다. 그러나 이것은 단지 결과일 뿐으로, 표면적인 공부만으로도 얻을 수 있는 것이다. 이에 공자는 자장에게 진정으로 통달한 사람이란 품성이 바르고 곧으며, 의를 행하기 좋아하고 성실하게 상대방의 말과 안색을 살펴보고, 자신의 마음으로 상대방의 마음을 헤아릴 수 있으며, 모든 일에 겸손하게 처신하는 사람이라고 가르쳤다.(12.20; 15.42) 자장은 또한 공자에게 관직과 봉록을 구하려면 어떻게 해야 하는지, 세상을 순조롭게 살아가려면 어떻게 해야 하는지를 물었다. 공자는 인품과 덕성을 높여야 하며 감정에 사로잡히지 않아야 한다고 가르쳤다. 그러기 위해선 많이 듣고 보아야 하며, 의문스럽고 적절하지 않은 것을 한쪽에 두고 자신 있게 확신할 수 있는 것을 택하여 실천해야 한다고 했다. 그렇게 하면 타인의 질책과 자신의 후회를 줄일 수 있어 봉록을 받을 수 있다고 했다. 또한 말은 진실하고 미덥게 하고 행동은 착실하고 공경스럽게 한다면 어느 곳에서든 잘 지낼 수 있다고 말했다. 자장은 그 자리에서 공자의 말을 허리띠에 적었다.(2.18; 12.10; 15.6)

자장은 공자에게 300년 후의 제도를 알 수 있는지를 묻기도 했다. 공자는 그에게 예禮·악樂·법률 등은 시대에 맞춰 빼고 추가하여 조정되지만, 사람의 본성은 비슷하기 때문에 제도에는 보편적인 기준이 있다고 했다.(2.23) 자장이 정사에 임하는 방법에 대해 물었을 때는 '다섯 가지 미덕을 숭상하고, 네 가지 악행을 제거하는' 정치의 대강大綱을 자세히 알려주었다. 존숭해야 할 다섯 가지의 미덕은 백성에게 베풀되 낭비하지 않고, 백성을 일하게 하지만 원망을 불러일으키지 않으며, 추구하는 바가 있되 사적인 이익을 탐내지 않고, 표정은 편안하지만 거만하지 않으며, 태도에 위엄이 있지만 사납지 않은 것이다. 배제해야 할 네 가지 악행은 잔학함, 포악함, 해를 끼침, 괴롭힘이다.(20.2)

자장은 덕행을 굳건히 실천할 수 없고 이상에 대한 믿음이 돈독하지 못한 사람은 있으나 마나 한 존재라고 했다.(19.2) 그는 성격이 도도하여 완벽하다고 볼 수는 없으나 그의 포부와 행위는 매우 높은 것으로, 맹자는 성인聖人으로서의 면모를 일부 갖춘 인물로 평가했다.(19.15;『맹자』「공손추 상」)『논어』에 자장의 이름을 제목으로 한 「자장」 편이 있다.

: 楊舒淵

자유子游   성이 언言이고, 이름이 언偃이며, 자유는 그의 자다. 때로는 언유言游라 불린다. 오나라 사람이며 공자보다 45세 적다. 자유와 자하子夏는 공자가 가르친 4개 과목 중 문학에 뛰어났다. 문학은 당시 『시경』 『서경書經』 『예기禮記』 『악경樂經』 등 고대 문헌을 뜻한다.

자유는 예악禮樂에 능통하기로 정평이 난 인물로, 노나라 무성武城의 현장縣長으로 일할 때 백성에게 예악 교육을 실시했다. 공자가 무성을 찾았을 때 거문고를 연주하고 시詩를 노래하는 소리를 들었다. 공자는 흔쾌한 기분으로 자유에게 농담을 던졌다. "닭 잡는 데 어찌 소 잡는 칼을 쓰느냐?" 자유는 공자로부터 배운 바에 근거해 "벼슬하는 사람이 예악과 전적에 기록된 도리를 배우면 많은 사람들을 아끼게 됩니다. 백성은 도리를 배우면 예법을 지키며 명령을 따릅니다"라고 대답했다.(17.4) 자유는 공자의 도덕관과 정치관을 성실히 실천하여 입증코자 했다.

자유는 공자에게 효孝란 무엇인지 물었다. 공자는 "효도의 근본은 부모님을 존경하는 것이고, 그다음이 일상생활에서 부모님을 보살피고 모시는 것"이라고 대답했다.(2.7) 자유는 독특한 견해로써 사람의 인품이나 재능, 식견을 평가했다. 그가 무성의 현장으로 일할 때 기용한 담대멸명澹臺滅明이라는 인물은 길을 갈 때 지름길로 가지 않고 공적인 일이 아니면 윗사람을 찾지 않는다고 평가했다.(6.14) 공무에 충실하고 법을 잘 지키며 옳지 않은 일은 하지 않는 훌륭한 관료로서 인정한 것이다. 또한 자유는 자장子張을 매우 귀한 인물로 평가하기도 했다. 다만 자장이 지나치게 급진적일 때가 있어 덕행을 수양하는 데는 아직 '인仁'의 완벽한 경지에 이르지 못했다고 했다.(19.15) 자유는 자하子夏의 제자들에 대해서도 논평했다. 그들은 지엽적인 쇄소응대灑掃應對 또는 나아가고 물러나는 예절에는 능숙하지만 인간의 근본 도리는 잘 알지 못한다고 평했다.(19.12) 이밖에 공자가 "큰 도가 행해지면 천하는 모두의 것이 된다大道之行也, 天下爲公"(『예기』「예운禮運」)라는 넓고 깊은 논의를 펼칠 때 자유는 곁에서 그를 모셨다.

자유는 공자 사후에 활발한 활동을 펼쳤으며, 공자의 학문을 남쪽에 전파하고 발양시켰다. 이로 인해 '남쪽의 스승南方夫子'으로 칭송받았다.

: 陳淑娟

자로子路　　중유仲由 또는 계로季路라고도 한다. 자로는 자다. 노나라 사람이며 공자보다 9세 적다. 정사政事에 뛰어나며 『논어』에 가장 자주 등장한다.(11.3) 원래 경솔하고 용맹을 좋아하는 자로는 처음 공자를 만났을 때 자신의 천성은 남산의 대나무로 만든 날카로운 화살과 같다면서 더 이상 배울 필요가 없다고 했다. 그러나 예악을 배우는 것은 질박한 대나무 막대에 화살촉과

깃털을 꽂는 것이라는 일깨움을 얻은 후, 공자를 스승으로 모시면서 온갖 어려움 속에서도 충심으로 따랐다.(11.18; 『공자가어』「자로초견子路初見」) 그의 포부는 높고 원대했다. 벗과의 관계에서는 득실을 따지지 않고 기꺼이 나눌 수 있기를 바라고 물질보다 우정을 중시했다.(5.25) 정치적으로 그는 내우외환에 놓여 있는 큰 나라를 신속히 안정시킨 뒤 백성에게 용감함과 삶의 도리를 깨우치겠다고 했다.(11.26) 배울 때는 기꺼이 잘못을 교정하려 했으며, 도리를 이행하지 못하는 것을 걱정했다.(5.13) 실제 현실에서는 계씨季氏의 재宰를 맡았을 때 타삼도墮三都를 위해 노력했고, 제의祭儀 시간을 조정하여 제사 드리는 자의 공손함을 지키게 하여 군사와 제사라는 두 가지 국가 대사大事에 성취를 이루었다.(『좌전』 정공 12년; 『예기』「예기禮器」) 공자는 세 번이나 그의 훌륭함을 언급했다. 첫째, 그는 충실하고 성실하며 결단력이 있어 판결할 때는 한쪽의 말만 듣고도 정확히 판결할 수 있어서 아무도 감히 그에게 거짓말을 할 수 없었다고 했다. 주邾나라의 대부인 역射은 회맹會盟의 자리에서 자로의 맹세를 믿을지언정 노나라의 맹약을 믿지 않은 것을 보더라도 그의 위신이 매우 높았음을 알 수 있다.(12.12; 『좌전』 애공 14년) 둘째, 그는 내면을 중시하여 질투하거나 욕심을 내지 않는 인물로, 누추한 차림으로 화려한 옷을 입은 사람 곁에 있어도 부끄러워하지 않는다고 했다.(9.27) 셋째, 그는 고난을 두려워하지 않고 스승의 도를 실천하고 따르면서도 용감하게 간언을 했으며 공자는 그의 말을 듣고 기꺼이 반성했다.(6.28; 17.5; 17.7)

반면 공자는 자로의 부족함을 지적하기도 했다. 공자는 "범을 맨손으로 때려잡고, 큰 강을 헤엄쳐 건넌다暴虎馮河"는 표현으로써 자로의 신중하지 못한 성품과 장기적인 계획을 세우지 못하는 면모를 지적했다. 또한 치국治國의 자신감은 있지만 겸손하지 못하며, 즉각 실천하는 데는 유능하지만 지나치게 충동적이라고 했다.(7.11; 11.22) 그런 결과 정도正道를 실행할 수 없을 때 떠나야 함을 알지 못하고, 맹세한 말을 성실히 지키는 것과 직책을 완수하는 것 모두 도의道義에 의거해야 함을 알지 못하며, 큰 신뢰와 대의大義에 기초해 타인과의 관계를 유지해야 함을 깨닫지 못한다고 했다. 즉 자로는 직무에 충실하고 실무에 능해서 수효를 채워주는 신하具臣일 뿐 대신大臣이라 하기에는 부족하다고 보았다.(11.24; 17.23) 자로라는 인물은 솔직하고 꾸밈이 없으며 인간의 내면을 중시하고 물질을 경시하는 사람으로서, 용기는 있으나 의義로써 변통하는 지혜가 부족했다. 결국 우직한 성격 탓에 위衛나라의 왕위 다툼에서 목숨을 잃고 말았다.(11.13) 안회와 더불어 자신을 따르며 이상을 펼치고자 했던 제자이자 벗인 자로가 죽자 공자는 하늘이 자신의 길을 끊어버린다고 탄식했다. 『논어』에는 자로의 이름을 제목으로 한 「자로」 편이 있다.(5.6; 『춘추공양전春秋公羊傳』 애공 14년)

: 楊舒淵

공서적公西赤　자가 자화子華이며, 공서화公西華라고도 불린다. 노나라 사람이며, 공자의 제자로서 제사와 나라간 회맹의 예禮에 능해서 제나라에 사신으로 갔다. 공서적의 사람됨이 인仁의 기준에 도달했는지 맹무백孟武伯이 묻자, 공자는 공서적은 단정하기 때문에 귀빈과 대화할 때 조정에 보낼 수 있으나 그가 인을 행할 수 있는지는 모르겠다고 답했다.(5.7) 공자가 여러 제자에게 각자의 포부를 물어보았을 때, 공서적은 겸손하게 종교제사나 외교 행사가 열릴 때 예복禮服과 예모禮帽를 갖추고 작은 보좌원이 맡는 일을 배우고 싶다고 답했다. 그러자 공자는 그대가 작은 보좌원밖에 될 수 없다면 누가 큰 보좌원이 될 수 있겠냐는 말로써 종묘제사를 지내는 나라간 맹회 또는 제후의 나라에서도 충분히 일할 수 있다고 인정했다. 또한 예의에 관한 그의 재능을 높게 평가하여 손님을 접대하는 예절은 공서적에게 배울 수 있다고 했다.(11.26) 예의에 해박한 공서적은 공자의 상례를 치를 때 발인과 매장에 관한 일을 맡았다. 이때 그는 하夏·상商·주周 삼왕三王의 예의를 본받아 공자의 장례를 치름으로써 스승에 대한 예우와 더불어 고대의 예를 보전했다. 공서적은 예법에 능했을 뿐만 아니라 정도正道를 추구했다. 한번은 공자가 자신은 성聖과 인仁의 경지에 도달하지 못했으며 다만 목표로 삼아 실천하고 가르칠 뿐이라고 하자, 공서적은 그것이야말로 제자들이 배울 수 없는 것이라고 대답했다.(7.34)

: 解文琪

공야장公冶長　자가 자장子長이고 노나라 사람이며, 공자의 제자다. 그는 새의 언어를 이해했다고 전해지며, 그로 인해 억울한 옥살이를 하기도 했다. 공야장이 길을 가다가 새들이 '청계淸溪로 가서 시체를 먹자'고 지저귀는 소리를 들었다. 잠시 후 길에서 울고 있는 웬 노파를 만났다. 노파는 자식이 변고를 당한 것 같은데 시신이라도 찾고 싶다고 말했고, 공야장은 시냇가에 가보라고 일러주었다. 노파는 자식의 시신을 찾았으나, 관리官吏는 공야장을 살인범으로 의심하고 그를 잡아 옥에 가두었다. 옥을 지키던 병사가 새의 말을 알아듣는 공야장의 능력을 입증해주어 풀려날 때까지 그는 자신의 결백을 주장하지 않았다.(『논어의소論語義疏』) 공자는 공야장이 감옥에 갇히는 불행을 겪었으나 그의 잘못이 아니라고 했다. 뿐만 아니라 그가 굴욕을 견디면서도 굳센 자신감을 갖고 스스로를 변론하지 않은 자세를 높게 평가하고 자신의 딸과 혼인시켰다.(5.1) 『논어』에는 공야장의 이름을 제목으로 한 「공야장」 편이 있다.

: 楊舒淵

공양유公良孺 자가 자정子正이고, 진陳나라 사람이며 공자의 제자다. 공양유는 진나라 귀족의 자제로, 어질고 재능이 있고 용감하며 힘이 셌다. 공자가 열국을 주유할 때 그는 항상 자신의 마차 5대를 가져와 호위 수행했다. 공자 일행이 포성蒲城을 지날 때 공숙씨公叔氏가 포성을 점거한 채 위衛나라에 모반을 일으키자, 포 땅 사람들은 공자가 위나라로 가는 것을 두려워하여 공자 일행의 길을 가로막았다. 이후에도 공자는 광성匡城에서 곤경에 처했으며, 송宋나라에서 살해당할 뻔했다. 여러 번 고비를 겪을 때마다 공양유는 공자의 옆에서 수행했다. 포성에서 포위됐을 때 그는 비분강개하며 검을 뽑아 들었고, 다른 제자들을 규합하여 용감하게 싸웠다. 격렬한 싸움이 끝나자 포 땅 사람들은 공양유의 용맹함에 기가 꺾여 위나라에 들어가지 않겠다는 서약을 조건으로 포위를 풀어주었다.(『사기』「공자세가」; 『사기』「중니제자열전」; 『공자가어』「곤서困誓」)

: 楊舒淵

공리孔鯉 자가 백어伯魚이며, 공자의 아들이다. 공자가 20세에 올관씨兀官氏와 결혼하여 그를 낳았을 때 노 소공이 축하의 선물로 잉어를 하사하여 이름이 잉어를 뜻하는 '리鯉'로 지어졌다. 아버지로서 공자는 공리와 적당한 거리를 유지했으며, 공리가 예禮에 따라 바른 군자가 되기를 기대했다. 교육가로서 공자는 공리에게 시詩와 예禮를 익히게 하여 언어와 입신처세의 능력을 차례대로 터득하도록 했다.(16.13) 그리고 공리에게 모범적인 부부생활과 수신제가修身齊家를 권면하는 「주남周南」 편과 「소남召南」 편을 자세히 읽었는지 묻기도 했다. 이처럼 공자의 교육 목표는 선을 지향하는 마음을 이끌어내어 예에 따라 행동하게 하고, 이러한 올바른 관계를 자기로부터 많은 사람들로 넓혀나가도록 하는 것이다.(17.10) 공리는 공자보다 2년 먼저 죽었다. 사마천의 따르면, 공리의 아들 공급孔伋, 즉 자사子思가 『중용中庸』을 썼다고 한다.(『사기』「공자세가」)

: 楊舒淵

염백우冉伯牛　자가 백우伯牛이고 염경冉耕이라고 불리기도 한다. 노나라 사람이며 공자보다 7세 어리다. 그는 덕행이 뛰어났다.(11.3)『논어』에는 공자가 백우의 집을 방문하여 창문 사이로 그의 손을 잡은 일만 기록되어 있다. 이 내용을 토대로 염백우가 전염병에 걸렸으며 공자가 진맥을 할 줄 알았을 것으로 보는 학자도 있다. 주목할 부분은 덕을 지닌 염백우가 위중한 병에 걸리자 공자가 크게 탄식했다는 사실이다. 공자가 그를 제자로서 매우 아꼈으며, 운명 앞에 어찌할 도리가 없음에 슬퍼했음을 알 수 있다.(6.10)

염백우에 관한 자료는 많지 않지만, 맹자는 안회와 민자건 그리고 염백우 세 인물이 덕행을 명확히 설명하는 데 능했으며, 성인聖人으로서 '전체를 갖추었으나 미약한具體而微' 이들이라고 했다.(『맹자』「공손추 상」) 즉 스케일은 작았으나 성인의 모든 장점을 갖추었다고 인정한 것으로 보인다.

: 楊舒淵

염구冉求　자가 자유子有이며, 염유冉有라고도 불린다. 노나라 사람이며, 공자보다 29세 적다. 정치 실무에 뛰어나 20년 넘도록 계강자季康子의 가재家宰를 맡았다.(11.3) 거주하는 백성의 수가 많은 위衛나라를 방문했을 때 공자의 수레를 몰았던 염구는 시정施政의 도리에 대해 공자에게 물었다. 공자는 먼저 백성의 수를 늘리고, 백성을 부유하게 하고, 마지막으로 교육을 널리 시행해야 한다고 했다. 염구는 인구를 늘리고 백성을 부유하게 하는 목적이 모두 교육에 있으므로 각 단계에서 교육이 지속적으로 추진되어야 함을 잘 알고 있었다. 또한 관리들은 교육체계가 갖추어지도록 끊임없이 노력하고 백성들은 교육받으려 노력해야 한다고 생각했다. 그는 유가의 정치 이념을 확실히 이해하고 있었기에 공자에게 더 이상 묻지 않았다.(13.9)

공자는 염구가 다재다능하므로 대부大夫를 맡기에 충분할 뿐만 아니라 경대부卿大夫를 보좌하거나 1000호戶의 성읍을 다스릴 수도 있다고 했다. 심지어 공자는 완전한 사람成人이란 어떤 사람을 말하느냐는 자로子路의 질문에 염구의 재능이 이상적인 조건 중 하나라고 대답했다.(5.7; 6.8; 14.12) 그러나 염구는 정치적 재능을 지녔음에도 일을 할 때 망설이는 경향이 있었다. 공자는 더 과감해도 좋으니 자신이 할 수 있는 일은 적극적으로 추진하라고 격려했으나 안타깝게도 그는 공자를 여러 번 실망시켰다.(11.22) 염구가 계씨季氏를 보좌할 때 계씨는 당시의 예에 어긋나게 태산泰山에 제사를 지냈고, 자신의 이익을 위해 노나라가 다스리는 전유顓臾 지역을 공격하려 했다. 이때 공자는 계씨의 행동을 막지 못한 염구에 대해 정도正道로써 주군을 섬기지 못한다면 물러나야 한다며 유감을 드러냈다.(3.6; 16.1) 그러나 염구는 자리를 내놓지 않았을 뿐만 아니라 국가와 대적할 만한 재력을 지닌 계씨가 세금[田賦]을 추가 징수하는 것을 도와 백성을 수탈하게 했다. 이처럼 대의大義를 망각한 태도에 화가 난 공자는 격한 어조로 염구를 비판했다. 염구는 더 이상 자신과 같은 길을 가는 사람이 아니므로 큰 북을 울려 그를 성토하라고 제자들에게 말했다.(11.17) 공자는 정도로써 주군을 섬기지 못한 염구에 대해 "기껏해야 실무에 능한 구신具臣이지 대신大臣에 이르지 못했다"라고 했다.(11.24)

염구는 3년 이내에 작은 나라를 풍족하게 만들 자신이 있으나, 예악교화禮樂敎化라면 자기보다 고명高明한 군자의 도움이 필요하다고 했다.(11.26) 스스로 예악을 실행하기에는 부족하다고 여긴 것이다. 뿐만 아니라 자신은 역량이 부족하여 선善을 선택해 삶의 올바른 길을 걷기에는 부족하다고 말하기도 했다. 공자는 염구에게 재주가 많은 것은 사실이나, 그런 이유로 스스로 한계에 갇혀 재능을 발휘하지 못한다고 책망했다.(6.12)

: 楊舒淵

사마우司馬牛   이름이 향경向耕 또는 이犁이고 자가 자우子牛로 공자의 제자다. 원래 대대로 송나라 사마司馬를 맡아 송 환공桓公을 섬겨온 귀족의 자제로, 이에 사마우라고도 불린다. 그에게는 방탕하고 포악한 네 명의 형이 있고, 특히 공자를 해치려 한 큰형 환퇴桓魋를 인정하지 않았다. 그런 이유로 자신에겐 형제가 없다며 한탄했다. 그러자 자하子夏는 운명과 사명을 구분해야 하며 자신의 능력이 닿는 한 성실하고 신중한 언행으로써 겸손히 예禮를 갖춘다면 세상 모든 사람들이 형제가 될 수 있다는 공자의 가르침으로 격려했다.(12.5) 그는 공자에게 여러 번 가르침을 받았다. 그가 인仁의 실천에 대해 물었을 때 공자는 "인을 행하는 자는 말을 삼간다"고 답함으로써 말이 많고 성급한 사마우의 습성을 성찰하게 했다. 그가 군자에 대해 물었을 때는 "군자는 두려움을 근심하지 않는다"며 형들의 나쁜 행위를 근심하는 대신 자기반성에 철저해야 한다는 뜻을 전했다.(12.3; 12.4) 아쉽게도 그는 깊이 생각하고 실천에 힘쓰지 않아 여전히 근심 속에서 생을 마쳤다.

: 楊舒淵

신정申根　다른 이름이 신당申黨이고, 자가 주周다. 노나라 사람이며 공자의 제자다. 공자가 아직 강직한 사람을 본 적이 없다고 하자, 옆에 있던 자가 신정이 있다고 말했다. 그러나 공자가 생각하기에 신정은 사욕이 적지 않은 인물로, 삶의 이상을 강직하게 지키기 어렵다며 그를 인정하지 않았다.(5.10) 사욕이 있는 자는 재물의 노복奴僕이 되며, 사욕이 없는 자는 재물에 기대지 않아 자주적인 태도를 지킬 수 있다. 즉 사욕이 없다는 것은 소극적인 무위無爲를 말하는 것이 아니라 오히려 적극적으로 공익을 추구하고 분별을 잃지 않는 자세다. 신정의 강직함이 칭찬받는다 해도 그의 불같은 성격, 고집과 경박함 때문에 그것은 올곧은 강직함으로 보기 어렵다.

: 楊舒淵

중궁仲弓　이름이 염옹冉雍이며, 중궁은 자다. 노나라 사람이며 공자보다 29세 적다. 덕행이 출중하여 공자가 천자, 제후, 정경正卿과 같이 '남면南面하게 할만' 한 정치 지도자로 손꼽은 유일한 제자다.(6.1; 11.3) 중궁의 아버지는 미천한 일을 했다. 공자는 신분이 낮은 중궁을 털이 붉고 뿔이 가지런한 '밭갈이 소犁牛'의 후손에 빗대어, 밭갈이 소는 제사에 쓰이지 못하지만 산천의 신神은 내버리지 않는다고 했다. 중궁의 신분이 어떠하든 백성은 현덕을 갖춘 인물이 자기들을 위해 일해주기를 바란다는 뜻이다.(6.6) 어떤 사람들은 중궁의 언변이 훌륭하지 않음을 지적했다. 이에 대해 공자는 말주변이 좋고 논쟁에 능한 사람은 도리어 사람들의 미움을 받기 쉽다고 했다. 인仁을 행하는 데는 뛰어난 언변보다 외부 조건에 영향을 받지 않는 내면의 진실함과 실사구시實事求是가 더욱 중요하다는 것이다.(5.4)

계씨季氏 가문의 총책임자가 된 중궁이 공자에게 아랫사람을 다스리는 방법에 대해 물었다. 공자는 세 가지를 제시했다. 첫째는 각급의 관원보다 먼저 행하는 것으로, 윗사람이 실천해야 아랫사람이 본받는다는 것이다. 둘째는 부하의 잘못을 따지지 않는 것으로, 부하가 스스로 반성하여 성장할 기회를 주는 것이다. 셋째는 우수한 인재를 등용하는 것이다.(13.2) 중궁은 공자의 가르침을 철저히 실천했다. 이후 자공子貢은 중궁이 가난을 마음에 두지 않았으며, 부하와 협의하거나 일을 맡길 때에는 물건 빌리듯이 공손했으며, 사람들과 어울릴 때 화를 내어 원한을 만들지 않았으며, 과거의 잘못을 염두에 두지 않았다고 했다.(『공자가어』「제자행弟子行」)

중궁은 인의 실천을 평생의 과업으로 여기고 공자에게 가르침을 청했다. 공자는 정치를 책임진 자로서 집을 나서면 귀한 손님을 대하듯 품행이 정중해야 하며, 백성에게 일을 시킬 때에는 큰 제사를 모시는 것처럼 신중해야 백성도 안심하고 제 목숨을 맡길 것이라 했다. 또한 자기가 원치 않는 것을 다른 사람에게 시키지 말아야 하며, 제후의 나라에 있든 대부의 집에 있든 원망하는 자가 없도록 해야 한다고 충고했다.(12.2) 공자는 중궁을 힘써 천거하면서도 그가 인仁한 사람인지는 모르겠다고 말했다.

중궁은 평생 도道를 수양하여 자신으로부터 대중으로, 개인의 덕행으로부터 공동체의 화목으로 이어지도록 노력했다. 이런 그의 태도는 백이伯夷, 숙제叔齊, 안회와 비슷한 평가를 받았다. 순자가 그를 순舜, 우禹, 공자와 함께 성인聖人으로 칭한 것도 이상한 일이 아니다.(『순자』「비십이자非十二子」) 『논어』에는 중궁의 이름을 제목으로 한 「옹야」 편이 있다.

: 楊舒淵

유약有若 자가 자유子有이고 노나라 사람이다. 공자보다 나이가 33세 적은 제자로, 충忠과 용勇의 덕목을 겸비했다. 오나라 부차夫差가 노나라를 공격하자 그는 야간에 습격하는 결사대에 지원해 오나라 군대를 놀라게 하여 물리쳤다.(『좌전』 애공 8년 봄) 『논어』에서 오직 민자건閔子騫, 염구冉求, 유약有若, 증삼曾參에게 '자子'라는 존칭을 붙인 것으로 보아, 유약은 『논어』를 편집한 이들의 스승 중 한 명이었던 것 같다.

유약은 근본에 충실함을 중시하여 주로 사람됨[做人], 예를 행함[行禮], 정치를 펼침[施政]에 대해 논했다. 그는 부모에게 효도하고 웃어른을 존경하는 것이 사람됨의 기초라고 여겼다. 사람들이 이를 따른다면 사회에 끼치는 해악이 적을 것이며, 정도正道를 실천할 때 비로소 개인의 생활, 가족의 유대, 사회질서가 탄탄해진다고 생각했다.(1.2) 또한 예의 쓰임에 대해서는 예로써 조화로움을 이루는 것이 가장 아름다우나, 조화로움을 위해 타협해선 안 되며 역시 예로써 절제해야 한다고 했다.(1.12) 유약은 세금을 올리려 하는 노 애공에게 10분의 1로 낮춰야 한다고 주장하면서, "백성이 쓰기에 충분하면 군주도 부족하지 않겠지만, 백성이 쓰기에 부족하다면 군주가 어찌 충분하겠습니까?"라고 간언했다. 치국治國의 도道를 간명하게 표현한 말이다.(12.9)

유약의 외모가 공자와 비슷하여 스승을 그리워하던 자하子夏, 자장子張, 자유子游는 그를 공자처럼 섬기고자 했다. 그러나 증삼曾參이 공자의 광명호탕光明浩蕩은 그 누구도 비교될 수 없다고 지적하여 중단되었다.(『맹자』 「등문공 상」) 유약은 평생 벼슬을 맡지 않았으나, 그가 죽었을 때 노 도공悼公이 친히 조문했다. 이는 그가 크게 존경받는 인물이었음을 말해준다.(『예기』 「단궁檀弓 하」) 맹자는 유약의 총명함은 성인을 이해하기에 충분하다고 했다. 반면 유약은 "인류가 생긴 이래 공자보다 더 위대한 사람은 없다"며 스승을 칭송했다.(『맹자』 「공손추 상」)

: 楊舒淵

무마기巫馬期　이름이 시施, 자가 자기子期이며 무마기巫馬旗라고도 한다. 공자보다 30세 어린 제자로, 고결한 성품에 확고한 포부를 지녔다. 자로가 "지식과 능력이 더 이상 향상되지 않았는데 큰 재물을 준다면 스승을 떠나겠는가"라고 물었을 때 그는 단호하게 거절했다. 그는 복부제宓不齊와 마찬가지로 단보單父의 현장縣長을 맡아 잘 다스렸으나, 복부제는 한가했고 자신은 밤낮으로 일이 많았다. 무마기는 복부제에게 가르침을 청하여, 두 사람의 차이가 일을 사람에게 맡긴 자와 힘에 맡긴 자에 있음을 깨우쳤다. 즉 인재를 알아보고 발탁하는 자는 백성을 예악禮樂으로 교화할 수 있으나 모든 일을 자신이 처리하는 자는 공문서에 지쳐 항상 부족함을 걱정하게 되는 것이다.(『한시외전韓詩外傳』) 진陳 사패司敗가 무마기에게 공자를 비판하는 말을 했다. 무마기가 그의 말을 공자에게 전하자, 공자는 자신의 잘못을 고칠 기회가 있어 다행이라고 했다.(7.31)

　　: 楊舒淵

복부제宓不齊　자가 자천子賤이며 노나라 사람이다. 공자보다 30세 어린 공자의 제자다. 그가 선보현單父縣을 다스릴 때 백성이 그를 진심으로 따라 풍속이 순박해졌고 덕치를 통해 교화教化를 이루었다.(『공자가어』「굴절해屈節解」) 복부제는 현능한 인재를 통해 나라를 다스리는 법을 깨우친 인물로, 공자는 요堯·순舜의 지혜를 갖춘 그가 더 넓은 땅을 다스리지 못함을 아쉬워했다.(『공자가어』「변정辯政」) 정사를 직접 처리하는 무마기와 달리 인재를 알아보고 발탁하는 재능을 지닌 복부제는 예악으로 백성을 교화했다는 미담을 남겼다.(『여씨춘추呂氏春秋』「개춘론開春論·찰현察賢」) 그는 벼슬에 오르자 자신이 배운 바를 실천했다. 봉록이 남으면 사심 없이 친척들을 도왔으며, 공무가 아무리 바빠도 병중이거나 상중인 벗을 방문했다. 복부제가 현능한 인재를 찾아 도움을 얻었다는 점에서 공자는 노나라에 군자가 있다고 했다.(5.2; 『공자가어』「자로초견」)

: 楊舒淵

남궁괄南宮适 다른 이름이 도韜 또는 남용南容이며, 공자의 제자다. 그는 공자에게 "전투에 능한 예羿와 오奡는 천수天壽를 다하지 못하고 죽었으며, 밭에서 농사일을 하던 우禹와 직稷은 천하를 얻었습니다"라고 했다. 공자는 아무 말도 하지 않았다. 그러나 그가 나가자 무력보다 덕행을 숭상하는 남궁괄에 대해 "군자로다"라고 했다.(14.5) 남궁괄은 "흰 옥돌 속에 있는 흠은 다시 갈아서 쓰면 되지만, 입으로 내뱉은 말의 흠은 어찌할 도리가 없도다白圭之玷, 尙可磨也; 斯言之玷, 不可爲也"라는 시(「백규白圭」)를 자주 읊었다. 말의 흠집은 없앨 수 없으니 언행을 경계해야 한다는 교훈을 새기고자 함이다. 공자는 그의 언행에 대해 이렇게 평가했다. "나라의 정치에 도道가 실현될 때 그의 언행은 모두 올곧아 벼슬을 맡지 못할 리 없으며, 나라의 정치에 도가 실현되지 못할 때 그의 행위는 정직하고 말은 완곡하여 형벌과 해함을 피할 수 있다." 공자는 형의 딸을 그에게 시집보냈다.(5.1;

11.6)

: 楊舒淵

원헌原憲   자가 자사子思이며 원사原思라고도 불린다. 공자보다 36세 어린 제자다. 공자가 노나라에서 사구司寇를 맡았을 때 그를 가재家宰로 위임했다.(6.5) 원헌이 공자에게 치욕에 대해 묻자, 공자는 나라의 정치에 도道가 실현되지 않았는데 그저 벼슬자리에 앉아 봉록만 받는 것이 치욕이라고 했다. 원헌이 다시 "이기는 것을 좋아하고 자기를 자랑하고 원한을 품고 탐욕을 부리는 것들을 하지 않으면 인仁하다 할 수 있습니까?"라고 물었다. 강직하고 청렴하며 절개 있는 원헌의 인물됨을 나타내는 대목이다.(13.21; 14.1) 실제로 그는 청렴을 지키고자 가재의 봉록을 거절한 적이 있다. 다소 편집적인 원헌의 이 질문에 공자는 인仁으로 볼 수 없다고 했다. 눈높이 교육이라 할 수 있는 '인재시교因材施教'를 펼친 것이다. 인仁을 행하려면 선을 택하여 굳게 지켜야擇善固執 하기 때문에 공자는 그에게 봉록으로 고향을 구제할 것을 권했다. 원헌은 평생 청빈했으며 관직생활을 하는 동안 불의不義를 하지 않았다. 그의 지조와 절개는 많은 협객과 의로운 선비들에게 모범이 되어 추앙받았다. 『논어』에는 원헌의 이름을 표제로 한 「헌문」 편이 있다.

: 楊舒淵

재아宰我   자가 자아子我로, 재여宰予라고도 불린다. 노나라 사람이고 공자보다 29세 적다. 언어에 능통하며 변론과 외교적 언사에 능했다. 공자는 자신이 사람을 대할 때 상대의 말을 들어보고 믿었는데 재여에게서 큰 낭패를 보았다고 탄식했다.(11.3;『사기』「중니제자열전」)

변론에 능한 재아는 공자가 더 깊이 논의하도록 곧잘 자극했다. 공자가 "인仁을 행하는 자는 기꺼이 목숨을 희생하여 삶의 이상을 이룬다"라고 하자, 재아는 "인을 행하는 자는 어떤 사람이 '우물 안에 인이 있다'고 하면 뛰어내릴까요?"라고 따져 물었다. 공자는 인과 지智를 갖춘 군자도 그처럼 우매하지 않은데, 하물며 인을 행하는 자는 말할 것도 없다는 대답으로 질문이 적절치 않았음을 지적했다.(6.26) 재아는 삼년상에 대해서도 물었다. 그리고 인문人文의 세계에서 예악禮樂을 익히고 자연의 세계에서 농사를 짓는 일에는 모두 일정한 기간이 있다면서 일년상을 내세웠다. 이에 대해 공자는 효과와 이익을 논하는 대신 재아가 사람의 감정적인 요구를 간과했음을 지적했다. 삼년상의 윤리규범은 자녀의 마음을 안정시키기 위함이며, 자녀의 감정은 3년이 지나야 부모의 품에서 떠날 수 있기 때문에 마음이 진실하면 기꺼이 삼년상을 치르게 된다는 것이다. 재아가 자신은 일년상으로도 마음이 편안할 수 있다고 변론하자, 공자는 진실하지 못하다고 하면서 그가 어려서 부모님의 보살핌을 받지 못했을 수 있다고 탄식했다.(17.21)

고대에는 모두들 해가 떠 있을 때 일하고 해가 진 뒤에 쉬는 생활방식에 따랐다. 그러나 재아는 낮잠이 많았다. 공자는 이에 낙심하여 썩은 나무를 조각할 수 없듯이 말만 늘어놓고 실천하지 않는 재아에게는 기대할 게 없다고 했다. 이후로 공자는 사람을 대할 때 그의 말뿐만 아니라 행동이 일치하는지를 관찰했다.(5.9) 재아가 관직에 있을 때 주周 왕조가 사당에 밤나무를 심은 이유는 백성을 두렵게 하기 위해서라고 노 애공에게 말했다. 이는 정치를 장악하고 있던 삼가三家 대부(맹손씨, 숙손씨, 계손씨)의 반란에 대해 무력으로 진압해야 함을 암시한 것이다. 그러나 공자는 그의 말에 동의하지 않았다. 밤나무로 백성을 위협한다는 비유가 타당하지 않으며, 무력을 쓰는 것은 장기적인 계획이 될 수 없는데다 애공 또한 유능한 군주가 아니었기 때문이다.(3.21) 그러나 공자는 언변에 뛰어난 재아를 초楚 소왕昭王에게 파견했다. 재아는 공자의 이상을 충분히 설명했을 뿐만 아니라 소왕이 화려한 마차를 하사하자 "스승께선 마차가 아니라 백성을 아끼는 이상을 실현하기 위해 저를 보냈습니다. 군주께서 바른 도를 행한다면 스승님은 걸어서라도 조정을 찾으실 것입니다"라고 사양했다. 적절하고 합당한 재아의 대응에 공자는 흡족해하며 칭찬했다.(『공총자孔叢子』「기의記義」) 공자가 세상을 떠난 후 재아는 공자가 요·순보다 훨씬 뛰어나다고 했다. 요·순에 비교할 만큼 공자에 대한 당대인들의 추앙은 드높았다.(『맹자』「공손추 상」)

: 楊舒淵

고시高柴   자가 자고子羔며, 자고子皋라고도 불린다. 공자보다 30세 어린 제자다. 품성이 고지식한 그는 공자를 따른 이후로 잠시도 예를 어긴 적이 없었다. 초봄의 꽃나무를 감상하면서 차마 새순을 꺾지 못했고, 상례喪禮 중에는 웃는 얼굴을 보이지 않았다. 예교禮敎를 잘 지켰고 인仁을 실천할 뜻을 세워 효행에도 독실한 태도를 보였다.(11.18; 『공자가어』「제자행」) 그가 관직에 나가자 그의 효행이 알려져 백성을 감화시켰으며, 공자는 관직에 임하는 그의 반듯한 자세를 칭찬했다. 고시는 공정한 태도로 시정을 펼쳤으며, 평등하게 법을 집행하되 연민의 마음을 표했다. 이는 장차 수형자들을 바른 길로 인도하려는 보이지 않는 격려였다.(『공자가어』「관사觀思」) 자로는 고시를 비읍費邑의 수장으로 천거했으며, 그 또한 자로를 따라 위衛나라에서 벼슬을 했다. 위나라에서 왕위 다툼이 벌어졌을 때 그가 무사히 도피할 수 있었던 것은 과거에 그로 말미암아 개과천선한 자가 도왔기 때문이다.(11.25)

: 楊舒淵

상구商瞿 자가 자목子木이고 노나라 사람이며, 공자보다 29세 적다. 『주역周易』 공부를 좋아하여 공자의 주역학을 계승했다.(『사기』「유림열전儒林列傳」; 『공자가어』「칠십이제자해七十二弟子解」) 공자의 주역학은 상구로부터 전하田何에 이르기까지 6대에 걸쳐 전승되었다. 진秦왕조 때는 복서卜筮에 관한 책이라는 이유로 다행히 불태워지지 않았고, 한漢 왕조가 세워지자 전하를 통해 그 가르침이 널리 전해졌다.(『한서漢書』「유림전儒林傳」) 상구는 점괘에 능했다. 공자가 병들었을 때 상구는 공자 곁에서 스승이 운명할 때를 점쳤다. 그러자 공자는 그에게 읽을 책을 가져다줄 것을 청했다.(『논형』「별통別通」) 공자는 죽음이 임박한 상황에도 공부를 게을리 하지 않았고 도道에 이르기를 갈망함으로써 군자가 『주역』을 배우는 모범을 보였다. 몸은 쇠약했지만 선善을 추구하는 의지는 쇠하지 않은 것이다.

: 楊舒淵

진항陳亢 자가 자금子禽 또는 자원子元이다. 진陳나라 사람이며, 공자보다 40세 어린 제자다. 진항은 공자의 아들인 백어伯魚로부터 스승에 대한 이야기를 들었다. 공자는 자식과 적당한 거리를 유지하는 전통에 따라 다른 제자를 가르칠 때와 마찬가지로 아들에게도 시詩와 예禮를 익히라고 했다.(7.24; 16.13) 공자가 여느 제자와 다름없이 대했음에도 백어는 진실한 마음과 예를 지키며 바른길을 걸었다. 진항은 자공子貢을 통해 공자가 각국의 주요 정치가와 왕래할 때 온화·선량·공경·자제·겸퇴謙退의 태도를 견지함으로써 다른 나라의 정치에 관한 자세한 자료를 얻을 수 있었음을 알게 되었다.(1.10) 그러나 진항은 자공子貢의 재능과 덕이 공자보다 낫다고 했는데, 아마 공자를 스승으로 만나기 전이었거나 동명이인(『논어』에 소개된 이름은 진자금陳子禽)의 발언이었을 것이다.(19.25)

: 楊舒淵

증삼曾參

자가 자여子輿이고 노나라 사람이며, 공자보다 46세 어린 제자다. 증삼은 공자의 제자 가운데 효자로 유명하다. 그는 『효경孝經』을 집필해 효도를 주창하고 『대학大學』을 집필해 유가 사상을 전파한 인물로 전해지고 있다. 후대 유학자들은 그에게 증자曾子, 종성宗聖이라는 존칭을 부여했다.

공자는 증삼에 대해 빼어나지 않으며 대응이 더딘 제자로 보았으나, 그는 성실함으로 단점을 극복해 큰 성과를 이루었다.(11.18) 증삼은 수신修身을 중요한 덕목으로 삼았다. 다른 사람을 위해 일할 때 마음을 다했는지, 벗에게 신의를 지켰는지, 자신이 가르친 것을 실천했는지를 매일 여러 번 성찰했다.(1.4) 그는 독서인의 책임이 막중하고 가야 할 길이 멀기 때문에 반드시 큰 뜻과 강인한 정신을 갖춰야 하며, 인仁의 실천을 평생의 임무로 삼아야 한다고 생각했다.(8.7) 벗을 사귈 때는 시문詩文으로써 왕래하고, 그러한 벗의 도움을 얻어 인생의 바른길을 가야 한다고 했다.(12.24) 당시 독서인들이 수신修身을 하는 목적은 군자가 되기 위한 것이었다. 그러나 증삼은 절개와 능력을 갖추어 백성과 국가의 운명을 책임질 수 있고, 위기 속에서도 절개를 지키는 인물을 추구했다.(8.6)

증삼은 나라를 다스리는 자는 월권을 해서는 안 될 뿐만 아니라 고민도 자신의 직무 범주 안에서 해야 한다고 여겼다.(14.26) 그는 옥사獄事를 담당하는 양부陽膚에게 당부하기를, 국가가 불안정할 때 백성이 죄를 짓게 되므로 백성의 죄를 밝혀낼 때는 슬픔과 연민의 심정을 가져야 한다고 했다.(19.19) 맹경자孟

敬子에게는 관리자의 행동과 태도에 위엄 있어야 하고, 표정과 안색은 단정하고 엄숙해야 하며, 언어와 음성은 침착하고 중후해야 한다고 했다. 그래야만 진실함이 드러나고 거칠고 오만해지지 않는다는 것이다.(8.4)

증삼은 효孝로 유명하여 효도에 관한 일화를 많이 남겼다. 그는 "효도의 근본은 부모가 물려준 신체발부身體髮膚를 훼손하지 않는 것"이라 한 공자의 말을 마음에 새기고 실천했다. 그 결과 그는 죽음을 앞두었을 때 제자들을 불러 모아 "평생 전전긍긍하며 몸을 아끼고 손과 발이 온전하게 했으며, 죄를 지어 몸에 벌이 가해지지 않도록 했다"(8.3)고 말했다. 또한 효와 관련하여, 조상에 대한 제사가 사회 풍조에 끼치는 영향을 강조했다. 그는 위정자들이 슬퍼하는 마음으로 장례를 치르고 조상에게 경건하고 정성스럽게 제사를 드린다면 사회는 점차 순박하고 정이 넘칠 것이라고 했다.(1.9)

: 解文琪

증점曾點   자가 자석子晳이고 노나라 사람이다. 아들인 증삼과 함께 공자의 제자다. 증점은 『논어』에 단 한 번 언급되는데, 공자는 그의 포부를 인정해주었다.(11.26) 증점과 자로子路, 염유冉有, 공서화公西華가 공자를 모시고 있을 때 공자가 각자의 포부를 물었다. 세 명의 제자는 자신의 정치적인 포부를 말했다. 그들의 간절한 태도와 달리 한쪽에서 거문고를 타고 있던 증점이 말한 포부는 어떤 경지를 묘사한 것이었다. 늦봄인 3월에 봄옷을 입고 어른 5~6명, 아이 6~7명과 함께 기수沂水 가에서 목욕하고 무우舞雩의 대에 올라 바람을 쐬고 나서 노랫가락을 읊조리며 집으로 돌아오기를 원한다고 했다. 공자는 증점의 포부를 크게 반겼다. 그와 같이 화목하고 즐겁고 한가로운 정경은 자기 스스로 주관할 수 있기 때문에 어떠한 처지에 놓이더라도 천시天時, 지리地利, 인화人和에 맞추어 스스로 즐겁고 만족할 수 있기 때문이다.

맹자는 공자가 언급한 '광자狂者'에 대해 논하면서 증점을 대표적 인물로 삼았다.(『맹자』「진심盡心 하」) 광자란 뜻이 크고 높아 항상 '옛사람이여, 옛사람이여!'를 외치지만 평소의 행실은 말에 따르지 못한다는 평가다. 이로써 증점은 '중도中道'의 이상에는 이르지 못했음을 알 수 있다.

: 陳淑娟

금뢰琴牢

자가 자개子開 또는 자장子張이며, 위衛나라 사람이다. 자로, 증점과 더불어 초기의 제자로 보이며, 음악을 짓고 연주할 줄 알았다. 『논어』에 단 한 번 등장하는 금뢰는 "벼슬에 나가 포부를 펼칠 기회가 없었기에 오히려 많은 기예를 익혔다"는 공자의 술회를 전하고 있다. 이 말에서 공자의 배움에 대한 뜻과 역정歷程을 짐작할 수 있다.(9.7) 맹자는 금뢰가 증점이나 목피牧皮와 마찬가지로 크고 높은 뜻을 품었으나 행실은 못 미치는 광자狂者라고 보았다.(『맹자』「진심 하」) 금뢰에게는 종로宗魯라는 벗이 있었는데, 자신의 주인을 진심으로 공경했으나 반란을 도왔다는 이유로 죽임을 당했다. 금뢰는 벗의 죽음을 애도하기 위해 조문을 가려 했으나 공자가 제지했다. 비록 종로가 충심을 지녔다 해도 옳고 그름을 분별하지 못한 그의 행동은 도의에 어긋난다는 이유였다.(『공자가어』「칠십이제자해」;『공자가어』「자공문子貢問」)

: 楊舒淵

민자건 閔子騫   자가 자건子騫이고 민손閔損이라 불리기도 한다. 노나라 사람으로 공자보다 15세 적으며, 덕행에 뛰어난 제자다. 공자는 그를 칭찬하는 친족들의 말에 아무도 트집을 잡지 않는다면서 그의 효성을 높이 샀다.(11.3; 11.5) 노 소공昭公이 삼가三家 대부와 권력을 다투기 위해 국가 재정을 확장하려 하자, 민자건이 나서서 백성을 혹사하고 물자를 낭비하면 동란이 생기니 그대로 유지하는 게 낫다고 만류했다. 그에 대해 공자는 평소 민자건이 말수가 적지만 일단 말을 꺼내면 적확하다고 했다.(11.14) 이후 노 소공은 삼가 대부에 의해 쫓겨났다. 타삼도 이후 계씨季氏가 민자건에게 비읍費邑의 수장 자리를 제안했으나, 계씨의 명령에 따르고 싶지 않았고 삼환三桓이 노나라에서 권력을 휘두르는 데 반대한 그는 제안을 거절했다. 그의 올곧음과 선견지명은 대신大臣이 갖추어야 할 풍모를 보여준다.(6.9; 11.14)

: 楊舒淵

칠조개 漆彫開   원래 이름은 계啟이고, 채蔡나라 사람이다. 공자보다 11세 적은 제자다. 공자는 칠조개에게 벼슬을 하도록 권했으나 그는 관리로서 자격이 충분치 않다는 이유로 사양했다. 그는 벼슬이 가져다줄 이익을 생각하기보다는 자신을 반성하고 덕으로 나아가 학업을 닦는 게 우선이라고 생각했다. 이처럼 이익이 있으면 먼저 의로움을 생각하는[見得思義] 태도는 독서인이 군자의 도에 나아가기 위한 중요한 조건이다. 공자는 자기 자신에게 엄격한 칠조개의 태도에 기뻐했다.(5.5) 전하는 바에 따르면, 공자가 세상을 떠난 후 칠조씨漆雕氏의 유학이 전승되었다. 다만 칠조씨라는 인물이 칠조개인지는 고증하기 어렵다.(『한비자』「현학顯學」)

: 楊舒淵

번지樊遲 자가 자지子遲이며, 번수樊須라고도 불린다. 노나라 사람이며 공자보다 46세 어린 제자다. 무용武勇에 출중하여 노 애공 11년 제나라와 전투가 벌어졌을 때 22세의 나이에 염구冉求의 부대에서 거우車右를 맡았다. 그는 우선 참호를 공격해 염구가 제나라 군대를 대파하는 데 도움을 주었다. 그해에 공자가 위衛나라에서 노나라로 돌아왔을 때부터 정식으로 제자가 되어 공자를 모셨다.(『공자가어』「정론해正論解」) 번지는 공자에게 인仁이란 무엇이며 밝은 앎明智이란 무엇인지를 물었다. 공자는 인이란 다른 사람을 사랑하는 것이며, 밝은 앎이란 남을 이해하는 것이라 했다. 번지가 제대로 알아듣지 못하자, 공자는 다시 "윗자리에 바른 사람을 등용하면 올바르지 않은 아랫사람을 바르게 만들 수 있다"고 했다. 그러나 번지는 여전히 이해하지 못한 채 밖으로 나와 자하子夏에게 공자의 말씀이 무슨 뜻인지 물었다. 자하가 순임금이 고도皋陶를 등용하고 탕왕이 이윤伊尹을 발탁한 것을 예로 들어 설명해주자 번지는 비로소 공자의 가르침을 이해할 수 있었다.(12.22) 번지가 마차를 몰고 공자를 수행할 때 공자에게 가르침을 청한 이야기로 미루어보면, 비록 그가 총명하지는 않았지만 부지런히 배우고 묻기를 좋아했음을 알 수 있다. 노력은 부족함을 채운다. 이후 번지는 덕행을 어떻게 증진시켜야 하는지, 묵은 원한은 어떻게 풀어야 하는지, 미혹된 것은 어떻게 분별하는지 등 자기수양에 관해 궁금한 바를 공자에게 물었다. 공자는 그에게 '좋은 질문'이라고 했다.(2.5; 12.21) 다만 번지가 농사일과 원예 방법에 대해 묻자 공자는 그가 인예仁禮의 도를 펼칠 패기가 부족하다고 했다. 직접 농사를 지었던 우禹와 직稷을 찬양한 공자이기에 이 발언은 농사일을 하찮게 여긴 것이 아니다. 다만 덕으로써 도道를 행하는 군자의 교화 행위를 강조한 것으로, 번지의 질문이 근시안적이었기 때문에 그를 소인小人으로 본 것이다.(13.4)

: 楊舒淵

담대멸명
澹臺滅明

자가 자우子羽이며, 공자보다 39세 어린 제자다. 자유子游가 무성武城의 현장縣長으로 일할 때 공자는 무성에서 어떤 인재를 얻었는지 물었다. 자유는 담대멸명이란 자가 있는데, 길을 갈 때 지름길로 가지 않고 공사公事가 아니면 윗사람인 자신의 집에 찾아오는 법이 없다고 소개했다. 이 말은 담대멸명이 공무에 충실하고 법을 잘 지키는 사람으로서 도리에 어긋나는 일을 하지 않았음을 말해준다.(6.14) 공자가 "외모로 사람을 취했다면 자우를 알아보지 못했을 것이다"라고 말한 것으로 보아, 담대멸명의 외모는 꽤나 볼품이 없었던 것 같다. 공자가 세상을 떠난 후 담대멸명은 남쪽 장강長江 쪽으로 내려가 초나라에 거했다. 수백 명의 제자가 그를 따랐고 그가 세운 규범을 지켰다. 이로써 제후들 사이에 담대멸명의 이름이 널리 알려졌다.(『사기』「중니제자열전」; 『한서』「유림전」)

: 楊舒淵

안회顔回　자가 자연子淵 또는 연원顔淵이며, 노나라 사람이다. 공자보다 30세 어리며, 제자 중 가장 덕행이 훌륭했다.(11.3) 공자는 안회가 배우기를 좋아하는 유일한 제자라고 칭찬했으며, 자기와 안회만이 등용되면 포부를 펼치겠지만 등용되지 않아도 평온히 수행할 수 있을 것이라고 했다.(6.3; 7.11; 9.20) 또한 공자 자신과 자공子貢이 하나를 알면 열을 아는 안회보다 못하다고도 했다.(5.8) 안타깝게도 안회는 공자보다 2년 먼저 세상을 떠났다. 공자는 자기를 계승하여 도道를 실천하고 전파하리라 기대했던 안회를 잃자 하늘이 자신을 버렸다며 탄식했다.(11.9)

가장 뛰어난 제자인 안회와의 문답에는 공자의 핵심적인 정치철학이 담겨 있다. 한번은 안회가 어떻게 나라를 개혁하고 부흥시킬 수 있는지를 물었다. 공자는 우虞·하夏·은殷·주周의 예악禮樂을 가감加減하고, 만연해 있는 퇴폐적인 음악을 배척하고, 아첨하는 소인을 멀리해야 한다고 했다. 이러한 사상은 덕행을 중시하되 시대를 고려하여 선왕先王이 남긴 예악을 덜어내고 보탬으로써 시중지도時中之道를 펼쳐야 한다는 뜻이다.(15.11) 또한 안회가 인仁을 어떻게 실천해야 하는가를 묻자, 공자는 스스로 예禮의 요구에 따른다면 인생의 바른길을 가는 것이라고 했다. 수동적인 태도를 버리고 자발적으로 예를 실천한다면 개인의 뜻과 집단의 질서를 조율할 수 있다는 뜻이다. 이는 내면의 진실함이 선善의 실천의지를 이끌어내고, 선의 실천이 내면의 즐거움을 샘솟게 한다는 뜻이기도 하다.(12.1) 안회는 자신과 타인 간의 경계를 지우는 데 뜻을 두었기 때문에 실제로도 사사로움이 없는 태도를 보였다. 그는 오랫동안 인仁을 행하는 공자의 가르침에서 벗어나지 않았으므로 궁핍한 생활에도 늘 즐거움을 잃지 않았다.(5.25; 6.7; 6.11)

공자가 광 땅에서 포위되었을 때 뒤늦게 도착한 안회는 "감히 스승님보다 먼저 죽을 수 없습니다"라고 했다. 이는 부자父子와도 같은 사제師弟의 감정을 나타낸다.(11.23) 안타깝게도 안회가 공자보다 먼저 세상을 떠났을 때 공자는 큰 도가 이어지지 못하고 성현聖賢이 될 만한 인재를 잃은 슬픔에 참담해하며 눈물을 흘렸다. 그리고 자신의 이러한 상심은 결코 지나치지 않은 것이라고 했다.(9.22; 11.10) 안회의 장례를 치를 때 안회의 부친인 안로顔路가 운구로 쓸 수 있도록 수레를 빌려달라고 공자에게 청했으나 공자는 예법에 벗어나는 의식이라며 거절했다. 자신이 가르쳤던 문文과 예禮를 안회의 마지막 순간에도 꿋꿋이 실천한 것이다.(9.11; 11.8; 11.11)

시대가 덕행의 빛을 가릴 수는 없다. 맹자는 "우禹, 직稷, 안자顔子는 입장을 바꾼다 하더라도 그렇게 했을 것이다"라고 말한바, 안회에게는 비록 우와 직과는 달리 백성을 행복하게 해줄 기회가 없었지만 똑같은 성인聖人으로 평가했다.(『맹자』「이루하」) 『논어』에 안회의 이름으로 정리된 「안회」 편이 있다.

: 楊舒淵

안로顔路   이름이 안무요顔無繇이고 자가 노路다. 안회의 아버지로, 그 역시 공자의 제자다. 나이는 공자보다 6세 적었다. 안회가 죽자 안로는 운구로 쓸 수레를 공자에게 빌리려 했지만 공자는 예에 어긋난다며 완곡히 거절했다. 선비士 신분인 안회는 예거禮車를 상여로 쓸 수 없으며 대부大夫를 지낸 자신은 두 다리로 걸어서 상여를 따를 수 없었던 것이다. 공자는 아들 공리孔鯉가 죽었을 때도 예거를 쓰지 않을 만큼 원칙을 지켰기에 마음으로 가장 아낀 안회의 죽음일지라도 예외를 두지 않았다. 공자는 안회에게 문文과 예禮를 가르쳤고, 안회는 오랫동안 그 가르침에 따랐는데, 어떻게 예에 벗어난 행동을 하겠는가. 그러나 아들을 잃은 안로의 슬픔을 이해하여 공자는 그를 꾸짖지 않았다.(11.8; 11.11)

: 楊舒淵

참고할 인물

맹자孟子

이름이 가軻이고 자가 자여子輿다. 추鄒나라 사람이며, 자사子思의 문하생에게 가르침을 받은 유학자다. 그는 공자에 대해 "일찍이 인류 역사에 이런 인물은 없었다生民未有"라고 칭송했다. 맹자의 한결같은 소원은 공자의 학문과 덕행을 배우는 것이었다.(『맹자』 「공손추 상」2) 그가 살았던 시대는 동주東周의 전국시대 중기로, 생애 기간은 기원전 372년~기원전 289년으로 알려져 있다. 당시 주의 왕실은 유명무실하여 7개국이 천하를 놓고 패권을 다투고 있었다. 합종연횡合縱連橫의 모략이 극심하던 무렵 맹자는 세상을 주유하면서 위魏 혜왕惠王, 제齊 선왕宣王 등의 군주를 만났다. 그는 요·순 시대와 삼대三代(하·상·주)를 계승한 공자의 학설을 제창하며 '인자무적仁者無敵'을 힘주어 주장했다.(『맹자』 「양혜왕梁惠王 상」5) 비록 어진 군주가 자신의 학설을 증명하게 하는 데는 도달하지 못했으나 그의 사상은 심오하고 정밀하며, 책을 저술하고 학설을 세워 공자의 도道를 널리 확산시켰다. 결국 그의 명성은 후세에 전해졌으며, 공자와 나란히 '공맹지도孔孟之道'라 불리며 유학의 이론을 대표하게 되었다.

맹자는 공자의 철학을 완벽히 설명했다. 변론가로 유명한 맹자는 양주楊朱와 묵적墨翟을 신랄하게 비판하는 동시에 '지언知言'의 이론을 펼쳤다. 그는 언어가 객관적 사실, 특히 윤리적 가치의 진실을 반영해야 한다고 주장했다. 즉 '의에 기인하는 바唯義所在'를 판단의 기준으로 삼아, 선善을 행하는 양지良知로써 보고 듣고 추리하여 얻은 지식을 성찰하여 치우치거나 사악하거나 거짓된 말을 분별해야 한다는 것이다.(『맹자』「공손추 상」2; 「이루 하」11) 그는 적절한 비유를 통해 공자의 인성론과 윤리학을 세밀하게 다듬어 제창했다. 요점은 두 가지로 나뉘는데, 하나는 선대先代를 본받는다는 점에서 성인聖人도 보통사람과 같을 뿐이므로 모든 사람은 요·순이 될 수 있다는 것이다. 다른 하나는 모든 사람은 태어날 때부터 인의예지仁義禮智라는 구체적인 선행으로 확장될 수 있는 사단四端을 지니고 있으며, 이것이야말로 사람과 짐승을 구분하는 근본적인 차이라는 것이다.(『맹자』「공손추 상」6; 「이루 하」32; 「고자告子 하」2) 그러나 사단을 가지고 태어났다는 것은 선을 행할 능력이 있다는 뜻일 뿐 사람이 본래 선하다는 의미는 아니다. 또한 사람에게 생각, 즉 진실한 자각이 동반되지 않으면 사단은 상실되는 것이다. 이는 우산牛山의 숲이 무성하다 해도 나무를 베기만 하고 가꾸지 않는다면 민둥산이 되는 것과 같다.(『맹자』「고자 상」8; 「고자 상」15) 이에 반해 진실함은 즐거이 선을 행하여 타인을 감동시킬 수 있다. 이는 물이 아래로 흘러 "쏟아져 내림을 막을 수가 없어沛然莫之能禦" 결국 덕행을 갖춘 '대인大人'이 되는 것과 같다.(「이루 상」12; 「진심 상」16) 형이상학과 종교철학의 관점에서는 『시경』『서경』 등의 경전에 근거하여 '하늘'의 역사적 배경과 근거를 명확하게 설명했다. 나아가 '하늘'에 대한 공자의 깨달음을 인류 공통의 것으로 넓혀 그 보편적인 의의를 제시했다. 이때 성인聖人은 미숙한 자들을 일깨우는 '천리天吏'라고 명명했다. 즉 모범적인 언행을 보임으로써 사람들의 타고난 본성을 일깨우고 완전한 인격에 도달하게 하는 존재다. 또한 『시경』에 "오래도록 천명에 부합함을 생각하여 스스로 많은 복을 구한다永言配命, 自求多福"고 했듯이, 선을 실행하는 사명을 지닌 자는 사명의 달성 여부는 운명에 맡기고 오직 예禮에 따르고 의義를 취함으로써 '선을 지향하는 본성'을 실현할 수 있다고 했다.(「공손추 상」4; 「만장萬章 상」8) 진실함으로 인성에 호응하고 가치 있는 사명을 실현한다는 것은 곧 "마음을 다하고 성性을 아는 것은 하늘을 아는 것이요, 마음을 보존하고 성性을 기르는 것은 하늘을 섬기는 것이다盡心知性知天, 存心養性事天." 운명이 어떠하든 간에 이러한 자세를 끝까지 견지하는 것이야말로 결함이 없는 삶이며, 결국 "즐거움이 지극해진다樂莫大焉."(「진심 상」1; 「진심 상」4)

『맹자』는 7편으로 구성되어 있지만 각각 상 하로 나뉘어 14편이다. 편명篇名은 순서대로 「양혜왕梁惠王」 「공손추公孫丑」 「등문공滕文公」 「이루離婁」 「만장萬章」 「고자告子」 「진심盡心」이다. 맹자의 언행록인 이 책의 일부는 맹자가 집필한 것이고, 나머지는 맹자 사후에 만장, 공손추 등의 제자가 집필한 것이다. 전국시대의 상황에 비추어보면 맹자의 학설은 현실적이지 않으며, 맹자 자신도 뜻을 이루지 못했음을 인정했다. 맹자는 제후들이 교육 제도를 통해 효제孝悌를 함양토록 하고, 양민養民·교민敎民·여민동락與民同樂의 인정仁政을 펼쳐야 함을 강조했다. 이는 인간의 선한 본성에 바탕을 둔 것으로, 맹자는 사회가 어지러운 시대에 천하를 주유하며 변론을 통해 인덕仁德과 의행義行을 주장했다. 사람의 마음을 바르게 하고 사악한 학설과 행위를 퇴출하고자 했던 맹자의 정신은 후세의 독서인에게 모범이 되었다.(「양혜왕 상」3; 「양혜왕 상」7; 「등문공 하」9)

: 楊舒淵

순자荀子

이름이 황況이며, 순경荀卿 또는 손경孫卿으로 불린다. 조趙나라의 유학자로, 중궁仲弓 또는 간비자궁馯臂子弓의 학맥을 이은 듯하다. 공자와 맹자를 계승한 고전 유학의 제3인자로 알려진 순자는 동주東周 전국시대 말기에 활동했으며, 생애 기간은 대략 기원전 313년~기원전 238년이다. 『사기』에 따르면 순자는 사방의 인재들을 가르치는 제나라의 직하학궁稷下學宮에서 세 차례나 좨주祭酒를 맡았을 만큼 학문적 지위가 높았다. 이후 모함을 당해 초楚나라로 떠났고, 난릉현蘭陵縣 현장縣長을 맡아 일했다. 현장을 그만둔 후에도 오랫동안 그곳에 머물러 지냈다. 순자로부터 '제왕의 학문帝王之術'을 배운 이사李斯는 훗날 진秦나라의 재상으로 일하며 진나라의 천하통일(기원전 221)을 도왔다. 사마천은 한비와 이사가 함께 순자를 "섬겼다"고 기록했다. 한비가 순자에게 가르침을 받았는지는 확실치 않지만, 순자를 섬겼을 가능성은 있다.

순자는 자신에 대해 예의禮義를 잘 아는 어진 사람仁人이라고 했다. 또한 자신은 순舜·우禹의 제도와 공자孔子·자궁子弓의 의리義理를 본받아 천하를 해롭게 하는 학설을 몰아내는 운명을 짊어졌다고 생각했다.(『순자』「비십이자非十二子」) 그는 이름[名]과 실제[實]를 우롱하고 사실과 가치를 어지럽히는 학자들에 대항하기 위해 공자의 '정명正名' 이론을 발전시켰다. 그는 다음 세 가지를 강조했다. 첫째, 이름[名詞]은 반드시 사실에 근거해야 하며 감각을 통한 경험으로써 같고 다름을 분별하면 혼란이 없다는 것이다. 둘째, 언어[言詞]는 사회적인 약속에 따라야 한다는 것이다. 즉 '마음心'의 인식 능력을 밝게 하여 궤변을 가려내고 의견을 나누어 공감대를 형성하는 것이다. 셋째, 이름과 언어[名言]의 평가 기능을 발휘하는 것이다. 즉 이름을 바로잡아[正名] 정치를 바로잡는[正政] 것이다. 성왕聖王의 말과 예의禮儀 문화에 근거하여 보고 들음으로써 명분을 바르게 하되, 필요하다면 형법을 쓸 수 있다고 했다.(「정명正名」;「해폐解蔽」) 도덕적 지식을 쌓음에 대해서는 '마음'이 다른 감각능력을 주관함으로써 행동을 결정할 수 있으며 인지認知, 해폐解蔽, 평가評價, 훈령訓令의 기능을 한다고 생각했다. 군자가 "텅 비어 한결같으며 고요한虛壹而靜" 방법으로 수양하여 선입견을 없애고 마음과 기운을 안정시키면 마음이 "크게 맑고 밝아져大淸明" 예의를 모두 깨달을 수 있다. 이로써 세상에 '천덕天德'을 일으키고 재화를 조절하고 백성을 다스릴 수 있는 것이다.(「불구不苟」; 「천론天論」; 「해폐」)

순자는 비록 '성악性惡'을 주장하지만 기본 관점은 '사람의 본성이 선을 향한다'는 주장과 크게 다르지 않다. 그는 사람과 금수禽獸의 두 가지 차이가 있다고 했다. 하나는 분별력[能辨]으로서, 여기서 말하는 '변辨'은 시비선악을 구별하는 판단력을 뜻한다. 다른 하나는 의로움으로서, 자원을 공정하게 분배하는 예禮를 발전시킬 수 있다. 그러나 순자가 해석하는 성性은 천명에 따라 선善을 향한다는 공맹孔孟과는 다르다. 그는 맹자의 성선性善 개념을 '사람의 본성은 본래 선하다人性本善'라는 뜻으로 해석했다. 또한 직하稷下에서 형성된 황로학黃老學의 영향으로 하늘天을 '자연'으로만 이해하려 했다. 그는 예禮의 효과가 천지화육天地化育에 참여할 수 있다고 했지만, 이론을 세울 당시에는 하늘과 사람을 이어주고 가치를 부여하는 '천명天命'을 중시하지 않았다.(「예론禮論」; 「성악性惡」) 이에 따라 순자는 우선 '심心'과 '성性'을 구분했다. 그리고 사람의 마음은 안일하고 이익을 좋아하며, 무절제하게 사람의 본성을 드러내어 결국 '치우치고 위험하고 패역한偏險悖亂' 악행을 저지른다고 보았다.(「왕패王霸」;「성악性惡」) 그와 동시에 하늘의 자연적 의미를 강조했다. 자사子思와 맹자가 하늘과 사람의 경계를 구분하지 못하고 성聖과 인의예지仁義禮智를 오행五行으로 혼동했다고 비판했다.(「비십이자」; 백서帛書와 죽간본竹簡本『오행』) 그러나 인간의 본성은 교육과 예의禮義로써 변화될 수 있기 때문에 정성을 다해 인仁을 지키고 의義를 행하면 '의로운 죽음을 피하지 않고不避義死' '이치에 맞는 화평한 다스림正理平治'을 펼쳐 우임금과도 견줄 수도 있다고 했다. 그러나 순자는 당시 사조思潮에 맞추어 이론을 전개할 탄탄한 기초를 마련하지 못했다. 그는 맹자와 마찬가지로 '사람은 선행을 이룰 잠재력이 있다'고 주장했음에도 불구하고 당송唐宋 시대 이후 '사람의 본성은 악하다'는 주장을 한 인물로 오해되어 인의예지의 정치와 교육을 강조한 맹자와는 다른 평가를 받게 되었다.(「불구不苟」;「성악性惡」)

『순자』는 총 32편으로 구성되어 있다. 전한前漢 시대 유향劉向이 당시에 전해진 322편을 수정하고 정리했다. 당唐나라 양경楊倞이 목차를 다시 수정했는데, 그것이 오늘날『순자』의 원형이 되었다. 내용에는 순자가 직접 저술한 것과 제자들이 기록한 것이 포함되어 있다.『사기』에 따르면 일부 내용은 순자가 태어나기 전부터 세상에 알려져 있었다고 한다.

: 楊舒淵

정치 및 유명한 인물

자문子文   자문은 성이 미芈, 자가 토菟이며, '투누오도鬪穀於菟'라고도 불린다. 초나라의 재상이다. 공자와 자장子張이 인仁의 기준에 대하여 문답을 할 때 자장은 두 인물을 예로 들어 질문했는데, 그중 한 명이 자문이다. 재상을 세 차례나 지낸 자문은 직을 맡을 때에는 의기양양하지 않았고 재상에서 물러날 때에도 불쾌한 기색을 보이지 않았다. 직무를 넘겨받을 이에게는 그동안의 내용을 자세히 알려주었다. 공자는 이러한 자문의 태도에 대해 '정성스럽다[忠]고 평했으나 인仁에 부합하는가에 대해서는 알지 못한다고 대답했다.(5.18)

: 陳弘智

자우子羽   성이 공손公孫이고 이름이 휘揮이며, 자가 자우다. 정나라의 행인行人이다. 행인이란 고대 외교관을 일컫는 관직명이다. 공자는 정나라가 외교문서에는 매우 신중을 기했다고 평가하면서 자우의 재능을 인정했다. 자우의 역할은 비침裨諶과 세숙世叔이 쓴 외교문서를 수정하거나 조정하는 것이었다. 당시 공자로부터 인정받은 것으로 보아 자우는 외교적 언사[辭令]를 수식하는 능력으로 신망을 얻었던 듯하다.(14.8)

: 陳弘智

자서子西   정나라의 대부로, 공손하公孫夏라고도 불린다. 그는 자산子産과 같은 가문의 형제 사이로, 자산보다 먼저 정치를 했다. 어떤 이가 공자에게 자산, 자서, 관중管仲에 대해 어떻게 생각하는지 물었다. 공자는 자산과 관중은 공훈과 업적을 쌓아 백성을 이롭게 했다고 평가했다. 이에 비해 자서는 정치적으로나 사회적으로 백성에게 이롭게 한 것이 없어 말할 만한 것이 없다고 했다.(14.9)

: 陳弘智

자복경백
子服景伯   성이 희姬이고 씨氏가 자복子服이며, 자가 백伯이다. 시호諡號는 경景이며, 자복하子服何라고도 불린다. 노나라 대부이고 맹손孟孫 가문의 사람이기 때문에 스스로 세력이 있다고 생각했다. 일찍이 공자와 자로가 불공평한 일을 당했을 때 자복경백은 그들의 편을 들어주었다. 또한 그는 숙손무숙叔孫武叔이 조정의 대부들에게 공자의 재덕才德이 자공보다 못하다고 말하

는 것을 듣고 자공에게 이 말을 전했다. 자공은 세밀하고 정중하게 그에 대해 반박했다.(19.23) 한번은 공백료公伯寮가 계손季孫 앞에서 자로를 비방했다. 이에 분노한 자복경백이 공백료를 죽여서 시신을 거리에 내걸겠다고 하자, 공자는 공백료가 천명天命을 어찌할 수 없다면서 그를 제지했다.(14.36) 이 일화로 자복경백이 공자를 존경했음을 집작할 수 있다.

: 陳弘智

자상백자
子桑伯子

이름이 가可이며, 자상호子桑雩 또는 자상호子桑戶라고 불린다. 『장자莊子』에 따르면, 그는 맹자에 맞섰지만 자금장子琴張과는 간·쓸개·귀·눈과 같이 몸에 관련된 일을 잊고 세상 밖을 떠돌며 아무것도 없는 태초의 때를 소요逍遙하는 사이였다. 자상백자와 자금장이 볼 때 세상은 허황되므로 진실한 감정을 표현하되 예의에 구애될 필요가 없다고 여겼다. 그러니 예의가 어찌 진실에 속하겠느냐고 했다.(『장자』「대종사大宗師」) 또한 공자는 자신이 겪었던 고통을 주제로 자상호와 대화를 나누기도 했다.(『장자』「산목山木」) 중궁仲弓이 자상호의 기풍을 어떻게 생각하는지 물었을 때 공자는 모든 일에 간략함과 편리함을 추구하는 사람이라고 평가했다. 그러자 중궁이 "백성을 다스릴 때 스스로 태도를 엄숙하게 하되 일을 간략하게 하는 건 괜찮겠지만, 태도와 행동 모두가 간략하다면 지나친 것이 아닙니까?"라고 물었다. 공자는 중궁의 말에 수긍했다.(6.2) 이로써 공자는 사람과의 상호작용에서 적절함을 중시했음을 알 수 있다.

: 楊舒淵

자산子産

이름이 교僑이며 공손교公孫僑라고도 불린다. 정나라 목공穆公의 손자로, 춘추시대를 대표하는 대정치가다. 자산은 성실히 내정內政을 정비하고 지역과 경계를 구획하여 세금을 징수했으며, 법치를 중시해 법률 조문을 쇠솥[鼎]에 새겼다. 또한 그는 교만하거나 사치하고 방탕한 대신들을 벌하고 근면함과 충성을 장려함으로써 나라를 태평하게 만들어 백성에게 칭송받았다.

정나라 사람들이 향교鄕校에 모여 정치의 성패를 논의하자 한 관리가 자산에게 향교를 허물 것을 건의했다. 그는 백성이 좋다고 여기는 일은 추진하고 나쁘다고 여기는 일은 고쳐야 한다고 대답하고, 백성은 자신의 스승이므로 향교를 없애는 방식으로 민의民意를 제한해선 안 된다고 했다. 이러한 자산의 언행에 대해 공자는 인仁을 행한 사람이라고 했다.

자산이 다스린 26년간 정나라 사람들은 밤이 되어도 문을 닫지 않았고, 물건이 땅에 떨어져도 줍지 않았으며, 서로 속이지 않았다. 내란과 외환이 빈번하던 정나라를 평화롭게 만든 그가 세상을 떠났을 때 정나라 백성은 가족을 잃은 것처럼 슬퍼했다. 공자 역시 자산의 인애仁愛에는 이러한 옛사람의 유풍遺風이 있다고 했다.

공자는 정나라에 갔을 때 자산을 만났으며 형제처럼 돈독한 관계를 맺었다. 또한 자산은 백성을 아끼고 돌보는 인물임을 인정하면서 네 가지 면에서 군자의 기풍을 지녔다고 했다. 용모와 태도가 공손하고 예의바르며, 군주를 섬길 때 존경심으로 대하고, 백성에게 널리 은혜를 펼치며, 백성에게 일을 시킬 때는 적정한 선을 지키는 것이다.(5.15)

: 解文琪

공산불요 公山弗擾

계씨季氏의 가신 공산불뉴公山不狃와 동일 인물로 추정되며, 자가 자설子洩이다. 공산불요는 계씨에게 반역하여 군사를 일으켜 비읍費邑을 점령했을 때 공자에게 도움을 청한 적이 있다. 이에 대해 자로는 반대했지만, 공자는 공산불요가 계씨 가신의 신분으로 모반함이 노나라 군주를 지지하는 것일 수 있다고 했다.(17.5) 이에 공산불요를 만나려 했으나 이루어지지 않았다.

: 陳弘智

공백료 公伯寮

성이 공백公伯이고 이름이 요寮이며, 노나라 사람이다. 공백료가 계손씨季孫氏 앞에서 자로를 비방한 한 적이 있다. 이에 분노한 자복경백子服景伯이 공백료를 죽이고 그의 시신을 거리에 내걸어 사람들에게 보이겠다고 했다. 이에 공자는 천명天命은 공백료에 의해 좌우되지 않는다고 했다.(14.36) 정치적 이상을 실현하는 데는 사람의 의지만으로는 부족하며 하늘의 뜻이 필요하다는 인식이 담긴 말이다.

: 陳弘智

공숙문자
公叔文子

성이 공숙公淑이고 이름이 발拔이다. '문文'은 시호다. 위衛나라의 대부인 그는 가신家臣인 선僕을 대부로 발탁함으로써 "낮은 백성에게도 작위를 내려주는錫民爵位" 덕행을 보였다. 이에 공자는 그의 넓은 도량이 '문'이라는 시호에 걸맞다고 했다.(14.18) 공자는 대개 어떤 대상을 전체적으로 파악한 뒤에 평가하기 때문에 공명가公明賈에게 "공숙문자께선 과연 소문대로 말수도 없고 웃지 않으며 재물을 취하지 않는가?"라고 물었다. 공명가는 공자에게 "공손발은 적당한 때가 되면 말하고, 정말 기쁠 때 웃으며, 마땅히 취할 재물만 취한다"라고 답했다. 이러한 공명가의 대답은 소문보다 과장된 것으로, 공자는 공명가의 능숙한 답변을 인정했으나 그 내용에 대해서는 판단을 유보하는 태도를 보였다.(14.13)

: 陳弘智

공명가公明賈

성이 공명公明이고 이름이 가賈이며, 위나라 사람이다. 공자는 공명가에게 공숙문자公叔文子에 대한 소문의 진위를 물은 적이 있다. 공명가는 공숙문자를 소문보다 훌륭한 사람으로 표현했다. 공숙문자는 적당한 때가 되어야 말하기 때문에 사람들은 그의 말을 싫어하지 않고, 정말 기쁠 때 웃기 때문에 사람들은 그의 웃음을 싫어하지 않으며, 마땅히 취할 재물만 갖기 때문에 사람들은 그가 재물을 취함을 싫어하지 않는다고 한 것이다. 공자는 공명가의 능숙한 말솜씨를 인정하면서도 그가 말한 사실에 대해서는 유보적인 태도를 보였다. 공자의

이러한 태도는 어떠한 평가를 들을 때 신중해야 함을 보여준다.(14.13)

: 陳弘智

공손조公孫朝   위나라 대부로서, 춘추시대 노·초·정나라에도 같은 이름의 인물이 있었기 때문에 위공손조衛公孫朝라고도 불린다. 공손조는 자공子貢에게 공자가 누구에게 배웠는지 물었다. 자공은 "주 문왕文王과 무왕武王의 교화는 완전히 끊어지지 않고 세상 곳곳에 흩어져 있기 때문에 재능과 덕행이 탁월한 사람은 요점을 파악하고, 재능과 덕행이 평범한 사람은 사소한 것을 파악합니다. 이러한 성취는 어느 때 어떤 곳에서든 볼 수 있는바, 스승께선 배우지 못할 곳이 없으며 일정한 스승도 없습니다"라고 대답했다. '일정한 스승이 없다'는 말은 공자가 노자老子, 담자郯子, 사양師襄에게 예禮를 묻고, 거문고를 배우고, 모든 일에 대해 묻고, 많이 듣고 보고, 어떤 것을 고집하지 않고 훌륭한 것을 택하여 따르는 학습 태도와 방법을 뜻한다.(19.22)

: 楊舒淵

비간比干   '왕자王子 비간'으로도 불리며, 말읍沬邑 사람이다. 상商나라의 종실宗室로서 주왕紂王의 숙부다. 삼공三公의 밑이며 경대부卿大夫 위의 직책인 소사少師를 맡았다. 주왕이 포락지형炮烙之刑을 쓰고 포학무도暴虐無道를 행할 때 비간은 정치를 걱정하고 백성을 불쌍히 여겼다. 그는 "군주가 무도無道한데 백성이 무슨 잘못인가?"라며 죽음을 무릅쓰고 주왕에게 직언했다. 이에 주왕이 격노하여 "성인聖人의 심장에는 일곱 개의 구멍이 있다고 들었다"며 비간을 죽여 심장을 도려냈다고 한다. 비간은 미자微子, 기자箕子와 더불어 고난을 무릅쓰고 자신의 사명에 따라 택선고집擇善固執한 인물이다. 공자는 상 왕조 말기의 세 인물이 인仁을 행한 '어진 사람仁者'이라고 찬사했다.(18.1)

: 楊舒淵

공자의 조상
孔子祖先

상나라의 종실인 미자계微子啟는 공자와 밀접한 관계가 있다. 미자계의 아우 미중微仲이 공자의 조상이었다. 미중은 성이 자子고, 이름이 연衍이며, 송나라의 2대 군주다. 이후 송공계宋公稽, 정공신丁公申, 민공공湣公共이 왕위를 계승했다. 민공공의 큰아들 불보하弗父何에 이르러서는 왕위를 동생에게 양위했고, 불보하의 아들 송보주宋父周가 공경의 작위를 계승했다. 이로써 공자의 일가一家는 제후가 아닌 공경公卿의 가문이 되었으며, 이후 세자승世子勝, 정고보正考父, 공보가孔父嘉로 이어졌다. 공보가의 세대는 '다섯 대가 지나면 왕족이라 할 수 없고, 따로 공족公族이 된다'는 주례周禮 규정에 적용되었다. 즉 5대 이후에는 더 이상 공실公室에 속하지 못해 따로 일족一族을 세워야 했기에 공보가는 공孔을 씨氏로 삼았다. 이후 목금보木金父, 기보祁父, 방숙防叔, 백하伯夏, 숙량흘叔梁紇로 전승되었다. 숙량흘은 공자의 아버지로, 이름이 흘紇, 자가 숙叔이다. 숙량흘은 먼저 시씨施氏와 혼인해 딸 아홉을 낳았고 아들이 없었다. 이후

첩 사이에서 맹피孟皮를 낳았는데, 맹피는 다리에 장애가 있어 건강한 아들이 조상을 제사지낸다는 옛 규정에 맞지 않았다. 숙량흘은 60세 넘은 나이에 안징재顔徵在를 부인으로 맞아 공자를 낳았다.(『공자가어』「본성해」)

: 陳弘智

공자의 후대
孔子後代

공자는 아들 하나를 두었다. 이름이 리鯉, 자가 백어伯魚로, 공자가 70세 되던 해에 세상을 떠났다. 공리孔鯉 역시 아들 하나를 두었는데, 이름이 급伋이고 자가 자사子思다. 자사가『중용』을 집필한 것으로 추정되며, 맹자는 자사의 재전再傳 제자였다. 공급孔伋의 아들은 이름이 백白이고 자가 자상子上이다. 전해지는 바에 따르면 공백孔白 역시 두루 많은 책을 읽었다. 이후 공씨 일가는 공구孔求, 공기孔箕, 공천孔穿, 공겸孔謙, 공부孔鮒 등으로 이어졌다.(『사기』「공자세가」;『사기』「맹자순경열전孟子荀卿列傳」)

: 陳弘智

변장자 卞莊子

노나라 변읍卞邑의 대부로서, 용맹한 인물로 유명했다. 자로가 공자에게 이상적인 인물에 대해 물었을 때 공자는 노나라의 훌륭한 인사들을 열거하고 각각의 장점을 설명하면서 지知, 불욕不欲, 용勇, 예藝 등 네 가지 조건을 제시했다. 그리고 여기에 예악교화禮樂敎化를 더해야 비로소 '완전한 사람成人'이라 할 수 있다고 했다. 그중 한 명인 변장자는 용맹을 대표한 인물이다.(14.12) 변장자에 관한 일화로는 혼자 호랑이를 잡은 이야기가 전해진다. 어느 날 그는 가신家臣 변수卞壽와 함께 길을 가던 중 호랑이 두 마리가 죽은 소를 뜯어 먹는 현장을 보았다. 그가 검을 들어 호랑이를 잡으려 하자 변수가 호랑이가 서로 싸워 다칠 때를 기다렸다가 잡자고 제안했다. 변장자는 가신의 말대로 하여 어렵지 않게 호랑이를 잡을 수 있었다.(『논어의소論語義疏』) 제나라가 노나라를 공격하려 할 때 제나라군은 용맹하기로 소문난 변장자가 다스리는 변읍을 감히 지나지 못했다.(『순자』「대략大略」)

: 楊舒淵

소련少連 동이東夷 사람으로, 공자가 언급한 일민逸民 일곱 명에 속한다. 『예기禮記』에서 공자는 소련이 복상服喪의 도리를 잘 안다고 평했다. 그는 상례喪禮의 준비 과정부터 장시간 장엄하게 진행되는 의식 절차를 잘 지켰으며 상중에는 애도의 태도를 잊지 않았다. 부모의 삼년상을 치르는 동안에도 비통한 심정으로 임했다. 공자는 상례란 의식을 잘 치르는 것보다 슬퍼하는 마음자세가 더 중요하며, 이것이 예禮의 근본 도리라고 했다. 소련이 진실한 감정으로 예의禮儀에 따르자 공자는 그가 "상례를 잘 치렀다"라고 했으며, 소련이 진심으로 선善을 실천한 것에 대해 "유하혜柳下惠와 같다. 비록 뜻을 이루지 못하고 수모를 당했지만, 그의 말은 도리에 맞고 행위는 사려 깊다"라고 했다.(3.4; 18.8; 『예기』「잡기雜記」)

: 楊舒淵

왕손가王孫賈 　위衛나라의 대부다. 당시에 존귀한 아랫목 신[奧神]에게 잘 보이느니 차라리 부뚜막 신[竈神]에게 잘 보이는 게 낫다는 속담이 있었다. 왕손가는 공자에게 그 의미를 물음으로써 공자가 위나라의 왕실과 대신들 중 어느 쪽을 지지하는지 알고자 했다.(3.13) 주 왕조의 신앙을 수용한 공자는 하늘을 최고의 신명神明이자 만물의 주재자로 여겼기 때문에 사람이 귀신에게 잘 보일 필요가 없다는 뜻을 전했다. 죄를 지어 기도를 할 때 최고이자 최후의 대상은 하늘이기 때문이다. 또한 공자는 왕손가의 군사 통솔력을 인정하면서 위衛 영공靈公에게 인재가 있다고 평했다.(14.19)

: 陳弘智

세숙世叔　이름이 유길游吉이며, 자태숙子太叔이라고도 불린다. 정나라 대부로, 기원전 507년에 세상을 떠났다. 세숙은 공손채公孫蠆의 아들이며, 기원전 522년에 자산의 뒤를 이어 집정했다. 공자는 세숙의 능력을 언급하면서 정나라가 외교 문건을 공포할 때 매우 신중하게 했다고 평했다. 당시 세숙은 비침裨諶이 작성한 문서를 다듬고 정리하는 일을 맡았는데, 그의 재능은 큰 신뢰를 얻었다. 공자 역시 이 점을 인정했다.(14.8)

: 陳弘智

사어史魚　자가 자어子魚이며, 사추史鰌로도 불린다. 위衛나라 대부였던 그는 영공靈公에게 거백옥蘧伯玉을 중용하고 미자하彌子瑕를 멀리할 것을 항상 간언했다. 공자는 사어의 사람됨에 대해 "나라에 도道가 있든 없든 관계없이 그의 말과 행동은 화살처럼 곧다"고 했다. 또한 사어가 인재로 추천한 거백옥에 대해서도 군자로 인정함으로써 공자가 사어의 안목을 매우 존중했음을 알 수 있다.(15.7)

: 陳弘智

좌구명左丘明　노나라의 태사太史다. 사마천은 그의 성이 좌구左丘이고 이름이 명明이며, 노나라 군자라고 했다. 공자와 동시대를 살았던 좌구명은 공자보다 나중에 세상을 떠난 것으로 추정된다.(『사기』「십이제후연표十二諸侯年表」;『한서』「초원왕전楚元王傳」) 좌구명과 공자는 호오好惡가 같았다. 둘은 사람에게 진심으로 대하기를 좋아했으며 겉으로 공손한 체하는 태도를 싫어했다. 또한 듣기에 좋은 말이나 비위를 맞추는 행동, 꾸민 얼굴빛이나 지나친 공손함을 수치로 여겼다. 속으로는 상대방을 미워하면서 겉으로는 계속 왕래하는 행동 역시 부끄럽게 여겼다.(5.24)

공자는 좌구명과 함께 노나라의 사서를 보고『춘추』를 집필했다는 설이 있다.『춘추』는 자하조차도 자구字句를 첨삭할 수 없었다. 그러나 공자가 세상을 떠난 뒤『춘추』의 특수한 필법筆法과 미언요의微言要義는 제자들로 하여금 서로 다른 견해를 갖게 했다. 의견이 분분하자 좌구명은『춘추』의 진정한 의미를 잃을까 우려하여『좌씨춘추左氏春秋』를 지었다. 그는 역사적 사실을 상세하고 정확하게 보완함으로써 결코 공자가 빈말로 경

經을 말하지 않았음을 증명했다.『좌구씨춘추左丘氏春秋』라고 부르지 않는 것은 공자의 이름을 피휘避諱하기 위함이다.(『사기』「공자세가」;『한서』「예문지藝文志」)

: 楊舒淵

이윤伊尹 씨氏가 이伊이고, 이름이 집贄이다. 윤尹은 관직명이다. 상 왕조 초기의 대신으로서 탕왕이 하 왕조를 멸할 때 도왔다. 공자는 제자인 번지樊遲가 인仁에 대해 묻자 "바르고 곧은 사람을 발탁하여 치우치고 굽은 사람들 위에 두는 것이다. 이로써 치우치고 굽은 사람을 바르고 곧게 할 수 있다"고 답했다. 번지가 무슨 뜻인지를 자하子夏에게 묻자 자하는 이윤을 예로 들어 설명했다. "마치 탕왕이 천하를 다스릴 때 많은 사람 중에 이윤을 발탁하자 어질지 않는 사람들이 저절로 멀어진 것이오."(12.22) 후대 사람들은 이윤의 공로를 높이 평가했다. 맹자는 이윤을 가리켜 성인 가운데 책임을 짊어진 자, 즉 "성지임자聖之任者"라고 평했다.(『맹자』「만장 하」)

: 陳弘智

중숙어仲叔圉 공어孔圉는 중숙어仲叔圉로도 불린다. 시호인 '문文'을 붙여 공문자孔文子로도 불린다. 공자는 위衛 영공靈公이 등용한 인재 중에 중숙어의 외교 능력은 인정할 만하다고 했다.(14.19) 자공이 공자에게 중숙어가 어떻게 '문文'이라는 시호를 받을 수 있었는지 물었다. 공자는 중숙어가 총명하고 배우기를 좋아하며 자신을 낮추어 가르침을 청하기를 부끄러워하지 않았기 때문이라고 했다. '문文'에는 여섯 등급이 있다.(『주서周書』「시법諡法」) 중숙어는 부지런히 배우고 묻기를 좋아했기 때문에 이 시호를 받았다.(5.14)

: 陳弘智

이일夷逸   공자가 언급한 일곱 명의 일민逸民 중 한 명이다. 이일은 이궤제夷詭諸의 후예라는 기록이 있는데(『시자尸子』), 공자가 언급한 인물과 같은지는 알 수 없다. 다만 그의 사적事蹟을 보면 공자의 평가에 부합하는 것으로 보인다. 기록에 따르면, 벼슬을 권유받은 이일은 자신을 소에 비유하면서 밭에서 멍에를 지고 농사를 지을지언정 비단옷을 입고 조정에 놓인 제물이 되지는 않겠다고 했다. 아름다운 옷을 입고 뜻을 펴지 못하느니 차라리 백성과 함께 성실히 일하는 쪽을 택하겠다는 뜻이다. 장자가 초나라 왕이 내린 벼슬을 거절했을 때도 이와 비슷한 말을 했다. 그는 진흙에서 기어 다니는 거북이가 될지언정 묘당廟堂에 모신 신구神龜가 되고 싶지 않다고 했다.(『장자』「추수秋水」) 공자는 이일과 우중虞仲을 함께 언급하며 다음과 같이 평했다. "뜻을 이루지는 못했지만 현명하여 은거하면서도 스스럼없이 훌륭한 논의를 펼쳤다. 청렴결백한 인격을 드러냈으며, 나아감과 물러섬이 권도權道에 들어맞았다."(18.8)

: 楊舒淵

주장朱張 　공자가 언급한 일곱 명의 일민逸民 중 한 명이다. 주장의 생애에 대한 고증 자료는 없으며, 일민 중 유일하게 공자가 평가를 남기지 않은 인물이다. 청대淸代 학자 유보남劉寶楠의 연구에 따르면, 당대에도 주장의 사적에 관한 사료가 부족하여 공자가 신중을 기하기 위해 이름만 밝힌 것으로 추정된다. 반면 왕필王弼은 순자가 존숭한 자궁子弓이 바로 주장이라고 했다. 하지만 자궁을 공자의 제자 중궁仲弓으로 간주한 양경楊倞의 관점으로 보자면(『순자주荀子注』) 공자가 자신의 제자인 중궁을 선현先賢의 반열에 올려놓고 비교하는 셈이 되므로 왕필의 주장은 신뢰하기 어렵다.(18.8; 『논어정의論語正義』)

: 楊舒淵

노팽老彭　은 왕조의 어진 대부大夫로, 고대의 문화를 믿고 좋아했다. 선왕의 도를 전하고 기술할 뿐 스스로 창작하지 않았다. 공자는 은 왕조의 후예라는 점에서 은근하고 겸손하게 자신을 노팽에 견주었다.(7.1) 공자가 노 애공에게 소개한 바에 따르면, 노팽은 대부에게 정사를 다스리는 방법, 선비에게 관직을 맡는 방법, 백성에게 각종을 기술을 가르칠 때 배우는 자가 의기양양하면 억누르고 위축되어 있으면 격려하여 중도中道에서 벗어나지 않도록 했다. 또한 그는 일을 맡길 때 언변만 가지고 판단하지 않고 덕행의 수행을 요구했다고 한다. 외면을 꾸밀 수 있는 언변보다 내면의 실력을 더 중시한 것이다.(『대대례기大戴禮記』「우대덕虞戴德」)

: 楊舒淵

백씨伯氏　　제나라의 대부다. 어떤 사람이 공자에게 자산子産, 자서子西, 관중管仲을 어떻게 생각하는지 물었다. 공자는 관중의 기풍에 대해 말하면서 백씨를 언급했는데, 그는 관중에게 병읍騈邑 300호를 빼앗겼을 때 보잘 것 없는 음식으로 생활하면서도 평생 관중을 원망하지 않은 인물이다. 이 일에 대해 공자는 백씨가 죄를 지었고 관중은 나라에 공로를 세운 상황으로 판단한 듯하다.(14.9) 다른 설에 따르면, 백씨의 이름은 언偃이고 병읍은 그의 봉지封地라고 한다.

: 陳弘智

백이伯夷　　상나라 주紂왕 때 고죽국孤竹國 군주의 큰아들이다. 군주가 백이의 동생 숙제叔齊에게 제위를 넘기려 하자, 숙제는 형의 자리를 빼앗고 싶지 않았고 백이는 아버지의 뜻을 거역하고 싶지 않았다. 끝내 형제가 함께 고죽국을 떠났고 훗날 주 왕조의 문왕文王이 된 서백西伯 희창姬昌을 찾아가 여생을 보냈다. 문왕이 죽고 제위에 오른 무왕武王이 주 임금을 토벌하기로 하자, 백이와 숙제는 신하로서 군주를 죽여 불인不仁의 이름을 짊어지지 말 것을 무왕에게 권고했다. 그러나 무왕의 뜻은 이미 정해져 있었다. 상 왕조가 멸하고 나서 천하가 주 왕조에 귀의하자 백이 형제는 이를 부끄럽게 여겼다. 그들은 주 왕조의 곡식을 먹지 않기로 하고 수양산首陽山에 은거하며 산나물로 끼니를 잇다가 굶어죽었다.

백이의 높은 인격과 굳은 절개는 공자와 맹자의 칭송을 받았다. 공자는 백이 형제가 비록 뜻을 얻지는 못했지만 그들의 지조, 절개, 인격은 욕되지 않았다고 했다. 또한 그들은 인仁을 추구하여 그것을 얻었으며, 그랬기에 두 사람의 훌륭한 덕행이 오늘날까지 칭송받는다고 했다.(7.15) 공자가 백이의 행적을 칭송했다면, 맹자는 그가 백대百代의 스승이며 고결한 성인聖人이라고 하여 그 위상을 높였다. 또한 백이가 사악한 사물을 보지 않았고 사악한 말을 듣지 않았으며, 나쁜 군주를 섬기지 않았고, 바람직하지 않은 백성을 부리지 않았다고 했다. 따라서 세상이 혼란스러울 때 은거한 채 폭정을 행한 나라를 거부한 백이의 기풍을 들으면 탐욕스러운 자는 청렴해지고 나약한 자는 포부를 품는다고 했다.

: 解文琪

백금伯禽   주공周公 단旦의 큰아들 희백금姬伯禽으로, 노나라의 첫 번째 군주로 봉해져 노공魯公이라 불린다. 본래 주 무왕武王은 은殷을 멸한 뒤 주공 단을 곡부曲阜에 봉했다. 그러나 주공은 무왕 곁에 남아 보필하기 위해 봉지로 가지 않았다. 무왕이 세상을 떠난 뒤에도 주공은 어린 성왕成王을 보필하기 위해 백금을 봉지로 보냈다. 이에 따라 백금이 노공이 되었다. 주공은 백금을 봉지로 보낼 때 다음과 같이 훈계했다. "한 나라의 정치적 지도자로서 제가치국齊家治國하려면 친족에게 소홀함이 없어야 하며, 대신大臣들이 중용되지 않음을 원망케 하지 않고, 오랜 기간 자신을 따랐던 신하는 중대한 과실이 아니면 내쫓지 않으며, 한 사람에게 완벽함을 요구하지 않고 스스로 사람들을 잘 파악해 적재적소에 잘 등용해야 한다."(18.10;『사기』「노주공세가」)

: 楊舒淵

필힐佛肸　진晉나라 조간자趙簡子가 독재정치를 할 때 범씨范氏와 중항씨中行氏가 중모현中牟縣을 공격했다. 당시 중모현의 현장縣長인 필힐도 조간자에게 반기를 들면서 공자를 초청했다. 공자가 응하여 그곳으로 가려 하자 자로子路는 군자는 공공연히 악행을 일삼는 자를 가까이해선 안 된다고 한 공자의 발언을 상기시켜 반대했다. 공자는 자신이 했던 말을 부정하지 않았다. 그러나 가장 견고한 것은 닳지 않으며 가장 순백한 것은 검게 물들지 않는다는 비유를 들어 자신은 사람들이 바라만 보는 바가지별[匏瓜星]이 아니라고 했다. 필힐이 자신에게 어떠한 영향도 끼칠 수 없음을 자신한 말이다.(17.7)

: 陳弘智

송조宋朝　송宋나라 공자이며 이름은 조朝다. 위衛나라의 대부인 송조는 잘생긴 외모에 음탕한 위인으로, 일찍이 남자南子와 정을 통했다. 남자가 위 영공靈公의 부인이 된 후 영공은 남자를 위해 송조를 불러들였다. 이에 송나라 백성은 남자와 송조를 돼지에 비유하여 "어찌 너희 씨돼지가 안정되었는데 우리 수퇘지는 돌려보내지 않는가旣定爾婁豬, 盍歸吾艾豭"라는 노래를 불렀다. 이미 남자와 송조의 부정한 관계를 풍자한 것이다.(『좌전』 정공 14년) 공자는 위나라의 정치에 대해 "위나라가 축타祝鮀와 같은 능력 있는 관리를 중시하지 않고 송조의 미모를 중시한다. 각국이 서로 강자가 되려고 하는 정세에서 화를 면하기 어려울 것이다"라고 평가했다. 결국 적재적소에 인물을 기용할 줄 알았던 영공이 죽은 후 위나라에는 내란이 끊이지 않았다.(6.16; 14.19)

: 楊舒淵

숙씨叔氏

노나라 삼가三家 중 한 명이다. 삼가는 맹씨孟氏, 숙씨叔氏, 계씨季氏로서 모두 노나라 환공桓公의 후손이며, 이에 삼환三桓으로도 불린다. 노나라 환공의 뒤를 이은 사람은 장공莊公이며, 나머지 세 아들은 경보慶父, 숙아叔牙, 계우季友로서 각기 중손仲孫, 숙손叔孫, 계손季孫으로 불린다. 중손仲孫은 이후의 맹손孟孫이다. 삼가의 뒤를 이은 사람은 모두 경卿으로서 각기 사공司空, 사마司馬, 사도司徒다.

: 陳弘智

숙손무숙
叔孫武叔

숙손주구叔孫州仇는 노나라의 대부다. 시호가 '무武'이기 때문에 숙손무숙으로도 불린다. 그는 조정의 대부들에게 자공의 재덕才德이 공자보다 훌륭하다며 공자를 조롱하고 험담했다.

이 말을 들은 자공은 어떻게 대응했을까? 그는 다른 사람이 자신과 스승의 학문을 이해하는 바를 가옥의 담장 높이에 비유했다. "나의 담장은 어깨 높이라서 집 안의 아름다운 장식이 바로 보이지만, 스승의 담장은 몇 장丈이나 되는 높이라서 대문을 찾아 들어가지 못하면 내부의 웅장한 경치를 볼 수 없다. 숙손주구는 대문을 못 찾는 사람일 것이다. 하물며 공자의 재덕은 해와 달과 같아서 능가할 수 없다. 그런 해와 달을 끊고자 하는 자들은 분수도 모르는 자기를 드러낼 뿐, 해와 달에게는 아무 손해도 끼칠 수 없다."(19.23; 19.24)

: 楊舒淵

숙제 叔齊

성이 자子이고 씨가 묵태墨胎이며, 이름이 치致다. 자가 공달公達이고 시호가 제齊다. 은나라 말기 고죽국 군주의 아들이다. 백이의 아우인 숙제가 왕위 계승자로 정해지자 형제가 서로 왕위를 양보했다. 이후 함께 서백창西伯昌의 영지領地로 떠났다. 그들은 무왕이 주왕을 토벌하는 것을 말렸으나 소용없었다. 결국 주 왕조의 곡식을 먹지 않겠다며 수양산에서 은거하다가 굶어죽었다. 공자는 그러한 백이·숙제 형제를 칭송했다. 그들은 과거에 남이 저지른 악행을 마음에 두지 않았으며, '행인行仁'을 추구하고 이루었으므로 고대의 덕 있는 선비士라고 평했다.(5.22; 7.15)

: 陳弘智

주공周公   성이 희姬이고 이름이 단旦이며, 시호가 문文이다. 주공周公 단旦, 숙단叔旦으로 불린다. 주 문왕의 넷째아들이자 무왕의 동생이다. 그의 영지(채읍采邑)가 오늘날 산시성陝西省 치산岐山의 주성周城이기 때문에 주공周公이라 불리며, 때로는 주문공周文公이라 불린다. 또한 주공의 후손이 노나라에 봉해진 탓에 노주공魯周公이라고도 한다. 주공은 무왕이 주왕紂王을 토벌하여 상 왕조를 멸하는 것을 도왔고, 이후 주왕의 아들 무경武庚을 은殷에 봉했다. 무왕이 세상을 떠난 뒤에는 무왕의 어린 아들 성왕成王의 통치를 도와 주周 왕조의 기반을 확립했다. 그는 또한 적장자가 선대의 재산과 정치적 지위를 이어받는 권리를 명확히 인정했다.

주 왕조 초기에 주공은 관숙管叔과 채숙蔡叔에게 은殷 땅을 감시하는 일을 맡겼다. 그러나 이들이 무경과 결탁하여 조정에 반기를 들고 병사를 동원해 반란을 일으키자, 주공은 성왕의 명령을 받아 동쪽 정벌에 나섰다. 3년 후 무경과 관숙을 처단하고 채숙을 유배 보냄으로써 '삼감의 난三監之亂'을 평정했다. 이어서 은상殷商의 잔류 세력과 주 왕조 조정 내부의 반대 세력도 소탕했는데, 이는 주 왕조 확립에 매우 중요한 정치적 의미를 지닌다.

주공은 서주西周 초기에 예악禮樂을 제정한 성인聖人으로서, 하·은 두 왕조의 예악에 근거하여 주 왕조의 제도를 제정했다. 이러한 제도는 후대에 주례周禮 또는 '주공의 경전周公之典'이라 불리게 되었다. 예악은 사회를 안정시켰을 뿐만 아니라 전장제도전장典章제도制度를 완비시켰다. 이렇듯 예악에는 '인문으로써 교화를 완성한다人文化成'는 위대한 이상이 깃들어 있다.(3.14)

주공의 아들 백금伯禽이 노나라 제후로 봉해져 노공魯公이라 불렸다. 주공은 아들에게 군자의 다스림에 대해 다음과 같이 설명했다. "군자는 친족을 소홀히 하거나 태만하게 대하지 않고, 대신들이 중용되지 않음을 원망케 하지 않고, 오랫동안 자신을 따른 신하는 중대한 과실이 없는 한 내치지 않으며, 한 명에게 완벽함을 요구하지 않는다."(18.10) 주공을 배우는 데 뜻을 두었던 공자는 말년에 꿈에서 주공을 뵙지 못한 지 오래되었다며 노쇠함을 한탄하기도 했다.(7.5) 그는 문화로써 인재를 길러내고 인재로써 문화를 발전시키는 것을 주공으로부터 배워 예악을 제정하고 천하를 바로잡기를 희망했다.

: 陳慧玲

주周 문왕文王 성이 희姬이고 이름이 창昌으로, 계력季歷의 막내아들이다. 계력의 아버지 고공단보古公亶父는 계력이 집안을 크게 일으키리라 판단하고 왕위를 물려주었다. 계력이 다스리는 주나라가 점점 강해지는 것을 경계한 은殷 왕조는 계력을 살해했다. 창昌이 서백西伯의 지위를 계승한 후 서백창으로 불렀다.

서백창은 많은 이에게 인정仁政을 베풀었고 어진 이를 예의와 겸손으로 대했다. 그러자 많은 현자賢者가 서백창을 찾아가 몸을 의탁했다. 이후 주왕紂王은 숭호崇虎에게서 서백창을 비방하는 말을 듣고 서백창을 잡아 유리羑里의 감옥에 가뒀다. 이

때 그가 『주역』을 지었다는 설도 있다. 주나라 사람들은 주왕에게 미녀와 좋은 말을 뇌물로 바쳐 서백창을 구해냈다. 서백창은 주나라 주변에서 귀의하는 부락들을 받아들이는 한편 은왕조를 정벌하기 위해 무력을 확장했다. 당시 주나라의 영토는 이미 천하의 3분의 2를 차지할 정도였다. 서백창은 죽기 전 아들 발發에게 은 왕조를 토벌하라는 유언을 남겼다. 이후 발發이 즉위하여 무왕이 되었으며, 은 왕조를 멸했다. 도읍을 호경鎬京으로 정하고 아버지를 문왕文王으로 추봉追封했다.(『사기』 「주본기周本紀」)

공자가 광성匡城에서 포위되었을 때 자신은 문왕 사후의 문화 전통을 계승한 사람이라고 했다. 맹자는 문왕에 대해 이렇게 말했다. "문왕은 비록 백성의 힘으로 영대靈臺라는 누대樓臺와 영소靈沼라는 연못을 만들었지만, 백성이 좋아했다. 이는 문왕이 백성과 함께 향유했으며, 정령政令을 공포할 때 반드시 홀아비鰥·과부寡·고아孤·자손이 없는 자獨를 우선 고려했기 때문이다. 주왕을 피해 강가에 은신해 있던 백이伯夷와 강태공姜太公은 문왕이 떨치고 일어났다는 소식을 듣고 곧 그에게 의탁하고자 했다. 이는 문왕이 어진 정치를 펼치고 백성을 사랑했기 때문이다.(『맹자』 「양혜왕」; 『맹자』 「이루」)

: 解文琪

주임周任   고대의 사관史官이다. 계씨季氏가 전유顓臾를 공격할 준비를 할 때 염유冉有와 계로季路가 공자에게 공격에 대한 의견을 물었다. 공자는 "자신의 역량을 다해 공헌할 수 있다면 직위를 맡고, 그렇지 못하다면 물러나야 한다"는 주임의 말을 인용해 염유를 질책했다. 공자는 이러한 주임의 가치관에 빗대어 책임을 다해 보필하는 신하의 자세를 강조했다.(16.1)

: 陳弘智

주周 무왕武王 희발姬發은 주나라 문왕의 아들이며, 주 왕조를 세운 임금이다. 문왕은 숨을 거두기 전 은상殷商을 속히 토벌할 것을 당부했다. 무왕이 즉위하자 태공망太公望(즉 강태공姜太公 여상呂尙)과 주공 단을 중용하여 나라를 강성하게 일구었다. 그가 맹진盟津에서 제후들과 만나 출정식을 거행할 때 회맹에 참석한 제후는 무려 800여 명에 달했다. 즉위 11년 후 무왕이 목야牧野에서 주왕紂王을 토벌했는데, 은상殷商의 군사들이 응전을 포기한 채 아군을 향해 공격했다. 주왕이 녹대鹿臺에서 자결함으로써 은상은 멸망했다.

주 왕조 창업 후 무왕은 작위를 공公, 후侯, 백伯, 자子, 남男으로 구분하여 친속과 공신을 분봉하고, 이들 제후국에 기대어 천하의 정세 안정시키고자 했다. 무왕은 은을 멸한 지 3년 뒤에 병으로 세상을 떠났다. 어린 성왕成王이 왕위를 계승하자 주공 단이 보필했고, 이때부터 주 왕조가 안정되기 시작했다.(『사기』「주본기」)

맹자는 무왕의 인덕仁德과 용맹함을 여러 번 칭송했다. 제나라 선왕宣王이 "무왕이 신하된 자로서 은의 주왕을 토벌한 것이 예에 부합하는가?"라고 물었을 때 맹자의 답변은 다음과 같다. 주왕이 인덕仁德과 의행義行을 망가뜨렸으니, 무왕에게 죽임을 당한 것은 나라의 군주가 아닌 한 사내일 뿐이다. 따라서 주왕의 몰염치한 횡포에 격노하여 주왕을 토벌하고 천하의 백성을 안정시킨 무왕의 행위는 용감한 것이다. 무왕은 결코 가까운 신하들을 업신여기지 않으며, 멀리 있는 신하들을 잊지 않았다. 무왕은 주왕을 공격할 때 은상의 백성을 향해 자신은 그대들을 안정시키고자 할 뿐 적대하지 않겠다고 선언했다. 이로써 백성의 환영과 존경을 얻어 은 왕조를 멸할 수 있었다.(『맹자』「양혜왕 하」; 『맹자』「이루 하」)

: 解文琪

맹지반孟之反　성이 맹孟이고 이름이 지측之側이며, 자가 지반之反이다. 노나라 대부다. 맹지반은 노나라 군대가 전쟁에 패해 철수할 때 후미를 책임졌다. 그는 이에 대해 자신이 용감해서가 아니라 말이 느리게 달렸기 때문이라고 했다. 공자는 일찍이 맹지반이 자기 자랑을 원치 않았다며 그를 칭찬했다. 공로가 있어도 자랑하지 않는 자는 겸손의 미덕이 돋보일 뿐만 아니라 남들도 그를 기꺼이 추앙한다.(6.15)

: 陳弘智

맹공작孟公綽　노나라의 대부로, 명리名利를 좇지 않고 욕심이 없는 인물로 전해진다. 공자는 맹공작에 대해 두 번 언급했다. 우선 맹공작이

욕심이 없고 마음가짐이 차분하여 대국의 경卿과 같은 가신家臣은 될 수 있으나 소국의 대부가 되기에는 적합하지 않다고 했다.(14.11) 또한 자로가 공자에게 이상적인 인물이 갖춰야 할 조건에 대해 묻자 공자는 맹공작의 무욕을 지녀야 한다고 했다. 이처럼 맹공작은 욕심을 다스릴 줄 아는 인물로 평가받았다.(14.12)

: 陳弘智

맹씨孟氏

노나라 삼가三家 중 한 명이다. 삼가란 맹씨, 숙씨, 계씨를 지칭하며, 모두 노나라 환공의 후손이어서 삼환이라 불리기도 한다. 노나라 환공의 뒤를 이은 사람은 장공莊公이며, 나머지 세 아들(경보慶父, 숙아叔牙, 계우季友)은 중손, 숙손, 계손으로 불린다. 중손은 이후의 맹손孟孫을 가리킨다. 삼가의 후손들은 경대부로서 각기 사공司空, 사마司馬, 사도司徒의 직무를 맡았다.

맹씨 집안의 맹의자孟懿子는 일찍이 아버지 맹희자孟僖子의 명을 받들어 공자에게 예를 배웠다. 맹의자와 그의 아들 맹무백孟武伯은 공자에게 효에 대해 가르침을 청했다. 공자는 맹의자에게 예제禮制를 어기지 않는 것이 효라고 했으며, 맹무백에게는 질병 외의 문제로 부모에게 걱정을 끼치지 않는 것이 효라고 했다. 말하자면 효란 예제규범을 지켜 부모를 섬기는 것이며, 부모의 입장에서 그 마음을 헤아려 행동하는 것이다. 이는 효도의 규범과 감정을 고려한 것이다.(2.5; 2.6)

: 陳弘智

맹무백孟武伯 노나라 맹씨孟氏 가문 출신이다. 성이 희姬이고 씨가 중손仲孫, 즉 맹손孟孫이다. 이름이 체彘이고 시호가 무武이며, 맹의자孟懿子의 아들이다. 맹무백이 공자에게 효孝와 인仁에 대해 묻자, 공자는 자식으로서 매사에 품행을 반듯하게 하여 부모가 자식의 건강 외에는 마음 쓸 일이 없게 하는 것이라고 답했다. 이러한 가르침은 질문자의 입장을 고려한 공자의 눈높이 교육의 한 예다.(2.6) 또한 맹무백은 공자가 말한 인仁의 의미를 헤아리기 위해 공자의 제자들을 예로 들어 인의 기준이 무엇인지 묻기도 했다.(5.7)

: 陳弘智

맹경자孟敬子 성이 희姬이고 이름이 첩捷이다. 시호가 경敬이며, 중손첩仲孫捷이라고도 한다. 맹무백의 아들이며 노나라의 대부다. 증삼은 병문안을 온 맹경자에게 위정자가 지켜야 할 세 가지 원칙을 들려주었다. 첫째는 행동이나 태도에 위엄이 있어야 거칠고 태만하지 않을 수 있다는 것이고, 둘째는 표정이나 안색이 단정해야 자신의 성실함을 드러낼 수 있다는 것이고, 셋째는 말과 어조가 진중해야 천박함과 오만함에 빠지지 않는다는 것이다. 그에 앞서 증삼은 "사람은 죽을 때가 되면 그 말이 착하다"고 함으로써 이러한 세 가지 원칙의 이치를 확고히 했다.(8.4)

: 陳弘智

맹의자孟懿子 노나라 맹씨 가문 출신이다. 성이 희姬이고 씨가 중손으로 곧 맹손이다. 이름이 하기何忌, 시호가 의懿이며, 중손하기仲孫何忌라고도 한다. 맹무백孟武伯의 아버지이며, 노나라의 대부다. 공자보다 20세 아래로, 기원전 546년에 사망했다. 당시 노나라의 국정은 맹씨, 숙씨, 계씨 대부 세 명이 좌지우지했으며, 종종 예법에 어긋나는 참람한 행동을 보였다. 그러나 맹의자는 아버지의 명에 따라 공자에게 예를 배웠다. 맹의자가 '효'에 대해 물었을 때 공자는 그의 입장을 고려하여 대답했다. 즉 효란 예법에 따라 공경하는 자세로 부모를 섬기는 것으로, 양친이 살아계실 때뿐만 아니라 돌아가셨을 때도 예법에 따라 안장하고 제사를 지내야 한다고 했다.(2.5)

: 陳弘智

계자연季子然　계씨季氏의 자손이다. 그는 공자에게 자로와 염구가 '대신大臣'이라 불릴 만한지 물었다. 공자는 대신이란 정도正道로써 군주를 섬기되, 그것이 불가능하다면 자리에 연연하지 않고 물러날 수 있어야 한다고 답했다. 자로와 염구는 다만 자리를 지켜 직분에 충실한 '구신具臣'이라고 평했다. 그렇다면 그들이 명령에 무조건 따르는 인물이냐고 계자연이 되묻자, 공자는 비록 그들이 구신일지라도 정도正道에 위배되는 짓은 하지 않을 것이라고 답했다.(11.24)

: 陳弘智

계씨季氏　노나라 삼가 중 한 명이다. 삼가는 맹씨, 숙씨, 계씨로서 모두 노나라 환공의 후손이며, 이에 삼환이라 불리기도 한다. 노나라 환공을 계승한 인물은 장공莊公이다. 나머지 세 아들은 경보, 숙아, 계우로서 각기 중손, 숙손, 계손으로 불린다. 중손仲孫은 훗날의 맹손孟孫이다. 삼가의 후손은 모두 경卿의 지위를 이어받아 각기 사도司徒, 사공司空, 사마司馬를 맡았다. 특히 계씨의 권력이 가장 강력해서 노나라의 국정을 좌우했다.

공자 나이 35세 즈음에 계평자季平子가 천자에게만 허용된 팔일무八佾舞를 가묘家廟 뜰에서 거행했다. 대부로서 천자의 예악禮樂을 참월한 이 행위를 탐탁지 않게 여긴 공자는 "차마 이런 짓을 견딜 수 있다면 무엇인들 못 견디겠는가"라고 강하게 비판했다.(3.1) 공자와 동시대에 살았던 계씨 인물 중에는 계평자 외에 계환자季桓子와 계강자季康子가 있다.

『논어』에 계씨를 편명으로 한 「계씨」 편이 있다.

: 陳弘智

계문자季文子 노나라 계씨季氏 가계家系 사람이다. 성이 희姬이고 시호가 문文이며 계손행보季孫行父라고도 불린다. 노나라의 대부로, 기원전 568년에 사망했다. 계문자는 공자가 태어나기 13년 전에 사망했기 때문에 그에 대한 공자의 견해는 타인의 묘사를 바탕으로 한 것이다. 계문자는 성품이 매우 신중하여 모든 일을 세 번 생각한 후 행동했다고 한다. 이에 대해 공자는 신중함은 중요한 덕목이지만 지나치면 행동할 시기를 놓치거나 주저하는 상황에 빠질 수 있다고 했다.(5.19)

: 陳弘智

계평자季平子   노나라 계씨 가계 사람이다. 성이 희姬이고 씨가 계季이며, 시호가 평平이다. 이름이 계손의여季孫意如다. 노나라의 권력을 장악한 경대부卿大夫로서 기원전 505년에 사망했다. 그는 노 소공昭公을 나라 밖으로 몰아내고 소공의 동생 정공定公을 군주로 세웠다. 정공이 즉위할 무렵 공자는 43세였다. 계평자가 가묘家廟의 뜰에서 천자天子의 제의에만 허락된 팔일무八佾舞를 거행하자 공자는 참을 수 없는 일이라고 비판했다.(3.1)

: 陳弘智

계환자季桓子   노나라 계씨 가계 사람이다. 성이 희姬이고 씨가 계季다. 이름이 사斯이고, 시호가 환桓이며, 계손사季孫斯라고도 불린다. 계평자季平子의 아들이며, 노나라의 실권을 장악한 상경上卿이다. 기원전 492년에 사망했다. 공자는 일찍이 계환자와 계평자의 행동에 대해 강한 불만을 표명했다.(3.1) 계환자가 집권할 때 제나라가 가무에 능한 여인들을 노나라에 보냈다. 계환자는 그들을 받아들였을 뿐만 아니라 정공과 더불어 3일 내내 국사國事를 돌보지 않고 유흥을 즐겼다. 당시 사구司寇를 맡아 정사를 두루 살피던 공자는 이후 벼슬을 내려놓고 노나라를 떠났다. 이 일은 노나라 정공 13년에 일어났으며, 공자의 나이 55세였다.(18.4)

: 陳弘智

계강자季康子   계손비季孫肥는 춘추시대 노나라 대부 계환자季桓子의 아들이다. 대를 이어 노 애공의 경상卿相을 맡았다. 당시 노나라의 왕실 권력은 매우 쇠약한 반면 계씨를 중심으로 한 삼환의 세력이 강력했다. 계강자는 지위가 높고 권력이 막강해 정권을 장악하고 있었다.

공자가 열국을 주유할 때 계강자는 염구冉求를 등용해 제나라와 전쟁을 했다. 염구가 제나라 군사를 물리치자, 계강자는 공자의 귀국을 청할 수 있는지 염구에게 물었다. 염구는 자신의 스승을 신뢰해야 하며 소인小人들이 막아서지 않도록 해야 한다고 대답했다. 이에 계강자는 주례周禮에 따라 공자를 노나라로 영접했다.

계강자는 공자에게 치국治國에 대한 도리를 여러 번 물었다. 공자는 그에게 먼저 자신을 단정히 함으로써 스스로 정도正道를 걷는다면 백성도 그 길을 따르게 마련이라고 했다. 또한 지도자의 언행은 바람과 같고 백성의 언행은 풀과 같아서, 바람이 불면 풀은 반드시 바람을 따라 눕는다고 했다. 마찬가지로 위정자가 재물에 욕심이 없으면 백성에게 훔치기를 권장해도 도둑질이 일어나지 않을 것이라고 했다.(12.17; 12.18; 12.19) 나아가 "백성으로 하여금 공경하고 충성하며 분발하게 하려면 위정자들은 장엄한 태도와 인자한 마음으로 백성을 대해야 하고, 뛰어난 자를 발탁하여 능력이 못 미치는 자를 가르쳐야 한다"고 했다.(2.20)

계강자는 공자의 제자들을 발탁할 마음으로 자로, 자공, 염구

의 능력에 대해 의견을 구했다. 공자는 세 제자를 모두 긍정적으로 평가했다.(6.8)

계력季歷　주공계周公季 또는 주왕계周王季로 불리기도 한다. 주 왕조의 선조인 고공단보의 셋째아들이다. 장남은 태백泰伯이고 차남은 중옹仲雍이다. 계력은 어진 덕을 지닌 인물이며 그의 부인 태임太任도 현명한 여인으로, 둘 사이에서 태어난 희창姬昌은 성덕聖德의 단초를 품고 있었다. 고공단보는 희창이 씨족을 번성케 할 것을 예견하여 희창이 제위를 이어받을 수 있도록 셋째아들인 계력을 후계자로 삼았다. 이러한 군주의 마음을 헤아린 태백과 중옹은 아버지의 병환을 위해 약재를 찾아오겠다는 핑계로 머나먼 오월吳越의 땅으로 떠났고, 이후 수차례 왕위를 거절해 계력이 제위를 물려받게 했다. 계력은 아버지의 덕을 이어받고 의로운 기풍을 그대로 따랐고 여러 제후국이 순종하고 친화했다. 이로써 자신의 아들 희창(주 문왕文王)과 손자 무왕武王이 주나라를 세우는 토대를 마련했다.(8.1;『사기』「주본기」)

: 楊舒淵

장저長沮　은둔자로서, 장저는 본명이 아니다. 장저와 걸닉桀溺은 함께 은둔생활을 하며 농사를 지었다. 공자가 마침 그곳을 지날 때 자로子路를 시켜 그들에게 나루터의 위치를 물었다. 장저는 자로의 물음에는 대답하지 않고, 일행 중 말고삐를 쥔 사람이 누구냐고 되물었다. 고삐 쥔 사람이 노나라의 공자라고 하자, 장저는 여전히 나루터의 위치를 말하지 않은채 공자가 이미 나루터의 위치를 알고 있을 것이라 했다. 공자가 어디로 갈 것인지 잘 알고 있음을 암시한 말이며, 공자에 대한 긍정적 평가가 담겨 있다. 장저는 서로 신념은 다르지만 소신을 지키고 살아가는 공자에게 감복했다.(18.6)

: 陳弘智

남자南子   위衛나라 영공靈公의 부인이다. 원래는 송나라의 종실宗室로, 영공의 부인이지만 다른 남자와 사통했기 때문에 평판이 매우 좋지 않았다. 남자의 초대를 받은 공자는 차마 거절할 수 없어 예법에 맞게 응했다. 이에 대해 자로는 불만을 표했다. 일찍이 공자로부터 명분이 바르지 않으면 말이 이치에 맞지 않는다고 배웠기 때문이다.(13.3) 그러자 공자는 자신이 예에 어긋나지 않았음을 하늘에 맹세했다. 이러한 맹세는 공자가 믿고 의지하는 하늘에 비추었을 때 자신의 행위에 대한 확고한 믿음이 있었음을 말해준다.(6.28)

: 陳弘智

유하혜柳下惠   춘추시대 노나라의 현자 전획展獲으로, 전계展季라고도 불린다. 자가 금禽이다. '유하柳下'는 그의 식읍食邑이고, '혜惠'는 시호다. 유하혜는 대부를 지냈으나 뜻을 이루지 못하자 은둔하여 살았다. 그는 지조와 절개가 욕보임을 당하고 인격도 훼손을 당했으나 절도 있는 언어와 사려 깊은 행동을 하여 공자는 고상한 인물이라 평했다. 그런 유하혜를 등용하지 않은 노나라 대부 장문중臧文仲에 대해서는 인덕仁德이 없다고 비판했다.(15.14; 18.8)

유하혜는 원칙을 고수하는 품성 때문에 전옥관典獄官을 맡았을 때 여러 번 면직되었다. 이에 노나라를 떠날 것을 권유받았으나 그는 거절했다. 자신은 원칙을 고수했기 때문에 쫓겨난 것인데, 원칙을 포기한다면 어디에서든 통할 것이므로 어버이의 나라를 떠날 필요가 없다는 것이다.(18.2)

맹자 역시 유하혜를 칭송했다. 그는 벼슬을 지키고자 지조를 버리지 않았고, 군주의 현명하지 못함을 부끄러워하지 않았으며, 관직이 낮은 자를 미천하게 여기지 않았다고 평했다. 그는 조정에서 일할 때 자신의 재능을 숨기지 않았으며 확고한 원칙에 따라 행동했다. 관직에서 떠날 때는 아무도 원망하지 않았고 궁핍한 생활을 걱정하지 않았다. 누구와도 원만하게 지내면서도 자신의 풍격을 잃지 않았다. 이에 사람들이 유하혜의 기풍을 들으면 편협한 자는 품이 넓어지고 인색한 자는 인정이 두터워진다고 했다. 심지어 백이伯夷, 이윤伊尹, 공자와 나란히 유하혜를 언급하면서 원만함을 대표하는 성인聖人이라고 했다.

: 解文琪

우禹

성이 사姒이고 하후씨夏后氏 부족의 수령이다. 이름이 문명文命이고 호가 우禹다. 후대 사람들은 그를 높여 우왕禹王으로 칭했다. 요임금은 재위 당시 그를 하백夏伯에 봉했다. 이로써 역사에는 백우伯禹, 하우夏禹, 대우大禹, 숭우崇禹, 융우戎禹 등의 이름으로 기록되었다. 우禹는 어려서 아버지 곤鯀을 따라 동쪽인 중원中原으로 이주했다. 요임금은 곤을 숭崇에 봉했는데, 이곳은 중악中嶽인 숭산嵩山이다. 당시 홍수가 지면 중원 땅은 강물이 범람하여 큰 수해가 발생했고 백성은 막대한 고통을 겪었다. 요임금의 명을 받아 곤은 치수 사업을 벌였으나 9년이 지나도록 범람을 막지 못했다. 그러자 요임금은 곤의 아들인 우에게 물을 다스리도록 명했다.

우는 강의 물길을 살펴보고 곤이 실패한 원인을 검토했으며, 방법을 바꾸어 물이 막힘없이 흐르도록 하는 데 중점을 두었다. 물이 낮은 곳으로 흐르는 자연의 이치를 이용해 아홉 개의 강[九河]을 소통케 만들었다. 우는 치수에 전념하는 13년 동안 자신의 집 앞을 단 세 번 지났는데, 한 번도 집 안으로 들어가지 못했다. 그가 중원의 홍수 범람이라는 재난을 해결하자 순임금은 황하黃河의 수해를 다스린 공로를 인정하여 임금의 자리를 우에게 선양했다. 천자의 지위에 오른 우는 자신의 봉국封國인 하夏를 국호로 정하고 하夏왕조의 시작을 선언했다.

우는 안읍安邑(오늘날의 산시성山西省 샤현夏縣)을 도읍으로 삼았으며, 단주丹朱에게 당唐을 분봉하고 상商에게 우虞를 분봉했다. 우는 일력日曆을 고쳐 하력夏曆으로 만들었으며, 인월寅月을 정월正月로 삼았다. 또한 천하의 동銅을 가져다 아홉 개의 정鼎을 주조함으로써 '천하 공동의 주인天下共主'의 상징으로 삼았다. 우임금이 "궁실을 작고 낮게 짓고, 화려한 음식을 피했으며, 흙 계단도 3단으로 하고, 가는 베옷을 입었다"는 기록(『설원說苑』)은 매우 검소하고 소박한 생활을 말해준다. 세상을 하직한 후에는 회계會稽에 묻혔다.

우임금은 나라를 다스릴 때 사람의 능력을 잘 파악하여 적재적소에 기용했다. 자신은 직접 실무에 참여하지 않았으나 각 지위에 있는 관리들이 자기의 직분에 충실토록 함으로써 다스림의 질서를 이루었다. 공자는 순임금과 우임금은 천하를 가졌으면서 다스림에 강제하는 일이 없었으므로 덕행이 숭고한 지도자라고 칭송했다.(8.18) 더욱이 우임금은 평소에 소박하게 먹고 거친 옷을 입고 허름한 곳에 지내면서도 제의祭儀의 공품供品과 의관衣冠에 대해서는 항상 중요하게 여겼다. 그는 자신의 모든 역량을 수로와 수리水利 개선에 바쳤으며, 제사를 소홀히 하지 않았고 백성을 위한 일에 힘을 아끼지 않았다. 공자는 이러한 우임금의 덕행에 대해 비판할 부분은 하나도 없다면서 찬사를 바쳤다.(8.21)

: 陳慧玲

주紂

성이 자子, 이름이 수受, 시호가 주紂다. 제신帝辛, 수덕受德으로도 불린다. 상나라의 마지막 군주로, 주 무왕을 공격을 받아 왕조가 멸했다. 공자는 상나라 말기의 인仁한 인물로 비간比干, 미자微子, 기자箕子를 꼽았으며 선한 길을 택하여 고수한 위인이라 했다. 비간은 주왕에게 간언을 하다 죽임을 당했고, 미자는 주왕의 궁정을 떠났고, 기자는 주왕의 노예로 전락했다. 세 명의 인자仁者는 주왕의 폭정과 악행 속에서 인격의 가치와 인성의 존엄을 입증했다.(18.1) 자공子貢은 주왕의 죄악이 소문만큼 심하지는 않았지만 그 목표가 뚜렷한 탓에 천하의 나쁜 일들은 모두 그가 저지른 것으로 여기게 되었다고 했다. 따라서 군자는 스스로 '하류에 거함居於下流'이 없도록 주의해야 한다고 했다.(19.20)

: 陳弘智

예羿 하나라 유궁국有窮國의 군주로, 활을 잘 쏘기로 유명했다. 신하 한착寒浞에게 살해된 것으로 전해진다. 남궁괄南宮适은 공자에게 예와 자오子奡의 죽음을 언급하면서 힘을 숭상하지 말고 덕을 숭상해야 함에 대해 말했다. 공자는 그 자리에서는 대답하지 않았으나 그가 나간 뒤 남궁괄을 칭찬했다. 공자는 무력에 관한 경력이나 특기는 덕행과 직접적인 연관이 없을 뿐만 아니라 보탬이 되지 않는다고 생각했다.(14.5)

: 陳弘智

원양原壤 노나라 사람으로, 공자의 옛 친구다. 원양이 두 다리를 뻗고 앉아 공자가 오기를 기다렸다. 공자가 도착하자 원양에게 직설적으로 나무랐다. 원양이 어려서는 언행과 태도가 불손하고 친근한 우애도 없었고 장성해서는 후세에 전할 만한 일도 이루지 못하더니 이렇게 늙어서는 아직 죽지 않았으니, 사람의 도리를 훼손하고 있다고 했다. 삶의 그릇된 본보기를 보였다는 뜻이다.

말을 마친 후 공자는 지팡이로 그의 종아리를 쳤다. 둘은 꽤 친근한 관계였으나 공자가 원양의 행실을 못마땅하게 여겼음을 알 수 있다.(14.43)

: 陳弘智

사면師冕   노나라의 맹인 악사樂師다. 고대에는 일반적으로 맹인이 악사를 맡았다. 사면이 공자의 집에 방문했을 때 공자는 직접 접대했다. 그가 계단이나 의자에 다가설 때면 앞에 무엇이 있다고 말해주었고, 어느 자리에 누가 앉아 있는지를 일일이 소개했다. 사면이 돌아간 뒤 맹인과 만났을 때 말로써 알려주는 게 마땅한 도리인지 자장子張이 물었고, 공자는 그렇다고 대답했다. 사람에 대한 공자의 풍부한 공감능력을 말해주는 일화다. 공자는 사람을 만나면 진실하고 꾸밈없는 마음으로 대하고 입장을 바꾸어 생각했다. 따라서 차분하고도 원활하게 소통할 수 있었으며, 예의禮儀에 들어맞았다.(15.42)

: 楊舒淵

사지師摯   노나라의 대악관大樂官으로서 대사지大師摯라고 불리기도 한다. 태사大師('대大'의 음音은 태太)는 곧 악관의 수장이다. 노 애공哀公 때 악관들이 각지로 흩어졌는데 사지는 제齊나라로 갔다. 공자는 그가 연주를 시작해서 「관저關雎」라는 곡으로 끝내면 그의 아름다운 음악이 귀에 울려 넘친다고 하여, 사지의 연주를 높이 평가했다. 공자가 열국을 주유하고 노나라로 돌아왔을 때도 사지를 만나 음악의 원리에 대해 의견을 나눈 듯하다. 공자는 "사지의 연주가 시작될 때 고른음樂音(규칙적인 진동으로 발생하는 소리)이 계속 튀어나와 생기 있고 열정적이다. 이후 온화하고 단순해지며, 리듬이 뚜렷하고 밝아진다. 선율은 곡이 끝날 때까지 반복된다"고 하여, 비유를 통해 음악이 이해될 수 있다고 했다. 공자가 비유로 설명한 것은, 사람마다 다르게 느끼는 예술적 감상을 구체적으로 전달하기 어렵다는 점을 보여준다.(3.23; 8.15; 18.9)

楊舒淵

사양師襄   노나라 악관이며, 사양자師襄子라고도 불린다. 경쇠 연주에 뛰어나 격경양擊磬襄이라 불리기도 한다. 노 애공哀公 때 악관들이 각지로 흩어졌는데 사양은 바닷가로 이주했다. 공자가 사양에게 금琴을 배울 때 한 곡을 열흘 동안 연주하자 그만하면 충분하니 다른 곡을 연주해볼 것을 여러 번 권했으나 공자는 완곡하게 거절했다. 공자가 밝힌 이유는 이러했다. "처음에는 곡조를 배웠지만 기예가 숙련되지 않았다. 기예가 숙련된 후에는 곡의 흥취가 체득되지 못했다. 흥취를 깨달은 후에는 작곡가의 정신적 인격을 이해하지 못했다." 어느 날 공자는 곡을 지은 자의 사람됨을 느끼고 깨달았다. 공자는 곡조에 주 문왕의 인격과 기상이 담겨 있다면서 문왕의 곡임을 확신했다. 공자의 통찰에 놀란 사양은 "자리에서 일어나 두 번 절하고" 탄복했다. 공자는 연주를 익힘으로써 그 원리를 이해할 줄 알았기에

「소韶」악과 「무武」악도 평론할 수 있었다.(3.25; 18.9; 『사기』「공자세가」)

: 楊舒淵

| 진晉 문공文公 | 성이 희姬이고 이름이 중이重耳다. 진晉 헌공獻公의 아들이며, 춘추오패 중 한 명이다. 그는 기원전 697년에 태어났으며, 기원전 636년에 즉위하여 기원전 628년에 사망했다. 문공의 재위 기간은 9년에 불과하지만 그의 행위는 간사함으로 유명하다. 공자는 정도正途를 따르고 권모술수를 멀리한 제 환공桓公과 대비하여 진 문공은 권모술수에 능하고 정도를 따르지 않았다고 평했다. 이처럼 공자가 가장 중요하게 생각한 것은 '정도를 따르는가'였다.(14.15)

: 陳弘智

안평중晏平仲   이름이 영嬰이고 자가 중仲이다. 시호가 평平이며, 안자晏子로도 불린다. 안약晏弱의 아들이며 제나라 대부를 지냈다. 기원전 500년에 사망했다. 공자가 35세 때 제나라에 머문 적이 있는데, 당시 제 경공景公이 공자를 등용하고자 했으나 안평중의 반대로 이루어지지 않았다. 그러나 공자는 안평중을 긍정적으로 평가했다. 그는 사람과 교제하는 도리에 밝을 뿐만 아니라 오래 알고 지낼수록 사람들은 그를 존경한다고 했다.(5.16)

: 陳弘

태백泰伯　주 문왕의 큰아버지[大伯]로, 태백太伯이라고도 불린다. 주 왕조의 조상 고공단보에게는 세 아들이 있었다. 첫째는 태백泰伯, 둘째는 중옹仲雍, 막내는 계력季歷이다. 중옹의 다른 이름은 우중虞仲이다. 계력의 아들은 훗날 문왕이 되는 희창姬昌이다. 고공단보는 장차 성덕聖德이 될 만한 희창에게 왕위를 물려주고자 했고, 부친의 뜻을 받아들인 태백은 아버지의 병을 고칠 약재를 채집하러 간다는 구실로 중옹과 함께 오월吳越의 땅으로 떠났다. 그것도 모자라 머리카락을 자르고 몸에 문신을 새겨 정사에 뜻이 없음을 드러냈다. 이로써 제위에 오른 계력 이후 문왕과 무왕이 주 왕조를 세웠다. 공자는 태백에 대해 진실하고 용감할 뿐만 아니라 지혜로운 효제孝悌와 안민安民의 덕행을 갖춘 인물로 평했다. 특히 백성이 그의 구체적인 덕행을 칭송하지 못하도록 흔적을 남기지 않았다는 것이 그의 지극한 덕이라고 했다.(8.1) 이후 태백의 덕행을 추앙한 오월吳越의 백성은 태백을 오태백吳太伯으로 옹립했고, 이로써 주 왕조 시기 오나라의 시조가 되었다.(『사기』「주본기」; 『사기』「오태백세가吳太伯世家」) 『논어』에는 태백의 이름을 표제로 한 「태백」 편이 있다.

: 楊舒淵

은殷 **고종**高宗　무정武丁이며, 상 왕조의 24대 군주다. 고종은 상중喪中에는 관을 보관하는 가옥에 기거했으며 삼년상을 마칠 때까지 정사에 대해 묻지 않았다고 한다.(『서경書經』) 춘추시대 말기에 이르러서는 이러한 예법에 따르는 자가 드물었다. 자장子張은 군주가 상중에 정사를 보지 않으면 재앙과 난리를 어떻게 다스릴 수 있을까 하는 의문이 들어 공자에게 가르침을 청했다. 공자는 고종뿐만 아니라 고대의 모든 군주는 선왕이 죽으면 3년간 정치에 관여하지 않았으며, 여러 관리가 재상의 명을 받들어 각자의 역할을 했다고 했다.(14.40) 새로운 군주는 상중의 도리를 다해야 하기 때문에 감히 선친과 같은 의복과 지위로써 정사를 처리할 수 없었다. 하지만 하루라도 나라에 군주가 없을 순 없으므로 재상에게 관리들의 행정을 지휘할 권한을 위임한 것이다. 이는 고대의 군신君臣이 효제충신孝悌忠信, 봉공수례奉公守禮의 정신과 사적事蹟을 중시했음을 나타낸다.(『논어주소』; 『논어정의』)

: 楊舒淵

환퇴桓魋 이름이 향퇴向魋다. 송나라의 사마司馬, 즉 군사 통수統帥다. 공자와 제자 일행이 송나라에 들어왔을 때 그는 공자가 자신을 비판했던 말을 기억하고 해치려 했다. 공자 나이 59세에 일어난 일이다. 당시 지천명知天命을 넘어 순천명順天命의 시기에 접어든 공자는 하늘을 향해 "하늘이 나에게 덕을 내려주셨으니 환퇴인들 나를 어쩌겠는가?"라고 호소했다. 하늘이 자기 삶의 근원이니 환퇴의 뜻대로 될 리가 없다는 말이다. 환퇴는 공자가 큰 나무 아래에서 제자들과 강학을 하던 곳으로 쫓아왔으나 공자 일행은 이미 변경을 벗어난 후였다. 분을 이기지 못한 환퇴는 그 자리에 있던 큰 나무를 베어버렸다.(7.23)

: 陳弘智

축타祝鮀　위衛나라의 대부로, 자가 자어子魚다. 축祝이란 종묘를 관리하는 관직을 의미한다. 나라의 제사와 큰 행사를 주관하는 축타에 대해 공자는 두 번 언급했다. 한 번은 위나라에서 축타의 언변이 중시되지 못하는 점을 안타까워하며 "군주는 송조宋朝의 미모가 아닌 축타의 언변을 중시해야 한다"고 한 것이다.(6.16) 다른 한 번은 위 영공靈公이 축타의 재능을 알아보고 등용했기에 정국이 그나마 안정될 수 있었다고 한 것이다.(14.19) 이처럼 공자는 축타의 특기와 공헌을 상세히 알고 있었다.

: 陳弘智

최자崔子　성이 강姜이고 씨가 최崔이며, 이름이 저杼다. 시호가 무武이며 최자崔子 또는 최무자崔武子라고 불린다. 제나라의 대부로, 기원전 546년에 사망했다. 공자가 4세 때 최자는 자신의 군주인 장공莊公을 시해하고 경공景公을 추대했다. 공자는 자장子張과 인仁의 기준을 논하는 자리에서 최자가 하극상을 범했다고 비판했다. 반면 최자와 같은 무리와 한패가 되기를 거부한 대부 진문자陳文子는 세속에 물들지 않고 청렴함을 지켰다고 평가했다. 공자는 충성이나 청렴은 특별한 덕행이지만 인仁함과 동일시하진 않았다. 인이란 선善을 선택하여 굳게 지키는 일에 목숨을 걸어야 하기 때문이다.(5.18)

: 陳弘智

접여接輿　고대 사료에 '접여'는 특정 인물의 이름으로 소개되어 있다. 그

인물

러나 접여가 사람 이름인지, 공자의 마차를 영접하며 노래하는 행동을 묘사한 것인지는 정확히 고증할 수가 없다. 초나라 접여의 성격은 거침없고 자유분방했다고 한다. 그는 공자의 마차 옆에서 노래를 불렀는데, 공자의 의지와 품행은 고결하지만 풍격이 영락했음을 은유한 내용이었다. 노래는 당시 정치를 하는 자들이 위태로우니 그만둘 것을 권유하는 말로 끝맺는다. 공자가 그와 대화를 하려 마차에서 내렸으나 접여는 공자를 피해 자리를 떠났다.(18.5)

: 陳弘智

진문자陳文子 이름이 수무須無이며, 제나라 대부다. 춘추전국시대에 진陳과 전田은 같은 성姓으로 인정되었으므로 전문자田文子라고도 한다. 자장子張이 공자와 인仁의 기준에 대해 대화화면서 재물을 탐내지 않았던 진문자陳文子는 어떠한 인물인지 물었다. 공자는 진문자가 최자崔子와 한패가 되지 않은 것은 세속에 물들지 않고 자신의 순수함을 지킨 행위로 보고 긍정적으로 평가했다. 하지만 그와 같이 고결한 인물이라도 인의 기준에 도달했다고는 말하지 않았다. 공자가 말하는 '인'이란 언제나 선善을 택해 평생토록 지켜야 할 과제로, 한 가지 덕목만으로 인함을 논할 수 없었던 것이다.(5.18)

: 陳弘智

진사패陳司敗 진陳나라의 대부다. 사패司敗란 치안을 담당하는 관직명인데,

사패를 사구司寇로 보는 견해도 있다. 진사패는 노나라 소공이 오맹자吳孟子를 아내로 삼은 일이 예제禮制에 부합하는지를 공자에게 물었다. 이 질문에 대답하는 것은 '군주와 부모의 잘못을 다른 사람에게 말해선 안 된다不言君親之惡'는 규범에 어긋나는 것이므로 공자는 난처했다. 진사패는 그런 공자의 태도를 비판했다. 다른 사람을 통해 그 말을 들은 공자는 자신의 잘못을 지적해주는 자가 있으니 자신은 운이 좋다고 했다.(7.31)

: 陳弘智

진성자陳成子 진항陳恆이며, 제나라의 대부다. 춘추전국시대 진陳과 전田은 같은 성姓으로 인정되었기 때문에 전성자田成子라고도 불렸으며, 전상田常이라고도 했다. 진성자는 기원전 485년 제나라 대부 포식鮑息을 교사해 도공悼公을 살해하고 간공簡公을 군주로 세웠다. 기원전 481년 다시 간공을 살해하고 평공平公을 군주로 세웠다. 공자 나이 71세 때인 노 애공 14년에 벌어진 사건이다. 공자는 경건하게 목욕재계를 한 뒤 진성자를 토벌할 것을 애공에게 주청했다. 그러나 애공과 삼경三卿은 공자의 건의를 받아들이지 않았다. 공자는 한때 노나라의 대부를 지낸 신분이기에 자신은 찬역簒逆의 사건에 대해 보고할 책임과 더불어 출병과 규탄을 요청할 수 있다고 생각했다.(14.21)

: 陳弘智

요堯 오제五帝 중 한 명이다. 성이 기祁이고 이름이 방훈放勳이다. 제곡帝嚳의 아들로 전해지고 있다. 도당씨陶唐氏라 불리기도 한다. 처음에는 도陶에 봉해졌는데, 이후 당唐으로 옮겼다. 이에 당요唐堯로도 불린다. 평양平陽, 곧 오늘날 산시성山西省 린펀臨汾에 도읍을 정했다. 『사기』에 따르면 제곡에게는 두 아들, 지摯와 방훈放勛이 있었다. 제곡이 죽은 뒤 지가 제위를 계승해 제지帝摯가 되었고, 방훈(요)에게는 제지를 보좌하라고 명했다. 제지는 즉위 9년 뒤에 요에게 제위를 선양했다. 요는 만년에 순舜에게 선양하면서 정의正義의 원칙을 충실히 지켜줄 것을 당부했다. 천명天命이 그에게 내려졌으니 그 중심을 잡지 못해 백성이 가난과 고통에 처한다면 하늘이 내린 봉록과 작위도 영원히 끊어질 것이라 했다.(20.1)

요는 근면한 자세로 나라를 적절히 다스렸으며, 백성을 아끼고 사랑했다. 그의 훌륭한 품성과 덕이 천하에 널리 퍼졌으며, 사람들은 서로 화평하게 지냈다. 박시제중博施濟衆은 적당한 인간관계의 구현으로서 흔히 '선善을 지향하는 성품向善之性'을 갖춘 제왕만이 이룰 수 있는데, 요와 순이 바로 이러한 제왕이었다.(6.30) 공자는 요임금이야말로 숭고한 천자라고 찬탄했으며, 가장 위대한 하늘을 오직 요임금만이 본받았다고 했다. 또한 요임금의 은혜가 넓디넓어 백성은 그것을 형용할 말을 찾을 수 없으며, 그가 세운 공적과 전장제도는 위대하고 찬란하다고 했다.(8.19)

공자는 모름지기 군자란 자기를 수양함으로써 모든 것에 진실하고 신중하게 대해야 하며, 주변 사람들을 안정시킴으로써 궁극적으로는 백성의 안정을 도모할 수 있다고 생각했다. 바로 "자신을 닦아 백성을 편안하게 한다修己以安百姓"는 말이 그런 뜻이다. 그러나 자기 수양으로부터 만백성으로 범위를 확대시켜 나가는 실천은 요순 같은 제왕들조차도 이루기 힘들다고 했다. 이로써 공자의 사상의 중심은 개인과 대중[群體]의 관계에 있음을 알 수 있다.(14.42) 『논어』에 요의 이름을 표제로 한 「요왈堯曰」 편이 있다.

: 陳慧玲

오奡 하 왕조 한착寒浞의 아들로, 요澆라 불리기도 한다. 남궁괄南宮适은 공자에게 '덕을 숭상하고 힘을 숭상하지 않음'에 대해 물으면서, 오奡가 수상전水上戰에는 정통했으나 천수天壽를 누리지 못했으며 집 안에서 편히 죽지도 못했다고 했다. 그의 말에 공자는 아무 말도 하지 않았다. 그러나 남궁괄이 나간 후 공자는 그가 덕을 숭상하는 군자라고 했다.(14.5) 공자는 무력武力에 관한 경력과 특기는 덕행과 직접적 연관이 있거나 도움이 되지 않는다고 생각했다.

: 陳弘智

극자성棘子成 위衛나라의 대부다. 극자성이 군자에 대한 자신의 의견을 자공에게 피력했다. 군자란 질박質樸을 추구할 뿐 꾸밈[文飾]은 불필요하다는 것이다. 이에 대해 자공은 "군자는 꾸밈과 질박 두 가지를 신중히 갖춰야 한다"고 대답했다.(12.8) 자공의 발언은 공자가 말한 '문질빈빈文質彬彬'에 기초한 것으로, 군자의 수양은 꾸밈과 질박이 조화를 이루어야 함을 뜻한다.(6.18)

: 陳弘智

탕湯   성이 자子이고 이름이 이履다. 상탕商湯, 무탕武湯, 천을天乙, 성탕成湯, 성당成唐, 대을大乙, 태을太乙, 고조을高祖乙이라고도 한다. 상 왕조의 군주로, 전체 통치 기간은 30년이다. 전반 17년은 하나라의 제후였고, 하 왕조를 멸한 후에는 상나라 군주로서 13년간 천하를 통치했다. 공자는 인仁의 실천에 대해 번지樊遲와 대화를 나누었다. 번지는 "옳고 바른 사람을 치우치고 굽은 사람 위에 두면, 치우치고 굽은 사람들은 자연히 옳고 바르게 된다"고 한 공자의 말씀이 무슨 뜻인지 자하子夏에게 물었다. 자하는 탕왕이 천하를 통치할 때 여러 사람 중에 이윤을 발탁했기에 올바르지 않은 자들이 저절로 멀어진 것과 같다고 설명해주었다.(12.22)

: 陳弘智

영무자甯武子   성이 영甯이고 이름이 유俞, 시호가 무武다. 위衛나라의 대부다. 공자는 그를 현명한 사람이라고 했으나 어리석다고 직언하기도 했다. 이는 모순된 평가가 아니라 국가의 정세에 따라 자기 직분에 충직한 태도에 대한 긍정적인 평가다. 즉 국가가 태평할 때 영무자는 매우 현명해 보였고 국가가 혼란스러울 때는 어리석어 보였는데, 다른 사람은 그의 이러한 어리석음을 따를

수 없다는 견해다.(5.20)

: 陳弘智

순舜

이름이 중화重華, 성이 요姚다. 오제五帝 중 한 명이다. 요임금이 선양하여 천하의 제왕이 되었다. 오늘날 산시성山西省 융지永濟인 포판蒲阪을 도성으로 정하고 국호를 유우有虞로 정했기 때문에 우순虞舜이라 불린다. '순舜'은 부락의 수령을 뜻한다. 제순帝舜, 대순大舜, 우제순虞帝舜, 순제舜帝 모두 제왕帝王 순임금의 호다. 후대에는 간략하게 순으로 칭했다. "남쪽으로 순시를 나섰다가 창오蒼梧의 들판에서 세상을 떠났다. 강남江南 구의산九疑山에 장사지냈으니 이곳이 바로 영릉零陵이다"라는 기록이 있다.(『사기』「오제본기五帝本紀」) 구의는 오늘날 후난성 닝위안寧遠에 있다. 한편 순임금이 동쪽 변방의 사람으로 제풍諸馮에서 태어나 부하負夏로 이주했으며 명조鳴條에서 죽었다는 기록도 있다.(『맹자』「이루 하」)

문헌에 따르면 순임금은 농사, 어업, 도공, 장사 등의 분야에 관여했다. "순은 역산歷山에서 농사를 짓고 뇌택雷澤에서 물고기를 잡고 황하 가에서 그릇을 만들었다. 수구壽丘에서 집기를 만들었고 때에 맞춰 부하負夏에 가서 장사를 했다."(『사기』「오제본기」) 다음과 같은 기록도 있다. "옛날 순임금은 역산에서 밭을 갈고 황하 물가에서 항아리를 굽고 뇌택에서 물고기를 잡으며 살았다. 요임금이 복택의 북쪽에서 그를 얻고 그에게 정사를 맡기니 천하가 태평해졌다."(『묵자墨子』「상현尙賢 중」)

순임금은 만년에 물을 다스리는 데 큰 공로를 세운 우禹를 후계자로 삼고 우에게 제위를 선양함으로써 천하의 백성의 일상이 평화롭고 즐겁게 일할 수 있도록 했다. 중국 역사에서 요·순은 모두 현명한 인물에게 제위를 선양한 성왕聖王으로, 『사기』 「오제본기」에는 "천하의 밝은 덕이 순으로부터 시작되었다"는 기록이 있다. 또한 효심으로 유명한 순임금은 효孝의 덕목을 중시하는 유가儒家 윤리의 전범典範이 되어 『이십사효二十四孝』의 인물로 포함되었다.

공자는 순임금에 대해 군주가 일하지 않아도 천하가 잘 다스려지는, 즉 '무위이치無爲而治'의 위인이라고 했다. 다만 장엄하면서도 단정하고 공손하게 임금의 자리를 지키고 있었을 뿐이라는 것이다. 군왕君王으로서 순임금은 선善을 극진히 하고 덕을 닦았으며, 지위에 따른 책무를 이행했다. 그 책무란 사람들의 능력을 파악하여 적재적소에 등용하고 능력에 따라 지위와 임무를 맡기는 것으로, 이로써 '아무 일도 하지 않는 다스림'을 펼친 것이다. 천하를 가졌으나 무리하게 통치하지 않은 순임금과 우임금에 대해 공자는 "높고 높도다!"라며 숭고한 덕행을 칭송했다.(8.18; 15.5)

: 陳慧玲

양화陽貨   이름이 호虎이며, 자가 화貨다. 여러 세대에 걸쳐 노나라 국정을 독점한 계씨季氏의 가신家臣이다. 공자 때에 이르러 양화는 계씨의 권력을 차지하고 삼환三桓을 제거하려 했으나 실패하고 진晉나라로 달아났다. 양화는 권력을 장악하고 있을 무렵 공자가 집을 비운 사이에 통돼지구이를 보냈다. 예법에 따라 공자는 양화를 찾아가 감사의 인사를 해야 했다. 공자는 양화가 집에 없을 때 방문하여 감사의 뜻을 전하고 돌아오는 길에 양화와 마주쳤다. 양화는 공자에게 탁월한 재능을 지녔으면서 나라를 곤경에 빠지게 하는 것은 행인行仁의 도리에 어긋나는 것이며, 정치를 하고자 하면서 번번이 기회를 놓치는 것은 현명하지 못한 일이라고 했다. 또한 세월이 빨리 흘러가는데 벼슬에 나서야 하지 않겠느냐고 했다. 공자는 장차 벼슬에 나서겠다고 대답했다. 2년 후 공자는 벼슬에 나아가 중도재中都宰를 맡았다(17.1) 『논어』에 양화의 이름을 표제로 한 「양화」 편이 있다.

: 陳弘智

미자微子 이름이 계啟이며, 미자계微子啟로도 불린다. 은상殷商의 종실宗室이며, 상나라 주왕紂王과 어머니가 같다. 그는 또한 공자의 조상인 미중微仲의 형이다. 그의 어머니는 제을帝乙의 첩이었다가 부인이 된 후에 주紂를 낳았다. 그런 이유로 왕위가 주에게 계승되었다. 미자에게는 원래 봉국封國이 있었으나 조정으로 돌아가 경사卿士를 맡았다. 그는 폭정을 펼치는 주왕에게 여러 번 간언했으나 받아들여지지 않았다. 나라가 위태로워지자 미자는 죽음으로써 간언하려 했으나, 종실의 혈맥이 보존되어야 한다는 대신들의 권고를 받아들여 먼 타향으로 떠났다. 주周 왕조를 세운 무왕武王은 미자의 지위를 복원하고 송宋을 그의 봉국으로 정했다. 공자는 상 왕조 말기의 미자, 기자箕子, 비간比干에 대해 세도世道가 혼란하고 민심이 불안한 것을 참을 수 없어 택선고집擇善固執한 사람이라고 평했다. 이들의 말로는 각기 달랐으나 모두 행인行仁의 요구에 부합하기에 공자는 정도正道로써 삶의 이상인 '인자仁者'에 도달한 사람들이라 것이다.(18.1)『논어』에 미자의 이름을 표제로 한「미자」편이 있다.

: 楊舒淵

미생무微生畝   성이 미생微生이고 이름이 무畝다. 미생무는 공자와 대화할 때 경칭을 쓰지 않고 공자의 이름인 '구丘'라고 불렀다. 또한 공자의 엄숙하고 정중한 태도는 남에게 잘 보이려는 것이라고 여겼다. 이에 대해 공자는 자신이 예악교화禮樂敎化를 보급하기 위해 노력하는 것은 고루함을 싫어하기 때문이라고 대답했다. 대화에서 미생무가 공자에게 경칭을 붙이지 않은 것으로 보아 그는 공자보다 나이가 많은 것으로 추정된다. 또한 공자의 모든 행위를 세속에 영합한 것으로 생각한 것으로 보아 공자에 대해 어떤 오해나 불만을 품고 있었던 듯하다.(14.32)

: 陳弘智

미생고微生高   성이 미생微生이고 이름이 고高이며, 노나라 사람이다. 공자의 시선으로 볼 때 미생고는 소탈한 인물이 아니다. 어떤 사람이 식초를 빌려달라고 했을 때 미생고는 솔직히 없다고 말하지 못하고 이웃에게서 빌려다가 주었다. 미생고의 이러한 행위는 선량하다고 할 순 있지만 진실하지 못하거나 솔직하지 못한 것이므로 공자는 소탈하지 않다고 한 것이다.(5.23)

: 陳弘智

초楚 소왕昭王 씨가 웅熊이고, 이름이 진珍이며, 웅임熊壬이라고도 불린다. 초나라 군주로 평왕平王의 아들이다. 평왕이 죽자 태자 웅임은 10세가 안 된 나이에 즉위했다. 이름을 웅진熊軫으로 바꾸고 소왕昭王이 되었다. 소왕 10년에 오吳나라 군대가 영도郢都를 공격하여 들어오자 소왕은 화를 피해 달아났다. 진秦나라 애공哀公이 군사를 출동하여 초나라를 구했다. 영도로 돌아온 소왕은 도읍을 옮겼으나 명칭은 그대로 '영郢'으로 두었다. 그런 연유로 '재영載郢'이라 불렸다. 공자가 열국을 주유할 무렵 소왕이 공자를 불러들여 벼슬을 내리려 하자, 진陳나라와 채蔡나라가 군사를 동원해 공자를 포위했다. 공자는 자공子貢을 초나라에 보내 도움을 청했고 소왕이 군사를 보내 공자를 구했다. 소왕이 공자에게 700리의 땅을 봉하려 했으나 영윤令尹 자서子西가 공자의 세력이 강해지면 자국에 위협이 될 것이라고 간언하여 소왕은 공자를 등용하지 않았다.(『사기』「공자세가」)

: 陳弘智

섭공葉公 원래 이름은 심제량沈諸梁이며, 자가 자고子高다. 춘추시대 초나라의 대부다. 섭葉 땅의 현장縣長을 지냈기 때문에 섭공이라 불렸다. 섭공의 유명한 사적으로는 초나라 신하 백공승白公勝

의 반란을 평정한 것이다. 백공승은 정권을 차지하기 위해 영윤令尹 자서子西와 사마자기司馬子期를 살해했고, 혜왕惠王을 납치한 뒤 스스로 제위에 오르려 했다. 이에 섭공이 출병하여 반란을 평정함으로써 나라에 공을 세웠다. 섭공은 걸친 의복조차 추스르기 어려워 보일 정도로 체격이 왜소했다. 이에 대해 순자荀子는 사람의 외모로써 그 공로와 업적 그리고 도덕을 논할 수 없다고 했다.

공자가 제자들과 함께 열국을 주유하면서 채나라에 있을 때 특별히 섭 땅을 찾아가 섭공을 만났다. 섭공이 정치에 대해 묻자 공자는 민심을 중시하여 섭 땅 사람들을 기쁘게 해주고 밖에 있는 사람들이 찾아오게 하는 것이라고 했다.(13.16) 또한 섭공과 공자는 바르고 곧음正直의 기준에 대해서도 토론했다. 섭공은 섭 땅에 사는 어느 정직한 사람은 양을 훔친 자신의 아버지를 고발했다고 했다. 그러자 공자는 자기 마을의 정직한 사람은 그와는 다르게 아버지가 아들의 잘못을 감춰주고 아들이 아버지의 잘못을 감춰준다고 했다. 공자가 생각하는 정직이란 진실한 감정에서 나오는 행동으로서, 아버지와 아들이 서로의 잘못을 감춰주는 게 천성天性과 인정人情에 맞다고 했다.(13.18) 어느 날 섭공이 자로에게 공자의 사람됨이 어떠한지 물었으나 자로는 대답하지 않았다. 나중에 이야기를 듣게 된 공자는 자로에게 "그는 분발하여 공부하면 밥 먹는 것을 잊고, 마음이 즐거우면 번뇌를 잊어 늙는 것조차 알지 못할 뿐이라고 왜 말하지 않았느냐"고 했다.(7.19)

: 解文琪

우중虞仲　공자가 말한 7인의 일민逸民 중 한 명이다. 다만 공자가 언급한 '우중'이 정확히 어떤 인물인지는 고증하긴 어렵다. 추측컨대 주周 왕조의 조상 고공단보의 둘째 아들 중옹仲雍 또는 중옹의 증손 주장周章의 동생이거나, 춘추시대 우공虞公의 동생인 듯하다. 이러한 추정에는 근거가 있다. 중옹은 아우인 계력季歷과 훗날 문왕文王이 될 계력의 아들 희창姬昌에게 왕위를 물려주려는 부친의 뜻을 헤아려 몸을 숨긴 인물이다. 그는 계력에게 왕위를 넘기기 위해 형 태백泰伯과 함께 머나먼 형만荊蠻으로 가서 문신을 하고 머리카락마저 자른 채 은거했다. 공자는 아마도 이 행동을 근거로 중옹을 칭송했을 것이다. 공자의 평에 따르면, 중옹과 이일夷逸은 비록 뜻을 이루지 못했으나 숨어 살면서도 기탄없이 자신의 논의를 펼치고 청렴한 인격을 유지했으며 상황에 맞게 나아가고 물러난 인물이다.(18.8) 이후 형만荊蠻의 백성은 태백을 오태백吳太伯으로 옹립했다. 태백에게는 후사가 없어 그가 죽은 뒤에 중옹이 자리를 이어받았다.

: 楊舒淵

선복僎　위衛나라의 대부다. 이전에는 공숙문자公叔文子의 가대부家大夫였다. 공숙문자는 재능 있는 선을 군주에게 천거하여 자신과 같이 조정의 대부가 되도록 해주었다. 이 일은 인재를 분별할 줄 알고 사심 없는 공숙문자의 인품을 나타낸다. 그는 인재를 자기 수하로 잡아두지 않고 조정에 추천함으로써 아랫사람의 발전을 시기하지 않았다는 점에서, 공자는 '문文'이란 시호를 받기에 합당하다고 했다. '문'이란 시호에는 "천지를 경위經緯함, 도덕이 박후함, 학문에 근면하고 묻는 것을 좋아함, 자비로우면서 백성을 사랑함, 백성에게 작위를 수여함"이라는 여섯 등급이 있다.(『주서周書』「시법諡法」) 공숙문자의 행위는 '백성에게 작위를 수여함'에 해당하는데, 사실은 그가 평생토록 실천한 훌륭한 언행에 대한 표창이다.(14.18)

: 楊舒淵

기자箕子   이름이 서여胥餘이며, 은상殷商의 종실이다. 주왕紂王의 숙부로서 당시 부사父師를 맡아 삼공三公과 같은 지위였다. 기자는 포학한 주왕에게 여러 번 간언했지만 받아들여지지 않았다. 이에 기자는 나라를 떠나거나 죽음으로써 간언하고자 했으나 차마 군주의 악행을 들출 수 없어 일부러 정신이 나간 시늉을 했다. 그리고 자신의 직분에 대한 책임을 다하기 위해 언젠가 나라를 위해 공헌하기로 다짐했다. 그는 주왕에 의해 노예로 전락하여 갇히게 되었다. 공자는 미자微子, 비간比干과 기자를 상왕조 말기에 인을 실천한 인자仁者로 칭송하며 택선고집擇善固執을 실천했다고 평했다.(18.1) 주 무왕武王은 혁명에 성공한 후 기자에게 나라를 다스리는 방법에 대해 물었다. 기자는 은殷왕조가 하夏왕조의 '구주九疇'를 계승했다면서 아홉 가지 치국의 방법을 알려주었다. 그 내용은 오행五行, 오사五事, 팔정八政, 오기五紀, 황극皇極, 삼덕三德, 계의稽疑, 서징庶徵, 오복육극五福六極이다.(『상서尙書』「홍범洪範」)

: 楊舒淵

관중管仲 이름이 이오夷吾이며, 제나라 사람이다. 어려서 아버지를 여읜 그는 매우 곤궁한 삶을 살았다. 포숙鮑叔과 함께 장사를 했는데 항상 관중이 더 큰 이득을 얻었으나 포숙은 자신이 손해를 보았다고 따진 적이 없었다. 이후 벼슬길에 오른 관중이 위기를 맞거나 전쟁에서 패하고 달아났을 때에도 포숙은 그를 포용해주었으며, 심지어 제 환공桓公에게 관중을 천거했다. 이에 감동한 관중은 "나를 낳아준 사람은 부모지만 나를 제대로 아는 사람은 포숙아"라고 말했다.

관중이 제나라 재상을 맡았을 때, 각 나라의 제후들과 자주 회합하고 천하를 바로잡아 환공의 패업霸業을 완성했다. 공자는 "관중이 없었다면 우리는 오랑캐로 전락하여 머리를 풀어헤치고, 옷섶을 왼쪽으로 여미는 옷을 입어야 했을 것이다"라고 했다.(14.17)

관중은 법으로써 나라를 다스리는 방식을 주장했지만, 창고가 넉넉해야 백성이 예절을 알고 따뜻한 옷을 입고 배불리 먹어야 백성이 영욕榮辱을 안다고 말함으로써 치국治國이 경제와 밀접한 관계가 있다고 여겼다. 또한 그는 민심에 따라야 국가도 흥성할 수 있다고 생각했다. 자로子路가 공자에게 "관중은 자신이 따르던 공자公子 규糾가 환공에게 살해됐는데도 목숨을 끊지 않고 오히려 환공을 보좌했습니다. 이를 인자仁者의 행위라 할 수 있겠습니까?"라고 물었다. 공자는 관중이 환공을 보좌하여 전란을 막았으니, 그것이 인을 행한 증거라고 답했다.(14.16) 그러나 공자는 관중이 거처를 세 곳에 마련한 일에 대해서는 비판했다. 관중은 각 거처마다 일하는 사람들을 고용했으며 겸직하지 않도록 했다. 또한 군주처럼 궁실宮室의 대문 안에 설치하는 보호벽[屛障]과 술잔을 내려놓는 토대土臺를 설치했다. 공자는 이러한 사례를 통해 관중이 검소하지 않으며 예禮에 대해 잘 알지 못한다고 평했다.(3.22)

: 解文琪

장문중臧文仲 성이 희姬이며, 이름이 진辰이다. 시호가 문文이고 백씨병伯氏瓶의 아들이다. 노나라 대부로서 장공莊公, 민공閔公, 희공僖公, 문공文公까지 4대를 섬겼다. 기원전 617년에 사망했다. 공자는 장문중에 대해 두 번 언급했는데, 한 번은 큰 거북을 보관하는 집에 기둥머리를 산 모양으로 깎고 대들보의 짧은 기둥에는 해조海藻 식물 형상을 그려 넣은 행위를 들어 그가 사람들이 말하는 것처럼 현명하지는 않다고 했다.(5.17) 다음으로는, 유하혜柳下惠가 탁월한 재덕才德을 갖추었음을 알면서도 적당한 관직을 주지 않은 것을 지적하며 관리로서 무책임하다고 했다.(15.14) 이처럼 공자는 장문중을 좋게 평가하지 않았을 뿐만 아니라 품성에 대해서도 완곡하게 비판했다.

: 陳弘智

장무중臧武仲　성이 희姬이고, 씨가 장臧이며, 이름이 흘紇이다. 시호가 무武이며, 장손흘臧孫紇로도 불린다. 장선숙臧宣叔의 아들이며, 노나라의 대부다. 자로는 공자에게 이상적인 사람은 어떤 조건을 갖춰야 하는지 가르침을 청했다. 공자는 여러 요소를 언급하면서 장무중의 현명함을 '지知'의 요소로 꼽았다.(14.12) 다만 장무중이 노나라 군주를 협박하여 자기 가문의 후대를 군주로 세우려 한 사실을 부정했으나 공자는 그 말을 믿지 않았다.(14.14) 공자가 사람을 평가할 때는 전체적인 면을 고려했으며 하나의 특기나 재능 또는 지혜만을 가지고 판단하지 않았다.
: 陳弘智

비침裨諶　비담裨湛, 비침卑諶, 비담卑湛이라고도 한다. 정나라의 대부로, 자산子産을 재상으로 강력히 천거했다. 비침은 지혜와 계략이 많아 정나라 외교 문건의 초고는 대부분 그가 작성했다. 그에게는 특별한 습관이 하나 있었다. 반드시 성읍을 떠나 넓은 들판에 가야만 좋은 생각이 떠오르는 것이었다. 한 번은 정나라에 외교적 업무가 생기자 정무를 주관하던 자산이 그와 함께 마차를 타고 교외로 나가 전략을 짜줄 것을 청했다.(『좌전』양공 31년) 정 간공簡公 때 비침이 먼저 외교 문건의 초안을 작성하면 세숙世叔이 그것을 검토했고, 자우子羽가 아름다운 문장으로 작성했으며, 마지막으로 자산이 살펴봄으로써 마무리했다. 공자는 네 명의 대부가 자신의 특기를 살려 협력함으로써 나라의 큰일들을 신중하고 완벽하게 처리한 것을 칭찬했다.(14.8)

: 楊舒淵

제齊 환공桓公 제나라 희공僖公의 아들이며 양공襄公의 동생이다. 성이 강姜이며, 이름이 소백小白이다. 내란으로 인해 양공과 공손무지公孫無知가 연이어 사망하자 타국으로 도주한 소백과 공자 규糾가 왕위를 놓고 다투었다. 소백이 먼저 제나라로 귀국해 환공이 되었으며, 즉위 후 관중管仲을 재상으로 등용했다. 환공은 어질고 능력 있는 자를 등용하고 내정을 개혁했으며, 군정합일軍政合一의 제도를 시행하여 제나라를 부강하게 만들었다.

환공이 노나라 장공莊公과 회맹會盟할 때 노나라 장수 조말曹沫에게 비수로 협박당해 점령했던 노나라 토지를 반환하겠다고 약속했다. 회맹 이후 그는 약조한 내용을 이행했고, 이 일로 다른 제후들이 그를 신뢰하여 의탁하고자 했다. 마침내 환공은 견甄 땅에서 제후들과 회맹하고 제후들 사이에서 일인자로 부상했다.

환공은 패권을 차지한 후 북쪽의 산융山戎을 토벌하고 오랑캐[狄]를 평정했다. 또한 주 왕조 양왕襄王이 왕실의 화근을 없애는 것을 도왔다. 그는 주 왕조를 존숭하고 오랑캐를 물리쳤으며 제후들과 여러 차례 회합[九合]하여 천하를 바로잡음으로써 춘추시대 첫 번째 패주가 되었다. 그러나 만년에는 우매해져서 소인小人들을 신하로 등용하여 국정을 혼란케 했다. 그가 죽자 송나라 양공襄公이 제나라의 내란을 평정했다.

공자는 제 환공에 대해 옳은 길을 따르고 권모술수를 남용하지 않은 인물로 평가했다. 또한 관중이 제 환공을 도와 여러 번 제후의 회맹을 주재한 것을 높게 평가하면서, 관중이 없었다면 중원中原의 백성은 이미 오랑캐로 전락했을 것이라고 했다.(14.17) 맹자는 제 선왕宣王이 만나기를 청하자 병을 핑계로 거절했다. 이에 대해 경자景子가 실례를 범한 것이 아니냐고 물었다. 이에 맹자는 제 환공이 관중을 마음대로 부르지 않고 먼저 그에게 배운 후에 대신으로 등용했기 때문에 천하의 패권을 차지할 수 있었다고 하면서, 능력 있는 군주가 되려면 훌륭한 신하에게 먼저 가르침을 청할 일이지 멋대로 불러들이는 것은 예가 아니라고 했다.(『맹자』「공손추 하」)

: 解文琪

제齊 장공莊公 성이 강姜이고, 이름이 광光이며, 제나라의 군주다. 그가 제 영공靈公의 태자였을 때, 영공이 공자公子 아牙를 태자로 교체하려 했다. 이때 대부 최저崔杼가 그를 조정으로 불러들인 후 장공莊公으로 옹립했다. 그러나 이후 장공은 최저의 부인과 부정한 관계를 맺어 최저에게 시해되었다. 최저는 다시 경공景公을 군주로 세웠다. 자장子張은 공자와 함께 인仁에 관한 대화를 나누면서 군주를 시해한 최저의 행위를 언급했는데, 그 일에 대해 공자가 혐오했음을 알 수 있다.(5.18)

: 陳弘智

제齊 경공景公 재위 기간이 길었던 제나라의 군주다. 그는 안영晏嬰을 재상으로 삼아 환공桓公의 패업을 되찾고자 했으며, 안영의 간언을 겸허하게 수용하여 통치 기간 내내 안정된 정국을 유지했다.

경공은 치국에 힘썼으나 향락을 탐하기도 했다. 그의 생활은 사치스러웠으며, 백성에게 세금을 무겁게 징수했고 죄 지은 자들에게 엄한 형벌을 내렸다. 그는 개와 말 키우기를 좋아했다. 아끼던 말이 병에 걸려 죽었는데 그가 사육을 맡은 관리를 죽이려 하자 안영이 나서서 간신히 무마시켰다. 공자는 경공에게 말 4000필이 있었으나 그가 죽었을 때 백성은 그를 칭송할 만한 덕행을 찾아내지 못했다고 했다.(16.12)

경공은 공자에게 몇 번이나 정치에 대한 도리를 물었다. 공자는 군주는 군주다워야 하고 신하는 신하다워야 하며 아버지는 아버지다워야 하고 아들은 아들다워야 한다고 말해주었다. 또한 정치에서 가장 중요한 것은 재정을 잘 사용하는 것이므로 낭비를 없애야 한다고 했다. 경공은 크게 기뻐하며 니계尼谿 지방의 땅을 공자에게 봉하려 했다. 그러나 유자儒者의 예악禮樂으로는 나라를 다스릴 수 없다는 안영의 간언으로 결국 무산되었다.(12.11) 경공은 공자에게 노나라 군주와 계씨季氏 중간 정도로 대우할 순 없으나 계씨와 맹씨孟氏 중간으로 대우해줄 순 있다고 했다. 이후 제나라의 대부가 공자를 해치려 했다. 그 영향으로 경공은 자신이 늙은 탓에 공자를 등용하기 어렵다고 했다. 공자는 노나라로 돌아왔다.(18.3)

공자가 노나라에서 정치에 참여했을 때 탁월한 업적을 드러냈다. 그런 공자로 인해 노나라가 패주霸主가 될 것을 우려한 제 경공은 노나라 군주에게 협곡에서 교섭할 것을 요청했다. 두 군주가 만난 자리에서 노나라 군주를 위협하는 상황이 연출되자 공자가 나서서 경공을 예로써 질책했다. 이후 제나라는 여악기女樂伎를 노나라 군주에게 선사했다. 노 정공定公과 계환자季桓子가 여흥에 빠져 국정을 소홀히 하자 공자는 노나라를 떠났다.

: 解文琪

제齊 간공簡公   성이 강姜이고 씨가 여呂이며, 이름이 왕王이다. 기원전 481년에 사망했다. 기원전 485년 간공簡公은 도공悼公으로부터 왕위를 물려받았다. 이후 그는 도공을 시해했고, 즉위한 지 불과 4년 후 자신을 군주로 세워준 진성자陳成子에게 시해되었다. 간공의 죽음은 노 애공 14년에 발생한 사건으로, 공자 나이 71세 때였다. 당시 공자는 엄숙히 목욕재계하고 애공과 삼경三卿에게 진성자를 토벌할 것을 주청했다. 그의 건의가 받아들여지지는 않았으나, 일찍이 대부를 지낸 자는 찬역篡逆의 사건을 보고할 책임이 있으며 이에 대한 출병과 규탄을 요청해야 한다고 판단했다.(14.21)

: 陳弘智

직稷   후직后稷은 주 왕조 희성姬姓의 시조다. 후직은 농업에 커다란 공헌을 했으며, 질병을 앓고 있는 백성의 고통에 공감했다고 전해진다. 이에 공자는 우禹와 직은 자기실현과 백성의 복지를 연결한 인물이라며 칭송했다. 남궁괄이 공자에게 질문할 때 후직의 업적을 언급했고, 남궁괄이 나간 후 군자라고 칭찬했다. 이를 통해 공자는 후직을 후대가 본받아야 할 인물로 여겼음을 알 수 있다.(14.5)

: 陳弘智

위衛 공자公子 형荊

이름이 형荊이며, 자가 남초南楚다. 위衛 헌공獻公의 아들이며, 위나라의 대부다. 당시 노나라 애공哀公에게도 아들 한 명이 있었는데 그 역시 이름이 형荊이었다. 이 둘을 구별하기 위해 위나라 공자 앞에는 '위衛'를 표기했다. 공자는 위 공자 형이 집에 거하는 도리를 잘 깨달아 처지가 간소해도 만족할 수 있는 인물이라는 말로 그를 긍정적으로 평가했다.(13.8)

: 陳弘智

위衛 출공出公

성이 희姬이고 씨가 위衛이며, 이름이 첩輒이다. 위衛나라 영공靈公의 손자이자 장공莊公인 괴외蒯聵의 아들이다. 영공의 왕위를 이어받아 위나라 제29대 군주가 되었으며, 재위 기간은 13년이다. 원래 세자 괴외가 왕위를 물려받아야 했으나, 괴외가 영공의 부인인 남자南子를 죽이려 하여 세자를 나라 밖으로 쫓아내고 손자인 출공에게 왕위를 물려주었다. 이로 인해 아들이 군주가 되고 아버지는 타국을 떠도는 처지가 되었으며, 이후 부자간 왕권 다툼이 벌어졌다. 노나라 애공哀公 6년, 위나라 출공 4년, 63세의 공자는 초楚나라를 떠나 다시 위나라로 들어

갔다. 이듬해 출공이 공자를 등용하려 했다. 자로子路가 공자에게 등용이 된다면 무엇부터 하실 계획인지 묻자, 공자는 "반드시 명분을 바로잡겠다正名"라고 대답했다. 이는 괴외와 출공의 관계를 겨냥한 것이다. 공자는 부자군신父子君臣의 명분을 바로잡는 것이 당시 위나라의 중대한 정무라고 판단한 것이다.(13.3;『사기史記』「공자세가孔子世家」)

: 楊舒淵

위衛 영공靈公

성이 희姬이고, 씨가 위衛이며, 이름이 원元이다. 위衛나라 양공襄公의 아들이며, 위나라 제28대 군주다. 기원전 534년에 즉위하여 기원전 493년에 사망했다. 기원전 497년 55세의 공자가 노나라를 떠나 주유에 나섰을 때 맨 처음 향한 곳이 위나라였으며, 이후로도 수차례 위나라를 방문하여 영공을 알현하기도 했다. 공자가 처음 위나라에 갔을 때 영공은 노나라에서 봉직할 때와 같은 수준의 봉록을 내렸다. 그러나 누군가 공자를 비방하기 시작했고, 공자는 죄를 얻을까 두려워 위나라를 떠났다. 공자가 다시 위나라에 갔을 때는 영공의 부인 남자南子의 부름을 받아 피치 못해 알현했다. 영공은 공자를 나들이에 초대했는데, 자신과 남자가 탄 마차 뒤에 공자의 마차가 따르게 하고 그 뒤로 환관 옹거雍渠의 마차를 따르게 하여 군중 앞을 과시하듯 지났다. 이 일은 여러 나라에 이름이 알려진 공자가 영공을 지지하는 듯한 인상을 주었다. 이를 수치스럽게 생각한 공자는 "나는 미색美色을 좋아하는 것처럼 덕행德行을 좋아하는 사람을 보지 못했다"며 영공을 비판했다.(6.28; 9.18) 이후에도 공자는 위나라를 방문할 기회가 있었다. 영공은 공자에게 여전히 가르침을 청했지만 이미 노쇠하고 태만하여 공자의 견해를 취하지 않았다. 이후에는 공자를 안중에 두지 않았다.(15.1;『사기』「공자세가」)

공자는 계강자季康子와 대화할 때 영공의 그릇된 행위를 지적한 반면 외교·제사·군사 등 국가의 중대사에 인재를 등용한 점에 대해서는 긍정적으로 평가했다. 영공이 인재를 알아보는 능력이 있었기에 위나라가 망하지 않았다고 한 것이다. 또한 영공이 집안일은 제대로 처리하지 못했지만 국정에 관해서는 현명한 군주라 할 수 있다고 했다.(14.19;『공자가어』「현군賢君」)『논어』에는 위 영공의 이름을 표제로 한 「위령공」 편이 있다.

: 楊舒淵

노魯 정공定公

성이 희姬이고, 이름이 송宋이다. 그는 형 소공昭公으로부터 왕위를 이어받아 25대 군주로 즉위했으며 재위 기간은 15년간이다. 정공은 계씨季氏의 지지를 기반으로 즉위했기 때문에 삼가三家의 세력 앞에 무력할 수밖에 없었다. 정공 13년, 55세의 공자는 사구司寇를 맡아 탁월한 정치력을 발휘했으나 얼마 후 변고가 발생하여 관직을 버리고 14년 동안 천하의 열국을 주유했다. 정공은 공자를 사구로 등용한 후 군신의 도리와 치국에 관한 질문을 자주 했으며, 공자는 이치에 따라 조리 있게 설명했다. 정공이 치국에 대한 공자의 견해를 깊이 신뢰했음을 알

수 있다.(3.19; 13.15)

: 陳弘智

노魯 애공哀公   춘추시대 노나라의 군주다. 정공定公의 아들이며 재위 기간은 27년이다. 권세 높은 삼환三桓은 애공을 군주로 존중하지 않았다. 계강자季康子가 죽자 애공은 월越나라의 힘을 빌려 삼환을 제거할 계획을 세우자, 삼환은 애공이 공손유형公孫有陘의 거처를 방문한 틈을 타 기습공격을 했다. 애공은 위衛나라로 달아났다가 추鄒나라로 향했다. 다시 월나라로 피신해 있다가 노나라 사람이 영접하여 귀국길에 올랐으나, 돌아온 지 얼마 안 되어 세상을 떠났다.

공자가 천하 주유를 끝내고 귀국했을 때 애공은 공자에게 정치에 대해 물었다. 공자는 우수하고 올바른 신하를 등용하여 편협하고 비뚤어진 자들의 윗자리에 두면 백성이 따를 것이며, 그와 반대로 하면 백성이 따르지 않을 것이라고 했다.(2.19) 또한 애공은 공문孔門의 제자인 유약有若에게 기근으로 재정이 부족하면 어떻게 해야 하느냐고 물었다. 유약은 세금을 10분의 1을 걷어야 한다고 했다. 애공이 10분의 2를 걷어도 부족하다고 답하자, 유약은 백성이 넉넉하면 임금도 넉넉하겠지만 백성이 넉넉하지 않다면 어찌 임금이 넉넉할 수 있겠냐고 답했다. 이러한 대답은 '백성에게 부富가 숨겨져 있다藏富於民'는 관념을 드러낸 것이다.(12.9)

애공은 공자와 그의 문인들을 존중했지만, 삼환이 정권을 독차지하여 공자의 건의를 받아들일 수 없었다. 제나라 대부 진성자陳成子가 간공簡公을 시해했을 때 공자는 애공에게 토벌을 주청했다. 그러나 애공은 삼환에게 보고하라고 했고, 삼환은 공자의 건의를 받아들이지 않았다. 노나라는 끝내 공자를 중용하지 못했다.

: 解文琪

노魯 소공昭公 이름이 주裯다. 양공襄公의 아들이며, 노나라의 24대 군주다. 기원전 542년에 즉위해 기원전 510년에 죽었다. 진사패陳司敗는 공자에게 소공이 예제禮制를 아는 인물인지 물었다. 공자는 그렇다고 대답했으나 진사패는 공자의 견해에 찬성하지 않았다. 소공이 동성同姓인 오맹자吳孟子를 아내로 삼은 일은 예제에 어긋난 것이라고 생각했기 때문이다. 공자는 자신의 생각이 부족했음을 겸허히 밝혔다. 다만 진사패의 발언은 군주와 부모의 잘못을 남에게 말하지 않는 당시의 규범에 어긋나는 것으로, 공자의 잘못은 정상을 참작할 만하다.(7.31)

: 陳弘智

유비孺悲 노나라 사람으로, 공자에게 '사상례士喪禮'를 배웠다. 어느 날 유비가 사람을 보내 공자를 방문하려 했으나 공자는 병을 핑계로 만나주지 않았다. 그러나 말을 전하러 온 사람이 문을 나서자마자 공자는 그가 들을 수 있게 거문고를 타면서 노래했다. 이것은 유비에게 스스로 반성할 것을 촉구한 '가르치지 않는 가르침以不教爲教'이라 할 수 있다. 이처럼 공자의 성격은 매우 솔직했으며 제자들에게 저마다 눈높이에 맞는 교육을 베풀었다.(17.20)

: 陳弘智

거백옥蘧伯玉 　거백옥은 이름이 원瑗이며, 춘추시대 위衛나라의 대부다. 그는 매일 자신이 저지른 잘못을 반성하면서 덕행이 완전해지도록 힘썼다. 그가 50세 때 49년 동안 저질러온 잘못을 깨달았다. 그는 현명하고 재능도 있었지만 위 영공은 그를 중용하지 않고 덕이 없는 미자하彌子瑕를 기용했다. 대부 사어史魚는 영공에게 거백옥을 여러 번 추천했음에도 불구하고 영공은 받아들이지 않았다. 죽음을 앞둔 사어는 아들에게 자신이 죽으면 시신을 창문 아래 두어달라고 당부했다. 죽음으로써 군주에게 간언하겠다는 뜻이었다. 영공은 이러한 사어의 간청을 받아들여 거백옥을 등용하고 미자하를 멀리했다.

거백옥의 현능함을 말해주는 다른 사례가 있다. 어느 날 밤, 궁내에 있던 영공과 남자는 밖에서 마차바퀴 소리를 들었다. 그 소리는 대문 근처에서 잠시 그치더니 다시 울렸다. 남자는 마차에 탄 사람이 거백옥일 것이라고 했다. 원래 신하는 군주의 집 앞을 지날 때 마차에서 내려 존경을 표해야 하는데, 거백옥은 남이 보지 않는 곳에서도 행실이 흐트러지는 사람이 아니라는 것이다. 영공이 사람을 보내 확인했더니 과연 거백옥이었다.

거백옥은 공자의 좋은 벗이었다. 공자는 열국을 주유할 때 거백옥의 집을 두 차례 방문했다. 한번은 거백옥이 공자에게 사람을 보내 안부를 물었는데, 공자는 그가 보낸 심부름꾼에게 거백옥은 요즘 무엇을 하느냐고 물었다. 심부름꾼은 거백옥이 잘못을 줄이려 애쓰지만 아직 덜 된 것 같다고 대답했다.(14.25) 공자는 거백옥이 남에게는 관대하지만 자신에게는 엄격하고, 묵묵히 자기를 수양하여 '행인行仁'을 소임으로 여기는 사람이라고 생각했다. 또한 거백옥은 나라에 도道가 있을 때는 벼슬을 하고 그렇지 못할 때는 조용히 몸을 숨길 인물이라고 했다.(15.7)

: 解文琪

三、전장제도

사士 춘추시대에 선비, 즉 '사士'는 귀족 계급 가운데 지식인을 통칭하는 표현이었다. 공자는 선비에 속했다. 상商·서주西周·춘추시대 초기에 이들은 대부분 경卿, 대부大夫 또는 사신私臣이었으며 봉록을 받아 생활했다. "대부는 식읍으로 봉록을 삼게 했으며, 사인士人은 공전公田으로, 서인庶人은 각기 자신의 노동력으로 생활하게 했다"는 기록이 있다.(『국어國語』「진어晉語」 4) 『논어』에 언급된 선비는 두 가지 의미가 있다. 일반적으로는 독서인讀書人을 가리키는데(8.7) 그렇지 않은 경우에는 대부보다 낮은 직분을 뜻한다. 고대 독서인들은 재덕才德을 익혀 관직을 얻었으므로 위의 두 가지 뜻이 상통할 수 있다. 공자는 독서인은 인생의 뜻을 세워 이상을 추구하며 정당한 수단으로 재부財富를 취해야 한다고 했다. 그리고 자신은 관직과 봉록의 이로움을 추구하지 않겠다고 했다.(4.9; 7.12) 나아가 선비는 굳센 의지로 삶의 이상을 추구하며 이를 위해 목숨도 바칠 수 있어야 한다고 했다.(15.9) 증삼曾參은 이러한 견해를 더욱 발전시켜 독서인은 '행인行仁'을 목표로 삼아야 하는데, 임무는 막중하고 길은 멀기 때문에 삶을 마칠 때까지 지속해야 한다고 했다.(8.7) 자장子張은 공자의 가르침을 좀더 명백히 설명했다. "독서인들은 위험을 보면 목숨을 내놓아야 한다. 이익을 보면 취할 만한 것인지를 생각해야 한다. 제사를 드릴 때는 경건함과 정성을 다해야 한다. 상喪을 당했을 때는 비통함을 생각해야 한다."(19.1) 이처럼 공자는 의義를 중시하고 이익을 가볍게 여기며 진실한 마음을 갖는 것이 독서인의 기본 원칙이라고 가르쳤다. 공자는 관직을 얻은 선비의 유형에 대해 이렇게 말했다. "품행이 훌륭한 독서인은 청렴결백하고 염치를 알며, 외국에 사신으로 가서도 군주가 맡긴 일을 잘 감당한다. 이보다 조금 부족한 독서인은 종족宗族 사람들이 그의 효성을 칭찬하고, 마을 사람들이 그의 공손함을 칭찬한다. 이보다 부족한 독서인은 입 밖에 꺼낸 말은 반드시 지키고 행동하면 반드시 결과를 만든다."(13.20) 이는 독서인이 벼슬에 나아갈 때는 재능과 덕행을 겸비해야 하되, 두 가지를 모두 갖출 수 없다면 덕행을 닦는 것이 더 중요하다는 뜻이다.

: 陳維浩

여자女子　'여자'라는 표현은 『논어』에 단 한 번 나온다. 바로 "오직 여자와 소인은 상대하기 어렵다. 가까이 하면 불손하고, 멀리하면 원망한다"는 문장이다. 공자는 여자와 소인을 함께 거하기 어려운 존재라 여겼다. 그러나 고대의 여성은 공평한 교육 기회를 얻을 수 없었고 경제적 독립도 불가능했다. 따라서 도량度量이나 시야도 많은 제약이 따를 수밖에 없었다. 공자의 말은 고대의 실정에 기초한 것이므로 오늘날에는 적합하지 않다.(17.25)

: 陳弘智

대부大夫   고대 제후에게는 국國이 있고, 대부에게는 가家가 있었다. 공자가 조정에 있을 때는 작위爵位의 예법에 따랐다. 즉 조정에서 하대부下大夫와 대화할 때에는 온화하고 유쾌했으며, 상대부上大夫와 대화할 때에는 바르고 곧으며 솔직했다.(10.1) 공자는 신하로서 대부가 국정을 독점해서는 안 된다고 생각했다. 또한 천하의 정치가 올바르게 돌아갈 때 대부는 정권을 쥘 수 없다고 주장했다.(16.2)

: 陳慧玲

대사大師   고대 악관樂官을 일컫는 말이다. 대사는 대악관大樂官이며, 태사太師로도 불린다. 노나라 악관의 수장을 뜻하기도 한다. 공자는 음악이란 "이해할 수 있는 것"이라고 여겨 노나라 대악관인 사지師摯에게 음악의 원리를 들려주었다.(3.23) 고대 천자와 제후들은 식사할 때 음악을 연주하게 했기 때문에 악사는 '아반亞飯'이라 불리기도 했다. 제후에게는 삼반三飯이 있었고, 경대부에게는 재반再飯이 있었다. 『논어』에 따르면, 노 애공 때 노나라 악사들이 각지로 흩어졌다. 태사 사지는 제나라로 떠났고, 아반 간干은 초나라로 향했고, 삼반 료繚는 채나라로 향했고, 사반 결缺은 진秦나라로 갔다. 북을 치던 방숙方叔은 황하黃河 근처로 이주했고, 소고小鼓를 흔들던 무이武移는 한수漢水 근처로 이주했고, 소사少師 양陽과 경磬을 치던 양襄은 바닷가로 이주했다.(18.9)

: 陳慧玲

대묘大廟 고대에 개국 군주를 태조太祖라고 하며, 태조를 제사지내는 사당을 태묘太廟라 한다. 노나라의 개국 군주는 주공周公이므로 노나라의 태묘는 주공묘周公廟다. 주공은 성왕成王을 보좌할 때 실권을 쥐었기 때문에 노나라의 태묘는 최고의 격으로 갖춰졌다. 진晉나라 제후가 한선자韓宣子를 노나라에 사절로 보냈는데, 한선자는 국가의 장서藏書를 책임지고 있는 태사씨太史氏의 거처에서 『역상易象』과 『노춘추魯春秋』를 발견했다. 이에 "주 왕조의 예禮가 모두 노나라에 있구나! 내가 이제야 주공의 덕과 주나라가 천자가 된 까닭을 알았도다"라며 찬탄했다.(『좌전』 소공 2년) 이 기록만으로도 노나라 태묘의 특별한 의의를 미루어 알 수 있다. 공자는 예에 대해 잘 알고 있었으나 주공묘에 들어갔을 때는 모든 예기禮器와 배치, 세부적인 예법을 하나하나 물었다. 그러한 행동의 의미를 이해하지 못한 이들은 공자가 예를 모른다고 의심했다.(3.15)

: 陳淑娟

삼년지상
三年之喪

고대에는 부모가 세상을 떠나면 자손이 삼년상을 치러야 했다. 3년이란 사실상 25개월, 즉 2년 1개월을 가리킨다. 상을 시작하는 때로부터 끝나는 시점까지 2년을 채우고 넘기면 탈상이 가능한 것이다. 상중에는 초막에 거하고 잠을 잘 때엔 오두막에 돗자리를 깔고 흙덩이를 베고 자야 한다. 항상 상복을 입고 보잘 것 없는 음식으로 배를 채워야 하며, 인생의 계획과 발전을 꾀하는 모든 일을 중단해야 한다.

재아宰我는 삼년상에 대해 의구심을 가지고 있었다. 군자가 3년 동안 예악禮樂을 중단하면 예악이 무너질 뿐만 아니라 살아가는 데 필요한 다른 부분도 황폐해지기 때문에 일년상으로 바꿔야 한다고 믿었다. 곡식을 다 먹고 새로운 곡식을 수확하는 기간이나 불을 지피는 부싯나무를 교체하는 데는 1년으로 충분하다는 것을 자신의 주장에 대한 근거로 제시했다. 이에 대해 공자는 외적인 상제喪制 규범과 인간의 진실한 감정을 논하면서, 아이가 세상에 태어나면 3년이 지나야 비로소 부모의 품을 벗어날 수 있다고 했다. 그러한 생리와 감정 때문에 군자는 삼년상을 마치기 전까지는 먹어도 맛을 모르고 음악을 들어도 즐겁지 않으며 집에 거해도 편하지 않으니, 삼년상은 진실한 감정이 예로써 드러난 것이라고 설명했다. 그러나 재아가 자신은 삼년상을 지키지 않아도 맘 편히 좋은 음식을 먹고 아름다운 옷을 입을 수 있다고 반박하자, 공자는 "인하지 못하

다"고 했다. 진실함을 갖추지 못한 재아의 성정을 비판한 것이다.(17.21)

: 陳淑娟

삼군三軍　일반적으로 고대의 병력을 가리키며, 주周 왕조의 큰 제후국이 갖춘 군대를 뜻한다. 오늘날 육陸·해海·공空 삼군의 의미는 아니다. 주 왕조의 제도에 따르면, 각 군은 1만 2500명이다. 천자는 6군을 거느리며 대국의 제후는 3군을 거느리는데, 춘추전국시대의 실제 규모는 규범을 벗어났다. '행삼군行三軍'이란 삼군을 이끄는 것이다.(7.11) 공자는 "삼군의 장수를 빼앗을 수는 있지만 평범한 사람의 뜻은 빼앗을 수 없다"고 했다. 이는 군대의 통솔자를 빼앗을 수는 있어도 평범한 사람의 포부를 바꿀 순 없다는 말이다. 대국의 군대는 그 규모가 방대하지만 적을 만났을 때 장수를 잃을 수도 있다. 그러나 개인의 포부는 스스로 책임져야 하기 때문에 평생토록 지킬 수가 있다.(9.26)

: 陳慧玲

부인夫人　군주의 아내다. 군주가 아내를 부를 때는 부인夫人이라 하고, 군주의 아내는 스스로를 소동小童이라고 표현한다. 그 나라 백성이 표현할 때는 군부인君夫人이라 하고, 다른 나라에게 표현할 때는 과소군寡小君이라 한다. 다른 나라 사람이 부를 때도 군부인이라 한다.(16.14) "공公·후侯에게는 '부인'이 있고, '세부世婦'가 있고, '처'가 있고, '첩'이 있다. 부인은 천자 앞에서는 스스로를 '노부老婦'라고 하고, 제후에게는 '과소군寡小君'이라 하며, 자기의 임금 앞에서는 '소동'이라고 칭한다. 세부 이하는 스스로를 '비자婢子'라고 한다."(『예기』「곡례曲禮 하」) 이러한 호칭은 모두 상황에 따른 것이다.

: 陳慧玲

천자天子 중국에서 주 왕조 이후 최고 군주에게 사용한 존칭이다. 진시황秦始皇부터는 천자를 황제皇帝로 불렀다. 『시경』의 「옹雍」 편에 "제후들이 제사를 돕거늘 천자는 엄숙하게 계시네相維辟公, 天子穆穆"라고 했다. 제사를 지낼 때 제후들은 제사를 돕고 천자는 장엄하고 엄숙하게 제사를 주재함을 노래한 것이다.(3.2) 천자는 중국의 군주를 의미하며, 그 권력은 하늘이 내린 것으로 여겼다. 이에 따라 공자는 "천하에 도가 있으면, 예악과 정벌이 천자로부터 나온다"라고 했다. 오직 천자만이 명분이 정당하고 말이 사리에 맞게[名正言順] 제사를 주재하며, 예악을 제정하고, 정벌을 위해 출병할 수 있다는 뜻이다.(16.2)

: 陳慧玲

필부匹夫 고대 혼인 제도에서는 일부다처제를 허용했으나 일반 백성은 일부일처로 배필을 삼았기 때문에 필부필부匹夫匹婦라고 했다. 즉 필부란 평범한 백성, 세상의 일반 남녀를 가리킨다. 공자는 "백성에게 공로가 있는 관중이 어찌 필부(즉 작은 신뢰만을 고수하는 사람)와 같겠는가? 공자公子 규糾는 산골짜기에서 패배하여 자살했는데 아무도 알지 못했다"라고 했다.(14.17) 그러나 "삼군의 장수를 빼앗을 수는 있지만 필부의 뜻은 빼앗을 수 없다"라고도 했다. 군대의 통솔자는 빼앗을 수 있어도 평범한 사람의 포부를 바꿀 수는 없다는 뜻이다. 공자가 말한 필부의 포부란 온전히 스스로 책임지는 것을 의미한다.(9.26)

: 陳慧玲

목탁 木鐸

목탁은 나무 추錘가 달린 구리방울로, 그 소리가 두텁고 무거워 멀리 퍼진다. 고대 관청에서 정부 법령을 선포할 때 목탁을 흔들어 사람들을 불러 모았다. 그런 이유로 목탁은 교화와 선전의 의미를 담고 있다. 이 밖에 금탁金鐸은 쇠추가 달린 구리방울로, 그 소리가 귀를 찌르는 듯 날카로워 군사 작전시에 병사와 군마들을 불러 모았다. 공자가 노나라에서 사구司寇의 관직을 버리고 열국 주유에 나섰을 때 위衛나라 북서쪽 변방의 의성儀城에 이르렀다. 성을 지키던 변방의 어느 관원이 공자를 만나고 나서 "하늘이 스승을 목탁으로 삼으실 것이다"라고 했다. 하늘이 공자를 택해 백성을 교화하고 어지러운 천하에 바른길을 보일 것이라는 뜻이다.(3.24) 이를 통해 당시 지식인들은 하늘이 백성을 보살피고 가르친다고 믿었으며, 적당한 시기에 스승을 내려 국가와 사회가 올바른 궤도에 들도록 교화한다고 여겼음을 알 수 있다.

: 陳淑娟

영윤令尹　초나라에서 재상宰相을 일컫는 관직명이다. 초 무왕武王 때 생긴 관직으로, 안으로는 정치를 이끌고 밖으로는 군사를 통솔했다. 초나라가 진秦나라에 의해 멸망할 때까지 초나라의 최고 관직으로서 중원에 있는 제후국의 재상과 장군의 직분을 겸했다. 초나라의 행정 관제에는 대부분 '윤尹'이라는 명칭이 붙는다. 영윤은 나라에서 가장 중요한 지위에 서 있는 자로서 모든 관리의 수장이다. 초나라의 영윤 자문子文은 세 번이나 재상을 맡았으나 자리에 있을 때는 의기양양한 태도를 보이지 않았으며, 물러날 때에는 성난 기색을 드러낸 적이 없었다. 자장子張이 공자에게 자문이 어떤 인물인지 물었을 때 공자는 맡은 바 임무를 다한 자라고 답했다.(5.18)

: 陳慧玲

사공司空　고대의 관직명이며, 서주西周 시기에 만들어졌다. 『주례周禮』의 관제官制에 따르면 6경卿 중 하나로, 동관冬官에 속한다. 주로 토목건축 공사를 주관했으며 춘추시대에 각국은 이 관직을 두었다. 공자는 "도량度量을 잘 측정하지 못하며, 하는 일마다 이치에 어긋나고, 도시와 시골이 제대로 정비되지 못하여 재물이 그 쓰임새를 잃게 되는 것을 빈貧이라고 한다. 빈하게 되면 사공에게 책임을 물어야 한다"라고 했다.(『공자가어』 「집비執轡」) 이처럼 사공은 백성의 생활을 풍족하게 하는 책임을 맡은 관직이다. 공자도 노나라 사공을 맡았다는 기록이 있다.(『사기』 「공자세가」) 그러나 공자가 그 직책에 있었던 기간은 길지 않았으며,

곧 사구司寇로 발탁되었기 때문에 사공으로서 뚜렷한 치적을 남기진 못했음을 짐작할 수 있다.

: 陳維浩

사도司徒　서주西周 시대의 관직명이다. 『주례』의 관제官制에 따르면 사도는 6경卿 중 하나로, 지관地官에 속한다. 춘추시대에 모든 나라가 사도를 두었으며, 후대의 호부戶部 상서尙書와 비슷하다. 주로 관장하는 업무는 국토 강역疆域의 관리와 사용, 백성의 호적과 부세·노역이다. 『주례』「지관사도地官司徒」에는 "이에 지관인 사도를 세워서 소속의 무리들을 거느리게 하여 나라의 교육을 관장하고, 대국과 소국이 평안하도록 왕을 보좌한다"고 했다. 공자는 "토지가 있어도 번성시키지 못하고 재물을 늘리지 못하면 모든 백성이 굶주림과 추위에 시달려야 하고, 가르침과 훈육이 이루어지지 못하면 풍속이 음란하고 경박해져서 백성은 흩어지게 된다. 이를 '위危'라 하며, 위에 대해서는 사도에게 책임을 물어야 한다"고 했다.(『공자가어』「집비執轡」) 이처럼 사도는 국가의 안위를 지키는 사명을 지닌 중요한 관직이다.

: 陳維浩

사마司馬　서주西周 시대의 관직명이다. 『주례』 관제에 따르면 6경 중 하나로, 하관夏官에 속한다. 춘추시대 모든 나라가 사마를 두었으며, 후대의 병부兵部 상서尙書와 비슷하다. 주로 전국의 군정軍政과 군부軍賦를 관장했다. 『주례』「하관사마夏官司馬」에는 "이에 하관인 사마를 세워서 그 소속 관원들을 통솔하게 하고 나라의 정사를 관장하게 함으로써 대국과 소국이 평온하도록 왕을 보좌한다"고 했다. 공자는 "어질고 능한 사람이 관직을 잃고, 공로 있는 자가 상과 녹을 잃으며, 사졸들이 미워하고 원망하게 되면 병력이 약해져서 쓸모가 없게 된다. 이를 불평不平이라 하며, 불평에 대해서는 사마에게 책임을 물어야 한다"라고 했다.(『공자가어』「집비」) 사마가 군대를 통솔할 때 중요한 것은 상벌을 공평하게 내리는 것이며, 상벌의 기준은 병사의 전공戰功과 재능이다.

: 陳維浩

사구司寇   서주西周 시대의 관직명이다. 『주례』 관제에 따르면 6경 중 하나로, 추관秋官에 속한다. 춘추시대 모든 나라가 사마를 두었으며, 전국의 사법·형벌 관련 업무를 관장했다. 『주례』「추관사구秋官司寇」에 따르면 "이에 추관인 사구를 세워서 소속 관원들을 거느리고 나라의 금기를 관리하게 하고, 대국과 소국이 본받도록 왕을 보좌한다"고 했다. 공자는 "형벌이 모질고 난삽해서 간사한 무리를 이겨내지 못함을 불의不義라고 한다. 불의에 대해서는 사구司寇에게 책임을 물어야 한다"고 했다.(『공자가어』「집비」) 사구는 국가의 공평公平과 정의正義를 담당한다. 노 정공定公 10년에 공자는 사구를 맡으면서 재상의 직무까지 책임졌다. 이듬해 제와 노 양국이 협곡에서 회맹할 때 공자는 정공을 수행했다. 예의禮儀에 근거해 제 경공景公과 교섭을 하

여 제나라가 점령한 노나라 영지의 반환을 이끌어냈다.(『좌전』 정공 10년)

: 陳維浩

민民

평민, 즉 백성이다. 고대에는 백성, 식량, 장례, 제사를 중시했다. 공자는 국가를 다스릴 때 이와 관련한 제도를 잘 마련해야 백성이 마음으로부터 따른다고 했다.(20.1) 또한 공자는 세상의 풍조가 나날이 쇠퇴하고 있다면서 고대의 민풍民風에 비해 세 가지 면에서 차이가 있다고 했다. "고대의 거만한 사람은 사소한 일에 신경 쓰지 않았으나 요즘 사람은 말과 행동이 방탕하다. 고대의 절도 있는 사람은 가식적인 것을 하찮게 여겼으나 요즘 사람은 세상의 모든 불합리한 현상에 대해 분개하고 증오한다. 고대의 우매한 사람들은 그래도 솔직했으나 요즘 사람은 계략만 부릴 줄 안다."(17.16) 증삼曾參은 "장례를 정중히 치르고 조상의 제사를 귀중히 지내면 백성의 덕이 두터워질 것이다"라고 했다. 장례와 제사에 관한 일을 경건하고 정성스럽게 처리하면 사회적 풍조를 순박해지고 인정이 두터워진다는 뜻이다. '민덕民德'이란 만백성의 언행 태도를 가리키며, 이로써 사회 풍조를 알 수 있다.(1.9) '민民'은 민심을 가리키기도 한다. 증삼은 양부陽膚에게 "윗사람이 도리를 잃어 백성이 흩어져버린 지 오래다"라고 했다. 당시 정치 지도자들의 규범에 어긋난 언행으로 인해 백성의 마음이 떠난 지 오래됐다는 사실을 양부에게 일깨우려 한 것이다.(19.19)

: 陳慧玲

유사有司 　대부의 가신家臣 밑에 각급 관원이 맡는 직책을 뜻한다.『논어』에서는 작은 일을 관리하는 고대의 관리를 지칭하는데, 지위가 낮고 인색하여 군자의 행동거지에 적합하지 않은 뜻으로 비유되었다. 또한 '유사有司'는 또한 일부러 곤란하게 함을 의미하기도 한다. 예컨대 공자는 "어차피 내주어야 함에도 출납할 때 인색하게 하는 것을 유사라 한다"고 했다. 마땅히 사람들에게 주어야 하는 때에도 인색하게 굴어 분란을 일으키는 인물을 빗댄 것으로, 사람에게 상賞을 줄 때는 주저 없이 행동하여 원망이 없게 해야 한다는 뜻이다.(20.2) 중공仲弓이 공자에게 다스림에 대해 묻자 공자는 "먼저 일을 책임자(유사)에게 맡기되 작은 허물은 용서해주고 현명하고 재능 있는 자를 기용하는 것이다"라고 했다. 이는 일을 각급 관원에게 맡기되 그들의 작은 잘못에 대해선 지적하지 않으며 우수한 인재를 발탁해야 한다는 뜻이다.(13.2) 또한 "제기祭器 등의 자질구레한 일은 담당자(유사)가 있으니 윗사람이 중시할 일이 아니다"라는 말은 예절에 관한 세부적인 일은 주관하는 자가 책임져야 한다는 뜻이다.(8.4)

: 陳慧玲

행인行人 　고대의 외교 관원이다.『주례』「추관사구秋官司寇」에 최초로 등장하는 직책으로, "소행인小行人은 방국邦國의 빈객을 맞이하는 예적禮籍을 관장하여 사방의 사신들을 접대할 준비를 한다. 봄에는 제후들로 하여금 공물을 바치게 하고, 가을에는 관리들을 평가한 바를 군주에게 바침으로써 각국을 예우하는 근거로 쓰게 한다"라고 기록되어 있다. 행인은 외교사절을 접대하는 관원일 뿐만 아니라 군주가 외국의 풍토와 민심을 알 수 있게 하는 일을 책임진다. 공자는 정나라의 외교 업무를 논하면서 행인을 언급했다. 정나라는 외교 문건을 발표할 때 전문적으로 외교에 관한 업무를 책임지는 행인 자우子羽를 비롯해 총 4명의 대부를 거치게 했다. 이는 나라의 외교에 관한 일에 대해 신중하고 완벽하게 처리해야 함을 강조한 것이다.(14.8)

: 陳慧玲

곡삭告朔

'삭朔'은 매월 1일을 가리킨다. 고대 천자는 매년 제후들에게 역법을 반포했다. 역법은 매달 첫날이 어느 날이며 그해 윤달이 있는지를 알려준다. 제후들은 역서曆書를 받아 조상의 사당에 보관하고, 예법에 따라 매달 첫날 조상의 사당에 희생양犧牲羊을 바치고 제사를 드린다. 이를 곡삭이라 하는데, 이러한 의식은 군주에 대한 존경을 표하고 조상에게 알리는 것이다. 노나라 정공定公과 애공哀公 때에는 천자의 영향력이 미약해져 제후들이 곡삭례를 하지 않았는데, 관원들은 여전히 규정에 따라 매달 양을 바치는 곡삭례를 시행했다. 자공子貢은 유명무실한 의식에 양을 바치는 것은 낭비이므로 폐지하려 했다. 이에 대해 공자는 양을 바치는 것은 곡삭례의 한 과정인데 이를 없애는 것은 곡삭례를 폐기하는 것으로, 군신간의 올바른 도리에 어긋난다고 여겼다. 공자는 곡삭의 예를 포기하지 않았다.(3.17)

: 陳淑娟

조두俎豆   두 가지 제기祭器를 합쳐 일컫는 말이다. 조俎는 희생 제물[牲品]을 담는 청동 또는 나무로 만든 그릇이다. 대개는 목제인데 청동이나 흙으로 만들기도 한다. 뚜껑이 있으며 국물이 있는 고기음식을 담는다. 흔히 '조두'는 모든 예기禮器를 통칭하는 표현으로 쓰였다. 위나라 영공靈公은 일찍이 공자에게 작전作戰과 포진布陣에 관한 방법을 물었다. 공자는 예악禮樂이야말로 다스림의 근본이라 생각했기 때문에 자신은 "조두에 관한 일俎豆之事"만 알 뿐 군사 작전에 대해서는 배운 적이 없다고 말한 뒤, 다음 날 위나라를 떠났다. 공자가 58세인 노 애공哀公 1년에 있었던 일이다.(15.1)

: 陳淑娟

관례冠禮   고대 남자의 성년례成年禮이다. 의식을 치르는 자가 여러 종류의 모자를 착용하여 관례라는 명칭이 붙었다. 『의례儀禮』「사관례士冠禮」에 따르면, 관례의 의식절차는 몇 단계를 거친다. 우선 의식을 치르기 전에 점을 쳐서 날짜를 고르고, 모자를 씌워줄 빈객賓客을 초청한다. 당일에는 의식의 핵심 과정인 삼가례三加禮를 치른다. 의식을 맞는 자에게 차례로 치포관緇布冠

(검은 천으로 된 모자), 피변皮弁(흰 사슴가죽 모자), 작변爵弁(검은 가죽 모자)를 씌워주는 절차를 거친다. 관례가 끝나면 자字를 받은 다음 어머니, 형제자매, 임금, 향대부鄕大夫, 향선생鄕先生을 찾아뵌다.

고대에 관례는 매우 중요한 예의禮儀였다. 관례 중 예모와 예복을 입는 의식은 세상에 어떤 모습으로 서야 하는지를 일깨우는 의미가 있다. 즉 관례를 통해 성인成人이 된다는 것은 자식으로서 그리고 신하로서 마땅히 규범을 지키는 것이며, 사회적 책임을 짊어질 수 있는 자만이 국가와 백성을 다스릴 자격과 능력을 지니는 것이다. 이처럼 관례는 그 의의가 중요하기 때문에 주邾 은공隱公은 자신이 즉위할 때 특별히 대부를 보내 공자에게 관례를 치르는 법을 물었다.(『공자가어孔子家語』「관송冠頌」)

: 陳淑娟

재宰

상 왕조 때부터 생겨난 관직으로, 집안의 대소사와 노비를 관리했다. 재상宰相을 뜻하는 말이기도 하다. 서주西周 시대에 재宰는 궁정 안팎의 사무를 관장했다. 고대 관리의 통칭으로, 춘추시대에 각국이 이 제도를 따랐다. 상 왕조 때는 집안의 사무와 노비를 관리했으나, 주 왕조에 들어서는 국정을 관장하는 태재太宰와 귀족의 집안일을 관리하는 가재家宰로 나뉘었다. 공자는 "임금이 세상을 떠나면 모든 관원은 3년 동안 자기 직무를 총괄하되 총재冢宰의 지시를 받았다"고 했다. 선왕의 죽음으로 제위를 이어받은 새 군주는 3년 동안 정치를 묻지 않으

며, 그 기간에 관원들은 재상의 명령에 따르면서 각자의 직책에 충실해야 한다는 뜻이다.(14.40)

: 陳慧玲

여旅   『논어』에서 '여'는 두 가지 의미로 쓰였다. 하나는 군대를 뜻한다. 예컨대 "군대의 일軍旅之事에 대해서는 배운 적이 없다"라거나 "군대로 침략당하다加之以師旅" 등이 그러하다.(11.26; 15.1;) 다른 하나는 제사의 명칭이다. 예컨대 "계씨가 태산에서 여제를 지냈다季氏旅於泰山"이다. 당시 예의 규정에 따르면, 오직 천자와 제후만이 국경 안의 유명한 산과 큰 강에 제사지낼 수 있었다. 그러나 노나라 대부인 계씨季氏는 자신의 본분을 넘어 태산에 제사지내려 했다. 이에 공자는 당시 계씨 밑에 있던 제자 염구冉求에게 예제를 침범한 계씨의 행위를 막지 못한 것을 질책했다.(3.6) 이 밖에도 '여'는 『역경易經』 제56괘인 '화산여괘火山旅卦'를 뜻하기도 하는데, 오늘날 여행의 의미에 가깝다.

: 陳淑娟

서인庶人   서민庶民이라고도 불리며, 일반 백성 또는 평민을 가리킨다. 춘추시대 귀족이 서민으로 몰락한 경우가 많았다. 예컨대 "삼후三后(하·상·주 3대의 임금)의 자손이 지금은 서민이 되었다"는 문장이 있는데(『좌전』 소공 32년), 이는 군신 간의 지위는 고정불변한 것이 아니어서 삼후의 자손이 평민 신분으로 강등되었다는 말이다. 이후 서인庶人은 일반적으로 관직이 없거나 노예 신분에 속하지 않는 평민을 가리킨다. 공자는 "천하에 도가 있으면 서인(일반 백성)이 함부로 정치를 비난하지 않는다"고 했다. 천하의 정치가 안정되었다는 것은 대부가 정권을 장악하지 않았다는 것을 뜻하는데, 예악禮樂을 제정하거나 군사를 출동시켜 정벌하는 일을 천자가 결정하기 때문에 백성은 국정을 논할 필요 없이 편안히 생활할 수 있다는 것이다.(16.2)

: 陳慧玲

장보章甫　고대 남자가 성년례成年禮를 치른 후 착용하는 예모禮帽다. 남자의 성년례는 관례冠禮라고 부른다.『예기』「관의冠義」에 "관례는 예의 시작이다"라고 했다. 성년례 이후에는 혼昏, 사射, 어御, 연燕, 빙聘 등 여러 예를 치른다. 삼대三代(하·상·주)의 예제가 다르기 때문에 예모의 모양과 명칭도 각기 다르다. 주 왕조 때에는 위모委貌라고 했고, 은 왕조 때에는 장보라 했고, 하 왕조 때는 무추毋追라 했다.(『의례』「사관례士冠禮」) 공자의 제자 공서적公西赤은 자신의 포부를 밝히면서 종묘 제사 또는 국제적인 회맹에서 단장보端章甫, 즉 검은 예복인 단端을 입고 예모인 장보를 쓰고 작은 보좌원이 되기를 원한다고 했다.(11.26)

: 陳淑娟

제례祭禮　고대에 최고의 신(하늘), 조상, 자연계 신명에 제사하는 제도화된 의식이다. 상 왕조 사람들은 제사를 중시해서 군주는 1년

중 거의 3분의 1을 제사 거행에 할애했다. 제사를 받는 주된 대상은 조상이며, 그 목적은 신묘한 힘을 가진 조상이 후대에게 복을 내리고 보호해주기를 기원하는 것이다. 주 왕조에 이르러 제례祭禮 체계의 등급이 더욱 분명해지고 종류가 많아졌으며, 조상보다는 최고의 신인 하늘에 대한 제사가 중시되었다. 하늘에 제사하는 것은 주 왕조 천자의 특권이었다. 하늘은 천자의 정권에 합법성을 제공하는 근원이기 때문이다. 주 왕조 때에는 다양한 명목으로 하늘에 제사했는데, 그중 가장 중요한 것이 교郊와 체禘다. 동지冬至 때 남교南郊에서 하늘에 제사하는 것을 교라 하고, 조상을 하늘에 제사하는 것을 체라 한다. 천자가 순행巡幸에 나서기 전 또는 순행하면서 하늘에 제사하는 경우는 류類, 의宜, 시柴 등 종류가 다양하다.

하늘에 제사하는 것 외에 천자는 사방四方과 국경 내의 유명한 산과 큰 강에도 제사해야 한다. 이밖에 『예기』「왕제王制」에 따르면, 천자와 제후가 사계절에 거행하는 종묘의 제사는 봄의 약祐, 여름의 체禘, 가을의 상嘗, 겨울의 증烝이다. 『예기』에는 죽은 가족들의 각종 제사에 대해서도 기록되어 있다. 가족의 장례 이후 각기 다른 달에 서로 다른 제례를 거행해야 한다.

주 왕조 제례의 항목은 매우 주도면밀하다. 정치와 생활의 중요한 모든 활동마다 제사의식이 있다. 제례 체계에는 제사의 시간, 방식, 제사 대상, 제사 올리는 자의 신분, 제사물품의 규격, 음악과 춤의 종류 등 각기 명확하고 엄격한 규정이 있다. 이러한 규정들에는 사람과 사람 아닌 존재 간의 적당한 관계 또는 도리를 설정한다는 철학적 인식이 깃들어 있다.

: 陳淑娟

야인野人　성격이 소박하고 예악의 교화를 받지 않은 사람을 뜻한다. 공자는 "예악에 먼저 나아가는 자는 야인이다先進於禮樂, 野人也."라고 했다. 대개 예악을 먼저 배우고 관직을 받는 자는 질박한 일반인이고, 관직을 먼저 받고 예악을 배우는 자는 경대부卿大夫의 자제들이다. 여기에서 먼저 나아가는 자先進와 야인野人을 함께 묶어 거론하는데, 이때 먼저 나아가는 자란 소박한 성격에 예악의 교화를 더한 사람을 가리킨다. 공자는 자신이 선택할 수 있다면 먼저 예악을 배우고 관직을 받는 쪽을 택하겠다고 했다. 세습관직을 먼저 받고 예악을 배웠다고 해서 소박한 성품을 지니게 되진 않기 때문이다. 이처럼 공자는 성격이 소박하며 예악의 교화를 받을 수 있는 사람을 중시했다.(11.1)

: 陳慧玲

상喪　공자는 젊었을 때 장례를 맡아 처리하는 일에 종사했기 때문에 상례喪禮에 관한 예의를 매우 중시했다. 또한 자신이 장례를 주관할 때는 흠 잡을 데 없이 이루어질 수 있도록 노력했다.(9.16)

공자는 상례의 형식만 중시하지 않았고 의식의 의미를 더욱 중시했다. 의식이란 진실한 감정에 기초한다고 여긴 공자는 상례를 잘 치르는 것보다 진심으로 슬퍼하는 마음이 중요하다는 점을 강조했다.(3.4) 공자는 사람이 참되고 애틋한 마음을 충분히 드러내는 때가 있다면 그것은 바로 '부모상親喪'을 치를 때라고 했다. 따라서 재아宰我가 삼년상을 일년상으로 줄여야 한다고 했을 때 공자는 재아가 불인不仁하다고 비판했다.(17.21; 19.17)

공자는 상을 치른 사람이 옆에 있으면 음식을 배불리 먹지 않았을 만큼 측은지심과 연민의 감정을 표했다. 따라서 상을 당하여 슬퍼하지 않는 자라면 그를 어떻게 대해야 할지 모르겠다고 했다.(3.26; 7.9; 9.10) 집권자들이 가장 중시해야 하는 것은 백성, 식량, 상례, 제사였다.(20.1)

: 陳淑娟

곽椁 발인할 때의 예거禮車이다. 매장할 때 관목棺木을 에워싸는 외관外棺이 아니다. 공자가 71세 때 안회顔回가 세상을 떠났다. 당시 안회의 부친 안로顔路는 공자에게 마차를 예거로 쓸 수 있게 해달라고 청했다. 공자는 이 부탁을 완곡히 거절하면서 그 이유에 대해 말해주었다. 1년 전 자신의 아들 공리孔鯉가 죽었을 때에도 관만 만들었을 뿐 곽椁은 만들지 않았으며, 마차를 예거로 사용하지 않았다고 했다. 또한 예제禮制에 따르면 선비[士] 신분인 안회는 발인할 때 예거를 쓸 수 없으며, 대부를 지낸 자신의 신분을 고려할 때 걸어서 뒤따르는 것은 예가 아니라고 했다. 그러나 아들을 잃은 안로의 슬픔을 자상히 살피는 태도로써 자신의 거절을 융통성 없는 처사로 받아들이지 않도록 했다. 공자의 이러한 대응은 자신의 일관된 가르침을 지켜 안회에 대한 예를 다하고자 한 것이다. 부모와 자식과도 같았던 사제 간의 애정을 드러낸다.(11.8; 11.11)

: 楊舒淵

고觚 고대에 술을 담는 그릇이다. 재질은 청동이며 2되의 술을 담을 수 있다. 위는 둥글고 아래는 네모난 모양이며, 중간 부분에 4개의 모서리가 있다. 나중에 모서리는 둥근 형태로 바뀌었지만 여전히 고觚라고 불렸다. 『논어』에서 공자는 이러한 상황에 대해 "모난 술그릇인 고가 모나지 않으면, 그것이 고이겠는가? 고이겠는가?"라고 탄식했다. 더 이상 모서리가 있는 고가 아닌 것을 어찌 고라 할 수 있느냐는 것이다. 깊이 생각해보면 공자의 탄식은 당시 혼란한 사회와 급변하는 정치상황에서 명실상부하지 않는 현실에 대한 불만의 토로였다. 공자의 이러한 탄식은 다른 의미로 해석할 수 있다. 고의 한정된 용량은 술을 적게 마시라는 경계를 상징하는데, 술을 고에 담고서도 적게 마시지 않는 풍조를 한탄한 것이다.(6.25)

: 陳淑娟

일민逸民 뜻을 이루지 못한 인재를 가리킨다. 예컨대 백이伯夷와 숙제叔齊처럼 지조와 절개가 훼손되지 않고 인품의 욕됨을 남기지 않은 인물이다. 또는 지조와 절개, 인품에 오욕을 입었더라도 절도 있는 말과 사려 깊은 행동을 잃지 않은 자, 은둔하여 고상한 견해를 펼치면서 청렴결백을 지킨 인물을 뜻한다. 인재가 자신의 능력을 펼치지 못한 경우 뜻을 이루지 못했다고 말할 수 있다. 그러나 공자는 상황에 따라 일을 융통성 있게 처리하며 시대의 변화나 시세에 맞추는 것을 원칙으로 삼았다. 비록 뜻을 이루지 못했으나 공자는 자신의 이상을 확고히 한 후 행할 수 있으면 행하고 멈춰야 할 때는 멈췄다.(18.8) '거일민 擧逸民'이란 뜻을 이루지 못한 인재를 등용하는 것으로, 이를 실행할 때 천하의 백성이 진심으로 납득할 수 있다고 생각했다.(20.1)

: 陳慧玲

슬 瑟

중국 고대 8음音 중 현絃 종류의 목제 악기다. 고금古琴과 비슷하지만 크기는 고금보다 크며, 형태가 길고 속이 비었다. 고금은 한漢·진晉 이후 줄이 7개로 확정되었다. 반면 슬은 고대 문헌에 따르면 줄이 23개인 것과 25개인 것으로 나뉜다. 선진先秦 시대에 금과 슬은 늘 함께 연주했다. 이에 따라『시경』에도 금과 슬이 함께 언급되고 있다. 예컨대 "금과 슬이 바로 옆에 있으니, 조용하고 편안하지 않을 리 없지琴瑟在御, 莫不靜好"(「정풍鄭風」) "기품 있고 정숙한 여인이 금을 타면 나는 슬을 타리窈窕淑女, 琴瑟友之"(「주남周南」) 등이다. 흔히 남녀의 사랑이 금과 슬의 합주에 비유되었다. 선진 시대 문헌에는 공자가 고금에 능했다고 되어 있지만『논어』에 등장하는 현악기는 모두 '금'이 아닌 '슬'이다. 공자는 자로가 슬을 연주하는 것을 듣고 "어찌하여 내 집 문 앞에서 자로가 슬을 타는 것이냐"라고 했다. 여러 제자가 공자를 모시고 서로의 포부를 논할 때 증점曾點은 슬을 연주하고 있었다. 이밖에 공자는 병을 핑계로 유비孺悲의 방문을 거절했을 때 유비의 귀에 들리게끔 슬을 타며 노래하기도 했다. 유비가 스스로 잘못을 반성하게 하기 위해 연주를 한 것이었다.(11.15; 11.26; 17.20)

: 陳淑娟

호련 瑚璉   고대 종묘제사 때 기장과 조를 담는 그릇이다. 옥으로 화려하게 장식되어 매우 아름답고 귀하게 여겨진다. 공자는 제자 중 언변이 뛰어나고 외교적 수완과 상업적 능력을 갖춘 자공子貢을 호련에 비유했다. 이때 호련은 두 가지 의미로 이해할 수 있다. 하나는 자공이 기백과 도량을 갖추어 나라를 다스리고 일을 처리함에 전문성을 발휘하는 인재라는 평가다. 다른 하나는 공자가 말한 "군자는 그릇에 국한되지 않는다君子不器"라는 관점에서 이해할 수 있다. 즉 군자의 목표는 특정한 용도의 그릇처럼 한정된 것이 아니라 인생의 이상을 추구하고 생명의 가치를 실현하는 것이니, 자공을 칭찬하되 덕을 쌓는 데 부단히 노력하라는 격려의 의미라 할 수 있다.(2.12; 5.3)

: 陳淑娟

체 禘   고대의 큰 제사로 하늘, 땅, 조상에 제사를 지낸다. 의식과 헌례獻禮가 복잡하고 장중하다. 천자와 제후들은 각자의 종묘에서 조상에게 체제사를 올렸다. 이후 주周 왕조 성왕成王은 주공周公의 큰 덕을 기리기 위해 특별히 그 후손이 노나라에서 천자의 체제사를 거행하는 것을 허락했다. 이 일에 대해 공자는 "노나라의 교제사와 체제사는 예가 아니니, 주공의 가르침이 쇠하였도다"라고 탄식했다.(『예기』「예운」) 이러한 견해는 공자가 성왕에 봉해진 백금伯禽의 행동에 동의하지 않았음을 나타낸다. 명분이나 실제의 예제禮制를 고려할 때 주공이 비록 큰 덕이 있다 해도 천자의 체제사를 받을 명분은 없기 때문이다. 그러나 노나라는 민공閔公 때부터 천자의 체제사를 참람하여 아버지와 조상의 제사에 쓰는 일이 비일비재했다. 천자의 체제사와 제후의 체제사는 '기관既灌', 즉 규장圭璋을 바치고 조상의 영靈을 맞이하는 절차까지는 대체로 비슷하지만 그다음부터는 크게 다르다. 공자가 살던 당시 노나라에서는 이미 체제사에 대한 참월이 일반화되었고, 이에 대해 공자는 안타까워하며 옥玉을 바치는 절차 이후의 과정은 "보고 싶지 않다"고 했다.(3.10) 체제사의 내용과 의식은 인간과 하늘, 땅, 조상 간의 관계를 규정하여 은혜에 보답하고 근원을 잊지 않는 마음을 다짐하는 것이다. 이러한 도리는 근본과 말단을 관통하는 것으로, 공자는 그 이론을 이해하는 자라면 손바닥 위의 물건을 보듯이 천하의 통치 원리와 방법을 쉽게 이해할 수 있을 것이라 했다. 그러나 안타깝게도 체제사는 이미 오랫동안 참람한 방식으로 치러졌기 때문에 사람들이 체제사의 이론을 물을 때

마다 공자는 모른다고 했다. 논할 가치가 없기 때문이다.(3.11)

: 楊舒淵

무우舞雩 　'우雩'는 고대 기우제의 한 방식으로, 무녀巫女의 춤을 위주로 의식이 이루어지기 때문에 무우라고 한다. 또한 무우는 우제雩祭를 거행하는 단壇을 뜻하기도 한다. 노나라 안에 있는데, 오늘날 산둥山東 취푸현曲阜縣에 위치한다. 『논어』에는 무우가 두 차례 언급되는데 모두 무우대舞雩台를 가리킨다. 이렇듯 무우는 제사를 드리는 공간이기도 하지만, 『논어』에 관한 자료를 볼 때 공자와 제자들이 편안하게 휴식하는 곳이기도 하다. 번지樊遲는 공자를 모시고 무우대 아래에서 쉬면서 덕행을 증진시키고 미혹을 분별하는 방안에 대해 가르침을 청했다.(12.21) 또한 증점曾點은 자신이 꿈꾸는 삶의 경지를 표현할 때 3월의 늦봄에 사람들과 화목하고 즐겁게 기수沂水에서 목욕하고 무우대에서 바람을 쐬는 것이라고 했다.(11.26)

: 陳淑娟

자최齊衰 　고대 상복喪服이다. 고대의 복상服喪 기간과 착용하는 상복은 가족과 혈연의 친소에 따르며, 오복五服의 구분이 있다. 오복의 순서는 참최斬衰, 자최齊衰, 대공大功, 소공小功, 시마緦麻이다. 가장 높은 등급인 참최는 굵은 생마포生麻布로 옷자락 끝단을 꿰매지 않은 상복이다. 제후는 천자를 위해, 신하는 군주를 위해, 아들은 아버지를 위해, 아버지는 큰아들을 위해, 처와 첩은 남편을 위해 모두 3년간 참최를 입는다. 자최는 참최보다 등급이 낮으며, 숙마포熟麻布로 옷자락 끝단을 고르게 꿰맨 상복이다. 자최의 기간은 3년, 1년, 3개월 등이 있으며 어머니와 아들, 방계旁系의 가까운 친척들이 해당된다.(『의례』「상복喪服」) 공자는 나이 어린 자라도 자최를 입은 사람을 보면 자리에서 일어났으며, 그들의 앞을 지날 때는 걸음을 재촉하여 측은함과 존중을 표했다.(9.10)

: 陳淑娟

제후諸侯   서주 시기에는 제후를 봉封하는 제도가 있었다. 천자가 땅을 내리면 그 땅의 통치자는 '제후'라는 봉호封號를 받으며, 그는 중앙의 군주에 복종해야 한다. 이러한 제도는 서주 시대와 춘추시대에 가장 두드러져 직위가 대대로 세습되었다. 제후는 자기의 봉지에 종묘를 세울 수 있으므로 제후국들은 저마다 종묘제사를 거행했다. 공자의 제자 공서적公西赤은 장차 나라 간의 회맹會盟 또는 국가 제사를 돕는 담당자가 되고 싶다는 포부를 밝힘으로써 세상에 나아가 정치에 참여할 뜻을 밝혔다.(11.26) 당시의 주요 제후국들은 노魯, 제齊, 위衛, 송宋, 정鄭, 조曹, 진陳, 초楚, 기杞, 거莒, 광匡 등이다.

주공周公이 동쪽을 정벌하여 승리를 거둔 후 많은 제후들에게 대대적으로 분봉分封했다. 제후의 적장자嫡長子는 자손 대대로 종자宗子가 되며, 제후의 종자는 제후의 권력을 계승한다. 이것이 서주의 종법宗法 제도다. 동주東周 춘추시대에 이르면, 천자의 세력이 약화되어 제후국 간의 전쟁이 많아졌다. 공자는 "환공桓公이 제후들을 규합하되 병거를 쓰지 않은 것은 관중管仲 덕분이었다"라고 했다. 제 환공이 여러 차례 제후들의 회합을 주재해 전쟁이 일어나지 않게 한 인물이 관중이었기 때문이다. 결국 관중이라는 한 명의 힘으로 살육과 정벌 없이 백성을 평안하게 한 것이다. 자공子貢이 물었을 때도 공자는 "관중이 환공을 도와 제후들의 패자가 되게 하고 단번에 천하를 바로잡았기에 백성은 지금까지 그 혜택을 받은 것이다"라고 했다.(14.16; 14.17)

: 陳慧玲

경磬   중국 고대의 석제石製 타악기다. 모양은 사각형이며 소리가 크고 맑고 낭랑하다. 고대음악에서는 흔히 종과 함께 연주되어, 이 두 악기를 '금석지성金石之聲'이라 불리게 되었다. 경돌의 개수에 따라 특경特磬과 편경編磬으로 나뉜다. 나무틀인 가자架子에 경이 한 개 달린 것을 특경이라고 한다. 가자에 여러 개의 경이 크기에 따라 배열되어 온전한 음계를 나타낼 수 있는 것을 편경이라고 한다. 종과 경을 제작하려면 시간과 비용이 많이 들기 때문에 높은 신분의 상징이 되었다. 귀족이 소유할 수 있는 종과 경의 규모는 예제의 규정으로 정해져 있다. 공자가 위衛나라에 머물 때 연습 삼아 경을 연주하고 있을 때 짚으로 만든 오쟁이를 지고 가던 한 은자가 소리를 들었다. 그는 힘 있는 경의 음색에서 세상을 맑게 하려는[淑世] 뜻과 세상을 구하

려는[救世] 의지를 읽어냈다.(14.39)

: 陳淑娟

불면黻冕   불黻은 가죽으로 만든 윗도리이며, 길이는 무릎에 이른다. 면冕은 고대 대부 이상의 신분에게 허용된 모자다. 제사할 때 착용하는 예복과 예모가 곧 불면이다. 공자가 우禹임금에 대해 비판하지 않은 이유 중 하나는 평상시에는 검소하게 입었으나 제복[黻冕]에는 아름다움을 다했기 때문이다. 이는 우임금이 생활에서 누리는 것에는 신경 쓰지 않는 대신 조상신을 모시는 예의를 중시했음을 나타낸다. 고대 사람들은 제사 활동이 백성으로 하여금 조상의 은혜에 보답하고 감사하는 마음을 일깨워 민간 풍속을 순박하게 하는 교화적敎化的 의의를 지닌다고 여겼다.(8.22)

: 陳淑娟

빈殯   망자를 입관入棺하고 묻기 전 영구靈柩를 잠시 안치하고 기다리는 단계를 뜻한다. 공자는 자신의 벗이 죽었을 때 장례를 치러줄 사람이 없자 자기 집에 빈소殯所를 차리라고 하고 장례일을 도맡았다. 고대에 상례喪禮는 가장 중요한 예의禮儀였다. 한 사람이 죽으면 땅에 묻히기까지 50여 가지의 절차를 거쳐야 하기 때문에 상례를 잘 아는 전문가의 도움이 필요하다. 공자는 젊었을 때 상례에 관한 일을 한 적이 있었으므로 벗의 장례를 도울 수 있었다. 죽음을 맞은 벗은 아마도 집안이 몰락했거나 자손이 장례를 치르기 어려운 지경이었을 것이다. 공자는 이러한 경우 몸소 도움으로써 우정을 보였다.(10.22)

: 陳淑娟

종고鐘鼓　종과 북은 고대의 중요한 궁중악기다. 종은 청동기로 제작되며, 크기와 모양에 따라 뉴종紐鐘, 용종甬鐘, 박종鎛鐘으로 나뉜다. 궁중에서 쓰는 북은 건고建鼓라 한다. 양쪽에 가죽을 씌우고 북통에는 막대기를 관통시켜 받침에 세운 뒤, 위에 덮개를 얹어놓은 대형 북이다. 종, 북, 경磬 등 타악기는 음악의 리듬과 박자를 이끌기 때문에 주周 왕조 악대의 중요한 기능을 맡았다. 이로 인해 '종고' 또는 '종경鐘磬'은 음악제도의 대명사로 쓰였다. 주 왕조의 음악은 예禮의 규정에 근거하여 신분의 등급에 따라 악대의 규모를 달리했다. 공자는 예제의 준수를 바탕으로 하는 예악禮樂에 대해 행하는 자의 진실한 감정을 강조했다. 이에 "음악, 음악이라 이르는 것이 종과 북을 이르는 것이겠는가?"라고 하여 음악의 정신이 형식, 즉 기물器物에만 있지 않음을 나타냈다.(17.11)

: 陳淑娟

나儺　고대에 한 해가 끝날 무렵 역병을 일으키는 귀신을 내쫓기 위해 거행하는 민속의식이다. 공자는 마을사람들이 역귀疫鬼를 내쫓는 의식을 할 때 관복[朝服]을 입고 동쪽 계단에 서 있었다. 마을 의식에는 참여하지 않았지만 존중하는 태도를 보인 것이다. 고대에 가옥이 남향일 때는 문으로 들어서는 계단이 동쪽과 서쪽에 있는데, 동쪽 계단에 선다는 것은 자신이 주인임을 나타내는 것이다. 이처럼 공자는 사람들과 더불어 괴이함, 폭력, 문란함, 귀신[怪力亂神]을 논하지 않았으나 민속신앙에 대해서는 기본적으로 공감하고 존중하는 태도를 보였다.(7.21; 10.14)

: 陳淑娟

四. 철학 사상

논리와
지식 이론

이끄는 말

공자의 사상은 정명주의正名主義에 기초한다. 예악禮樂이 무너지는 난세를 살았던 공자는 역사를 깊이 사유한 결과 이름과 실제가 부합하는 명실상부名實相符야말로 옛 태평 시대의 기초임을 깨우쳤다. 그는 주공周公이 예악을 제정할 때 고대 덕치德治 사회의 오랜 전통을 본받고 이상적인 인간의 개념을 확립한 점을 높이 평가했다.(3.14) 이에 '옛 것을 익히고 새로운 것을 배우는' 예를 계승하고 인仁을 이끌어냄으로써 인간의 본성을 탐구하는 정명주의를 주장했다.(12.11) 즉 인간의 본성은 선善을 지향한다는 전제 아래 진실하고 능동적인 자세로 자기의 명분名分에 맞는 책임을 다해야 한다는 주장이다. 이는 실제와 가치를 연계하여 천하의 정도正道를 되찾는 것이다.(12.1)

공자에 따르면 사람이 생각하고 배우는 목적은 행동으로 옮기는 데 있으며, 사람간의 소통은 반드시 도덕과 관계된다. 또한 지식은 올바른 명분을 세우는 데 도움을 주며, 올바른 명분은 정치를 바로잡게 한다. 즉 명분과 언론에 대한 명확한 판단으로써 행동의 가치기준을 이끌어내는 것이다.(13.3) 이러한 앎이 행동의 전제가 되기 때문에 공자는 사유 형식만을 논하지 않았으며, 과학적 연구를 특별히 중시하지도 않았다. 이상을 논할 때는 현실의 적용을 함께 고려했으며, 지식을 논할 때는 배움과 깨달음 그리고 실천을 중시했다.

공자는 어떠한 개념을 정의할 때 참[眞]에 합당하고 선善에 합당한지를 고려했다. 판단할 때는 윤리적 가치를 기준으로 삼아 사유와 행동이 일치하는지를 살폈다. 정명주의의 '정명正名'과 '순언順言'에 맞추어 말하자면, 어떠한 판단에 대해 분명하고 정확한 논리를 세움으로써 합리성과 실현가능성을 갖추고자 했다. 추론할 때는 널리 배우고[博學], 매사에 묻고[每事問], 일정한 스승이 없는[無常師] 배움을 통해 지식으로 귀납했다.(3.15; 6.27; 19.22) 널리 배우고 지식을 기억하는 것은 연역演繹에 필요한 중심 사상을 확립하기 위함이다. 모든 지식을 관통하는 공자의 중심 사상은 '인仁'이다. 인으로써 전통을 살리고, 한 가지로부터 다른 것들을 미루어 알며, 옛것을 익히고 새로운 것을 배울 수 있었다.(2.11; 7.8; 15.3) 그는 귀납과 연역 외에 비유·양단兩端·관찰 등 추론을 사용했으며, 정언定言·가언假言·연쇄連鎖·양난兩難 등의 방식도 사용했다. 그러나 항상 '인'을

중심으로 실제와 가치를 정밀하게 연계했다.(2.1; 2.10; 9.8)

공자가 주목한 지식은 크게 세 분야로 나뉜다. 첫 번째는 자연계와 모든 구상물具象物이다. 예컨대 새와 짐승, 초목의 이름 그리고 각종 의례에 관련한 기구器具 등이다.(3.15; 17.9) 이름을 통해 실상에 도달하는 능력을 기르고 언행言行의 근거를 구비하는 것으로, 지식을 구하는 방법은 오직 호학好學이다.(16.13; 17.8) 두 번째 지식은 역사와 문화전통이다. 이 분야의 배움에는 순차적으로 세 단계를 거친다. 첫 단계는 전통을 좋아하고 성실하게 이해하는 것이다.(7.1) 신중히 지식을 구하고 증거를 중시하며 부지런히 배워야 한다.(2.17; 3.9; 7.20) 두 번째 단계는 여러 도리와 사리에 대해 체계적이고 철저하게 이해하는 것이다. 이성理性에 의지하여 선행善行으로 나아갈 수 있도록 배움과 생각을 병행하고, 일관된 도리를 파악해 문화의 덜고 보탬[損益]을 이해함으로써 하나를 들어 열을 아는 데 도달한다.(2.15; 2.23; 16.10) 세 번째 단계는 과거에 비추어 미래를 예측하는 것으로, 전통을 현재에 활용하는 방식이다.(1.15; 3.8) 즉 현재의 상황을 대응하여 배우는 지식이다. 방법적으로는 견문·성찰·행동을 유연하게 배합하여 전개한다. 말하자면 견문을 통해 경험을 얻고 선에 부합한 행위를 수용하여 본받는다.(4.17; 7.28) 성찰을 통해 경험을 이해하고, 사욕의 함정에 빠지지 않고 진실하게 선을 지향하고, 타인의 입장에서 생각한다.(9.4) 행동으로써 입증하고 수정하며, 선을 지속적으로 행하되 미혹되지 않는다. 정리하자면, 권도權道와 진퇴進退 사이

에서 이상을 견지하여 인을 지키고 의를 행하는 것이다.(8.13; 14.28; 18.8)

이와 같은 공자의 사상 논리를 살펴볼 때, 모든 배움은 행동을 목표로 하고 있음을 발견할 수 있다. 특히 인간의 본성은 선을 지향한다는 점을 강조하여 참을 구하고 선을 구하는 것을 하나의 논리로 묶었다. 이에 따라 이름과 실제가 부합하게 하고 예악으로 교화하는 등의 다스림에 관한 요건들은 인간의 본성에 근거하여 다시 세워진다. 또한 지식적 사변思辨과 실천 행위도 아름다움과 선의 실현이라는 공동의 목적을 위해 변증법적 발전을 이룬다. 따라서 이제부터 소개하는 개념들과 정명주의를 연계하면 공자의 사상이 정치철학으로 확대 전개되는 면을 확인할 수 있을 것이다. 또는 인간의 본성으로 거슬러 올라가 인성론人性論과 형이상학이 만나는 지점도 찾아볼 수 있을 것이다.

: 楊舒淵

중인中人   자질이 중간 정도인 사람을 가리킨다. 대부분의 사람은 '중인'의 수준에 속하기 때문에 공자는 중인을 기준으로 어떻게 가르칠지를 결정했다. 즉 중간 정도의 자질을 지닌 사람이 향상되기를 원한다면 높은 수준의 도리를 말해줄 수 있으나, 원하지 않는다면 말해줄 것이 없다고 했다.(6.21) 나아지기를 바라는 중인은 높은 도리를 들으면 삶의 바른길로 나아갈 수 있지만, 나아지기를 원치 않는 사람은 바른길을 원치 않기 때문에 높은 도리를 배울 수 없다. 공자가 이처럼 사람을 분류한 것은 아마도 눈높이 교육을 추구했기 때문으로 보인다.

: 許詠晴

#_지知, 인재시교因材施教, 학學, 습習

절차탁마
切磋琢磨

서로 연구하고 토론하여 깊이 연마하는 학문의 탐구 과정을 가리킨다. 절切, 차磋, 탁琢, 마磨는 원래 옥과 돌, 뿔과 뼈 등의 기물을 가공하는 방법인데, 학문을 탐구할 때 끊임없이 수정하고 발전하는 과정을 상징하는 표현이 되었다. 자공子貢은 공자에게 가난하지만 아첨하지 않고 부유하지만 교만하지 않은 태도가 어떠한지를 물었다. 공자는 그것도 괜찮은 태도이긴 하지만, 가난하지만 도道를 즐겨 행하고 부유하지만 예의禮儀를 숭상하는 자보다는 못하다고 했다. 이에 대해 자공은 『시경』에서 뼈와 뿔, 옥을 다듬을 때 끊임없이 절차탁마한다는 말을 빌려 향상됨을 추구해야 한다는 함의를 유추했다.(1.15) 자공과 공자가 토론을 통해 깊은 도리를 깨우쳐가는 과정이야말로 절차탁마의 향상을 추구하는 예증이다.

: 陳維浩

#_지知, 학學, 사思, 양단兩端, 거일반삼擧一反三

정명正名

공자의 정치사상 가운데 '위정이덕爲政以德'과 '정명正名'은 매우 중요한 개념이다. '위정이덕'은 제왕이 고상한 품덕으로 천하를 다스려 백성이 제왕을 따르게 하는 것이다.(2.1) 이와 상대되는 개념인 '정명正名'은 명분을 바로잡는 것이다. 명분을 바로잡는다는 것은 무엇인가? 제나라 경공景公이 공자에게 정치에 대해 묻자, 공자는 군주는 군주답고, 신하는 신하답고, 아버지는 아버지답고, 아들을 아들다운 것이라고 했다.(12.11) 군신부자의 이름을 얻었으면 이상적인 대상을 본받고 각자의 명분에 맞는 실천을 해야 한다는 뜻이다. 나라를 다스릴 때 '정명'은 분담과 협력을 강조한다. 이것은 자신의 책무가 아닌 일에 대해서는 도모하지 않는 것이다.(8.14) 증삼曾參 역시 군자는 자기 지위를 범주로 삼아 사고하고 자기의 명분에 맞게 일함으로써 이상적인 기준을 본받는다고 했다.(14.26)

자로가 공자에게 위衛나라 군주에게 등용된다면 국정을 어떻게 운영할지 물었을 때, 공자는 반드시 '명분을 바로잡겠다正名'고 했다. 이처럼 '정명'은 정치의 맥락에서 그 기능과 중요성을 논할 수 있다. 명분은 언言, 사事, 예악禮樂, 형벌의 시행과 깊은 관련이 있으며, 백성의 생활에 큰 영향을 끼치기 때문이다. 명분을 바로잡지 않으면 말이 순조롭지 못하고, 말이 순조롭지 못하면 정사를 돌보기 어렵다. 정사가 제대로 이루어지지 않으면 예악이 정착되기 어렵고, 예악이 자리를 잡지 못하면 형벌도 일정한 기준을 잃게 된다. 형벌이 일정한 기준을 잃게 되면 백성은 두렵고 불안해 어찌할 바를 모르게 된다. 그런 까닭에 공자는 무엇보다 군자의 올바른 명분을 중시했다. 그래야만 말이 순조롭게 되며 말한 대로 실천할 수 있기 때문이다.(13.3) 결국 '정명'은 나라를 다스릴 때 언, 사, 예악, 형벌이 적절히 실행되기 위한 선결 조건이다.

: 許詠晴

#_언言, 예禮, 형刑, 북진北辰

언言

세 가지의 뜻이 있다. 가장 널리 쓰이는 의미는 '언어'로서, 개인의 관점을 표현하는 것이다. 의견을 발표하는 것은 어렵지 않다. 그러나 덕행을 갖춰야 발표의 내용도 가치가 있다. 듣기에는 좋지만 진심이 담겨 있지 않거나 도의道義에 어긋난 말은 '언'이라 할 수 없다.(1.3; 14.4; 15.17) 따라서 공자는 군자에 뜻을 둔 사람은 자신의 감정을 적절히 표현할 줄 알아야 하며 말의 근거를 가져야 하기 때문에 『시경』을 읽어야 한다고 했다. 또한 공자는 예禮를 배워야 예절에 부합하는 발언을 할 수 있다고 했다.(16.13) 말을 할 때는 먼저 진심에서 우러난 것인지 따져보아야 하며, 말은 많이 하면서 실천이 적은 것을 부끄럽게 여겨야 한다. 따라서 하고 싶은 말이 있을 때는 먼저 행동으로 옮기고 나서 입 밖에 꺼내야 한다.(2.13; 12.3; 16.10) 말이 진실하고 신의信義 있게 행동한다면 그 처신은 자국에서든 타국에서든 통용될 수 있다.(15.6) 이때 신의란 소인처럼 고지식하게 지키는 것이 아니다. 시의時宜와 도의道義에 맞게 자신의 의견을 표현해야 덕행을 갖춘 대인大人이 될 수 있다.(13.20;『맹자』「이루 하」) 공자는 사람을 파악할 때 그의 언행거지를 종합적으로 관찰하되 언사言詞의 명확한 기준을 적용했다. 또한 이상적인 인물들에 대해서는 오랜 어려움을 겪으면서도 스스로 자

부해온 말들을 잊지 않았는지를 살펴서 판단했다.(5.19; 14.12; 20.3)

'언'의 두 번째 의미는 정령政令이다. 공자는 국정을 운영할 때 정당한 명분이 서야 정령이 순조롭게 되며, 군자의 명령[施令]은 반드시 실행되도록 애써야 한다고 했다.(13.3) '언'의 세 번째 의미는 격언格言이다. 공자는 덕의 꾸준한 실천을 강조한 남쪽 지역의 속담을 인용하면서, '서恕'라는 글자에는 다른 사람의 입장에서 생각한다는 의미가 담겨 있어 평생 받들 수 있는 잠언이 되기에 충분하다고 했다.(13.22; 15.24)

공자는 언론言論의 도道에 통달하여 성실하게 예를 따르고, 시세에 따라 처리하며, 능력을 가늠하여 발언할 줄 알았다. 예컨대 맹인 악사 면冕을 응대할 때 공자는 자상하게 길을 안내하고 참석한 사람들을 소개했다.(15.42) 고향에서는 온화하고 공손하며 능력을 과시하지 않아 어눌한 사람 같았다. 종묘나 조정에서는 말이 명확하고 유창했으며, 상대의 신분에 따라 말하는 태도를 조율했다.(10.1; 10.2) 나라에 도道가 있으면 언행을 정직하게 하고, 나라에 도가 없으면 행동은 정직하되 말을 완곡하게 하라고 했다.(14.3) 다만 말에는 한계가 있기 때문에 생명의 근원과 변화를 표현할 때는 하늘이 그러하듯 말을 하지 않겠다고 했다.(17.19)

: 楊舒淵

#_덕德, 인仁, 시교詩教, 서恕, 정명正名

양단兩端 사물의 대립한 두 면을 가리킨다. 공자의 탐구방식 중 하나는 어떤 대상의 대립된 면을 파악하여 정확한 인식을 얻는 것이다. 공자는 자신이 모든 것을 이해할 수 있다고 생각하지 않았다. 간절하고 겸허한 시골사람이 가르침을 청했을 때 자신은 그 문제의 앞면과 뒷면(양단)을 상세히 헤아려 해답을 찾는다고 했다.(9.8) 따라서 어떤 물음에 대답할 때는 기본적인 지식도 필요하지만 추리와 사고력을 갖추어야 한다. 또한 모든 일에 대해 양면을 모두 본다면 근거 없는 추측이나 편견, 완고한 아집이나 과장 등의 함정을 피할 수 있다.(9.4) 이처럼 양단은 대상을 인식하는 데 도움이 될 뿐만 아니라 인격을 수양하는 데도 유익하다.

: 陳維浩

#_사思, 학學, 자절사子絶四, 거일반삼擧一反三

명明 명견明見, 즉 명확하게 보는 것을 뜻한다. 자장子張이 명견의 도리를 묻자, 공자는 자기에 대한 험담과 비방이 해를 끼치지 못한다면 명견이 있는 것이라고 했다.(12.6) 이러한 대답은 "멀리 볼 때에는 밝게 볼 것을 생각하시고, 덕스런 말을 들을 때에는 귀 밝게 들을 것을 생각하소서視遠惟明, 聽德惟聰"(『서경』「상서商書·태갑太甲」)라는 구절을 설명한 것처럼 보인다. 이 구절은 명견으로써 옳고 그름을 자세히 살피고 지혜[慧]로써 선악을 분별하라는 뜻이다. 또한 공자는 군자가 반드시 고려해야 할 9가지 덕목을 제시할 때에도 '명明'과 '총聰'을 포함했다. 군자가

되고자 한다면 보는 것과 듣는 것을 명확히 해야 한다는 것이다.(16.10)

: 許詠晴

#_선善, 사思, 군자君子, 서교書教

지知

알다, 이해하다의 뜻이며, 지식이나 지혜의 뜻도 있다. 앎[知]을 구하는 목적은 인仁의 실천에 있다. 일반적으로 지식활동의 기본적인 요소는 지식의 주체, 지식의 대상, 지식의 내용으로 구분된다. 공자는 지식이 무엇인가 하는 직접적 정의는 제시하지 않았지만 아는 것이란 무엇이며 지식의 대상이나 임하는 태도 등에 관해서는 자주 언급했다.

공자가 주목한 지식의 대상은 자연계와 모든 구상물, 역사와 문화전통, 당면한 문제와 대응의 도리 등이다. 앎에 대한 태도에 대해서는, 자신이 아는 것은 안다고 하고 모르는 것은 모른다고 말할 수 있어야 한다고 했다.(2.17) 아울러 배우고 생각하고 실천해야만 지식을 쌓고 지혜를 기를 수 있다고 했다.(2.15) 그러나 인仁을 지식과 구분하지는 않았다. 지식의 핵심은 오직 인의 실천이기 때문에 앎이란 삶의 바른길을 가는 데 필수적으로 갖춰야 할 부분일 뿐이다. 그러므로 인자仁者는 지자知者이기도 하다.(6.23) 공자는 앎을 구하는 주체가 된다면 정도正道를 깨달을 수 있다고 했다. 다만 날 때부터 아는 자가 있고, 배워서 아는 자가 있고, 곤궁함을 당해 배우는 자가 있고, 곤궁해도 배우지 않는 자가 있을 뿐이다. 날 때부터 정도를 깨달는 자는 등급이 높고[上等] 배워서 이해하는 자는 그다음 등급[次等]이다. 어려움에 닥쳐 배우는 사람은 더 낮고, 어려움에 닥쳐도 배우려 하지 않는 사람은 자기에게 진실하지 않으며 구차한 삶을 이어가는 하등下等에 속한다.(16.9)

밝은 지혜[明智]를 기르기 위해선 사명을 깨달아 군자가 되는 '지명知命', 입신立身과 일처리를 터득하는 '지례知禮', 다른 사람의 뜻과 언행을 이해하는 '지언知言'이 요구된다.(20.3) 밝은 지혜가 무엇인지를 묻는 번지樊遲에게 공자는 다른 사람을 헤아릴 줄 아는 것이라고 했다. 또한 정직한 사람을 등용하여 부정한 사람 위에 둠으로써 부정한 사람을 정직하게 만드는 것이라고 했다. 이처럼 밝은 지혜란 사람을 대상으로 세상의 사정을 통달하는 것으로서, 단지 지식을 구하는 것이 아니라 타인을 이해하고 인륜도덕의 함의를 깨달아 성찰을 하는 방법이다.(12.22) 이밖에도 공자는 백성을 위한 일에 힘쓰고 귀鬼와 신神을 삼가 받들되 적당한 거리를 유지한다면 밝은 지혜를 지닌 자라 했다. 인간의 도리 외에도 신에 대한 공경의 책임을 다해야 한다는 뜻이다.(6.22) 이와 같은 내용들은 공자가 세상의 지식을 널리 배운 뒤 깊은 도리를 깨달은 결론이다. 인사人事를 알고 천명天命을 알아야 밝은 지혜라고 할 수 있으므로 '앎'은 인도人道와 천도天道를 포함한다.(14.35)

밝은 지혜를 기르면 미혹되지 않는 '지자知者'가 될 수 있다. 미혹에서 벗어나는 것은 결코 쉽지 않은 일이다. 공자는 오랜 시간 지식을 쌓고 덕행을 수양하여 40세가 되어서야 미혹에서 벗어날 수 있었다고 했다.(2.4; 9.29) 그렇다면 미혹은 어떻게 생겨 나는가? 누군가를 좋아하면 그가 좀더 오래 살기를 바라다가도 그가 싫어지면 일찍 죽기를 바라는 것, 즉 살아 있기를 바라면서 죽기를 바라는 것이 미혹이다. 또한 일시적인 분노로 인해 자신의 처지와 부모의 안위를 잊는 것도 미혹이다. 이처럼 감정적인 상태에 빠짐으로써 자신의 행위를 이성으로 통제하지 못하고 가족과 벗에게까지 화를 끼치는 것이 곧 미혹이다.(12.10; 12.21) 반면 밝은 지혜를 가진 사람은 올바른 삶의 중요함을 깨닫고 그 길을 선택하는데, 먼저 지자知者가 되어야 인자仁者가 될 수 있다. 지자는 인자가 반드시 거쳐야 할 과정이며, 인자는 지자의 목표다.(4.2)

: 陳維浩, 許詠晴

#_학學, 명命, 언言, 혹惑, 지자知者

사思

성찰하다, 사고하다, 고려하다 등의 뜻이다. 자하子夏는 자신이 이해한 인仁에 대해 다음과 같이 설명했다. 삶의 바른길을 찾으려면 폭넓게 배워야 하며, 지조와 절개를 굳건히 해야 하며, 절실한 것을 묻고 가까운 곳에서부터 반성해야 한다는 것이다.(19.6) 바른길을 찾을 때 훌륭한 스승과 유익한 벗이 없는 상황에서도 넓게 배우고[博學], 뜻을 굳건히 하며[篤志], 간절하게 묻고[切問], 가까운 곳부터 생각하는 것[近思] 등은 실행 가능한 방법이다.

사는 고려考慮의 뜻으로 쓰이기도 한다. 군자가 되려면 아홉 가지를 고려해야 하는데, 이러한 것들은 살아가는 순간순간마다 자각과 성찰을 필요로 하며 조금이라도 방심하면 잘못을 저지르게 된다.(16.10) 여러 가지를 고려한다는 것은 신중함을 의미한다. 그러나 과도하게 생각하면 행동할 시기를 놓치거나 망설이게 된다. 따라서 계문자季文子가 모든 일에 여러 번 고려하고 일한다고 하자 공자는 두 번만 고려해도 충분하다고 했다.

나아가 공자는 '학學'과 '행行'을 연결해 '사思'를 상세하게 설명했다. 생각과 배움은 상호보완의 관계다. 배우고 생각하지 않으면 깨달음이 없고, 생각하고 배우지 않으면 미혹에 빠지게 된다.(2.15) 공자는 생각과 배움의 상호보완 관계에서 어느 한쪽으로 치우치지 않아야 함을 설명하면서 자기 경험을 예로 들었다. 한때 온종일 먹지도 자지도 않은 채 생각하는 데 시간을 바치기도 했으나 좋은 점이 하나도 없었으며 배우는 것만 못했다고 했다.(15.31)

: 許詠晴

#_인仁, 학學, 행行, 혹惑

문問

물음을 뜻한다. 특히 문인이나 제자 또는 사람들이 공자에게 가르침을 청하는 것을 가리킨다. 그들이 묻는 내용은 올바르게 산다는 것, 정치의 도는 무엇인지, 군자란 무엇인지, 효란 무엇인지, 배움이란 무엇인지 등이다. 심지어 사후세계에 대한 물음까지 범위가 매우 넓다. 공자의 가르침을 살펴보면 물음의 태도 역시 매우 중요한 것이다. 공자는 군자에게 필요한 아홉 가지 고려를 논할 때 '의사문疑思問'이라는 항목을 포함시켰다. 즉 의문이 있을 때는 다른 사람에게 가르침을 청할 줄 알아야 하는 것이다.(16.10) 공문자孔文子에 대해 논할 때 그가 '문文'이라는 시호를 받을 수 있었던 것은 총명하고 배우기를 좋아할 뿐만 아니라 자신을 낮추어 다른 사람에게 가르침을 청하기를 부끄럽게 여기지 않았기 때문이라고 했다.(5.14) 공자 스스로도 젊었을 때 주공周公의 묘에 들어가 각종 예기禮器와 진열에 대해 가르침을 청했다. 이에 대해 공자는 예를 행하는 세부적인 것을 물어 확실히 하는 것이 바로 예에 부합하는 것이라고 했다.(3.15)

: 許詠晴

#_학學, 사思, 문文, 예禮, 인재시교因材施教

문일지십
聞一知十

한 가지 도리를 철저하게 깨닫게 되면 그로부터 추리하여 다른 것들을 빠짐없이 알게 되는 것을 뜻한다. 공자는 자공에게 안회와 자공 자신 중 누가 더 낫다고 생각하는지 물었다. 자공은 자신을 감히 안회에 비할 수 없다고 했다. 안회는 하나의 도리를 들으면 관련된 열 개의 도리를 깨달을 수 있기[聞一知十] 때문이라고 대답했다. 또한 자신은 도리를 들은 것은 파악할 수 있지만 완벽하고 철저하다고 말할 수는 없으니, 그저 문일지이聞一知二할 뿐이라고 했다. '문일지십'은 깨닫고 유추하는 능력이 강한 자를 가리킨다. 안회는 본성이 순박하고 총명하고 배우기를 좋아하며, 일을 할 때 단호하고 신속했다. 따라서 하나를 들으면 열을 알 수 있었다.

공자는 자신과 자공이 안회보다 못하다고 답했다. 이 말은 두 제자를 동시에 높이 평가한 것이다. 스승이 모든 방면에서 제자보다 나을 순 없다는 면에서 공자는 모범을 보였다.(5.8)

: 解文琪

#_사思, 학學, 습習, 거일반삼擧一反三, 안회顏回

학學

공자 철학의 중요한 개념으로서, 지식을 획득하고 품덕品德을 기르는 것이다. 그 내용은 넓게는 처신과 처세의 도리에 관한 것이다. 즉 당시의 지식과 기능을 대표하는 오경五經과 육예六藝가 학문의 대상이다. 배울 때는 생각을 결합해야 한다. 즉 주체적인 성찰과 이해로써 옛것을 익히고 새로운 것을 배우며, 실제의 필요를 토대로 배우고 유연하게 적용하는 것을 추구한다.(1.1) 공자는 열 집이 있는 작은 마을에도 분명 자기처럼 책임을 다하고 신용을 지키는 사람은 있겠지만, 자기처럼 배우기를 좋아하는 사람은 없을 것이라고 했다.(5.27) 공자는 '호학好學'을 자신의 가장 큰 특성으로 여긴 것이다.

노나라 애공은 공자에게 제자 중 누가 배움을 좋아하느냐고 물었다. 공자는 오직 안회만이 그렇다고 대답하면서 그는 분노의 감정을 남에게 옮기지 않으며 같은 잘못을 되풀이하지 않는 제자라고 했다.(6.3) 공자가 품덕과 태도로써 호학을 설명한 것으로 볼 때 도덕 수양에 중점을 두고 있음을 헤아릴 수 있다. 공자는 군자가 먹고 마시는 만족을 추구하지 않고, 주거의 안

락함을 추구하지 않으며, 신중하게 일을 처리하고, 말을 신중하게 하며, 뜻과 행동이 고상한 사람에게 가르침을 청하는 자는 배움을 좋아한다고 말할 수 있다고 했다.(1.14) 물질을 향유코자 하는 욕망을 낮추고 언행을 단련하여 자신을 발전시키며, 겸허한 태도로 스승에게 가르침을 청하는 자세가 바로 배움을 좋아하는 것이다. 품덕의 수양과 관련이 없는 지식을 구할 때도 좋은 행위규범을 먼저 익혀 사람됨의 기본 도리를 이해한 뒤에 배워야 한다고 생각했다.(1.6) 공자는 학습을 중시하여 올바른 길을 가고자 할 때는 이성의 능력을 잘 활용해야 함을 강조했다. 왜냐하면 배우지 않으면 일의 이치를 이해할 수 없기 때문에 품덕을 실천할 뜻이 있어도 나쁜 습관이 나타날 수 있다는 것이다.(17.8)

박학博學으로 유명한 공자는 자신의 지식은 타고난 것이 아니라 고대 문화를 좋아하여 열심히 배운 것이라고 했다.(7.20) 또한 그는 성실히 익히고 배우기를 싫어하지 않았으며 더욱 완벽해지기를 추구했다.(7.2) 기회가 닿을 때마다 성실히 배우는 것 외에, 배움 뒤에 느낀 점이 있어야 지식을 확고하게 지킬 수 있다. 이처럼 배움과 생각을 결합해야 무언가 깨닫게 되는 것이다.(2.15; 8.17) 공자는 15세에 배움에 뜻을 세운 이후로 꾸준히 배움을 넓힌 결과 천명天命을 깨달았고, 하늘의 사명을 품고 인仁을 행하는 데 힘썼다.(2.4) 이처럼 배움은 공자 일생을 관통하는 중요한 개념이다.

: 陳維浩

#_사思, 지知, 오경五經, 육예六藝, 일이관지一以貫之

거일반삼
舉一反三

한 가지 일을 예로 들면 관련된 다른 일을 생각할 수 있는 능력이다. 공자의 교육은 제자들의 능동적으로 사고하는 힘과 배움의 의지를 중시했다. 항상 제자들에게 곧바로 답을 말하지 않았으며 제자들이 진지하게 생각하게 한 뒤에 가르쳤다. 제자가 생각하기를 싫어하여 표준적인 답을 들으려 할 때는 더 이상 가르치려 하지 않았다.(7.8) 공자가 가난한 처지와 부유한 처지에 있는 자는 어떻게 수양해야 하는지에 대해 자공子貢과 토론했다. 이때도 공자는 자공 스스로 절차탁마切磋琢磨를 생각하게 하고 더 깊은 배움을 추구하는 도리를 깨닫게 했다.(1.15) 이는 공자가 제자를 지도하는 실제 사례로서 우리가 거울로 삼을 만하다.

: 陳維浩

#_지知, 학學, 사思, 양단兩端, 절차탁마切磋琢磨

인성론과 윤리학

이끄는 말

공자의 인성론과 윤리학은 한마디로 '인간의 본성이 선善을 지향함'이라 말할 수 있다. 공자는 인간이 타고난 본성과 가치 실현을 연결지어, 인간의 진실함이 선을 행하는 힘을 발생시켜 사람 간의 적당한 관계를 실현하게 만든다고 주장했다. 그가 명시한 '인仁'의 의미는 매우 풍부하다. 진실함으로써 선을 지향하는 힘, 선을 택하여 굳게 지키는 삶, 그리고 지극한 선[至善]을 성취하는 최고의 목표가 모두 인의 개념이다.

공자는 '지향하다[向]'라는 표현을 통해 인간의 본성을 선천과 후천으로 구분하지 않았다. 즉 인생을 살아가는 과정에서 실현되기를 바라는 잠재력, 개인의 선택과 실천을 통해 끊임없이 계발되는 역량이라 보았다. 공자는 경험적 사실에 대한 성찰로써 덕행을 좋아하는 것이 미색美色을 좋아하는 것보다 어렵다는 것을 깨달았다. 이에 따라 인간에게 혈기血氣가 있음을 인정하고 항상 경계할 필요가 있다고 함으로써 인간의 본성이 본래 선하지는 않음을 드러냈다.(9.18; 16.7) 그러나 공자는 인간이 원하기만 한다면 선을 행할 수 있으며, 뜻을 세워 선을 행하면 무한한 역량이 생겨나 그 행위는 악을 떠나 선을 따르게 된다는 것도 깨달았다.(4.4; 4.6; 7.30) 또한 덕행은 반드시 사람들로 하여금 다가오게 만들며, 생리적 특성에 근원을 둔 윤리규범을 어겼을 때는 편치 않은 마음이 생긴다고 했다.(2.1; 17.21) 이것은 인간이 선을 행하고 악을 행할 수 있지만, 선을 행할 동력과 성향이 본성 안에 있다는 뜻이다. 따라서 인간은 도덕적 책임을 느껴 능동적으로 선을 행할 수 있다. 또한 진실하다면 선을 알 것이며, 선을 지향하는 인간의 본성을 따라 삶의 바른 길을 갈 수 있다.(6.19; 12.1)

공자는 '효제孝悌' 개념에서부터 선의 실천을 언급했다. 또한 노인들이 편히 지낼 수 있고 벗끼리 서로 신뢰하며 청소년들이 보살핌을 받는 대동세계大同世界를 이상으로 삼았다. 이는 덕행 실천의 단계를 나타냄과 동시에 인간 간의 적당한 관계 짓기 또는 선행의 실현을 규정하는 것이다.(1.6; 4.10; 5.25) 선을 행하는 동력은 자신에게 있을 뿐 타인에게 있지 않다. 선의 내용은 자기성찰과 학습을 통해 깨달을 수 있다.(7.28; 16.9) 선행의 판단 기준은 진실한 감정에 있으며, 내부의 요구와 외부의 규범이 두루 고려된다.(17.21) 따라서 공자는 진실함에 학습을 더하면 선에 대한 지향을 추동할 수 있을 뿐만 아니라 타인의 기대와 사회적 규범에 호응하고 협력할 수 있다고 생각했다.(3.3; 3.4) 그렇게 되면 향후 백대百代의 예악제도의 덜고 보탬도 알 수 있으며, 낙후된 나라[蠻貊之邦]까지도 널리 통용될 수 있다.(2.23; 15.6)

선을 택하여 굳게 지키는 것은 마땅한 삶의 바른길이며, 그 삶의 이상은 지극한 선善에 이르는 것이다. 이를 위해서는 자기의 믿음을 확실히 하고 배우는 것을 좋아하고 세상의 변화에 맞추고 나아가고 물러섬을 적절히 하고 죽음을 두려워하지 않고 도의道義를 이루는 것이다.(8.13) 군자와 더불어 인을 행하는 자는 명命의 도리를 깨닫는다. 그리고 운명이야 어찌되든 인간의 본성을 진실하고 세심히 살핌으로써 선을 행하는 것이 인간의 사명임을 확신한다. 이들은 마음속에서 우러난 행동을 과감히 실천하며, 필요하다면 생명까지도 기꺼이 희생하고자 한다.(14.4; 15.9) 사명에 헌신한다는 것은 맨손으로 호랑이를 잡고 맨몸으로 강을 건너는 천진함 또는 경솔함이 아니라 도의道義를 따르는 것이다. 지혜롭게 용기를 사용하고, 맡은 바에 대해선 삼가 신중하고 두려워하며, 대상과 시기를 고려해 세밀히 계획하여 성공으로 나아가고 실천하는 것이다.(7.11; 17.23)

지혜는 자기성찰과 근면한 학습에서 나온다. 명命을 이해하는 것뿐만 아니라 예禮와 언言의 도리를 이해함으로써 그것을 바탕으로 규범을 수정하고 적절한 대응을 유지할 수 있도록 해야 한다. 또한 언행에 대한 관찰을 통해 타인의 뜻을 파악하고 적절한 상호관계를 형성하여 바른길에 동참하도록 해야 한다.(20.3) 공자는 지혜와 용기를 겸비한 인의 실천을 높이 받들었다. 이는 중용中庸의 덕을 실현하는 것이다. 그는 힘써 추구하고 노력하여 70세에는 마음이 하고자 하는 대로 따라도 법도法度에 어긋남이 없게 되었다.(2.4; 6.29; 14.28) 인생의 정도正道에 호응하여 공자는 자연의 생명으로써 하늘이 내린 사명을 완수하여 인자仁者와 성인聖人에 걸맞는 덕행과 공업功業을 이루는 것을 삶의 이상으로 제창했다.(15.29)

종합하면, 공자의 인성론과 윤리학은 횡적으로는 타인과 자기의 적당한 관계를, 종적으로는 개인 생명의 내실[充實]과 초월을 말한다. 이로써 인간의 본성[性], 인간의 길[道], 인간의 완성[成]이 모두 선과 연결되어 '인간의 본성이 선을 지향함'을 주장한다. 이 장에 소개하는 내용을 중심에 두고 볼 때 가로축으로는 효제孝悌에서 위정지도爲政之道로 확대, 윤리학에서 정치철학으로 연계됨이 있다. 세로축으로는 가치를 초월하여 인간 본성의 근원으로 파고드는 깊은 사유, 인성론과 형이상학 또는 공자 본인의 신앙적 체현에 대한 탐구가 있다.

: 楊舒淵

일이관지
一以貫之

하나의 중심 사상으로서 모든 지식을 관통하는 것이다. 공자는 자공子貢에게 자신은 많은 배움으로 수많은 지식을 섭렵하는 것이 아니라 하나의 중심 사상으로써 지식들을 꿰뚫을 뿐이라고 했다.(15.3) 이 중심 사상이란 배움을 사유로써 소화한 것으로, 전통지식을 시대의 환경에 맞추어 통합하고 옛것 중 쓸모없는 것은 버리고 정수만을 취하여 생성된 깨달음이다. 따라서 배우고 사유하지 않으면 깨달음이 있을 수 없다.(2.15) 오직 배운 내용을 사유로써 정리할 때 지식을 꿰뚫을 수 있다는 말이다. 공자는 증삼曾參에게도 자신의 가치관은 하나의 중심 사상으로 관통된다는 말을 했다. 그에 대해 증삼은 더 이상 묻지 않았으나, 다른 제자가 공자의 말씀이 무슨 뜻인지 묻자 스승의 가치관은 오직 충忠과 서恕일 뿐이라고 답했다.(4.15) 아쉽게도 두 대화에서 자공과 증삼은 공자의 정확한 중심 사상이 무엇인지 추궁하지 않았다. 증삼은 공자의 중심 사상이 '충서忠恕'라고 했으나, 그의 견해를 나타낸 것일 뿐 순전히 공자의 견해라 할 순 없다. 더욱이 공자가 세상을 떠났을 때 증삼은 27세에 불과했으며 공자는 그를 우둔[魯鈍]한 인물로 평가했기 때문이다.(11.18) 증삼이 배움에 성실하고 실천에 힘썼다고 해도 젊은 나이에 공자의 일관된 도[一貫之道]를 깨우쳤다고 보긴 어렵다. 만년에 증삼은 독서인讀書人이라면 기개가 웅장하고 강인하지 않으면 안 된다고 했다. 독서인은 무거운 책임을 지고 먼 길을 가야 하기 때문이다. 인仁의 행함을 자기의 책임으로 삼았는데 짐이 무겁지 않겠는가? 죽어야 걸음을 멈출 수 있으니 길이 멀지 않겠는가?(8.7) 증삼은 만년에 들어서야 인仁이 평생을 통해 실현해야 할 목표임을 깨달았다. 결국 공자의 일관된 도는 충서가 아닌 인이다. 안회顔回는 비록 요절했지만 인자仁者라는 명성을 누렸다. 그는 힘써 인을 행했기 때문이다.(6.7) 증삼과의 대조를 통해 공자의 일관된 도가 '인'이었음을 더욱 명확히 알 수 있다.

: 陳維浩

#_인仁, 충忠, 서恕, 학學, 사思

자절사子絶四 사사로운 뜻이 없음[毋意], 기필함이 없음[毋必], 집착함이 없음[毋固], 이기심이 없음[毋我]을 뜻한다. 공자에겐 이 네 가지 나쁜 습관이 없었다. 그는 근거 없이 추측하지 않았고, 자기 견해를 고수하지 않았고, 완고하거나 고집스럽지 않았으며, 자기를 과장 하지 않았다.(9.4) 이 네 가지 나쁜 습관은 모두 스스로를 겨냥한 것이다. 개인의 사심 또는 욕망에 마음과 생각이 동하고 거만해지는 것은 보통 사람들이 흔히 저지르는 좋지 않은 습관으로, 공자에게 이것이 없었다는 것은 자기중심의 집착을 버렸음을 뜻한다. 이것은 공자가 자기의 원칙을 지키지 않거나 받들지 않았거나 외부 상황에 따라 언행을 결정했다는 의미가 아니다. 오히려 공자가 자기의 주관적 의지를 외부의 객관적 규범과 결합시켰음을 말해주는 것이다. 공자는 자각自覺, 자원自願, 자주自主, 자발自動로써 예의 조건을 실천할 수 있어야 한다고 강조했다.(12.1) 주관적 의지를 견지하면서 외부의 객관적 규범과 결합시켜야 한다. 따라서 '자절사'가 방지하고자 하는 대상은 욕망에 대한 편집偏執과 충동이다. 개인의 의지로 삶의 이상을 지속적으로 추구함을 제어하고자 하는 것이 아니다. 또한 자절사는 배우는 자가 마땅히 지녀야 할 태도로, 이를 통해 개방적인 마음을 유지하여 새로운 지식과 관점을 수용할 수 있다.

: 陳維浩

#_예禮, 학學, 지志, 소인小人, 양단兩端

인仁

공자 철학을 관통하는 중심 사상으로서 사람 사이의 적당한 관계를 실현하는 것, 즉 '선善'을 지향한다. 선을 지향하는 인간의 본성, 선을 택하여 굳게 지키는 도의, 지극한 선에 이르는 것이 바로 인의 의다. 이때 오직 진실함[眞誠]만이 선을 체현하는 역량으로, 자각적이고 능동적인 자세로 임해야 한다. 이러한 '인仁'은 어떻게 사람이 잠재된 상태에서 선의 실현을 지향하게 되며 다시 완벽한 생명의 과정에 이르는지를 분명히 보여준다. 이로써 인간이 마땅히 지향해야 할 가치를 포괄한다.

예악禮樂의 붕괴에 직면하여 공자는 예禮를 계승하는 인仁을 주장했다. 예악이란 단지 형식을 따르고 기물器物을 다루는 것이 아니라 행위자의 진실한 마음이 중요하다고 했다. 겉으로만 추종한다면 아무리 많이 시행한들 그 진정한 기능을 발휘할 수 없으며, 오용誤用될 가능성마저 있다는 것이다.(3.4; 17.11) 하물며 선을 행하기로 뜻을 세우는 것은 외부의 조건에 따라 결정되는 것이 아니다. 진실함만 있다면 누구나 선을 행하기를 원하게 된다. 동시에 윤리규범은 생리적 특성에 따른 감정에 호응하기 위해 제정되기 때문에 마음이 진실하다면 저절로 받들기를 원하게 된다.(7.30; 17.21) 따라서 공자는 안회에게 진실하고 자주적으로 예(禮)의 조건을 실천하라고 가르쳤다. 그래야 개인의 뜻과 사회적 요구 사이에서 조율을 이루고 선을 행하는 역량을 갖추어 인생의 바른길을 가며, 바뀌거나 변하지 않는 즐거움을 얻을 수 있는 것이다.(12.1)

공자는 인간의 본성이 선을 지향한다고 보았다. 이것은 인류 생명의 구체적 존재와 성장환경을 고려하여 형성된 주장이다. 예컨대 공자는 재아(宰我)와 대화를 나눌 때 사람은 생리적 특성에 관한 윤리적 규범을 어기면 마음이 편치 못하다고 가르쳤다. 또한 뜻을 세워 선을 행하면 무한한 역량이 생겨 행위에서 악을 제거하여 선을 따르게 되고, 심지어 제 몸까지 희생해 인(仁)을 이룬다고 했다.(4.4; 4.6; 15.9) 이처럼 인간의 본성은 선행을 지향하는 마음이 잠재되어 있으며, 그러한 마음은 개인의 선택과 실천을 통해 끊임없이 역량을 발휘한다. 이에 따라 인류는 도덕적 책임을 지고 능동적으로 도덕을 실천할 수 있다.

한편 인간의 본성은 서로 비슷하면서도[相近] 서로 같지[相同]는 않다. 선을 지향하는 마음은 여러 방면으로 뻗으며 한계가 없다. 저마다 발휘하는 역량에도 정도의 차이가 있으므로 각자의 상황을 고려해 선을 행해야 한다.(17.2)

인간의 도(道)는 선을 택하여 굳게 지키는 것이다. 때에 맞추어 언행을 조율할 지혜와 오래토록 선을 실천할 수 있는 용기를 지녀야 한다.(6.29) 진실함으로써 인을 행하면 반드시 용기가 생기고 무엇이 선행인지 분별할 수 있다. 그러나 선을 행하려면 구체적인 관계를 고려해야 하기 때문에 선을 깨닫기 위해선 진실함에 의지해 스스로 깨달아야 할 뿐만 아니라 끊임없이 배워야 한다. 그러면 죽음도 두렵지 않은 용기를 지혜롭게 발휘해 도의道義를 이룰 수 있다.(6.26; 14.4; 17.8) 따라서 공자는 누구나 정도正道를 이해하는 능력을 지녔다고 믿으면서도 배움에 권태를 느끼지 않기를 바랐다. 공자 스스로도 많이 듣고 많이 보고 더욱 넓고 고루하지 않은 지식을 가지고 선행을 실천하려고 노력했다.(7.2; 7.28; 16.9)

인간의 완성은 지극한 선에 이르는 데 있다. 완성에 도달하려면 명命, 예禮, 언言의 도리를 알아야 하며 삶이 끝날 때까지 이것을 견지해야 한다.(20.3) 진실함으로써 인간의 본성을 세심하게 살핀다면 운명의 제약을 받을지라도 선을 행하는 사명을 주체적으로 실현할 수 있으며, 두려움에서 벗어나 능력과 직책에 따라 과감히 실행할 수 있음을 알 수 있다.(18.7) 예禮를 배워 인간관계에서 상대의 입장을 고려할 수 있을 때 비로소 예의 원리를 깨닫게 되며, 사회적 처신이나 일을 수행하는 데 근거를 얻게 된다.(3.4; 6.27) 또한 『시詩』를 익히면 진정한 감정을 전달하거나 진솔한 소통을 나누는 언어의 중요성을 알게 된다. 따라서 사람의 언행을 관찰하여 현명하고 능력 있는 인재를 등용하고 이로운 벗을 사귀어 함께 바른길로 나아갈 수 있다.(5.9; 16.5; 17.9)

공자는 '인'을 제시하여 자신은 물론 가르치는 사람들에게 진실하고 사심이 없기를, 하늘의 뜻을 순응하고 자기의 처지에 만족하기[樂天知命]를 기대했다. 배우기를 좋아하고 지혜와 용기를 잘 활용하여 때에 알맞게 덕행을 실천한다면 근심할 일이 없을 뿐만 아니라 자연의 생명으로서 하늘이 내린 사명을 완성할 수 있고 생명의 심오한 뜻을 펼칠 수 있다.(8.13; 14.28) 『논어』에 나타난 '인仁'자는 약 109번이다.

: 楊舒淵

#_선善, 덕德, 성性, 천天, 예禮

인자仁者
두 가지 의미가 있다. 첫째는 인간의 도道에서 선을 택하여 굳게 지키며 아름다운 언행이 있는 사람이다. 둘째는 인간의 완성에서 인격의 완벽함을 이룬 사람이다. 오직 인생의 바른길을 가고자 하는 군자만이 인仁을 행할 가능성이 있으며, 그것을 끝까지 굳게 지키는 사람을 인자仁者라고 평가한다.(14.6)

공자는 '인仁'을 제시해 인생의 마땅한 가치 지향을 개괄했다. 우선 인仁이 말하는 것은 인생의 바른길이다. 누구나 인仁을 행하는 데에 뜻을 세우게 되면 무한한 역량이 생기게 되어 행위에서 악을 없애고 선을 따르게 된다. 따라서 인을 행하는 사람은 분명 용기가 있고 심지어 생명을 희생하여 인생의 이상理想을 완성할 수 있다.(4.4; 14.4; 15.9) 그러나 인을 행하는 것을 좋아하는 동시에 배우기도 좋아해야 한다. 살신성인殺身成仁의 결정은 결코 천진함과 우매함에서 나오는 것이 아니다. 이상을 실현하는 방법 역시 지혜로운 생각을 거쳐야 한다.(6.26; 17.8) 진실함에 배움을 더하기 때문에 인을 행하는 사람은 지혜와 용기를 모두 사용하여 선을 택하고 굳게 지킨다.(6.29) 이에 따라 그 사람은 걱정이 없고 어려운 상황이나 순조로운 상황에서도 적절하게 대응할 수 있고 오랫동안 편안히 거할 수 있다. 또한 공정한 마음을 가지고 다른 사람을 대하며, 좋은 사람을 좋아하고 나쁜 사람을 싫어할 수 있게 된다.(4.2; 4.3; 9.29) 군주가 기꺼이 인仁을 행하고자 한다면, 백성을 보살피게 되고 좋은 사람을 등용하며 나쁜 사람이 저절로 멀어져 지게 할 수 있다. 또한 예악禮樂 교화敎化에 힘쓰게 되어 백성이 스스로 군주를 가까이 하고 그들이 바른길을 갈 수 있는 데에 도움이 된다.(12.22; 16.1)

인간의 도道는 끊임없이 선을 택하여 굳게 지키는 동적인 과정이다. 따라서 공자는 구체적인 도덕실천만을 가지고 '인仁'을 규정하지는 않는다. 또한 완벽한 인격을 이루는 '인자仁者'로써 아직 살아있는 사람을 칭찬하지 않는다.(5.7; 14.1) 공자라 할지언정 자신이 지속적으로 인仁을 행하여 끝내 성聖을 이룰 수 있는지 확정할 수 없기 때문이다. 따라서 공자는 다만 '인仁'을 목표로 삼아 열심히 실천하고 싫증내지 않으며 가르치고 태만하지 않으며, 지혜와 용기로써 인仁을 행하는 데에 힘쓴다고 말할 수 있을 뿐이다.(7.34; 14.28)

『논어』에서 공자는 인仁을 행한 사람 여섯 명을 칭찬했다. 이 가운데 백이伯夷, 숙제叔齊, 비간比干은 이상理想을 실현하기 위해 목숨을 희생했고 기자箕子는 노예로 전락했으며 미자微子는 멀리 타향으로 떠났다.(7.15; 18.1) 오직 관중管仲만이 정쟁政爭에서 패배한 뒤 목숨을 희생하지 않고 제齊나라 환공桓公을 섬겼다. 당시 사람들은 그가 사치하고 예禮를 모른다고 비판했으며, 자로子路와 자공子貢도 관중이 인자仁者라는 것에 의구심을 가졌다. 그러나 공자는 관중이 작은 신의[小信]에 죽지 않고 혼자의 힘으로 환공을 보좌해 제후국 가운데 패권을 잡고 천하를 바로잡았다고 생각했다. 이로써 전란을 피하고 백성에게 은혜를 끼쳤으니 큰 선[大善]을 행하고 이를 통해 그의 뜻을 밝혔다고 보았다.(14.9; 14.17) 다만 공자는 관중의 포부가 너무 작아 그가 철저하게 덕을 수양하지 못했으며, 이로 인해 그의 인격이 많은 사람의 모범이 되지 못했다고 아쉬워했다.(3.22)

: 楊舒淵

#_군자君子, 용勇, 지知, 덕치德治, 성聖

절절시시
切切偲偲

서로 학문과 덕행을 닦고 권면한다는 뜻이다. 공자는 "벗 사이는 간절하고 자상하게 권면하며, 형제 사이는 화락和樂해야 한다朋友切切偲偲, 兄弟怡怡"라고 했다.(13.28) 독서인들은 서로 갈고 닦음을 권면해야 한다. 벗을 두지 않고 혼자 배우는 자는 학문이 얕고 견문이 좁다. 여기에는 정치를 하기 위한 것이 아니라 진정한 마음으로 갈고 닦는 자들만이 상호 권면의 필요성이 생긴다는 의미가 담겨 있다. 공자는 벗을 대할 때와 형제를 대할 때가 달라야 한다고 생각했다. 벗끼리는 서로의 배움을 권면해야 하며 형제끼리는 화목하게 지내야 선비[士]라고 생각했다.

: 陳慧玲

#_사士, 학學, 우友, 제悌

중행中行   언행이 적절한 사람을 뜻한다. 이러한 사람은 문질빈빈文質彬彬하여 행동의 나아감과 물러남을 알고 절도가 있으며, 해야 할 일과 하지 말아야 할 일을 분별할 수 있다. 중행에는 개성뿐만 아니라 수준 높은 수양이 요구된다. 공자는 자기수양에서도 중행에 도달해야 하지만 벗을 사귈 때에도 중행을 기준으로 삼아야 한다고 했다. 중행에 이른 인물을 찾을 수 없다면 광자狂者 또는 견자狷者를 찾아 사귀어야 한다고 했다. 광자란 포부가 원대하며 분발하여 앞으로 나가고자 힘쓰는 사람이고, 견자란 세속에 물들지 않고 청렴을 지킨 채 하지 말아야 할 일을 하지 않는 사람이다.(13.21)

: 陳慧玲

#_군자君子, 문文, 질質, 광狂, 견狷

중용中庸   『논어』에서 '중용'이라는 개념은 가장 높은 덕행으로서 군자 수행의 목표를 나타낸다. 공자는 백성 중에 중용을 이룬 사람이 드문 지 오래되었다고 했다.(6.29) '중용'은 '용중用中'이기도 하다. 군자의 수행은 일상생활에서 선善을 택하여 굳게 지키는지, 그 태도가 적절하여 극단으로 치우치지 않는지, 오랫동안 바른길을 가고 있는지 등으로 검증된다. 현재 널리 사용되고 있는 중용의 개념은 중국 문화에도 큰 영향을 끼쳤다.

: 陳慧玲

#_덕德, 지知, 인仁, 용勇, 중행中行

우友

벗 또는 벗을 사귀는 도道, 사귐과 우애를 뜻한다. 군자가 되기로 뜻을 세운 사람은 언행에 위엄이 있고 여러 분야의 배움을 추구하며, 충신忠信을 처신과 처세의 원칙으로 삼는다. 뜻이 비슷하지 않은 사람과는 사귀지 않으며 함께 인생의 바른길을 갈 수 있는 좋은 벗을 사귄다.(1.8; 9.25) 좋은 벗이란 정직하고 신의가 있으며 식견이 넓은 벗을 가리킨다. 이러한 사람과 벗하면 덕을 향해 나아가며 학업을 닦는[進德修業] 길에서 서로 갈고 닦음을 권면하는 동반자를 얻으며 유익한 즐거움도 얻는다. 반면 거드름을 피우고 거짓으로 비위를 맞추며 교묘한 말과 언변에 능한 사람과 벗하면, 언행의 진실함을 잃기 쉽고 정도正道에서 멀어지게 된다.(16.4; 16.5) 이러한 견해를 공유한 공자와 좌구명左丘明은 모두 "아름답고 듣기 좋은 말을 하고, 친밀하게 비위를 맞추는 표정을 짓고, 과도하게 공손한 태도를 하는 행위"를 부끄럽게 여겼다. 또한 속으로는 미워하면서 겉으로는 계속 왕래하는 것을 부끄럽게 여겼다. 이러한 행동들에는 진실함이 없기 때문이다.(5.24)

좋은 벗을 사귐은 선을 택하여 굳게 지키는 데 도움이 된다. 자공子貢은 공자에게 어떻게 하는 것이 인仁을 행하는 것인지를 물었다. 공자는 자공의 처지에 맞추어 다음과 같이 대답했다. 어느 나라에 살 때에는 그 나라의 대부들 중 현명하고 탁월한 자를 섬기고, 그 나라의 선비들 중 인을 행하는 자와 벗하는 것이라 했다. 이는 재능과 덕을 겸비한 사람을 본받으려 노력하면서 자기를 단련함을 뜻한다.(15.10) 그러나 벗이 잘못을 저지르는 경우가 있을 수 있다. 공자는 언변에 능한 자공에게 이러한 상황이 발생한다면 진실한 마음으로 그의 잘못을 일러주고 완곡히 설득해야 한다고 했다. 벗이 받아들이지 않는다면 그가 모욕감을 느끼지 않도록 더 이상 말을 하지 말아야 한다고 했다.(12.23) 공자는 벗과 함께할 때는 진실함으로써 존중해야 하며 우정과 도의道義에 부합해야 함을 강조했다. 예컨대 공자는 벗이 보낸 선물이 제사고기[祭肉]가 아니라면 설령 말과 수레와 같이 귀중한 것을 보냈더라도 읍揖하여 감사를 표하지 않았다. 제사고기를 보낸 벗에게 읍하는 것은 벗의 조상에 대한 인사다. 말과 수레를 보낸 벗에게 읍하지 않는 것은 선물을 주고받는 행위로 이미 서로의 돈독한 우정이 입증되었기 때문이다.(10.23) 세상을 떠난 벗에게 상례를 치러줄 사람이 없을 때 공자는 오직 우정을 위해 마음과 힘, 재물을 따지지 않고 기꺼이 책임졌다.(10.22)

벗과 우애하는 것은 이상적인 정치를 촉진한다. 어떤 사람이 공자에게 왜 정치를 하지 않는지 물었다. 공자는 『서경』의 한 구절을 인용하면서 교육과 학습을 통해 더 많은 사람들이 진실한 마음으로 부모에게 효도하고 형제간에 우애한다면, 가정의 화목이 사회 전체로 확산될 수 있으니 자연히 정치는 올바르게 될 것이라고 했다.(2.21) 자로子路가 어떤 사람이 선비라고 말할 수 있는지 물었을 때도 공자는 벗끼리 서로 갈고 닦음을 권면하고 형제간에 화목하게 지내는 자라고 했다. 자신의 포부를 밝힐 때에는 노인들을 안락하게 해주고 청년들을 보살펴주

고 벗들에게 믿음을 주는 것이라고 했다.(5.25; 13.28)

: 楊舒淵

#_사士, 학學, 현賢, 예禮, 익자삼우益者三友

심心

공자는 인간을 이루는 것에는 세 가지가 있다고 했다. 첫째는 혈기血氣다. 이것은 신체에 따르는 본능과 욕망을 뜻한다. 공자는 군자가 되기 위해 반드시 경계해야 할 점을 말하면서, 혈기가 안정되지 않은 젊은 나이에는 호색好色을 경계해야 한다고 했다. 이후 혈기가 왕성해지는 장년이 되면 호투好鬪를 경계해야 하고, 혈기가 쇠약해지는 노년이 되면 욕심을 경계해야 한다.(16.7) 혈기는 신체와 관련된 현상으로서 비록 선악善惡의 대상은 아니지만 과도하게 드러나 사람의 목숨에 관여하게 두어서는 안 된다.

둘째는 심心이다. 심이란 복잡한 것으로, 종합적이고 주체적이며 중성적인 것이다. 외물外物의 영향에 따라 좋음[好], 싫음[惡], 기쁨[喜], 분노[怒], 슬픔[哀], 즐거움[樂], 근심[憂], 두려움[懼] 등의 감정이 생겨날 수 있다. 또한 마음은 사유능력, 즉 지혜를 의미하거나 주체의 도덕적 선택 능력을 의미하기도 한다. 심이 자각적으로 선택하고 인간의 본성에서 선을 지향하는 요구를 의식하여 실천한다면, 이때 심은 인성仁性과 하나가 될 것이다. 그러나 심이 혈기를 좇기로 선택한다면 욕망에 따르게 된다.

셋째는 인仁, 즉 선善을 지향하는 역량이다. 심이 행인行仁을 선택하기란 쉽지 않은 일이지만 그럼에도 불구하고 인간은 인을 행해야 한다. 인간의 본성이 선善을 지향하기 때문이다. 즉 선을 택하여 굳게 지키고 삶의 바른길을 가는 것 외에 다른 길은 없다. 공자는 많은 제자들을 관찰하여 오직 안회가, 즉 안회의 심심이 오랫동안 정도正道에서 벗어나지 않을 것으로 생각했다. 다른 제자들은 짧은 기간만 실천할 수 있으리라 보았다.(6.7)

공자는 심심이 인仁에 뜻을 두었다면 나쁜 일을 하지 않는다고 했다.(4.4) 그리고 인을 행하는 사람은 선을 택하여 굳게 지키기 때문에 사적인 정情에 치우치거나 다른 고려가 없다. 이에 개인의 호오好惡와 주관적인 기준을 떠나 객관적이고 사심 없는 경지에 도달할 수 있다. 따라서 공자는 "오직 인자仁者만이 공정하게 남을 좋아할 수 있고, 공정하게 남을 미워할 수 있다唯仁者, 能好人, 能惡人"라고 했다.(4.3) 심심은 오랜 수양과 단련을 거쳐야 인과 빈틈없이 하나가 될 수 있다. 공자는 70세가 되어야 "마음이 하고자 하는 바를 따라도 법도에 어긋나지 않을 수 있다"라고 했다.(2.4) 당시 공자는 지천명知天命, 순천명順天命을 넘긴 나이로, 이미 마음이 하고자 바를 따라도 천인합덕天人合德의 경지에 도달했으며, 마음과 생각이 바뀌어도 사유와 판단이 천명天命에 부합해 법도를 넘지 않았다.

: 陳淑娟

#_인仁, 성性, 욕欲, 인자仁者, 유항자有恆者

입立 원래는 서 있는 것을 가리킨다. 예컨대 "시골 사람들이 굿을 벌일 때는 관복[朝服]을 입고 동쪽 섬돌에 서 계셨다鄕人儺, 朝服而立於阼階"와 같은 문장에 쓰인다.(10.14) 이후 '건립' 또는 '입신처세立身處世'의 뜻이 더해졌다. "군자는 근본에 힘쓰니, 근본이 확립되면 도道가 생기는 법이다君子務本, 本立而道生"라는 문장에서는 '건립'의 의미를 지닌다. "서른 살에 확고하게 섰다三十而立"라는 문장에서는 입신처세의 의미를 지닌다.(1.2; 2.4) 『논어』는 예禮의 규범에 근거한 입신처세의 문제를 중시한다. 예컨대 "예에서 서다立於禮" "예를 배우지 않으면 설 수가 없다不學禮, 無以立" "예를 알지 못하면 설 수 없다不知禮, 無以立也"(8.8; 16.13; 20.3)다. 예에 근거해 자신과 타인의 적당한 관계를 알아야 서로 응대함과 진퇴進退의 기준을 세울 수 있다. 이로써 개인은 무리 속에서 적당한 사회적 관계를 실천할 수 있다.

공자는 인을 행하는 자는 자기의 마음으로 미루어 남을 헤아릴 수 있어야 한다고 했다. 즉 자신이 사회에 나아가 안정적으로 서고자 한다면 남에 대해서도 안정적으로 설 수 있도록 도와야 하는 것이다.(6.30)

: 陳淑娟

#_예禮, 인仁, 도道, 예교禮敎, 시교詩敎

선생후생
先生後生

'선생先生'은 손윗사람을 가리키며, '후생後生'은 손아랫사람을 가리킨다. 선후배 사이는 대개 나이, 학문과 기술을 익힌 시간에 따라 구분한다. 손아랫사람은 부모와 스승, 웃어른을 섬길 때 사랑과 존경하는 마음으로 예禮에 따라야 한다. 예컨대 일이 있으면 나서서 대신 일하고 술과 고기 같은 음식이 있으면 웃사람이 먼저 맛보도록 해야 한다.(2.8) 손윗사람 역시 손아랫사람을 존중해야 하며 과소평가해선 안 된다. 손아랫사람이 겸허히 가르침을 청하고 힘써 앞으로 나아가고자 할 때, 또는 올바른 길을 걸으며 착실히 배우고 지름길을 택하지 않는다면 그들의 미래는 무한하기 때문이다. 그러나 40세나 50세가 되어도 좋은 명망名望이 없다면 존경할 가치가 없다.(9.23; 14.44)

: 楊舒淵

#_효孝, 예禮, 학學, 이利, 후생가외後生可畏

호好

'아름답다, 우호적이다, 사이가 좋다, 좋아하다'라는 의미다. 이 가운데 '좋아하다'만이 인간의 행위와 관련이 있으며 도덕적인 의의가 있다. 공자는 일찍이 미색을 좋아하는 것만큼 덕행을 좋아하며, 미색을 좇는 만큼 품덕을 추구하는 사람을 보지 못했다고 탄식했다.(9.18) 좋아하면 행동으로 나타난다. 예컨대 배우기를 좋아하는 안회는 자신의 성난 감정을 다른 사람에게 옮기지 않았으며, 같은 잘못을 반복하지 않았다.(6.3) 공자 역시 자신의 앎은 타고난 것이 아니라 고대 문화를 좋아하여 꾸준하고 부지런히 배운 것이라고 밝혔다.(7.20) 또한 오직 인仁을 행하는 사람만이 좋은 사람을 좋아하고 나쁜 사람을 싫어할 수 있다고 했다.(4.3) 이때 좋아함의 기준은 '행인行仁'이다. 모두가 좋아하는 사람에 대해서는 반드시 면밀히 관찰해서 판단해야 한다.(15.28) 먼저 상대의 장점과 단점을 면밀하게 관찰하지 않으면 대중의 관점에 따르게 되고 가치관의 혼동이 생겨나 선인善人은 인정받지 못하고 악인은 비판을 받지 않는다. 따라서 누군가를 좋아할 때 상대방에게 어떤 단점이 있는지 아는 것이야말로 이성에 합당하다. 오직 인을 행하는 사람만이 사욕私欲에 눈멀지 않고 올바르게 타인을 좋아할 수 있으며, 합리적이고 적당한 행동으로 표현할 수 있다.

: 陳維浩

#_인자仁者, 학學, 덕德, 색色, 양단兩端

안安

세 가지 쓰임이 있다. 첫째는 의문사로서 '어떻게'라는 뜻이다. 예컨대 "사방 60~70리 또는 50~60리이면서 나라가 아닌 것을 어떻게 보겠느냐安見方六七十, 如五六十, 而非邦也者?"와 같은 쓰임이다.(11.26) 둘째는 동사로서 '안착시키다'라는 뜻이다. "자기를 닦음으로써 남을 편안하게 한다修己以安人" "자기를 닦음으로써 백성을 편안하게 한다修己以安百姓"와 같은 쓰임이다.(14.42) 셋째는 형용사 또는 명사로서 '안정되고 쾌적함(한)' '안정(적인)' '안락(한)'의 뜻을 지닌다. 예컨대 "공자께서는 온화하면서도 엄숙하시고, 위엄이 있으면서도 사납지 않으시고, 공손하면서도 편안하셨다子溫而厲, 威而不猛, 恭而安" "군자는 배불리 먹기를 바라지 않으며, 편안히 거처하기를 바라지 않는다君子食無求飽, 居無求安"이다.(1.14; 7.38)

주로 세 번째 의미로 많이 쓰였다. 공자는 한 사람의 마음이 어떤 상황에서 안정을 느끼는지 관찰하면 그 내면의 마음씨[存

心]가 보인다고 했다.(2.10) "여럿이 거처하면서 하루가 다 가도록 의로운 일을 언급하지 않고 작은 지혜를 행하기를 좋아하는 것群居終日, 言不及義, 好行小慧"으로 편안함을 느끼는 사람은 인생의 바른길을 가기 어렵다.(15.17) 그러나 인자仁者는 인을 행하는 것에서 편안함을 느끼기 때문에 오랫동안 곤경에 처하든 순조로운 환경에 처하든 선을 택하여 굳게 지킬 수 있다.(4.2) 인을 행하는 사람은 내면의 도덕적 요구에 따르며, 오직 이러한 요구에 따를 때 안정과 편안함을 느끼는 것이다. 그런 이유로 재아宰我가 공자에게 삼년상에 대해 물었을 때 공자는 3년을 채우지 않고도 좋은 음식과 화려한 옷을 즐겨도 마음이 편할 수 있는지를 반문했다.(17.21)

'안安'은 『대학大學』에서 다섯 번째 수양으로 언급되고 있다. 『대학』에서는 인간이 지극한 선에 도달하는 목표를 깨닫게 되면 "머물 데를 안 뒤에 정定함이 있으니, 정한 뒤에 고요할 수 있고, 고요한 뒤에 편안할 수 있고, 편안한 뒤에 생각할 수 있고, 생각한 뒤에 얻을 수 있다知止而後有定, 定而後能靜, 靜而後能安, 安而後能慮, 慮而後能得"고 보았다.

: 陳淑娟

#_인仁, 인자仁者, 상喪, 삼년지상三年之喪, 덕치德治

성인成人   글자 자체의 의미로는 성년成年의 사람을 가리키지만, 성숙한 사람, 잠재력을 충분히 실현한 사람, 완벽한 사람, 완성하는 사람, 이상적인 사람 등으로 의미가 확대되었다. 이상적인 사람을 말할 때는 '마땅히' 노력하여 구비해야 하는 조건이 따른다. 자로가 어떻게 성인(이상적인 사람)이 될 수 있는지 물었을 때 공자는 노나라의 유명 인사들을 열거하며 지혜, 욕심이 적음, 용감함, 재능이 풍부함 등 네 가지 조건을 갖춰야 하며 예악교화禮樂敎化를 더해야 비로소 성인이라 할 수 있으니, 한 가지에만 치우치면 이상적이지 못하다고 했다. 곧이어 공자는 오늘날의 혼란한 세상을 고려할 때 자기가 취할 만한 이익인지 생각하고, 위험을 만나 기꺼이 생명을 희생하며, 오랫동안 곤궁함에 처해도 평생 자신이 의지해온 말들을 잊지 않을 수 있다면 성인이라 하기에 충분하다고 했다.(14.12) 또한 '성인'에는 남을 돕는다는 뜻도 담겨 있다. 공자는 "군자는 남의 아름다움은 이루도록 도와주고, 남의 악함은 이루도록 도와주지 않지만, 소인은 이와 반대로 한다君子成人之美, 不成人之惡, 小人反是"고 했다. 즉 군자는 다른 사람이 선행을 완성하는 것을 돕고 악행을 완성하는 것을 돕지 않지만, 소인은 이와 반대로 한다.(12.16)

: 陳慧玲

#_문文, 군자君子, 소인小人, 미美

유항자有恆者 선善을 택하여 굳게 지킬 수 있고 인생의 이상을 꾸준히 실천하는 사람을 가리킨다. 공자는 선인善人을 만나볼 기회가 없으니 꾸준한[有恆] 자라도 만나볼 수 있으면 좋겠다고 했다. 많은 사람들은 공허하지만 충실한 척하고 곤궁하지만 호화로운 척한다. 이처럼 꾸준함을 이루기는 매우 어려운 일이다.(7.26) 선인이란 선을 행하여 이룬 사람으로서 인자仁者에 가깝다. 유항(꾸준함)이란 선을 택하여 '굳게 지키는 것'을 두고 하는 말이다. 이러한 꾸준함이 일정 수준에 도달하면 선인, 곧 선을 행하는 자라 말할 수 있다. 외부의 득실得失에 관심이 옮겨지면 유항자가 되기 어려운 법으로, 공자도 그 어려움을 인정했다. 그럼에도 불구하고 반드시 이러한 인물을 만날 수 있다고 했다. 이처럼 뜻이 있는 사람은 모두 유항자가 될 수 있다. 공자는 남쪽 지역에 전해지는 "사람이 항심恆心이 없으면 무의巫醫도 그 병을 치료할 수 없다"는 속담을 언급하며 옳은 말이라 했다. 그러면서 『역경易經』「항괘恆卦·효사爻辭」의 "덕행을 실천하는 데 항심恆心이 없으면 항상 모욕을 초래하게 된다"는 말로써 속담의 뜻을 보완했다. 끈기 있게 일하지 않으면 아무것도 이룰 수 없으며 병이 생겨도 치료할 수 없다. 인내심을 가지고 약을 복용하지 못하면 의사조차도 어찌할 수 없기 때문이다. 하물며 항심 없이 도덕을 실천한다면 모욕을 초래하게 될 것이다. 따라서 유항자가 되고자 노력하는 사람은 아무것도 이루지 못하고 비웃음을 당하는 일을 피할 수 있다.(13.22)

: 陳維浩

#_덕德, 선인善人, 용자勇者, 수羞

색色

세 가지 의미가 있다. 첫째는 미색을 가리킨다. 사람은 본능을 방종放縱하면 자연스레 미색을 좋아하게 된다. 반면 덕행을 좋아하는 자는 자기를 성찰하고 행실을 꾸준히 닦는다. 따라서 공자는 미색을 좋아하는 것만큼 덕행을 좋아하는 사람을 보지 못했다고 탄식했다. 이러한 탄식에는 기대가 포함되어 있다. 즉 이 말은 가르침의 목표를 제시한 것으로, 혈기가 안정되지 않은 젊은이들에게 호색好色을 경계하라는 뜻을 지닌다.(9.18; 16.7) 둘째는 안색과 표정이다. 군자로서 '통달通達'에 이르려면 늘 자신에 대해 안색이 온화한지 고려해야 하고, 상대의 말투와 안색을 살펴 심중을 헤아릴 줄 알아야 하며, 관계와 경우에 맞게 표정을 지어야 한다.(2.8; 10.4; 16.10) 예禮를 따르고 의義를 행하는 것은 모두 진실함과 정직함에서 나오는 것이지 형식적으로 드러내는 것이 아니다.(11.21; 12.20) 군자는 사람 됨됨이가 진실하기 때문에 남의 비위를 맞추고자 친밀한 표정을 짓는 행동을 부끄럽게 여긴다. 현자賢者는 표정이 비열한 자를 멀리한다.(5.24; 14.37) 셋째는 빛깔과 광택을 가리킨다. 예컨대 음식의 색깔이다.(10.8)

: 楊舒淵

#_군자君子, 호好, 달達, 장莊, 식食

행行

'실천하다' '일하다' '조치하다'는 뜻이다. 예컨대 자공子貢이 군자란 어떤 사람인지 물었을 때 공자는 말하기 전에 실천하고, 실천한 다음 말을 하는 사람이라고 했다.(2.13) 이때의 '행行'은 실천을 의미하며, 군자는 말[言]과 실천[行]의 선후 관계를 잘 구분할 줄 아는 사람이다.

공자는 매사 구체적인 실천에 대한 행위의 원칙을 논했다. 개인적인 행위에 대해서는 많은 관찰을 통해 적절하지 못하다고 생각되는 것을 한쪽에 놓아두고 스스로 자신 있는 것을 신중히 행하면 후회를 줄일 수 있다고 했다. 그리고 행동과 말의 조화를 이루려 노력하면 관직과 봉록俸祿은 저절로 따르게 된다.(2.18) 말과 행동이 서로 조화되도록 진실하고 신의 있게 말하고 성실하고 진지하게 일한다면 타국에 살아도 통할 수 있다.(15.6) 도의道義를 마음의 원칙으로 삼고 예禮로써 그것을 실천하며, 겸손한 언사言詞를 하고 성실한 태도로써 그것을 완성하는 것, 이러한 조건들에 부합하는 자는 군자라 할 수 있다.(15.18) 또한 군자라면 언사에 신중하고 느리되 행동은 민첩하고 효율을 거두도록 힘써야 한다.(4.24) 공자의 모든 가르침에서 '행'은 신중한 태도를 원칙으로 삼는다. 나아가 실천의 내용이 공손[恭], 너그러움[寬], 믿음[信], 민첩함[敏], 은혜[惠]의 요구에 부합한다면 곧 인仁을 행하는 것이다.(17.6)

공자의 가르침은 네 가지에 중점을 두고 있다. 문헌 지식[文], 행위 규범[行], 직무의 충실[忠], 말의 신용[信]이다.(7.25) 이를 공문사교孔門四敎라 하는데 그중 '행'은 행위 규범을 가리키며, 특히 예를 지키는 것을 말한다. 안회顔回가 말한 "예로써 나의 행동을 단속하게 함約我以禮"이 바로 이것이다. 그리고 별도로 충忠과 신信을 강조함으로써 마음의 진실함을 부각시켰다.(9.11)

: 許詠晴

#_군자君子, 언言, 예禮, 민敏, 간록干祿

영佞

말솜씨가 뛰어나거나 언변이 좋은 것을 뜻한다. 언어의 전달을 중시한 공자는 자신의 제자들을 평가할 때 네 과科로 구별했는데, 그중 하나가 언어였다. 이처럼 공자는 언변의 능력을 부정하지 않았다. 다만 교묘하게 구사하는 달변達辯을 우려했다. 말솜씨를 뽐내기 위해 논쟁한다면 미움을 살 뿐만 아니라 인仁의 실천과 거리가 멀어질 뿐이다.(5.4) 반면 '영'에는 남의 비위를 맞추는 말을 뜻하기도 한다. 이른바 '영인佞人'은 아첨하는 소인小人을 가리킨다. 사람에 대해 '영'을 넣어 묘사하는 경우는 대부분 부정적인 것이다. 공자는 달변가를 벗으로 사귀는 것은 해롭기 때문에 '말만 잘하는便佞' 벗은 사귈 가치가 없다고 했다.(16.4)

: 陳慧玲

#_인仁, 언言, 우友, 소인小人, 시교詩教

이利

이익[利]은 인간의 욕구로서, 의로움[義]과 조화를 이루어야 한다. 공자가 생각하는 이상적인 사람은 '이익을 보고 의로움을 생각하는見利思義' 태도를 지닌 사람이다. 이익이 눈앞에 있을 때 그것이 공의公義에 부합하는지, 자기가 마땅히 취할 수 있는 이익인지를 생각할 수 있어야 한다.(14.12) 공자는 눈앞의 작은 이익만 보는 정치는 큰일을 이룰 수 없으며 원대한 계획과 식견을 가져야 대업을 이룰 수 있다고 생각했다.(13.17) '이'에는 이익이라는 뜻 외에도 '첨예하고 날카롭다'는 뜻도 있다.(15.10)

: 陳慧玲

#_성인成人, 의義, 검儉, 군자君子, 소인小人

군자君子

군자는 원래 관직자 또는 귀족의 자제를 뜻한다. 예컨대 주공은 백금伯禽에게 정치의 도道를 가르칠 때 나라의 지도자를 '군자'로 불렀다. 관직에 나아간 뒤에 예악을 배우는 경대부卿大夫의 자제에게도 '군자'라는 호칭을 붙였다. 공자의 시대에는 사회적으로 명망 있는 사람을 지칭하기도 했다.(3.24; 11.1; 18.10) 공자는 '군자'의 이러한 용도를 지키는 동시에, 자기의 운명과 사명을 깨달아 도의道義를 굳게 지키고 끊임없이 진덕수업進德修業함으로써 완전한 인격을 실현하고 천하 사람들을 선하게 이끄는 사람[兼善天下]임을 강조했다.(4.5; 4.10) 그런 까닭에 사람의 도道를 말하는 유가에서 군자는 추앙할 만한 인격의 전형이 되었다.

선을 지향하는 인간의 본성을 세심히 관찰하면 생사生死와 성도成道에는 운명이 있음을 깨닫게 되지만 선을 행하는 것은 모든 인간의 사명이다. 그러한 명命의 도리를 이해해야 군자가 될 수 있다.(20.3) 군자가 되고자 뜻을 세우고 군자의 덕행을 수양하는 사람은 이익이 아닌 도의를 깨달으며, 물질의 풍족함이나 전문기술의 성취보다는 삶의 이상을 추구하게 된다. 또한 이상의 실현 여부를 염려할 뿐 생활의 곤궁함은 마음에 두지 않는다.(2.12; 4.16; 15.32) 청년, 장년, 노년 중 어느 단계에 있더라도 자신의 본능과 욕망을 경계하고 일을 영민하게 처리하며 언어에 신중하고 의지와 품행이 고상한 사람에게 가르침을 청하여 사람에 대한 적절한 응대應對를 배운다.(1.14; 16.7) 구체적으로 말하자면, 장중莊重한 언행으로 위엄을 갖추고 널리 배워 고루함을 벗어나며, 충신忠信을 처세와 처신의 원칙으로 삼아 뜻이 같지 않은 사람을 벗하지 않는다. 행위는 예의 규범을 따르고 잘못을 고치기를 두려워하지 않는다. 그러면 정도正道에서 어긋나지 않을 것이며 서로 권면하는 동반자도 얻을 것이다.(1.8; 6.27) 군자가 되려면 늘 깨닫고 성찰해야 하며, 진실함과 소박함이 예악문식禮樂文飾과 조화하도록 힘쓰며, 끊임없이 자신을 수양하여 단계적으로 선행善行을 넓혀가야 한다.(6.18; 14.42; 16.10) 사는 동안 이러한 실천을 놓아선 안 된다. 그런 이유로 공자는 자신이 여전히 군자의 수양에 이르지 못했으며 지智·인仁·용勇을 겸비한 경지에 도달하기를 바란다고 했다.(7.33; 14.28) 또한 군자는 양심에 거리낌이 없어야 하며, 대동세계大同世界를 이루기 위한 선행을 해야 하는데, 이러한 이상은 요堯임금과 순舜임금조차 달성하기 어려운 것이라 했다.(5.25; 12.4)

공자는 자신의 언행이 군자의 포부와 요구에 부합하며, 그로써 백성을 교화하여 아름다운 풍속을 이끌 것이라고 믿었다. 당시 많은 사람들은 공자를 군자로 생각했으며, 나아가 의儀땅의 국경을 지키는 사람은 "하늘이 공자를 백성을 교화시키는 목탁木鐸으로 삼았다"고 믿었다.(3.24; 9.14) 공자는 자산子產의 네 가지 행위를 두고 군자의 풍격에 부합한다고 칭송했다. 또한 거백옥蘧伯玉, 복부제宓不齊, 남궁괄南宮适에 대해서도 '군자'라는 말을 써서 칭찬했다. 복부제가 지방을 다스리면서 현능한 인재를 얻어 덕치와 교화를 돕도록 한 일에 대해 공자는 노魯나라에 아직 군자가 있음을 말해주는 것이라 했다.

군자로 불릴 만한 사람은 반드시 언행이 일치한다. 군자는 덕행과 규범에 관심을 쏟는 품격을 지니며, 말을 많이 하고 일을 적게 하는 것을 부끄럽게 여긴다. 모르는 일에 대해 안다고 말하지 않고, 많이 듣고 많이 보아 확실한 것을 수용하고 실천한다.(4.11; 7.28) 처세와 처신에서는 도의를 굳게 지키며, 예에 따라 행하고 겸손하게 의견을 표현하며, 성실하게 임무를 완수한다. 그러나 작은 믿음[小信]에 구속되지 않으며, 적당한 때를 가늠하고 정세에 따라 임기응변의 조치[通權達變]를 취할 줄 안다.(15.18; 15.37) 군자는 편견 또는 사심이 갖지 않고 흉금을 털어놓으며, 사람들과 함께 일할 때 자중自重하여 다투지 않으며, 사람들과 잘 어울리지만 패거리를 만들지 않으며, 차이를 포용하고 조율하여 같음을 강요하지 않는다.(2.14; 13.23; 15.22) 군자가 정치에 참여하는 이유는 사람들을 도우려는 도의道義 때문이다. 어느 정도까지 가능한가를 신경 쓰지 않고 스스로 실천할 것을 요구하며, 명분이 바르고 말이 사리에 맞는 것[名正言順]과 애를 써서 일을 이루는 것을 시정施政의 전제로 삼는다.(13.3; 15.21; 18.7) 그는 남이 기뻐하고 원하는 것을 위해 기꺼이 돕지만 악행은 돕지 않는다. 부단히 수양을 하면서도 가끔 선을 택하여 굳게 지키지 못할 때가 있지만 그렇다 해도 의義를 행하는 길을 걷는다.(12.16; 14.6; 14.23) 이처럼 군자는 곤궁함과 부귀영화, 순탄함과 역경의 사이에서 휘둘림 없이 밝은 마음과 자신감을 지니며, 교만하지 않는 태도와 편안함을 보이며, 세상 각지의 사람들을 형제라고 부를 만큼 화목하게 지낸다.(7.37; 12.5; 13.26) 요컨대 군자의 사유와 행동은 자기중심에서 벗어나 법을 준수하고 예를 중시하며 정情과 의義를 지닌다. 또한 자기를 초월하고 사심 없음[無私]과 지극한 선을 목표로 삼아 성인聖人의 공적을 성취하고자 한다. '군자'라는 말은 『논어』에 약 107번 등장한다.

: 楊舒淵

#_명命, 인仁, 예禮, 의義, 성聖

군자삼계
君子三戒

군자가 되고자 뜻을 세운 사람은 반드시 세 가지를 경계해야 한다. 젊었을 때는 혈기가 아직 안정되지 않았으므로 호색好色을 경계해야 한다. 장년이 되면 혈기가 왕성하므로 싸우기 좋아함[好鬪]을 경계해야 한다. 노년이 되면 혈기가 쇠약하므로 욕심 부리는 것을 경계해야 한다. 공자는 현실의 경험들을 성찰하여 인간에게는 혈기, 즉 신체적인 본능과 욕망이 있다는 것을 알았다. 그러나 인간의 본성에는 적절한 인간관계를 지키려는 성향이 깃들어 있기 때문에 진실함을 간직한다면 선善을 행하는 무한한 역량을 발휘할 수 있다고 보았다. 따라서 인간은 늘 혈기의 부정적 영향을 경계해야 하며, 삶 속에서 선을 택하여 굳게 지켜야 한다고 생각했다. 공자가 혈기를 항상 경계해야 함을 인정했다는 데서 그가 인간의 본성이 본래 선하지 않

다고 여겼음을 알 수 있다.(16.7)

: 楊舒淵

#_성性, 욕欲, 색色, 강剛, 덕德

효 孝

효도를 가리킨다. 유가가 중시하는 품덕品德이다. 공자는 부모를 섬길 수 있는 것을 '효'라 불리고 있으나 개와 말도 사람을 섬길 수 있으니, 존경의 마음이 없다면 그 차이를 어떻게 구분하겠느냐고 했다.(2.7) 따라서 부모에 대한 효도에서 가장 중요한 것은 존경심이다. 부모를 존경하지 않는다면 아무리 세심하게 보살피고 섬긴다 해도 '효'라 할 수 없다. 공자는 아이가 태어나면 3년이 지나야 부모의 품을 떠날 수 있다고 말했다.(17.21) 부모는 우리를 낳아 생명을 주었고, 우리를 길러 자라게 했다. 따라서 부모의 은혜와 사랑은 하늘이 만물을 낳고 기르는 큰 덕[大德]에 비할 수 있다. 이것이 본질적으로 부모가 자녀의 존경을 받아야 하는 이유다. 그러나 자녀들은 온화한 표정을 유지하기 쉽지 않다. 하물며 젊은 자식들이 일을 대신 맡아 하거나 술과 음식을 부모에게 먼저 드리는 행동만으로 효도라 할 수 있을까?(2.8) 물론 부모의 일을 돕고 술과 음식이 생기면 부모에게 양보하는 것도 중요하지만, 공자는 온화한 안색으로 부모를 섬겨야 마음에서 우러난 진실한 효도라고 생각했다.

효도는 부모에게 맹종하는 것이 아니라 예법의 규정에 따라야 한다. 내면의 효심과 예법이 조화를 이루어야 올바른 효행이라 할 수 있다.(2.5) 공자는 부모를 섬길 때 부모가 어떤 잘못을 저지를지 알게 되었다면 완곡히 말려야 한다고 했다. 그 뜻이 받아들여지지 않더라도 공손히 부모의 뜻에 거스르지 않으며, 근심스런 점이 있어도 원망하지 않아야 한다고 했다.(4.18) 한편 공자는 효도를 정치의 근본으로 생각했다. 사람들이 부모에게 효도하고 형제간에 우애하면 가정이 저절로 화목해지며, 이것이 사회 전체로 확장되면 정치도 올바르게 될 것이다.(2.21) 따라서 효도는 벼슬을 하는 자가 마땅히 갖추어야 할 조건이기도 하다.(13.20)

효도의 구체적인 방식은 우선 부모가 자녀의 건강만을 걱정하도록 하는 것이다.(2.6) 이는 자녀가 모든 면에 훌륭하게 처신하여 부모는 '다만' 그들이 병나지 않을까를 걱정할 뿐 다른 문제는 마음 쓸 일이 없게 하는 것이다. 공자는 민자건閔子騫의 효행을 높이 평가했다. 민자건의 부모형제가 그를 칭찬할 때, 사람들이 조금도 의심하지 않았기 때문이다.(11.5) 그만큼 민자건이 모든 면에서 훌륭하게 처신했음을 알 수 있다. 이것이 바로 효도의 모습이다. 또한 효도란 부모가 걱정하지 않도록 하고, 부모가 오래 사시는 것을 기뻐하면서도 노쇠함을 근심하고, 마음과 힘을 다해 섬기는 것이다.(1.7; 4.19; 4.21) 이러한 내용은 모두 부모 생전에 실천하는 효도에 대한 방법이다.

아울러 공자는 부모가 세상을 떠날 때 비로소 사람은 진정한 감정을 드러낸다고 생각했다.(19.17) 따라서 부모 생전뿐만 아니라 부모가 돌아가신 뒤에도 효도를 해야 한다. 그것은 부모가 돌아가신 뒤에도 자식으로서의 처신과 태도를 3년간 유지하는 것이다.(1.11) 공자는 맹장자孟莊子가 자신의 아버지가 등용했던 가신과 아버지의 정책을 바꾸지 않음으로써 선친의 풍격이 세상에 퍼지도록 한 것을 칭송했다.(19.18) 따라서 자녀는 삼년상을 지내는 동안에는 부모 생전의 기풍에 따르는 것, 즉 부모가 정한 방식에 따라 일을 처리하고 자기의 생각을 서둘러 드러내려 해선 안 된다. 『중용』(19장)에도 죽은 사람 섬기기를 산 사람 섬기듯이 하고, 죽은 조상 섬기기를 살아 있는 손윗사람 섬기듯이 해야 한다고 했다. 이것이 효도의 가장 높은 수준에 도달한 것이다.

: 陳維浩

#_예禮, 경敬, 제悌, 사士, 삼년지상三年之喪

제弟 어른을 존경하는 것이다. '제弟' 또는 '제悌'와 상통한다. 『논어』에서 '제弟'는 항상 '효孝'와 함께 언급되는데, 공자가 중요시한 품덕 중 하나다. 따라서 젊은이는 집에서는 부모에게 효도하고 밖에서는 어른을 존경[悌]하고 신중하게 행동하고 진실하게 말해야 한다. 또한 다른 사람을 보살피고 선행善行에 모범을 보이는 사람을 가까이해야 한다. 이러한 것을 성실히 하고 난 후에 책을 통해 지식을 얻어야 한다.(1.6) 이처럼 어른에 대한 존경은 젊은이가 품덕을 기르는 기본 항목이다.

자공이 공자에게 선비가 되는 조건을 여쭙자 공자는 덕행과 재능을 겸비하는 기준에 도달해야 한다고 했다. 일가친척으로부터 효성스럽다는 말을 듣고 고향사람들로부터 어른을 존경할 줄 안다는 말을 듣는다면 선비라 할 수 있다고 했다.(13.20) 이처럼 '제悌'는 청년이 마땅히 지녀야 할 품덕일 뿐만 아니라 선비가 실천해야 할 품덕이다. 유약有若은 효제孝悌를 모든 품덕의 근본이라고 여긴 인물이다. 그는 부모에게 효도하고 어른을 존경하면서 윗사람에게 무례한 사람은 거의 없으며, 윗사람에게 무례하지 않으면서 반란을 일으키는 사람은 없었다고 했다. 부모에게 효도하고 어른을 존경하는 것은 사람됨의 기초다. 즉 효와 제를 실천하여 기초가 튼튼해지면 군자로서 인생의 바른길을 걷게 된다.(1.2) 맹자 또한 효제를 모든 품덕의 기초로 여겨 요임금과 순임금의 도는 다만 효孝와 제悌일 뿐이라고 했다.(『맹자』「고자 하」)

: 陳維浩

#_효孝, 사士, 인仁, 덕德

지志 '포부'를 뜻한다. 공자는 자신이 배움에 뜻을 두었고, 인仁에 뜻을 두었고, 도道에 뜻을 두었다고 했다.(2.4; 4.4; 7.6) 공자는 15세에 배움에 뜻을 세웠으며 그가 이룬 평생의 공훈과 업적은 이때부터 시작된 것이다.(2.4) 이처럼 포부는 인생의 방향을 결정한다. 공자는 군대의 장수는 빼앗을 수 있지만 평범한 사람의 포부[志]를 바꿀 수는 없다고 했다.(9.26) 사람의 의지는 전적으로 자신이 책임지며, 이를 통해 인격의 특성이 만들어진다. 그가 인仁을 행하는 데 뜻을 세우고 선을 택하여 굳게 지키고자 노력한다면 다시는 나쁜 일을 하지 않을 것이다.(4.4) 인을 행하는 사람은 삶에 연연하여 자기의 이상[志]을 저버리지 않으며, 목숨을 바쳐서라도 이상을 이루고자 하기 때문이다.(15.9) 공자는 인생이란 공명功名과 관록[利祿]에 대한 추구가 아니라 이상의 실천을 가장 중요한 일로 삼아야 한다고 생각했다. 공자는 삶의 이상을 추구하는 데 뜻을 세운 선비가 누추한 옷과 거친 음식을 부끄럽게 여긴다면 그와 더불어 도리道理를 논할 가치가 없다고 했다.(4.9) 생활이 곤궁한 것을 부끄럽게 여긴다는 것은 포부가 보잘 것 없으며 올바르지 않음을 나타낸다. 또한 공자는 뜻[志]이 다른 사람과는 논의할 필요가 없다고 말했다. 그와는 어떠한 공통된 인식도 찾을 수 없기 때문이다.(15.40) 공자는 뜻을 세움[立志]을 중시했다. 그는 제자들과 함께 포부에 대해 의견을 여러 번 나누었으며, 제자들이 올바른 포부를 세우도록 가르쳤다.(11.26) 공자는 자신의 포부를 밝히기도 했다. 그는 노인들이 안락하게 지낼 수 있고, 벗끼리 서로 신뢰할 수 있고, 청년들을 보살필 수 있는 것이 자기의 포부라고 했다. 이것은 대동大同의 경지로, 공자는 성인의 뜻[聖人之志]을 품고 있었다.(5.25)

: 陳維浩

#_학學, 인仁, 도道, 치恥, 성聖

광狂

원대한 포부를 가진 자의 언행과 태도를 묘사한 것이다. 공자는 벗을 사귈 때 중도를 행하는[中行] 자, 광자狂者, 견자狷者의 순으로 기준을 삼았다. 포부가 원대한 광자는 진취적이기 때문에 향상되고자 분발한다는 것이다.(13.21) 맹자는 '광자'에 어울리는 인물로 증점曾點을 손꼽았다. 또한 '광狂'은 자유분방한 사람을 묘사한다. 예컨대 '초나라의 광자 접여楚狂接輿'가 있다.(18.5) 일반적으로 광자는 솔직하고 꾸밈이 없다. 그런 자가 광망狂妄하고 솔직하지 않다면 사람들은 그의 그릇된 행위를 이해할 수 없을 것이다.(8.16) 공자 역시 다른 시대의 '광狂'의 표현에 대해 비교를 했다. 공자는 고대에 광망한 사람은 사소한 부분에 얽매이지 않았으나 당대의 광망한 사람은 언행에 거리낌이 없다며 더욱 나빠졌음을 지적했다.(17.16)

: 陳慧玲

#_직直, 견狷, 중행中行, 우友

동侗   우매한 모양을 뜻한다. 인생을 살아갈 때 우매한 사람은 종종 판단을 그르쳐 올바른 길을 가지 못한다. 군자가 되는 과정은 동적動的이다. 우매한 사람도 끊임없이 노력하면 점차 올바른 도리를 깨닫게 된다. 그러나 우매한데 성실하거나 후덕하지 않으면[侗而不愿] 인생의 마땅한 길을 이해할 수 없을 뿐만 아니라 인격 수양의 토대마저 잃게 된다. 공자는 이러한 사람에 대해선 이해할 수 없기 때문에 가르칠 수 없다고 했다.(8.16)

: 陳慧玲

#_충忠, 학學, 민敏, 명明

화和 '어울리다' '조화하다' '화답하다'의 뜻이다. 예컨대 맛을 조절하고 소리를 조율할 때는 차이 속에 있는 원칙을 서로 포용하고 좋아하는 것이다. 공자는 군자는 차이를 조율하되 같게 됨을 강요하지 않지만, 소인小人은 같게 됨을 강요하되 차이를 조율하지 않는다고 했다.(13.23) 고대 제왕帝王은 나라를 다스릴 때 예禮의 규정에 따르는 태도를 지켰다. 그러나 예가 응용될 때는 조화로움을 가장 귀하게 여겼다.(1.12) 백성이 화목하게 지내면 인구가 적어도 사회는 안정될 수 있다.

: 陳慧玲

#_예禮, 군자君子, 소인小人, 의義, 권權

고固 원칙을 굳게 지킨다는 뜻이지만, 완고하고 고루하다는 뜻도 있다. 공자는 '배우게 되면 고루하지 않다學則不固'고 했는데, 넓게 배우고 많이 들으면 완고하지 않고 변통變通을 알게 된다는 말이다. 그러나 과도하게 검약儉約하면 고루해질 수 있다고도 했다.(7.36) 엄숙한 용모와 장중한 태도[威儀]를 꾸미는 것은 다른 사람에게 잘 보이려는 것이 아니라 고루함을 싫어하기 때문이다. 또한 '고固'에는 '이미'라는 뜻이 있으며, 무엇을 형용할 때는 '견고한' '확실한'의 뜻으로 쓰인다. 이밖에 공자는 '군자는 곤궁함을 버텨낸다君子固窮'고 믿었다. 군자는 앞길이 막혀도 원칙을 굳게 지킨다는 뜻이다. 이것이 바로 "해가 추워진 뒤에야 소나무와 잣나무의 잎이 나중에 지는 것을 알 수 있다歲寒, 然後知松柏之後彫也"의 비유처럼 엄혹한 시련을 통해 군자와

소인의 차이가 구분된다고 생각했다.(9.28; 15.2)

: 陳慧玲

#_자절사子絕四, 학學, 검儉, 군자君子, 유항자有恆者

충忠   백성이 충성을 다한다는 의미도 있지만, 주로 '진실한 태도를 가리킨다.(2.20) 진실한 태도는 사람에 대한 것과 직무에 대한 것으로 나뉜다. 사람에 대한 태도는 예컨대 충언을 해줄 수 있는 것이다.(14.7) 벗이 잘못을 했다면 진심으로 알려주고[忠告] 완곡히 권유하되, 상대가 받아들이려 하지 않는다면 그만둠으로써 모욕을 느끼지 않게 해야 한다.(12.23) 이처럼 '충'이란 사람을 대하고 벗을 사귀는 중요한 도리다. 직무를 대하는 태도에도 자주 적용된다. 공자는 자장子張과 정치에 대해 말할 때 직위를 맡으면 태만해선 안 되며 직무를 처리할 때는 성실해야 한다[行之以忠]고 강조했다.(12.14) 직책에 대한 충실함은 공자의 핵심적인 네 가지 가르침 중 하나다.(7.25) 나아가 '충'은 군자가 고려해야 할 아홉 가지에도 포함된다.(16.10) 군자로 나아가려면 말을 할 때 진실한지 고려해야 한다는 것이다. '충'은 인생의 바른길을 걷는 방법이다. 예컨대 번지樊遲가 공자에게 어떻게 인仁을 실천해야 하는지를 물었을 때 공자는 공손[恭], 공경[敬], 진실함[忠]이라는 덕목을 제시했다. 편벽한 자를 대하거나 낙후한 곳에 가더라도 태도는 늘 점잖아야 하고, 일은 성실하고 책임감 있게 수행해야 하며, 진실한 마음으로 사람과 사귀어야 하는 것, 이 세 가지 덕행을 잊어서는 안 된다고 강조했다.(13.19) 증삼은 매일 자신을 성찰하면서 남을 위해 일할 때 온 마음 온 힘을 다했는지를 돌아봤다. 이는 '충'의 기준에 부합하는지를 살핀 것이다.(1.4)

이밖에 『논어』에서 '충'은 자주 '신信'과 더불어 언급되는데 '충실하고 신실하다'는 뜻이다. 충신忠信이라는 말이 쓰일 때는 주로 '주충신主忠信'으로 사용되는데, 이는 충실함과 신실함을 처세와 처신의 원칙으로 삼는다는 뜻이다.

: 許詠晴

#_인仁, 서恕, 언言, 신信, 충고忠告

작怍

'부끄러움'을 뜻한다. 공자는 "말하기를 부끄러워하지 않는다면 그 말을 실천하기가 어렵다其言之不怍, 則爲之也難"라고 했다.(14.20) 이는 부끄러워하는 마음 없이 말을 쉽게 꺼내면 실천도 쉽지 않다는 뜻이다. 공자는 고대의 선인들은 미처 실천하지 못한 것을 부끄럽게 생각했기 때문에 말도 쉽게 내뱉지 않았다고 생각했다. 이에 따라 제자들을 가르칠 때 모든 언행을 항상 신중히 할 것을 당부했다. 일은 민첩하게 처리하되 신중하게 말하고, 도道가 있는 사람에게 가르침을 많이 청하기를 바랐다. 자기의 능력과 약속을 떠벌리지 않고 일을 잘 끝낸 후에 말하는 것이 좋다고 여겼다. 이 경우 노자의 "경솔한 승낙에는 신뢰가 적으며, 쉬운 일이 많으면 반드시 그만큼 어려운 일도 많은 법이다輕諾必寡信, 多易必多難"(『노자』 63장)라는 말을 참고할 만하다. 쉽게 허락한 것은 지켜지기 어렵고, 일을 쉽게 여기면 여러 어려움에 부딪히게 마련이다.

: 陳慧玲

#_언言, 행行, 신信, 치恥

성性

『논어』에서 '성性'자는 두 번 나타난다. 한 번은 공자가 언급한 것으로, "사람의 본성은 서로 비슷하지만 습관으로 인해 서로 달라진다性相近也, 習相遠也"이다. 다른 한 번은 자공子貢이 언급한 것으로, 인간의 본성에 대한 공자의 가르침을 직접 듣지 못했다는 내용이다. 이는 삶에서 마땅히 지향해야 할 가치인 '인仁'에 대해 더 깊이 이해할 수 없음에 대한 한탄이었다.(5.12; 17.2) 공자는 '성'은 서로 비슷하다고 했기 때문에 '성'에 대해 직접적인 정의는 하지 않았지만, 살펴보면 성은 첫째로 '선善'과 가까운 것이다. 선이란 인간 간의 적당한 관계의 실현이며, 이 '적당한 관계'는 사람에 따라 달라지므로 상황에 따라 적절히 해야 한다. 둘째, 공자는 인간의 본성[人性]에 대해 선천과 후천으로 나누지 않았다. 그것은 삶의 전체와 과정에서 실현되기를 기다리는 잠재력, 즉 개인의 선택과 실천을 통해 끊임없이 나타나는 역량이라고 생각했다. 이러한 잠재력은 선행으로 발전하며, 선을 행하기 위해 무한한 역량을 갖게 된다. 그러나 개인의 잠재력은 내적 및 외적 조건에 따라 다르게 실현된다. 또한 그 역량은 저마다 강약의 차이가 있기 때문에 '성품이 같다性相同'고 말하지 않는다. 셋째, 인간의 본성은 선善을 지향한다. 인간의 본성은 내재적 자아가 선행을 하도록 요구하는 힘이다. 이를 진실하게 마주하면 자각하고 감통感通되며, 상대방의 처지에서 생각하는 동시에 행동을 취하게 된다. 아쉬운 것은 모든 사람이 진실하고자 하지 않는다는 것이다. 종합적으로, 공자는 '성'을 논할 때 '동력이 곧 본질'이라고 주장했다. 동력은 진실함에서 시작되어 선을 향해 행동한다. 그러나 사람마다 역량의 차이가 있기 때문에 선행 역시 각기 다르게 실현된다. 따라서 공자는 인간 본성의 본질을 정의하지 않고 다만 '서로 비슷하다'고 했다.

: 楊舒淵

#_인仁, 선善, 육欲, 습習, 성상근습상원性相近習相遠

충고忠告

진실한 마음으로 상대에게 알려주는 것이다. 자공은 공자에게 벗을 사귀는 도道에 대해 물었다. 공자는 진정한 벗이라면 마땅히 상대방이 잘못을 범했을 때 진실한 자세로 알려주고 완곡하게 권유해야 한다고 했다. 상대방이 듣지 않으려 하면 더 이상 언급하지 않음으로써 그가 모욕을 느끼지 않도록 해야 한다고 했다. 그러나 "진심으로 대한다면 깨우쳐주지 않을 수 있겠는가忠焉, 能勿誨乎?"라고 했다. 즉 진실하게 대한다면 상대에게 도움이 될 만한 건의를 할 수 있다고 생각했다.(14.7) '정직하지 않으면不直' 벗의 잘못을 진실하게 지적해줄 수 없으며 '좋은 벗益友'이 될 수 없다.

: 陳慧玲

#_충忠, 직直, 우友, 욕辱, 회誨

이이怡怡   기색이 편안하고 즐겁다는 뜻이다. 『논어』에는 공자가 조정에서 응대應對하고 진퇴進退하는 태도에 관한 묘사가 있다. 공자는 군주 앞을 지날 때는 신중하고 정중했고 군주 앞을 지난 뒤에는 '화평[怡怡如也]'하여 편안하고 즐거운 기색을 보였다. 또한 자기 자리로 돌아와서는 다시 공손하고 삼가는 모습이었다.(10.4) '이이怡怡'란 인간관계에서 화목하게 지내는 것을 뜻한다. 공자는 "간절하고 자상하게 권면하며 화락하면 선비라 할 수 있다切切偲偲, 怡怡如也, 可謂士矣"라고 했다. 선비로서 벗 간에는 갈고 닦음을 서로 권면하고 형제간에는 화목하게 지내야 한다는 뜻이다.(13.28)

: 陳慧玲

#_사士, 제弟, 절절시시切切偲偲, 색色

직直   정직함, 솔직함, 진실함 등의 뜻이다. 노나라 애공은 군주가 어떻게 해야 백성이 따를지를 공자에게 물었다. 공자는 정직한 사람을 등용해 정직하지 않은 사람 위에 두면 백성이 순종하게 된다고 답했다. 정직한 사람은 원칙을 지키고 직무에 충실하고, 정직하지 않은 사람은 윗사람과 아랫사람을 기만하고 권모술수를 쓴다. 따라서 정직한 사람을 정직하지 않은 사람 위에 두어야 백성이 따르게 된다는 것이다.(2.19) 공자는 사어史魚를 정직한 사람이라고 칭찬했다. 정치가 올바를 때나 그렇지 않을 때도 사어의 언행은 화살처럼 곧았다.(15.7)

'직'을 솔직함의 뜻으로 볼 때 공자는 미생고微生高를 상반되는 사례로 말했다. 식초를 빌리러 온 사람을 위해 이웃의 식초를 빌려다가 준 행동은 솔직하지 않은 것이라고 했다. 미생고의 행동은 호의에서 나온 것이지만, 자기에게 식초가 없음을 말하지 않은 것은 솔직한 행동이 아니라는 것이다.(5.23) 그렇다면 솔직함은 어떻게 길러야 할까? 이에 대해 공자는 예禮로써 절제하지 않고 직언直言하는 것은 도리어 상대에게 모진 상처를 안길 수 있다고 했다.(8.2) 솔직함은 좋은 태도이지만 적당한 규범이 없으면 극단에 빠질 수 있으며 그 결과는 예측하기 어렵기 때문에 항상 예로써 절제를 해야 한다.

'직'은 진실함이라는 중요한 의미로 쓰이기도 한다. 공자는 사람이 진실함 없이 살아갈 수 있다면 그것은 요행에 기대어 화를 피하는 것일 뿐이라면서 진실하게 살아야 함을 강조했다.(6.19) 진실하다면 선善을 지향하는 인간의 본성에 따라 인간은 선을 택하여 굳게 지키는 길을 가게 된다는 것이다. 이러한 정도正道를 따르지 않고 살아감은 그저 운運과 요행에 기대는 것이라 여겼다. 섭공葉公과 공자가 나눈 대화는 '직'을 진실함으로 설명하는 데 참고가 된다. 섭공은 그의 마을에 정직한 사람이 있는데 그의 아버지가 양을 훔치자 아버지를 고발했다고 했다. 공자는 이에 대해 다른 견해를 보였다. 공자는 그의 고향에 있는 정직한 사람은 다르다면서, 아버지는 아들을 위해 숨겨주고 아들은 아버지를 위해 숨겨준다고 했다. 그리고 '정직함은 그 속에 있다直在其中'고 했다. '정직함은 그 속에 있다'고 한 말은 '직'을 '숨겨줌隱'으로 정의한 것이 아니라 '왜 숨겨

주어야 하는가'를 중시한 것이다. 즉 천성天性에 순응하여 인정 人情이 '진실'한 것[人情爲直]을 뜻한다.(13.18) 여기서 '직'은 진실함과 솔직함의 의미가 된다.

: 許詠晴

#_인仁, 예禮, 은隱

지자知者   현명한 사람을 말한다. 인생에서 진실한 뜻을 안심입명安身立命과 인간관계의 근거로 채택하지 않았다면 현명한 사람이라 할 수 없다.(4.1) 이것을 채택했다면 그 까닭은 인생의 바른길과 덕행 수양의 깊은 의의를 이해했기 때문이다.(4.2; 15.4) 그리고 가장 현명한 사람은 인생의 길에서 미혹되거나 흔들리지 않고 깨달은 것을 반드시 실천한다. 이것이 바로 군자가 동경하는 경지다.(14.28; 17.3) 현명한 사람, 즉 '지자'가 되려면 반드시 명命, 예禮, 언言의 도리를 알아야 한다. 명命을 이해한다는 것은 각자 생사生死와 성도成道에 대한 운명을 이해하고 모든 사람에게 선善을 행하는 사명이 있음을 깨달아 방법을 강구하여 반드시 완성하는 것을 뜻한다.(2.4; 18.7) '예'를 이해한다는 것은 사회규범의 도리를 깨닫고 시대의 필요에 따라 '더할 것과 덜어낼 것'을 아는 것이다.(2.23) '언'을 이해한다는 것은 사람과 사귈 때 해로운 벗과 유익한 벗을 분별할 줄 알며, 정치를 할 때 현명하고 유능한 사람을 발탁할 줄 아는 것이다. 따라서 현명한 사람은 현인賢人을 놓치지 않으며 말을 낭비하지 않는다.(12.22; 15.8) 이렇듯 명, 예, 언을 이해할 수 있다면 다른 사람을 이해할 수 있으며 세상을 단단히 딛고 선 군자가 될 수 있다.(20.3) 천부적으로 뛰어난 능력을 지녔거나 배움에 힘써 인생의 바른길을 이해하면 현명한 사람이 될 수 있다. 그러나 어려움에 부딪혔는데도 배우기를 원치 않아 바른길을 가지 못한다면 그는 진실하지 않고 우매한 하등下等의 사람으로 요행만을 의지할 뿐이다.(6.19; 16.9) 예컨대 순舜임금은 원래 깊은 산의 야인野人이었으나 선행을 듣고 보는 것만으로도 선을 행하려는 역량을 일으킨 인물이므로 타고난 '지자'라 할 수 있다.(『맹자』「진심 상」) 공자는 자신에 대해 배움을 통해 '지자'에 도달했다고 생각했다. 자신은 완벽하지 않으며 하나를 들어 열을 알지도 못하는 사람으로서, 순후淳厚한 고대 문화를 좋아했기 때문에 삶의 지혜를 얻었다고 했다. 따라서 공자는 많이 듣고 많이 보고, 그 가운데 올바른 점을 수용하고 기억하고, 성실히 배우고 익히는 삶을 살았다.(5.8; 7.20; 7.28) '지자'는 현명함을 좋아하는 동시에 배우고 익히는 것을 좋아해야 한다. 그렇지 않으면 근거 없이 함부로 말하게 된다. 학습할 때의 태도는 자신감을 지니되 겸손하고, 추리와 사고의 능력을 잘 활용하며, 옛것 속의 원칙을 익히면서 새로운 것을 배워야 한다.(2.17; 9.8; 17.8) 처세와 처신의 도리만을 익힌다면 현명한 사람이라 할 수 없다. 더 나아가 가장 좋은 것은 '알고자 하는 것을 즐기는 것'이다.(6.20) 따라서 공자는 현명한 사람은 선善을 택할 수 있으며, 나아가 인仁을 행하는 사람은 선을 굳게 지킬 수 있다고 생각했다.(6.23) 『논어』에서 공자는 영무자甯武子와 장무중

臧武仲을 현명한 사람으로 평가했다. 특히 영무자는 뛰어난 재능과 지혜를 드러내지 않는 큰 지혜를 지닌 사람이었다. 공자가 열국을 주유할 때 은자隱者 장저長沮는 공자가 인생의 바른길을 깨달은 사람[知津者]이라고 높이 평가했다. 그러나 아직 중용을 행할 수 없어 과도하게 신념을 지키며 구세救世의 이상을 추구하기에 급급한 사람으로 평가했다.(18.6; 18.8)

: 楊舒淵

#_인仁, 학學, 용勇, 혹惑, 무가무불가無可無不可

신信

사람을 대하거나 일을 처리할 때 언행이 일치하여 속이지 않는 태도를 가리킨다. 신뢰하고 믿는다는 뜻이기도 하다. 공자가 중요시한 품덕 중의 하나로, 말만 할 뿐 믿음이 없는 사람은 어떻게 대해야 할지 모르겠다고 했다. 예컨대 "큰 수레에 끌채 끝의 횡목橫木이 없고 작은 수레에 멍에걸이가 없다면 수레가 어떻게 굴러갈 수 있겠는가?"라고 했다.(2.22) 고대의 수레에는 소나 말에 횡목을 씌우는데 횡목의 연결 쐐기를 '예輗'와 '월軏'이라고 한다. 공자는 예와 월에 빗대어 신용을 지키는 것을 입신행사立身行事의 기본조건임을 설명했다. 따라서 신용을 지키는 것은 사람들이 어려서부터 길러야 할 품덕일 뿐만 아니라 군자가 일을 처리하는 원칙이다. 또한 인仁을 행하는 중요한 조건이기도 하다.(1.6; 15.18; 17.6) 이처럼 신용은 사람이 평생 지켜야 할 가치인 것이다. 공자는 자주 신용과 충실함[忠誠]을 한데 엮어서 표현했다. 예컨대 말을 할 때 이 두 가지 원칙을 잘 지킨다면 어디에서든 통할 것이라고 했다.(15.6) 공자는 자신에 대해 이 두 가지 품덕을 구비했을 뿐만 아니라 배우기를 좋아하는 사람이라고 평가했다. 또한 배움에는 신의를 갖춰야 사리를 깨우치고 품덕을 실천하는 데 병폐가 없다고 생각했다.(5.27; 17.8) 이밖에도 다른 사람과 사귈 때는 그의 견해를 듣는 것 외에 행위까지 관찰해야 하지만, 그렇다고 해서 처음부터 그를 신뢰할 수 없다고 여겨서는 안 된다.(5.9; 14.31)

다스림에 관해서 또한 신뢰는 집정자執政者가 구비해야 할 기본조건이다. 백성이 군주를 신뢰하지 않으면 나라는 존립할 수 없다고 생각했다.(12.7) 이처럼 시정施政의 가장 중요한 목표는 백성의 신뢰를 얻는 것이다. 그런 후에야 백성에게 일을 시켜도 원망의 말이 생기지 않고 나라의 살림도 정상적으로 꾸릴 수 있다.(19.10) 집정자는 정사를 처리할 때 직무에 충실하고 말한 바를 실천하는 원칙을 따라야 하는데, 윗사람이 성실하고 신용을 잘 지키면 백성도 불성실하지 않을 것이다. 이러한 다스림의 가장 높은 이상은 사람 간에 신뢰가 충만한 조화로운 사회를 세우는 것이다.(1.5; 5.25; 13.4)

: 陳維浩

#_군자君子, 인仁, 충忠, 우友, 량諒

용勇

용기를 뜻한다. 크게 신체적 용기, 어려움을 극복하려는 심리적 용기, 의로운 일을 보면 용감하게 행하는 도덕적 용기로 구분할 수 있다. 신체적 용기와 심리적 용기는 적절하지 않은 행동에 쓰일 수 있기 때문에 공자는 덕행을 위해 힘쓰는 도덕적 용기를 추앙했으며, 어떻게 이 도덕적 용기를 이끌어내고 기를 수 있는지를 가르쳤다.

공자는 용기를 성인成人(이상적인 사람)이 되는 조건 중 하나라고 생각했다.(14.12) 물론 성인에 이르려면 현명함[明智], 과욕寡欲, 재능[才藝] 등의 다른 조건도 포함되며 예악교화禮樂敎化가 더해져야 한다. 그러나 여기서 말하는 용기란 결코 맨손으로 호랑이를 잡고 맨 몸으로 강을 건너는 자로子路와 같은 대담함과 기개가 아니다. 싸움을 잘해서 자신을 해치고 부모를 위험에 빠뜨리는 강직한 혈기도 아니다.(7.11; 16.7) 반면 모든 일에 이익을 추구하는 소인小人은 이 용기를 도둑질에 쓰며, 군자에 뜻을 둔 사람이라도 도의道義를 돌보지 않으면 난을 일으키고 사건을 꾀한다. 이처럼 용감한 모든 사람이 선행을 실천할 수 있는 것은 아니다. 빈곤한 현실에 편안할 수 있는 품덕을 갖추지 않은 자는 제멋대로 나쁜 짓을 하게 마련이다.(8.10; 14.4) 따라서 공자는 이러한 용감함을 추앙하지 않는 대신 도의道義로써 도덕적 용기를 가르치고자 했다. 따라서 의로운 일을 보고도 행동하지 않는 것은 진정한 용기가 아니라고 강조했다.(2.24; 17.23) 그는 군자에 뜻을 둔 사람에게 예의禮儀를 배우고 절도 있게 용기를 발휘해야 난국亂局의 상황을 만들지 않을 수 있다고 가르쳤다.(8.2; 17.8)

사실 진실함을 갖추고만 있다면 도덕적 용기를 드러낼 수 있다. 인간의 본성이 선을 지향하기 때문에 선을 행하고자 하는 마음의 요구에 진실하게 대면한다면 잠재된 무한한 능력을 발휘할 수 있는 것이다. 굳세게 선행을 실천하며, 선을 행하기 위해 기꺼이 목숨까지도 바친다. 이것이 "인자仁者는 반드시 용감함을 지닌다仁者必有勇"는 뜻이다.(14.4; 15.9) 그러나 살신성인殺身成仁의 용감한 결정은 결코 천진함 또는 우매함에서 나오는 것이 아니다. 천명天命을 경외하고 진실함에서 우러나는 선행을 깊이 신뢰하기 때문에 가능한 것이다. 이와 더불어 배우기를 좋아해야 고루함과 자기중심에서 벗어날 수 있으며, 이를 통해 천부적 사명에 대한 깨달음을 얻어 도덕적 용기를 발휘함으로써 선을 행하는 태도를 지킬 수 있다. 더욱이 현명한 사유가 결합되면 각 상황에 따라 기회를 획득하여 자기의 이상을 실현할 수 있다.(6.26; 8.13; 18.8) 따라서 공자는 자신에게 삼군三軍을 이끌어 정치적 이상을 추진할 기회가 생긴다면, 맨손으로 호랑이를 잡고 맨몸으로 강을 건너려다가 죽어도 후회 없는 자와는 함께하지 않겠다고 했다. 오히려 임무에 신중하고 삼가며 세밀하게 계획하여 성공을 추구하는 자와 함께하겠다고 했다. 하물며 모두 도덕적 용기가 있어 선을 행함을 지킬 수 있다면 말할 나위가 없을 것이다. 그러나 여기에 지혜의 활용을 더한다면 덕행의 효과는 더욱 확장될 수 있을 것이다.

공자는 용자勇者만 단독적으로 논하지 않았다. 인자仁者, 지자知者도 함께 논하면서 군자가 추구하는 경지를 제시했다. 바로 "지혜로운 사람은 미혹되지 않고 어진 사람은 근심하지 않고 용감한 사람은 두려워하지 않는다仁者不憂, 知者不惑, 勇者不懼"

라는 것이다. 마음이 진실하면 용기가 생겨 두려움 없이 덕행을 실현할 수 있다. 천명을 이해하면 지혜가 생겨 선을 택하여 미혹되거나 흔들림 없이 행할 수 있다. 언행이 덕행, 지혜, 용기를 두루 고려할 수 있다는 것은 선을 택하여 굳게 지킬 수 있어 '중용'이라는 최고의 덕행을 이룰 수 있다는 것이다. 인생의 바른길을 가기 때문에 그 안에서 즐겁고 근심이 없다.(6.29; 14.28)
: 楊舒淵

#_의義, 덕德, 치恥, 지자知者, 유항자有恆者

용자勇者   용감한 사람으로서, 의義에 부합하는 자와 그렇지 못한 자가 있다. 공자는 자로子路와 변장자卞莊子의 용감함을 칭찬하면서, 용감함을 사랑하는 면으로는 자로가 자신보다 높음을 인정했다. 그러나 공자는 맨손으로 호랑이를 잡고 맨몸으로 강을 건너 화를 입을 수 있는 자로의 기개氣概에 찬동하지 않았다. 변장자의 용감함 역시 이상적인 사람의 조건 중 하나일 뿐이라고 여겼다. 이처럼 공자는 한 사람의 용감함에는 한계가 있으므로 이상적인 사람과는 거리가 있다고 생각했다.(7.11; 14.12) 용감함을 좋아하지만 배우기를 좋아하지 않으면 제멋대로 나쁜 짓을 하는 풍속[流弊]이 생길 수 있다. 용감함을 좋아하지만 빈곤함을 싫어하면 말썽을 일으킬 수 있다. 일을 행할 때 용감하기만 하고 예禮로 절제하지 않으면 난국亂局을 만들 수 있다.(8.2; 8.10; 17.8) 따라서 공자는 용감한 사람이라 해서 모두 인仁을 행할 수 있는 것은 아니라고 봤다.(14.4) 배우기를 좋아하지 않으면 처신과 처세의 도리를 파악하기 어렵다. 빈곤함을 싫어하면 운명을 개척하여 사명을 이룰 수 없다. 예에 따라 행하지 않으면 인간관계의 적절한 관계를 실현하기 어렵다. 호학好學, 안빈安貧, 복례復禮는 도의道義를 추앙하는 데서 나오는 것이다. 용감함만 있고 도의를 추앙하지 않으면 설령 군자가 되고자 뜻을 세운 사람이라도 난을 일으키고 말썽을 일으키게 된다. 개과천선改過遷善의 의지가 없는 소인은 심지어 도둑질하고 사람을 해칠 것이다.(17.23) 따라서 공자는 의로운 일을 보면 행동하는 용감한 자를 기대했다. 의로운 행위를 힘써 실천하고 때에 따라서는 의로움을 위해 희생도 두려워하지 말아야 하며, 그렇지 않으면 용감하다고 불릴 자격이 없다고 했다.(2.24; 15.9) 공자는 용자勇者를 논하면서 인자仁者, 지자知者에 대해서도 논했다.(9.29; 14.4) 즐거이 인을 행하는 사람은 반드시 용기가 있으며, 선을 행하는 역량은 마음에서 일어난다고 했다. 현명하게 일을 처리하는 사람은 용기를 활용하는 방법과 시기를 고려하여 행동을 조절한다. 시기에 맞게 언행을 가늠할 줄 아는 지혜를 갖추고 오랫동안 선행을 실천하는 용기는 일반 백성이 갖추기 어려운 중용의 덕德이다.(6.29) 따라서 공자는 "인仁을 행함에 근심하지 않고, 지혜롭게 미혹되지 않으며, 용감하여 두려워하지 않는 것"이 바로 군자가 추구하는 경지라고 했다.(14.28)

: 楊舒淵

#_용勇, 학學, 예禮, 의義, 구懼

애哀   슬픔을 뜻하며, 죽음과 관련된 슬픈 감정을 표현할 때 자주 사용된다. 죽음과 마주할 때 사람들은 어쩔 수 없음을 느끼게 된다. 따라서 '애'에는 '어찌할 도리가 없다' '무력감'의 의미가 담겨 있다. 예컨대 '애원哀怨'이라는 말에는 어찌할 수 없는 느낌이 깃들어 있다. 공자는 "슬프지만 괴롭지는 않다哀而不傷"라는 표현을 썼다.(3.20) 과도하게 괴로운 것은 (문제 해결에) 아무런 도움이 안 되고 무력감만 느낄 뿐이다. 따라서 죽음을 마주하더라도 슬픈 감정이 지나치지 않게 조절해야 한다. 그러나 공자는 상례喪禮에 참석했으나 슬픔을 느끼지 못하는 사람들에 대해서는 생명을 존중하지 않는 태도라고 비판했다.(3.26)

: 陳維浩

#_사死, 상喪, 원怨, 긍矜, 예지본禮之本

위威   위엄을 뜻하며, 군자에 뜻을 둔 사람은 자기수양에서 먼저 언행거지言行擧止를 훈련해야 한다. 언행이 장중莊重하지 않은 자는 위엄이 없다.(1.8) 언행의 장중함으로 위엄을 갖춘 이후에는 엄숙하되 사납지 않아야 바라보는 사람들이 두려워하게 된다. 이때 힘으로써 남을 업신여기면 안 되며, 감성지수를 높여 "위엄이 있으면서도 사납지 않아야 한다威而不猛."(20.2) 제자들에게 공자는 바로 '위엄이 있으면서도 사납지 않은' 군자였다.

: 陳慧玲

#_색色, 장莊, 온剛, 강溫

노怒

분노, 즉 자기의 뜻이 가로막혔거나 억울하고 괴로운 일을 당했다고 느낄 때 나타나는 강렬한 감정이다. '노怒'는 『논어』에서 한 번 등장한다. 공자는 배움을 좋아하는[好學] 안회를 칭찬하면서 "노여움을 옮기지 않고 잘못을 거듭 범하지 않았다 不遷怒, 不貳過"라고 했다.(6.3) 배움을 좋아한다는 것은 반드시 수양과 연계되어야 하며, 노여움을 옮기지 않는 것은 곧 배움을 좋아함의 표현이다. 희로애락은 인간의 정상적인 감정이지만 그 감정을 표현할 때는 반드시 절도에 맞아야 한다.(『중용』1장) 전혀 분노하지 않는 사람은 단지 '향원鄕原'일 수도 있다.(17.13) 분노해야 할 때 분노하되 그 감정을 남에게 옮기지 않는 것은 매우 높은 경지의 수양이다. 그 경지에 도달하기 위해서는 학습을 통해 옳고 그름을 분별하고, 분노의 대상과 어떤 일에 관한 것인지를 명확하게 알아야 한다. 또한 장기적인 수양을 통해 감정이 적당한 정도에서 멈출 수 있도록 해야 비로소 상관없는 사람에게 분노를 옮기지 않을 수 있다.

: 陳維浩

#_학學, 원怨, 악惡, 온慍, 락樂

원怨

원한怨恨을 뜻하며, 사람과의 상호작용 속에서 자주 나타나는 정서 중 하나다. 사람은 무리지어 사는 동물이기 때문에 상호관계 속에서 곤경에 빠지지도 하고 원한을 느끼기도 한다. 공자는 시詩를 배우면 진정한 감정을 이끌어낼 수 있고, 인물의 지조와 절개를 관찰할 수 있으며, 대중의 감정을 느끼게 되어 억울한 마음과 원한을 해소할 수 있다고 생각했다.(17.9) 원한은 진실한 감정의 하나로서 일부러 숨길 필요가 없다. 따라서 마음으로 누군가를 미워하면서 겉으로는 그와 사귐을 이어가는 것은 진실하지 않은 행동이다.(5.24) 공자는 정직함으로 원한에 반응해야만 옳고 그름의 기준을 얻을 수 있다고 생각했다.(14.34) 그럼에도 불구하고 사람들이 원한을 갖지 않기를 바랐으며, 원한이 있는 세상에서 원한이 없는 세상으로 변하기를 바랐다. 원한은 마음속 불만에서 일어나며, 누군가의 요구를 만족시킬 수 없을 때 생기기도 한다. 우리는 다른 사람에게 원한을 품게 하면서도 자신을 알지 못한다. 그리고 처신과 처세에서 자기의 이익만을 생각하면 원한을 초래하게 된다.(4.12) 서로간의 원한을 해소하려면 오직 '인을 행하는行仁' 길밖에 없다. 위정자는 인도仁道를 시행할 때 백성의 원한을 가라앉힐 수 있으며, 백성으로 하여금 "평생 원망하는 말이 없게沒齒無怨言" 할 수 있다.(14.9) 원한에는 특별한 대상이 있는데, 하나는 부모이고 다른 하나는 하늘이다. 부모의 은혜와 사랑은 하늘과 땅과 같기 때문에 부모에게 원한을 품어선 안 된다.(4.18) 또한 만사萬事와 만물萬物의 근원인 하늘은 사람이 가장 원망하는 대상으로, "하늘을 원망하지 않음不怨天'을 실천할 수 있다면 이미 높은 수양에 이른 것이다.(14.35)

: 陳維浩

#_시교詩敎, 직直, 이利, 천天, 효孝

외畏 두려워함을 뜻하며, 흔히 신중함과 존경의 태도를 동반한다. '경외敬畏'란 말은 두려움 속의 공경하는 마음이 부각된 표현이다. 군자는 천부적인 사명, 정치 지도자, 성인聖人의 말에 두려움을 느낄 뿐만 아니라 존경의 태도를 취한다. 이로써 군자는 고상한 인격을 수양하게 된다.(16.8) 반대로 소인은 이 세 가지를 경외하지 않기 때문에 인격이 낮아지고 발전하지 못한다. 공자는 젊은이를 경외해야 한다고 생각했다. 젊은이들은 인격이 향상될 가능성을 지니고 있기 때문이다.(9.23) 요컨대 두려워하는 마음이 있어야 존경할 수 있으며 비로소 군자의 길을 갈 수 있다.

: 陳維浩

#_경敬, 구懼, 성聖, 천명天命, 군자삼외君子三畏

긍矜 자중自重, 긍지矜持, 연민의 뜻이 있다. 밖으로 표현되는 것은 언행의 자중함 또는 신중함이며, 안에 내재된 것은 연민, 동정의 마음이다. 관리가 된 제자에게 증자曾子가 "불쌍히 여기고 기뻐하지 말라哀矜而勿喜"고 한 말은 죄를 지은 백성을 괴롭고 불쌍한 마음으로 대해야지 득의양양하여 즐거워하면 안 된다는 뜻이다.(19.19) 공자는 군자란 "긍지를 갖되 다투지 않는다矜而不爭"라고 했다. 언행거지言行擧止에 자중하여 남과 다투지 않는다는 뜻이다.(15.22) 긍지란 지나치게 조심하여 태도가 어색한 것을 가리키기도 하는데, 공자는 이것을 옳지 않은 행위로 여겼다. 즉 옛날에 긍지를 지닌 자는 가식적인 것을 하찮게 생

각했지만 당대에 긍지를 지닌 자는 세상의 모든 것에 대해 분노하고 증오한다고 했다.(17.16)

: 陳慧玲

#_군자君子, 사射, 애哀, 희喜, 선善

정貞

올바른 도리[正義]의 원칙을 굳게 지키는 것이다. 공자는 말에 신용이 있는 사람일지라도 올바른 도리에 부합하지 않으면 해를 끼칠 수 있다고 생각했다. 약속한 것에 집착하여 변통變通을 알지 못한다면, 즉 시간과 공간 및 상대의 상황을 고려하지 못한다면 공자가 비판한 "말을 반드시 신실하게 하고 행동을 반드시 과감하게 하는言必信, 行必果" 융통성 없는 소인배가 될 수 있다.(13.20) 군자란 일을 처리할 때 작은 신의信義에 구애받지 않고 올바른 도리의 원칙을 굳게 지켜야 한다. 설령 자신이 약속한 일이라도 이후의 상황이 도리에 합당한지 고려해야 할 뿐 작은 신뢰에 얽매여 곤란한 국면에 빠져서는 안 된다. 그래서 공자는 약속에 대해 "정도正道에 따르고 작은 신의에 얽매이지 않는 것貞而不諒"이 군자의 자세라고 했다.(15.37)

: 陳慧玲

#_의義, 량諒, 고固, 언言, 신信

강剛

강인하고 왕성하다는 뜻이다. 공자는 군자가 되려는 사람에게 훈계하기를, 장년기에는 '혈기방강血氣方剛', 즉 혈기가 왕성하여 싸우기를 좋아하므로 이를 경계해야 한다고 했다.(16.7) 그 방법으로써 배움을 강조하여, 사람은 살아가는 동안 끊임없이 배우고 익혀야 하며 이성理性의 능력을 잘 활용해야 한다고 했다. 강인한 것을 좋아하고 배움을 좋아하지 않는 사람은 거만한 기풍이 생길 수 있으므로 강인함은 배움과 조화를 이루어야 한다고 했다. 나아가 욕심이 있으면 강인하지 않고 욕심이 없으면 강인하다고 덧붙였다. 욕심이 있으면 외부의 제한을 받지만 욕심이 없으면 외부에 기대지 않아도 된다는 뜻이다. 그러나 맹공작孟公綽과 같은 불욕不欲은 소극적인 무위無爲가 아니라 자기를 완벽한 인격으로 수양하는 중요한 방법 중 하나라고 보았다.(14.12)

: 陳慧玲

#_인仁, 학學, 광狂, 욕欲, 군자삼계君子三戒

곡哭

우는 것은 감정의 자연적인 표현이다. 사람은 느낀 바가 있어 감정이 드러나거나 눈앞의 정경을 보고 감정이 일어나 눈물을 흘릴 수 있다. 예컨대 안회가 세상을 떠났을 때 공자는 매우 슬프게 울었다. 옆에 있던 제자들조차 공자를 위로하면서 스승이 지나치게 슬퍼한다고 했다. 공자는 그렇게 생각하지 않았다. 자신이 안회와 같은 사람을 위해 슬퍼하지 않으면 누구를 위해 슬퍼하겠느냐고 했다.(11.10) 공자의 통곡은 안회의 죽음을 슬퍼한 것이면서, 자신의 이상이 이어지지 못하고 세상 사람들이 성현과도 같은 인재를 잃었음을 슬퍼한 것이다. 또한 공자는 곡을 한 날에는 노래를 부르지 않았다.(7.10) 이 말은 곡을 하지 않았다면 그날은 노래를 불렀을 것이라는 뜻이며, 노래 부르기를 유쾌하고 즐거운 것으로 여겼음을 뜻한다. 이를 통해 공자가 감정이 풍부할 뿐만 아니라 스스로 그 안에서 즐거움을 찾았음을 알 수 있다.

: 陳維浩

#_상喪, 애哀, 가歌, 유儒

손孫

'손遜'과 상통하며, 겸손하다는 뜻이다. "사치하면 겸손하지 않다奢則不孫"라는 말은 사람의 생활이 사치하면 겸손하지 않고 거만하고 자만하게 된다는 뜻이다.(7.36) 군자란 도의를 굳게 지켜야 할 마음의 원칙으로 삼고, 예에 마땅한 방식으로 실천하며, 겸손한 말로 표현(즉 "겸손함으로써 나타냄孫以出之")하며, 성실한 태도로써 완성하는 사람이다.(15.18) 나아가 군자는 나라에 도리[道]가 없을 때는 "행동은 엄정히 하되 말은 공손히 하는危行言孫" 태도를 지녀야 한다. 즉 말이 겸손하고 완곡하고 함축적이어야 한다는 뜻이다.(14.3)

: 陳慧玲

#_군자君子, 용勇, 언言, 적賊, 양讓

서恕

『논어』에는 '서恕'가 두 번 언급된다. 첫 번째는 자공子貢이 공자에게 평생 받들 수 있는 글자가 있는지 물었을 때 공자가 '서恕'라고 답한 것이다. 공자는 자신이 하고 싶지 않은 것들을 다른 이에게 하지 않는 것이 '서'라고 설명했다. '여如'자와

'심心'자가 합쳐진 서恕는 인간관계를 가리키는 글자로, 상대의 입장에서 생각하는 것이 조화로운 관계를 유지하는 방법이다.(15.24) 이러한 내용은 중궁仲弓이 공자에게 인仁의 실천에 대해 물었을 때도 언급된다. 이때도 마찬가지로 '서도恕道로써 인간의 정의情義를 증진시킴'을 인仁을 행할 때 따라야 할 원칙으로 삼는다고 말했다.(12.2) 두 번째로 '서'가 언급된 것은 증삼의 발언이다. 공자가 자기의 인생관을 관통하는 하나의 사상이 있다고 한 뒤, 증삼은 다른 제자들에게 스승의 중심사상은 '충忠'과 '서恕'라고 설명한 것이다.(4.15) 『중용中庸』에도 '충서忠恕'가 언급된다. 즉 "충과 서는 도道와 거리가 멀지 않으니, 자신에게 베풀어 보아 원하지 않는 것을 남에게 베풀지 말라忠恕違道不遠, 施諸己而不願, 亦勿施於人"고 했다. 이 말의 의미는 증삼의 견해와 매우 비슷하다. 그러나 『중용』에서는 충서가 도道와 거리가 멀지 않다고 했기 때문에 충서는 도道 자체가 아님을 의미한다. 사실 증삼의 이해는 개인적인 깨달음을 나타낸 것으로, 반드시 공자의 견해와 일치한다고 볼 수는 없다.

: 許詠晴

#_인仁, 충忠, 언言, 욕欲, 도道

치恥

부끄러움을 뜻하며, 자기 행동이 사회에서 정한 어떤 기준에 이르지 못함을 알았을 때 느끼게 되는 감정이다. 공자는 사람은 부끄러워할 줄 알아야 하며, 개인의 언행을 비롯하여 응대하거나 공무를 처리할 때에도 그러한 감정을 느낄 수 있어야 함을 강조했다.(4.22; 9.27; 13.20) 정사를 돌볼 때는 백성의 자각을 불러일으켜 부끄러움을 알고 바른길을 걷도록 해야 한다.(2.3) 자신의 언행에 대해 부끄럽게 생각할 줄 아는가는 지식인을 규정하는 중요한 기준이기도 하다.(4.9) '부끄러움이 있음[有恥]'은 그가 어떤 전형 또는 규범을 기준으로 삼는지, 그의 언행이 기준에 부합하는지, 진정으로 성찰하는지 등을 나타낸다. 따라서 목표가 확고한 자는 끊임없이 전범典範에 가까워지려 노력할 것이며, 끊임없이 자신의 품덕品德을 향상시킬 것이다. 공자는 모든 사람들이 인仁의 실천을 목표로 삼아 인자仁者에 도달하기를 희망했다. 맹자는 수치심이 의로운 행동의 발단이라고 생각했다.(『맹자』「공손추 상」) 『중용』(20장)에서도 부끄러움을 알면 용감함에 가깝다고 했다. 『맹자』와 『중용』 모두 수치심을 품덕의 기초로 여겼다. 이를 통해서도 수치심의 중요성을 알 수 있다.

:陳維浩

#_사士, 욕辱, 오惡, 용勇, 행行

공恭

신중함, 엄숙함, 장중함으로서, 처세와 처신의 태도를 나타낸다. 자공子貢은 공자가 온溫(온화), 량良(선량), 공恭(공손), 검儉(자제), 양讓(겸양)의 태도로 각국의 군신들과 왕래함으로써 각 나라의 정치에 관한 지식을 구한다고 했다.(1.10)

자장子張이 공자에게 인仁의 실천에 대해 묻자 공자는 처세와 처신이 공손[恭], 너그러움[寬], 신용[信], 민첩함[敏], 은혜[惠]의 요구에 부합하면 인仁을 행한 것이라고 했다. 여기에서 '공손'이란 점잖은 자세[莊重]를 뜻하는 것으로, 처세와 처신이 늘 점잖으면 모욕을 당하지 않는다. 공손한 태도는 사람과의 관계 속에서 구체화된다. 인을 행하는 것은 처세와 처신의 태도에서 벗어날 수 없음을 공자의 대답을 통해 알 수 있다.(17.6)

아울러 공손함은 『논어』에서 이상적인 통치자인 순임금이 취한 태도이기도 하다. 그는 점잖고 공손한 자세로 군주의 자리에 앉아 있는 것만으로도 천하를 잘 다스렸다. 그러나 "몸을 공손히 가지고서 제위에 단정히 앉으셨을 뿐이다恭己正南面"라고 한 공자의 말은 결코 아무 일도 하지 않았다는 뜻이 아니다. 오히려 덕을 닦고 직무에 충실하며, 사람의 능력을 잘 파악하여 적재적소에 등용하며, 능력과 수준에 따라 책임을 내렸음을 암시한다.(15.5) 그러나 공손함은 개인의 주관적인 태도이므로, 적당한 규범이 없어 극단으로 빠지게 되는 경우에는 결과를 예측하기 어렵다. 그렇기 때문에 이를 제한할 수 있는 어떤 기준이 필요하다. 이 기준이 바로 '예禮'다. 공자의 "공손하되 예가 없으면 수고롭다恭而無禮則勞"는 말은 공손과 겸손에도 절제된 예의가 없으면 지치게 마련이라는 것이다.(8.2)

: 許詠晴

#_인仁, 덕치德治, 예禮, 노勞, 치恥

회悔

번민하고 후회하는 마음, 즉 자신을 원망하며 책망하는 마음이다. 공자는 가능한 한 많은 것을 보고 듣는 것으로써 적절치 않은 것은 한쪽에 두고 확실한 것을 신중히 실천하면 후회를 줄일 수 있다고 했다.(2.18) 그러나 후회는 무익한 것은 아니며, 때로는 긍정적인 효과를 주기도 한다. 후회함으로써 자신을 성찰할 수 있기 때문이다. 따라서 큰 잘못을 저지르고도 후회하지 않는 태도는 그릇된 것이다. 공자는 자로가 강함을 드러내고 용맹스러움을 좋아하는 면을 지적했다. 스스로 위험에 빠뜨리고 생명까지 잃을 수도 있는데도 후회하지 않는 것을 문제라고 본 것이다.(7.11) 한편 『역경』에서 점험占驗이 '길흉회린吉凶悔吝'이라는 말을 했는데, 이때의 '회悔'는 번민이라는 뜻이다. 즉 번민 속에서 잘못을 고치고 선善으로 향할 수 있다.

: 陳維浩

#_용용勇, 구구懼, 치치恥, 간록干祿, 역교易教

태泰

크고 많음을 뜻하며, 마음이 편안하고 자유로운 것을 의미하기도 한다. 이는 수양이 매우 뛰어난 지경을 나타낸다. 그러나 외재적인 언행만을 중시하는 경우에는 교만[驕泰]함으로 표현된다. 공자는 선을 택하여 굳게 지키고 항심恆心을 계속 유지한다면 언젠가 선인善人이 될 수 있다고 생각했다. 그러나 적으면서 많은 척하면[約而爲泰], 즉 가난하면서도 호화로운 척하면 선善을 행해도 선인에 다가가기 어렵다.(7.26) 또한 '태'는 군자와 소인을 구별하는 태도이기도 하다. 예컨대 군자는 마음에 거리낌이 없고 사심이 없어 태도가 편안하고 자유롭다. 군자는 다른 사람과 비교하고 그들에게 위세를 드러낼 필요가 없다[泰

而不驕]. 반면 소인은 자기중심에 익숙하다. 소인은 항상 다른 사람을 이기려 하고 자기를 과시하기 때문에 마음이 편안할 수 없다.(13.26)

: 陳慧玲

#_군자君子, 소인小人, 검儉, 유항자有恆者

견狷

세속에 물들지 않고 청렴을 지키는 것이다. 견자狷者는 규범에 맞지 않거나 저속하고 천박하고 비루한 일을 하찮게 여겼다. 공자는 사람을 사귀고자 할 때 가장 이상적인 대상은 '중행자中行者', 즉 언행에 치우침이 없이 적절함을 지키는 사람이라고 여겼다. 그다음은 광자狂者와 견자狷者이다. 광자는 포부가 원대하고 끊임없이 나아가고자 노력한다. 견자는 세속에 물들지 않고 하지 않는 바가 있다.(13.21) 이런 바탕에서 유가에서는 젊은이들을 가르칠 때 먼저 뜻을 품고 청렴한 품행을 갖춘 견자가 되도록 하고, 좀더 분발하여 책임을 짊어지고 용감하게 사회 분위기를 개선하는 광자가 되도록 했다. 최고의 목표는 중용을 실천하는 선비[中行之士]가 되는 것이다. 이는 원칙을 가지고 시의에 맞게 처신하는 것으로, 광자가 되어야 할 때는 광자가 되고 견자가 되어야 할 때는 견자가 될 수 있는 군자를 말한다.

: 陳慧玲

#_중행中行, 광狂, 군자君子

질疾

질병 또는 큰 근심을 뜻한다. 군자가 크게 근심하는 것은 죽음에 임박하여 사람들이 칭찬할 만한 좋은 명성을 얻지 못하는 것이다.(15.20) 공자는 "군자가 인생의 바른길에서 떠난다면 무엇으로써 그의 명성을 이룰 수 있겠는가"라고 했다.(4.5) 이처럼 세상을 떠난 후에 좋은 명성을 남긴다는 것은 정도正道의 삶을 살았음을 나타낸다. 그것은 평생 진덕수업進德修業을 수행한 군자에 대한 총평이기에 군자는 이를 근심하는 것이다. 오로지 살아 있을 때 인仁을 힘써 행해야 죽은 후에 칭찬할 만한 명성을 얻을 수 있다. 또한 '질疾'은 싫어한다는 뜻도 있다. 공자는 인생의 바른길에서 벗어난 사람들을 지나치게 싫어하면 난을 일으키거나 말썽을 일으킬 수 있다고 했다.(8.10)

: 陳維浩

#_병病, 명命, 우憂, 환患, 도禱

병病

'질병'이라는 뜻도 있고, 자기가 할 수 없음을 걱정한다는 뜻도 있다. 예컨대 공자는 요순조차 자기에게 부족한 두 가지를 걱정했다고 했다. 바로 백성을 널리 보살펴 많은 사람을 구제하는 것과 자신을 수양하여 모든 백성을 안정시키는 것이다.(6.30; 14.42) 또한 군자는 자기의 무능함을 걱정할지언정[君子病無能焉] 다른 사람이 자기를 이해해주지 않음을 탓하지 않는다고도 했다.(15.19) 능력이 부족함에 대해 군자는 부끄러움을 느끼고 걱정하지만, 힘써 인을 행할 때 그 속에서 즐거움을 얻을 수 있기 때문에 다른 사람이 이해해주지 않는 것을 걱정하지 않는다.

: 陳維浩

#_도禱, 질疾, 치恥, 성聖, 군자君子

인訒 말을 매우 신중하게 하는 것이다. 공자의 관점에 따르면 인仁을 행하는 사람은 "말하기를 어려워한다其言也訒." 그는 말을 쉽게 하지 않으나 실천에 민첩하다.(12.3) 반면 보통사람들은 신중하게 말하기를 어려워한다. 따라서 공자는 강하고 굳세고 질박하고 어눌하며[剛毅木訥], 언행에 신중한 태도를 자주 강조했다. 공자는 인을 행하는 사람은 말로 표현하는 데는 신중하고 조심해야 하고 사람을 대할 때는 진실하고 소박한 태도를 갖춰야 한다고 생각했다.

: 陳慧玲

#_인자仁者, 언言, 행行, 직直

욕辱 괴롭힘을 당해 생긴 억울한 마음을 가리킨다. 어떤 상황에서 모욕을 초래하게 되는가? 자유子游는 군주와의 관계에서 섬기는 것이 지나치게 번거로우면 모욕을 초래한다고 생각했다.(4.26) 공자는 벗과의 관계에서 충고를 할 때는 적당한 선에서 멈춰야 한다고 생각했다. 정도가 지나치면 그가 모욕을 느낄 수 있기 때문이다.(12.23) 모욕을 피하는 방법은 공손하고 겸손하게 대하고 예에 따라 절도 있게 행동해야 한다.(1.13) 이처럼 공자는 모든 사람의 존엄을 배려함으로써 인간관계의 억울함이 발생하지 않기를 바랐다. 이는 군주와 마주할 때도 마찬가지다. 모든 일은 적당한 때에 멈춰야 하고, 맞지 않으면 떠나야 한다. 일을 그르치지 않으려고 자기 뜻을 굽히다가 모욕을 당할 필요는 없다.

: 陳維浩

#_예禮, 공恭, 치恥, 우友, 사군事君

환患

걱정, 우려의 뜻이다. 공자는 사람이 진정으로 걱정해야 할 것은 입신처세立身處世의 준칙이지 공명功名과 녹봉[利祿]이 아니라고 생각했다.(4.14) 후자를 지나치게 신경 쓰는 사람은 마음이 편안하지 않으며, 얻기 전에는 얻으려고 걱정하고 얻은 뒤에는 잃을 것을 걱정한다. 게다가 목적을 위해 수단과 방법을 가리지 않아 지조와 절개를 잃고 천박한 사람이 된다.(17.15) 또한 공자는 재능, 학문, 품덕은 줄어들지 않기 때문에 남들이 자신을 이해하거나 인정해주지 않아도 걱정할 필요가 없다고 생각했다. 오히려 이로 인해 우리는 덕을 향한 수양에 더욱 매진할 수 있다. 걱정해야 할 일은 자신이 남들을 이해하지 못하는 것이다. 남을 이해하지 못한다면 잘못을 저지를 수 있으며, 이미 저지른 뒤에는 후회해도 소용이 없기 때문이다.(1.16) 마지막으로 위정자는 두 가지를 걱정해야 한다. 부의 분배가 공평하도록 하고 백성이 화목하게 지내도록 하는 것이다.(16.1)

: 陳維浩

#_군자君子, 비부鄙夫, 우憂, 불환빈이환불균不患貧而患不均

정情　　진심眞心과 진의眞意, 사람의 진실한 상태 또는 뜻이 진실함을 가리킨다. 공자는 윗사람이 성실함을 좋아하면 백성 역시 성실하지 않는 자가 없을 것이라고 생각했다. 백성은 지도자의 행동을 배우는 동시에 자기의 상태를 반영하기 때문에 윗사람이 진심과 성의로써 처신한다면 순박하고 돈후한 사회 풍조가 조성된다는 뜻이다.(13.4) 이러한 정치적 효과를 기대할 수 있는 것은 사람에 대한 공자의 생각이 '인仁[人性向善]'에서 벗어나지 않기 때문이다. 따라서 지도자가 바람직한 언행을 실천하면 백성으로 하여금 "바람이 불면 풀이 눕는風行草偃" 효과를 거둘 수 있다.(12.19) '정'에 대한 공자의 견해와 인성론人性論을 계승한 맹자 또한 인간 본성의 진실한 상태를 따르면 선善을 이룰 수 있음을 더욱 확실히 표명했다.『맹자孟子』「고자告子 상上」

: 楊舒淵

#_성性, 인仁, 신信, 북진北辰, 덕치德治

공공悾悾　　무능함을 뜻하는데, 공자가 이해할 수 없다고 한 세 가지 품행 중 하나다. 방자하면서 오만하고 솔직하지 않은 것, 우매하면서 충직하고 온후하지 않은 것, 무능하면서 신용을 지키지 않는 것[悾悾而不信]이다. 이러한 품행들은 양면적 결함이 함께한 상태로서 한 사람에게 동시에 존재하기 어렵다고 보아 공자는 이해할 수 없다고 한 것이다. 무능한 자는 비교적 본분을 지켜 자기의 약속을 성실히 실천하는데 '무능하면서 성실하지 않은' 자라면 약속을 지킬 수 없으니 어떻게 그와 더불어 함께할

수 있겠는가?(8.16)

: 陳慧玲

#_신信, 광狂, 직直, 동侗

민敏

부지런하다, 민첩하다, 총명하다의 뜻이다. "민첩하면 공功이 있다敏則有功"는 말은 부지런히 일하면 좋은 성과나 효과를 거둘 수 있다는 뜻이다.(20.1) 공자는 처세와 처신이 공손[恭], 너그러움[寬], 믿음[信], 근면[敏], 은혜[惠]에 부합해야 하며, 사람과의 적절한 관계에 소홀하지 않아야 인仁을 행할 있다고 설명했다.(17.6) 또한 군자라면 먼저 물질을 누리고자 하는 욕망을 줄여야 한다고 말했다. 그다음으로 언행을 단련하고 개선하여 "일에는 민첩하고 말에는 신중한 태도敏於事而慎於言", 즉 일을 잘 처리하고 말을 신중하게 해야 한다고 했다. "말은 어눌하게 하되 실행은 민첩하게 하라訥於言而敏於行"는 말도 했다. 즉 행동은 민첩하고 효율적으로 하고 스승에게 겸허한 마음으로 가르침을 청하는 것이 바람직하다는 뜻이다.(1.14; 4.24) 그 스스로도 학문에 대해 "부지런히 구하는敏以求之" 태도를 견지했다. 공자는 박학博學으로 유명하지만 앎에 대한 능력을 타고난 것이 아니라 부지런히 배우고 익힘으로써 쌓은 것이다.(7.20) 한편 "명민하면서 배우기를 좋아한다敏而好學"라는 말은 총명한 자가 배움을 좋아하는 태도를 말하는 것이다.(5.14)

: 陳慧玲

#_인仁, 행行, 학學, 문問, 지知

욕欲

동사로 쓰일 때는 주관적인 '의욕'이나 '원함'의 뜻이다. 이때는 수동적인 의미와 능동적인 의미로 구분된다. 명사로 쓰일 때는 '욕망' 또는 '탐욕'을 나타낸다. 사람은 의욕의 대상을 선택하는 의지를 지니고 있으므로 사욕私欲을 추구하지 않을 수는 있지만 욕망을 제거할 수는 없다. 이러한 욕망은 정도正道를 가는 것과 부합하지 않을 때가 많다.(6.7; 14.12) 공자도 평생 언행을 수양함으로써 마음이 따르는 것과 욕망이 법도에 벗어나지 않을 수 있었다.(2.4)

사람의 의욕은 늘 좋아하고 싫어하는 감정의 영향을 받아 괴로움과 유혹에 빠질 수 있으므로 사욕이 지나치게 크면 이상을 꿋꿋이 지킬 수 없다.(5.10; 12.10) 예컨대 윗자리에 있는 계강자季康子는 도적이 많은 것을 걱정하지만 그 자신도 탐욕스러웠으며, 탐욕을 가리기 위해 핑계를 둘러댔다. 이러한 모순을 자각하지 못한 그는 나라를 어지럽게 했다. 또한 서열[長幼]의 예절을 중시한 하조장인荷蓧丈人은 은둔생활을 택함으로써 세속에 물들지 않고 자기의 순수함을 지키려 했으나 그보다 큰 도의윤상道義倫常을 손상했다. 이것은 미혹迷惑됨이라고 할 수 있으며, 원칙을 굳게 지키지 못한 것이라고도 할 수 있다.(12.18; 16.1; 18.7)

올바른 대상을 바라보며 행동으로 실천하는 것은 인생의 바른 길을 가는 데 도움이 되며, 그렇게 되고자 원한다면 이룰 수 있다.(7.30; 15.10) 배움을 실천할 때는 겸허히 가르침을 받아 나아가고자 힘쓰면서 지름길을 버려야 한다.(14.44) 몸을 닦을 때는 신중하고 느리게 말하되 행동은 민첩하고 효율적이어야 한다.(4.24) 정사를 펼칠 때는 기꺼이 선善을 행하고자 하되 서두르거나 작은 이익을 생각해선 안 된다. 안전하고 확실하게 일을 처리하면서 원대한 식견과 계획을 지녀야 한다.(12.19; 13.17) 제도를 고려할 때는 적절한 인간관계를 유지할 수 있는 예의禮儀를 지지하고 받들어야 한다.(3.10; 3.17; 11.11) 사람과 교제할 때는 남의 입장에서 생각하고 자기가 원치 않는 것을 상대에게 요구해선 안 된다.(5.11; 12.2) 인생의 바른길에 서서 발전하고자 한다면 다른 사람이 올바른 길에 들어설 수 있도록 도와야 한다.(6.30)

공자는 자기의 욕망을 드러내되 탐욕을 부리지 않는 태도를 군자의 다섯 가지 미덕 중 하나라고 했다. 사람은 저마다 부유하고 존귀해지기 바라며 가난하고 비천해지는 것을 싫어하기 마련이다. 그러나 군자는 수단을 가리지 않고 쟁취하지 않으며, 가난과 비천함이 정당하게 주어진 것이라면 차분히 받아들인다.(4.5) 하물며 군자가 원하는 것은 인仁을 행하는 것이다. 인생의 길 어느 곳에서든 인을 행한 기회가 있으니 더 이상 욕심낼 것이 있겠는가?(20.2)

: 楊舒淵

#_심心, 강剛, 혹惑, 예禮, 신정申棖

수羞

수치심을 뜻한다. 공자는 항심恆心의 중요성을 강조하면서 『역경』의 "덕을 항상 되게 갖지 않으면 수치를 당할 수 있다不恆其

德, 或承之羞."(「항괘恆卦·93」 효사)라는 말을 인용해 덕행을 실천하는 데 항심恆心이 없으면 수치스러움을 초래한다고 지적했다.(13.22) 공자는 한결같음[有恆]을 지키기란 매우 어렵지만 그것을 해내는 사람이 있다고 생각했다.(7.26) 이때 수치심은 도덕을 계속 실천하는 데 한결같아야 함을 일깨워주며 늘 경계하는 마음을 지니도록 한다. 따라서 수치를 느끼는 마음은 나름의 긍정적인 효과가 있다.

: 陳維浩

#_덕德, 욕辱, 점占, 역교易教, 유항자有恆者

선善 네 가지 뜻이 있다. 가장 흔하게는 인류의 외재적 행위 및 성취를 긍정적으로 평가하는 뜻으로 쓰인다. 예컨대 번지樊遲가 어떻게 해야 덕행을 증진시키고 쌓인 원한을 없애며 미혹을 분별할 수 있는지 물었을 때 공자는 "좋은 질문이다善哉問"라고 칭찬했다. 그의 질문은 덕행과 그 실천에 필요한 용기와 지혜에 대한 관심을 반영하기 때문이다.(12.21) 다른 예로, 주 왕조 무왕이 주紂를 토벌한 후 통치한 기간은 불과 6년으로, 50여 년간 다스린 순임금 때와 같이 모든 백성에게 은혜를 베풀 수 없었다. 따라서 공자는 순임금을 찬미한 음악 「소韶」와 무왕을 찬미한 「무武」는 지극히 아름답지만, 무왕의 경우는 그 선행의 효과가 지극함에 이르지 못했기 때문에 「무」에 대해 지극히 선善하다고 말할 수는 없다고 했다.(3.25)

'선인善人' '선자善者' '선고善賈' 등은 당시의 관용어로서 기꺼이 선을 위하거나, 선을 행하여 성취한 자들을 지칭했다. 이 가운데 '선자'란 사람의 장점 또는 사리事理 및 행동거지의 훌륭한 부분을 지칭하기도 한다.(7.3; 7.28; 16.5) 고을 사람들, 심지어 몇몇 사람들 중에서도 선자와 불선자不善者를 구분할 수 있다.(7.22; 13.24) 공자가 말하는 이상理想에서 그 구분 기준을 엿볼 수 있는데, 공자는 노인들이 안락하게 지내고 벗들이 서로 신뢰하며 청소년들이 보살핌을 받을 수 있는 대동세계大同世界의 이상이 이루어지기를 바랐다.(5.25) 앞선 번지樊遲의 질문에 대한 공자의 대답은 이상을 이루기 위해 실천해야 할 자기수양과 연관이 있다. 순임금과 무왕 또는 선인善人은 이상의 실현으로서, 영향력은 시간적인 정도의 차이가 있다.(13.11; 13.29) 이러한 공자의 뜻을 종합해보자면, 덕을 닦고자 하는 선비든, 천하를 이롭게 하는 성왕聖王이든, 어디서나 흔히 볼 수 있는 시골사람이든, 사람과의 적절한 관계를 촉진하거나 실현하는 행위를 드러낸다면 그는 '선하다'고 할 수 있다. 다만 공자는 겉으로만 규범에 부합하기보다는 진실하고 자주적으로 선을 행하기를 추구했다. 따라서 공자는 선인의 수양이 반드시 이상에 도달하지는 않는다고 했다.(11.20; 17.11)

선인은 성인聖人과 견줄 수 있다. 철학자로서 공자는 완전한 인간과 선행의 삼중[三層]적인 관계로써 선인을 별도로 정의했기 때문이다. 삼중적인 관계란 다음과 같다. 첫째, 인간의 본성은 선을 지향하며, 진실함은 선을 행하는 무한한 동력을 부여한다.(4.6; 7.30) 둘째, 인간의 도道인 선을 택하여 굳게 지켜야 한다. 선을 택하는 전제는 '선을 아는 것'이다. 자기성찰과 배움으로 선행의 지식을 쌓아야 선을 행하는 시기와 방식을 취할 수 있다.(17.8; 17.21; 18.8) 항상 내면의 진실한 요구를 기준으로 굳게 지켜야 하며, 때에 따라 다른 사람의 기대와 사회적 규범에 맞춰 선을 행한다. 또한 선을 행하기 위해선 용기가 있어야 하며, 필요하다면 선을 위해 목숨을 바칠 수도 있다.(15.9) 셋째, 인간의 완성은 지극한 선에 이르는 것이다. 깊은 도덕적 수양과 철저한 자성을 통해 하늘이 부여한 생명으로서의 사명을 완수한다.(2.4; 15.29) 진실함은 유동적인 삶을 살아가면서도 선을 지향할 역량을 뒷받침하는 것으로, 선을 택하여 굳게 지키는 새로운 책임이 따른다. 따라서 공자는 선인과 성인을 견줄 수 있는 대상으로 생각하여, 자신은 평생 성인과 선인을 볼 기회가 없었으나 성인에 뜻을 둔 군자와 항심恒心으로써 선을 행하는 자를 만나볼 수 있으면 좋겠다는 말을 했다.(7.26; 7.34)

그런가 하면 '선'에는 세 가지 뜻이 있다. 첫째는 합당한 방식으로 행하고 완성한다는 뜻이다. 예컨대 벗이 잘못을 했을 때 "충심으로 말해주고 잘 인도하는忠告而善道之" 것으로, 진실한 마음으로 일러주고 완곡하게 타이르는 행위다. 또한 "죽음으로써 지키면서 도道를 잘 행하는守死善道" 것으로, 죽음을 두려워하지 않고 삶의 이상을 완성하는 것이다.(8.13; 12.23) 둘째는 뛰어나다는 뜻이다. 예컨대 공자는 안영晏嬰에 대해 "사람들과 사귀기를 잘한다善與人交"고 하고, 위衛나라 공자公子 형荊에 대해 "안살림을 잘한다善居室"고 함으로써 그들이 교제와 가사의 도리에 정통함을 인정했다.(5.16; 13.8) 셋째는 마음이 즐거운 것을 가리킨다. "공자께선 다른 사람과 노래할 때 그의 노래가 좋으면子與人歌而善" 사람들과 함께 노래를 즐겼다.(7.32)

: 楊舒淵

#_인仁, 성性, 천天, 미美, 선인善人

선인善人 선을 행하는 데 뜻을 두었거나 이미 선을 행하고 있는 사람을 가리킨다. 자장子張이 선인의 기풍에 대해 물었을 때 공자는 세속을 좇지는 않으나 최고 경지에 이르지는 못한다고 했다.(11.20) 따라서 선인은 인자仁者에 가까우나 인자라고 할 순 없다. '인'을 깨달아야 '왜' 선을 행해야 하는지를 이해할 수 있다. 즉 왜 자기 자신으로부터 비롯하여 천하를 이롭게 하는 것[兼善天下]을 지향하며 목숨까지 희생해야 하는가를 이해하는 것이다. 선인이라 해서 반드시 이러한 인을 이해하는 건 아니며, 선을 행하기만 해서는 여전히 부족하다. 선인은 세속을 좇지 않고 선을 택하여 굳게 지키고 그 실천을 견지해야 하므로 선인이 되기도 매우 어렵다. 우선 어느 정도 끈기 있게 선을 행해야 선인이 될 수 있다. 공자는 선인을 만나볼 기회가 없으니 항심이 있는 자[有恒者]라도 만나봤으면 좋겠다고 탄식했다.(7.26) 또한 공자는 선인이 백성을 7년간 교화한다면 백성이 가정과 국가를 지키기 위해 무기를 들 것이며, 선인이 100년간 다스린다면 잔학함은 사라지고 살육을 없앨 수 있다고 생각했다.(13.11; 13.29) 공자가 3년간 국사를 돌본다면 현저한 효과를 거둘 수 있다고 한 말 또는 자로가 3년간 다스린다면 백성을 용감하게 만들겠다는 말에 비하면 선인의 치국治國 효과는 다소 더디다.(11.26; 13.10) 선인이라 해서 반드시 선을 행해야 하는 이유를 이해하는 것은 아니다. 다만 알고 있는 선행을 애써 실천할 뿐이다. 선인은 자신의 언행으로써 외재적 전범典範을 세워 백성이 배우고 따를 수 있도록 하지만, 백성이 능동적으로 자각하여 선을 행하도록 지도할 순 없다. 따라서 긴 시간이 지나야 비로소 실제 효과를 거둘 수 있다.

: 陳維浩

#_선善, 인仁, 인자仁者, 군자君子, 유항자有恆者

희喜

'락樂'과 가까운 마음이다. 『설문해자說文解字』의 해석을 참고하면 "희喜는 락樂이다." 그러나 『논어』에서 희는 락과 다른 개념이다. 일반적으로 사람이 느끼는 락이란 감각기관의 욕구에서 비롯되는데, 감각기관의 욕구는 경솔하고 끝이 없으며 방향도 없다. 어떤 것은 유익하고 어떤 것은 해롭다. 따라서 예악禮樂의 조절이 필요하다.(16.5) 희喜, 즉 기쁨은 만족스런 마음에서 비롯된다. 이러한 감정에는 이성[理智]이 끼어들어 이끌기 때문에 경솔하지 않고 방향성이 있다. 예컨대 다른 나라에 간다면 오직 자로만이 자신을 따를 수 있다는 공자의 말에 자로는 기뻐했다.(5.6) 진항陳亢은 하나의 질문으로 세 가지 도리를 깨닫고 기뻐했다.(16.13) 증삼은 양부陽膚에게 범법자의 실정을 파악한 것에 대해 득의양양하여 기뻐하지 말라고 타일렀다.(19.19) 이처럼 기쁨[喜]은 이성이 끼어들어 생긴 성취감에서 나온다. 그러나 락樂의 감정 역시 '도道'를 대상으로 한다면 "안빈낙도安貧樂道"할 수 있고 "그 안에서 즐거워함樂在其中"도 가능하다. 이것은 이성의 작용 없이 저절로 '도道'와 하나가 되는 것으로, 오히려 '희'의 감정이 도달할 수 없는 효과다.(6.11; 7.16)

: 陳維浩

#_노怒, 구懼, 애哀, 긍矜, 락樂

혹惑

주로 두 가지 차원의 뜻이 있다. 첫 번째는 일반적인 인식의 의혹疑惑이다. 예컨대 자로子路와 염유冉有가 공자에게 "할 수 있는 일을 들었을 때 곧바로 행하면 됩니까?"라고 물었을 때, 공자는 각기 다르게 대답했다. 공서화公西華가 그렇게 말한 이유를 헤아릴 수 없어 "제가 의혹하여 감히 묻습니다赤也惑, 敢問"라고 했다.(11.22) 두 번째는 윤리가치의 판단에 대한 미혹迷惑이다. 자장子張이 미혹을 어떻게 분별해야 하는지 물었을 때 공자는 사람이 누군가를 좋아할 때는 그가 살기를 바라고 싫어할 때는 그가 죽기를 바란다고 했다. 상대가 살기를 바라기도 하고 죽기를 바라기도 하는 것은 이성이 주관적 감정의 영향을 받음을 드러내는 것으로, 그로 인해 모순과 미혹이 생겨난다.(12.10) 번지樊遲 역시 미혹을 분별하는 문제에 대해 물었는데, 공자는 일시적인 분노로 자신의 처지와 부모의 안위를 잊

고 경중輕重과 이해利害를 분별하지 못하면 이것이 바로 미혹이라고 했다.(12.21)

미혹되지 않으려면 주관적인 의식과 감정의 한계를 초월하고 객관적인 시비선악是非善惡의 기준을 인식해야 한다. 그리고 구체적인 행동으로 증명해야 한다. 따라서 공자는 제자들이 '미혹을 분별하는' 질문에 대답할 때 모두 먼저 '덕의 숭상崇德'을 전제했다. 또한 성실, 신용, 책임감을 원칙으로 삼아야 함을 지적했다.(12.10; 12.21)

덕행을 숭상하고 수양하면 명확한 도덕적 가치판단이 저절로 이루어진다. 또한 사물의 경중輕重, 선악善惡, 본말本末을 모두 깨닫게 되어 밝은 지혜[明智]의 경지에 이르게 된다. 따라서 오직 지자智者만이 미혹되지 않을 수 있다.(9.29; 14.28) 공자는 나이 서른에 예禮에 근거하여 매사를 예에 따라 행했다고 했다. 또한 배움에 대해서는 두루 익히고 사유하여 배운 것을 실천하는 것을 중시했다. 그에 따라 나이 마흔에는 세상 모든 일의 도리를 깨달아 더 이상 곤혹困惑을 당하지 않게 되었다.(2.4)

: 陳淑娟

#_욕欲, 노怒, 덕德, 지知, 지자知者

혜惠   이익 또는 은혜를 뜻한다. 공자는 군자가 마음에 두는 것은 덕행이며, 소인이 마음에 두는 것은 이익이므로 "소인은 은혜를 생각한다小人懷惠"고 표현했다. 소인은 이익을 위해 규범에 어긋남을 감수한다.(4.11) 공자는 자장子張에게 공손함[恭], 너그러움[寬], 믿음[信], 민첩함[敏], 은혜[惠]로 처신한다면 인仁을 행하는 것이라고 했다. 이 가운데 '은혜'란 널리 베풀어 사람들을 보살피는 것이다.(17.6) 백성에게 은혜를 베풀되 자신에게는 낭비하지 않으며, 백성이 원하는 이익에 따라 그들을 만족시키는 것이 "군자는 은혜롭되 허비하지 않음君子惠而不費"이다.(20.2) 이처럼 은혜를 베풀면 다른 사람을 이끌어 잘 다스리게 된다.

: 陳慧玲

#_소인小人, 이利, 군자君子, 오미사악五美四惡

오惡

명사와 형용사로 사용될 때는 '악'으로 읽는다. '선善'과 반대말로서 그 뜻은 '선善'의 해석을 참고하면 된다. 동사로 사용될 때는 '오'로 읽으며, 싫어하고 미워하는 것을 가리킨다. 수치심과 원망이 교차하는 감정이다. 이는 원망하는 마음이 어느 정도에 이르면 미워함에 대한 보편적인 판단을 갖게 되며, 수치스런 심정도 어느 정도에 이르면 자신이 싫어하는 것이 무엇인지 알게 된다. 따라서 '오'란 흔히 드러나는 부정적인 마음이다. 그 쓰임의 특징은 첫째 객관적인 기준을 가지고 있는 것처럼 미워하는 일을 명확하게 가리킨다.(4.9) 둘째 사람들이 모두 동의하는 판단방식으로서 '호好'를 병렬한다.(15.28) 공자는 인仁을 행하는 사람만이 좋은 사람을 좋아할 수 있고 나쁜 사람을 미워할 수 있다고 생각했다.(4.3) 인을 행하는 사람은 선을 택하여 굳게 지키기 때문에 사적인 정에 치우치거나 다른 고려를 하지 않는다. 따라서 좋아하는 사람과 미워하는 사람에게 다른 태도를 취할 수 있다. 또한 결함이 있는 자를 미워하는 사람은 편벽되거나 사악한 행위가 자신에게 나타나지 않도록 해야 한다.(4.6) 인의 실천을 호오好惡의 기준으로 삼는다면, 현실생활에서의 부귀와 빈천을 애써 추구하거나 도피하지 않고 정당한 방법으로 마주하게 된다.(4.5) 마지막으로, 공자는 모두가 미워하는 사람이든 모두가 좋아하는 사람이든 상대를 자세히 살펴서 판단해야 한다고 생각한다.(15.28) 종종 사람들의 판단은 표면적으로 치우칠 수 있고, 배후의 동기를 이해하지 못하는 경우가 있기 때문이다. 따라서 자세하게 관찰함으로써 좋은 사람이 억울함을 당하지 않게 해야 한다. 또한 남의 악행을 관찰하는 것은 스스로 경계심을 키우는 것이기도 하다.

: 陳維浩

#_인자仁者, 호好, 치恥, 원怨, 오미사악五美四惡

향원鄕原

'향원鄕愿'으로 쓰이기도 한다. 마음에 아무 이상理想도 없이 세속에 영합하는 사람으로서 공자의 비판을 받았다. 공자는 옳고 그름을 구분하지 않는 무골호인無骨好人은 도덕의 풍조를 망치는 소인小人이라 생각했다.(17.13) 모든 집단에는 이른바 '무골호인'이 있는데, 처세술이 능란하여 아무에게도 미움을 사지 않으며 자기 태도의 진실함에 대해 전혀 고려하지 않는다. 맹자는 공자의 견해에서 한 걸음 더 나아가, 자신을 감추면서 세상 사람들에게 잘 보이려고 하는 자가 향원이며 도덕을 해치는 자라고 생각했다. 이러한 사람은 충직하고 성실해 보이고 일을 바르고 깔끔히 처리하는 것처럼 보여 많은 사람이 좋아하지만, 그와 함께 정도正道를 실천할 수는 없다. 그는 진실함의 중요하게 여기지 않으므로 도덕에 대해서도 아무 도움이 되지 않는다.(『맹자』「진심 하」)

: 陳維浩

#_덕德, 인仁, 의義, 적賊, 소인小人

애愛

주로 세 가지 의미로 쓰인다. 그중 하나는 소중하게 여기고 아낀다는 뜻이다. 공자는 양을 희생 제물로 사용하는 의례 문제에 대해 자공과 토론했다. 이때 공자는 자신이 소중히 여기고 아끼는 것은 '예禮'[我愛其禮]라고 하면서 곡삭지례告朔之禮를 폐하는 데 반대했다.(3.17) '애'의 두 번째 의미는 사랑하는 정[親愛之情]으로, 가족 간의 관심과 사랑이다. 예컨대 재아宰我가 3년상을 치르는 예법에 반대하자 공자는 그에게 어린 시절 부모에게 받았던 관심과 사랑을 잊었느냐고 물었다.(17.21) 세 번째 의미는 사랑하고 보호하며 보살핀다는 뜻이다. 공자는 "한 사람을 사랑하고 보호한다면 그가 수고스럽게 해야 하지 않겠는가?"라고 했다. 수고스럽게 함은 그의 품성을 단련하는 것으로, 그렇지 않으면 무절제한 사랑을 베풀어 오히려 해로움을 끼칠 수 있다는 것이다.(14.7) 이처럼 원대한 식견과 패기를 지닌 사람은 결코 많지 않다. 번지가 인仁을 어떻게 실천해야 하는가를 물었을 때 공자는 다른 사람을 사랑하고 보호하는 것이라고 대답했다.(12.22) 오직 올바른 길을 걷는 자만이 올바른 방식으로 남을 보살필 수 있다. 공자는 번지에게 직접적이며 명확한 가르침을 주었다. 그뿐만 아니라 사람을 사랑하는 것은 선악을 구분해야 하며, 반드시 도道로써 사랑해야 한다. 이처럼 인생의 바른길을 가는 사람은 다른 사람을 합당하게 보살필 뿐만 아니라 다른 사람이 인생의 바른길을 가도록 돕는다. 그리고 그와 함께 더 많은 사람을 보살핀다.(1.5)

: 陳維浩

#_인仁, 혹惑, 노勞, 호好, 악惡

온慍

사람에게 이해받지 못하고 인정받지 못해 생겨난 부정적인 마음으로서, 원망과 분노에 가깝지만 좀더 경미하여 격렬한 행위로 나타나지는 않는다. 초나라 재상 자문子文이 세 차례 관직에서 면직되었지만 원망의 기색이 없고 마음을 다해 인수인계 업무를 처리했다.(5.18) 공자가 열국을 주유할 때 주목받지 못하고 여러 차례 위험과 재난을 당하자 자로는 원망하는 기색으로 군자가 이렇게 곤궁해질 수 있느냐고 물었다.(15.2) 사람들은 모두 이해받고 인정받기를 원하지만 종종 그런 희망은 물거품이 된다. 따라서 공자는 남의 인정과 이해를 받지 못해도 원망하거나 분노하지 않으면 군자라고 말할 수 있다고 했다.(1.1)

: 陳維浩

#_원怨, 노怒, 색色, 군자君子

경敬

존경의 태도를 가리킨다. 공자는 군자가 되려면 하늘이 내린 사명, 정치 지도자, 성인聖人의 말씀, 이 세 가지를 경외해야 한다고 했다.(16.8) 존경이란 두려움을 이성으로써 다스린 것으로, 어떤 대상이 자신을 두렵게 만드는 원인을 이해하게 되면 그 대상을 존경할 수 있다는 뜻이다. 공자가 지목한 존경의 세 대상은 모두 위대하기에 존경심을 불러일으키기에 충분하다. 반면 귀신이라는 대상은 공경하여 받들되 적당한 거리를 유지해야 한다고 공자는 생각했다.(6.22) 귀신은 신비하고 헤아릴 수 없는 특성이 있어 가까이할 순 없으나 공손한 태도로 대해야 한다. 적당한 거리를 유지하는 태도는 존경의 대상을 학습의 모범으로 삼아 그에 다가가고자 함으로써 스스로 존경받을 수 있는 대상이 되도록 한다. 안회가 느끼는 공자는 머리를 들어 바라볼수록 더욱 숭고한 대상이며, 깊이 배울수록 명확하지 않으며, 앞에 있는 듯한데 어느새 뒤에 있는 존재다.(9.11) 안회는 공자에게 가까워지려 애썼으나 공자의 위대함은 다가가기 어렵게 하고 늘 일정한 거리를 느끼도록 했다. 이러한 거리는 우리가 존경하는 사람의 독특한 가치를 인정하고 더욱 진실하게 배우도록 만든다.

군자란 모든 사람과 마주할 수 있도록 진지하고 신중하게 자기를 수양하는 사람이다.(14.42) 따라서 존경의 태도는 군자의 중요한 품덕이라 할 수 있다. 위정자로서 제후의 나라를 다스릴 때는 자기의 직책을 존중하고, 예의禮儀에 참여할 때는 공손한 태도를 취해야 한다.(1.5; 3.26) 또한 공자는 당시 사람들이 부모를 섬기는 것을 '효孝'로 정의한다면서 개와 말도 사람을 섬길 수 있는데 존경의 마음이 없다면 무엇으로 이 둘의 차이를 말할 수 있겠느냐고 했다. 존경의 태도는 부모에 대한 효도의 기본이므로, 존경심이 없다면 아무리 부모에게 물질로써 봉양을 하더라도 효도라 할 수 없다.(2.7)

: 陳維浩

#_외畏, 천天, 신神, 효孝, 사군事君

온溫

사람과 지낼 때 나타내는 온화하고 친근한 태도이다. 배움에 대해서는 집중하여 숙독하는 자세를 뜻한다. 자공子貢은 공자가 각국의 군신들과 왕래하는 자세를 온화溫和, 선량善良, 공경恭敬, 자제自制, 겸퇴謙退로써 표현했다. 공자의 이러한 모습은 뚜렷한 면모가 없는 듯하지만, 물러나고 나아감의 근거를 가지고 있으며 적절한 언행을 갖추었음을 말해준다.(1.10) 공자는 스승에 대한 기대에 부응하려면 '옛것을 익힘으로써 새로운 것을 알아야溫故而知新' 한다고 생각했다. 즉 배운 지식을 숙독하고 그 안에서 새로운 도리를 깨달아야 스승의 직분을 감당할 수 있다는 말이다.(2.11)

: 陳慧玲

#_군자君子, 색色, 예禮, 학學

의義

합리合理, 마땅함, 도의道義를 뜻하는 중요한 윤리적 개념이다. 공자는 군자가 세상에 나아가 일을 할 때는 배척하거나 부러워하는 것 없이 오직 도의道義와 함께해야 한다고 생각했다.(4.10) 이때 '의로움'이란 마땅히 실천해야 하는 것으로서, 역시 마땅히 실천해야 하는 '도道'와 서로 표리表裏를 이루어 그 의미를 더욱 명확히 드러낸다. 원래 '의'는 가장 알맞은 것, 즉 '의宜'를 가리킨다. 모든 일에 가장 알맞음이란 '마땅한' 조건에 부합함이다. 공자는 군자는 도의를 추앙하며, 이를 마음에 새기고 굳게 지키는 것을 원칙으로 삼는다고 생각했다. 이처럼 도의는 군자가 세상에 나아가 응대진퇴應對進退하는 준칙이다.(15.18; 17.23)

공자가 말하는 도의란 인仁이다. 그러나 인을 말할 때 '의義'를 함께 언급하지 않았다. 오히려 인을 실천할 때 '의로움'을 부각시키기 위해 '용勇'을 함께 말하곤 했다. 예컨대 인을 행하는 사람은 반드시 용감하지만, 용감한 사람이 반드시 인을 행하지는 않는다고 했다.(14.4) 인을 행하는 사람은 여러 압력에 용기 있게 저항하지만, 절제 없이 용기를 드러내는 자는 함부로 생명을 희생하면서도 반성하지 않는다.(7.11) 공자는 이러한 용기를 인정하지 않았다. 그런 이유로 군자가 용감하되 도의가 없으면 난亂을 일으키며, 소인小人이 용감하되 도의가 없으면 도적질을 한다고 말한 것이다.(17.23) 용감함은 반드시 도의의 규범과 지도에 따라야 한다. 그렇지 않으면 정반대의 결과를 초래하여 사람들로 하여금 인의 실천을 멀리하게 만든다. 도의는 인을 행하는 과정에서 수시로 상황을 분별하여 정확한 판단을 내릴 수 있도록 한다. 여기에 용감함을 더해 관철시켜야 역효과를 초래하지 않을 수 있다. 이와 반대로, 마땅히 해야 할 일, 즉 의로움을 보고도 행동하지 않는 것은 나약함이다. 공자는 항상 자기를 경계하여 마땅히 해야 할 일을 들으면 실천해야 한다고 했다.(2.24; 7.3) 사리를 가늠하여 가장 좋은 판단을 내리는 것은 인을 행할 때 매우 어려운 부분이다. 따라서 모든 일을 대할 때 '반드시 어떠해야 하는 것'은 없으며 오직 도의의 원칙만 따르면 된다(4.10; 9.30).

도의는 사람의 마음에 내재된 원칙이며, 사람의 자기 각성을 나타낸다. 예제禮制는 외재적 규범이다. 이 두 가지는 좋은 품행을 하도록 만든다.(15.18) 다스릴 때 윗사람이 도의를 좋아하면 백성은 감히 복종하지 않을 수 없다.(13.4) 백성에게 일을 시킬 때는 적정한 범위가 있어야 하며, 백성에게 의로운 일(마땅히 해야 할 일)을 할 때는 몸과 마음을 다해 실천해야 한다.(5.16; 6.22) 이처럼 도의는 위정자가 마땅히 준수해야 하는 원칙이다.

또한 공자는 '이익(또는 이로움)利'을 의로움과 함께 언급했다. 군자가 깨달을 수 있는 것이 도의라면 소인이 깨달을 수 있는 것은 이로움이라 지적했고(4.16), 군자는 이로움을 보면 취하는 것이 마땅한지를 생각하며, 마땅히 취할 만한 재물이어야 취한다고 했다.(14.12; 14.13) 공자에게 정당하지 못한 수단으로 취한 재산은 뜬구름과 같은 것이다.(7.16)

공자가 의로움을 중요시하고 이로움을 가볍게 여기는 태도는 유가의 중요한 상징이 되었다. 양혜왕梁惠王이 맹자에게 나라를 이롭게 하는 방법을 물었을 때, 맹자는 군주는 이익을 논할 필요가 없고 오직 인덕仁德과 의행義行만 갖추면 된다고 했다.(『맹자』「양혜왕 상」) 맹자는 이처럼 의로움과 이로움을 함께 언급하여 의義의 함의를 더욱 강조했다. 사람은 의로움을 택하는 경향이 있어 그러한 행동을 하고자 한다는 게 맹자의 지론이다. 따라서 인간이 본성의 진실한 상태를 따르기만 한다면 선善을 이룰 수 있다고 했다.(『맹자』「고자 상」) 또한 인덕은 인간이 유지하려는 마음이고, 의행은 인간이 따라야 하는 길이다.(『맹자』「고자 상」) '의義'자는 『논어』에서 약 24회 등장한다.

: 陳維浩

#_도道, 예禮, 용勇, 인仁, 이利

성聖

가장 높은 수양의 이상을 뜻한다. 한자 '聖'의 구조는 "귀耳를 따르고 소리는 정呈從耳, 呈聲"이라 되어 있다. 글자의 형태는 '귀'라는 감각기관과 관계된 것이지만, 주로 사고능력이나 꿰뚫어보는 지혜 등 인격적 특성을 묘사하는 데 쓰인다. 예컨대 『상서』「홍범洪範」에서 '오사五事'를 말할 때 사思와 예睿와 성聖이 연결되어 있다. '성'의 본래 뜻은 사람이 타고난 사고력을 향상시켜 도달하는 경지다. 특히 지혜로써 발현되는 것을 가리키는데, 완벽한 덕행을 뜻함은 아니다. 『시경』의 시 '상유상桑柔'(「대아大雅」)에 '성인聖人'이라는 말은 '양인良人'이나 '우인愚人'과 함께 언급되어 있는 것을 볼 때 당시 성인이란 표현에는 신비하거나 신성한 뜻이 없었다. 공자에 이르러 '성聖'자에 중대한 변화가 생겼다. 우선 공자는 '인仁'을 수양의 이상으로 명시하면서 개인이 선행을 힘써 실천한 후 도달할 수 있는 목표라고 했다. 그러면서도 '성'의 성취를 '인'보다 높은 경지로 보았다. 이는 인덕仁德을 백성에게 두루 미치게 하기 때문이다. 이러한 정의가 생겨난 후 '성'은 요임금이나 순임금 같은 고대 제왕들에게 바칠 수 있는 칭호가 되었다. 또한 성인과 고인古人이 믿는 '하늘[天]' 간에도 특정한 관계가 만들어졌다. 따라서 공자는 평생 성인을 만나보지 못했지만 자신이 할 수 있는 일은 성인이 남겨놓은 말씀을 경외하고 그 이상을 향해 전진하고자 힘쓰는 것이라 여겼다. 공자가 세상을 떠난 뒤 제자들은 스승을 성인으로 섬겼다. 제자들은 공자의 성취에 따를 만한 사람이 없으며, 심지어 그 성취가 고대 성왕聖王을 초월한다고 판단한 것이다. 『논어』에서 자공이 공자에게 물었다. "널리 백성을 보살피고 확실하게 많은 사람을 구제하는 자는 어떻습니까? 인을 행한다고 할 수 있습니까?" 그러자 공자는 "어찌 인仁의 행함에 그치겠는가? 굳이 말하자면 이미 성聖이라고 할 수 있다. 요와 순조차도 어렵게 여겼을 것이다"라고 대답했다.(6.30) 성인은 인격이 완벽해야 하며 세상을 구제한 공적이 있어야 한다. 즉 '성'이란 인자仁者가 인을 행하고 사람의 도리[人道]를 완성한 것에 대한 평가로, 반드시 위대한 결과를 드러낸다. 성인은 선善을 지향하는 본성을 완전히 실현함으로써 천하대동天下大同의 아름다운 경지를 이루기 때문이다. 유가의 '선善'은 사람 사이에 적절한 관계를 실현하는 것이다. 따라서 세상에 적절한 인간관계를 구현하는 박시제중博施濟衆은 거의 제왕만이 가능한 일이다. 공자는 제왕인 요순도 이러한 세계를 이루기는 어려웠을 것이라고 봤다. 이처럼 성인은 한 개인의 인격수양으로써 완성되는 게 아니라 만민을 구제하여 대동의 세상을 이루어야 한다. 그 과정이 바로 정치다. 공자가 생각하는 성인은 요, 순, 우, 탕, 문, 무, 주공이다. 모두 큰 권력을 쥐고 백성을 행복하게 한 명군明君이다. 또한 이들이 보인 지혜의 정수는 고대 성인의 말씀으로 남아 삶의 올바른 길과 길흉화복을 제시해준다. 군자는 이를 경외하는 태도로 따른다.(16.8) 공자 역시 "성과 인의 경지를 내가 어찌 감당하겠는가? 다만 그것을 목표로 삼아 힘써 실천하기를 싫어하지 않으며, 남을 가르치기를 게을리 하지 않는 정도는 내가 다다를 수 있겠다"라고 했다.(7.34) 이는 인과 성을 함께 열거하되 성聖은 결과에 무게를 두고 인은 과정에 무게를 둔 것이다. 물론 이 두 가지는 보통사람이 동경하는 완벽한 경지로, 성인이란 가장 숭고하고 완벽한 인격이다. 공자가 "나는 성인을 만나볼 기회가 없었다. 군자라도 만나볼 수 있으면 좋겠다"라고 한 말에는 성인이 출현할 수 없는 시대라는 인식이 깔려 있다.(7.26) 이후 맹자는 공자가 성인의 경지에 도달했으며, 성인 가운데 가장 시의時宜에 부합한 인물이라고 높이 평가했다.(『맹자』「만장 하」)

: 陳維浩

#_천天, 인仁, 선善, 군자君子, 시時

적賊 인간관계를 손상시키고 파괴하는 것을 뜻한다. 예컨대 아무런 이상도 없이 세속에 영합하는 향원鄕愿이 정권을 장악하거나 원양原壤처럼 겸손과 우애가 없고 칭찬할 만한 점이 없는 자들이 늙도록 죽지 않는 것은 그 자체로 도덕적 풍기風氣를 해치고 선을 지향하고자 하는 이들에게 타격을 입히는 그릇된 본보기다.(14.43; 17.13) 배움을 좋아하지 않거나 체계적인 교육이 이루어지지 않으면 선을 행하는 데 지장을 준다. 성실함을 좋아하지만 배우기를 좋아하지 않으면 쉽게 속을 수 있다. 학식 없이 나랏일을 맡게 되면 비록 배울 수는 있지만 한계가 있고, 심지어 자신을 해치고 일마저 그르칠 수 있다.(11.25; 17.8) 정사를 돌볼 때 명령을 지연시키면서 엄격하게 시행하는 것은 백성을 해치는 악행이다. 군자는 이러한 악행들을 피해야 한다.(20.2)

: 楊舒淵

#_덕德, 향원鄕原, 신信, 학學, 오미사악五美四惡

과過

잘못 또는 실수를 뜻한다. 잘못에 대해서는 바로잡는 것을 두려워하지 않아야 한다. 공자는 일식日蝕과 월식月蝕에 빗대어 잘못에 관한 군자의 행동을 설명했다. 군자가 잘못을 저지르면 모든 사람들이 그것을 보고, 잘못을 고치면 모든 사람들이 우러러본다는 것이다.(1.8; 19.21) 잘못이 있는데 고치지 않는 것이 바로 잘못이다.(15.30) 관찰하고 바로잡는 행동이 삶을 바른 길로 나아가도록 돕는다. 공자는 사람들의 잘못은 각자의 성격에 따른다고 보아, 상대의 잘못을 관찰하면 어떻게 해야 그가 올바르게 살아갈 수 있는지를 알 수 있다고 생각했다.(4.7)

공자는 제자 중에 안회를 칭찬하면서 같은 잘못을 저지르지 않는 인물이라 평하고, 그런 안회가 일찍 죽었으니 이제 그만한 자가 없다고 탄식했다.(6.3) 이와 반대로, 자기를 고치지 못하거나 고치기를 바라지 않는 소인小人은 잘못을 숨기려 한다.(19.8) 이렇듯 『논어』에는 자기 실수와 마주하면 이를 바로잡아 선善으로 향해야 한다는 말이 여러 번 언급되어 있다. 그러나 자신의 실수에 대해 스스로 비판할 수 있는 사람을 보지 못했다는 공자의 언급을 통해 세상에 대한 탄식을 이해할 수 있다.(5.26)

: 許詠晴

#_지志, 소인小人, 문文, 역교易教

도道

본래의 뜻은 '길'이다. 이 뜻이 규칙, 궤도, 학설의 주장, 일하는 기풍으로 확대되었고, 나아가 마땅히 행해야 하는 도道, 인생의 이상 등으로 확대되었다. 정치적으로 쓰일 때는 사회의 이상적인 상태를 가리킨다. 공자는 세상의 정치가 궤도에 오르면 예악禮樂을 정하거나 군사를 일으켜 정벌하는 일을 모두 천자天子가 결정하기 때문에 대부大夫가 정권을 쥐지 않으며 백성의 의견도 분분하지 않게 된다고 생각했다. 그러나 정치가 궤도에 오르지 않으면 예악을 정하거나 군사를 일으켜 정벌하는 일을 제후들이 결정하게 된다고 했다.(16.2) 공자는 정도正道가 없던 시대를 살았다. 그런 이유로 제자들에게 "천하의 정치가 궤도에 올랐다면 너희들과 함께 개혁에 나서지 않았을 것이다"라고 했다.(3.24; 18.6) 공자는 고대 성왕聖王들이 보여준 치국의 이상을 실현하고자 했으며, 세상을 조화롭고 질서 있게 만들고자 했다. 그러나 자기의 이상이 실현되기 어렵다는 사실을 알고 있었기에(18.7) 다만 교화를 널리 시행하고자 노력했다.(14.38) 세상의 정치적 현실에 직면해서는 다양한 대응방식을 취할 수 있다. 공자는 위험한 나라에 가지 않으며, 혼란한 국가에 거주하지 않는 것이 도를 지키는 길이라 생각했다. 즉 천하에 도가 있으면 자기를 드러내고 그렇지 않으면 은거해야 한다는 것이다. 나라에 도가 있으면 가난함과 비천함을 부끄럽게 여겨야 마땅하고 그렇지 않으면 부유함과 높은 지위를 부끄럽게 여겨야 마땅한 일이다.(8.13)

두 번째로, 품덕의 수양에 관한 '도'는 인생의 이상 또는 완벽한 인격을 가리킨다. 공자는 도(인생의 이상)에 뜻을 두고 추구해야 하며, 굳건한 믿음으로써 배우기를 좋아한다면 죽음으로써 인생의 이상을 이룰 수도 있다고 생각했다.(7.6; 8.13) 또한 군자가 추구하는 것은 인생의 이상이지 의식衣食의 넉넉함이 아니며, 근심해야 할 것 또한 인생의 이상이지 가난한 생활이 아니라고 생각했다.(15.32) 따라서 뜻을 세워 이상을 추구하면서 누추한 의복과 거친 음식을 부끄럽게 여긴다면 그와는 도리道理를 논할 가치가 없다고 했다.(4.9) 포부를 가지고 인생의 이상을 추구하려면 실천에 힘써야 한다. 따라서 공자는 사람이 인생의 이상을 발양할 순 있어도 인생의 이상으로써 사람을 발양시킬 순 없음을 지적했다.(15.29) '도'가 아무리 위대해도 사람을 완벽하게 만들 수는 없다. 오직 사람이 도를 힘써 체현해야 비로소 완벽해지는 것이다. 따라서 자발적인 역량은 사람에게 있는 것이다. 위대한 도는 오직 인간을 통해 실현된다. 이처럼 공자는 인간의 본성을 긍정적으로 평가했다. 공자가 말하는 도란 곧 인仁이다. 그는 사람들이 힘써 인仁을 행하는 것, 즉 선善을 택하여 굳게 지킴으로써 완벽한 인격을 이뤄야 함을 주장했다. 그 과정은 멀고 막중한 책임이 따른다. 인의 실천은 평생을 바쳐야 할 일로서 죽은 뒤에야 끝나는 것이며, 자기의 마음으로 미루어 남을 헤아리고[推己及人] 세상을 이롭게 하는 것[兼善天下]이므로 임무가 막대한 것이다.(8.7)

세 번째로, 지식 분야에서 말하는 '도'란 핵심의 사상을 뜻한다. 공자는 하나의 도로써 모든 지식을 꿰뚫는다고 했다.(15.3) 이때의 도, 즉 핵심이 되는 사상은 인이다. 따라서 공자의 모든 지식은 인을 중심으로 전개된다.

네 번째로, 행위의 표현에서 말하는 '도'란 일을 처리하는 기풍이다. 공자는 자산子産에 대해 군자에 부합하는 네 가지 기풍이 있다고 칭찬했다. 용모와 태도의 정중함을 유지하고, 군주를 존경으로 섬기고, 백성을 보살필 때 은혜를 널리 베풀며, 백성에게 일을 시킬 때 적당한 범위를 두는 것이 그것이다.(5.15) 또한 효도의 측면에서 부친이 돌아가신 뒤 3년간 처세와 처신에서 아버지의 기풍[父之道]을 바꾸지 않는 자세를 강조했다.(1.11) '도'는 『논어』에서 약 89회 등장한다.

: 陳維浩

#_인仁, 의義, 지志, 천도天道

달達

통달, 이해, 완성을 뜻한다. 흔히 식견이 통달했음을 나타낸다. 공자는 인仁을 행함이란 자기가 발전하고자 할 때 남도 발전하도록 돕는 것, 이른바 "자신이 통달하고자 하면 남을 통달하게 함己欲達而達人"이라고 설명했다.(6.30) 선비는 품행이 정직하고 의로움의 실천을 좋아해야 한다. 그러나 효과를 "서둘러 얻고자 하면 달성할 수 없다欲速則不達."(13.17) 또한 '하학下學'은 널리 세상의 지식을 배워 미혹하지 않음에 다가가는 것이고, '상달上達'은 심오한 도리를 깊이 깨달아 천명天命을 아는 것이다. 군자는 끊임없이 앞으로 나아가 도의道義를 실천하고 소인은 욕망을 방종하여 이익을 추구한다. 즉 "군자는 위로 천리天理에 통달하고, 소인은 아래도 이익에 통달한다君子上達, 小人下達."(14.23)

: 陳慧玲

#_인仁, 사士, 군자君子, 소인小人, 학學

열說

『논어』에 표기된 '說'자는 대부분 '悅'자와 같은 뜻으로, 만족 또는 기쁨을 나타낸다. 학설이나 이론을 나타낼 때는 '설說'로 읽으며, 설명이나 대화의 뜻을 나타낸다. 공자가 말한 "배우고 수시로 익히면 기쁘지 않겠는가學而時習之, 不亦說乎"란 처신과 처세의 도리를 배우고 적당한 때에 검증하고 익히면 배움의 즐거움을 느낄 수 있다는 뜻이다.(1.1) 또한 자신을 이해하고 성찰을 하는 사람은 자기요구의 태도를 좋아하기 때문에 마음의 기쁨에 도달할 수 있다. 또한 공자는 "가까이 있는 자들을 기쁘게 하고 멀리 있는 자들이 오게 한다近者說, 遠者來"고 했다. 이는 정치적으로 나라 안의 사람들을 기쁘게 해주고 나라 밖의 사람들이 찾아오게 한다면 사회가 안정된다는 뜻이다.(13.16)

: 陳慧玲

#_학學, 습習, 락樂, 이이怡怡

검儉

절약, 인력의 절약, 검소하고 소박함, 자제自制 등의 뜻이 있다. 검소함은 사치나 화려함과 상대되는 개념이다. 예禮에 대해서는 지나치게 꾸미고 사치한 것보다 수수하고 소박한 것을 근본 도리로 여긴다. 이러한 검소儉素는 번거롭고 불필요한 의식을 피할 수 있어 예의 본원本源, 즉 진실한 마음에 가깝다.(3.4) 그러나 검소함이 극단으로 기울어선 안 된다. 과도한 검소는 고루함으로 치우칠 수 있어 오히려 흠이 된다.(7.36) '검'은 자제의 뜻으로도 쓰인다. 자공子貢은 공자의 태도를 묘사하면서 각국의 군신들과 왕래할 때 온화[溫], 선량[良], 공손[恭], 자제[儉], 겸양[讓]을 나타냈다고 했다. 이때 '검'이 의미하는 자제는 수양의 성과라 할 수 있다.(1.10)

: 陳慧玲

#_예지본禮之本, 고固, 온溫, 공恭, 양讓

덕 德

네 가지 용법과 의의가 있다. 첫 번째는 언행의 태도와 특정한 기풍을 가리킨다. 이러한 의미로 쓰일 때 '덕'은 선악과 관계없이 주위에 끼치는 영향을 나타낸다. 중대하고 광범위한 영향을 끼치는 일을 맡았을 때는 규범에 어긋나는 행위를 해선 안 된다. 하지만 영향력이 크지 않은 범주에서는 어떤 것은 취하고 어떤 것은 버릴 수 있다.(19.11) 계강자季康子가 다스림에 대해 물었을 때 공자는 정치의 영향을 언급하면서 정치하는 자의 언행과 태도는 바람과 같고 백성의 언행과 태도는 풀과 같다고 했다. 바람이 불면 풀이 바람을 따라 눕는 것처럼 지도자가 선善을 행하면 백성도 따라서 선을 행하게 된다고 했다.(12.19)

덕의 두 번째 의미는 도덕적 수양과 선행이다. 덕의 근원, 목표, 방법, 효과 등을 아울러 나타내며, 이 모든 측면을 고려할 때 공문사과孔門四科[덕행, 언행, 정사, 문학] 중에서 왜 '덕행'이 으뜸인지 알 수 있다. 덕을 닦는 행위는 하늘이 부여한 선善을 지향하는 잠재력과 사명의식으로부터 비롯된다. 진실함만 있다면 선을 지향할 수 있으며, 선을 행하는 역량을 발휘함과 동시에 비할 데 없는 존엄성이 나타나게 된다. 이처럼 선을 행함이란 살아가는 동안 잠시도 멀리할 수 없는 유일한 바른길이지만, 아쉽게도 이러함을 이해하는 사람은 드물다. 그러나 이것을 이해하게 된다면 공자처럼 자나 깨나 선을 생각하고 실천하기를 게을리 하지 않을 수 없다.(7.3; 7.6; 15.4)

덕을 닦는 목표는 '중용中庸'이라는 최고의 덕행을 실현하는 데 있다. 하지만 그러한 경지에 도달한 인물은 보기 드물다. 중용에 이르기 위해서는 상대의 언행을 판단하는 지혜, 끊임없이 선행을 실천하는 용기(즉 선을 택하여 굳게 지키는 것)가 요구된다.(6.29)

덕행을 수양하여 중용에 이르기 위한 방법으로서, 해야 할 일에 대해 반드시 성실과 신용을 원칙으로 삼아야 한다. 또한 항심恆心을 갖지 못하면 수치스러운 일을 당할 수 있다.(12.10; 13.22) 먼저 열심히 일하고 난 뒤에 이익을 생각하는 자세도 덕행의 한 방법이다. 그러나 그 마음이 사람간의 관계에 있는지, 자기의 이익에 있는지에 따라 군자와 소인으로 구별된다.(4.11; 12.21) 이와 반대로, 덕을 닦을 때 듣기 좋은 말은 도덕적 판단을 흐리게 하고 옳고 그름을 구분하지 못하게 하므로 길에서 듣고 길에서 말하는 행동은 피해야 한다.(15.27; 17.13; 17.14) 공자는 여러 번 예로써 권좌를 양보하여 효제孝悌와 안민安民의 덕행을 실천한 태백泰伯을 성덕成德의 모범으로 삼았다. 이처럼 공자는 진실함, 지혜, 용기를 구비하면 지극히 높은 덕행의 실현할 수 있다고 했다.(8.1)

덕의 개인적 효과에 대해 말하자면, 우선 덕행을 실천하는 사람의 말은 가치가 있다. 공자가 군자라고 칭송한 남궁괄南宮适이 그러한 인물이다. 또한 탁월한 덕행은 비할 바 없는 존귀와 영예를 불러온다. 그래서 세상을 떠난 지 오래된 백이와 숙제가 여전히 백성에게 칭송받는 것이다. 반면 부유한 제나라 경공景公이 죽음에 임박했을 때 백성은 그를 칭찬할 만한 점을 찾을 수 없었다.(14.4; 16.12) 덕의 정치적 효과에 대해 말하자면, 인간 본성에 따른 덕행으로써 교화教化하고 행동거지를 알맞게 하는 예제禮制로써 규제하여 백성은 부끄러움을 알고 바른길을 갈 수 있다.(2.3) 가장 중요한 것은 인간의 본성이 선을 지향한다는 것이다. 즉 사람들은 선을 행하고 덕을 닦는 사람을 지지하고 그에게 다가가려 하기 때문에 멀리 떨어진 곳에서도 사람들이 찾아와 따르게 된다. 따라서 덕행으로써 국가를 다스리는 자는 북극성이라 할 수 있다. 자연히 백성은 그를 중심으로 도는 수많은 별들이다. 이로써 대동치세大同治世를 이룬다.(2.1; 4.25; 16.1)

덕의 세 번째 의미는 '은혜'다. 노자는 은혜로써 원한을 갚아야 한다고 주장했지만, 공자는 정직함으로써 원한을 갚아야 한다고 생각했다. 여기에 도가와 유가의 차이가 있다고 할 수 있다.(14.34) 덕의 네 번째 의미는 동물의 우아한 자태 또는 특별한 풍격을 표현하는 데 쓰인다. 공자는 힘을 잘 사용할 줄 알아 천리를 질주하는 천리마千里馬의 풍격을 칭찬했다.(14.33) '덕'자는 『논어』에서 약 40회 등장한다.

: 楊舒淵

#_중용中庸, 성性, 언言, 덕치德治, 기驥

우憂

걱정이나 근심을 뜻한다. 군자가 걱정할 것은 가난한 생활이 아니라 삶의 이상을 실현할 수 있는가 하는 점이다.(15.32) 현실의 문제들, 예컨대 신체의 건강이나 생활의 빈곤 같은 문제는 곧바로 개선되기 어려운 것으로, 멀리 바라보고 미리 대비해야 한다.(2.6; 6.11; 15.12) 군자는 자기 언행이 삶의 이상理想에 부합하지 못한 것을 부끄럽게 여긴다. 공자는 덕행을 잘 수양하지 않는 것, 학문을 잘 연구하지 않는 것, 해야 할 일을 듣고도 하지 못하는 것, 자신의 잘못을 곧바로 고칠 수 없는 것이 본인의 근심이라고 했다.(7.3) 여기에서 근심이란 '깊은 관심'을 의미하는 것으로, 공자가 이 네 가지 일을 할 수 없다는 뜻이 아니다. 오히려 공자는 이 네 가지를 자나 깨나 생각하고 힘쓰고자 했다. 군자의 경우도 이와 마찬가지로 삶의 이상 실현에 가장 깊은 관심을 쏟으며 그것을 끊임없이 추구함을 나타내준다. 또한 공자는 인仁을 행하는 사람은 근심이 없다고 생각했다. 인을 행하는 사람은 인생의 이상을 염려할 뿐 생활의 곤경을 걱정하지 않기 때문이다.(9.29)

: 陳維浩

#_인자仁者, 군자君子, 환患, 구懼, 치恥

락樂

즐거움을 뜻한다. 유가 사상에서 '즐거움'은 특별한 의의를 지닌다. 안회는 밥 한 그릇과 물 한 바가지로 누추한 골목에 살면서도 보통 사람들이라면 견디지 못하는 근심을 자신의 즐거움과 바꾸지 않았다. 공자는 그런 제자의 덕행을 칭찬했다.(6.11) 안회가 보여준 것이 바로 안빈낙도安貧樂道다. 그는 하늘이 내린 사명, 즉 선을 지향한다는 삶을 즐거움으로 삼았다. 사람은 이러한 '즐거움'을 통해 존엄성을 인정받을 수 있다. 공자 역시 거친 밥을 먹고 찬물을 마시며 팔베개로 잠을 청하는 생활에도 즐거움이 있으며, 정당하지 못한 수단으로 얻은 부귀는 뜬구름과 같다고 했다.(7.16) 사람이 살아가는 데 가장 기본적인 조건만 충족되어도 즐거움을 누릴 수 있다. 이러한 즐거움은 삶의 정도正道를 택한 결과로, 그 명확한 목표는 "마음이 하고자 하는 대로 따라도 법도를 넘지 않는 것從心所欲不踰矩"이다.(2.4) 여기에서 나아가 세상을 이롭게 하고[兼善天下], 백성과 더불어 즐거울 수 있다면[與民同樂] 평생의 기쁨과 위안을 얻을 수 있다. 따라서 공자와 안회의 즐거움은 모두 인생의 바른길에서 찾는 충만감이다. 인생의 바른길에서 얻는 즐거움 외에도 세 가지 유익한 즐거움이 있다. 예악禮樂으로 절제하는 것을 즐기고, 남의 장점을 말하는 것을 즐기며, 좋은 벗을 많이 사귀는 것이다. 반면 세 가지 해로운 즐거움도 있다. 자만하는 것을 즐기고, 마음껏 방탕한 생활을 즐기며, 모여서 먹고 마시는 것이다.(16.5) "이로운 세 가지 즐거움益者三樂"은 인격을 수양하는 데 도움이 되지만 "해로운 세 가지 즐거움損者三樂"은 감각적 욕망을 만족시키기 위한 것으로서 절제를 모르게 하고 인격의 수양을 해친다. 따라서 감각적 욕망을 충족시키는 즐거움에는 예악에 따른 절제가 있어야 유익하다.

: 陳維浩

#_인仁, 욕欲, 예禮, 열說, 안安

량諒

'량諒'은 두 가지 의미로 나눌 수 있다. 우선은 자기가 한 말에 신의信義를 지키는 것이다. 그러나 신의를 잘 지켜도 큰 원칙에 부합하지 않는 것은 결국 작은 신의[小信]일 뿐으로, 그로 인해 상처를 줄 수 있다. 말에 신의가 있는 것은 성실함으로서, 공자는 "정직한 사람을 벗하고, 성실한 사람을 벗하고, 견문이 많은 사람을 벗한다友直, 友諒, 友多聞"고 하여 세 가지 유익한 벗에 대해 소개했다.(16.4) 그러나 말에 신의가 있지만 큰 원칙을 두루 고려하지 않으면 그 성실한 행위는 작은 신의가 되고 만다. 이에 공자는 "군자는 바른 이치를 따르며 작은 신의에 얽매이지 않는다君子貞而不諒"고 했다.(15.37) 이는 큰 원칙을 굳게 지키면서 작은 신의에 구애받지 않는 것이다.

: 陳慧玲

#_군자君子, 언言, 신信, 정貞, 의義

현賢

공자는 덕행이 탁월하고 훌륭한 '사람' 또는 그러한 '능력'에 대해 '현'이라 했다. 따라서 현자賢者란 뚜렷한 성과를 나타낸 사람을 가리킨다. 공자는 "현자를 보면 그와 같아지기를 생각하고, 불현不賢한 자를 보면 안으로 자신을 성찰해야 한다見賢思齊焉, 見不賢而內自省也"라고 했다.(4.17) 또한 공자는 "어질다, 안회여賢哉, 回也!"라며 안회의 덕행에 '현'으로써 칭찬했고, 백이와 숙제에 대해 "옛날의 현인이다古之賢人"라고 했다.(6.11; 7.15) '현'에 대해 공자는 이와 같이 해석했다. "남이 나를 속일까 미리 짐작하지 않고, 남이 나를 믿어주지 않을까 억측하지 않는다. 그러나 또한 먼저 깨달은 자不逆詐, 不億不信, 抑亦先覺者"다.(14.31)

: 陳慧玲

#_일민逸民, 사思, 지知, 색色, 언言

질質

질박한 개성을 묘사하는 말이다. 공자는 군자란 예악교화禮樂教化를 배우는 것 외에 질박한 본성을 잃지 않는 존재라 여겼다. 사람의 질박한 본성이 예악의 꾸밈[文飾]을 넘어서면 언행이 거칠고, 예악의 꾸밈이 질박한 본성을 넘으면 언행이 허황되다고 했다. 즉 두 가지가 알맞게 어우러진 "문질빈빈文質彬彬"이야말로 군자의 면모라는 것이다.(6.18) 또한 '질'이란 내재된 품성 또는 굳게 지켜야 하는 원칙을 뜻하기도 한다. 공자는 '품성'의 의미로, 통달한 사람은 품성[質]이 정직하고 의義를 행하기를 좋아한다고 했다. '원칙'의 의미로는 군자는 "의를 바탕으로 삼는다義以爲質"고 하여 도의道義를 마음의 원칙으로 삼는다고 했다.(15.18)

: 陳慧玲

#_예禮, 의義, 문文, 직直, 군자君子

은隱

두 가지 뜻이 있다. 하나는 은거함이고, 다른 하나는 감추고 숨김이다. 은거의 뜻으로, 공자는 천하에 도道가 없다면 현자賢者는 은거할 수밖에 없다고 했다. 그 예로 우중虞仲과 이일夷逸 그리고 길에서 자로子路가 만난 지팡이에 대바구니를 걸어메고 가던 노인이다. 이들은 세상을 피하여 은거함으로써 지조와 절개를 지킨 인물들이다.(8.13) 한편 공자는 군자를 대하는 상황에서 발언해야 할 때에 말하지 않는 것은 숨기는 행위로서 진실하지 못한 태도라고 했다. 이 경우에 '은'은 숨김의 뜻이다. 또한 가족을 사랑하는 마음의 발로에 따라 가족의 허물을 밝히지 않고 숨겨주는 것이 오히려 정직함이라고 했다.(13.18; 16.6)

: 許詠晴

#_성性, 정情, 직直, 현賢, 일민逸民

예禮

예의禮儀, 예제禮制, 예로써 나타내는 경의, 예절을 뜻한다. 공자가 정치와 윤리를 논할 때 사용하는 중요한 개념이다. 예는 하·상·주 전통문화의 핵심으로, 정치제도와 인간 행위의 보편적 규범을 내용으로 한다. 유약有若은 공자의 가르침에 근거해 "예가 응용될 때는 조화를 이루는 것이 가장 귀하다. 고대 제왕의 다스림은 이러한 기풍이 완벽했다. 크건 작건 모든 일은 예의 규정에 따라야 한다. 실행되지 못할 때도 있는데, 조화를 위한 조화만을 추구할 뿐 예로써 절제하지 않으면 이룰 수 없다"고 했다.(1.12) 예의 주요 기능은 사회적 계층을 구별하고 서로 다른 계층간의 대립을 조정하는 것이다. 예는 중도中道의 원칙 아래 예제와 예의의 규범으로써 사람들의 행위를 적절하게 이끌어 조화롭게 한다. 공자는 이러한 '중용'이야말로 가장 높은 덕행으로서 백성 중에 이를 실행한 자는 보기 드물다고 했다.(6.29) 공자는 행위의 치우침이 없는[適中] 품덕을 상찬한 것이다. 예는 모든 사물의 등급을 구분할 수 있으며, 모든 사물의 관계를 조화롭게 할 수 있다. 이처럼 나누는 동시에 합치는 기능을 갖춘 예는 나라를 다스리기에 가장 적합한 방법이다. 공자는 덕행으로써 교화하고 예제로써 제한하면 백성이 부끄러움을 알고 바른길을 갈 수 있다고 말했다. 제자들에게 예로써 나라를 다스려야 함을 강조하기도 했다.(2.3; 11.26) 또한 신하는 예제의 규정에 따라 군주를 섬겨야 하며 군주 역시 예제에 따라 신하를 부려야 한다.(3.18; 3.19) 사람이 품덕品德을 수양할 때도 예의 규범을 지켜야만 지나치거나 못 미치는 일이 발생하지 않는다. 공손하지만 예를 모르면 수고로우며, 신중하지만 예를 모르면 두려워하며, 용감하지만 예를 모르면 난을 일으키며, 숨김없이 직언할 줄은 알지만 예를 모르면 야박하여 남에게 상처를 주게 된다.(8.2) 이상적인 인격을 수양하려면 지혜, 무욕, 용감함, 재능뿐만 아니라 예악禮樂으로 꾸며야[文飾] 완성될 수 있다고 했다.(14.12) 이처럼 예는 처신과 처세의 중요한 바탕으로서, 모든 언행은 예에서 벗어날 수 없다.

공자는 예에서 벗어난 행위는 사회의 안정과 조화를 파괴하는 것으로 보고 비판했다.(3.1) 그러나 하·상·주의 예제규범을 그대로 전승하는 것이라기보다는 시대에 따라 가감 조정되는데, 그 변화에는 일정한 원칙이 있다.(2.23) 공자는 원칙에 부합하는 새로운 예제는 수용했지만, 그렇지 않은 경우에는 옛 예제의 규정에 따랐다.(9.3) 예제의 변화를 수용하는 원칙은 바로 "예의 근본禮之本"이다. 공자가 생각하는 예의 근본은 일반적으로 사치스러운 겉치레보다 검소하고 소박함이 앞서고, 상례喪禮에서는 의식을 잘 치르는 것보다 슬퍼하는 마음이 앞서는 것이다.(3.4) 즉 예의 근본 도리란 진실한 마음이다. 이러한 진실함을 잃는다면 어떠한 예제와 의문儀文도 번거롭고 불필요한 의식일 뿐이며 아무 가치가 없다. 공자는 주공周公의 사당에 들어갔을 때 모든 세부적인 내용을 물었다. 이를 두고 사람들은 공자가 예를 잘 모른다고 비웃었으나 공자는 그것이 바로 예라고 했다.(3.15) 즉 공자가 하나하나 묻는 행위는 그 자리에 맞는 공손함과 신중함의 표현, 즉 예의 근본인 진실한 감정을 표현한 것이다. 따라서 모든 구체적인 행위의 규칙은 인간의 진실한 감정을 바탕으로 한다. 예와 인간 본성의 관계는 마치 그림을 그릴 때 그림 사이사이에 흰색을 둠으로써 여러 색이 드러나게 하는 것과 같다. 즉 예란 고유의 아름다운 바탕을 드러내는 것이지 별도에 색을 더하는 것이 아니다.(3.8) 흔히 사람들은 예가 꾸밈[文飾]이라고 생각하는데, 이러한 꾸밈은 인간 본성의 고유한 감정과 뜻을 표현하기 위한 설계라는 사실을 잊는다. 예는 인간 본성의 아름다움이 충분히 드러나도록 하는 것이다. '예'는 『논어』에서 약 75회 등장한다.

: 陳維浩

#_인仁, 예지본禮之本, 문文, 덕德, 덕치德治

예지본禮之本 예의 기초, 근원, 근본 도리를 가리킨다. 임방林放이 공자에게 예의 근본 도리가 무엇인지 묻자 공자는 "질문이 훌륭하다大哉問!"라고 칭찬하고 나서 다음과 같이 설명했다. "일반적인 예라면 겉치레로 사치스러운 것보다 검소하고 소박한 것이 낫고, 상례喪禮는 의식을 잘 치르는 것보다 슬퍼하는 것이 낫다."(3.4) 예의 표현이 지나치게 화려하고 사치스러우면 형식에 빠질 수 있음을 말한 것이다. 반면 예의 표현이 지나치게 검소하고 소박하면 예제禮制에 정해진 의칙儀則을 다할 수 없다고 생각했다. 사실 둘 다 예에 부합하지 못한 것이다. 그러나 둘 중에 하나를 선택해야 한다면 공자는 검소하고 소박한 쪽을 택하겠다고 했다. 이렇듯 예의 근본은 진실한 감정이며, 진실한 감정이 빠져 있다면 어떠한 예제나 의문儀文도 번거롭고 불필요한 의식일 뿐이다. 공자는 "우리가 말하는 예禮가 어찌 옥玉, 비단과 같은 예물만을 말하는 것이겠는가?"라고 탄식했다.(17.11) 예를 표하는 형식에는 구체적인 의식과 기물이 요구되지만 가장 중요한 것은 예에 임하는 사람의 진실한 감정이다. 따라서 진실한 마음이 없는 예는 허례허식과 같아서 본연의 가치를 잃었기 때문에 행할 필요가 없다.(3.3)

: 陳維浩

#_인仁, 예禮, 정情, 검儉, 효孝

당黨

세 가지 뜻이 있다. 첫째는 계산 단위, 둘째는 사람의 성격 유형, 셋째는 공의公義를 고려하지 않고 사적인 친분을 맺는 것이다. 옛 사람들은 마을 규모를 헤아릴 때 1가구[家]를 단위로 삼아 5가구는 '린鄰'이라 하고, 25가구는 '리里'라 하고, 500가구는 '당黨'이라 하고, 1만2500가구는 '향鄕'이라 했다. 이때 '당'

은 지역 또는 향리鄕里의 뜻으로 여길 수 있으며 '향당鄕黨'이라고도 한다. 한편 사람이 저지른 잘못은 "각각 그 부류에 따른다各於其黨"라고 한 공자의 말은 '당'을 성격의 유형으로 사용한 경우다.(4.7) 결당結黨의 뜻으로 확대되어 사용된 예로는, 군자는 "많은 사람과 어울리되 편당偏黨을 짓지 않는다群而不黨"라는 말이 있다. 예로부터 지금까지 자기와 친한 자의 편을 들지 않고, 결탁하여 사리사욕을 꾀하지 않는 사람은 실로 드물다.(15.22)

: 陳慧玲

#_군자君子, 과過, 인仁, 달항당達巷黨

구懼

근심하고 두려워하는 마음을 뜻한다. 공자는 효와 관련하여, 자녀로서 부모가 나날이 쇠약해지는 것을 걱정해야 한다고 했다.(4.21) 또한 자신이 군대를 인솔한다면 삼가고 두려운 마음으로 임무를 맡은 자들이 자신을 도울 수 있도록 하겠다고 했다. 이 두 가지 두려움은 죽음과 관련된 것으로, 생명을 중시하는 공자의 일관된 입장을 나타낸다. 또한 공자는 자기를 반성했을 때 양심의 가책이 될 만한 게 없다면 어떠한 근심과 두려움도 없을 것이라고 했다.(12.4) 이처럼 근심하지 않고 두려워하지 않는 마음은 양심에 물었을 때 한 점 부끄러움이 없음을 전제로 한다. 공자는 또한 용감한 사람은 두려움이 없다고 했다. 진정 용감한 자는 용기 있게 자기 결함을 고치기 때문에 양심에 거리낌이 없고 두려움이 없는 것이다.(9.29) 『중용』(20장)에

도 부끄러움과 용감함을 연계한 구절이 있다. "부끄러움을 아는 것은 용감함에 가깝다 知恥近乎勇"라는 문장이다.

: 陳維浩

#_우憂, 치恥, 희喜, 용자勇者, 군자君子

형이상학과
종교철학

이끄는 말

공자의 종교철학은 상商·주周 두 왕조의 전통신앙을 계승하고 발전시킨 것이다. 상 왕조는 상제上帝, 조상, 자연신에 대한 신봉을 핵심에 두고 있다. 상제는 세상의 주재자로서 최고의 신이다. 조상은 죽은 뒤 영혼이 제정帝庭으로 돌아가 상제와 세상의 중개자 역할을 한다. 또한 조상은 죽은 뒤 얻은 신비한 역량으로 후대 자손들을 축복하거나 저주한다.

주周 왕조는 상 왕조를 대체한 후 '하늘[天]'로써 최고의 신을 지칭하기 시작했다. 어떤 문헌에서는 '하늘'과 '상제'가 호환되기도 하지만, 의의는 '하늘'이 더 명확하다. 『시경』『상서』에 따르면 '하늘'은 다섯 가지 성격으로 분석할 수 있다. (1)조생자造生者-하늘은 인간을 만들었으며, 만물의 근원이다. (2)주재자主宰者-하늘은 만물을 통치하는 존재이며, 세상의 모든 가치 역시 하늘의 의지에서 나온다. (3)재행자載行者-하늘의 안배 규칙에 따라 만물이 운행하도록 한다. (4)계시자啓示者-점[占卜], 민의民意와 제왕의 지혜를 통해 세상에 선악의 가치판단 기준을 전달한다. (5)심판자審判者-하늘은 다양한 방식으로 선악에 대한 보응報應을 수행한다. 제국의 흥망성쇠, 개인의 길흉화복, 자연계의 길조와 천재지변이다. 이 다섯 가지 성격은 하늘의 인애仁愛와 정의正義의 덕행을 구현한 것이다.

공자는 서주西周 시기에 형성된 '하늘'의 개념을 계승했다. 예컨대 공자는 "하늘이 무슨 말을 하더냐? 그래도 사시四時가 운행되고 만물이 자라난다. 하늘이 무슨 말을 하더냐天何言哉. 四時行焉, 百物生焉, 天何言哉?"라고 했다.(17.19) 하늘을 조생자와 재행자로서 이해한 것이다. 또한 공자는 제자들이 잘못 이해할 때, 진정한 기도에 대해 논할 때, 남을 기만하지 말라고 강조할 때, 이해받지 못함을 탄식할 때, 죽음의 상황에 직면했을 때, 제자가 일찍 죽어 비통해할 때 등 극한 한계상황에서 예외 없이 하늘을 호소의 대상으로 삼았다. 공자는 하늘을 주재자로 인정했을 뿐만 아니라 계시와 심판의 마지막 의지가 하늘에 있음을 인정한 것이다.

춘추시대에는 천자天子가 덕을 잃고, 하늘의 인애와 정의가 모두 허사가 되었다. 이로써 '하늘'의 개념은 엄중한 도전에 직면하게 되었다. 주재자로서 하늘은 점차 무대 뒤로 물러남과 동시에 세상은 혼란해지고 인문적 의식의 각성이 일어났다. 인애의 하늘은 자연의 하늘로 강등되었고, 정의의 하늘은 운명의 하늘로 변질되었다. '하늘'의 자연의自然義와 운명의命運義는 이후 사상의 무대로 발돋움했다. 도가道家와 유가儒家는 각기 전자와 후자를 포착하여 그 속의 위기를 깊이 이해하고 창조적으로 전환시켰다. 공자는 운명의 하늘을 사명使命의 하늘로 개척했다. 그리하여 50세에 '천명을 앎知天命'의 경지에 이르렀다.(2.4) 이후 천명은 정치적 틀을 벗어나, 더 이상 제왕에 의해 독점되는 것이 아닌 모든 사람이 깨달을 수 있는 진리가 되었다. 즉 누구나 마음속에 선을 행하고자 하는 요구가 있음을 자각하여, 구체적인 생활 속에서 하늘이 내린 사명을 받들 듯이 실현해야 한다는 것이다.

귀신鬼神의 경우, 공자는 괴이한 것[怪]과 용력勇力과 어지러운 것[亂]과 귀신[神]에 대해서는 말하지 않았지만 민간의 신앙에 대해서는 존중하고 묵인했다. 공자는 종교와 교육을 결합하여 종교로써 사람들의 도덕적 수준을 향상시키려 했음이 분명하다.(7.21) 그는 세 가지 일에 대해서는 신중한 태도로 임했다. 첫째는 제사와 관련된 재계齋戒다.(7.13) 제사에 임하는 태도는 경건하고 정성스러워야 하며 아첨하는 마음이 없어야 한다고 생각했다. 그러나 과도하게 미신迷信하면 안 된다는 생각으로 "귀신을 공경하되 멀리하는敬鬼神而遠之" 이성적인 태도를 견지했다.(6.22) 또한 살아 있는 사람을 섬기지 못하면서 어떻게 죽은 사람을 섬길 수 있으며, 삶의 도리를 이해하지 못하면서 어떻게 죽음의 의의를 이해할 수 있겠느냐고 하여 신앙에 대한

인문정신을 강조했다.(11.12)

자공子貢은 "스승께 성性과 천도天道에 대한 말씀은 듣지 못했다夫子之言性與天道, 不可得而聞也"라고 탄식했다. '천도天道'란 하늘의 객관적인 규칙과 하늘이 세상에 내리는 화복禍福의 효과다. 『논어』에서 공자는 천도天道에 대해 직접적으로 논하거나 정의하지 않았다.(5.12)

: 陳淑娟

천天

하늘은 모든 존재와 가치의 원천이며, 초월계超越界에 속한다. 『시경』과 『상서』에서 하늘은 주재자, 조생자造生者, 재행자載行者, 계시자, 심판자 등 다섯 가지 성격으로 구분된다. 주周 왕조 당시 사람들은 하늘이 자연과 모든 가치를 주관하는 주재자이자 만물의 근원이라 믿었다. 더불어 생명력의 원천으로서 그 운행의 방향을 제시하며, 선악과 시비의 준칙을 계시하고 정의正義에 따라 심판한다고 믿었다. 공자는 이 전통을 계승하는 동시에 '천명天命'의 관념을 강조했다. 즉 사람들이 선善을 지향하는 인간의 본성을 성실하게 살피고, 하늘이 부여한 운명 속에서 선을 행하는 사명의 가치를 깨달아 능동적이고 끈기 있게 선을 택하여 굳게 지켜야 하며, 궁극적으로는 '천하'(인간사회)에서 천인합덕天人合德이라는 삶의 이상을 실현해야 한다고 주장했다.

공자는 '하늘'을 논할 때 세 가지에 중점을 두었다. 첫째, 항상 하늘과 사람이 연관된 지점에서 하늘을 논했다. 자연적 의미의 하늘을 언급할 때에도 여전히 그 깊은 곳에는 천인天人 관계가 있다고 여겼다. 예컨대 명령 없이도 만물은 생장하고 사계절이 운행하는 자연계에는 초월적인 하늘의 조생造生과 재행載行이 있다고 본 것이다. 따라서 자신의 가르침이 단지 전술傳述되는 이론에 그치는 것이 아닌, 교화의 효과를 가지고 오랫동안 전파되기를 기대했다.(17.19) 마찬가지로 세상의 정치권력은 만물을 주재하는 하늘에서 나오는 것이라 여겼기 때문에 '천자天子'란 하늘의 뜻을 세상에서 수행하는 지도자라고 인식했다. 그중 요임금을 가장 훌륭한 제왕으로 평가하면서, 요임금은 하늘을 본받았기 때문에 백성은 그의 높은 덕행과 넓은 은혜를 형용하거나 칭송할 수 없었다고 말했다.(8.19)

둘째, 하늘은 능동적으로 세상의 필요에 회답한다고 여겼다. 따라서 인간과 하늘의 관계는 자연계와의 관계보다 밀접하다. 당시 사람들은 하늘이 세상을 관찰하며 때에 따라 선행을 발양시키고 악행을 억제한다고 여겼다. 따라서 의儀 땅의 국경을 지키는 사람[儀封人]은 하늘이 장차 공자를 교화의 목탁木鐸으로 삼을 것이라고 했다. 공자 역시 인간이 기도를 하든 죄를 짓든 하늘을 최후이자 최고의 대상으로 삼기 때문에 천명天命을 경외해야 하고, 그 행위는 하늘의 뜻에 부합해야 한다고 믿었다.(3.13; 3.24) 그러나 개인의 생사生死와 성도成道는 자기가 통제할 수 없는 운명이다. 이에 공자는 하늘이 내린 인간의 본성으로 거슬러 올라가 인간에게는 선을 지향하는 요구와 실천의 사명이 있음을 강조했다.(12.5; 14.36; 17.21)

공자는 "50세에 천명을 알았다五十而知天命"고 했다. 즉 인간은 자신의 삶에서 운명을 개척해 나갈 방법을 강구하고 그것을 완수해야 하는 사명을 깨달아야 한다는 것이다. 이것이 공자가 논한 '하늘'의 세 번째 핵심이며, 유가 철학의 특징 중 하나다.(2.4) 공자는 삶의 과정에서 천명을 깊이 인식했기 때문에 곤경에 부딪혔을 때 자신은 주周 왕조 문화를 계승한 자라고 공언할 수 있었다. 자신은 천명天命에 따라 덕행을 실천하므로 오직 하늘만이 자기의 운명을 결정할 수 있다는 말이다.(7.23; 9.5) 게다가 진실하기만 하면 무한한 역량을 발휘하여 죽음을 두려워하지 않고 도의道義를 완성할 수 있다고 했다.(4.6; 8.13) 이처럼 공자는 운명을 원망하지 않으며, 내면의 요구를 경외하여 사명을 힘써 실현하고자 함으로써 생명의 심오한 의의를 드러냈다. 따라서 공자는 하늘이 자신을 알아주며, 자신도 하늘의 도를 즐기고 운명을 알기 때문에[樂天知命] 근심이 없다고 했다.(14.35).

공자는 제자들에게 명命의 도리를 이해하지 못하면 군자가 될 수 없다고 가르쳤다.(20.3) 군자가 세상에 나아가 일을 할 때는 천명의 요구와 사람의 도리에 호응하며 쉼 없이 인仁을 행하고 도의道義와 함께 나아가며, 완벽한 인격을 이루고 세상을 이롭게 하는 데 뜻을 둔다.(4.5; 4.10) 구체적으로 말하자면 행동거지가 점잖고 관대하며 성실하고 근면하며 은혜를 베풀어야 한다. 지도자라면 백성, 식량, 상례, 제사를 중시해야 한다. 사람을 대할 때는 너그럽고 신용을 지키고, 일을 처리할 때는 부지런하고 공정해야 한다.(17.6; 20.1) 요, 순, 우, 탕, 무왕은 능동적으로 사명을 실현하여 공자와 모든 사람들에게 추앙받게 된 천자였다. '천天'자는 『논어』에서 약 49회 등장한다.

: 楊舒淵

#_천명天命, 명命, 인仁, 덕德, 군자君子

천명天命   최고의 신, 즉 하늘의 의지를 뜻한다. 주 왕조 사람들은 하늘을 최고의 신으로 섬겼다. 하늘은 자연과 세상의 주재자이자 모든 생명의 궁극적인 본원이며, 자연계 운행이 영속될 수 있도록 한다. 또한 하늘은 적당한 인재를 선택해 세상을 다스리고 세상의 질서가 유지되도록 한다. 또한 늘 인간세상을 살펴보면서 군왕君王의 덕을 관찰하고 평가한다. 점[占卜], 민의民意, 군왕君王의 지혜를 통해 하늘의 의지를 내비치기도 한다. 하늘 자체는 절대적 정의正義를 나타내며, 군왕의 책임·심판 상벌을 감독하는 큰 권한을 쥐고 있다. 이러한 내용이 '천명'을 뜻한다. 주周 왕조에서 천명은 '천자天子'인 왕의 권력에 대한 정당성을 부여한다.

공자는 천명을 자기 덕행의 근원으로 전환시켰다.(7.23) 공자는 스스로는 "괴이한 것, 용력, 어지러운 것, 귀신怪力亂神"에 대해 말하지 않았지만, 하늘에 대한 경건한 신앙을 가지고 있었다.(7.21) 공자는 자신이 50세에 천명을 깨달았고 60세에는 천명에 순종하여 따르게 되었다고 했다. 또한 군자는 천명에 대해 깊은 경외심을 가지므로 감히 거역할 수 없다고 했다.(2.4;

16.8) 공자가 이해한 '천명'이란 하늘이 내린 사명을 뜻하며, 그 내용은 두 가지이다. 보편적인 의미는 하늘이 사람에게 내린 명령이다. 사람이 내면의 선을 지향하는 요구를 자각하고 선을 택하여 굳게 지킴으로써 지극한 선에 이르도록 하는 것이다. 개별적인 의미로는 각자 선을 선택하여 객관적인 조건에 맞게 실천하는 구체적 행위다. 예컨대 공자는 55세에 열국을 주유하고 천명을 받들어 정도正道를 선양했다.

공자는 자신이 천명을 알 뿐만 아니라 하늘과 쌍방향적 소통을 한다고 생각했다. 공자에게 하늘은 덕행을 행하는 근원이었으며 자신의 모든 행위는 하늘의 책임을 다한 것이기 때문에 오직 하늘만이 공자의 마음을 이해할 수 있었다.(14.35) 따라서 공자는 열국을 주유할 때 목숨이 위태로운 두 번의 상황을 맞아 하늘에 호소했다.(7.23; 9.5)

: 陳淑娟

#_천天, 명命, 지知, 외畏, 천자天子

천도天道

하늘의 객관적인 규칙 그리고 하늘이 세상에 내리는 화복禍福의 효과다. 공자는 인간의 일을 중시하여 인륜도덕人倫道德에 관한 문제를 많이 논했고 천도에 대해서는 적게 언급했다. 자공子貢은 공자로부터 문헌과 수양의 성취에 대해선 들을 기회가 있었지만 인간의 본성과 천도에 대한 견해는 들을 기회가 없었다고 했다.(5.12) 그러나 공자가 천도에 대한 언급이 적었던 것은 결코 천도를 덜 중시한 탓은 아니다. 공자가 생각하는 인생의 사명은 그의 천명관天命觀에 바탕한 것이다. 또한 천명관과 매우 밀접한 관계를 갖고 있는 천도관天道觀 역시 공자 사상의 중요한 부분이다. 자공은 이러한 공자 사상의 핵심을 이해하지 못했기 때문에 탄식한 것이다.

: 陳維浩

#_천天, 천명天命, 성性, 인仁, 도道

점占 점치는 것이다. 공자는 만년에 『역경』 연구에 심취했다.(『사기』「공자세가」) 『역경』의 주요 기능 중 하나는 점치기를 통해 미래를 예측하는 것이다. 공자는 『역경』의 내용을 이해하기 위한 연구에 전념했으며, 그 깨달음을 생활에서 응용하면 큰 잘못을 범하는 일을 피할 수 있다고 했다.(7.17) 그러나 점으로써 미래를 예측하는 것보다는 항상 덕행으로 수양하는 게 더 중요하다고 주장했다. 또한 공자는 항심恆心이 없는 사람은 무당과 의원[巫醫]도 고칠 수 없다는 남쪽 사람들의 속담을 언급하면서 덕행의 실천에도 항심이 없으면 치욕을 당할 수 있다고 했다. 이 말은 『역경』「항괘恆卦」의 효사에서 인용된 것이다. 이러한 도리는 명백하여 점을 치지 않아도 알 수 있다고 했다.

: 許詠晴

#_역교易敎, 과過, 수羞, 덕德, 유항자有恆者

북신北辰 북극성이다. 공자는 당시의 천문학에 대해 알고 있었으며, 북극성이 고정되어 움직이지 않는 별이라고 생각하지 않았다. 그

352

는 북극성이 일정한 영역에서 운행하며, 다른 별들이 북극성을 에워싸며 펼쳐진다고 했다. 또한 북극성은 천체를 관측하는 기계인 선기璇璣와 같아서 얼마간 회전할 때 다른 별들이 따라서 큰 폭으로 회전 이동한다.(『여씨춘추呂氏春秋』「유시람有始覽」; 『주비산경周髀算經』)

공자는 덕치德治를 이러한 현상에 비유하여 설명했다. 즉 순舜임금처럼 고상한 품덕을 지닌 지도자는 북극성과 같아서 자기 자리에서 공손하게 덕을 닦고 책임을 다하며, 사람의 능력을 파악하여 적재적소에 등용하고 각자에게 책임을 맡기면 된다고 주장했다. 인간의 본성은 선을 지향하기 때문에 군주가 진실한 자세로 선善을 행하기만 해도 백성은 북극성을 따르는 별들처럼 덕행으로써 인생의 바른길을 가게 된다는 것이다.(2.1; 15.5)

: 楊舒淵

#_덕치德治, 성性, 인仁, 덕德, 선善

사死

공자는 죽음에 대하여 진정한 감정을 드러내는 것을 중시했다. 특히 부모가 돌아가셨을 때는 그 슬픔을 충분히 표현해야 한다고 생각했다.(19.17) 안회가 "불행히 명命이 짧아 죽고不幸短命死矣", 자로가 위衛나라의 정쟁에 휘말려 죽고, 덕행이 뛰어난 염백우冉伯牛가 병으로 위태했을 때, 공자는 거듭 탄식을 하며 세상을 맑게 하는[淑世] 이상이 끊길 것을 걱정했다. 가까운 사람의 죽음이 아니어도 공자는 진실한 애도와 경의를 표했으며,

음식을 먹을 때 상중인 사람이 곁에 있으면 배불리 먹지 않았다.(7.9)

공자는 어떤 사람이 진실한지를 판단할 때 죽음을 대하는 태도를 살폈다. 재아宰我가 삼년상을 일년상으로 바꿀 것을 제안했을 때 공자는 그가 인仁하지 않다고 비판했다.(17.21) 이처럼 공자의 가르침은 인간 본성의 진정한 감정에 충실해야 한다는 점에서 도가道家와 크게 다르다. 도가의 죽음이란 편안한 마음으로 때에 맡기고 자연의 순리에 따르는[安時處順] 것이므로 슬픔과 즐거움이 마음에 들어올 수 없다[哀樂不入於心]. 공자는 죽음을 대한 진정한 감정의 표현도 예禮의 규범에 따라야 한다고 생각했다. "죽은 뒤에는 예로써 장사지내고 예로써 제사지낸다死, 葬之以禮, 祭之以禮"는 태도를 견지하여, 자식과 같은 안회가 죽었을 때나 친아들 공리孔鯉가 죽었을 때도 예의 규범에 어긋나선 안 된다고 했다.(2.5) 사후 세계에 대해서 공자는 "괴이함, 용력, 어지러운 것, 귀신"에 대해 말하지 않았지만(7.21) 귀신의 존재를 인정하는 말을 남겼다.(『논어』; 『예기』 「제의祭義」; 『중용』) 뿐만 아니라 인간의 진실함이 귀신에 감통感通할 수 있다고 생각했다. 그러나 자신은 전통을 존중하여 하늘을 신앙의 대상으로 삼았으며, 평생 천명을 받들었기에 하늘과 교류하는 바가 있다고 믿었다.

죽음을 마주하여, 공자는 생명의 가치와 의의를 깨닫고 선을 택하여 굳게 지킴[擇善固執]으로써 무한한 이상에 다가가는, 즉 죽음이 완벽한 마침표가 되기를 바랐다. 따라서 그는 "삶을 모르고 어떻게 죽음을 알겠는가未知生, 焉知死?" "아침에 도를 깨달았으면 저녁에 죽어도 괜찮다朝聞道, 夕死可矣"라고 했다.(4.8; 11.12)

인간의 생명은 도덕적 사명을 실천하여 인격을 완성하고 사회를 완전하게 하는 데 의의가 있다. 그러므로 도의道義의 실천을 인생의 가장 중요한 부분으로 삼아야 한다. 공자는 뜻이 있는 자와 인을 행하는 자는 살기 위해 삶의 이상을 버리지 않으며, 오히려 자기를 희생하여 인생의 이상을 이루고자 한다고 했다.(15.9) 증삼은 선비[士]는 죽을 때까지 힘써 인仁을 행해야 하며 긴 인생에서 막중한 책임을 짊어져야 하기 때문에 도량이 넓고 굳세어야 한다고 했다.(8.7) 인과 죽음을 병렬한 이 말에서 증삼이 공자의 생사관生死觀을 충분히 깨달았음을 알 수 있다.

: 陳淑娟

#_도道, 상喪, 귀鬼, 천명天命, 인仁

군자삼외
君子三畏

군자는 하늘이 부여한 사명, 정치 지도자, 성인聖人의 말씀을 경외해야 한다. 이 세 가지는 각각 인간과 초월계의 연결성, 이상적인 정치를 펼치기 위한 조건, 인문적 지혜의 전승을 뜻한다. 하늘이 부여한 사명에는 보편적인 것과 특수한 것이 있다. 전자는 모든 인간의 공통된 사명으로서, 선善을 지향하고자 하는 내면의 요구를 자각하고 그 선의 실천을 굳게 지킴으로써 지극한 선에 이르는 것이다. 후자는 하늘이 개인에게 부여한 사명으로서, 삶의 과정에서 선을 택하고 주관적이고 객관적인 조건들을 고려하여 직분에 충실함으로써 선을 행하는 것이다. 하늘의 사명은 삶을 바른길로 인도한다. 이를 준수하지 않는 삶은 그저 요행에 기대어 화를 면하려는 것과 같기 때문에 하늘이 내린 사명을 경외해야 한다. 정치 지도자는 국가를 책임지고 다스린다. 지위가 높고 권세가 크기 때문에 조금이라도 착오가 있으면 백성에게 화가 미친다. 사람들이 정치 지도자를 경외하는 것은 그가 직책을 감당할 수 있도록 촉구하는 것이다. 성인의 말씀은 고대 지혜의 정수라 할 수 있다. 인생의 올바른 길을 제시하고 길흉화복의 지혜를 알려주므로 군자가 경외할 대상이다. 이와 반대로 소인小人은 하늘이 내린 사명을 깨닫지 못해 경외하지 않으며, 정치 지도자에게 아첨하고 비위를 맞추며, 성인의 말씀을 업신여기고 욕보인다.(16.8)

: 楊舒淵

#_군자君子, 소인小人, 천명天命, 인仁, 역교易教

명命

다중적인 의미가 있다. 우선 '命'이라는 문자의 기원으로 보면, 위에서 아래로 내려지는 명령이다. 예컨대 공자는 사람을 보내 뵙기를 청한 유비孺悲에게 병을 핑계로 거절했다. 이때 명령을 전하는 사람, 즉 '장명자將命者'의 '명'자가 이러한 용법이다.(17.20)

두 번째 의미는 '위에서 아래로 내려지는 명령'의 뜻에서 파생된 것으로, '운명'을 뜻한다. 개인의 의지가 아니라 객관적 조건이나 형세에 따라 제약을 받는다는 의미가 담겨 있다. 흔히 인간의 삶과 죽음, 장수와 요절에 관계된다. 예컨대 공자는 배우기를 좋아하는 안회가 죽었을 때 "불행히 명이 짧아 죽었다不幸短命死矣"고 탄식했다.(6.3) 덕행이 뛰어난 염백우冉伯牛가 중병에 들어 죽음에 임박하자 공자는 그의 손을 잡고 "이런 일이 있을 리가 없는데, 운명이구나亡之, 命矣夫!"라고 한탄하며 뜻밖의 불치병에 걸렸음을 슬퍼했다.(6.10) 자하子夏가 전하는 말로써 "죽고 사는 것은 운명에 달려 있고, 부유함과 귀함은 하늘에 달려 있다死生有命, 富貴在天"라고 한 것도 공자의 생각이었다.(12.5) 이러한 '명(운명)'은 삶의 기한을 결정할 뿐 아니라 인류 전체의 역사와 정치의 방향을 결정한다. 공자는 정치적 이상 실현은 운명에 의해 결정된다는 견해를 밝히기도 했다.(14.36)

'명'의 세 번째 함의는 '사명使命'으로, 유가 정신을 드러내는 이 의미는 공자가 결코 소극적인 숙명론자가 아니었음을 말해 준다. 인생의 바른길을 가며 힘써 덕을 닦고 선을 행하는 사람은 이익을 보았을 때 취할 만한가를 생각하고, 위험에 부딪쳤을 때 기꺼이 목숨을 바쳐 이상적 가치를 실천하며, 오랫동안 가난함에 처해도 평생 기댈 만한 말을 잊지 않는다. 이것이 그의 사명으로서, 그렇게 살아갈 때 비로소 이상적인 인격을 갖추었다고 할 수 있다.(14.12) 공자는 이러한 내용을 힘써 실천했으며, 세상의 도道가 미미한 상황에도 열국을 주유하며 자신의 정치적 이념을 전파했다. 공자는 이것을 '하늘'이 부여한 사명이라 여겼기 때문에 당시 사람들은 그를 "안 될 줄 알면서도 하는 사람知其不可而爲之者", 즉 불가능함을 잘 알면서도 기어

코 실행하는 사람이라고 평가했다.(14.38) 마지막으로 공자는 "천명을 알지 못하면 군자가 될 수 없다不知命, 無以爲君子也"라고 했다. 군자는 객관적인 한계를 알아야 할 뿐만 아니라 세속의 부귀를 과도하게 구할 필요가 없으며, 한계 속에서 자기 생명의 의의를 깊이 인식하고 선을 행하는 사명을 이해하여 지극한 선을 추구하고자 힘써야 한다는 뜻이다.(20.3)

: 陳淑娟

#_천명天命, 인仁, 도道, 성인成人, 군자君子

괴력난신
怪力亂神

공자는 "괴력난신怪力亂神"에 대해 말하지 않았다. 이때 '괴'란 비정상적인 것, '력'은 용력勇力의 것, '난'은 질서를 어지럽히는 것, '신'은 신괴神怪한 것을 가리킨다. 공자가 이 네 가지 일을 언급하지 않음은 이러한 일이 없음을 의미하는 게 아니다. 다만 비정상적인 것은 사람들을 미혹시키고, 용력의 일은 덕을 잊게 만들며, 질서를 어지럽히는 일은 사람들을 불안하게 하고, 신괴한 것은 사람들이 망상에 빠지게 한다고 보았기 때문이다. 이러한 것들은 사람들이 지혜롭게 선을 택하고 올바른 용기를 발휘하고 굳건히 선을 행하고 인생의 올바른 이상을 추구하는 데 방해가 될 뿐이다. 여기에서 신비하고 괴이하다고 한 것은 미신迷信과 관련된 것을 뜻하는 것으로, 고대에 믿었던 귀신을 가리키는 것은 아니다.(7.21)

: 陳維浩

#_제祭, 신神, 귀鬼, 혹惑, 사思

송백松柏	'송松'은 소나무과 식물의 통칭이다. 소나무과의 식물은 대략 200여 종으로, 대체로 잎이 바늘 형태를 띠고 있어 솔잎은 송침松針이라 불린다. 송침의 표면을 납막蠟膜이 감싸고 있어 수분의 손실을 줄여주기 때문에 소나무는 혹한과 건조한 기후에도 생명을 지킬 수 있다. '백栢'은 잣나무과 식물의 통칭이다. 목재는 건축자재로 쓰이며, 대개 수령이 매우 길어서 1000년까지 생명활동을 하는 경우도 있다. 잣나무 역시 건조하고 추운 날씨를 잘 견디는 편이다. 공자는 "날씨가 크게 추워진 뒤에야 소나무와 잣나무가 늦게 시드는 것을 알 수 있다歲寒, 然後知松柏之後彫也"라고 했다. 추운 날씨는 엄혹한 시련을, 소나무와 잣나무는 꿋꿋한 군자를 상징하는데, 군자만이 인생의 시련들을 견디면서 우뚝 솟은 채로 끝까지 흔들리지 않음을 나타냈다.(9.28)

: 陳淑娟

#_군자君子, 소인小人, 용자勇者

하도河圖	'하도河圖'란 『상서』 「고명顧命」에서 비롯된 말이다. 주 강왕康王이 즉위했을 때 예당禮堂 동쪽 벽에 진열된 보물 중 하나로 전해지고 있다. 견융犬戎이 서주西周의 도성을 함락했을 때 모든 재물과 보화를 빼앗은 이후 『상서』에 기록된 하도는 어디에서도 언급되지 않았다. 이러한 까닭으로 후대 사람들은 하도가 무엇인지에 대한 추측을 내놓았다.

『묵자』『관자』『역경』「계사전」『사기』『예기』『회남자』 등 춘추전국시대부터 진한秦漢 시대 제자諸子의 전적典籍에 이르기까지 하도에 관한 설명이 담겨 있다. 하도는 특수한 무늬를 지닌 옥구슬로서 고대 성왕聖王이 천명天命을 받아 천하를 다스리는 길조의 상징으로 간주되고 있다. 공자는 "봉황새가 오지 않고 황하에서도 하도가 나오지 않으니, 나는 그만두어야겠구나鳳鳥不至, 河不出圖, 吾已矣夫!"라고 했다. 쇠락한 시대에 현명한 군주를 만나지 못한 것에 대한 탄식으로, 봉황새가 다시 날아오지 않고 황하에 도상圖像이 나타나지 않음은 태평천하에 대한 포부를 실현할 수 없게 되었음을 뜻한다.(9.9)

: 陳淑娟

#_천명天命, 봉鳳, 획린절필獲麟絶筆, 역교易敎

묘苗

'벼'를 뜻한다. 공자는 "싹은 났으나 꽃이 피지 못하는 것도 있고, 꽃이 피었으나 열매를 맺지 못하는 것도 있다苗而不秀者有矣夫, 秀而不實者有矣夫!"라고 했다. 이것은 벼가 자라도 꽃이 피지 않는 상황이 있으며, 꽃이 피고 이삭이 나왔지만 열매를 맺지 못하는 상황도 있다는 말이다. 안회의 요절을 비유한 탄식인 듯하다. 그러나 '수양은 반드시 끝까지 노력해야 꽃을 피우고 열매를 맺는다'라는 내용을 묘사한 것으로도 적합하다. 선을 택했지만 굳건히 지킬 수 없다면 결과는 안타깝게 된다.(9.22)

: 陳淑娟

#_곡穀, 명命, 용자勇者, 유항자有恆者

당체지화
唐棣之華

'화華'의 본래 뜻은 꽃으로, '당체지화'란 당체나무의 꽃을 가리킨다. 공자는 『시경』에 누락된 "당체의 꽃이여! 뒤집혔다가 합쳐지누나. 어찌 그대를 생각하지 않으리오! 집이 멀기 때문이다唐棣之華, 偏其反而. 豈不爾思, 室是遠而"라는 구절을 인용했다.(9.31) 시인은 당체나무의 한 줄기에서 자란 꽃이 반대 방향으로 핀 형상에 자신의 마음을 가탁했다. 이는 두 사람이 한 곳에 있으나 서로 등지고 있음을 비유한 것으로, 서로 그리워하면서도 거리가 아득한 감정을 불러일으킨다. 그러나 공자는 문학적인 감흥을 표현하고자 시를 인용한 것이 아니다. 그런 이유로 곧이어 "진정으로 그리워하지 않을 뿐, 어찌 멀리 있다고 하겠는가?"라고 했다. 두 꽃은 본래 한 줄기에서 났기 때문이다. 이는 공자가 "인仁이 멀리 있겠는가? 내가 인하고자 하면 인이 이르게 된다仁遠乎哉. 我欲仁, 斯仁至矣"라고 한 말과 같다. 사람은 인을 행하는 인생의 바른길과 멀리 있지 않다. 진정으로 행하고자 하면 즉각 선을 택하여 굳게 지킬 수 있다.(7.30)

: 陳淑娟

#_인仁, 성性, 언言, 시교詩敎

신神

'신'은 초자연적인 존재 또는 그러한 역량이다. 신은 구체적인 형상이 없지만 그 영향력은 부인할 수 없다. 이것은 옛 사람이 제사를 지내는 전제로서, 제사 대상은 천신天神, 지지地祇, 인귀人鬼로 나뉜다. 공자는 제사를 드리는 자는 공손해야 하기 때문에 전심專心과 성의誠意를 다하기 위해 재계와 목욕을 해야 한다고 생각했다. 공자가 "신에 제사를 드릴 때는 신이 계신 듯이 했다祭神如神在"는 말은 바로 이러한 뜻이다.(3.12) 공자는 인간에 대해서만 진실한 자세를 요구한 것이 아니다. 구체적 형상이 없는 신에게도 경건하고 공손해야 한다고 생각했다. 또한 "스승(공자)은 괴이한 것, 용력의 일, 어지러운 것, 신괴한 것을 말씀하지 않았다子不語: 怪, 力, 亂, 神"라는 말에서 '신神'은 신괴神怪한 일, 즉 미신과 관련된 일을 뜻하며, 고대에서 말하는 귀신이 아니다.(7.21)

: 陳慧玲

#_경敬, 귀鬼, 제祭, 예禮

귀鬼

고대에는 사람이 죽으면 귀신[鬼]이 된다고 믿었기 때문에 죽은 조상을 귀신이라 불렀다. 구체적인 형상이 없는 귀신은 초자연적인 존재 또는 그러한 역량을 뜻하며, 자손의 제사를 향유할 수 있다. 귀신에 제사지낼 때는 반드시 예禮에 부합해야 한다. 즉 사람은 합당한 신분을 지녀야 제사를 지낼 수 있다. 또한 각기 신분에 따라 제사의 대상도 달라진다. 따라서 신분이 맞지 않는데 제사를 지내는 것은 아첨이 된다. 제사를 지낼 때는 아첨과 기복祈福의 마음을 가져선 안 된다.(2.24) 귀신을 섬기는 행위에 대해 공자는 "사람도 잘 섬기지 못하면서 어찌 귀신을 섬길 수 있겠는가未能事人, 焉能事鬼?"라고 하여 사람을 섬기고 난 뒤에야 귀신을 섬겨야 함을 강조했다.(11.12)

: 陳慧玲

#_경敬, 신神, 제제祭, 상喪, 예禮

포과 匏瓜

고대의 별자리 이름이다. "포과는 천계天雞라고도 하며, 하고성河鼓星의 동쪽에 있다匏瓜一名天雞, 在河鼓東"라는 기록이 있다.(『천관天官』「성점星占」) 진晉나라 조간자趙簡子가 독재정치를 하고 있을 때 그의 가신인 필힐佛肹이 반란을 일으켰다. 그런 필힐이 공자를 초청하자 공자는 수락하려 했다. 자로는 필힐을 역신逆臣이라 보았기 때문에 공자가 필힐에게 가는 것을 반대했다. 그러자 공자는 자신은 매달려 있기만 하고 사람들이 먹을 수 없는 바가지별[匏瓜星]이 아니라고 했다. 나아가 가장 단단한 것은 갈아도 얇아지지 않고 가장 흰 것은 검게 물들지 않는다고 대답했다.(17.7) 공자는 자기의 능력과 이상理想을 자부하고 있었기에 자기를 등용해줄 자가 있다면 동주東周 시대와 같이 쇠약한 정세로 두지는 않을 것이라고 했다.(17.5) 자신은 쓸모없이 매달려 있는 바가지별 같은 존재가 아니며 충분히 긍정적인 영향력을 발휘할 수 있다는 뜻이다.

: 陳淑娟

#_천天, 천명天命, 권權, 대신大臣, 포과공현匏瓜空懸

제祭

제사를 매우 중시한 공자는 전쟁, 질병과 더불어 제사하기 전에 치르는 재계齋戒를 대사大事로 여겼다. 그중에서도 재계는 전쟁과 질병에 우선하는 것으로, 거친 밥과 나물국을 먹는 생활에도 반드시 제사를 지내야 했다.(7.13; 10.11) 공자의 제사 관념은 다음 세 가지로 이해할 수 있다. 첫째, 경건하고 정성스러운 마음과 공손한 태도로 제사를 지내야 한다. 제사의 대상은 조상과 신명神明으로, 대상이 그 자리에 계신 듯이 제사에 임해야 한다. 공자는 제사를 지낼 때 제사를 지내지 않는 듯한 태도를 반대했다.(3.12)

둘째, 제사는 예禮의 규정에 따라야 한다. 제물의 사용과 순서, 규격의 안배, 제사를 받는 사람과 제사를 지내는 사람의 신분 등 모두 예제禮制를 준수해야 한다. 법도에 맞지 않는 귀신에게 제사를 지내는 것은 아첨이라고 생각했다.(2.24) 또한 부모가 살아계실 때는 예의 규정에 따라 섬기고, 부모가 세상을 떠나면 예의 규정에 따라 장사지내고 제사를 드려야 비로소 온전한 효도라고 생각했다.(2.5) 셋째, 공자는 제사를 중시하면서도 미신을 믿지 않았다. 물론 제사는 귀신을 섬기는 일이다. 그러나 살아 있는 사람도 잘 섬기지 못하고 백성을 위해 해야 할 일을 열심히 못하면서 어떻게 죽은 사람을 섬길 수 있겠는가? 따라서 종교와 제사에 대한 올바른 태도는 이성理性과 인문정신을 준칙으로 삼고 귀신을 공경하여 받들되 적당한 거리를 유지하는 것이다.(6.22)

: 陳淑娟

#_제례祭禮, 제齊, 귀鬼, 예지본禮之本, 효孝

치雉   꿩이다. 공자는 산골짜기 다리에서 까투리(암꿩)를 보았다. 이 까투리는 사람의 안색이 약간 변하자 상황이 잘못된 것을 감지하고 공중으로 날아오르더니 빙빙 돌다가 다시 내려앉았다. 공자는 느낀 바가 있어 까투리가 때를 안다고 칭찬했다. 이로써 제자들에게 때에 따라 행동해야 함을 일깨웠다.(10.27)

: 陳淑娟

#_시時, 의義, 색色

봉鳳

고대 전설에 등장하는 신령한 새[神鳥]로서 상서로움의 상징이다. 세상이 안정되고 태평할 때 나타난다고 한다. "기린, 봉황, 거북, 용을 네 가지 영물이라고 부른다麟, 鳳, 龜, 龍, 謂之四靈"라는 글이 전해진다.(『예기』 「예운」) 봉조鳳鳥의 다른 이름은 봉황鳳凰이다. 진晉 왕조 곽박郭璞이 주석을 붙인 『이아爾雅』 「석조釋鳥」에 따르면, 봉황의 외형은 닭의 부리, 뱀의 머리, 제비의 턱, 거북의 등, 물고기의 꼬리를 지녔으며 다섯 빛깔에 높이는 6척이다. 공자는 춘추시대의 정치가 쇠락하여 봉황이 다시 날아오지 않고 생전에 현명한 군주를 만나볼 수 없어 천하를 바로잡으려는 포부를 실현할 수 없게 되었다고 탄식했다.(9.9) 봉황은 의지와 품행이 고결한 사람을 뜻하기도 한다. 초나라 은자 접여接輿는 공자를 곤궁함에 처한 봉황에 비유하며 혼탁한 세상을 떠날 것을 권했다.(18.5)

: 陳淑娟

#_하도河圖, 획린절필獲麟絕筆, 광狂

제齊

'재齋'와 같은 뜻으로, 제사를 앞두고 치르는 재계齋戒 의식이다. 옛 사람들은 제사하기 전에 먼저 몸과 마음을 요양했다. 먼저 3일간 치재致齋하여 정신을 집중시키며, 7일간 산재散齋하여 왕래를 단절한다. 치재할 때는 망자 생전의 일상생활, 담소, 마음, 그리고 그가 좋아하고 즐기는 모습을 그리워한다. 이렇게 3일이 지나면 조상의 이미지가 마음속에 나타나게 된다.(『예기』「제의」) 공자는 재계, 전쟁, 질병에 관한 일에는 항상 신중한 태도로 임했다. 재계는 그중의 으뜸으로서 공자가 군사나 건강보다는 종교적인 일을 중시했음을 나타내며, 이는 초월계에 대한 공자의 신앙에서 비롯된 것이다.(7.13) 재계와 제사를 중시한 공자의 태도는 춘추시대의 관념에 부합한다. "국가의 대사는 제사와 전쟁에 있다國之大事, 在祀與戎"(『좌전』 성공成公 13년)라는 글에서 알 수 있듯이 제사는 군사(전쟁)보다 앞선다. 재계의 목적은 심신을 정화하는 데 있다. 따라서 재계할 때는 반드시 목욕을 하고 옷을 갈아입어야 하며, 평소에 먹는 것보다 소박하고 깨끗한 음식을 위주로 해야 한다. 제사드릴 장소는 평소에 잠을 자던 방을 피해 다른 공간에서 지내야 한다.(10.7)

: 陳淑娟

#_제祭, 효孝, 질疾, 병病, 식食

도禱

신명神明에게 기도하여 복을 구하는 것이다. 공자가 병이 들어 위중하자 자로는 천지신명에게 기도를 드리고자 공자에게 지시를 요청했다. 공자는 지금 개인의 행복을 위해 천지신명을 번거롭게 할 필요가 없다고 했다. 공자는 기도를 반대하지는 않았으나 공자가 기도하는 대상은 하늘이었다.(7.35) 최고의 신이며 만물의 주재자인 하늘은 모든 가치의 근원이기도 하다. 따라서 악을 행하고 바른 도를 행하지 않으면 하늘에 죄를 짓는 것이므로 기도를 올릴 대상을 잃게 된다.(3.13) 공자는 천명天命을 깨닫고 천명에 따랐으며, 하늘을 평생 덕행의 근원으로 삼았기 때문에 줄곧 하늘에 기도했다고 생각했다.(7.23)

: 陳淑娟

#_천天, 천명天命, 신神, 덕德

기驥 천리마를 뜻한다. 공자는 '천리마'라는 표현은 그 힘이 아닌 '덕'을 칭찬하는 것이라고 했다. 즉 천리를 질주하는 데 자기의 힘을 활용했다는 뜻이다.(14.33) 동물의 행위에는 선악과 관계가 없다. 따라서 천리마의 '덕'은 덕행이나 품행을 가리키는 것이 아니며, 태생적으로 우아한 자태나 특별한 풍격을 가리킨다. 천리마에 비유하자면, 공자는 사람 역시 태생적으로 선을 지향하는 본성을 지니고 있으며 진실한 태도를 통해 삶의 바른길을 질주할 수 있다고 보았다. 아쉽게도 많은 사람들은 타고난 재질이 있을 뿐 진실함이 없고, 스스로 자신을 제한하거나 타락한다. 천리마가 힘만 지닌 것이 아니듯 사람에게도 선을 지향하는 본성만 있는 것이 아니다. 진실하고 꾸준히 선행을 실현해야 한다.

: 楊舒淵

#_덕德, 성性, 인仁, 용자勇者

정치철학

이끄는 말

공자는 춘추시대 말기에 태어나고 활동했다. 주 왕실의 세력이 쇠락하여 각 제후국 간에 정벌이 끊이지 않았고, 사회는 격렬한 요동과 변혁이 발생하고 있었다. 기존 제도와 질서도 거의 붕괴되었다. 맹자는 이 시기의 사회현상을 다음과 같이 생생히 묘사했다. 사회가 혼란하여 바른 도[正道]가 밝지 않았으며, 터무니없는 학설과 포학한 행위들이 잇따라 출현했다. 대신大臣이 군주를 죽이고 아들이 아비를 죽이기도 했다.(『맹자』「등문공 하」) 공자는 이처럼 혼란하고 잘못된 국면을 종결시키고 사회 안정과 조화를 회복하기 위한 가장 좋은 방법은 고대의 덕치를 실현하는 것이라고 생각했다. 공자는 덕행으로써 나라를 다스린다면 세상은 정좌한 북극성을 뭇별들이 에워싸고 도는

것처럼 이루어질 것이라고 생각했다.(2.1)

덕치는 대개 제왕의 고상한 품덕에 기초하므로 제왕의 책임이 막중하다. 제왕이 덕치를 펼치는 것은 아무 일도 하지 않고 다스리는 것[無爲而治]과 같이 매우 이상적인 효과를 낳는다. 사실 덕치는 아무 일도 하지 않고 다스리는 것이 아니다. 그렇다면 어떻게 태평한 세상이 이루어진다고 한 것일까? 이에 대해 공자는 인간의 본성에 대한 기본적인 신념을 강조했다. 즉 사람은 선을 지향하는 본성을 지니고 있기 때문에 제왕이 덕치를 행하면 백성은 자발적으로 호응하게 된다는 것이다.(13.4) 공자는 정치 지도자의 말과 행동은 바람과 같고 백성의 말과 행동은 풀과 같아서 바람이 불면 풀은 반드시 눕는다고 했다.(12.19) 위정자가 선을 행하고자 하면 백성도 따라서 선을 지향하게 되고, 위정자의 품행이 단정하지 않으면 설령 가혹한 형벌과 법률로 위협한다고 해도 백성은 정령政令에 복종하지 않을 것이다. 공자는 정령으로써 가르치고 형벌로써 단속하면 백성이 죄를 짓지 않겠지만 부끄러움을 알지 못한다고 지적했다. 반면 덕행으로써 교화하고 예제禮制로써 제약하면 백성은 부끄러움을 알고 바른길에 나아갈 수 있다고 했다.(2.3) 따라서 나라를 다스릴 때는 덕행과 예제를 중심으로 해야 한다. 덕행은 인간의 본성을 따르는 선행善行이며, 예제는 사람과 사람 간의 행위에 대한 규범이다. 오직 덕행의 교화와 예제의 단속이 병행되어야 백성이 자발적으로 선을 행하고 나아가 사회가 조화와 안정을 이룰 수 있다.

덕치는 예제 규범이 동반되어야 한다. 따라서 공자는 예에 의지해 나라를 다스려야 한다고 주장하는 동시에 예를 파괴하는 행위를 비판했다.(3.1; 11.26) 예제 규범이 정한 직무의 조건과 이상理想을 사람들이 준수하고 받들어 행할 때 사회의 여러 계층이 질서 있고 조화롭게 협력할 수 있다. 그러기 위해선 각종 신분과 직무의 명분을 바로잡는 것이 국정國政 운영의 중대사다.(12.11; 13.3) 그런 한편 공자는 예제 규범이 시대의 흐름에 따라 개혁되어야 함을 인식했으며, 하夏·상商·주周 삼대三代의 예제를 전승하는 데도 덜고 보탬이 있어야 한다고 생각했다. 이러한 개혁에는 일정한 기준이 요구되는데, 그 기준이 바로 예의 근본 도리다.(2.23) 공자는 일반적인 예는 화려하고 사치스런 것보다는 검소하고 소박한 것이 낫고 상례喪禮는 의식儀式을 잘 치르는 것보다 슬퍼하는 마음이 낫다고 생각했다.(3.4) 결국 예의 근본 도리란 진실한 마음이다. 예로써 나라를 다스리는 목적 역시 사람의 마음을 교화하여 세상 사람들이 자발적으로 선을 행하도록 하는 것이다.

나라를 존립케 하는 것은 백성의 신뢰다. 백성의 신뢰를 받는 권력만이 교화할 수 있다.(12.7) 그러기 위해서는 다음과 같은 순서로 시정施政을 펼쳐야 한다. 먼저 백성의 수를 늘리고 생활을 넉넉하게 한 다음 백성을 가르치는 것이다.(13.9) 이러한 교육은 단계적 단순함과 완전함의 차이만 있을 뿐 어떠한 단계에서도 필수불가결하다. 또한 공자는 나라를 다스리는 데 공정한 분배와 사회 안정을 강조하여, 이 두 가지를 잘 하면 백성은 가난하지 않고 나라는 강성해질 수 있다고 했다.(16.1) 마지막으로 공자의 정치적 이상은 노인들이 편안하게 지내며 벗들이 서로 신뢰하며, 청소년들이 보살핌을 받는 대동大同의 경지를 이루는 것이다.(5.25) 이 대동의 경지는 후세에 유자儒者들이 추구하는 최고의 정치적 이상이 되었다.

: 陳維浩

재才

인재 또는 재능의 뜻이다. 공자는 정사를 도울 만한 우수한 인재를 발탁하는 것이 올바른 정치 실현의 중요한 조건이라고 생각했다.(13.2) 순임금에게는 다섯 명의 현명한 신하가 있어 태평성세를 이루었다. 주周 왕조의 무왕武王은 나라를 다스리는 열 명의 유능한 신하가 있어 역시 태평할 수 있었다.(8.20) 이처럼 인재를 발탁하여 능력을 발휘하도록 하는 일은 이상적인 정치의 요건이다. 그러나 아무리 귀한 인재라 해도 재능만 있고 품덕이 없는 사람을 취해선 안 된다. 설령 그 재능이 주공周公만큼 탁월해도 거만하고 인색하다면 나머지는 괜찮을 리가 없다.(8.11) 재능은 타고난 장점이며, 잘 발휘하면 자기의 뜻을 이루고 남도 이루게 할 수 있다[成己成物]. 그러나 그로 인해 거만하고 남을 보살피는 데 인색하면 논할 가치가 없다.

: 陳維浩

#_덕德, 현賢, 학學, 인仁, 미美

대신大臣

국가의 중신重臣이다. 공자는 대신이란 바른 도[正道]로써 군주를 섬기는 존재로, 이것이 실행되지 않으면 사직해야 한다고 했다. 대신은 '구신具臣'(전업專業의 신하)과는 다르기 때문에 자기 직무의 책임을 다해야 뿐만 아니라 군왕이 나라를 다스릴 때 바른 도로써 보필해야 할 무거운 책임이 있다.(11.24)『좌전』에는 "국가의 대신은 임금의 총애와 봉록을 받는 영광을 누리면서 나라의 대사大事를 책임진다國之大臣, 榮其寵祿, 任其大節"라는 말이 있다. 한 나라의 대신은 나라로부터 영광스러운 신임과 작위(봉록)를 받고 국가의 대사를 책임져야 한다는 것이다.(『좌전』 소공 원년) 정도正道로써 국가의 대사를 수행해야 대신이라고 칭할 수 있다.

: 陳慧玲

#_구신具臣, 도道, 의義, 권權, 사군事君

간록干祿 벼슬에 나아가 봉록을 받는 것이다. 이것은 고대 선비들이 세상에 나아가는 주된 방식으로, 공명功名을 이루고 백성을 행복하게 것이 목적이다. 관리는 수신修身을 거쳐야 자기 직분에 성실하고 백성을 사랑으로 대할 수 있다는 게 공자의 생각이었다. 자장子張이 관직과 봉록을 어떻게 얻을 수 있는지를 묻자, 공자는 많은 견해를 듣되 의심스러운 것은 한쪽에 밀어두고 자신 있는 것을 신중히 말하면 질책 당하는 일을 줄일 수 있다고 했다. 또한 많은 것을 보되 적합하지 않은 것은 한쪽에 밀어두고 확실한 것을 신중하게 실천하면 후회하는 일을 줄일 수 있다고 했다. 말로써는 질책 당하는 일이 적고 일로써는 후회하는 일이 적으니 관직과 봉록이 저절로 따르게 된다는 것이다. 이렇듯 공자가 생각하는 봉록을 구하는 방법은 수신과 신중한 언행이었다.(2.18)

: 陳維浩

#_사士, 학學, 언言, 행行, 의義

부재기위불모기정
不在其位不謀其政

공자는 어떠한 자리를 맡아 책임지고 있지 않다면 그에 관한 일을 꾀하지 않는다고 했다. '정명正名'은 공자의 중요한 정치사상으로, 사람들이 자기 직무에 따른 규범과 직책을 준수하고 위아래 관원들이 서로 돕게 되면 정치는 저절로 바른 길에 들어선다고 생각했다. 그런 이유로 자기의 직무와 본분을 넘어 남의 일에 대해 함부로 의견을 드러내면 안 된다고 한 것이다. 이러한 공자의 주장은 우리 삶에서 자기의 직분이 무엇인지를 생각하고 그 임무에 온힘을 다해야 한다는 뜻이다. 군자의 생각도 자기 자리와 책임을 벗어나지 않는다.(8.14; 14.26; 『주역』 「간상艮象」)

: 陳維浩

#_정명正名, 순順, 명정언순名正言順, 사불출위思不出位

오미사악
五美四惡

자장子張이 어떻게 하면 정무政務를 잘 해낼 수 있는지 묻자, 공자는 다섯 가지 미덕美德을 존숭하고 네 가지 악행이 없도록 해야 한다고 답했다. 다섯 가지 미덕이란 백성이 원하는 이익에 따르면서 은혜를 베풀되 자신은 낭비하지 않으며, 백성이 일하기에 적합한 여건을 만들어 원한을 사지 않으며, 인仁을 행하고자 하는 뜻을 세워 실천할 수 있는 기회를 욕망하되 탐욕하지 않으며, 수와 세력이 크든 작든 교만하지 않고 느긋하며, 정갈한 복장과 엄숙한 표정으로써 사람들이 위엄과 두려움을 느끼되 사납지는 않은 것이다.

하지 말아야 할 네 가지 악행 중 첫째는 잔학함으로, 먼저 규범을 가르치지 않고 백성이 잘못하면 바로 죽이는 것이다. 둘째는 포악함으로, 먼저 경고하지 않고 성과를 보려는 것이다. 셋째는 사람을 해치는 것으로, 명령은 뒤늦게 하면서 약속한 기한은 엄격히 요구하는 것이다. 넷째는 남을 곤란하게 하는 것으로, 남에게 똑같이 나눠줄 것을 인색하게 내놓는 것이다.(20.2)

: 許詠晴

#_군자君子, 덕치德治, 선善, 미美, 악惡

균무빈화무과안무경
均無貧和無寡安無傾

공자는 제후와 대부들은 대개 백성의 빈궁함을 걱정하지 않고 다만 부富가 고르지 못함을 걱정하고, 인구가 적음을 걱정하지 않고 사회가 불안함을 걱정한다고 했다. 나라를 다스리는 군자는 '균均' '화和' '안安'을 이루려는 태도를 지녀야 한다는 뜻이다. '균'은 재물이 적절하게 분배되도록 하는 것이고, '화'는 백성이 화목하게 지내도록 하는 것이며, '안'은 사회 안정을 촉진하는 것이다. 부의 분배가 고르고 합당하면 가난함이 없고, 백성이 화목하게 지내면 인력이 부족하지 않으며, 사회가 안정되면 국가가 위태롭지 않다. 정치를 이렇게 할 수 있다면 백성은 평화롭게 지내고 즐겁게 일할 수 있으며, 다른 나라 사람들도 따를 것이다. 그들이 복종하지 않으면 예악교화禮樂敎化를 펼쳐 그들이 스스로 다가오고 지지하도록 하여 귀순하도록 하고, 귀순한 자들을 안착시킨다. 이렇게 하면 나라는 발전하고 안정될 것이다.(4.25; 16.1).

: 陳慧玲

#_안安, 신信, 서부교庶富敎, 예禮, 악樂

형刑

『논어』에서 '형刑'은 형벌 또는 규범의 뜻으로 쓰인다. 형벌에 대하여 공자는 폐지를 주장하지 않았다. 오히려 형벌은 정령政令과 마찬가지로 예로부터 다스림에 필요한 방법이라고 생각했다. 다만 형벌로써 다스리는 데는 반대했다. 그는 덕과 예의 조화를 이루고 인간의 본성에 따른 선행으로 교화하며, 예제로써 사람 간의 행위를 규제하는 방식을 강조했다. 그렇게 한다면 백성은 처벌을 피해 달아나려 하지 않고도 스스로 부끄러움을 느껴 바른길을 가도록 할 수 있다는 것이다. 군주가 선행의 뜻을 지니고 있다면 윗사람이 모범을 보임으로써 아랫사람이 본받게 되므로 사람을 죽이지 않고도 나라를 안정시킬 수 있다.(2.3; 12.19) 형벌의 목적은 금지의 기준을 정하는 것이기 때문에 모호한 부분이 있어서는 안 된다. 따라서 공자는 법을 만드는 자들이 자기 직위에 명실상부하도록 정치를 해야 한다고 강조했다. 즉 입법하는 자의 명분이 순조로워야[順當] 제정된 형벌이 이치에 맞고 조리에 닿는 것이다. 그 기준에 분명한 근거가 있기 때문에 백성이 일을 할 때 무엇이 합당한지를 알 수 있다.(13.3)

규범으로서의 '형'은 덕행과 함께 이해해야 한다. 덕행과 규범을 중시하는 행위야말로 자기중심을 초월한 군자의 도道라 할 수 있다. 소인은 그렇지 않다. 이들은 오로지 자기의 재산과 이윤을 중시하여 덕행을 소홀히 하고 규범을 파괴하는 행위를 서슴지 않는다. 소인과 달리 군자는 '타인과의 상호작용'을 통해 '자기 초월'의 단계로 나아가고자 노력한다.(4.11)

: 楊舒淵

#_정명正名, 덕德, 혜惠, 군자君子, 소인小人

사군事君 군주를 섬기는 일이다. 고대에 속지屬地를 소유한 사람, 즉 군자, 제후, 경대부는 모두 '군君'이라 불렸다. 군주에게 등용된 자는 군주를 섬겨야 한다. 오늘날에는 어떠한 조직단체 또는 고용주를 위해 일하는 것을 가리키는데, 고대와 같이 안정적인 관계는 아니다. 군주를 섬길 때의 중요한 원칙은 자기의 직분에 최선을 다한 뒤에 봉록의 일을 생각하는 것이다.(15.38) 또한 정도正道로써 군주를 섬겨야 하며, 정도가 실행될 수 없다면 자리에서 물러나는 게 마땅하다.(11.24) 군주를 섬기는 목적이 관직과 권세를 얻기 위함이 아니라 백성을 행복하게 하고자 하는 이상을 실현하는 데 있기 때문이다. 따라서 군주를 섬기는 자는 군주에게 정직한 간언으로써 올바른 판단을 도와야

한다.(14.22)

: 陳維浩

#_도道, 대신大臣, 예禮, 충忠, 시詩

구신具臣   신하의 특성을 묘사하는 표현으로서, 실권은 없으나 관직을 가진 신하를 뜻하곤 한다. 공자는 구신이라도 직분을 다할 수 있다고 생각했다. 구신은 대신大臣처럼 정도正道로써 군주를 섬길 수 없을 때 스스로 사직할 순 없지만, 군주의 명령에 절대 복종하지는 않는다는 것이다. 예컨대 자로와 염구를 구신이라 할 수 있지만 어버이나 군주를 죽이라는 명령에는 따르지 않을 것이라고 했다.(11.24)

: 陳慧玲

#_대신大臣, 의義, 권權, 간록干祿

사직社稷   '사社'는 토지 또는 토지신을 뜻한다. '직稷'은 식량 작물(기장)을 뜻하는데, 옛 사람들은 기장을 오곡五穀의 으뜸으로 생각했기 때문에 곡물신[穀神]을 가리키기도 한다. 나라를 세우고 백성을 기르려면 토지와 식량이 필요하다. 또한 토지신과 곡물신에 대한 제사는 천자, 제후 또는 관원들이 맡기 때문에 '사직'은 도시국가나 국가를 통칭하게 되었다. 예컨대 공자는 노나라에 예속된 속국 전유顓臾를 '사직지신社稷之臣'이라 지칭했는데, 이때의 '사직'은 노나라를 뜻한다.(16.1) 사직과 관련하여 공자는 백성과 관원, 토지와 오곡을 소유한 사람이라도 곧바로 정치 실무를 맡는 것은 적합하지 않다고 생각했다. 먼저 배움을 통해 상당한 학식을 갖춘 후에 관직을 맡아야 잘못을 저지르는 경우를 피할 수 있다는 것이다.(11.25)

: 楊舒淵

#_신神, 제祭, 적賊, 학學

식食

두 가지 뜻이 있다. 명사로 쓰일 때는 음식, 식량, 봉급의 뜻이다. 동사로 쓰일 때는 주로 먹고 마시는 행동을 뜻한다. 공자는 삶의 바른길을 가려는 자는 온종일 배불리 먹고 마음 쓰는 곳 없이 한가롭게 있어선 안 된다고 했다.(17.22) 또한 군자의 길을 가고자 한다면 식욕을 만족시키는 데 마음을 두어선 안 되며 누추한 옷과 거친 음식을 부끄럽게 여기지 않아야 한다.(1.14; 4.9) 성실히 농사일을 하면 저절로 먹을 것을 얻으며 성실히 배우면 저절로 봉급이 따른다는 게 보편적인 인식이다. 하물며 물질의 성취는 부수적인 결과일 뿐 자기가 예측하여 장악할 수 없는 일이다. 그러니 군자는 생활의 곤궁함이 아니라 오직 이상의 실현을 염려해야 한다.(15.32) 공자는 안회의 덕행을 칭찬했으나 그 본보기는 결국 오랫동안 성실하고 자발적으로 내면의 선을 지향해온 공자 자신이었다. 안회는 한 그릇의 밥과 한 바가지의 물을 마시면서 누추한 골목에 살면서도 자기의 즐거움을 잃지 않았다. 공자는 분발하여 공부하면 먹는 것도 잊으며, 마음이 즐거우면 근심을 잊어 노쇠함이 닥쳐오는 것도 알지 못한다는 말로써 도道를 행하는 자신을 표현했다.(6.11; 7.16; 7.19)

공자가 생각하는 먹고 마시는 도리란 제사와 질병에 대한 신중함과 생명의 근원, 내면의 감정, 타인에 대한 기대, 윤리규범에 대한 성실함을 나타내준다.(7.13) 우선 재계齋戒할 때는 평소와 달리 간단하고 정결한 음식을 먹어 욕망을 절제하려 했다. 거친 밥과 나물국을 먹더라도 경건한 마음으로 음식을 만든 선인[前人]들을 위해 고수레를 했다.(10.7; 10.11) 또한 상을 당한 사람이 옆에 있으면 음식을 배불리 먹지 않았으며, 자신이 상중일 때는 음식의 맛을 느끼지도 못했다.(7.9; 17.21) 군주가 상賞으로 음식이나 식사[餐宴]를 내릴 때는 예절에 부합하는 동작으로 받았다.(10.18) 공자는 음식에 귀천을 가리진 않았지만 위생과 건강을 따졌다. 변색되거나 냄새가 안 좋은 것, 제철에 나지 않는 음식은 먹지 않았다. 또한 잘못 익혔거나 자르는 방식이 바르지 않은 것, 조미調味가 맞지 않는 음식도 먹지 않았다. 출처가 불분명한 술과 육포를 먹지 않았고, 각종 음식의 섭취 비율과 분량을 중시했다. 식욕과 소화를 위해 식사할 때는 대화를 나누지 않았다.(10.8; 10.10)

다스림의 문제에 관해 공자는 고대 성왕聖王이 식량을 중요시한 것을 계승해 곡창을 가득 채워 백성이 굶주리지 않게 해야 한다고 주장했다.(20.1) 그러나 백성에게 식량을 제공하는 것보다는 신뢰를 주는 것이 더 중요함을 지적했다. 백성이 군주를 신뢰하지 않으면 식량이 아무리 많아도 사회가 질서를 잃어 혼란스러워지기 때문이다. 그러한 신뢰는 정사政事와 윤리강상[倫常]이 명실상부하도록 유지하는 데 있다.(12.7; 12.11)

: 楊舒淵

#_락樂, 제齊, 상喪, 신信, 서부교庶富教

서부교庶富教 시정施政의 세 가지 순서를 뜻한다. 먼저 백성의 수를 늘리고, 그다음 넉넉히 살 수 있게 하고, 마지막으로 백성을 가르치는 것이다.(13.9) '늘리는 것庶'으로부터 '넉넉하게 하는 것富'으로, 다시 '가르치는 것教'으로 이어지는 것은 앞으로 나아가는 순서일 뿐 중요함의 순서가 아니다. 따라서 가르침의 단계에 이르지 못한다면 이상적인 정책이라 할 수 없다. 가르침에 간략함과 정밀함의 구분은 있지만 어떤 단계에서도 필수불가결하다. 정치가 '가르침'에 이르렀다면 다음 단계를 물을 수 없다. 그 이유는 첫째, 가르침에는 끝이 없기 때문이다. 평생교육이라는 뜻이다. 둘째, 가르침을 얻은 사람이 할 일은 스스로 힘써 수행하고 실천하는 것으로, 스승이나 나라가 대신할 수 없기 때문이다.

: 陳維浩

#_덕치德治, 식食, 학學, 행行, 예禮

장莊 장중한 태도를 가리킨다. 윗사람은 장중한 태도로써 백성을 다스려야 백성의 존경을 받을 수 있다.(2.20) 그러한 태도로 다스리지 않으면 백성도 불성실하고 존경하는 마음이 없어 나라의 정책을 지지하지 않는다.(15.33) 따라서 윗사람이 장중한 태도로 나랏일을 처리하는 것은 백성을 소중히 여기는 것과 같다. 백성이 소중히 대접받는다는 것을 느끼게 되면 자연히 윗사람을 존경하게 되며 그 정책들을 지지하게 된다. 윗사람이 백성의 존경과 지지를 받지 못한다면 먼저 자신이 장중하고 엄숙한 태도로 일을 처리했는지부터 반성해야 한다.

: 陳維浩

#_색色, 경敬, 예禮, 신信

순順

'순'은 크게 정치윤리와 신앙의 영역에서 쓰인다. 전자의 경우, 공자는 "명칭이 바르지 않으면 말이 사리에 맞지 않는다名不正, 則言不順"라고 했다. 이는 나라를 다스리는 데는 명분을 바로잡는 것이 가장 중요한 일이라는 뜻이다. 또한 공자는 "임금은 임금답고 신하는 신하다우며, 아비는 아비답고 자식은 자식다워야 한다君君, 臣臣, 父父, 子子"고 했다. 임금의 위계位階는 '명名'이며, 임금의 행위와 덕행은 '실實'이다. 공자가 볼 때 임금의 '명' 자체는 마땅한 '실'이 전제되어야 하며, 현실에서 '명실상부'함이란 '명'이 그 바름을 얻었기 때문이다. 바른 명분이 있어야 모든 말이 사리에 맞고 어그러짐이 없다. 여기에서 '순'이란 순리에 부합하여 모순되지 않는다는 뜻이다.(12.11; 13.3) 후자, 즉 신앙의 영역에서 '순'은 순응의 뜻이다. 공자는 나이 오십에 하늘의 사명을 깨달았고 55세부터 68세까지 천명에 순응하여 열국을 주유하면서 정치적 이상을 추구했다. 그런 까닭에 "나이 육십에 순응하다六十而順"라고 했다.(2.4)

: 陳淑娟

#_정명正名, 언言, 천天, 천명天命, 명정언순名正言順

손익損益 없애고 더하는 것이다. 자장子張은 공자에게 향후 열 세대의 제도에 대해 알 수 있는지 물었다. 공자는 은 왕조가 하 왕조의 예제를 따랐으며, 주周 왕조가 다시 은 왕조를 따랐기 때문에 그 사이에 없애고 더한 것을 알 수 있다고 했다. 앞으로 주 왕조를 계승한다면 정밀하게 관찰한 성과에 근거할 때 백대百代 이후의 제도라도 알 수 있다고 했다.(2.23) 덜거나 더한 제도의 내용을 알려면 호학好學의 태도로 세밀하고 신중하게 고증해야 한다. 더불어 그 손익을 관통하는 하나의 도리에 대해 생각해야 한다.(2.15; 3.9; 15.3) 예제禮制는 선을 지향하는 인간의 본성에 호응하여 선행을 장려하기 위해 만들어진 것이다. 따라서 예제는 인간의 생리적 특성에 기초하고 심리적 감정에 호소하며 생리적 특성에서 기원한다. 그 예법과 형식은 간소화할 수 있지만 결국 진실한 감정을 바탕으로 삼는다.(3.4; 9.3; 17.21) 항상 선을 지향하는 인간의 본성을 고려하는 동시에 시대에 맞추어 변화하는 것이 예제를 덜고 더하는 원리다.

: 楊舒淵

#_예禮, 예지본禮之本, 선善, 인仁, 사思

관寬 너그러운 태도를 뜻한다. 위정자는 백성을 대할 때 관대해야 하지만, 합당한 법령法令을 줄이는 것을 의미하는 것은 아니다. 예컨대 "선한 자는 등용하고 능력이 없는 자는 가르친다擧善而敎不能"와 같은 방식으로 백성을 대해야 많은 지지를 받을 수 있다.(2.20; 3.26) 이러한 관대함은 위정자가 마땅히 갖추어야 할 품덕이다.(17.6) 공자는 백성에게 먼저 규범을 가르치지 않고 잘못을 저지른 자를 죽이는 것은 잔학함이고, 먼저 경고하지 않고 성과를 얻고자 하는 것은 포악함이고, 명령은 뒤늦게 내리면서 기한을 엄격히 하는 것은 사람을 해치는 것이고, 똑같이 나눠줄 것을 인색하게 내놓는 것은 사람을 괴롭히는 것이라고 했다.(20.2) 이 네 가지는 백성에게 위정자가 관대하지 못한 태도로, 공자는 이를 '네 가지 악행四惡'이라 하여 엄중히 경고했다.

: 陳維浩

#_덕치德治, 형刑, 치恥, 서부교庶富敎, 오미사악五美四惡

덕치德治

유가儒家가 추앙하는 정치적 이념이다. 위정자가 솔선수범하여 덕행으로써 백성을 교화하고, 그로 인해 백성 스스로 선을 행하도록 하여 마침내 태평성세를 이루는 것이다. 덕치라는 이념을 처음 생각한 사람은 공자가 아니다. 주周 왕조 사람들이 하夏·상商 두 왕조의 정권이 교체하는 것을 관찰하여 천명天命을 영원히 유지할 수 있는 정치적 이념으로서 덕치를 고안한 것이다. 공자는 주周나라의 문화를 계승하여 그 내용을 널리 밝히면서 덕치의 개념을 설명했다. 즉 덕으로써 나라를 다스리는 것이란 마치 북극성이 제 자리를 지키고 있고 그 주변을 다른 별들이 북극성을 둘러싸고 도는 것과 같다는 것이다.(2.1) 공자는 백성 스스로 위정자의 품덕에 호응하여 인생의 바른길로 나아간다면 아무 것도 하지 않지만 다스려지는[無爲而治] 효과를 이룰 수 있다고 믿었다.

공자는 정령政令으로 백성을 가르치고 형벌로 단속한다면 잘못을 저지르지 않을 수 있지만 부끄러움을 알지 못하며, 덕행으로 교화하고 예제로 제약한다면 백성이 부끄러움을 알고 올바르게 살아갈 수 있다고 생각했다.(2.3) 즉 요행을 바라는 마음으로 범죄를 저지를 수 있기 때문에 정령과 형벌만으로 백성을 관리하기에는 충분하지 않다. 덕행으로써 백성을 감화하고 합리적인 인간관계의 규범으로써 제재해야 백성이 수치심을 느끼고 자기 언행을 반성하며 자발적으로 정도正道를 택하게 된다. 그러면 세상은 자연히 안정되고 태평해진다.

덕치는 솔선수범의 정치이므로 가장 중요한 것은 위정자의 품덕이다. 공자는 정치 지도자의 언행거지는 바람과 같으며 일반 백성의 언행거지는 풀과 같다고 했다. 즉 풀 위로 바람이 불면 풀은 반드시 눕듯이, 위정자가 선을 행하고자 하면 백성은 그를 따라 선을 지향하게 된다는 것이다.(12.19) 반대로 위정자의 품행이 단정하지 않으면 가혹한 형벌과 엄격한 법률로써 위협해도 백성은 복종하지 않게 마련이다. 순임금은 완벽한 품덕을 갖추었기 때문에 단정하고 공손하게 제위에 앉아 있는 것만으로도 천하를 잘 다스릴 수 있었다.(15.5) 이처럼 덕치는 다스림의 온전한 책임을 위정자에게 요구한다. 백성의 행위가 온당치 않고 사회 풍조가 나쁜 것은 모두 위정자의 인품에 문제가 있기 때문이다. 따라서 덕치사상에서 정치란 백성을 억압하는 도구가 아니라 통치자가 백성을 교화하고 육성하는 기제다.

: 陳維浩

#_덕德, 북진北辰, 예禮, 인仁, 형刑

곡穀

두 가지의 뜻이 있다. 하나는 식량작물을 뜻하며, 예컨대 "묵은 곡식이 이미 없어지고 햇곡식이 이미 익었음舊穀既沒, 新穀既升" 또는 "오곡을 분별하지 못함五穀不分" 등이 있다.(17.21; 18.7) 다른 뜻은 관원의 봉록을 뜻하며, 예컨대 "나라에 도道가 있을 때에는 녹祿을 먹는다邦有道, 穀" 등이다.(14.1) 공자는 3년 동안 배우고 나서도 봉록을 생각하지 않는 태도를 대단하게 여겼다.(8.12) 대개 배운 바를 토대로 벼슬에 나가려는 게 인지상정인데 벼슬보다 배움에 뜻을 두고 자기를 깊이 수양하려는 것은 귀한 일이므로 공자가 칭찬한 것이다. 공자는 나라에 올바른 도가 없는데도 벼슬을 하고 봉록을 받는 것은 수치스러운 일이라고 생각했다.(14.1) 봉록을 받으려면 최선을 다해 나라를 위해 일해야 하는데 그 나라가 안정되지 않고 혼란하다면 봉록을 받을 자격이 없다는 뜻이다.

: 陳維浩

#_사士, 간록干祿, 도道, 의義, 치恥

청송聽訟

소송 안건을 재판하는 것이다. 공자는 노나라 최고의 사법장관인 사구司寇를 맡아 약 3년간 재직했다. 탁월한 업적을 남겼다는 내용을 보면 공자는 재판에 관해 뛰어난 능력을 지닌 것으로 보인다. 공자는 소송 안건을 재판할 때 자신도 다른 사람과 비슷하다고 했다. 다만 자신은 소송이 일어나지 않도록 하려 노력했다고 밝혔다.(12.13) 사건을 재판할 때 공평하고 공정하게 하는 것은 중요하다. 실제로 공자는 한쪽의 말만 듣고도 실제 사정을 밝혀내어 판결을 내리는 자로의 실력을 높게 평가했다.(12.12) 그러나 공정하게 판결을 내리는 것보다 중요한 것은 백성 스스로 법을 준수하고 예禮를 중시하여 소송이 일어나지 없게 되는 것이라고 생각했다.

: 陳維浩

#_공자 단옥孔子斷獄, 예禮, 사구司寇, 언言

양讓

겸손하게 물러나고, 겸손하게 사양하는 것이다. 공자는 열국을 주유하면서 자신의 정치적 이상을 공개적으로 알리고 각국의 정사에 관해 논의했다. 자공은 각국의 군신들과 왕래하는 공자의 태도를 관찰한 후 온화, 선량, 공손, 자제, 겸양으로 개괄했다.(1.10) 겸양은 서로 간에 존중한다는 명확한 표현이다. '예禮'와 '양讓'은 함께 사용되는 경우가 많다. '예'는 인간관계의 구체적인 규범이고 '예양'은 예의바르고 겸양하는 태도다. 공자는 예의바르고 겸양하는 태도로써 국가를 다스리면 성공하는 것이 어렵지 않다고 생각했다.(4.13)

: 陳慧玲

#_예禮, 온溫, 공恭, 검儉

교육과 예술철학

이끄는 말

공자의 교육 사상은 유가에서 말하는 인간의 본성, 정치, 삶의 이상과 긴밀한 관계가 있다. 공자가 살았던 시대는 예악禮樂이 붕괴되어 가던 춘추시대 후반으로, 그는 주나라의 문화를 회복시키기 위해 전통 전적典籍인 『시詩』 『서書』 『예禮』 『악樂』 『역易』 오경으로 사람들을 가르쳤다. 그는 이러한 전적을 통해 사람들이 고대 성왕聖王의 정치 이념과 건국 정신을 충분히 이해하여 사회적 난국을 해결할 수 있기를 기대했다. 그러나 공자가 단순히 복고復古만을 주장한 것은 아니며, 전통에 새로운 내용과 해석을 부여했다. 즉 주 왕조의 예악과 문화가 형식만 갖춘 것이 아니라 인간의 본성에 기초하여 구축된 문화 체제이기 때문에 진정한 마음이 없이는 예악이 영향력을 발휘할 수 없다고 강조했다. 따라서 공자가 전통의 예악을 가르친 데는 백성이 선을 지향하는 인간의 본성을 깨닫고 이상적인 세계를 구축하도록 돕고자 하는 뜻이 담겨 있다.(3.3)

교육에서 가장 중요한 부분은 인격의 수양이다. 그런데 오경五經과 육예六藝를 가르치는 것은 인재人才 교육이라고 볼 수 있다.(『사기』「공자세가」) 공자는 실천으로써 학습을 입증할 수 있어야 하며 모든 지식은 사회에 공헌해야 하며, 자신의 덕행을 온전하게 할 수 있어야 한다고 생각했다. 따라서 공자는 '덕행德行'을 공문사과孔門四科의 으뜸으로 명시했다.(11.3) 세상에 필요한 인재를 양성하는 것도 중요하지만 "군자는 그릇처럼 국한되지 않는다君子不器"라고 공자는 인식했다. 즉 군자는 전문 능력을 갖추었다고 해서 만족해선 안 되며, 더욱 중요한 포부(인간의 본성이 선善을 지향하는 잠재력을 실현하는 것)로써 지극히 선한 이상을 추구해야 한다.(2.12) 따라서 인재 교육의 목표는 밖에서 사용되는[用] 것이고, 인격 교육의 목표는 안에서 이루어지는[成] 것이다. '덕행'의 근본을 확립해야 '쓸모 있음'의 한계를 초월해 인간의 본성을 완성하는 길로 갈 수 있다.

공자는 인문人文 교육을 강조하기도 했다. 자로가 이상적인 사람의 조건에 대해 물었을 때 공자는 지혜, 무욕, 용기, 재능을 기르는 것 외에 예악을 배울 것을 강조했다. 인재와 인격의 기초를 갖춘 후 예악의 문식文飾을 더해야 한다고 생각했다.(14.12) 공자는 또한 "시에서 일어나고, 예에서 서고, 악에서 이루어짐興於詩, 立於禮, 成於樂"을 강조했다. 이에 따르면 예악은 사람 내면의 성정과 외면의 표현을 결합시키는 필수조건이다.(8.8) 예악이 일어나지 못하면 백성은 불안하여 어찌할 바를 모르게 된다.(13.3) 따라서 예악은 외재적 규범일 뿐만 아니라 정리情理에 합당한 내면 요구의 표현방식이라 간주해야 한다. 이처럼 인문 교육은 희로애락의 감정을 표현하는 데 절도를 부여한다.(『중용』) 뿐만 아니라 예악교육은 삶의 범위를 확장시킬 수 있다. 예禮의 종교적 성격은 종묘제사, 조회의식 등의 의의를 일깨워주고 시공간을 초월한 존재의 영원성을 느끼고 삶의 수준을 향상케 한다. 악樂의 예술적 성격은 고단한 현실 속에 처한 사람들에게 여유와 편안함을 선사한다. 또한 예술적 함양으로써 천인天人, 물아物我의 조화로운 융합을 느끼고 상호 감응感應의 경지에서 생명의 신비를 일깨우기도 한다.

방법적으로 공자의 교육은 배움과 생각을 병행하는 것이다. 배우기만 하고 생각하지 않으면 아무 깨달음이 없고, 생각하기만 하고 배우지 않으면 위태롭기 때문이다. 어느 하나에만 치우치면 후유증을 초래할 뿐이다.(2.15) 공자는 견문이 해박했다. 그러나 그의 학문은 결코 암송으로 배운 것이 아니라 하나의 중심사상으로 꿰뚫은 것이다. 그것이 곧 '인仁'이다.(15.3) 공자는 최초로 평민 교육을 실천하기도 했다. 그는 '유교무류有教無類', 즉 배움을 구하는 자들에겐 차별 없이 대했고 신분을 따지지 않았다. 또한 나이 15세 이상인 자가 배움을 청하면 받아들였다.(7.7; 15.39) 그의 교육 방법은 '인재시교因材施教'로써 표현할 수 있다. 같은 질문을 받아도 제자들 각자의 재능 및 품성에 따라 다른 영감을 주었다. 예컨대 제자들이 인仁, 효孝, 지知와 같은 개념을 물었을 때 공자는 그들의 성정, 행동방식, 처지 등을 고려하여 각기 다른 가르침을 제시했다.

: 陳淑娟

오경五經 유가의 주요한 전적인 『시詩』『서書』『역易』『예禮』『춘추春秋』를 뜻한다. 상고시대부터 주 왕조에 이르기까지 지식인들이 공유했던 문화지식이다. 공자는 이러한 전적들을 정리해 교재로 삼았다. 전국戰國 시대에는 『시』『서』『예』『악樂』『역』『춘추』를 제시한 육경六經을 '공문의 학문孔門之學'으로 보았다.(『장자』「천운天運」) 사마천도 "공자가 『시』『서』『예』『악』을 가르쳤다孔子以詩書禮樂教"라고 했다.(『사기』「공자세가」) 이후 『악경樂經』이 유실되었고, 한 무제武帝가 유학만을 존숭하여 오경박사五經博士를 설치했다. 이 다섯 권의 전적은 유가의 중요한 경전이 되었으며, 관방官方 사상의 대표가 되었다.

『시』는 고대 최초의 시가총집詩歌總集이다. 사마천은 공자가 『시』를 305편으로 편집했다고 했다.(『사기』「공자세가」) 공자는 일찍이 시를 배우지 않으면 말의 근거를 얻을 수 없다고 했으며, 진취적인 의지를 계발하려면 시를 잃어야 한다고 생각했다.(8.8; 16.13) 『시』를 배우는 효과는 두 가지다. 대내외적으로 인재를 기르고, 서정적인 시의 효용을 통해 교화를 이루는 것이다.(13.5) 공자는 『시경』 300편에 담긴 감정이 하나같이 진실하기 때문에 『시』를 읽으면 내면의 진실한 감정을 북돋울 수 있다고 생각했다.(2.2) 또한 시를 읽으면 심난한 마음을 평정하여 중화中和의 상태로 이끈다.(3.20; 17.9)

『서』는 상고 시대 국가의 책명策命과 고서告誓에 관한 당안檔案 기록이다. 『상서尚書』를 공부하는 것은 공문사교孔門四敎의 문헌을 익히는 것이다.(7.25) 『논어』에 『상서』를 직접 인용한 대목은 많지 않지만 공자가 춘추시대 각국의 방언이 아닌 아언雅言(표준 고음古音)으로 『상서』를 읽었다는 기록이 있다.(7.18) 이밖에 공자는 『상서』의 유실된 문장[逸文]을 가지고 당시 사람의 질문에 대답했다. 예컨대 "비유하자면 산을 만드는 데 흙 한 삼태기가 모자란다譬如爲山, 未成一簣"라는 비유는 『상서』 「여오旅獒」와의 연관성을 보여준다.(2.21; 9.19)

『역』은 『경』과 이를 해석한 『전傳』으로 나뉜다. 공자는 만년에 책의 가죽 끈이 세 번이나 끊어질 만큼 『역경』을 좋아하여 『역전易傳』을 찬술했다고 한다.(『사기』 「공자세가」) 공자가 『역전』을 쓰지 않았을 수도 있으나 『역경』을 중시했던 것만큼은 의심의 여지가 없다. 공자는 나이 50세에 『역경』을 깊이 연구했는데 깨달은 바를 삶에 적용할 수 있다면 큰 허물이 없을 것이라고 했다.(7.17) 그는 또한 "그 덕을 항구히 지키지 않으면 혹 수치가 이른다不恆其德, 或承之羞"(「항괘恆卦·구삼九三」 효사)라는 말을 인용해 항심恆心이 없으면 수치를 당하게 되는 이치를 설명했다.(13.22)

'예'는 고대 전장典章 제도의 통칭이다. 공자는 예를 배우지 않으면 입신처세立身處世의 근거가 없는 것이라고 함으로써 예의 기능과 가치를 회복하고자 했다.(16.13) 그런 의미에서 인仁으로써 예의 의의를 재해석했다는 데 공자의 독창성이 있다. 그는 사람에게 진실한 감정이 없으면 예는 의미가 없다고 생각했으며, 스스로 예의 조건을 실천하는 것이 바로 '인'이라고 강조했다.(3.3; 12.1)

『춘추春秋』는 본래 노나라 역사서다. 공자는 그 문헌에 첨삭 수정을 하고 자구字句의 취사선택을 통해 자신의 정치적 견해를 완곡하게 표현했다. 이로써 역사 인물과 사전을 평가하고 가치판단의 기준을 제공했다. 『논어』에 『춘추』의 글이 직접 인용된 문장은 없다. 그러나 『춘추』가 옳고 그름을 분별하여 다스리는 방법에 대해 탁월하고, 『예기』 「경해經解」에서도 공자가 『춘추』의 가르침을 중시한 점을 보면 『춘추』는 공문孔門의 중요한 정치 교재였음이 틀림없다.

: 陳淑娟

#_육예六藝, 문文, 학學, 예禮, 인仁

육예六藝 고대 귀족 교육의 하나로서 여섯 가지 기술과 능력을 뜻한다. 그 내용은 예禮, 악樂, 사射, 어御, 서書, 수數이다.(『주례周禮』「지관地官·보씨保氏」) 『주례』에 따르면 '예의禮儀'에 대한 학습은 길례吉禮, 흉례凶禮, 빈례賓禮, 군례軍禮, 가례嘉禮로 구분된다. 각 상황에 따라 스스로 처신할 도리와 상대방에 대한 도리가 규정되어 있다. 이처럼 예의 학습은 일종의 도덕 교육이기도 하다. 공자는 "예를 배우지 않으면 설 수가 없다不學禮, 無以立"라고

함으로써 예를 입신처세立身處世의 근거로 생각했고, 실제로도 "예로부터 입신立於禮"해야 한다고 사람들에게 말했다.(8.8; 16.13; 20.3)

'악'은 주로 고대의 음악과 무용을 배우는 것이다. 귀족 자제들이 익히는 춤의 종류 가운데 가장 중요한 것은 「운문雲門」「대함大咸」「대소大韶」「대하大夏」「대확大鑊」「대무大武」로서, 황제黃帝·요·순·우·탕·주무왕周武王 등 역대 성왕聖王의 사적을 극의 형식으로 묘사한 무용이다.(『주례』「춘관春官」) 공자가 생각한 이상적인 음악은 순舜임금과 주 무왕이 전한 「소韶」와 「무武」다. 공자는 「소」의 형식 구성이 지극히 아름다울 뿐만 아니라 윤리적 의미를 담았다고 평했다. 공자는 제나라에서 「소」를 듣고 "석 달 동안 고기 맛을 알지 못했다三月不知肉味"라며 찬탄했다.(7.14) 그러나 공자는 「무」에 대해서는 음악이 지극히 아름다우나 지극히 선하지는 않다고 했다.(3.25).

'사'는 무예武藝로서의 활쏘기를 뜻한다. 이 교육을 통해 학습자는 강인한 신체와 정신을 기르며, 나라에서는 사례射禮를 통해 인재를 선발할 수 있다. 그러나 사례에서 가장 중요한 것은 시합이 아니다. 사례에는 준수해야 하는 예의가 있다. 제후들은 대사大射를 거행하기 전 먼저 연례燕禮를 거행해 군신君臣간 대의大義를 분명하게 나타낸다. 경대부는 향사鄕射를 거행하기 전 먼저 향음주례鄕飮酒禮를 거행해 장유長幼의 질서를 분명하게 나타낸다.(『예기』「사의射義」) 공자는 겨루는 사람이 계단을 오르내리고 음주할 때 모두 공수拱手하여 읍揖하고 서로 사양하기 때문에 승부를 겨루는 것보다는 예를 따르는 과정이 더 중요하다고 생각했다. 또한 사람과의 이러한 상호관계 속에서 군자는 자신의 풍격을 나타낸다고 생각했다.(3.7)

'어'는 수레를 모는 것이다. 고대의 수레는 여러 필의 말이 하나의 수레를 끌었기 때문에 수레를 지휘하고 제어하는 데는 기술적인 어려움이 있었다. 따라서 수레를 모는 기술을 배워야 전쟁터에 나가 수레를 끌 수 있었다. 달항당達巷黨 사람이 공자에 대해 박식하지만 명성이 없음을 지적하자, 공자는 그렇다면 자신은 수레 모는 일을 하겠다고 응수했다.(9.2)

'서'는 문화인으로서 갖추어야 할 식자識字, 서예, 글쓰기 등을 배우는 것이다. '수數'는 논리적 사유와 관련된 산술 또는 수학 지식이다.

춘추전국시대 이후 '육예六藝'에 유가 경전인 '육경六經'을 가리키는 의미가 추가되었다.

: 陳淑娟

#_오경五經, 예禮, 악樂, 사射, 예藝

문文

문헌 지식 또는 예의문식禮儀文飾을 뜻하며, 총명하고 학문을 좋아하고 묻기를 부끄럽게 여기지 않는 태도의 의미도 있다. '문헌 지식'의 뜻으로, 군자는 "문文을 널리 배워야 한다博學於文"라고 한 예가 있다. '예의문식'의 뜻으로, 공자는 "꾸밈이 바탕을 넘어서면 허황되다文勝質則史"라고 하여 제대로 가공되지 않은 문장[文辭]이 질박한 성격을 넘어서면 지나치게 화려하여 허황하다고 했다.(6.18) '문'이란 학습의 과정으로서 배움에 대한 열정이 있어야 한다. 또한 난처함을 당했을 때 아랫사람에게 가르침을 청하기를 부끄러워하지 않아야 한다. 위衛나라의 대부 공어孔圉는 세상을 떠난 후 '문文'이라는 시호諡號를 받아 공문자孔文子라 불렸다. 공자는 그에 대해 총명하고 배우길 좋아하며 자기를 낮춰 아랫사람에게 가르침을 청하길 부끄러워하지 않은 인물이라며 올바른 학문 탐구의 자세라 했다.

'문'의 쓰임은 좀더 다양하다. 첫째 공자는 꾸밈[文]과 바탕[質]의 조화를 강조했다. 이로써 유가儒家는 "꾸밈과 바탕의 어우러짐文質彬彬"을 군자의 덕목으로 삼았다. 그 핵심은 문과 질의 조화를 이루고자 하는 과정의 노력과 깨달음이다.(6.18) 둘째는 교육과 학습이다. 공자는 '문, 행行, 충忠, 신信'에 중점을 두어 가르쳤는데 그중의 '문'은 문헌지식을 뜻한다.(7.25) 학습에 있어서 '문'은 배우기를 좋아하고 아랫사람에게 묻는 것을 부끄러워하지 않는 것이다.(5.14) 셋째는 증삼曾參이 말한 "문으로써 벗을 모으고, 벗으로써 인仁을 돕는다以文會友, 以友輔仁"는 경우다.(12.24) 오늘날에는 교육과 매체의 발달로 모든 사람들이 '문예文藝'를 논할 수 있고 뜻과 생각이 맞으면 쉽게 사귈 수 있지만, 고대에 문예를 논하는 일은 소수 지식인 간의 교우활동이었다. 좋은 벗을 사귐은 올바른 삶을 살아가는 데 도움이 되었다.

: 陳慧玲

#_질質, 예禮, 지知, 학學, 우友

선진 先進

예악禮樂을 배우고 나서 벼슬에 나아간 사람을 뜻한다. 공자는 예악을 배우고 나서 관직을 얻는 자는 순박한 보통사람이고, 관직을 얻고 나서 예악을 배우는 자는 경대부의 자제라고 했다. 그리고 자신이 인재를 선발하여 기용한다면 배우고 나서 벼슬을 하는 사람을 선택할 것이라고 했다.(11.1) 이 말에는 질박한 성품과 예악의 소양이 관리의 필수조건이라는 뜻이 담겨있다. 또한 예는 진실한 마음으로 행해야 하기 때문에 질박한 성품을 우선에 두었음을 알 수 있다. 일찌감치 관직에 오른 귀족 자제는 질박한 성격을 지녔거나 예악을 배웠다고 볼 수 없다. 그런 이유로 공자는 '선진'을 선발하고 등용해야 한다고 주장했다. 『논어』에는 선진을 표제로 한 「선진」 편이 있다.

: 楊舒淵

#_학學, 문文, 질質, 예禮, 악樂

인재시교 因材施敎

공자의 교육 방법이다. 『논어』에는 '인재시교'라는 말이 사용되지 않았지만 그 내용을 보여주는 사례는 자주 보인다. 이러한 어휘는 정주학파程朱學派의 주장에 의해 형성되었다. 예컨대 주희朱熹는 "공자는 사람을 가르칠 때 각기 그들의 재능에 따른다孔子教人, 各因其才"라고 했다.(『논어집주論語集注』)

인재시교의 정신은 제자들의 성품, 학습 상태와 단계, 자질의 조건, 이해능력과 실제 환경에 근거해 제자들을 일깨우고 계발한다. 통일된 원칙이나 표준안 없이 교육자가 안목과 해박한 지식 그리고 처세에 대한 지혜를 갖추어 유연하게 활용되는 것이다. 공자는 제자들이 '인仁' '효孝' '지知' 등의 개념을 물었을 때 이러한 방식으로 다양한 관점을 제시했다. 설령 동일한 인물일지라도 다른 상황에서 질문하면 다르게 대답했다. 예컨대 번지樊遲는 공자에게 '인'에 대해 세 번이나 물었다. 공자는 각기 다음과 같이 대답했다. 평소에 태도가 장중하고 일을 성실하게 하고 사람을 진실하게 사귀는 것이니, 외지고 낙후된 곳에 가더라도 이러한 덕행을 반드시 갖춰야 한다. 정도正道에 따라 남을 사랑한다. 먼저 힘써 일한 후에 비로소 결실을 얻는 것이다.(6.22; 12.22; 13.19)

: 陳淑娟

#_학學, 재才, 문問, 중인中人, 유교무류有教無類

유교무류
有教無類

'유類'는 사람에 대해 다양한 구분 유형을 뜻한다. 예컨대 인생의 바른길을 깨닫는 능력, 총명함과 우둔함, 가족 배경, 성장 환경, 지위, 가난함과 부유함 등이다. 비록 이러한 구분은 존재하지만 공자는 차별을 두지 않고 가르쳐야 한다고 했다.(15.39) 실제로 공자는 가르칠 때 문헌을 학습하여 식견을 넓히고, 예제禮制에 따라 행위를 규범하고, 직분의 사명을 충실히 완수하고, 말의 신용을 지켜 기대에 부합하는 데 중점을 두었다. 이 모든 것은 진실한 마음으로 인간관계를 맺고 덕행을 완수하기 위한 것이다.(7.25) 인간의 본성은 선을 지향하기 때문에 제자들의 유형과는 무관하게 그가 진실하기만 하면 이러한 배움을 거쳐 선행善行 또는 개과천선改過遷善을 거둘 수 있고, 나아가 선행을 확대시킬 수 있다. 따라서 고시高柴, 증삼曾參, 자장子張, 자로子路와 등의 제자들은 저마다 성품에 흠결이 있었지만 배움을 거쳐 괄목상대할 만큼 변화했다. 공자는 구이九夷의 땅이 멀고 외지며 문화도 낙후하지만 자신이 간다면 백성을 교화하여 좋은 풍속을 이룰 수 있다고[化民成俗] 믿었다.(9.14; 11.18)

: 楊舒淵

#_속수束脩, 성性, 인재시교因材施教, 증삼曾參, 구이九夷

군자구사
君子九思

공자는 군자가 되려면 아홉 가지를 생각해야 한다고 했다. 볼 때에는 명확히 보는 것을 생각하고, 들을 때에는 명확하게 듣는 것을 생각하고, 얼굴 표정은 온화한가를 생각하고, 용모와 태도는 정중한가를 생각하고, 말할 때는 진실한가를 생각하고, 일할 때는 최선을 다하는가를 생각하고, 의문이 생기면 물어볼 것을 생각하고, 화가 솟으면 번거로운 뒷일에 대해 생각하고, 갖고 싶은 것을 보면 얻을 만한 것인지를 생각한다. 이러한 내용은 공자가 이성적인 노력을 중시했음을 나타낸다. 또한 사람은 언제나 자각하고 반성해야 하며, 타인과 소통하는 마음과 태도는 진실하고 적절해야 하며, 항상 배우고 하문下問하는 것을 부끄러워하지 말아야 함을 일깨운다. 이것을 잊고 방심하게 되면 잘못을 저지르게 되고, 나아가 우려할 만한 결과들을 초래하게 된다.(16.10)

: 楊舒淵

#_사思, 문問, 인仁, 지知, 의義

속수束脩 　본래는 말린 고기 열 묶음을 가리킨다. 고대에 15세가 된 남자가 태학에 진학할 때 행하는 예禮를 '행속수行束脩'라 했기 때문에 속수는 15세의 남자를 뜻하기도 한다. 따라서 "속수의 예를 행한 자로부터 그 이상이면 내가 가르치지 않은 적이 없다自行束脩以上, 吾未嘗無誨焉"라는 문장은 '속수'의 확대된 의미를 취해 "15세 이상의 사람이라면 내가 가르치지 않은 적이 없다"라고 번역하여 스승으로서 공자의 마음을 표현했다고 이해해야 한다. 이러한 번역은 '몇 살 이상의 사람'을 '…로부터 그 이상自…以上'으로 표현하는 옛 사람들의 언어습관에 부합한다.(『주례』「추관사구秋官司寇」) 또한 『논어』에 공자가 학비를 받는 대목이 없을뿐더러 "동자가 뵈러童子見 찾아오고, "비루한 사람이 나에게 묻는有鄙夫問於我" 등의 내용이 담긴 사실을 납득케 한다.(7.29; 9.8) 중요한 것은 '속수'는 '유교무류有教無類'의 정신과 호응한다는 점이다.(7.7; 15.39)

: 楊舒淵

#_예禮, 학學, 회誨, 유교무류有教無類

역교易教 　사마천은 공자가 만년에 『역경』을 좋아했으며, 죽간을 묶는 가죽 끈이 여러 번 끊어질 정도로 열심히 연구했다고 기록했다.(『사기』「공자세가」) 공자와 『역경』의 관계를 명확하게 기록한 문헌으로는 대개 『논어』『예기』『역경』 세 권을 꼽을 수 있다. '역교'라는 말은 『예기』「경해經解」에서 언급한 '육교六教' 중 하나다. 이른바 '육교'는 『시경』의 가르침[詩教], 『서경』의 가르침[書教], 『예기』의 가르침[禮教], 『악경』의 가르침[樂教], 『역경』의 가르침[易教], 『춘추』의 가르침[春秋]으로 구분되는 교육 영역이다. 역교의 내용은 주로 마음의 고요함과 세밀한 관찰에 중점을 두고 있다. 그리고 관례에 벗어나거나 절제하지 않는 행태와 부주의한 언사는 위험을 초래한다는 내용을 담고 있다. 행위가 절제되고 언사言詞가 세심한 자라면 『역경』의 도리에 정통했다고 말할 수 있다. 이처럼 역교에서 중시하는 가르침은 사람으로서 올바른 말과 행동을 갖추는 것이다.

공자는 몇 해를 더 살아 50세 때 『역경』을 배우게 된다면 이로써 큰 허물이 없을 것이라고 했다. 자신이 『역경』 연구에 전념하여 깨달은 바를 생활에 옮긴다면 확연한 효과를 드러낼 수 있다는 뜻이다. "이로써 큰 허물이 없을 것이다以無大過矣"라는 말은 공자 자신에 대한 격려로, 그와 같이 나날이 삼감으로써 덕으로 나아갈 수 있다는 의미다.(7.17)

또한 공자는 『역경』을 인용해 도리를 설명했다. 그는 남쪽 지역 사람들에게 전해지는 "항심이 없는 사람의 병은 무의巫醫도 고칠 수 없다"라는 속담이 좋은 말이라 했다. 그 의미는 "덕행을 실천할 때 항심恆心이 없으면 수치스러움을 초래하게 된다"(『역경』「항괘」의 효사)는 도리와 상통한다고 했다.(13.22)

: 許詠晴

#_덕德, 과過, 수羞, 유항자有恆者, 천명天命

미美 두 가지 쓰임이 있다. 하나는 심미적 가치를 나타낸다. 예컨대

"송조의 아름다움宋朝之美"이라는 구절은 춘추시대 송나라 공자公子인 송조의 미모를 가리킨다.(6.16) 또한 '악惡'의 상반되는 개념으로 사용되기도 하는데, 우禹임금에 대해 "의복은 초라하게 하면서도 제복인 불면에는 아름다움을 다했다惡衣服而致美乎黻冕"라고 묘사한 경우다. 이러한 경우의 '아름다움'은 도덕적 가치인 '선善'의 의미가 아니라 전적으로 예술형식의 아름다움을 뜻한다.(8.21) 또 다른 예로서 공자는 「무武」음악이 "지극히 아름다우나 지극히 선하지는 않다盡美矣, 未盡善也"라고 평했다.(3.25)

다른 하나는 도덕적 가치를 띠는 '선善'의 의미에 가깝다. 가장 대표적인 예는 "다섯 가지 아름다운 것을 존숭함尊五美"이다. 이때의 '아름다운 것'이란 미덕美德의 뜻으로, 백성에게 은혜를 베풀되 자기에게 허비하지 않는 것, 백성을 일하게 하되 원망을 초래하지 않는 것, 욕망을 표현하되 탐내어 구하지 않는 것, 태연하되 거만하지 않는 것, 태도에 위엄이 있으나 사납지 않은 것이다.(20.2) "인자仁者의 마을에 거주하는 것이 아름다움이 된다里仁爲美"라고 하여, 풍속이 순박하고 인정이 두터운 마을에 사는 것을 아름다움으로 표현하기도 했다. 이는 도덕적이고도 심미적인 가치가 혼용된 경우다.(4.1)

도덕적 가치에서 '아름다움'은 인격, 재능, 선함의 훌륭함을 나타낸다. "주공과 같은 아름다운 재능周公之才之美"이 그러한 예다.(8.11) 가장 이상적인 인격의 아름다움은 예禮의 도야와 훌륭한 천성이 결합된 "꾸밈과 바탕의 어우러짐文質彬彬"이다. 이에서 나아가 맹자는 "선을 힘써 행하여 자기 몸에 가득 채운 것을 '아름다움'이라고 한다充實之謂美"고 했다. 자신에게 있는 선을 모두 드러낼 수 있는 것이 곧 아름다움이라는 뜻이다 (6.18; 『맹자』「진심 하」).

: 陳淑娟

#_선善, 인仁, 예禮, 화和, 오미사악五美四惡

사射

육예六藝 중 하나인 활쏘기로, 고대 남성이 반드시 배워야 하는 기본 무예다. 호신護身과 전투를 대비하기 위한 것이지만 오락이나 시합 종목이기도 하다. 고대에는 과녁을 맞히는 기량을 쌓기 위해 활쏘기 연습을 했으나 거칠게 승리를 다투는 방식이 아니라 격식에 따르도록 했다. 그 목적은 예禮에 소홀함을 방지하기 위한 것이다.(3.16) 공자는 고대의 예로써 백성을 가르치는 기풍을 존숭하고 계승했다. 그렇기에 승리를 다툴 필요가 없는 군자가 활쏘기 시합에 나선다면 반드시 예에 따라야 하고 훌륭한 태도로써 겨루어야 한다고 주장했다.(3.7) 거칠게 승리를 다투는 것의 병폐를 지적한 것이다. 활쏘기에 능한 후예后羿가 제 명에 죽지 못한 사실을 남궁괄南宮适이 언급했을 때도 공자는 남궁괄에 대해 덕행을 숭상하는 군자라고 칭찬했다.(14.5) 결국 예에 따라 활을 쏘고 승부를 따지지 않는다면 그는 스스로 예를 실천하여 정도正道를 갈 수 있다.

: 楊舒淵

#_군자君子, 육예六藝, 예禮, 덕德, 예교禮教

시時

'시간'의 의미로는 역법曆法, 즉 사시四時를 뜻한다. 사시란 봄, 여름, 가을, 겨울이다. 다른 의미로는 적당한 때 또는 시기를 가리킨다. 더 나아가 '때를 안다'는 의미로 쓰인다. 공자는 때를 알고 그에 맞게 행동해야 함을 강조했는데, 음식에 대해서는 때(계절, 절기)에 맞지 않는 음식을 먹지 않았다.(10.8) "배우고 때에 맞게 익히면 또한 기쁘지 아니한가學而時習之, 不亦說乎?"에서 '때時'란 '때때로'의 뜻이 아니라 '군자가 처신과 처세의 도리를 배웠는데 '적당한 때'에 검증하고 익히니 기쁘지 않겠는가?'다.(1.1) 관리로서 백성에게 노역을 시킬 때도 시기에 맞추지 않으면 군자의 도道에 어긋나는 것이다.(1.5) 맹자는 네 부류의 성인聖人을 추앙하면서 가장 높게 평가한 대상도 공자가 말한 "성인 중에 때에 맞게 행동하는 자聖之時者"이다.(『맹자』「만장 하」)

:_陳慧玲

#_천天, 치雉, 식食, 습習, 성聖

서교書教

『상서』를 내용으로 하는 교육이다. 『상서』는 상고 시대의 책, 곧 「상서上書」를 가리킨다. 고대 국가의 책명策命과 고서告誓에 관한 당안檔案 기록이다. 따라서 『상서』는 중국 최초의 역사서일 뿐만 아니라 고대 정치사상의 전적이다. 『예기』「경해經解」에는 한 나라의 사람이 역사와 정치의 연관성을 설명하면서 먼 옛날의 일까지 깊이 파악할 수 있다면 그것이『상서』의 교육에 힘입은 것이라고 했다.

공자의 시대에 이르러 『상서』의 내용은 이미 난잡하고 무질서해졌다. 그런 이유로 공자는 『상서』를 한 차례 정리하면서 번잡하고 중복된 곳을 삭제하고 요순으로부터 주 왕조에 이르기까지 순서를 편성했다.(『사기』「공자세가」; 『한서』「예문지」) 이는 고대 전적을 정리하기 위해서이기도 했지만 『상서』를 강의 교재로 삼고자 하는 목적도 있었다. 공자의 가르침은 문文, 행行, 충忠, 신信이라는 네 가지에 중점을 두고 있는데, 그중 문헌지식[文]은 『상서』를 바탕으로 한 것이다.(7.25) 학습자는 고대 문헌을 두루 익힘으로써 문화적 소양을 갖출 수 있을 뿐만 아니라 치국의 이상과 방침을 이해하게 된다.

『논어』에는 『상서』를 직접 인용한 곳이 많지 않다. 그러나 공자의 사상이 『상서』의 정수를 융합한 것임은 의심의 여지가 없다. 공자는 아언雅言(춘추시대 각국의 방언이 아닌 표준 고음古音)으로 『상서』를 읽었다.(7.18) 또한 당시 가르침을 청하는 사람들에게 『상서』의 문장으로 대답하기도 했다. 예컨대 정치에 참여하지 않는 이유를 묻는 자에게 공자는 "『서경』에는 부모에게 효도하고 형제간에 우애하여 정치에 시행하는 것이 가장 중요하다고 했다"면서 『상서』에 유실된 문장[逸文]으로 답했다. 정치가 공동체의 화목을 추구할 때 그 근본은 효도와 우애가 된다. 따라서 효제孝悌의 실천은 이미 정치 참여의 행위라고 할 수 있다.(2.21) 자장子張이 "고종이 상중에 거하여 3년 동안 말하지 않았다高宗諒陰, 三年不言"라는 『상서』의 구절에 대해 묻자, 공자는 고대에 삼년상은 보편적이었을 뿐만 아니라 3년간의 시묘

侍墓만을 의미하는 게 아니라 새 군주가 3년 동안 정사를 묻지 않는 것을 포함한다고 했다.(14.40) 또한 공자가 "비유하자면 산을 쌓는 데 흙 한 삼태기가 모자라 이루지 못하고 그치는 것도 내가 그치는 것이다譬如爲山, 未成一簣, 止, 吾止也"라고 한 말은 "아홉 길[仞]의 산을 쌓는 데 흙 한 삼태기 모자라는구나爲山九仞, 功虧一簣"라는 『상서』의 문장을 취한 것이다.(9.19)

: 陳淑娟

#_오경五經, 문文, 학學, 아언雅言

계발啟發   진취적인 제자에 대해 스승은 일깨우고 계발하는 방식으로 가르친다. 공자의 '계발'은 스승이 일방적으로 가르치는 식이 아니었으며, 제자들이 각자의 성격·태도·지능에 따른 잠재력을 실현하도록 제작한 교재나 교육방식을 가리키는 것도 아니다. 공자의 교육은 "알려고 노력하지 않으면 깨우쳐주지 않고, 표현하려 애쓰지 않으면 말을 틔워주지 않는不憤不啟, 不悱不發" 식이다. 이는 제자가 스스로 이해하려 노력해도 안 되거나 분발하여 배우고자 할 때 비로소 일깨워주고, 제자가 힘써 표현하고자 해도 말할 수 없어 적합한 가르침이 필요할 때 이끌어주는 방식을 말한다. 이와 마찬가지로 제자가 가르침을 받고도 힘써 생각하지 않거나, 한 가지 일로 미루어 다른 것들을 깨우치고자 하지 않는다면[擧一反三] 공자는 다시 설명해주지 않았다. 배우고 생각하지 않아 스스로 깨닫지 못하면 헛수고이기 때문이다.(2.15; 7.8)

: 楊舒淵

#_사思, 거일반삼擧一反三, 인재시교因材施教, 학이불사學而不思, 순순선유循循善誘

이단異端   자기와 다른 주장을 가리키는 것으로, 잘못된 것만을 뜻하지는 않는다. 예로부터 견해가 다른 학파들은 서로를 비판함으로써 화를 초래했다. 공자는 이를 거울로 삼아 "이단을 공격하면 해로울 뿐이다攻乎異端, 斯害也已"라고 하여 다른 입장을 비판했을 때 후유증을 낳을 수 있음을 경계했다.(2.16) 그리고 "길[道]이 같지 않으면 서로 도모하지 않는다道不同, 不相爲謀"고 하여 소극적인 방식을 권했다.(15.40) 저마다 뜻이 있기 때문에 인생의 이상이 다르면 서로 상의할 필요가 없다는 것이다. 나아가 각자의 도道를 따르는 자유를 부정하지 않고 관용과 존중의 태도를 가져야 한다는 뜻이기도 하다. 적극적인 태도, 즉 비판하고 부정하는 행동[攻] 대신 서로 갈고 닦으며 가르침을 청한다면 학술의 발전을 촉진할 수 있다. 공자 본인은 사람됨과 배움에 대해 관용적인 태도를 취했다. 다만 그 행위가 대의大義에 어긋나거나 인간에 대한 합당한 기대 또는 사회규범을 해쳤을 때는 '비판[攻]'해야 한다고 주장했다. 예컨대 제자 염구冉求가 계씨季氏 가재家宰를 맡았을 때 대의를 소홀히 하고 계씨를 위해 재물을 수탈하자 공자는 상심하여 "북을 울려 성토하는 것이 옳다鳴鼓而攻之可也"라고 했다.(11.17)

: 陳淑娟

#_도道, 의義, 지志, 양단兩端, 염구冉求

습習

두 가지 뜻이 있다. 첫째는 후천적으로 나쁜 습관을 지닌 것이고, 둘째는 지식과 기량에 대한 검증과 연습이다. 이러한 검증과 연습의 정도가 습성을 바꿀 수 있다. 나쁜 습관을 지닌 것에 대해, 공자는 인간의 본성은 선을 지향하지만 스스로 선을 행하고자 하는 뜻은 저마다 다르다고 인식했다.(17.2) 물론 나쁜 습관은 후천적인 오랜 습관에서 비롯된 것이므로 배움을 통해 바꿀 수 있다. 공자는 선을 지향하는 본성의 요구를 깨닫고 그에 알맞게 실천하기 위해 처신과 처세의 도리를 배울 것을 제창했다. 또한 적당한 시기를 가려서 배운 바를 검증하고 연습하면 자기의 본성을 실현하는 즐거움을 누릴 수 있다고 믿었다.(1.1)

: 楊舒淵

#_성性, 인仁, 성상근습상원性相近習相遠, 학學, 락樂

노勞

네 가지 뜻이 있다. 첫 번째는 백성을 보내 노동을 시키는 것이다. 공자는 군자란 백성을 사랑하는 마음으로써 일하게 한다고 했다.(14.7) 또한 군자는 일을 시키기 전에 백성의 신뢰를 얻어야 하며, 백성의 원망을 사지 않게 일을 시킬 줄 알아야 한다. 따라서 솔선수범하는 자세로 임하며, 백성의 여건을 고려해 적절하게 일을 안배해야 한다. 그러면 백성은 노동하는 삶에서 성장하며 자기 힘으로 행복한 생활을 꾸리는 방법을 배울 수 있다. 이처럼 끈기 있게 지속하되 해이해지지 않는 것이 정치의 요령이다.(13.1; 19.10; 20.2) '노'의 두 번째 의미는 손윗사람을 대신해 일을 처리하는 것이다. 이것은 효도 중에서 기본적인 경우에 속하며, 가장 어려운 실천은 부모 앞에서 밝은 안색을 띠는 것이다. 이것은 진실한 마음이 있어야 가능한 실천이기 때문이다.(2.8) '노'의 세 번째 의미는 피로와 권태이다. 공자는 공손과 겸손 그리고 예禮의 절제를 잃으면 지치게 된다고 했다.(8.2) 마지막으로는 마음의 근심을 형용하는 것이다.(4.18)

: 楊舒淵

#_애愛, 신信, 원怨, 효孝, 예禮

순순선유
循循善誘

스승이 제자를 가르칠 때 점차적으로 심화시켜 이끄는 것을 뜻한다. 공자가 인내심을 가지고 제자를 계발하는 대목을 『논어』 곳곳에서 볼 수 있다. 공자는 눈높이 교육으로 제자가 스스로 생각하여 답을 찾도록 유도했다. 안회는 공자를 따라 가르침을 구하여 문헌학습을 통해 지식을 넓히는 한편, 예제의 규범을 따라 행위를 단속했다. 그는 삶의 길에서 스승이 걸으면 걷고 스승이 뛰면 뛰는 것처럼 배우고 따랐다. 전반적으로 삶을 관조하는 공자가 항상 역동적이고 신묘한 지혜를 가르치고 몸소 보여주었기 때문에 안회는 그만두려 해도 그만둘 수 없었다며 공자를 칭송했다.(9.11) 공자는 한 단계 한 단계 차례대로 일깨우며 제자들이 잠재력을 실현할 수 있도록 계발하여 그들이 인생의 바른길을 가도록 했다. 그의 이러한 교육방법은 후세 교육에 모범이 되었다.

: 陳維浩

#_인재시교因材施教, 박문약례博文約禮, 계발啟發, 안회顏回

아언雅言   표준 고음古音이다. 당시 각국은 방언을 사용했고 서로 음과 뜻이 달라 소통하기 불편했다. 따라서 주 왕조는 주원周原 지역의 음운音韻을 기준으로 표준화된 관방 공용어를 제정했다. 공자는 노나라에서 태어나 노나라 방언이 익숙했지만 고적古籍과 예의禮儀에 담겨 있는 음과 뜻을 나타내기 위해 『시』『서』를 읽고 예의禮儀를 집행할 때는 표준 고음을 사용했다. 이로써 선왕先王의 책을 보존하여 문화를 전승하는 한편 말의 뜻[辭義]을 명확히 전달할 수 있다.(7.18) 『이아爾雅』는 고대 어휘를 설명한 유가 경전이다. 책 명칭은 '아언雅言에 가깝다'는 뜻으로, 이는 "바름에 가깝다近正"의 뜻이기도 하다.

: 楊舒淵

#_언言, 예禮, 시교詩教, 서교書教, 예교禮教

시교詩教   『시경』을 내용으로 하는 교육이다. 『시詩』는 중국 고대 최초의 시가집이다. 전해진 바에 따르면, 서주西周 왕조는 각 제후국의 도움으로 전국 각지에 왕관王官을 보내 민가民歌를 채집하게 했다. 이것을 사관史官이 책으로 정리하여 천자天子에게 바쳐졌다. 천자는 이 시문집을 통해 각지의 민속[民風]과 민심[民情]의 선악[美惡]을 파악하고 정치에 참고했다. 비록 정치적 목적으로 『시』가 편찬되었지만, 시가詩歌 자체에 문학성이 있고 집성 과정에서 지식인들의 윤색을 거치면서 귀족 자제의 중요한 학습 교재가 되었다. 귀족 자제들은 13세에 음악을 배우고 『시』를 낭독했다는 기록이 있다.(『예기』「내칙內則」) 또한 주나라의 교육기관에서는 시·서·예·악으로써 선비[士] 계층을 가르쳤다. 봄·가을에는 예악을, 겨울·여름에 시서를 가르쳤다. 귀족 자제들은 『시』를 배워 우아한 어휘력을 갖추고 다른 나라와 외교를 벌일 때 풍부한 어휘를 구사할 수 있게 된다. 또한 시를 노래하고 짓는 행위를 통해 미묘한 정치적 입장과 태도를 표현하기도 했다.(『예기』「왕제」)

주나라 문화의 계승자를 자처한 공자는 『시』의 학습을 중시하여, 스스로 『시』의 시편을 엄선하여 공문孔門의 교재로 삼았다. 공자는 시를 배우지 않으면 말의 근거가 없다고 했으며, 진취적인 의지를 계발하려면 시를 읽어야 한다고 했다. 시를 배우는 것이 곧 교화의 시작이었다.(8.8; 16.13) 공자의 교육 이념에서 『시』를 배우는 효용은 두 가지가 있다. 첫째는 정치적 실리고, 둘째는 서정적인 것이다. 정치적 실리란 내치와 외교를 위한 인재를 양성함을 의미한다. 공자는 『시』 300편을 숙독했는데 맡은 임무를 원활히 해내지 못하고 외국에 파견되어서도 독자적으로 감당하지 못한다면, 많이 읽은 것은 아무 소용이 없다고 했다.(13.5) 아울러 공자는 시에는 사물에 대한 경험과 처신과 처세의 도리가 담겨 있기 때문에 시를 읽으면 여러 장점을 취할 수 있다고 생각했다. 즉 가깝게는 부모를 어떻게 섬겨야 할지 알고 멀게는 군주를 어떻게 섬겨야 할지 알며, 식물과 동물의 이름을 두루 알 수 있다고 했다.(17.9)

또한 『시』의 서정성은 교화의 도구로 삼았을 때 중요한 미학적인 기능이다. 공자는 "시 삼백 편을 한마디로 말하자면 생각에 사악함이 없다고 할 수 있다『詩』三百, 一言以蔽之, 曰思無邪"고 했다. 달리 말해 '진실한 감정에서 나오지 않은 시가 없다'는 뜻이다.(2.2) 『시』에 담긴 시들은 저자 본인의 감정을 표출한 것이기 때문에 읽는 이들에게도 그 진실한 감정이 직접적으로 전달된다. 이러한 진실한 느낌을 받았을 때 각 개인의 주체성이 드러나게 된다. 또한 시의 정서적인 내용을 통해 사람들은 자기의 생명력이 뻗어가야 할 방향을 관조하게 된다. 시를 읽은 사람 간에는 서로 소통되는 감정이 생겨나 사회의 조화로운 관계를 촉진할 수 있다. 게다가 펼치지 못한 뜻과 쌓인 원망을 시를 읽음으로써 발산할 수 있다. 이러한 내용을 공자는 "시는 뜻을 일으킬 수 있으며, 잘잘못을 살필 수 있으며, 무리를 지을 수 있으며, 원망할 수 있다詩, 可以興, 可以觀, 可以群, 可以怨"라고 표현한 것이다.(17.9) 종합하면 『시』는 사람이 즐겁되 탐닉하지 않고, 슬프되 괴롭게 않는 중화中和의 마음 상태로 이끈다.(3.20) 공자는 시를 논할 때 사람의 진정한 감정이 일어나게 하는 것을 관조하고 원활하게 하는 점을 중시했다. 또한 사람들이 서로 공감하고 교감함으로써 사회를 화목하고 즐겁게 만들기를 원했다. 따라서 시에는 교화의 기능이 있는 것이다. 『예기』「경해經解」에서도 시교詩敎의 역할은 사람을 온유하고 돈후하게 만드는 것이라 했다. 고대의 시들은 가락으로써 노래할 수 있었다. 따라서 시교詩敎와 악교樂敎는 서로 밀접한 관계가 있다.

: 陳淑娟

#_오경五經, 아언雅言, 학學, 언言, 인仁

가歌

노래 소리 또는 노래 부르는 행동을 뜻한다. 공자는 다른 사람과 함께 노래할 때 즐거우면 한 번 더 불러줄 것을 청하고 자신도 노래로 화답했다. 그러나 느낀 바가 있거나 눈앞의 정경을 보고 특별한 감정이 일어 눈물을 흘린 날에는 노래를 부르지 않았다.(7.10; 7.32) 공자는 감성이 풍부할 뿐만 아니라 진솔하여 스스로 그 속의 묘미를 잘 터득했다.

또한 공자는 노래를 부르는 행위를 통해 '가르치지 않는 가르침不敎之敎'을 실천했다. 유비孺悲가 공자에게 사람을 시켜 방문의 뜻을 전했을 때 공자는 병을 핑계로 거절했다. 그리고 심부름꾼이 방을 나가자마자 공자는 슬瑟을 꺼내어 연주하면서 노래했다. 자신이 만남을 일부러 거절했음을 유비에게 알림으로써 그가 반성하고 잘못을 고치길 바란 것이다.(17.20)

: 楊舒淵

#_악교樂敎, 곡哭, 정情, 악樂, 언言

회誨

가르침, 권고의 뜻이다. 공자는 '가르침에는 차별이 없다有敎無類'고 하여 15세 이상의 사람이라면 모두 기꺼이 가르치고자 했다. 본인 또한 이러한 가르침에 싫증내거나 게을리 하지 않고 적극적으로 이바지하고자 했다.(7.2; 7.7) 공자는 성聖과 인仁의 경지를 진실하게 동경하고 추구했기 때문에 부지런히 사람들을 가르치고 그들이 선을 지향할 수 있도록 도울 수 있었다. 또한 공자는 사람을 진실함으로 대하는 자세를 중시했기 때문에 방도를 찾고자 하는 사람들에게 진지한 자세로 권고했다.(7.34; 14.7) 공자는 지식을 구하는 자들이 취해야 할 가장 중요한 태도는 아는 것에 대해서는 자신감을 갖고 알지 못하는 것에 대해서는 허세를 부리지 않는 것이라 했다.(2.17) 착실한 자세를 갖춰야 지식에 대한 참된 깨달음을 얻고, 이를 통해 이상을 실현할 수가 있다는 뜻이다.

: 楊舒淵

#_속수束脩, 유교무류有教無類, 충忠, 지知, 행行

비부鄙夫

두 가지 뜻이 있다. 하나는 비루하고 거친 남자[鄙野之夫], 즉 시골 사람을 가리킨다. 공자는 '가르침에는 차별이 없다有教無類'고 하여 15세 이상의 사람이라면 가르치기를 거절하지 않았다. 따라서 시골 사람도 공자에게 가르침을 청했다. 공자가 모든 것을 다 알 수는 없다 해도 문제에 대한 정반正反과 양단兩端을 헤아릴 줄 알았기 때문에 겸손하게 가르침을 청하는 시골 사람에게는 성실히 합당한 이치를 추리해주었다.(7.7; 9.8)

'비부'의 다른 뜻은 지조와 절개가 비루한 사람이다. 공자는 이러한 사람과는 윗사람을 함께 섬길 수 없다고 했다. 이러한 사람은 오직 이익을 생각하기 때문에 얻지 못했을 때는 얻을 것을 걱정하고 얻은 후에는 잃을 것을 걱정한다. 게다가 이익을 위해서는 수단을 가리지 않는다. 따라서 도의道義에 따르지 않으며 규율도 지키지 않는 비부와 함께 정치적 이상을 추진한다는 것은 논할 가치가 없다.(17.15)

: 楊舒淵

#_양단兩端, 유교무류有教無類, 소인小人, 사군事君, 환득환실患得患失

악樂   음악적 소양은 공자의 교육철학에서 중요한 부분을 차지한다. 공자는 "시에서 일어나고, 예에서 서고, 악에서 이루어진다興於詩, 立於禮, 成於樂"라고 했는데, 이는 이상적인 인격을 이루는 과정을 뜻한다. 즉 시를 읽어 진취적인 뜻을 계발하고, 예를 배워 일을 처리하는 능력을 구비한 다음, '음악'을 배움으로써 교화를 펼치는 것이다.(8.8)

'음악'이 교화의 지표가 된 까닭은 첫째 사람의 진실한 감정을 자극하기 때문이다. 그런 맥락에서 공자는 "사람이 인하지 않으면서 어떻게 음악을 하겠는가人而不仁, 如樂何?"라고 했다. 설령 모든 예악문화와 지식을 배웠다 해도 행하는 자에게 진실한 마음이 없으면 음악은 거짓 문식文飾일 따름이다.(3.3) 공자는 노래뿐만 아니라 금琴·슬瑟·경磬 등의 악기 연주에도 능했으며, 항상 예술 활동을 통해 감정을 표출했다. 둘째, 사람이 음악 활동에서 얻은 심미적 경험은 만족감을 안겨준다. 공자는 당시의 연주 형식을 분석하여 노나라 대악관大樂官에게 그 원리를 알려주었다. 연주가 시작될 때는 여러 음이 잇따라 나와 생동감이 있고 열정적이며, 나중에는 여러 음이 어우러지면서 단순해지고 장단은 뚜렷하고 밝게 계속 이어지다가 곡이 끝난다고 했다.(3.23) 공자는 섬세한 예술적 감각으로 변화하는 음의 규칙과 미감美感을 깊이 이해하고, 그 속에서 지극한 만족을 얻었다. 그런 이유로 제나라에서「소」음악을 듣고는 "석 달간 고기 맛을 알지 못했다三月不知肉味"고 찬탄했다.(7.14) 이와 같은 이유에 근거해 공자는 이상적인 사람은 덕행에 대해 지혜롭고 욕심이 없고 용감해야 할 뿐만 아니라 예악의 문식文飾을 갖춰야 한다고 생각했다.(14.12) 공자가 생각하는 이상적인 음악은 순임금과 주 왕조 무왕이 전한 악무樂舞「소」와「무」다.「소」에 대해서는 "지극히 아름답고 또 지극히 선하다盡美矣, 又盡善也"라고 논평했다. 이는 아름다운 형식미와 더불어 훌륭한 윤리적 의의까지 갖추었다는 뜻이다. 그러나「무」는 "지극히 아름답지만 지극히 선하지는 않다盡美矣, 未盡善也"고 했다.(3.25) 이는 당시 정나라와 위衛나라의 궁중에서 유행하던 퇴폐적인 음악에 대한 비판이 담겨 있다. 공자는 나라를 다스릴 때 "정나라 음악을 버리고 말재주 있는 사람을 멀리해야 한다放鄭聲, 遠佞人"라고 했다.(15.11)

: 陳淑娟

#_악교樂教, 인仁, 문文, 미美, 선善

악교樂教 주周 왕조 귀족의 음악 교육이다. 고대의 '악樂'은 오늘날 소리의 예술인 '음악'만 의미하는 게 아니라 시가, 음악, 무용을 융합시킨 일종의 종합예술이다. 따라서 온전한 악교樂敎는 『시경』의 음창吟唱, 악무樂舞의 공연, 악기의 연주를 통해 완성되며, "넓은 도량과 선량함廣博易良"이라는 교화를 불러일으킨다.(『예기』「경해」)

악교는 『시경』을 중심 내용으로 삼으며 악무에 대한 학습도 매우 중시된다. 고대에 귀족 자제들이 배우는 악무 가운데 가장 중요한 종류는 육대六代의 악무다.(『주례』「춘관」) 이 악무는 역대 6명의 성왕聖王, 즉 황제·요·순·우·탕·무왕의 사적을 극적으로 묘사한 것이다. 귀족 자제들은 제의 때 이 악무를 선보여 제사의식을 문식文飾할 뿐만 아니라 전통적인 음악과 무용의 어우러짐을 통해 민족의식을 결속시킨다. 악무 공연은 예술적 가치가 높다. 춤추는 사람은 모든 감각을 동원하여 동작을 조율하는데, 이로써 몸과 감정과 정신은 하나가 된다. 더디고 빠른 노래와 선율의 속도에 따라 몸을 굽혔다가 펴고 숙였다가 쳐다보는[屈伸俯仰] 동작, 순서대로 늘어선 행렬[魚貫綴兆]의 모습은 모든 생명과 문화에 대한 고상함과 우아함이 드러난다.

악기 연주는 악사樂師와 악공樂工이 담당하는 전문 영역이다. 그러나 귀족 자제들도 금슬琴瑟 정도의 악기 연주는 문화예술의 기본적인 소양으로서 배웠으며, 음악으로써 인격을 수양했다. 선비들은 상례喪禮가 있을 때를 제외하면 하루도 빠지지 않고 금슬을 연주했다. 문헌에도 "변고가 없으면 선비는 금슬 연주를 그치지 않는다士無故不徹琴瑟"(『예기』「곡례 하」)고 했다.

선진 시대의 전적을 보면, 공자는 금琴·슬瑟·경磬을 연주하고 노래를 부르는 등 다양한 악기를 연주할 줄 알았으며, 고상한 흥취로써 평소의 교육에 적용했다.(17.4; 17.20) 뿐만 아니라 열국을 주유할 당시 위험한 상황에서도 음악으로써 제자들을 위로한 뒤 자신의 생각을 밝혔다.

결론적으로 악교는 교육의 한 방식으로, 여러 효과를 나타낸다. 기술적 연마보다는 인격과 감정의 도야가 중요하다. 나아가 '예禮'의 도덕적 의식과 행위규범을 음악으로써 내면화하는 것이 가장 중요하다.

: 陳淑娟

#_악樂, 가歌, 시교詩教, 예禮, 성인成人

유儒

"선비는 도로써 백성의 마음을 얻는다儒, 以道得民."(『주례』「천관총재天官冢宰」) 여기서 '선비'를 뜻하는 문자 '유儒'의 기원은 '사람[人]'과 '필요[需]'의 뜻이 결합된 것으로서 '약자弱者'의 뜻이 있다. 이들 집단이 형성된 데에는 두 가지 설이 있다. 은나라의 유족遺族에서 기원했다는 것과 주 왕조의 몰락한 귀족에서 기원했다는 것이다. 두 가지 설의 공통점은 그들의 문화적 소양이 훌륭해 여러 예의禮儀를 도울 수 있었다는 사실이다. 이때 의식을 돕는 자가 차려입는 옷을 '유襦'라 했기 때문에 그들의 신분도 '유儒'라 불리게 된 것으로 볼 수 있다. 공자도 오랫동안 예를 익혔으며 한때 제사나 상례를 돕는 일을 업으로 삼기도 했다. 그렇다면 공자 역시 초기 유자儒者에 속한다고 할 수 있다.

유가는 공자의 교육과 사상에서 비롯된 학파로서, 공자는 인仁과 예禮, 인성人性과 천도天道 등의 개념으로써 자기의 학설을 세웠다. 한漢왕조의 동중서董仲舒가 유가 학술만을 존중하기 전까지는 고전 유가로 구분된다. 고전 유가는 400여 년의 전승과 전개를 거치고 『논어』『맹자』『순자』『역전易傳』『중용』『대학』 등 저서를 통해 매우 완전하고 심오한 사상 체계를 형성했다. 이러한 원전은 후대 유자들에게 사상적 자원이 되어 시대의 흐름에 맞는 다양한 학설을 만들었다.

유가의 특징은 크게 세 가지를 꼽을 수 있다. 첫째, 전통을 존중하고 교육을 중시한다. 전통 경전을 소중히 여기고 해석하는 과정을 교육으로 삼기 때문에 문화 전승에 큰 힘을 발휘한다.(3.14) 둘째, 사회에 관심을 갖고 적극적으로 참여한다. 실제에 활용할 수 있는 배움을 추구하기 때문에 정치 활동에서 그 이상을 실현한다.(2.21; 13.3) 셋째, 덕행을 수양하여 자기 한계를 극복한다. 인간 본성의 존엄은 자발적인 덕행에서 비롯되기 때문에 일의 성패와 시대환경에 제약받기보다는 천명天命과 의기투합한다.(14.35; 18.7)

또한 유가는 세 가지 신념에 기초한다. 첫째, 사람은 선善을 지향하는 본성을 하늘로부터 부여받아 온전한 도덕을 추구할 수 있으므로 성인聖人의 경지에 도달할 수 있다.(7.30) 둘째, 자기의 진실함과 마주할 때 선을 지향하는 본성에 따른 선행의 의지를 깨닫고, 필요하다면 자기희생도 가능하다. 바꿔 말해 선을 행하는 것이야말로 삶의 유일한 바른길이다.(4.6) 셋째, 선을

행하는 자는 좋은 영향을 일으켜 주변사람들도 그 길을 갈 수 있도록 이끈다.(6.30)

『논어』에서 '유儒'자는 공자가 자하子夏를 가르칠 때 단 한 번 언급되는데, 그 의미는 교육자에 가깝다. 공자는 자하의 조심스럽고 온화한 성품을 고려하여 뜻이 편협한 '소유小儒'가 아니라 도량이 넓은 '대유大儒'가 되어야 한다고 조언했다.(6.13)

: 楊舒淵

#_군자君子, 예禮, 상喪, 인仁, 천명天命

흥관군원
興觀群怨

시詩를 배우는 네 가지 효과다. 공자는 제자들이 시를 배우도록 장려했다. 시를 읽으면 진실한 마음을 일으킬 수 있고[興], 개인의 지조와 절개를 관찰할 수 있고[觀], 백성과 교감할 수 있고[群], 억울함과 원망을 해소할 수 있기[怨] 때문이다. 따라서 시를 배우는 사람은 진실하고 자상해지며, 인간관계에서 상대의 입장을 고려할 줄 알게 된다. 가깝게는 부모를 섬기는 도리를 알고 멀게는 군주를 섬기는 도리를 알게 된다. 시를 배우면 많은 식물과 동물의 이름을 알 수 있으며, 그 이름으로써 실제 삶에 대한 적절한 유추와 비유를 표현할 수 있고 사적인 뜻과 감정을 나타낼 수 있다. 또한 시는 사람을 감화시켜 선을 지향하도록 교화하며 온유하고 인정 두터운 민심을 이끌 수 있다.(17.9)

: 楊舒淵

#_시교詩教, 언言, 인仁, 원怨, 공리孔鯉

예교禮教　'예禮'를 주체로 삼는 교육이다. 한 나라의 백성이 공손하고 검소하며 장중하고 공경할 줄 아는 것[恭儉莊敬]은 예禮의 교화에 힘입은 것이라고 했다.(『예기』「경해」) '예'란 좁은 의미로 예절의식을 뜻하며, 넓은 의미로는 정치제도, 사회생활, 도덕질서 등의 규범을 뜻한다. 예는 주 왕조의 대표적인 문화적 성과라 할 수 있으나, 공자의 견해에 따르면 하夏 상商 두 왕조의 예제禮制를 참조 수렴하여 발전시킨 찬란한 문화다.(2.23)

주나라의 정치는 종법 제도에 기초한다. 적장자가 대종大宗이 되어 정치적 주권을 계승하고 천자天子가 된다. 서출庶出은 소종小宗으로서 천자를 섬기는 제후 또는 경대부가 된다. 대종과 소종 간에는 혈연과 친소관계를 토대로 신분의 차등을 둔다. 이러한 등급제도 그리고 등급 간 응대의 도리, 등급에 맞는 개인 처신의 도리를 모두 예라 일컫는다. 사대부 계층의 예를 기록한 『의례儀禮』는 13경經 중의 하나로서, 주로 상제喪祭, 조빙朝聘, 향사鄕射, 관혼冠婚 등의 의식이 소개되어 있다. 『주례』 「춘관·대종백大宗伯」에서는 예를 길례吉禮, 흉례凶禮, 빈례賓禮, 군례軍禮, 가례嘉禮로 구분하고 있다. 이처럼 '예'는 삶의 모든 면을 포괄하기 때문에 종법사회의 구성원은 이러한 예제 교육 아래 사회의 가치관을 형성했다.

춘추시대 주나라 왕실이 쇠락하면서 여러 제후와 경대부들이 예제를 참월僭越하는 사례가 잇따르자 예악禮樂이 붕괴되었다. 주례周禮는 이미 형식적인 것이 되었고 정치는 물론 사회의 도덕과 윤리도 혼란해졌다. 공자는 초기 주나라 문화의 계승을 사명으로 삼아 '예'의 기능과 가치를 회복하고자 했기 때문에 예교禮敎는 공자의 중요한 교육이념이었다. "예를 배우지 않으면 설 수 없다不學禮, 無以立"는 공자의 가르침은 예를 입신처세立身處世의 근거로 여겼음을 드러내는 것으로, 공자는 사람은 "예에서 선다立於禮"라는 생각을 거듭 강조했다.(8.8; 16.13; 20.3) 그러면서도 주례에 새로운 의미를 부여했다는 점에서 공자의 사상은 혁신적이다. 그가 주장하는 예는 인간의 행위를 외부적으로 억압하고 제한하는 차가운 법칙이 아니다. 오히려 인간의 선량한 품성과 내면과 연관된 것이며, 인간의 본성이 요구하는 가치규범 체계라고 할 수 있다.

공자는 '예'와 '인仁'을 결합시켜 "사람이 인하지 않으면서 어떻게 예를 하겠는가人而不仁, 如禮何?"라고 했다. 인간의 본성에 기초할 때 '인'은 진실함과 선을 지향하는 자발적 역량이다. 또한 종법이나 혈연관계에 기초한 예는 사실 인간 내면의 가장 진실한 감정에 기초한 것이다. 진실한 감정에서 비롯된 예를 실천할 때 두텁고 견고한 도덕세계로 나아갈 수 있다. 반대로 진실함을 바탕으로 하지 않는 예란 아무 소용이 없다.(3.3) 예컨대 '삼년상'에 대한 공자의 견해는 예와 진실한 감정의 관련을 제대로 설명해준다.(17.21)

안회가 인을 행하는 방도를 물었을 때 공자는 "능히 스스로 예로 돌아가는 것이 바로 인을 행하는 것克己復禮爲仁"이라고 대답함으로써 스스로 예를 깨닫고 실천해야 함을 강조했다. 이때의 '극克'은 '능히'를 뜻한다. 즉 능히 예의 조건을 실천하는 것이 인이다. 이때의 '인'이란 선을 택하여 굳게 지키는 삶의 바른길을 가리킨다. 예가 지정한 인생의 바른길을 자주적으로 걷기 위해선 "예가 아니면 보지 말며, 예가 아니면 듣지 말며, 예가 아니면 말하지 말며, 예가 아니면 움직이지 말아야 한다 非禮勿視, 非禮勿聽, 非禮勿言, 非禮勿動." 모든 행위를 '예'로써 조절해야 함이다.(12.1) 그러나 공자는 대개 선행으로 인정되는 행위일지라도 예제와 무관하게 겸손하고 공손하기만 하면 지쳐버린다고 판단했다. 그리고 그저 신중하기만 하면 위축되고, 용감하기만 하면 난을 일으키게 되며, 정직하기만 하면 상처를 주게 된다고 생각했다.(8.2) 마지막으로, 사람은 예교와 악교樂教가 균형을 이룬 예악禮樂 문화를 익혀야 이상적인 인격의 성인成人이 될 수 있다.(14.12)

: 陳淑娟

#_예禮, 예지본禮之本, 인仁, 입立, 성인成人

예藝   기술과 문학예술 활동을 가리킨다. 구체적으로 예禮, 악樂, 사射, 어御, 서書, 수數를 내용으로 한다. 공자는 자유롭게 문학예술 활동에 심취할 수 있는 사회를 추구했다. 또한 다재다능한 사람은 나랏일을 맡은 대부大夫의 역할도 잘 감당할 수 있다고 생각했다. 아울러 이러한 재능을 길러야 이상적인 사람이 될 수 있다고 생각했다.(6.8; 7.6; 14.12) 염구冉求는 재능이 많고 다스림에도 뛰어난 인재로 여러 번 공자에게 인정받았다.(11.3) 정작 공자 본인은 벼슬의 기회를 얻지 못해 포부를 펼치진 못했지만, 평생 진덕수업進德修業을 하는 과정에서 많은 기예技藝를 모두 배웠다고 했다.(9.7) 이러한 공자의 태도는 "물에 잠긴 용은 쓰지 않는다潛龍勿用"라는 가르침에 부합한다.(『역경』)

: 楊舒淵

#_육예六藝, 학學, 재才, 성인成人, 역교易教

권權

권력, 변통[權宜], 평가[權衡], 도량형[權量]의 뜻이다. 공자는 배움은 단계적으로 벗과 함께 배우고, 인생의 바른길을 가고, 입신처사立身處事하고, 옳고 그름을 평가하는 것이라 했다. 그중에 옳고 그름을 '평가權'하는 것이 가장 어렵다고 했다.(9.30) 공자의 원칙은 세상의 추세에 맞게 '변통'하고[通權達變] 시기에 맞게 적당한 방법을 취하는 것[因時制宜]이고, 자기의 이상을 확정했다면 실천해야 할 때 실천하고 멈춰야 할 때 멈추는 것이다[可行則行, 可止則止].(18.8) "도량형을 신중히 하다謹權量"라는 말은 경제생활에 필요한 도량형을 심사한다는 뜻으로, 이와 더불어 관직의 등급을 정비해야 국가의 정령政令이 실행될 수 있다.(20.1)

: 陳慧玲

#_우友, 학學, 도道, 입立

五. 고사성어

일언이폐지 한마디의 말로 요약하다

一言以蔽之　　공자께서 말씀하셨다. "『시경』에 담긴 시 삼백 편의 뜻을 한 마디 말로써 요약할 수 있으니, 생각에 간사함이 없다는 것이다 『詩』三百, 一言以蔽之, 曰 思無邪."(2.2)

'일언이폐지'란 한마디 말로 전체를 개괄하는 것이다. '생각에 사악함이 없다'라는 말은 시 삼백 편이 모두 진실한 감정에서 비롯되었음을 강조한 것이다. 이후 '일언이폐지'라는 말은 간결하지만 의미심장한, 간결함으로 복잡함을 통제하는 뜻의 관용구로 사용되었다.

: 陳淑娟

일조지분 한순간의 분노

一朝之忿

"한순간의 분노로 자기 자신도 잊고 치욕이 어버이에게도 미치게 하는 것은 미혹이 아니겠느냐一朝之忿, 忘其身以及其親, 非惑與?"(12.21)

한순간의 분노로 인해 자신의 처지와 부모의 안위를 잊는 행동은 미혹된 것이다. 번지樊遲는 어떻게 공부功夫해야 덕성을 증진시킬 수 있고 쌓인 원한을 없애고 미혹된 것을 분별할 수 있는지 공자에게 물었다. 공자는 차례대로 설명했다. 우선 열심히 일을 한 뒤 보답을 생각해야 하고, 자기비판으로써 남에 대한 비판을 대신해야 한다. 그리고 미혹된 것을 변별한다는 것은 자신을 자제함으로써 한순간의 분노에 휘말리지 않는 것을 뜻한다.

: 陳慧玲

인지장사 기언야선
人之將死
其言也善

사람이 죽게 되어서는 그 말이 착하다

증자께서 말씀하셨다. "새가 죽게 되어서는 그 울음소리가 슬프고, 사람이 죽게 되어서는 그 말이 착하다鳥之將死, 其鳴也哀, 人之將死, 其言也善."(8.4)

증삼曾參이 병이 들자 노나라 대부 맹경자孟敬子가 문병을 왔다. 증삼은 특별히 맹경자에게 다스림의 도리를 일러주었다. '그 말이 착하다'란 가치 있는 말을 하게 된다는 뜻이다. 죽음을 앞둔 사람의 말은 대개 자기의 진실한 깨달음을 말하기 때문에 교훈적 가치가 있다. 증삼은 이러한 발언으로 대화를 시작함으로써 맹경자가 자신의 가르침을 토대로 진심으로 백성을 행복하게 해주기를 바랐다.

: 陳維浩

인이불인
人而不仁

사람으로서 인仁하지 않다

공자께서 말씀하셨다. "사람이 인仁하지 못하면서 어찌 예禮를 행할 수 있으며, 사람이 인하지 못하면서 어찌 악樂을 행할 수 있겠는가人而不仁, 如禮何. 人而不仁, 如樂何?"(3.3)

『논어』에서 '인仁'은 세 가지 의미를 나타낸다. 첫째는 인간의 성性으로, 진실한 마음과 선善을 지향하는 힘이다. 둘째는 인간의 도道로서, 삶의 올바른 길 또는 선을 택해 지키는 것이다. 셋째는 인간의 완성, 즉 완벽한 인격을 가리킨다. 세 번째 의미의 '인'은 진실한 마음으로 선을 지향하는 자세를 가리키며, 도덕 수양과 이상적인 인격의 기초이자 시작점이다. 진실하게 선을 지향하는 마음이 없다면 아무리 예악禮樂과 문식文飾이 뛰어나도 소용이 없다. 이것이 공자가 '인이불인'을 통해 표현하고자 한 사상이다. 여기에서 '몸이 마비되어 감각이 없다麻木不仁'라는 성어가 파생되었다.

: 陳淑娟

삼인행 필유아사
三人行 必有我師

세 사람이 길을 가면 반드시 나의 스승이 있다

공자께서 말씀하셨다. "세 사람이 함께 길을 가면 반드시 나의 스승이 있다三人行, 必有我師焉."(7.22)

다른 사람들을 유심히 관찰하여 장점은 본받고 단점은 경계할 점으로 배울 수 있다. 따라서 사람은 어디서나 남에게 배울 수 있으며 모든 것이 배움의 대상이 된다. 여기서 '삼인'이란 세 명이라기보다는 적은 수의 사람을 표현하는 말이다.

: 陳維浩

삼십이립
三十而立

30세에 자립하다

"공자는 30세에 입신처세立身處世의 도리를 스스로 깨달아 정도正道를 걸었다."(2.4)

공자는 자신이 회복하고자 했던 서주西周의 예제禮制를 입신처세의 바탕으로 삼았기 때문에 "예에서 입신해야 한다立於禮"고 했다.(8.8) 즉 예를 배워야 처세에 나아갈 수 있다. 사회에서 이루어지는 모든 인간관계의 적절한 도리는 예제 안에 있기 때문이다. 따라서 "예에서 입신한다"는 말은 모든 행위의 기준을 예로써 삼는 것이다. 공자는 제자들과 아들에게 "예를 배우지 않으면 입신할 수 없다不學禮, 無以立"라는 잠언箴言을 남겼다.(16.13; 20.3) 또한 "예가 아니면 보지 않고, 예가 아니면 듣지 않고, 예가 아니면 말하지 않고, 예가 아니면 움직이지 않는다非禮勿視, 非禮勿聽, 非禮勿言, 非禮勿動"라고 했다.(12.1) 예에 근거하지 않으면 공손함은 피로해지고, 용감함은 혼란한 국면을 조성하며, 정직한 직언은 쓰라린 상처를 안길 수 있다.(8.2) 오늘날의 사회는 더 이상 서주의 예제를 필요로 하진 않지만, 나이 서른이 되면 자립하여 사회적 성취가 있어야 함을 설명하는 성어로 통용된다.

: 陳淑娟

삼월부지육미
三月不知肉味

석 달 동안 고기 맛을 알지 못하다

"공자는 제나라에서 (순임금의 음악인) 「소韶」를 듣고 석 달 동안 고기 맛을 알지 못했다子在齊聞『韶』, 三月不知肉味."(7.14)

공자가 제나라에서 「소韶」 연주를 들었을 때 이처럼 완벽한 음악이 있는지 생각지 못했다고 했다. 또한 공자가 석 달간 고기 맛을 몰랐다는 말은 사계절 중 한 계절에 속하는 긴 시간 음악의 감동을 느꼈다는 뜻이다. 인간의 감각기관은 밀접하게 연결되어 있기 때문에 어느 한 기관이 강렬한 감각을 받았다면 나머지 기관은 상대적으로 약화된다. 즉 사람이 어떤 곳에 '마음을 쓰면' 다른 감각의 기능에는 소홀해지게 마련이다. 따라서 이 성어는 온 마음을 기울여 몰두하는 상태를 비유하는 말로 쓰인다.

: 陳維浩

삼월불위인
三月不違仁

석 달 동안 인仁에 어긋나지 않다

공자께서 말씀하셨다. "안회는 그 마음이 석 달 동안 인에 어긋나지 않고 그 밖의 사람들은 하루에 한 번이나 한 달에 한 번 인仁에 이를 뿐이다子曰 回也, 其心三月不違仁, 其餘則日月至焉而已矣."(6.7)

제자 안회에 대한 공자의 평가다. 다른 제자들은 짧은 기간 인을 행할 수 있겠으나 안회는 오랫동안 인생의 바른길에서 벗어나지 않을 것이라고 했다. '석 달'은 한 계절 정도를 의미한다. 이처럼 오랫동안 안회가 인덕仁德을 유지할 수 있다는 말은 그 품은 뜻이 확고함을 의미하는 동시에 인을 행하는 것이 쉽지 않은 일임을 반증한다. 군자가 되려는 사람은 오직 인을 행함으로써 정도正道를 걸을 수 있다.

: 解文琪

삼년유성
三年有成

3년이면 성과가 있다

공자께서 말씀하셨다. "진실로 나를 등용하는 이가 있다면, 1년이면 괜찮아지고 3년이면 성과가 있을 것이다子曰 苟有用我者, 期月而已可也, 三年有成."(13.10)

일정한 기간에 상당한 성과를 이룰 수 있다는 뜻이다. 3년이란 일정 기간을 가리키는 것으로, 오늘날의 용법에서는 시간적 의미가 명확하지 않다.

: 陳弘智

삼사이행
三思而行

세 번 생각하고 행동하다

계문자季文子가 세 번 생각한 뒤에 행동했다는 말에 대해 공자는 "두 번만 생각해도 괜찮았을 것이다季文子三思而後行. 子聞之曰 再, 斯可矣"라고 했다.(5.19)

반드시 해야 할 일은 주저하거나 득실을 따지는 데 시간을 허비하지 말고 바로 실행해야 한다는 뜻이다. 자칫하면 시기를 놓치게 되기 때문이다. 고대에 '삼三'은 다수를 나타내는 경우가 많으므로 세 번 생각한다는 것은 생각을 여러 번 거듭하는 것을 가리킨다. 오늘날 '삼사이행'은 주로 신중하게 일하는 것을 비유하는 말로 쓰인다.

: 解文琪

삼성오신
三省吾身

세 가지로 자신을 돌아보다

증자께서 말씀하셨다. "나는 날마다 세 가지로 나 자신을 돌아본다. 남을 위한 일을 꾀하는 데 충심忠心을 다하지 않았는가? 벗과의 사귐에 성신誠信하지 못한 점은 없었는가? 내가 익히지 않은 것을 함부로 전수하지 않았는가?曾子曰 吾日三省吾身, 爲人謀而不忠乎. 與朋友交而不信乎. 傳不習乎."(1.4)

증삼曾參이 말한 수양의 원칙이다. 옛사람들은 흔히 3이란 수로써 다수를 표현했기 때문에 매일 세 가지로 한정하지 않고 다양한 방식으로 자신을 성찰했다고 보는 게 자연스럽다. 공자는 증삼에 대해 천성이 둔하다고 평가했다.(11.18) 그러나 증삼은 신체에 관한 것부터 인품과 덕성을 수양하는 것까지 평생 공자의 가르침을 받들고자 노력했다. 뿐만 아니라 그는 자기 한계를 극복하여 완벽한 경지에 이르고자 했기 때문에 시시때때로 엄격한 잣대로써 자신을 살폈다. 증삼이 제시한 성찰의 주제, 즉 다른 사람 또는 윗사람을 위해 일할 때 최선을 다했는가? 교우관계에서 약속을 성실히 이행했는가? 도리를 전수하기 전에 시험하여 검증했는가? 하는 것은 대표적인 예시일 뿐, 사람 사이의 적절한 관계에 관한 모든 규범을 성찰해야 한다는 의미다. 이처럼 증삼은 자나 깨나 자기가 맡은 역할을 잘 수행할 방법을 고민함으로써 완벽을 추구했다.

: 陳淑娟

소불인즉란대모   작은 일에 인내할 수 없다면 큰일을 어지럽힌다
小不忍則亂大謀   공자는 작은 일에 인내할 수 없다면 큰 계획을 망칠 수 있다고 생각했다. 이처럼 공자는 근시안적인 행동보다는 긴 안목으로 일을 도모하는 것을 높게 평가했다.(15.27)

'소불인즉란대모'의 뜻은 당시나 오늘날이나 큰 차이가 없다. 사소한 부분 또는 작은 일에 인내하지 못하면 전체적인 계획을 망치기 쉽다는 뜻이다.

: 陳弘智

기소불욕   자신이 원하지 않는 것은 남에게 베풀지 말라
물시어인
己所不欲
勿施於人
   공자께서 말씀하셨다. "문을 나갔을 때에는 큰 손님을 뵙듯이 삼가고, 백성을 부릴 때에는 큰 제사를 받들 듯이 조심하며, 자신이 원하지 않는 것을 남에게 베풀지 말아야 하니, 이렇게 하면 나라에 있어도 원망이 없으며, 집안에 있어도 원망이 없을 것이다出門如見大賓, 使民如承大祭. 己所不欲, 勿施於人. 在邦無怨, 在家無怨." 공자는 다른 경우에도 같은 말을 했다. "아마도 '서恕'일 것이다. '서'란 자기가 하고자 하지 않는 것을 남에게 시키지 않음이다其恕乎. 己所不欲, 勿施於人."(12.2; 15.24)

중궁仲弓이 인仁을 행하는 도리에 대해 물었을 때 공자는 세 단

계로 설명했다. 첫째 사람과 사귈 때 존경심을 품고 예를 지킨다. 둘째 '서도恕道'로써 세상에 인정과 도의를 더한다. 셋째 사사로움 없이 공동체의 화합을 촉진시킨다. '자신이 원하지 않는 것은 남에게 베풀지 말라'는 것은 인을 실천하는 두 번째 단계다. 이러한 인의 세 단계는 개인관계에서 시작하여 공동체의 화합으로 점점 심원해지는 본보기를 제시한 것이다.

: 陳慧玲

기욕립이립인
己欲立而立人

자신이 서고자 하면 남도 서게 하라

"인자仁者는 자신이 서고자 하면 남도 서게 해주며, 자신이 통달하고자 하면 남도 통달하게 해준다. 자기에게 가까운 경우를 취하는 것이 인仁의 실천하는 방법이라 할 수 있다夫仁者, 己欲立而立人, 己欲達而達人. 能近取譬, 可謂仁之方也已."(6.30)

이 말은 '백성을 보살피고 여러 사람을 구제할 수 있다면 인하다고 할 수 있습니까?'라는 자공子貢의 물음에 대한 공자의 대답이다. 공자가 말하는 인의 실천이란 자신이 안정적으로 서고자 할 때 다른 사람들도 그와 같이 되도록 돕는 것이며, 자신이 발전하여 통달하고자 할 때 다른 사람들도 그와 같이 되도록 돕는 것이다. 자신의 상황에 비추어 다른 사람에 대한 태도를 취하는 것, 이것이 인을 행하는 방법이라 할 수 있다. '자신이 서고자 하면 남도 서게 함'이란 곧 세상 모든 사람을 이롭게 하고 자기의 마음으로 미루어 남을 헤아리는 행동이다. 그러한 맥락에서 '능근취비能近取譬'라는 말도 성어로 많이 쓰인다. 자기 가까이에서 비유를 취함으로써 남의 입장을 미루어 고려하는 자세를 가리킨다.

: 解文琪

상지하우
上知下愚

지극히 지혜로운 자와 지극히 어리석은 자

공자께서 말씀하셨다. "오직 지극히 지혜로운 자와 지극히 어리석은 자는 변화되지 않는다唯上知與下愚不移."(17.3)

여기서 말하는 지혜로움과 어리석음은 인생의 바른길을 깨닫는 능력을 뜻한다. 참된 앎은 반드시 실천이 따라야 하는데, 지극한 지혜로움上知에는 이미 참된 앎이 있어 인생의 바른길을 가는 데 동요되지 않으며 동요할 필요도 없다. 그러나 지극한 어리석음下愚에는 참된 앎이 없어 모든 일에 요행을 바랄 뿐 변화되지 않으며 변화하려고도 하지 않는다.

: 楊舒淵

공욕선기사
工欲善其事

장인이 자기 일을 잘하려 하다

"장인은 자기 일을 잘하고자 할 때 반드시 먼저 연장을 예리하게 하듯이, 어느 나라에 살 때에는 그 나라의 대부 가운데 현명한 자를 섬기고, 그 나라의 선비 가운데 인仁한 자를 벗해야 한다工欲善其事, 必先利其器. 居是邦也, 事其大夫之賢者, 友其士之仁者."(15.10)

공자는 장인의 태도를 통해 인仁을 행하여 인생의 바른길을 가는 것을 설명했다. 장인이 어떤 것을 잘 만들기 위해 도구들을 날카롭게 하는 것과 같이, 어떤 나라에 살 때에는 그 나라의 현명한 사람을 섬기고 어진 사람을 사귀어야 한다는 뜻이다. 오늘날 이 성어는 인생의 바른길에 관한 의미뿐만 아니라 어떤 일을 잘하려면 준비 작업이 중요하다는 뜻으로 사용된다.

: 陳弘智

하학상달
下學上達

아래로 인간의 일을 배워 위로 천리를 통달하다

공자께서 말씀하셨다. "하늘을 원망하지 않고 사람을 탓하지 않으며, 아래로 인간의 일을 배워 위로 하늘의 이치를 통달했으니, 나를 알아주는 것은 하늘일 것이다不怨天, 不尤人, 下學而上達, 知我者其天乎." (14.35)

공자가 자공子貢에게 자신을 알아주는 사람이 없음을 한탄하고 나서 덧붙인 말이다. 공자는 인간의 운명과 사명은 하늘에 달려 있다고 생각했기 때문에 널리 세상의 지식을 배워 심오한 천명天命을 깨닫고자 했을 뿐 하늘을 원망하거나 사람을 탓하지 않았다. 이처럼 공자는 자기에 대한 요구를 중시했다.

오늘날에는 원문의 '하학이상달下學而上達'에서 '이而'자가 생략되어 성어로 쓰이고 있는데, 원래 뜻과 큰 차이가 없다. 즉 열심히 배우는 자는 미혹되지 않는 정도에 이를 수 있으며, 나아가 근원적인 것을 생각하여 자기의 사명을 깨우칠 수 있다는 뜻이다.

: 陳弘智

오십이지천명
五十而知天命

50세에 천명을 깨닫다

공자가 50세라는 삶의 중요한 전환점에 이르러 한 말이다.(2.4) '명命'이란 사명과 운명의 이중적 의미를 지닌다. 공자는 50세에 자신의 사명을 깨달았고, 이를 완성하고자 했다. 사명의 근원은 하늘이기 때문에 공자는 자기의 사명(운명)을 '천명天命'이라 표현했다. 공자의 천명은 세 가지로 구분된다. 첫째, 정교政敎 활동에 종사하여 천하가 정도正道에 들어서게 한다. 둘째, 스스로 선善을 굳게 지킴으로써 지극한 선에 이르게 한다. 셋째, 운명의 어쩔 수 없음과 거스를 수 없음을 이해하고 다만 최선을 다하는 것이다. 또한 공자는 "하늘이 나에게 몇 년의 수명을 빌려주어 마침내 『역경』을 배울 수 있게 해준다면 큰 허물이 없을 것이다.加我數年, 五十以學『易』, 可以無大過矣"라고 했다. 천명에 대한 공자의 깨달음은 『역경』에 대한 조예와 관계가 깊다고 추론된다.(7.17)

: 陳淑娟

육십이순
六十而順

60세에 천명을 따르다

공자는 자신이 60세에 이르러 '천명天命에 순종할 수 있다'고 했다.(2.4) 원래 『논어』 통행본에는 '육십이이순六十而耳順'으로 되어 있는데, '이耳'는 잘못 들어간 글자[衍文]로서 삭제되어야 한다. 그 근거는 다음과 같다. 첫째, 50세의 '지천명知天命' 이후에는 '외천명畏天命'으로 나아가는 과정으로, 천명의 구체적 요구에 순종하고 실천하는 것이다. 따라서 공자는 55세부터 68

세까지 열국을 주유했으며, 매우 고생스러운 여정 속에서 목숨이 위태로운 지경을 맞았을 때 곧바로 하늘에 호소했다. 이 시기 공자의 삶은 천명을 따르는 과정이었음을 알 수 있다.(7.23; 9.5) 둘째, 공자는 자기 삶의 시기마다 지지志, 입立, 불혹不惑, 지知, 불유不踰라는 동사로써 수행의 진전 상태를 묘사했다. 60세의 동사인 '순順'의 경우도 예외가 아닐 것이다. 셋째, 둔황敦煌 석경石經 판본에는 '육십여순六十如順'으로 되어 있을 뿐 '이耳'자가 없다. 넷째, 맹자가 공자를 사숙私淑했을 때 '순천명順天命'을 논하고 "나를 버리고 그 누가 하겠는가?舍我其誰"라고 말하며 천명에 순종하고자 한다고 했다.(『맹자』「공손추 하」) 그 밖에도 맹자는 '이순'을 언급한 적이 없다. 따라서 '육십이순六十而順'이 정확하다는 것을 알 수 있다.

: 陳淑娟

육언육폐
六言六蔽

여섯 품덕과 여섯 병폐

공자께서 말씀하셨다. "유야, 너는 육언과 육폐를 들어보았느냐?由也, 女聞六言六蔽矣乎."(17.8)

'육언육폐六言六蔽'는 여섯 가지 품덕과 여섯 가지 병폐를 가리킨다. 공자는 사람들에게 품덕과 배움을 좋아해야 함을 상기시키면서, 배움으로 얻은 능력을 제대로 쓰고 사리事理를 이해해야 병폐를 남기지 않는다고 했다. 그는 품덕의 여섯 가지 예를 알려주고 나서 이를 배우지 않으면 다음과 같은 병폐가 따른다고 했다. 인仁을 좋아하면서도 배우기를 좋아하지 않으면 어리석어 속게 된다. 지혜로운 것을 좋아하면서도 배우기를 좋아하지 않으면 근거 없이 함부로 말하게 된다. 성실함을 좋아하면서도 배우기를 좋아하지 않으면 자신을 해치게 된다. 솔직함을 좋아하면서도 배우기를 좋아하지 않으면 신랄하고 매몰차게 된다. 용감함을 좋아하면서도 배우기를 좋아하지 않으면 도리에 어긋난 짓을 하게 된다. 굳센 것을 좋아하면서도 배우기를 좋아하지 않으면 거만하게 된다.

: 楊舒淵

불기불구
不忮不求

해치지 않고 탐하지 않다

공자께서 말씀하셨다. "해진 솜옷 차림으로 여우나 담비 가죽으로 지은 갖옷을 입은 자와 함께 서기를 부끄러워하지 않는 자는 자로일 것이다. 『시경』에 '해치지 않고 탐하지 않는다면 어찌 착하지 않으랴?'라고 했다衣敝縕袍與衣狐貉者立, 而不恥者, 其由也與? 不忮不求, 何用不臧."(9.27)

질투하지 않고 욕심내지 않는 사람을 칭찬하는 말로서,『시경』「북풍邶風·웅치雄雉」에서 유래한다. 공자는 이러한 표현으로써 평소 재물보다 도의道義를 중시한 자로를 칭찬했다. 오늘날에는 명예와 이익을 탐하지 않고 사리사욕이 없는 태도를 칭찬하는 의미로 확대되었다.

: 陳維浩

불사주야

不舍晝夜

밤낮 그치지 않다

　　공자께서 시냇가에서 말씀하셨다. "가는 것이 이와 같구나. 낮이나 밤이나 그치지 않는구나子在川上, 曰 逝者如斯夫, 不舍晝夜."(9.17)

'가는 것逝者'은 세월을 가리키며, 세월 속의 사건을 뜻하기도 한다. 인간의 생명 역시 이 속에 있다. 영원히 멈추지 않고 흐르는 물처럼 사라지는 시간과 생명을 탄식한 표현으로, 시간을 소중히 여겨야 한다는 뜻이 담겨 있다. 흔히 '불사주야'는 밤낮 쉬지 않고 끊임없이 지속되는 상태를 지시하는 성어로 쓰인다.

　　: 陳維浩

불치하문

不恥下問

아랫사람에게 묻기를 부끄러워하지 않다

　　공자께서 말씀하셨다. "명민하면서도 배우길 좋아했으며 아랫사람에게 묻길 부끄러워하지 않았다. 때문에 문文이라는 시호를 얻은 것이다子曰 敏而好學, 不恥下問, 是以謂之文也."(5.14)

위衛나라 대부 공어孔圉에게 '문文'이라는 시호가 내려진 이유를 묻는 자공子貢에게 공자가 대답한 말이다. '불치하문'이란 신분이 낮은 사람 또는 학문이 자신보다 일천한 사람에게 가르침을 청하기를 부끄러워하지 않는 태도를 가리킨다.

　　: 解文琪

부득기사

不得其死

제대로 죽지 못하다

　　자로子路의 용모와 태도에 대한 공자의 말씀이다.(11.13) 자로는 제자 가운데 굳세고 용맹을 좋아한 인물로서 그러한 성향은 겉으로도 나타났다. 어지러운 세상에서 그의 굳센 성격은 화를 당하기 십상인 것을 공자는 걱정했다. 실제로 자로는 공자가 72세 때 위魏나라에서 벌어진 부자간의 왕권 다툼에 휘말려 불행한 죽음을 맞았다. 오늘날 '부득기사'와 같은 의미로 '편안한 죽음을 얻지 못함不得好死' 또는 '제 명대로 살지 못함不得善終'이란 표현이 있다.

: 陳慧玲

불득기문이입
不得其門而入

그 문을 열고 들어가지 못하다

"스승의 담장은 높이가 몇 길이나 되어 그 문을 열고 들어가지 못하면 종묘의 아름다움과 백관의 많음을 볼 수가 없는 것과 같다夫子之牆數仞, 不得其門而入, 不見宗廟之美, 百官之富."(19.23)

숙손무숙叔孫武叔은 조정에서 자공子貢의 재덕才德이 공자보다 훌륭하다고 칭찬했다. 자복경백子服景伯이 이 말을 자공에게 전하자, 자공은 스승의 재덕을 높은 담장에 비유했다. 자신의 재덕은 어깨 높이의 담장과 같아서 바깥에 있는 사람들이 집 안의 풍경을 쉽게 들여다볼 수 있으나, 스승의 재덕은 높은 담장과 같아서 문을 찾아 들어오지 않으면 담장 너머에 있는 종묘의 장엄함과 웅장함 그리고 잇닿아 있는 가옥의 다채로움에 대해 말할 수 없다는 것이다. 이처럼 자공은 담장의 비유로써 공자의 진정한 재덕을 이해하는 사람이 드물다는 의견을 나타냈다. 오늘날 '부득기문이입'은 일을 할 때 적당한 방법과 요령을 찾지 못하는 경우를 표현하는 성어로 사용된다.

: 許詠晴

불천노불이과
不遷怒不貳過

노여움을 남에게 옮기지 않고 같은 잘못을 되풀이하지 않다

공자께서 대답하셨다. "안회라는 제자가 배우기를 좋아하여 노여움을 남에게 옮기지 않고 같은 잘못을 되풀이하지 않았는데, 불행히도 명命이 짧아 죽었습니다孔子對曰 有顔回者好學, 不遷怒, 不貳過. 不幸短命死矣."(6.3)

노 애공이 공자에게 제자 가운데 배우기를 좋아하는 자가 누구인지 묻자 공자가 대답한 말이다. 공자는 도덕적 수양이 출중한 안회가 젊은 나이에 세상을 떠난 것을 매우 안타깝게 여겼다. 자신이 가르친 제자 중에 안회만큼 배우기를 좋아하는 제자가 없었다는 공자의 탄식은 '호학好學'을 덕행의 가장 중요한 요소로 삼았음을 말해준다.

: 解文琪

인자지자용자
仁者知者勇者

인한 자, 지혜로운 자, 용감한 자

공자께서 말씀하셨다. "군자의 도道에는 세 가지가 있으나 나는 할 수 있는 것이 없다. 인한 사람은 근심하지 않고, 지혜로운 사람은 미혹되지 않고, 용감한 사람은 두려워하지 않는다子曰 君子道者三, 我無能焉:仁者不憂, 知者不惑, 勇者不懼." 자공子貢이 말했다. "스승께서는 스스로를 말씀하신 것이다子貢曰 夫子

自道也."(14.28)

덕행을 수행하는 군자는 근심하지 않고, 미혹되지 않으며, 두려워하지 않는 경지에 이르기를 지향한다. 공자는 스스로 그러한 이러한 경지에 이를 수 없다고 했으나, 자공이 보기에 '인을 행함에 근심하지 않고, 지혜로워서 미혹되지 않으며, 용감하여 두려워하지 않는 사람'은 바로 스승이었다.

인을 행하는 사람은 선을 향하는 본성에 진실하게 마주하며, 두려움 없이 선을 실천할 수 있다. 참된 앎은 실천을 동반하며, 하늘이 부여한 사명을 깨닫고 선을 택할 줄 아는 지혜로운 사람은 인생의 바른길에서 미혹되거나 흔들리지 않는다. 나아가 용기로써 이를 끝까지 견지한다.(6.23; 14.4; 17.3) 지혜로움과 용기를 관통하는 중심 사상은 바로 '인'이다. 사람은 본디 선을 지향하므로 진실하고 자발적으로 선을 실천하면 마음이 편안하다. 때와 경우에 따라 지혜롭게 선을 택하며, 용기 있게 실행해 나가는 것이 바로 인생의 바른길이다. 자연 생명의 일부로서 자기에게 잠재된 능력을 발굴하고 가치 있는 사명을 완수한다면, 삶의 즐거움을 누리면서 지극한 선에 이를 수 있다.

: 楊舒淵

내성불구
內省不疚

마음을 살펴보아 거리낌이 없다

공자께서 말씀하셨다. "마음을 살펴보아 잘못됨이 없으니, 대체 무엇을 근심하고 무엇을 두려워하겠는가? 子曰 內省不疚, 夫何憂何懼."(12.4)

사마司馬 우牛가 어떠한 사람을 군자라 할 수 있는지 묻자, 공자는 근심하지 않고 두려워하지 않는 사람이라고 대답하면서 자신을 돌아보아도 양심의 가책이 없으니 무엇을 근심하고 무엇을 두려워하겠느냐고 했다. 근심이나 두려움이 없다는 것은 마음에 거리끼는 바가 없음을 전제로 한다. 오늘날에도 '내성불구'는 양심에 거리낌이 없음을 뜻한다.

: 陳慧玲

분붕리석
分崩離析

분열되고 무너져 흩어지다

나라가 분열되고 와해되는 것을 가리킨다. 노나라의 선왕先王은 속국인 전유顓臾에게 대대로 충성하라는 뜻에서 노나라 영토 내 동몽산東蒙山의 제사를 주관하라고 명했다. 그러나 노 애공哀公 당시 국정을 장악한 대부 계강자季康子는 자신의 채읍采邑인 비성費城에 가까운 전유를 점령하여 자신의 막강한 권력을 과시하려 했다. 공자는 국사를 주관하는 대부가 사사로운 이익을 위해 난을 일으키는 행위는 나라를 분열시키고 와해하는 것이라고 탄식했다. 또한 그러한 대부는 사람들이 순종하고 따를 만한 덕행을 지니지 못한 사람이라고 했다.(16.1)

: 楊舒淵

중도이폐
中道而廢

중도에 멈추다

염구가 말했다. "저는 스승의 도道를 좋아하지 않는 것은 아니지만 힘이 부족합니다." 공자께서 말씀하셨다. "힘이 부족한 자는 중도에서 멈춘다. 지금 너는 (힘을 다해보지도 않고 그리 말하니 이는) 스스로 멈춘 것이다 冉求曰 非不說子之道, 力不足也. 子曰 力不足者, 中道而廢. 今女畫."(6.12)

염구는 스승의 철학을 따르고자 하면서도 실행하기에 부족함을 호소했다. 그러자 공자는 대개 힘이 부족한 사람은 중도에 포기하는데, 염구는 자기를 한정하여 돌파하려는 의지를 내지 않는 것이라고 했다. 이 말은 잘 위축되는 염구의 단점을 직접적으로 지적하여 좀더 진취적으로 노력하라는 독려라 할 수 있다. '중도이폐'란 일이 완성되지 않았는데 그만두는 것을 가리키며, '반도이폐半途而廢'라고도 한다.

: 解文琪

필부불가탈지
匹夫不可奪志

사내의 뜻은 빼앗을 수 없다

공자께서 말씀하셨다. "삼군의 장수는 사로잡을 수 있어도 한 사내의 뜻은 빼앗을 수 없다 子曰 三軍可奪帥也, 匹夫不可奪志也."(9.26)

이 말은 보통사람일지라도 자신의 포부를 이루고자 하는 뜻을 단단히 지키려 한다면 그 누구도 그의 지조와 절개를 꺾을 수 없다는 뜻이다. 주周 왕조 당시 대국의 제후들은 '삼군三軍'을 보유했다. 삼군이란 오늘날의 육군·해군·공군이 아닌 전군全軍의 규모를 뜻하며, 일군은 1만2500명이다. '필부匹夫'란 고대 백성이 일부일처로 배필을 삼아 '필부필부匹夫匹婦'라고 한 데서 비롯된 말이다.

: 陳維浩

수족무조
手足無措

손발을 둘 곳이 없다

"형벌이 알맞지 못하면 백성이 손발을 둘 곳이 없게 된다刑罰不中, 則民無所措手足."(13.3)

자로가 공자에게 위衛나라 군주가 나라의 다스림을 맡긴다면 무엇을 먼저 하시겠는가라고 물었다. 공자는 명분을 바로잡지 못하면 그 이후의 언어言語들이 순조로울 수 없어 공무를 처리할 수 없고, 예악禮樂이 자리를 잡을 수 없으며, 형벌은 기준을 잃을 것이라고 했다. 그리고 형벌이 기준을 잃게 되면 백성이 "손발을 둘 곳이 없게 된다"고 했다. 오늘날에는 '무소조無所措'와 '수족手足'의 위치를 바꾸고 '소所'자를 생략하여 '수족무조手足無措'라 표현한다. 이는 두렵고 불안하여 손과 발을 어디에 두어야 할지 모를 만큼 어찌할 바를 모르게 된다는 뜻이다. 원래의 뜻과 큰 차이가 없다.

: 陳弘智

승당입실
升堂入室

마루에는 올랐으나 방에는 들어오지 못하다

공자께서 말씀하셨다. "자로는 (그 학문이) 마루에는 올랐으나 방에는 들어오지 못했다子曰 由也升堂矣, 未入於室也."(11.15)

'당堂'은 중앙의 대청을 가리키며, 더 들어가면 내실內室이다. 자로가 연주하는 비파 소리를 들은 공자가 의문을 제기하자 다른 제자들이 자로를 존중하지 않았다. 이에 대해 공자는 제자들에게 자로의 수양은 이미 마루에 올랐지만 아직 깊은 방에는 들어오지 못했을 뿐이라고 설명했다. 그런 맥락에서 '승당입실'은 이미 훌륭한 경지에 오른 것을 의미한다. 이후 학문과 수양이 차근차근 향상되어 높은 경지에 이르렀다는 뜻으로 확대되었다. 후세에는 '등당입실登堂入室'로 사용되었다.

: 陳慧玲

문질빈빈
文質彬彬

문채와 질박함이 적절히 조화를 이루다

공자께서 말씀하셨다. "내면의 질박함이 외면의 문채를 이기면 촌스럽고, 외면적인 문채가 내면의 질박함을 이기면 겉만 화려한 것이니, 문채와 질박함이 적절히 조화를 이룬 뒤에야 군자인 것이다子曰 質勝文則野, 文勝質則史. 文質彬彬, 然後君子."(6.18)

질박함이 꾸밈[文飾]보다 강하면 촌스럽고 천해지고, 꾸밈이 질박함보다 강하면 공허해진다. 공자는 꾸밈과 질박함이 적절히 결합되어야 비로소 군자의 수양이라고 생각했다. 즉 '문질빈빈'이란 교육을 받고 난 뒤의 우아함과 교육을 받기 전의 타고난 질박함이 적절히 어우러진 품성을 말하는 것으로, 공자는 이것을 군자의 전형으로 삼아 가르치고자 했다. 오늘날에는 사람의 행동거지가 우아하고 예의 있는 태도를 나타낸다.

: 解文琪

천종지재
天縱之才

하늘이 내린 인재

자공이 말했다. "스승은 진실로 하늘이 내신 성인이고 재능 또한 많으시다子貢曰 固天縱之將聖, 又多能也."(9.6)

오吳나라의 대재大宰는 여러 재능을 갖춘 공자에 대해 '성인聖人인가'라고 자공子貢에게 물었다. 자공은 공자가 하늘이 내린 성인일 뿐만 아니라 많은 재능까지 갖게 했다고 대답했다. 이 성어는 탁월한 재능을 하늘로부터 받은 사람을 비유한 것이다.

: 陳維浩

부모지방
父母之邦

부모의 나라

자기가 태어난 나라다. 공자는 유하혜柳下惠를 재덕才德이 뛰어난 인물이라고 평가했다. 유하혜는 노나라에서 전옥관典獄官을 맡았을 때 여러 차례 파면되고 수모를 겪고도 나라를 떠나려 하지 않았다. 그는 세상의 도道가 쇠약해지면 원칙을 지켜 일하는 사람은 어디를 가든 마찬가지 대우를 받을 뿐이니, 부모의 나라를 떠나기보다는 고향에 머물러 벗들과 함께 지내면서 사람들이 정도正道를 걷도록 돕는 것이 낫다고 생각했다.(18.2)

: 楊舒淵

견마지양
犬馬之養

개와 말을 기르다

공자께서 말씀하셨다. "지금의 효라는 것은 봉양을 잘하는 것을 말하네. 그러나 개나 말에게도 길러줌이 있으니, 부모를 공경하지 않는다면 무엇이 다르겠는가子曰 今之孝者, 是謂能養.

至於犬馬, 皆能有養. 不敬, 何以別乎?"(2.7)

자유子游는 공자에게 무엇이 '효'인지 물었다. 공자는 일상생활에서 음식이나 의복 따위를 걱정하지 않도록 보살피는 것을 효도라 여기는 사람들이 많지만 개나 말과 같은 동물도 사람을 섬길 줄 안다고 했다. 그러므로 부모를 존경하는 것이 '효'의 기준이 되어야 한다고 했다. 즉 '견마지양'과 진정한 효도의 차이는 존경[敬]인 것이다. '효'는 공자철학의 중요한 개념으로, 여러 제자가 공자에게 효에 대한 가르침을 청했다. 그때마다 공자는 각각 다른 대답을 제시함으로써 눈높이 교육을 실천했다. 자유의 질문에는 '공경'을 효의 기준으로 제시했다. 오늘날 '견마지양'은 일반적으로 부모에 대한 봉양을 가리킨다.

: 陳淑娟

이문회우
以文會友

글로써 벗을 모으다

증자가 말했다. "군자는 글로써 벗을 모으고, 벗으로써 자신의 인仁을 보충한다曾子曰 君子以文會友, 以友輔仁."(12.24)

'문文'이란 고대 지식인들의 일상적인 활동으로, 글에 대해 이야기하고 예藝를 논하는 것이다. '우友'란 벗끼리 격려하면서 함께 올바른 길을 가는 것이다. 따라서 군자는 이러한 '문'과 '우'로써 정도를 실천하는 존재다. 오늘날에는 대부분 교육의 혜택을 받고 있으며 얼마든지 예술과 문학 활동을 즐길 수 있다. 특히 미디어의 발달에 따라 다양한 분야(시사詩社, 독서모임, 연구모임 등)에서 뜻이 같은 자와 어울려 토론하거나 연구할 수 있다.

: 陳慧玲

이직보원
以直報怨

정직함으로 원한을 갚다

  어떤 사람이 물었다. "은덕恩德으로써 원한을 갚는 것이 어떻습니까?" 공자께서 말씀하셨다. "그렇다면 무엇으로써 은덕에 보답하겠는가? 정직함으로써 원한을 갚고, 덕으로써 덕을 갚아야 한다或曰 以德報怨, 何如? 子曰 何以報德? 以直報怨, 以德報德."(14.34)

공자는 정직한 태도로 원한을 갚고 은혜로 은혜를 갚아야 은혜와 원한이 구별될 수 있다고 생각했다. 이것은 세상 사람들에게 잘 보이려 하기보다는 일을 처리함에 은혜와 원한의 구별을 분명히 하는 태도다.

오늘날에도 '이직보원'은 자신에게 부당하게 하는 자에겐 공정함으로 대응하고 자신에게 잘해주는 사람에겐 은혜로 갚아야 한다는 의미로 사용된다. 이처럼 공자의 사람됨과 일 처리에 대한 요구는 오늘날의 행동양식에 큰 영향을 끼쳤다.

: 陳弘智

이덕보원
以德報怨

덕으로써 원한을 갚다

  어떤 사람이 말했다. "은덕恩德으로써 원한을 갚는 것이 어떻습니까?" 공자가 말했다. "그렇다면 무엇으로써 은덕에 보답하겠는가? 정직함으로써 원한을 갚고, 덕으로써 덕을 갚아야

한다或曰 以德報怨, 何如? 子曰 何以報德? 以直報怨, 以德報德."(14.34)

'이덕보원以德報怨'은 자기에게 잘해주지 않는 사람일지라도 잘 대하는 태도를 말한다. 자신이 어떤 대우를 받았는가를 따질 것 없이 은혜로써 원한을 갚아야 한다는 것이다. 『노자』에도 "크든 작든 많든 적든 (천하가 원하는 대로) 덕으로 원한을 갚는다大小多少, 報怨以德"라는 말이 있다.(『노자』 63장) 그러나 공자는 반문한다. "덕으로써 원한을 갚는다면 무엇으로 은혜를 갚는가?" 은혜와 원한을 명확히 구별하지 못하는 사람에게 잘해주려는 사람은 아무도 없을 것이다. 인생철학에서 '이직보원'과 '이덕보원'은 공자와 노자를 구분 짓는 말이기도 하다.

: 陳弘智

사십이불혹
四十而不惑

40세에 미혹됨이 없다

공자는 스스로 40세에 미혹에서 벗어날 수 있었다고 했다.(2.4) 공자는 30세에 예에 입신[立於禮]한 후 예의 규범 안에서 두루 배우고 사유하는 실천을 중시했다. 이에 따라 40세에 세상 모든 사물의 도리와 가치를 명료하게 이해했으며, 확고한 신념에 따라 미혹되지 않았다. 그 스스로 '지혜로운 자는 미혹되지 않는다知者不惑'고 했듯이 공자는 40세에 이미 지혜로운 자가 되었다고 할 수 있다.(9.29)

: 陳淑娟

사해지내개형제
四海之內皆兄弟

천하가 모두 형제다

사마司馬 우牛가 자신에겐 형제가 없다고 한탄하자 자하子夏는 '천하가 모두 형제'라는 공자의 말을 인용하여 위로했다. 군자로서 태도가 성실하고 언행에 허물이 없으며, 사람에게 공손히 대하고 예의에 따른다면 천하에 형제가 되지 못할 사람이 없다는 것이다.(12.5)

오늘날에는 '사해지내개형제'를 4자로 압축한 '사해형제四海兄弟'로 쓰인다. 또한 원래 사해형제란 언행과 태도가 예의 규범에 들어맞는 군자가 널리 벗을 사귈 수 있다는 뜻이지만, 오늘날에는 군자의 태도보다는 '널리 벗을 사귀다'의 의미가 강조되어 쓰인다.

: 陳慧玲

사체불근 오곡불분
四體不勤
五穀不分

팔다리를 부지런히 쓰지 않고 오곡을 분별하지 못한다

자로子路가 농사일을 하던 노인을 만났을 때 이러한 말을 들었다. '사체四體'는 양손과 양발이고, '오곡五穀'은 벼[禾]·기장[黍]·피[稷]·쌀[稻]·보리[麥]다. 농사에서 좋은 수확을 얻으려면 작물의 성질과 절기 등 자연에 대한 지혜가 있어야 하고 부지런히 일해야 한다. 즉 농업사회에서 손발을 써서 일하지 않거나 오곡을 분별할 수 없다는 것은 실용적인 능력의 부족을 뜻한다. 지팡이에 삼태기를 맨 노인의 이 말은 독서인讀書人과 관원을 비꼰 것으로, 공허하게 도리와 학문만 논하지 말고 실질적인 지식과 능력을 갖추어야 한다는 뜻이다. 다원적으로 분업화된 사회에 맞지 않게 농사에 치우친 견해이기는 하지만, 지식을 잘 활용해서 열심히 경작해야 안정적인 결실을 얻는다는 도리가 담겨 있어 여전히 우리에게 귀감이 될 만하다.(18.7)

: 楊舒淵

본립이도생
本立而道生

근본이 서면 도가 생긴다

군자는 근본에 힘쓰니, 근본이 서면 도道가 생기는 법이다君子務本, 本立而道生.(1.2)

공자의 제자인 유약有若의 발언으로, 군자가 되고자 하는 사람은 근본 원칙을 단단히 세우고 기초에서부터 수행에 힘써야 인생의 바른길을 갈 수 있다는 뜻이다. 여기에서 '근본'이란 부모에게 효도하고 웃어른을 공경하는 효孝와 제悌를 말한다. 효제는 인간의 진실한 감정을 드러내는 첫 걸음이자 가장 직접적인 표현이며, 인간됨의 근본이고 인仁으로 나아가는 출발점이다. 유약이 생각하기에, 효제를 잘 실천하면서 윗사람에게 무례함을 범하는 사람은 없으며 윗사람에게 무례하지 않으면서 반역과 반란을 일으키는 사람은 없다. 그런 이유로 "부모에게 효도하고 웃어른을 공경하는 것은 아마도 인仁을 행하는 근본일 것이다孝弟也者, 其爲仁之本與"라고 했다. 유약의 이러한 사상은 공자의 가르침에 근거한 것이다. 공자는 젊은이들에게 집에서는 부모에게 효도하고 나와서는 웃어른에게 존경하며, 신중하게 행동하고 진실하게 말하고, 널리 사람들을 보살피면서 선행과 모범이 되는 사람을 가까이 해야 한다고 했다.(1.6) 요컨대, '효제'는 인생의 바른길을 가는 청년이 우선적으로 배양해야 할 덕행이다.

: 陳淑娟

교언영색
巧言令色

말을 듣기 좋게 하고 얼굴빛을 곱게 꾸미다
　　공자께서 말씀하셨다. "말을 듣기 좋게 하고 얼굴빛을 곱게 꾸미는 사람치고 인한 자가 드물다子曰 巧言令色, 鮮矣仁."(1.3; 17.17)

'교언영색'은 공자가 인품을 평가하는 기준이다. '교언'이란 아름답고 듣기 좋은 말이고, '영색'이란 친밀한 표정으로 환심을 사는 것이다. 공자는 이러한 사람들이 진정한 마음을 갖기 어렵다고 여겨 '인한 자가 드물다鮮矣仁'라고 했다. 공자의 사상에서 '인'은 진실한 마음으로 선을 지향하는 품성, 구체적인 도덕 실천 과정에서 선을 선택해 견지하는 것, 인격이 성숙하여 완벽에 이른 경지 등 다층적인 함의를 지닌다. '인한 자가 드물다'에서 의미하는 것은 첫 번째 경우인 '진실한 마음'을 가리킨다.

: 陳淑娟

미지생언지사
未知生焉知死

삶을 모르면서 어찌 죽음을 알겠는가?
자로가 공자에게 귀신을 섬기는 문제에 대해 물었다. 공자는 산 사람을 섬기지 못하면서 어찌 귀신을 섬길 수 있겠냐고 답했다. 자로가 다시 죽음에 대한 견해를 물었다. 공자는 삶의 도리를 이해하지 못하는데 어찌 죽음의 도리를 이해할 수 있겠느냐고 답했다.(11.12) 삶을 떠나서 죽음을 말하는 것은 황당무계하고, 죽음을 떠나서 삶을 말하는 것은 어리석다. 오직 어떻게 살아야 하는지, 왜 사는지를 이해해야 죽음의 의의를 알 수 있기 때문에 공자는 죽음과 삶을 분리해서 생각하지 않은 것이다.

: 陳慧玲

백규지점
白圭之玷

백옥의 흠

남용南容이 시 「백규白圭」를 세 번 반복해 읽자, 공자는 형의 딸을 남용에게 시집보냈다南容三復「白圭」. 孔子以其兄之子妻之.(11.6)

「백규」는 『시경』에 수록된 시다. '규圭'란 위는 둥글고 아래는 네모난 형태의 옥으로 된 예기禮器로, 고대 제왕·제후가 성대한 의식을 거행할 때 사용한다. 남궁괄南宮适(남용)이 이 시를 거듭 소리 내어 읽었다는 것은 언행이 신중한 인물임을 암시한다. 공자는 조카딸을 그런 인물에게 시집보내면 편안할 것이라고 판단한 것이다. 그런 맥락에서 '「백규」 시를 세 번 반복해 읽다'라는 말은 언행이 신중한 사람이라는 뜻으로 확대되었다.

'백규지점白圭之玷'은 남궁괄이 읽은 「백규」의 한 구절 "백옥의 흠은 갈아서 없앨 수 있다白圭之玷, 尙可磨也"에서 나온 것이다.(「대아大雅·억抑」) 이후 아름다운 물건의 결점이라는 뜻으로 많이 인용되었다. 이와 비슷한 말로는 '인무완인人無完人(완벽한 사람은 없다)'이며, 반대되는 말로는 '완미무하完美無瑕(완전무결하다)'가 있다.

: 陳慧玲

생이지지
生而知之

태어나면서부터 알다

공자께서 말씀하셨다. "나는 태어나면서부터 아는 사람이 아니다. 옛것을 좋아하여 부지런히 그것을 구한 사람이다子曰 我非生而知之者, 好古, 敏以求之者也."(7.20)

공자는 박학博學으로 유명했기 때문에 사람들이 그를 '앎에 대해 타고났다'고 생각하여 '생이지지'라는 말이 생겼다. 타고난 자질이 총명하고 명민하며 영리한 사람을 뜻한다. 공자는 자질이 뛰어난 사람 중에는 날 때부터 인생의 바른길을 이해하는 경우도 있지만 매우 드물다고 생각했다. 대부분은 배워서 깨닫는 것이며, 공자 자신도 배워서 안 것이라 했다.(16.9) 즉 공자의 풍부한 학문과 수양은 부지런한 배움에 기초한 것이며, "부지런히 그것을 구하는 것敏以求之"이야말로 우리가 본받아야 할 태도다.

: 陳維浩

용행사장
用行舍藏

등용되면 도를 행하고 버려지면 은둔하다

공자께서 안연顏淵에게 말씀하셨다. "등용되면 나아가 도道를 행하고 버려지면 물러나 은둔하는 것은 오직 나와 너만이 할 수 있다子謂顏淵曰 用之則行, 舍之則藏, 惟我與爾有是夫."(7.11)

벼슬에 나아가거나 산속에 은둔함에 연연하지 않는 것, 즉 억지로 공명과 부귀를 구하지 않고 상황의 변화를 받아들일 줄 아는 처세 태도를 가리킨다. 등용될 때는 본인의 재덕才德도 중요하지만 발탁하는 자의 뜻이 더 중요하므로 등용의 권한은 다른 사람에게 있다. 그러나 그에 대응하는 것은 나 자신의 몫이다. 이에 대해 공자는 일반적으로 포부를 펼치는 것은 쉬우나 묵묵히 수행하기는 어려운 도전이라 생각했다. 다만 자신과 안회는 포부를 펼칠 수도 있고 묵묵히 수행을 실천할 수도 있다고 믿었다. 이때 은둔은 심지心志를 연마하는 것이고, 벼슬에 나아감은 의로움을 펼쳐 이상을 이루는 것이다.(16.11) 산에 은거한다 함은 자신의 지조와 절개를 단련하고 지키기 위함이지 결코 이상과 원칙을 포기하는 것이 아니다. 세상에서 포부를 펼친다 함은 도의道義를 견지하는 것이지 결코 자신의 권세, 이익, 관록을 추구하는 것이 아니다. 이처럼 '용행사장'은 매우 높은 수양을 필요로 한다.

: 陳維浩

임중도원
任重道遠

책임이 무겁고 갈 길이 멀다

증자가 말했다. "선비는 도량이 넓고 뜻이 굳세지 않으면 안 된다. 책임이 무겁고 갈 길이 멀기 때문이다. 인仁으로써 자신의 임무를 삼으니 무겁지 않은가? 죽은 뒤에야 끝나니 멀지 않은가曾子曰 士不可以不弘毅, 任重而道遠. 仁以爲己任, 不亦重乎? 死而後已, 不亦遠乎?"(8.7)

여기서 '선비[士]'는 독서인讀書人을 뜻한다. 그는 넓은 도량과 강인한 성품을 겸비해야 한다. 인을 행함이 그의 목표이고 인의 실천이 평생의 사업[志業]이기 때문이다. 그는 자기의 마음으로 미루어 남을 헤아리고 세상 사람들을 이롭게 해야 하기 때문에 책임이 무겁다. 이러한 실천은 죽은 뒤에야 멈출 수 있는 멀고먼 길이다. '임중도원(책임이 무겁고 갈 길이 멀다)'는 말은 인을 실천할 때 맞닥뜨리는 어려운 도전을 뜻한다. 그리고 '사이후이(죽은 뒤에야 끝난다)'는 말은 죽을 때까지 인을 실천해야 함을 뜻한다. 오늘날 '임중도원'은 오랫동안 무거운 책임을 짊어지고 있으며, 무슨 일이 있어도 최선을 다해 책임지는 태도를 뜻하는 말이다.

: 陳維浩

선난후획
先難後獲

먼저 어려운 일을 하고 나중에 얻다

　　인자仁者는 어려운 일을 먼저하고 얻는 것을 뒤로하니, 이렇게 한다면 인仁이라고 할 수 있다仁者先難而後獲, 可謂仁矣.(6.22)

번지樊遲가 공자에게 인의 실천에 대해 물었을 때 공자가 들려준 말이다. 인을 행하는 사람이라면 고생스럽게 경작을 한 뒤에 결실을 생각해야 한다는 것이다. 공자는 번지가 인을 행할 때 자신이 해야 할 어렵고 힘든 일을 처리한 뒤에 이익을 생각하기를 바란 것이다.

: 解文琪

명정언순
名正言順

명분이 바르면 말이 순조롭다

명분이 바르지 않으면 말이 순조롭지 못하고, 말이 순조롭지 못하면 일을 이룰 수 없다名不正, 則言不順; 言不順, 則事不成.(13.3)

자로子路는 공자에게 위衛나라 군주가 다스림을 맡긴다면 무엇부터 하실 것인지를 물었다. 공자는 반드시 해야 한다면 먼저 군주와 신하의 명분을 바로잡을 것이며, 그렇게 되면 말도 순조로워진다고 했다. 오늘날에는 '불不'자 두 개를 생략해 '명정언순'으로 쓰인다. 이는 명분이 정당하고 적절해서 도리道理가 경우에 어긋나지 않는 것, 즉 어떤 일을 해야 할 충분한 이유가 있음을 가리킨다.

: 陳弘智

위언위행
危言危行

말과 행동을 엄정히 하다

공자께서 말씀하셨다. "나라에 도道가 있을 때에는 말과 행동을 엄정히 하며, 나라에 도가 없을 때에는 행동은 엄정히 하되 말은 공손히 해야 한다子曰 邦有道, 危言危行; 邦無道, 危行言孫."(14.3)

시국 상황에 따른 개인 언행의 마땅한 원칙을 제시한 말이다. 어떤 상황에서도 개인의 행위는 한결같이 바르고 곧아야 하지만 말에는 차이가 있어야 한다. 나라가 바르게 다스려질 때는 말을 정직하게 해야 하고, 나라가 바르게 다스려지지 않을 때는 말을 완곡히 해야 한다. '위危'는 정직하고 엄숙하다는 뜻이다. 오늘날에도 '위언위행'의 뜻은 큰 차이가 없다. 모두 언행의 정직함을 가리킨다.

: 陳弘智

각득기소
各得其所

각기 제자리를 찾다

공자께서 말씀하셨다. "내가 위衛나라에서 노나라로 돌아온 뒤에 음악이 바르게 되어 아雅와 송頌이 각기 제자리를 찾게 되었다子曰 吾自衛反魯, 然後樂正, 雅頌各得其所."(9.15)

『시경』의 '아雅'와 '송頌'은 형식[詩體]이 다르며, 결합되는 편장篇章과 악음樂音도 그에 따라 저속하지 않게 조정되었다. 이 성어는 원래 각기 적당한 안배가 있음을 뜻하는데, 지금은 각기 원하는 바를 얻고 필요한 바를 취한다는 의미로 쓰인다.

: 陳維浩

수사선도
守死善道

죽을 때까지 도를 지키고 잘 행하다

'수사守死'는 죽을 때까지 지키는 것이다. '선도善道'는 이상을 완성하는 것으로, '선善'은 동사 기능을 한다. 삶의 이상을 완성하기 위해 목숨을 바칠 수 있다는 뜻이다. 공자는 인仁을 실천하는 삶을 가장 이상적인 것으로 여겼으며, 인을 행하고자 한다면 자기의 목숨도 아까워하지 않을 만큼 굳건해야 한다고 생각했다.(8.13; 15.9)

: 陳維浩

안즉위지
安則爲之

편안하거든 그렇게 하라

마음이 편안하다면 그렇게 행동하라는 뜻이다. 재아宰我가 상례喪禮 기간은 일년상으로 충분하다고 하자, 공자는 삼년상을 채우지도 않았는데 좋은 음식을 먹고 화려하고 아름다운 옷을 입어도 마음이 편안한가를 자신에게 물어보라고 했다. 그래도 마음이 편안하다면 그렇게 해도 좋다고 했다. 삼년상은 사람의 생리에 근거하고 심리적 감정에 호응하여 제정된 윤리규범이므로 삼년상을 치르지 않았을 때는 마음이 편할 수 없다. 재아도 진정 거리낌이 없었다면 일년상을 주장하지 못했을 것이다. 공자는 반문함으로써 그를 일깨우고자 한 것이다. 무릇 대인관계의 말과 행동은 내면의 감정에 충실해야 하며 이해利害를 따져서는 안 된다. 또한 인간의 본성은 선善을 지향하기 때문에 진실하게 응하고 선을 택하여 굳게 지킨다면 마음은 저절로 편안해진다.(4.2; 17.21)

: 楊舒淵

호모이성
好謀而成

계획 세우기를 좋아하여 잘 이루다

공자께서 말씀하셨다. "맨손으로 호랑이를 때려잡고 맨몸으로 황하를 건너다 죽어도 후회하지 않을 자와 나는 함께하지 않을 것이다. 반드시 일에 임해서는 두려워하고 계획 세우기를 좋아하여 성공하는 자와 함께할 것이다子曰 暴虎馮河, 死而無悔者, 吾不與也; 必也臨事而懼, 好謀而成者也."(7.11)

일을 할 때 곰곰이 생각하고 계획을 세워 잘 해결하는 것을 뜻한다. 자로는 공자에게 군대를 거느린다면 누구와 함께할지 공자에게 물었다. 공자는 맨손으로 호랑이를 잡고 맨몸으로 강을 건너다 죽어도 후회하지 않겠다는 사람과는 함께하지 않겠다고 했다. 대신 맡은 일에 대해 삼가며 두려워하는 마음으로 계획을 세워 성공시키는 사람과 함께할 것이라고 했다. 이 말은 일을 할 때는 면밀한 계획으로 가장 좋은 해결책을 만들어야 한다는 뜻이다. 그런 공자도 모든 일을 여러 번 생각한 뒤 실행하는 노나라 계문자季文子의 방식에는 찬성하지 않았다. 오히려 계문자는 두 번만 생각해도 좋을 것이라고 했다.(5.19) 신중하게 생각하여 일을 처리해야 하되, 애써 고심하거나 가치 없는 일에 고집스럽게 매달리거나 망설일 필요는 없다는 뜻이다.

: 陳維浩

성인지미
成人之美

남의 아름다움을 이루도록 돕다

공자께서 말씀하셨다. "군자는 남의 아름다움은 이루도록 돕고 남의 악함은 이루도록 돕지 않는다. 소인은 이와 반대로 한다子曰 君子成人之美, 不成人之惡. 小人反是."(12.16)

군자는 다른 사람의 선행을 돕고 악행에 대해서는 돕지 않는다. 반면 소인은 다른 사람의 악행을 돕고 선행에는 무관심하다. '미美'는 선행을 뜻하며 악惡의 상대 개념인데, 점차 그 의미가 넓어져 '기뻐하고 원할 만한 것' 또는 '고상함을 해치지 않는 것'을 포괄한다. 오늘날에도 '성인지미'는 좋은 일의 성공을 반기고 다른 사람의 선행을 기꺼이 돕는 행위를 칭찬하는 의미로 쓰인다.

: 陳慧玲

후목불가조
朽木不可雕

썩은 나무에는 조각을 할 수 없다

공자께서 말씀하셨다. "썩은 나무에는 조각을 할 수 없고, 거름흙으로 쌓은 담장은 흙손질할 수 없다子曰 朽木不可雕也, 糞土之牆不可杇也."(5.9)

재아宰我가 낮잠을 자는 게으름을 보이자 공자가 썩은 나무와 거름 담장에 비유하여 비판한 말이다. 이어서 자신은 원래 사람을 대할 때 그의 말을 들어보고 그 행동을 믿었는데 재아로 인해 말을 듣고도 행동을 살피게 되었다고 했다. '후목불가조'는 자질이 좋지 않아 육성하기 어려운 것을 비유한다. '후목부조朽木不雕' 또는 '후목분토朽木糞土'라고도 한다.

: 解文琪

사생유명
부귀재천
死生有命
富貴在天

죽고 사는 것은 명에 달려 있고, 부유함과 귀함은 하늘에 달려 있다

내(자하)가 들으니, "죽고 사는 것은 명命에 달려 있고, 부유함과 귀함은 하늘에 달려 있다 했다商聞之矣 死生有命, 富貴在天."(12.5)

자하子夏가 사마 우를 위로하는 말로, 공자의 가르침을 인용한 것으로 추정된다. '명命'과 '천天'은 인간의 처지에 관한 '운명'

의 의미를 나타낸다. '사생유명 부귀재천'이란 하늘을 원망하고 남을 탓하기보다 자기가 할 수 있는 일들에 충실해야 함을 뜻한다. 자기가 할 수 있는 일이란 자발적이고 능동적이며 스스로 결단해야 하는 사명이다.

: 陳慧玲

사이무회
死而無悔

죽어도 후회하지 않는다

공자께서 말씀하셨다. "맨손으로 호랑이를 때려잡고 맨몸으로 황하를 건너다가 죽을지라도 후회하지 않는 자와 나는 함께하지 않을 것이다 子曰 暴虎馮河, 死而無悔者, 吾不與也."(7.11)

군대를 거느린다면 누구와 함께 하시겠느냐는 자로의 질문에 공자가 대답한 말이다. '사이무회'란 죽음이 닥쳐도 후회하지 않는 자세를 뜻한다. 공자는 생명의 가치를 중시했기 때문에 왕성한 혈기로 용맹을 과시하며 생명을 함부로 희생하려는 태도를 지지하지 않았다. 그러나 인仁을 실천하여 삶의 이상을 이루고자 한다면 죽을 때까지 신념을 견지해야 하며 후회하지 않아야 한다고 생각했다. 나아가 그러한 이상을 위해서라면 목숨도 희생할 수 있다고 생각했다.(8.13) 뜻이 있는 사람과 인을 행하는 사람은 목숨을 부지하기 위해 이상을 저버리지 않으며, 오히려 기꺼이 목숨을 바칠 수 있다.(15.9) 이처럼 공자는 생명을 중시했으나 이상의 추구를 더 높은 가치로 여겼다.

: 陳維浩

유시유졸

有始有卒

처음과 끝이 있다

처음과 끝을 갖춘 이는 오직 성인뿐이다有始有卒者, 其惟聖人乎.(19.12)

자유子游와 자하子夏의 대화에 보이는 말이다. 자유는 자하의 제자들이 물 뿌리고 청소하며 손님들을 응대하고 나아가고 물러나는 예절에 관한 부분은 잘 알지만 그러한 것들은 지엽적일 뿐이라고 했다. 그러니 지엽적인 일보다는 근본의 도리를 잘 알아야 한다고 했다. 그러자 자하가 '처음과 끝을 갖춘 이는 오직 성인뿐'이라 답했다. 군자가 배워야 하는 도리에 대해 제멋대로 비판해서는 안 된다는 생각이다. 군자는 온갖 지식과 덕행을 배움으로써 어떤 것은 먼저 전하고 어떤 것은 마지막에 전한다. 이것은 풀과 나무를 구별하듯이 먼저 다양한 종류를 구분할 줄 알고 전체를 볼 줄 알아야 함을 뜻한다. 즉 '유시유졸'은 일을 할 때 처음부터 끝까지 파악하는 능력을 가리킨다. '유시유종有始有終'이라고도 한다.

: 許詠晴

유붕자원방래

有朋自遠方來

벗이 먼 곳에서 오다

벗이 있어 먼 곳으로부터 찾아온다면 즐겁지 않겠는가有朋自遠方來, 不亦樂乎?(1.1)

이 문장이 속한 전체 글은 다음과 같다. 공자가 말했다. "배우고 수시로 익히면 기쁘지 않겠는가? 벗이 먼 곳으로부터 찾아온다면 즐겁지 않겠는가? 남이 알아주지 않더라도 서운해 하지 않는다면 군자가 아니겠는가子曰 學而時習之, 不亦說乎. 有朋自遠方來, 不亦樂乎. 人不知而不慍, 不亦君子乎?"다. 그 내용은 배움을 구하는 군자의 태도를 세 가지 정황으로 기술한 것이다. 스스로 노력하여 배우는 것, 벗들과 서로 교류하는 것, 배움을 완성한 뒤 인정받지 못하더라도 편안함을 유지할 수 있는 것이다.

: 陳淑娟

곡굉지락
曲肱之樂

팔베개 하고 자는 즐거움

> 공자께서 말씀하셨다. "나물밥 먹고 물을 마시고 팔을 굽혀 베개를 삼는 것, 그 속에 즐거움이 있다子曰 飯疏食飲水, 曲肱而枕之, 樂亦在其中矣."(7.16)

공자는 빈궁한 지경에 처할 때가 많았지만 늘 즐거운 마음으로 살았다. 인생에서 가장 기본적인 생활조건만 충족된다면 즐거움을 누릴 수 있다고 여겼기 때문이다. 바른길을 걷기 때문에 가능한 일이다. 그는 "마음이 하고자 하는 대로 따라도 법도에 어긋나지 않는다從心所欲不踰矩"(2.4) 나아가 세상을 두루 이롭게 하고 백성과 함께한다면 평생 기쁘고 위안이 되기에 충분할 것이다. 이처럼 뜻을 세워 정도正道를 추구할 때 마음은 즐겁게 된다. 오늘날 '곡굉지락'은 빈곤한 생활에도 만족하는 자세를 표현하는 데 사용된다.

: 陳維浩

행기유치	행실에 염치가 있다
行己有恥	

공자께서 말씀하셨다. "행실에 염치가 있으며 사방에 사신으로 가서 임금의 명命을 욕되게 하지 않으면 선비라고 할 수 있을 것이다子曰 行己有恥, 使於四方, 不辱君命, 可謂士矣."(13.20)

공자가 자공에게 일러준 올바른 선비의 자세다. 사신으로 외국에 갔을 때 군주가 맡긴 일을 저버리지 않을 뿐만 아니라 청렴결백하고 염치 있는 행동을 하는 자가 진정한 선비인 것이다. 오늘날에도 '행기유치'는 어떤 일을 할 때 부끄러움을 느끼면 더 이상 추진하지 않는다는 의미로 통용된다. 다만 공자는 선비의 품성에 대해 말했고, 오늘날에는 사람의 품격규범을 형용하는 데 폭넓게 사용된다.

: 陳弘智

행불유경	길을 갈 때 지름길로 가지 않는다
行不由徑	

공자가 자유子游에게 어떤 인재를 얻었는지 묻자, 담대멸명澹臺滅明이라는 인물을 소개하는 말 속에 담긴 구절이다. 담대멸명은 길을 다닐 때 지름길로 가지 않으며 공적인 일이 아니면 자유의 집을 찾아오지 않는 인물이다. 이러한 행동으로 볼 때 그는 공사公私가 분명하고 직분에 충실한 사람이며, 법을 잘 지켜서 '하지 않는 바'가 있는[有所不爲] 정치에 종사한 인재다. 길을 다닐 때 지름길로 가지 않음이란 기회를 틈타 이익을 취하지 않는 광명정대光明正大한 태도를 상징한다.(6.14)

: 解文琪

노이불사시위적 늙어서도 죽지 않는 것이 바로 도적이다
老而不死是爲賊

공자께서 말씀하셨다. "어려서는 공손하지 못하고, 자라서는 칭찬할 만한 일이 없고, 늙어서도 죽지 않는 것이 바로 적賊이다 子曰 幼而不孫弟, 長而無述焉, 老而不死, 是爲賊."(14.43)

공자가 원양原壤을 평가한 내용이다. 공자의 옛 친구인 원양은 성격과 풍격에서 공자와 매우 달랐다. 그런 탓에 공자는 원양이 비록 나이가 많다 해도 아무런 공헌을 하지 못해 사람의 도리를 손상시킨 그릇된 본보기라 생각했다. 이처럼 사람은 허송세월하지 않고 사회에 공헌하는 삶을 살아야 한다는 게 공자의 생각이다. 오늘날에도 나이 들도록 '노이불사시위적'은 남겨 전할 만한 덕행이나 공헌이 없는 사람을 가리킨다.

: 陳弘智

극기복례 몸을 단속하여 예로 돌아가다
克己復禮

공자께서 말씀하셨다. "몸을 단속하여 예禮로 돌아가면 인仁이 된다 子曰 克己復禮爲仁."(12.1)

공자는 사람이 스스로 예를 실천하는 것이 바로 인생의 바른 길이며, 예禮의 규범은 공동체의 질서와 조화에 필수불가결하다고 주장했다. 사람은 자각적으로 자원하여, 자주적이고 자발적으로 예의 요구를 실천해야 한다. 모든 사람이 이처럼 실천한다면 개인과 공동체 간의 긴장관계는 해소될 것이다.

: 陳慧玲

극벌원욕
克伐怨欲

이기려 하고 자랑하고 원망하고 욕심내는 것

"이기려 하고 자랑하고 원망하고 욕심내는 행동을 하지 않으면 인仁이라고 할 수 있습니까克伐怨欲不行焉, 可以爲仁矣?"(14.1) 원헌原憲이 네 가지 나쁜 버릇을 없애는 것을 인仁이라 할 수 있는지 묻자, 공자는 그런 버릇을 제거하기란 매우 어려운 일임을 인정하면서도 인이라고 답하지는 않았다. 이는 완벽한 경지에 이르기 전에는 무어라 확실히 말하지 않는 공자의 신중함으로 보인다. 다만 공자는 사람들마다 성격도 환경도 다르기 때문에 그에 따라 조정하고 적용해야 한다는 입장이었다. '극벌원욕'는 오늘날에도 네 가지 극복해야 할 나쁜 습관을 뜻하는 말로 통용되고 있다.

: 陳弘智

군자지쟁
君子之爭

군자다운 경쟁

공자께서 말씀하셨다. "군자는 경쟁하는 법이 없으나 반드시 활쏘기에서는 경쟁을 한다. 활쏘기를 하러 갈 때는 상대방에게 읍揖하여 사양하고 당堂에 올라 활을 쏜 뒤에는 내려오는데, 이긴 자가 읍하면 진 자가 벌주罰酒를 마시니, 이러한 경쟁이 군자다운 것이다子曰 君子無所爭, 必也射乎. 揖讓而升下而飮, 其爭也君子."(3.7)

군자는 대체로 이기려는 행위를 좋아하지 않는다. 굳이 경쟁하는 경우가 있다면 활터에서 활을 겨룰 때뿐으로, 겨루기 전후에는 마땅한 예의禮儀를 지켜야 한다. 제후는 대사大射를 거행하기 전에 연례燕禮를 열어 군신간의 대의大義를 밝힌다. 경대부卿大夫는 향사鄕射를 거행하기 전에 향음주례鄕飮酒禮를 열어 장유長幼 간의 순서를 밝힌다.(『예기』「사의射義」) 공자 역시 활쏘기에 나선 사람들은 계단을 오르내리거나 음주할 때마다 공수拱手의 예로써 겸양을 표하는 과정을 설명했다. 결국 이러한 경기는 승리를 다투기보다는 예를 지키면서 교류하는 데 의의가 있기 때문에 군자의 품격이 중요하다. 또한 활 쏘는 자가 나아가고 물러나는 행동이나 좌우로 몸을 돌리는 동작까지도 절도에 부합해야 한다. 활을 쏘는 자는 굳센 의지를 지니고 자세를 바르게 하여 활과 화살을 단단히 쥔 채 조준해야 과녁을 맞힐 수 있다.(『예기』「사의」) 이처럼 활쏘기 시합에서는 실력을 겨루면서 인물의 수양 정도를 분별할 수 있다.

: 陳淑娟

군자불기
君子不器

군자는 그릇처럼 행동하지 않는다

군자와 보통사람의 차이를 지적한 말이다. '기器'란 특정 용도를 지닌 그릇으로, 공자가 생각하는 군자란 뜻을 세워 덕행을 성취하는 사람이며 어떠한 용도의 그릇이 될 수 없다고 생각했다.(2.12) 이러한 공자의 군자관은 "지식인이라면 많은 문헌을 읽어야 하며, 예禮의 행위규범을 지켜 좋은 덕행을 발전시켜야 한다"는 교육철학에서 비롯된다.(6.27) 공자는 문文·행行·충忠·신信, 즉 문헌지식, 행위규범, 직분에 대한 충심, 신의에 중점을 둔 교육을 강조했다.(7.25) 이와 더불어 시詩를 읽어 발전의 의지를 계발하고, 예를 배워 처세의 조건을 갖추고, 음악을 배워 교화의 목표에 이르는 것을 군자가 되기 위한 조건으로 생각했다.(8.8) 결국 군자란 이러한 과정을 통해 넓은 문화지식을 갖추고 사회적 규범을 따르되 숭고한 이상을 지닌 사람이다. 이러한 사람은 사회에서 특정한 신분이나 쓰임을 지닐 수는 있지만, 한 분야의 전문 인재가 되거나 의식衣食이 풍족한 삶을 추구하는 것으로 만족하지 않는다. 나아가 자신이 배운 것을 토대로 자아실현과 공적인 이상을 실현하기 위해 노력한다.

: 陳淑娟

군자고궁
君子固窮

군자는 곤궁함에도 원칙을 지킨다

공자께서 말씀하셨다. "군자는 곤궁해도 자기 본분을 지키지만 소인은 궁하면 하지 못할 짓이 없다子曰 君子固窮, 小人窮斯濫矣."(15.2)

공자와 제자들이 진陳나라와 채蔡나라 사이에서 꼼짝도 못하게 되었을 때 식량이 떨어지는 곤경에 처했다. 이에 분개한 자로子路는 군자가 어찌 궁색한 지경에 처할 수 있느냐고 했다. 공자는 곤경에 처하더라도 군자는 원칙을 지켜야 한다는 말로 자로를 타일렀다. 이로써 자기의 올바른 원칙을 견지할 수 있는 자가 공자가 생각하는 군자의 조건 중 하나임을 알 수 있다. 오늘날에도 '군자고궁'은 공자 당시의 의미와 큰 차이가 없다.

: 陳弘智

군자탄탕탕

君子坦蕩蕩

군자는 마음이 평탄하고 편안하다

　　공자께서 말씀하셨다. "군자는 마음이 평탄하여 너그럽고 넓으며, 소인은 늘 근심하고 두려워한다 子曰 君子坦蕩蕩, 小人長戚戚."(7.37)

군자는 사심이 없고 도량이 넓지만 소인은 항상 수심에 차 있다. 이때 군자란 수양이 완성된 사람으로서, 곤궁함이나 부귀영화를 신경 쓰지 않고 올바른 이상을 추구하기 때문에 늘 자신 있고 즐겁다. 소인은 이상에 대한 뜻을 세우고 추구하기를 원치 않는 사람이기 때문에 부유하면서도 "어떻게 하면 부귀를 얻을까 걱정하고, 또 부귀를 잃을까 걱정한다患得患失" 하물며 곤경에 처했을 때는 어떻게 하겠는가? 공자는 드높은 이상을 추구하는 군자의 삶이야말로 마음이 평탄하고 넓은 도량을 지닐 수 있음을 강조했다.

: 陳維浩

구인득인

求仁得仁

인을 구하여 인을 얻었다

　　인仁을 구하여 인을 얻었으니, 어찌 후회했겠는가? 求仁而得仁, 又何怨.(7.15)

자공은 공자에게 백이와 숙제가 어떤 사람이지 물었다. 공자는 옛날의 덕 있는 선비라고 했다. 형제지간인 백이와 숙제는 고죽국의 제위를 양보하기 위해 나라를 떠나 결국 수양산에서 굶어죽었지만 도의道義를 지켰기 때문이다. 그러자 자공은 다시 그들이 자신의 처지를 원망했을지 물었다. 공자는 그들은 인을 추구했으며 그 결과를 얻었으니 원망하지 않았을 거라고 했다. 원래 '구인득인'이란 덕이 있는 선비는 인생의 이상을 추구하여 성취를 하는 것으로 만족할 뿐 명예와 이익을 얻는 삶을 추구하지 않음을 뜻하는데, 오늘날에는 소원을 성취한다는 뜻이 되었다.

: 陳維浩

구생해인
求生害仁

살기 위해 인을 해치다

공자께서 말씀하셨다. "뜻이 있는 선비와 덕을 이룬 인자仁者는 살기 위한 인의 해침이 없고, 자신을 희생하여 인을 이룸이 있다志士仁人, 無求生以害仁, 有殺身以成仁."(15.9)

공자는 뜻이 있는 자와 인仁을 행하는 자는 목숨을 부지하기 위해 인생의 이상을 저버리지 않는다고 했다. 이처럼 공자는 '인'을 인생의 목표로 삼았으며 생명보다 귀하게 여겼다. 오늘날에도 '구생해인'은 삶의 안위를 위해 도의道義와 이상을 저버린다는 뜻으로, 원뜻과 큰 차이가 없다.

: 陳弘智

수이불실
秀而不實

꽃이 피었으나 열매를 맺지 못하다

공자께서 말씀하셨다. "싹은 났으나 꽃이 피지 못하는 것도 있고, 꽃이 피었으나 열매를 맺지 못하는 것도 있다子曰 苗而不秀者有矣夫. 秀而不實者有矣夫."(9.22)

'수秀'는 벼에 꽃이 피고 이삭이 달리는 것이고, '실實'은 벼가 열매를 맺는 것을 뜻한다. 즉 '수이불실'은 벼가 꽃을 피웠으나 열매를 맺지 못한다는 뜻이다. 공자가 안회의 요절을 비유한 것으로 짐작되는데, 재능이 있는 사람이 끝내 결실을 맺지 못함을 나타낸다. 그러나 자기수행을 지속해야 성과가 있음을 표현한 말로 봐도 적합하다. 오늘날에는 피상적인 지식만 있을 뿐 진정한 재능과 견실한 학문을 갖추지 못한 상태를 의미하게 되었다.

: 陳維浩

언불급의
言不及義

의로운 일을 언급하지 않다

공자께서 말씀하셨다. "여럿이 지내는데 하루가 다 가도록 의로운 일에 대해선 말하지 않고 작은 지혜를 늘어놓으면 환난이 있을 것이다子曰 群居終日, 言不及義, 好行小慧, 難矣哉."(15.17)

공자는 하루 종일 같이 지내면서 도의道義에 대해 이야기하지 않고 잔꾀를 부리기 좋아하는 사람들은 정도正道를 걷기 어렵다고 비판했다. 오늘날 '언불급의'는 두 가지 뜻으로 통용된다. 하나는 말을 할 때 바른 도리를 논하지 않는다는 것으로, 공자 당시의 의미와 거의 비슷하다. 다른 하나는 말을 할 때 문제의 핵심을 건드리지 못함을 의미한다.

: 陳弘智

언필유중
言必有中

말을 하면 반드시 도리에 맞다

공자께서 말씀하셨다. "저 사람이 말을 하지 않을지언정 말을

하면 반드시 도리에 맞는다子曰 夫人不言, 言必有中."(11.14)

평소에는 잘 말을 하지 않지만 일단 입 밖으로 말을 꺼내면 도리에 들어맞는다는 뜻이다. 도리에 들어맞다[有中]란 핵심을 꿰뚫는 것이다. 노나라 관원이 국고를 확충하려 하자 민자건閔子騫은 국민을 혹사하는 일이며 물자 낭비와 난을 초래할 것으로 판단하여 군주에게 건의를 올렸다. 민자건의 이 행동에 대해 공자는 중요한 시기에 도리에 맞는 말을 했다고 칭찬했다. 반대말은 '언불급의言不及義'다.

: 陳慧玲

이인위미
里仁爲美

마을 인심이 인후한 것이 아름다움이 되다

공자께서 말씀하셨다. "마을의 인심이 인후仁厚한 것이 아름다움이 되니, 인후한 마을에 살기를 택하지 않으면 어찌 지혜롭다 하겠는가子曰 里仁爲美, 擇不處仁, 焉得知."(4.1)

이는 삶의 환경과 도덕의 수양에 관한 공자의 견해다. 공자는 인정이 순박하고 두터운 곳에서 살아가는 삶을 이상적으로 여겼다. 오늘날 '이인위미'는 은덕이 바람처럼 널리 퍼진 곳에 주거해야 한다는 뜻으로 통용된다.

: 解文琪

견리사의
見利思義

이익을 보고 의로움을 생각하다

공자께서 말씀하셨다. "지금의 완성된 사람은 어찌 꼭 그리해야만 하겠는가? 이익을 보고 의로움을 생각하고, 위태로움을 보고 목숨을 바치고, 오랜 약속에도 평소의 말을 잊지 않는다면 또한 완성된 사람이라 할 수 있을 것이다子曰 今之成人者何必然? 見利思義, 見危授命, 久要不忘平生之言, 亦可以爲成人矣."(14.12)

자로가 이상적인 사람[成人]에 대해 묻자 공자는 지혜, 무욕, 용기, 재능, 기예 등의 예악禮樂을 갖춘 자라고 했다. 뒤이어 이익을 보았을 때 얻어도 되는지 여부를 고려하고, 위험에 처하면 기꺼이 자신을 희생하고, 오랫동안 곤궁에 처해도 평소의 소신을 버리지 않는다면 이상적인 사람이라고 했다. 오늘날에도 '견리사의'는 이익과 도의道義가 충돌했을 때 도의 원칙을 생각해야 한다는 뜻으로 쓰인다.

: 陳弘智

견선여불급
見善如不及

선을 보면 미치지 못할 듯이 하다

공자께서 말씀하셨다. "선善을 보면 미치지 못할 듯이 하고, 불선不善을 보면 끓는 물에 닿은 듯이 해야 한다子曰 見善如不及, 見不善如探湯."(16.11)

공자는 선한 행위를 보면 따르지 못할 것을 걱정하여 본받고 실천하고, 선하지 않은 행위를 보면 뜨거운 물에 손이 닿은 것처럼 서둘러 피하라고 했다. 아울러 예나 지금이나 이러한 사람이 있다는 것을 안다고도 했다. 사람의 본성은 선善을 향하기 때문에 진실한 마음으로 선한 말과 행동을 보면 배우려는 의지가 생겨나며, 선하지 않는 언행을 보면 편치 않은 마음이

들게 마련인 것이다. 그러면서도 공자는 세상을 피해 숨어 살면서 지조와 절개를 연마하고 도의道義를 이룬 사람에 대해 들어본 적은 있지만 직접 본 적은 없었다며 탄식했다. 이처럼 선을 선택해 지킨다는 것은 매우 힘든 일이다. 항상 공자는 지조와 절개를 지키려면 단련의 노력을 유지해야 하며, 자신의 포부를 펼치려면 타협하지 않고 도의의 원칙을 지켜야 한다는 가르침을 펼쳤다.(7.3;『맹자』「진심 상」)

: 楊舒淵

견의용위
見義勇爲

의로운 일을 보고 용기 있게 행동하다

"의로움을 보고도 하지 않는 것은 용기가 없는 것이다見義不爲, 無勇也."(2.24)

정당하고 마땅히 해야 할 일을 보고 행동하지 않는다면 나약하다는 뜻이다. '견의용위'는 원문을 간략히 줄인 표현으로, 주로 마땅히 해야 할 일을 한 사람을 칭찬할 때 쓰인다. 용감함은 공자가 매우 중시한 덕행이다. 공자는 자신에 대해 말하면서 군자가 동경하는 세 가지 경지에 이르지 못했다고 성찰했다. 세 가지 경지란 '인자는 근심하지 않음仁者不憂' '지자는 미혹되지 않음知者不惑' '용자는 두려워하지 않음勇者不懼'이다.(14.28) 같은 맥락에서 『중용』에는 "지智·인仁·용勇 세 가지는 천하의 공통된 덕이다知仁勇三者, 天下之達德也"라고 했다. 공자가 숭상하는 용맹함은 맨손으로 호랑이를 잡고 맨몸으로 강을 건너다가 죽어도 후회하지 않는 식의 지혜 없는 용맹이 아니라 도의를 갖춘 용맹이다.(7.11) 따라서 자로가 공자에게 "군자는 용맹함을 추앙합니까?"라고 물었을 때, 공자는 "군자가 용맹하기만 하고 도의가 없으면 난을 일으키고, 소인이 용맹하기만 하면 도적질을 한다"고 했다.(17.23) 고대에서 예禮는 도의의 구체적인 규범이다. 따라서 공자는 군자가 용감하지만 무례한 사람을 싫어한다고 했다.(17.24) '견의용위'를 통해 '의'는 '용'의 기준이며, '용'은 '의'가 실현될 수 있는 근거와 힘이라는 사실을 알 수 있다.

: 陳淑娟

견과자송
見過自訟

자기의 과오를 보고 스스로 책망하다

　　공자께서 말씀하셨다. "그만두어야겠구나. 나는 아직까지 자기 과오를 보고 마음으로 스스로를 책망하는 자를 보지 못했다子曰 已矣乎, 吾未能見其過而內自訟者也."(5.26)

공자는 잘못이 있으면서 고치지 않는 것이야말로 잘못이라고 지적한 바 있다. '견과자송'은 여기서 더 나아가 자신의 과오를 경계하고 철저히 반성을 해야 한다는 뜻이다.

: 解文琪

견현사제
見賢思齊

어진 사람을 보고 그와 같아지기를 생각하다

　　공자께서 말씀하셨다. "어진 사람의 행실을 보면 그와 같아지기를 생각하고, 어질지 못한 사람의 행실을 보면 안으로 자기를 반성해야 한다子曰 見賢思齊焉, 見不賢而內自省也."(4.17)

덕행이 훌륭한 사람을 보면 어떻게 하면 그와 같아질 수 있는지를 고민해야 하고 덕행에 흠이 있는 사람을 보면 그와 같은 과오를 저지르지 않았는지 반성해야 한다. 이렇게 할 수 있다면 세상 모든 사람이 자기의 스승이 될 수 있으며, 그 인격은 완벽한 경지에 가까워질 수 있다.

: 解文琪

간간은은
侃侃誾誾

온화하고 솔직하게

공자는 조정에서 하대부와 말할 때에는 온화하게 하고, 상대부와 말할 때에는 솔직하게 했다朝, 與下大夫言, 侃侃如也; 與上大夫言, 誾誾如也.(10.2)

관찰자의 눈에 비친 공자의 모습이다. 경우에 따라 알맞은 언행과 행동거지를 실천했음을 설명하고 있다. '간간侃侃'은 온화하고 유쾌하다는 뜻이고 '은은誾誾'은 바르고 성실하며 솔직하다는 뜻이다. 공자는 조정에서 작위爵位에 따라 응대한 태도는 예禮에 근거한 것이다. 따라서 '간간은은'이란 상대방의 신분에 따라 다른 태도를 취하는 것을 말한다. 구체적으로는 온화하고 유쾌함, 바르고 성실함, 솔직하고 침착함의 태도다.

: 陳慧玲

내자가추
來者可追

오는 것은 따라잡을 수 있다

지난 일은 간언할 수 없으나, 앞으로 올 일은 따라잡을 수 있다往者不可諫, 來者猶可追.(18.5)

과거의 일을 되돌릴 수 없으나 미래의 일은 장악할 수 있다는 뜻이다. 초楚나라의 광자狂者 접여接輿는 공자를 실의에 찬 봉황에 빗대어 노래를 부르면서 시대를 잘못 만난 인물이라고 탄식했다. 그는 공자를 등용할 현명한 군주가 없기 때문에 과도하게 정치적 이상을 고수한다면 위험을 당할 수 있음을 경고하면서, 미래의 일은 장악할 수 있으니 멈춰야 할 때는 멈춰야 한다고 했다. 이러한 접여의 노래는 시대의 흐름에 맞출 수 있는 지혜를 권한 것이다. 공자는 나라에 도가 없으면 은거하고 이상을 널리 펼치고자 할 때는 변화에 발맞춰야 한다는 이치에는 공감하지만, 원칙을 포기하면서까지 임기응변을 할 수는 없다고 생각했다. 공자는 운명이 어떠하든 하늘이 내린 사명을 끝까지 실천해야 마땅하다고 믿었다. 그런 이유로 성의 문지기는 공자를 실현할 수 없는 것을 추구하며 타협하지 않는 사람이라고 여겼다.(8.13; 14.38)

: 楊舒淵

주이불비
周而不比

두루 조화를 이루고 당파를 형성하지 않는다

> 공자께서 말씀하셨다. "군자는 두루 조화를 이루고 당파를 형성하지 않으며, 소인은 당파를 형성하고 두루 조화를 이루지 못한다子曰 君子周而不比, 小人比而不周."(2.14)

군자의 교우 원칙이다. 공자는 덕행의 차원에서 군자와 소인의 교우가 어떻게 다른지를 비교했다. 군자는 도량이 넓고 평온하여 정도正道의 길에서 신념이 같은 자를 만나면 당파나 친분을 떠나 속마음을 털어놓고 의기투합할 수 있다. 이때 '주周'는 사심 없이 솔직하고 성심껏 대하는 태도를 뜻한다. 이와 반대로 소인은 고정관념과 사심으로 교우한다. 즉 패거리를 지어 그 힘으로 사익을 꾀하며, 자신과 의견이 다르거나 이익이 충돌하는 자를 배제한다. 이를 '비이부주比而不周'라 한다. 이때 '비比'는 같은 당파를 편애한다는 뜻이다. 공자는 명확히 소인의 교우를 비난하고 군자의 교우를 옹호했다. '주이불비'는 공자가 말한 '군이부당群而不黨'과 뜻이 같다.(15.22)

: 陳淑娟

화이부동
和而不同

조화를 이루되 부화뇌동하지 않는다

공자께서 말씀하셨다. "군자는 조화를 이루되 부화뇌동하지 않으며, 소인은 부화뇌동하되 조화를 이루지 못한다君子和而不同, 小人同而不和."(13.23)

공자가 군자와 소인의 차이를 설명한 것이다. 소인은 같음을 강요하고 서로 다름을 거부하는 반면, 군자는 서로 다름을 인정하고 같음을 강요하지 않는다. 공자는 서로 다름에 대한 군자의 태도를 강조한 것이다. 오늘날에도 '화이부동'은 사람들과 사이좋게 지내면서도 남의 언행을 맹목적으로 따르지 않는 태도를 가리킨다. 주로 훌륭한 태도를 표현할 때 폭넓게 사용된다.

: 陳弘智

충고선도
忠告善道

충심으로 말해주고 잘 인도하다

공자께서 말씀하셨다. "충심으로 말해주고 잘 인도하되, 따라주지 않으면 그만두어서 자기를 욕되게 함이 없어야 한다子曰 忠告而善道之, 不可則止, 毋自辱焉."(12.23)

자공은 공자에게 벗을 사귀는 도에 대해서 물었다. 공자는 진실하고 완곡하게 상대의 잘못을 권고할 수 있어야 하며, 상대가 원치 않는다면 입을 다물어 수모를 자초하지 않는 것이라고 했다. 진정한 벗이라면 마땅히 도의를 나누고[道義相期], 진심으로 대하고[肝膽相照], 영예와 치욕에 관계하고[榮辱相關], 과실을 바로잡아주어야[過失相規] 한다. 이러한 '충고선도'는 배움을 함께하는 관계뿐만 아니라 일반적인 동료, 동향同鄉, 동도同道, 동행에게도 적용된다. 오늘날에는 친구에게 이러한 도리를 요하는 경우가 많지 않다.

: 陳慧玲

성상근습상원
性相近習相遠

사람의 본성은 서로 가깝지만 습관에 따라 서로 멀어진다

공자는 사람의 타고난 성품은 대개 비슷하지만 각자의 습관에 따라 차이가 나게 마련이라고 했다. 이는 인간의 본성에 대해 공자가 직접적으로 논한 유일한 기록이다.(17.2) 공자는 사람의 성품이 서로 '가깝다近'고 했을 뿐 '같다同'고 하지 않았다. 인간의 본성에 대해 그는 선천과 후천으로 구별하지 않고, 삶의 모든 과정에서 실현되기를 기다리는 잠재력이자 개인의 선택과 실천을 통해 끊임없이 드러나는 역량이라고 생각했기 때

문이다. 이른바 가깝다는 것은 '선에 가깝다'는 뜻이다. 사람들은 저마다 선을 지향하는 마음이 있으나 진실함의 여부 또는 관심의 정도 차이에 따라 발현에는 차이가 있다. 따라서 인간의 본성을 다만 '서로 가깝다'고 할 뿐 '서로 같다'라고 할 수 없다. 또한 근본적인 윤리규범을 위배했을 때 사람의 마음이 편치 않다는 점에서, 인간은 선을 지향하는 본성을 지녔다고 할 수 있다. 게다가 사람간의 적절한 관계를 실현하는 선이고, 그것이 합당한지 여부는 서로다른 시공간과 관계의 조건들을 고려해야 한다. 그리고 사람들이 교육받을 때의 상황은 모두 다르기 때문에, 후천적으로 몸에 밴 나쁜 습관이 사람 간의 거리를 서로 멀어지게 한다고 말하는 것이다.

: 楊舒淵

방리이행
放利而行

이익에 따라 행동하다

공자께서 말씀하셨다. "이익에 따라 행동하면 많은 원한을 부른다放於利而行, 多怨."(4.12)

모든 사람은 이익을 원한다. 그러나 세상의 이익은 한정되어 있기 때문에 자기가 취하면 다른 사람이 잃는다. 과도하게 취한다면 당연히 '많은 원망'을 초래하며, 커다란 증오를 초래할 수도 있다. '이익에 따라 행동함放利而行'은 사람을 대하고 일을 처리할 때 이익을 원칙으로 삼는 것을 뜻한다.

: 解文琪

송백후조
松柏後凋

소나무와 잣나무가 늦게 시들다

　　공자께서 말씀하셨다. "날씨가 추워진 뒤에야 소나무와 잣나무가 늦게 시드는 것을 알 수 있다子曰 歲寒, 然後知松柏之後彫也."(9.28)

추위에 강해서 가장 늦게 시드는 소나무와 잣나무에 군자를 비유한 말이다. '세한'은 군자와 소인을 구분하는 엄혹한 시련을 상징한다. 즉 '송백후조'란 난세 또는 역경에 부화뇌동하지 않고 자기의 포부와 지조를 지키는 자세를 말한다.

　　　　: 陳維浩

하불출도
河不出圖

황하에서 하도가 나오지 않다

　　공자께서 말씀하셨다. "봉황새가 오지 않으며 황하에서 하도河圖가 나오지 않으니, 나는 끝났나보다子曰 鳳鳥不至, 河不出圖, 吾已矣夫."(9.9)

세상이 쇠퇴하여 현명한 군주를 볼 수 없고 세상을 평안하게 다스리고자 한 포부를 펼칠 수 없음을 탄식한 것이다. 전하는 바에 따르면, 고대에는 성인聖人이 명命을 받을 때마다 정치가 맑아지고 황하黃河에 어떤 도상圖像이 출현한다. 이 도상은 옥구슬에 있는 무늬처럼 어떤 상징을 나타내는 듯하다. 오늘날 '하불출도'는 세상이 어지러워 나아질 기미가 없는 상황을 뜻한다.

　　　　: 陳維浩

지지호지락지
知之好之樂之

아는 것, 좋아하는 것, 즐거워하는 것

공자께서 말씀하셨다. "(도道를) 아는 것은 좋아하는 것만 못하고, 좋아하는 것은 즐거워하는 것만 못하다子曰 知之者不如好之者, 好之者不如樂之者."(6.20)

공자는 처신과 처세의 도리를 이해한다는 것은 그러한 도리를 좋아하는 것만 못하고, 이러한 도리를 좋아하는 것은 그 안에서 즐거워하여 도리와 하나가 되는 것만 못하다고 생각했다. 제자들에게도 이 세 단계를 힘써 행하여 기질을 바꾸고 품격을 기르도록 장려했다.

: 解文琪

지지위지지
知之爲知之

아는 것을 안다고 말하다

공자께서 말씀하셨다. "유由야. 너에게 안다는 것에 대해 말해 주겠다. 아는 것을 안다 하고 모르는 것을 모른다고 하는 것, 이것이 참으로 아는 것이다由, 誨女知之乎. 知之爲知之, 不知爲不知, 是知也."(2.17)

공자는 자로에게 지식을 구하는 도리에 대해 가르쳤다. 무엇을 안다면 그 앎을 자신하되, 무엇을 모르는데 안다고 허세를 부려선 안 된다는 것이다. 그런 자세야말로 바르게 지식을 구하는 방법이므로 착실하고 성실하게 배울 수 있는 것이다.

: 陳淑娟

지기불가이위지
知其不可而爲之

안 될 줄 알면서도 그것을 하다

(그가) 안 될 줄 알면서도 하려는 그 사람인가? 是知其不可而爲之者與(14.38)

자로가 성城에 들어갈 때 수문장에게 자기가 공자의 제자임을 밝혔다. 그러자 수문장은 "불가능함을 알면서도 하려고 하는 그 사람 말인가요?"라고 되물어 공자에 대한 평가를 드러냈다. 오늘날에는 문장 끝의 '자者'자를 생략해 '지기불가이위지知其不可而爲之'가 되었다. 이는 분명히 달성하기 어려워도 계속 노력하는 굳센 의지를 나타낸다.

: 陳弘智

지자요수 인자요산
知者樂水
仁者樂山

지혜로운 사람은 물을 좋아하고 어진 사람은 산을 좋아한다

공자께서 말씀하셨다. "지자는 물을 좋아하고 인자는 산을 좋아하며, 지자는 동적이고 인자는 정적이며, 지자는 즐겁게 살고 인자는 오래 산다 知者樂水, 仁者樂山. 知者動, 仁者靜. 知者樂, 仁者壽."(6.23)

지혜로운 사람이라면 사리事理에 통달하여 막힘이 없으며, 두루 흐르는 물처럼 활발하고 변화가 많기 때문에 물을 좋아할 것이다. 인仁을 행하는 사람은 의리義理에 편안하고 변함없이 너그럽고 듬직하여 산과 같으니 산을 좋아할 것이다. 지혜로운 사람은 사물과 함께 변화하고, 인을 행하는 사람은 침착하고 너그럽고 듬직하다. 지혜로운 사람은 항상 즐거워하고, 인을 행하는 사람은 천수를 누린다. 공자는 제자들에게 '지知'와 '인

仁'을 따로 구별하여 가르치지 않았으며, 오히려 인의 실천을 위주로 가르쳤다. 지혜로운 사람은 어진 사람으로 발전하기 위해 거쳐야 하는 단계이며, 어진 사람은 현명한 사람의 품행을 종합한 것이기 때문이다. 따라서 공자가 생각하는 최고의 경지는 물도 산도 좋아하는 사람일 것이다.

: 解文琪

공공여야
空空如也

마음을 비우다

공자께서 말씀하셨다. "내가 아는 것이 있는가? 나는 아는 것이 없다. 다만 비천한 사람이 나에게 물어도 그가 마음을 비웠다면 나는 그 일의 처음과 끝을 물은 뒤에 다 말해준다子曰 吾有知乎哉. 無知也. 有鄙夫問於我, 空空如也. 我叩其兩端而竭焉."(9.8)

겸허하고 성실한 태도를 뜻한다. 비천한 시골사람이 공자에게 가르침을 청할 때 겸허한 마음가짐과 고정관념이 없다면 공자는 비록 그에 대해 아는 바가 없을지라도 최대한 성실히 응대했다. '공공여야'는 오늘날 아무것도 없음을 나타내는 뜻으로도 쓰인다.

: 陳維浩

직도사인
直道事人

도를 곧게 하여 사람을 섬기다

도道를 곧게 하여 사람을 섬긴다면 어디를 간들 세 번 내쳐지지 않겠으며, 도를 굽혀 사람을 섬긴다면 어찌 부모의 나라(고국)를 떠날 필요가 있겠는가直道而事人, 焉往而不三黜. 枉道而事人,

何必去父母之邦?(18.2)

'도道'는 인생의 바른길에서 따라야 할 원칙이자 이상이다. 유하혜柳下惠는 전옥관典獄官을 맡았을 때 여러 차례 면직되었다. 누군가 그에게 이처럼 수모를 당했는데 왜 노나라를 떠나지 않는지 물었다. 그는 세상의 도가 바르지 않으면 어디를 가든 여러 번 면직될 텐데, 자신이 원칙을 포기한다면 굳이 조국을 떠날 필요가 있겠냐고 대답했다. 잠시라도 정도正道를 버리지 않겠다는 뜻이다. 그는 자신의 안위를 위해 세상에 영합하는 것을 원치 않았기에 부정한 수단을 쓰지 않고 직무에 충실했다. 오히려 곤궁함을 걱정하지 않고 편안했으며 주변 사람들이 그를 따르게끔 했다. 공자는 그런 유하혜에 대해 재덕才德이 출중한 인물이라고 칭찬했다.

: 楊舒淵

근열원래
近說遠來

가까이 있는 사람들을 기쁘게 하면 멀리 있는 사람들이 온다

공자께서 말씀하셨다. "가까이 있는 자들을 기쁘게 하면 멀리 있는 자들이 옵니다子曰 近者說, 遠者來."(13.16)

섭공葉公이 정치의 방법을 묻자 공자는 나라 안 백성을 기쁘게 하여 나라 밖 사람들이 돌아오도록 하는 것이라고 답했다. 오늘날에는 원문의 '자者'를 뺀 '근열원래近說遠來'로 통용된다. 고대에 '열說'자는 '열悅'자와 같은 의미로 쓰였기 때문에 '근열원래近悅遠來'로도 사용된다. 공자가 맑고 올바른 정치의 결과를 설명한 표현이지만, 오늘날에는 당시의 뜻과는 달리 상업적 명

성을 떨쳐 고객이 많은 상황을 나타낼 때 쓰인다.

: 陳弘智

비례물시
非禮勿視

예가 아니면 보지 않는다

공자께서 말씀하셨다. "예가 아니면 보지 않고, 예가 아니면 듣지 않고, 예가 아니면 말하지 않고, 예가 아니면 움직이지 않는 것이다子曰 非禮勿視, 非禮勿聽, 非禮勿言, 非禮勿動."(12.1)

안회가 '인'에 대해 물었을 때 공자가 구체적인 실천 방법을 가르친 내용이다. 인을 실행하는 핵심은 자발성과 주도성이지만, 그에 앞서 이 네 가지의 금지 행동을 실천해야 삶을 바른길로 인도할 수 있다. 오늘날에는 원문의 앞 구절인 '비례물시'가 따로 분리되어 성어로 자주 사용된다. 이처럼 공자가 제시한 인의 실천 방법은 현대사회에도 적용될 수 있다.

: 陳慧玲

애이불상
哀而不傷

슬프되 조화를 해치지 않는다

공자께서 말씀하셨다. "「관저關雎」는 즐겁되 바름을 잃지 않고, 슬프되 조화를 해치지 않는다子曰「關雎」, 樂而不淫, 哀而不傷."(3.20)

이 성어는 공자가 『시경』을 심미적으로 평론한 말이다. 고대 사람들은 때때로 첫 번째 시로써 관련된 몇 편을 아울러 개괄했다. 여기에서도 「관저」가 대표로 언급되었지만, 일반적으로 '슬프되 조화를 해치지 않는다哀而不傷'란 「권이卷耳」의 풍격을 설명한 것으로 간주된다. 즉 「권이」의 노래와 곡은 슬픈 정서를 지니지만 과도하여 심신을 해롭게 하지는 않는다는 것이다. 이로써 예술은 진정한 감정에서 우러나야 하되, 중용中庸의 도와 중화中和의 아름다움에 부합해야 한다는 공자의 심미관을 알 수 있다.

: 陳淑娟

애긍물희
哀矜勿喜

불쌍히 여기고 기뻐하지 말라

증자가 말했다. "윗사람이 도리를 잃어 백성이 흩어진 지 오래되었다. 그대가 (범법자들의) 실정을 파악할 때는 불쌍히 여기고 기뻐하지 말아야 한다曾子曰 上失其道, 民散久矣. 如得其情, 則哀矜而勿喜."(19.19)

맹씨가 양부陽膚를 전옥관典獄官으로 임명하자, 양부가 증삼에게 가르침을 청했다. 증삼은 그에게 정치 지도자의 언행이 규범을 잃었기 때문에 백성의 마음이 떠나고 덕을 잃은 지 오래되었다는 사실을 알려주었다. 그러므로 범죄의 실상을 파악할 때는 슬퍼하고 불쌍한 마음을 지녀야지 득의양양하게 즐거워해선 안 된다고 가르쳤다. '애긍물희'란 백성의 처지를 자상하게 보살피고, 득의양양하거나 타인의 불행을 즐겨선 안 된다는 의미로 통한다.

: 許詠晴

위이불맹
威而不猛

위엄을 갖추되 사납지 않다

공자께서 말씀하셨다. "군자는 은혜롭되 허비하지 않으며, 수고롭게 하되 원망하지 않으며, 하고자 하되 탐하지 않으며, 태연하되 교만하지 않으며, 위엄을 갖추되 사납지 않다子曰 君子惠而不費, 勞而不怨, 欲而不貪, 泰而不驕, 威而不猛."(20.2)

자장子張이 다스림의 방법에 대해 묻자, 공자는 다섯 가지 미덕을 숭상하고 네 가지 악행을 없애면 잘 다스릴 수 있다고 했다. 다섯 가지 미덕 중 하나인 '위이불맹'은 위엄이 있으면서 사납지 않은 군자의 태도를 뜻한다. 복장이 단정하고 표정이 엄숙하면 사람들에게 두려움을 안겨줄 수 있으므로 더욱 언행이 사납지 않아야 한다.

: 許詠晴

사불출위
思不出位

지위를 벗어난 생각을 하지 않다

증자가 말했다. "군자는 지위를 벗어난 생각을 하지 않는다君子思不出其位."(14.26)

공자는 증삼에게 자신의 직무에 책임을 다해야 한다고 일러주었다. 삶의 여러 상황에서도 이와 같이 충실히 대처해야 한다는 의미가 담겨 있다. 증삼은 이 말을 생각이 자기 직위를 벗어나선 안 된다는 군자의 도리로 이해했다. 오늘날 '사불출위'는 자기의 본분은 지키지만 추진력이 부족한 것을 암시하는 경우에 사용되기도 한다.

: 陳弘智

사이불학
思而不學

생각만 하고 배우지 않는다

공자께서 말씀하셨다. "배우기만 하고 생각하지 않으면 얻음이 없고, 생각하기만 하고 배우지 않으면 위태롭다 子曰 學而不思則罔, 思而不學則殆."(2.15)

배움과 사유를 중시한 공자의 학습 방법을 나타낸다. '사이불학'이 강조하는 바는 자신의 한정된 경험과 관찰에 의지해 생각하기만 하고 폭넓게 배우지 않는 태도다. 그렇게 되면 체계적인 지식을 얻을 수 없으며 곤혹스럽거나 위태로움을 맞을 수 있다. 또한 공자는 하루 종일 먹지도 않고 잠도 안자고 오직 생각만 해본 적이 있으나 결코 이로운 점이 없었으며 차라리 배우는 것이 낫다고 했다. 배움과 생각은 어느 쪽에 편중되어서는 안 되고 항상 상호 보완을 이루어야 한다는 뜻이다.(15.31) 자하子夏는 이를 더욱 발전시켜 다음과 같이 총괄했다. "배우기를 널리 하고, 뜻을 돈독히 하며, 절실하게 묻고, 가까이 자신에게 있는 것부터 생각하는 가운데 인仁이 있다 博學而篤志, 切問而近思, 仁在其中矣." 널리 배우면서 뜻을 굳건히 하며, 간절하게 질문하는 동시에 가까운 곳에서 성찰하면 인생의 바른길을 찾을 수 있다.(19.6)

: 陳淑娟

원천우인
怨天尤人

하늘을 원망하고 사람을 탓하다

공자께서 말씀하셨다. "하늘을 원망하지 않고 사람을 탓하지 않으며, 아래로 (사람의 일을) 배워 위로 (천리天理에) 통달했으

니, 나를 알아주는 것은 하늘일 것이다子曰 不怨天, 不尤人, 下學 而上達, 知我者其天乎!"(14.35)

이 말은 자신을 알아주는 사람이 없다는 발언 뒤에 덧붙인 설명이다. 공자는 인간의 운명과 사명이 모두 하늘에 근원을 두고 있기 때문에 사람들이 하늘에 대해 '원망하거나 혹은 원망하지 않을' 가능성이 있다고 생각했다. 그러나 공자는 세상의 지식을 배우고 심오한 하늘의 명[天命]을 깨달음으로써 하늘을 원망하거나 사람을 탓하지 않았다. 오히려 하늘은 자신을 이해해주는 유일한 대상이라 여겼다. 오늘날에는 원문의 '불不' 자를 뺀 '원천우인怨天尤人'으로 통용되며, 공자 당시의 뜻과 크게 달라져 부정적인 의미가 강하다. 좌절의 상황이거나 장애를 만났을 때 운명을 원망하거나 남을 탓하는 행위, 즉 실패의 책임을 다른 사람에게 돌리는 태도를 뜻한다.

: 陳弘智

후생가외
後生可畏

젊은 후학은 두려울 만하다

공자께서 말씀하셨다. "뒤에 태어나는 세대는 두려울 만하다, 그들의 장래가 지금의 나만 못할 줄 어찌 알겠는가? 그러나 40, 50세가 되도록 알려짐이 없다면 두려워하기엔 못 미칠 것이다子曰 後生可畏, 焉知來者之不如今也. 四十五十而無聞焉, 斯亦不足畏也已."(9.23)

'외畏'는 존중하고 과소평가할 수 없음을 뜻한다. '후생가외'란 젊은이를 존중해야 한다는 뜻이다. 노력하고자 하는 젊은이의 미래는 무한하여 위대한 일을 이룰 가능성을 갖고 있기 때문이다.

: 陳維浩

대고이고
待賈而沽

상인을 기다려 팔다

공자께서 말씀하셨다. "팔겠다. 팔겠다. 나는 상인을 기다리겠다子曰 沽之哉, 沽之哉, 我待賈者也."(9.13)

자공이 공자에게 물었다. 아름다운 옥玉이 있다면 그것을 보관함에 넣고 간직할 것인지, 아니면 물건을 볼 줄 아는 상인에게 팔 것인지. 공자는 연거푸 팔겠다고 말하고는 자신은 물건을 볼 줄 아는 상인을 기다리겠다고 했다. 이 대화에서 좋은 상인[善賈] 또는 물건을 알아보는 상인은 안목이 있는 정치 지도자를 가리킨다. 공자의 포부는 현실정치의 도를 펼침으로써 백성을 구제하고자 하는 것이었기에 그 기회를 부여할 안목 높고 현명한 군주를 기대했다. '고賈'는 원래 상인을 뜻하며, '가賈'로 읽으면 가격을 뜻한다. 그래서 좋은 가격을 기다렸다가 물건을 판다는 뜻의 '대가이고待價而沽'라고도 쓰인다.

: 陳維浩

시가인숙불가인
是可忍孰不可忍

이것을 견딘다면 무엇인들 견디지 못하겠는가

공자께서 계씨季氏에 대해 말씀하셨다. "가묘家廟의 뜰에서 팔일무를 거행했으니, 이 일을 견딘다면 어떤 일인들 견디지 못하겠는가孔子謂季氏, 八佾舞於庭, 是可忍也, 孰不可忍也?"(3.1)

천자만이 향유할 수 있는 팔일무를 신하인 계씨가 집안의 사당이 있는 뜰에서 거행한 것에 대해 공자는 크게 비판했다. 오늘날에도 '시가인숙불가인是可忍孰不可忍'은 원래의 뜻과 차이가 없이 관용어로 쓰이고 있다.

: 陳淑娟

기래지즉안지
既來之則安之

찾아온 사람을 편안하게 해주다

먼 곳에서 사람이 찾아온다면 위정자는 그들을 안착시켜야 한다는 뜻이다.(16.1) 위정자는 백성이 평안히 지내면서 즐겁게 일할 수 있도록 해야 한다. 그가 백성의 재산을 균등하게 하고 화목한 풍토를 조성하고 빈곤이나 사회불안의 문제를 해소한다면 먼 곳에서 사람들이 찾아온다. 나라가 안정되었는데도 먼 곳에서 사람들이 오지 않는다면 예악과 교화에 힘써 나라 안 백성을 기쁘게 함으로써 나라 밖 사람들이 오게 해야 한다.(13.16) 그런 뒤에는 그들이 편히 자리를 잡고 살아갈 수 있도록 하여 백성의 수를 늘리고, 풍족하게 만들고 나서 교육을 시켜야 한다.(13.9)

: 楊舒淵

기왕불구
既往不咎

지나간 일은 탓하지 않는다

공자께서 이 말을 듣고 말씀하셨다. "이미 끝난 일이라 내가 따지지 않으며, 끝난 일이라 말하지 않으며, 이미 지나간 일이라 탓하지 않겠다子聞之曰, 成事不說, 遂事不諫, 既往不咎."(3.21)

과거의 잘못에 대해 더 이상 책망하지 않는다는 뜻이다. 원문의 맥락은 이렇다. 노나라 애공이 재아宰我에게 토지신의 위패를 만들려면 어떤 목재를 써야 좋은지 물었다. 재아는 하 왕조는 소나무를 썼고, 은 왕조는 잣나무를 썼으며, 주 왕조는 밤나무를 써서 백성을 전율케 했다고 답했다. 고대에 밤나무를 뜻하는 '율栗'자는 '전율戰慄'을 뜻하는 '율慄'자와 통용되었다. 주 왕조가 밤나무로 토지신의 위패를 제작한 까닭은 백성을 긴장시키고 전율하도록 하기 위해서였다고 재아는 생각한 것이다. 이 말을 들은 공자는 재아의 관점에 동의하지 않았다. 삼가三家 대부의 전횡을 무력으로 진압하려는 노 애공의 의도를 재아가 암시적으로 제시했다고 판단한 것이다. 그러나 말은 내뱉으면 거둘 수 없으므로 공자는 세 마디의 말로써 자신의 입장을 밝혔다. 이미 이루어진 일은 다시 설명할 수 없고, 다시 충고한들 그만두게 할 수 없으니 탓할 수도 없다는 것이다. 이는 스스로 총명하다고 여기는 재아를 꾸짖는 말이다.

: 陳淑娟

위정이덕
爲政以德

덕으로써 하는 정치를 하다

공자께서 말씀하셨다. "덕德으로 하는 정치란, 비유컨대 북극성이 제자리에 머물러 있으면 뭇 별들이 그곳을 중심으로 도는 것과 같다子曰 爲政以德, 譬如北辰, 居其所而衆星共之."(2.1)

덕행으로써 나라를 다스리는 것을 북극성에 비유한 말로서, 북극성이 자리를 잡고 있으면 주변에 펼쳐져 있는 다른 별들이 질서 있게 운행하는 것과 같다는 뜻이다. 고대 정치는 덕치, 예치, 법치로 구분할 수 있다. 덕치의 근간은 제왕의 고상한 품덕에 있으며 철학적 전제는 인간의 본성이 선을 지향하는 것이다. 따라서 제왕은 엄한 형벌 또는 번거롭고 불필요한 의식을 동원하여 다스리지 않으며, 다만 자신의 덕행이 완벽한 경지에 이르도록 수양할 뿐이다. 백성은 자연히 덕치를 행하는 제왕에 호응하게 된다. 무위無爲의 다스림이다. 공자는 순임금이 위엄 있고 공손한 태도로 그 자리에 앉아 무위로써 다스린 대표적 인물이라고 생각했다.(15.5) 공자의 덕치와 노자의 '무위이치無爲而治'는 다음과 같은 차이가 있다. 노자는 우주의 법칙인 도道를 출발점으로 삼는다. 따라서 성인聖人은 만물이 규칙에 따라 스스로 운행하도록 할 뿐 그 자신은 아무런 조치를 취하지 않는다. 그러나 공자의 덕치는 제왕 자신의 덕행을 출발점으로 삼기 때문에 덕을 닦고 직무에 충실해야 할 책임이 있으며, 인재를 적재적소에 등용하고 그들이 자기 능력에 맞는 일을 책임지도록 하기 때문에 실질적으로 '아무것도 하지 않는다'고 말할 수는 없다.

: 陳淑娟

묘이불수
苗而不秀

싹은 틔웠으나 꽃을 피우지 못하다

공자께서 말씀하셨다. "싹은 틔웠으나 꽃을 피우지 못하는 것도 있고, 꽃은 피웠으나 열매를 맺지 못하는 것도 있다子曰 苗而不秀者有矣夫. 秀而不實者有矣夫."(9.22)

'묘苗'는 벼의 새싹을 가리키며, '수秀'는 벼의 꽃이 피어나고 이삭이 되는 것을 가리킨다. '묘이불수'는 벼가 자랐지만 꽃을 피우지 못함을 뜻한다. 원뜻은 안회의 요절을 비유한 것으로 추정되지만, '끝까지 수양을 해야만 꽃을 피우고 열매를 맺는다'는 의미라 해도 적합할 것이다. 오늘날에는 소질은 좋으나 성취를 이루지 못함 또는 총명하지만 노력하지 않는 사람을 가리킨다.

: 陳維浩

술이부작
述而不作

전하기만 하고 창작하지 않는다

공자께서 말씀하셨다. "옛것을 전하여 기술하되 창작하지 않으며 옛것을 믿고 좋아하니, 나는 가만히 노팽老彭에게 견주어본다子曰 述而不作, 信而好古, 竊比於我老彭."(7.1)

전술傳述하기만 하고 창작하지 않는 자세를 가리킨다. 공자는 하夏·은殷 두 왕조를 참고한 주 왕조의 예교 제도에 대해 찬란하고 훌륭하다고 했으며, 자신은 그런 주 왕조의 문화를 따르는 사람으로서 이를 선양하고 재현하고자 했다.(3.14) 따라서 자신의 학설은 새로운 것이 아니며 다만 주 왕조의 문화적 이념을 전하고 기술한 것이라고 했다. 또한 공자는 주 문왕文王 이후 문화의 전승에 대한 책임을 자임했다.(9.5) 그 책임이란 '문화로써 인재를 양성하는 것'과 '인재로써 문화를 발양하는 것'을 두루 살피는 일을 뜻한다. 그러나 만년의 공자는 노나라 역사서인 『춘추』를 편찬하면서 역사적 인물에 대한 평가를 적어 넣었다. 그런 근거로 맹자는 공자가 '춘추를 지었다'고 생각했다.(『맹자』「등문공 하」) 즉 『춘추』를 전술하는 것을 통해 공자는 자신의 학설을 세웠다는 것이다.

: 陳維浩

강지욕신
降志辱身

뜻을 낮추고 몸을 욕되게 하다

유하혜柳下惠와 소련少連은 뜻을 낮추고 몸을 욕되게 하였으나 말은 도리에 맞았으며 행실이 사려에 맞았으니, 이런 점이 있을 뿐이다柳下惠少連, 降志辱身矣, 言中倫, 行中慮, 其斯而已矣.(18.8)

지조가 꺾이고 모욕을 당한 것을 가리킨다. 공자는 유하혜와 소련에 대해 비록 수모를 당했지만 정도正道를 목표로 하여 원칙을 지키는 처신을 했기 때문에 말은 조리에 맞고 행위는 사려 깊었다고 평가했다. 이처럼 외부로부터의 저항에도 불구하고 인仁을 행하는 사람은 근심이 없다.

: 楊舒淵

식불어침불언
食不語寢不言

식사할 때 말하지 않고 잠자리에서 말하지 않는다

공자는 식사할 때 토론하지 않고 잠을 잘 때 말하지 않는 습관이 있었다.(10.10) 공자의 이러한 생활습관은 건강이나 생활예절의 측면에서 현대사회에도 부합하는 면이 있다. 식사할 때 토론을 나누면 식욕과 소화에 지장을 주고, 잠들기 전에 대화를 나누면 머릿속이 복잡해서 숙면을 취하기 어렵기 때문이다.

안 좋은 습관이 지속되면 건강을 해칠 뿐만 아니라 가족 구성원의 생활에도 나쁜 영향을 끼치게 된다.

: 陳慧玲

풍행초언
風行草偃

바람이 불면 풀이 눕는다

군자의 덕은 바람이고, 소인의 덕은 풀과 같아서, 풀 위로 바람이 불면 풀이 눕게 마련이다 君子之德風, 小人之德草. 草上之風, 必偃.(12.19)

여기에서 군자의 '덕'은 선악과 무관하며, 언행의 태도에 특색이나 스타일이 있는 것을 가리킨다. 바람이 불면 풀이 눕듯이 공자는 정치 지도자의 언행 태도는 바람과 같고 백성의 언행 태도는 풀과 같다고 생각했다. 일반적으로 공자는 다스림의 효과에 대해 말할 때 항상 선善을 말하고 악惡을 말하지 않았다. 뿐만 아니라 사형에 처하는 수단을 다스림에 사용할 필요가 없다고 생각했다. 사람은 '인仁', 즉 선을 지향하는 본성을 벗어나지 않는다고 믿었기 때문이다.

: 陳慧玲

수기안인
修己安人

자신을 닦아 남을 편안하게 하다

공자께서 말씀하셨다. "자신을 닦음으로써 남을 편안하게 해 주어라 子曰 修己以安人."(14.42)

공자는 군자를 이상적인 인격을 대표하는 존재로 생각했다. 자로子路가 군자에 대해 물었을 때, 우선 자신을 수양하여 모든 일을 성실하고 신중히 처리하고, 나아가 주위 사람들을 안정시키고, 마지막으로 백성을 안정시키는 존재라고 설명했다. 오늘날에는 원문 속의 '이以'자를 생략하여 '수기안인修己安人'으로 쓰이는데 공자 당시의 뜻과 큰 차이가 없다.

: 陳弘智

강의목눌
剛毅木訥

강하고 과감하고 질박하고 어눌하다

공자께서 말씀하셨다. "강하고 과감하고 질박하고 어눌함은 인仁에 가깝다子曰 剛毅木訥, 近仁."(13.27)

공자는 인생의 바른길에 나아가는 네 가지 원칙으로 강인함, 과감함, 소박함, 어눌함을 꼽았다. 그러나 나열한 원칙만 중요한 것은 아니며 각자의 성격과 처지에 따라 선善을 지키고 실천해야 함을 강조했다. 오늘날에도 '강의목눌'은 공자 당시의 뜻과 같아서 칭송할 만한 네 가지 인품을 가리킨다. 이러한 공자의 '인仁'에 대한 정의는 현대인에게 요구되는 덕성의 조건에도 깊은 영향을 끼치고 있다.

: 陳弘智

침윤지참
浸潤之譖

서서히 젖어드는 듯한 참소

공자께서 말씀하셨다. "서서히 젖어드는 듯한 은근한 참소와 피부에 와 닿는 절박한 하소연이 행해지지 않는다면 현명하다고 말할 수 있다子曰 浸潤之譖, 膚受之愬, 不行焉, 可謂明也已矣."(12.6)

자장子張이 일을 파악하는 이치를 묻자, 공자는 천천히 더해지는 참언譖言이나 급박하고도 절실한 비방들에 흔들리지 않는다면 상황을 잘 파악할 수 있다고 대답했다. 공자는 가까운 것을 버리고 먼 것을 구할 필요 없이 주위의 작은 모략을 확실하게 볼 수 있다면 곧 '밝음(선견지명)'이 있다고도 했다. '침윤지참'은 '부수지소膚受之愬'와는 다른 의미로 사용할 수 있다. 전자는 물이 서서히 젖어드는 듯한 참소로서 점차 시간이 흐른 뒤에 작용이 나타나는 것이고, 후자는 급박하고 절실하여 피부에 닿는 것 같은 비방을 가리킨다.

: 陳慧玲

익자삼우
益者三友

세 가지 유익한 벗

공자께서 말씀하셨다. "유익한 벗이 세 가지이고, 손해되는 벗이 세 가지다子曰 益者三友, 損者三友."(16.4)

정직하고 성실하며 견문(식견)이 많은 벗이 유익하다. 정직한 사람은 선을 지향하는 인간의 본성을 따르기 때문에 '인仁'을 지켜 실천할 만한 용기가 있다. 성실한 사람은 처세와 처신의 원칙을 근거로 덕행德行을 넓혀 나간다. 견문(식견)이 많은 사람은 널리 배워 고루하지 않은 지혜를 기른다. 이들과 사귀면 선을 택하여 지키는 도리를 배우는 데 보탬을 얻으며 인생의 유익한 즐거움을 느끼게 된다. '익자삼우'는 진덕수업進德修業의 길에서 서로 토론하고 격려하는 든든한 동반자이다.

이와 반대로 거만하고 아첨하고 말만 잘하는 벗은 해롭다. 거만한 사람은 겉보기에는 위엄이 있는 듯하나 내면의 용기는 부족하다. 비위를 맞추는 사람은 아첨하고 영합하는 데 익숙하며 원칙과 성실함이 부족하다. 말만 잘하는 사람은 언변만 화려할 뿐 생각이 얕고 확실한 근거가 부족하다. 모두 진실함이 부족하다. 이들은 자신의 부족함을 개선하지 않고 운에 의지하여 살아갈 뿐이므로, 올바른 삶을 살아가는 데 방해가 된다.(16.4)

: 楊舒淵

익자삼락
益者三樂

세 가지 유익한 즐거움

공자께서 말씀하셨다. "유익한 즐거움이 세 가지이고, 유해한 즐거움이 세 가지다子曰 益者三樂, 損者三樂."(16.5)
세 가지의 유익한 즐거움은 예악禮樂의 절제를 따르고, 다른 사람의 장점을 말하고, 훌륭한 벗을 많이 사귀는 것이다. 예악의 절제를 따르게 되면 진실한 감정과 느낌을 언행으로써 적절히 표현할 수 있으며, 사람들과 조화롭게 교류를 나눌 수 있다. 다른 사람의 장점을 말하는 것은 그로 하여금 경계심을 낮추게 하고 그가 올바른 일을 할 수 있도록 돕는다. 훌륭한 벗들을 많이 사귀면 선善을 고집스럽게 밀고 나갈 때 함께 절차탁마하면서 격려하는 동반자를 얻을 수 있다. 이 세 가지는 사람 간의 이상적인 관계를 북돋우며 선을 지향하는 내면에 호응하기 때문에 늘 단단한 즐거움을 불러온다. 반면 세 가지 해로운 즐거움은 자만하고, 빈둥거리고, 먹고 마시기를 즐기는 것으로서 모두 방만하게 본능과 욕망을 좇는 것이다. 이러한 즐거움은 외면에 의존하기 때문에 물질이 없을 때에는 얻을 것을 걱정하고 얻은 후에는 잃을 것을 걱정하게 된다. 또한 사람과의 관계를 쉽게 손상시킬 수 있다. 따라서 덕행을 수양하여 군자가 되고자 하는 사람은 유익한 즐거움을 즐겨 받고 해로운 즐거움을 멀리한다.

: 楊舒淵

탁고기명
託孤寄命

어린 임금을 맡기고 나라를 다스리는 임무를 부탁하다

증자가 말했다. "육 척尺의 어린 임금을 맡길 만하고, 백 리를 다스리는 임무를 맡길 만하며, 중대한 일을 처리할 때 절개를 빼앗을 수 없다면, 군자다운 사람인가? 군자다운 사람이다曾子曰 可以託六尺之孤, 可以寄百里之命, 臨大節而不可奪也; 君子人與, 君子人也." (8.6)

'육 척'은 미성년자를 뜻하고 '백 리'는 제후국을 가리킨다. 어린 군주를 맡기거나 국정을 대리케 하여 국가의 명맥을 책임지게 할 수 있다는 뜻으로서, 매우 중대한 책임을 비유한다. 이처럼 중책을 짊어질 수 있는 인물은 좋은 심성心性뿐만 아니라 능력과 절개를 모두 갖춰야 한다.

: 陳維浩

유여자여
소인난양

오직 여자와 소인은 기르기 어렵다

공자께서 말씀하셨다. "오직 여자와 소인은 기르기 어렵다. 가

| 唯女子與 | 까이하면 불손해지고 멀리하면 원망한다子曰 唯女子與小人爲難
| 小人難養 | 養也, 近之則不孫, 遠之則怨."(17.25)

공자는 인생의 바른길을 가려면 진실하고 자주적이어야 하며 교육이 필요하다고 했다. 그런 조건을 고려할 때 여자와 소인은 함께하기 어려운 대상이다. 고대에 여성은 동등한 교육의 기회가 주어지지 않았으며 경제적 독립도 불가능했기 때문에 포부나 시야를 키우는 데 제약이 있었다. 소인은 선을 지향하려는 진실한 의지가 부족하고, 자기중심적이며 욕망과 이익을 좇고 도의道義를 소홀히 한다. 이런 이유로 공자는 여자와 소인은 가까이하면 무례하게 굴고 멀리하면 원망한다고 했다. 그러나 기회조차 없었던 고대 여성의 입장을 고려할 때 오늘날에는 수용할 수 없는 견해다. 다만 자각하고 성찰하는 것을 원치 않는 소인에 대한 비판은 여전히 유효하다.

: 楊舒淵

| 포과공현 | 하늘에 매달린 바가지별
| 匏瓜空懸 |
"내가 어찌 바가지별이겠느냐? 어찌 한 곳에 매달려 먹히지 않기를 바라겠느냐吾豈匏瓜也哉. 焉能繫而不食?"(17.7)

밤하늘에 매달려 있는 바가지별을 뜻한다. '포과匏瓜'는 고대 별자리 이름으로, "천계天雞라고도 하며, 하고성河鼓星의 동쪽에 있다匏瓜一名天雞, 在河鼓東."(『천관성점天官星占』) 노나라 애공 5년, 진晉나라에 내란이 일어나자, 필힐佛肸은 요충지가 있는 중모현中牟縣을 점거하고 조간자趙簡子에게 대항해 반란을 일으켰다. 그리고 마침 진陳나라를 주유하던 공자에게 도움을 청했다. 이에 공자가 그에게 가려 하자 필힐을 돕는 것을 못마땅하게 여긴 자로가 공자에게 이유를 물었다. 그러자 공자는 자신이 이름은 박[瓜]인데 먹을 수 없는 바가지별[匏瓜]이더냐 하고 되물었다. 공자는 정치가 깨끗하다면 군자가 나설 일이 없겠으나 정치가 혼탁하다면 적당한 시기에 재능을 발휘하여 개혁에 나서야 한다고도 했다.(18.6)

: 楊舒淵

종심소욕불유구
從心所欲不踰矩

마음이 하고자 하는 대로 따라도 법도를 넘지 않다

공자는 70세가 되었을 때 마음이 하고자 하는 대로 따라도 법도를 넘지 않았다고 말했다.(2.4) 공자는 사람을 세 부분으로 나누었다. 혈기血氣, 심심, 선을 지향하는 인仁이다. 심심의 주체는 일종의 능동성이다. 심념心念은 자각적인 선택이라고 말할 수 있다. 만약 심心으로써 혈기를 쫓고자 선택했다면 주체를 깊은 욕망으로 이끌게 된다. 반대로 심心이 선善을 지향하는 인仁을 따르기로 했다면, 그 심심은 인仁의 내용을 나타낼 수 있으며 인생의 바른길에 어긋나지 않을 것이다. 공자는 그의 제자 가운데 오직 안회가 능히 "그 마음이 석 달 동안 인에서 떠나지 않는다其心三月不違仁"라고 말했다. 나머지 제자들은 단시간 내 그렇게 할 수 있다고 말했다.(6.7) 공자가 70세 때 마음이 하고자 하는 대로 따라도 법도를 넘지 않을 수 있다고 한 것은 심心의 선택과 인생의 바른길이 완전하게 하나가 되었음을 나타내 준다. 또한 50세에 지천명知天命, 60세에 순천명順天命의 맥락에서 보면, 70세의 '종심소욕불유구從心所欲不踰矩'는 이미 천인합덕天人合德의 경지에 이르렀다고 말할 수 있다.

: 陳淑娟

환득환실
患得患失

얻지 못할 것을 두려워하고 잃을 것을 두려워하다

공자께서 말씀하셨다. "비루한 사람과 함께 임금을 섬길 수 있겠는가? 벼슬자리를 얻기 전에는 얻지 못할 것을 걱정하고, 이미 얻고 나서는 잃을 것을 걱정한다. 진실로 잃을 것을 걱정한다면 하지 못할 짓이 없을 것이다子曰 鄙夫可與事君也與哉. 其未得之也, 患不得之. 既得之, 患失之. 苟患失之, 無所不至矣."(17.15)

공자는 정치에 참여하여 윗사람을 섬길 때 지조와 절개가 없는 사람과는 함께하지 않는 게 좋다고 충고했다. 그들은 직위를 보전하기 위해 무슨 일이든 하려 할 것이기 때문이다.

: 楊舒淵

망이생외
望而生畏

바라보고 두려워하다

군자가 의관을 바르게 하고 공경하는 시선으로 바라보면 그 엄숙함에 사람들이 우러러보고 두려워하니, 이것이 위엄이 있으면서도 사납지 않은 것이 아니겠는가君子正其衣冠, 尊其瞻視, 儼然人望而畏之, 斯不亦威而不猛乎?(20.2)

자장子張은 공자에게 다스림의 방법에 대해 물었다. 공자는 다섯 가지 미덕美德을 숭상하고 네 가지 악행惡行을 없애야 한다고 주장했다. 그중 다섯 번째 미덕이 '위엄이 있으면서도 사납지 않음威而不猛'이다. 이러한 구체적인 군자의 태도를 통해 공자는 '위이불맹威而不猛'을 설명했다. 즉 군자는 복장이 정갈하고 표정이 장중하며, 태도에 위엄이 있지만 사납지 않으며, 외모가 엄숙하여 바라만 보아도 두려움이 생긴다. '망이위지望而畏之'는 원래 군자의 몸가짐을 나타내는 것이지만 오늘날에는 바라보면 두려움이 생기는 마음을 나타내는 말로 쓰인다.

: 許詠晴

살신성인
殺身成仁

자신을 희생하여 인을 이루다

공자께서 말씀하셨다. "뜻 있는 선비와 덕을 이룬 인자仁者는 살기 위해 인을 해침은 없고, 자신을 희생하여 인仁을 이룸은 있다子曰 志士仁人, 無求生以害仁, 有殺身以成仁."(15.9)

뜻을 품은 사람과 인을 행하는 사람은 숭고한 이상을 실현하기 위해 기꺼이 자신을 희생할 수 있다는 뜻이다. 이처럼 공자가 말하는 '인'이란 어떠한 대가를 치르더라도 반드시 지켜야 할 최고의 목표다. 오늘날에는 원문에서 '이以'자를 생략하여 '살신성인殺身成仁'으로 통용되고 있다. 공자 당시의 뜻과 큰 차이는 없다.

: 陳弘智

욕속즉부달
欲速則不達

서둘러 이루고자 하면 목표를 달성할 수 없다

공자께서 말씀하셨다. "서둘러 이루고자 하지 말고 작은 이익을 보지 말라. 서둘러 이루고자 하면 목표를 달성할 수 없고, 작은 이익을 보면 큰일을 이룰 수 없다子曰 無欲速, 無見小利. 欲速則不達, 見小利則大事不成."(13.17)

자하子夏가 정치에 대해 물었을 때 공자가 들려준 말이다. 작은 이익을 생각하면 큰일을 이룰 수 없고 빨리 성과를 얻으려고 하면 오히려 역효과를 낳는다는 뜻이다. 공자는 정치에 관한 생각을 말한 것이나, 오늘날에는 시간이 걸리거나 인내심이 필요한 일들을 묘사하는 데 널리 사용된다.

: 陳弘智

욕파불능
欲罷不能

그만두려 해도 그만둘 수 없다

"스승께서는 순서에 따라 차근차근 사람들을 잘 이끌어주시고, 문文으로써 나의 지식을 넓혀주시고, 예禮로써 나의 행동을 단속하게 해주셨다. 이 때문에 배움을 그만두려 해도 그만둘 수가 없다夫子循循然善誘人, 博我以文, 約我以禮, 欲罷不能."(9.11)

안회가 공자의 훌륭한 가르침으로 인해 자신은 배우기를 그만둘 수 없다고 한 말이다. 조금씩 깊이를 더해나가면서 스스로 깨우치도록 하는 공자의 가르침으로 인해 안회는 배움에 대한 열정을 키울 수 있었고 '호학好學'의 단계에 이르렀다. 원래 '욕파불능欲罷不能'은 공부를 주제로 말할 때 쓰였으나, 이제는 유혹을 받아 자신을 억제할 수 없는 상황에도 널리 쓰이고 있다.

: 陳維浩

심려천게

深厲淺揭

물이 깊으면 옷을 입은 채 건너고 물이 얕으면 옷을 걷고 건넌다

"비루하구나. 경쇠 소리여! 자기를 알아주는 이가 없는데도 자기만을 믿을 뿐이니, 물이 깊으면 옷을 입은 채로 건너고 물이 얕으면 옷을 걷고 건너면 된다鄙哉, 硜硜乎. 莫己知也, 斯己而已矣. 深則厲, 淺則揭."(14.39)

'심즉려深則厲, 천즉게淺則揭'의 출처는 『시경』「북풍·포유고엽匏有苦葉」이다. 공자가 위衛나라에 머물 때 집에서 경쇠를 두드리고 있는데, 삼태기를 메고 문 앞을 지나던 사람이 경쇠 소리를 듣고는 "물이 깊으면 옷을 입은 채 건너고, 물이 얕으면 옷을 걷고 건너면 된다"라는 시를 읊었다. 현실 정치에 뜻을 둔 공자를 두고 한 말이다. 오늘날에는 원문 속의 '즉則'자를 생략하여 '심려천게深厲淺揭'로 불리고 있으며, 공자 당시의 뜻과 큰 차이가 없다. 일을 처리할 때 정세와 상황의 변화에 적절히 대응해야 함을 가리킨다.

: 陳弘智

소식음수

疏食飮水

나물밥 먹고 물을 마시다

공자께서 말씀하셨다. "나물밥 먹고 물을 마시고 팔을 굽혀 베더라도 즐거움이 또한 그 가운데 있다子曰 飯疏食飮水, 曲肱而枕之, 樂亦在其中矣."(7.16)

소박한 음식과 냉수를 마시고 팔베개를 하고 자는 것은 살아가는 데 가장 기초적인 조건을 뜻한다. 즉 군자는 빈궁한 생활

속에서도 여전히 즐거움을 누릴 수 있다는 것이다. 또한 공자는 제사를 지낼 때는 "비록 거친 밥과 나물국이라도 반드시 고수레를 하여 반드시 마음을 가다듬었다雖疏食菜羹, 必祭, 必齊如也."(10.11) 보잘 것 없는 음식(소식채갱)으로 제사를 지내더라도 공경하는 태도와 진실한 마음으로 임해야 한다는 것이다. 오늘날 '소식음수'는 먹고 마시는 생활이 검소하고 간략함을 뜻하며, 비슷한 표현으로 '조다담반粗茶淡飯'이 있다.

: 陳慧玲

눌언민행
訥言敏行

말에는 굼뜨고 행동에는 민첩하다

공자께서 말씀하셨다. "군자는 말에는 굼뜨고 행동에는 민첩하고자 한다子曰 君子欲訥於言而敏於行."(4.24)

언어의 경우, 이곳저곳에 말을 퍼뜨리면 오해를 빚거나 갈등 관계를 초래할 수 있기 때문에 신중히 생각하고 나서 말을 해야 한다. 행동의 경우, 시기를 잘 맞춰야 한다. 적절한 때를 놓치면 기대하는 결과를 얻지 못하기 때문이다.

: 解文琪

피발좌임
被髮左衽

머리를 풀어헤치고 옷깃을 왼쪽으로 여미다

"관중이 없었다면 우리는 아마도 머리를 풀어헤치고 옷깃을 왼쪽으로 여미는 오랑캐처럼 되었을 것이다微管仲, 吾其被髮左衽矣."(14.17)

고대에 중원中原 지역 밖 소수민족의 옷차림을 가리키며, 오랑캐로 전락했다는 뜻이다. 자공子貢은 관중管仲이 과연 '인仁'을 행한 사람인지 의구심을 제기했다. 이에 대해 공자는 관중이 작은 신의를 위해 공자公子 규糾가 죽었을 때 그를 따라 죽었다면 환공桓公을 보좌할 수 없었을 것이며, 제후국들 사이에서 제齊나라가 패권을 장악할 수도 없었을 것이라 했다. 그러니 관중이 아니었다면 당시 백성은 오랑캐로 전락하여 머리를 풀어 헤치고 옷깃을 왼쪽으로 여미게 되었을 것이라고 했다.

: 陳弘智

조차전패
造次顛沛

위급하고 다급한 순간

"군자가 인仁을 떠나 어디에서 명성을 이루겠는가? 군자는 한 끼의 밥을 먹는 동안도 인에 어긋남이 없으니, 위급한 때에도 반드시 인에 있어야 하고 엎어질 때에도 반드시 인에 있어야 한다君子去仁, 惡乎成名. 君子無終食之間違仁, 造次必於是, 顛沛必於是."(4.5)

'조차전패'는 다급하고 절박하며 위험하고 곤궁할 때를 뜻한다. 군자는 정도正道를 벗어나서는 세상에 이름을 떨칠 수 없기 때문에 조차전패의 순간에도 신념에 어긋난 행동을 하지 않는다. 이 장구章句에는 또 다른 성어 '종식지간終食之間'이 있다. 한 끼의 밥을 먹는 동안을 가리키며 매우 짧은 시간을 뜻한다.

: 解文琪

빈이락도
貧而樂道

가난하면서도 도를 즐긴다

"가난하면서도 도道를 즐기는 것만 못하다未若貧而樂道."(1.15) 자공子貢이 가난하지만 아첨하지 않는 사람은 어떠한지를 묻자, 공자는 그런 사람도 괜찮긴 하지만 가난하면서도 도를 행하기를 즐기는 사람보다는 못하다고 했다. 주희朱熹는 『사서장구집주四書章句集注』에서 이 구절을 '빈이락貧而樂'으로 표기하고, "즐거우면 마음이 너그럽고 몸도 편안하여 가난함도 잊는다樂則心寬體胖而忘其貧"라고 주석했다. 그러나 『논어』에서 말하는 '빈이락도'란 덕성德性을 수양하고자 뜻을 세웠다면 빈천貧賤으로 인해 소신을 포기해선 안 된다는 뜻이다. 공자는 덕행이 있는 군자는 잠시도 인생의 바른길에서 벗어나지 않으며, 급박하거나 위험하고 곤궁할 때라도 이러한 태도를 고수한다고 했다.(4.5) 따라서 군자는 가난함을 즐기는 것이 아니라 가난함 속에서도 꿋꿋이 '도를 행함行道'을 즐기는 것이다. 이는 자발적인 의지를 드러낸다. 황간본皇侃本 『논어』에는 '빈이락' 뒤에 '도道'를 붙여 '빈이락도'라 표기했고, 이 경우 '락樂'의 의미에 대해 정현鄭玄은 "즐거움은 도道에 뜻을 둔 것을 말한다樂謂志於道"라고 주석했다. 결국 주희의 '빈이락貧而樂'은 내용의 의미나 이치로 볼 때 적절하지 않다.

: 陳淑娟

박문약례
博文約禮

지식을 넓히고 예로써 행동을 단속하다

"스승께서는 순서에 따라 차근차근 사람들을 잘 이끌어주시고, 문文으로써 나의 지식을 넓혀주시고, 예禮로써 나의 행동을 단속하게 해주셨다. 이 때문에 배움을 그만두려 해도 그만둘 수가 없다夫子循循然善誘人, 博我以文, 約我以禮, 欲罷不能."(9.11)

많은 문헌을 익혀 식견을 넓히고 예제규범으로서 행동을 단속하는 것을 가리킨다. 공자는 지식과 덕행을 겸비한 배움을 강조하여, 제자들이 두루 배우면서 품덕을 향상하도록 가르쳤다. 그런 점에서 공자는 중국에서 가장 위대한 교육가로서, 그의 교육철학은 후대 지식인들의 기준이 되었다.

: 陳維浩

할계언용우도
割雞焉用牛刀

닭을 잡는 데 어찌 소 잡는 칼을 쓰겠는가

공자는 작은 현성縣城을 다스리는 자유子游가 음악으로써 관원과 백성을 교화시킨 것에 대해 흡족함을 느꼈다. 그때 공자가 기뻐하며 친근하게 던진 농담이 바로 '할계언용우도'다. 이에 자유는 '음악으로 올바른 도리를 가르침으로써 관원들은 백성을 사랑하고 백성은 명령에 따르게 하라'고 한 공자의 말을 인용하여 대답했다. 공자는 자유의 말이 맞다고 하고는 다른 제자들이 '할계언용우도'라는 말을 작은 일에 큰 도[大道]를 행하지 말라는 지적으로 받아들일까 우려하여 아까 한 말은 농담이었음을 밝혔다.(17.4)

: 楊舒淵

부이호례
富而好禮

부유하면서 예를 좋아하다

자공이 부유하면서도 교만하지 않는 사람은 어떠한가 묻자 공자는 괜찮다고 대답했다. 그러나 부유하면서도 예의禮儀를 숭상하는 사람보다는 못하다고 했다. 이러한 맥락에서 볼 때, '부이호례'는 순탄한 환경에서 갖추어야 할 덕행을 뜻한다. 부유하면서도 교만하지 않는 태도[富而無驕]는 귀하다고 할 수 있지만, 부유하면서도 예를 좋아하는 사람은 물질의 부족함을 걱정하지 않으면서도 사회규범이나 도덕적 가치 또는 삶의 이상을 존숭하는 자이기 때문이다. 즉 '부이호례'는 '부이무교'보다 더 적극적이고 주동적으로 덕을 수행하는 태도라 할 수 있으며, 좀 더 깊은 경지라고 할 수 있다.(1.15)

: 陳淑娟

혜이불비
惠而不費

은혜를 베풀지만 허비하지 않는다

공자께서 말씀하셨다. "군자는 은혜를 베풀되 허비하지 않는다子曰 君子惠而不費."(20.2)

자장子張이 정사에 임하는 방법에 대해 묻자 공자는 그에게 다섯 가지 미덕을 따르고 네 가지 악행을 없애면 잘 다스릴 수 있다고 말했다. '혜이불비'는 다섯 가지 미덕 중 하나로, 군자는 백성에게 은혜를 베풀되 자신에게는 허비하지 않는다는 뜻이다. 군자는 백성이 원하는 바를 얻어 만족할 수 있도록 다스리되 자신을 위해 낭비해선 안 된다.

: 許詠晴

비연성장
斐然成章

찬란하게 문장을 이루다

공자가 진陳나라에 있을 때 말씀했다. "돌아가야겠다. 돌아가야겠다. 우리 마을의 문인門人들이 뜻은 크나 일에는 소략하여, 찬란하게 문장文章을 이루었지만 그것을 마름질할 줄을 알지 못하는구나子在陳, 曰歸與! 歸與! 吾黨之小子狂簡, 斐然成章, 不知所以裁之!"(5.21)

공자가 열국을 주유할 때 전쟁이 벌어져 움직일 수 없었다. 이때 고향의 문인들이 떠올라 돌아가겠다고 탄식했다. 그는 고향의 문인들은 원대한 뜻을 가지고 진취적이며 기본 수양도 훌륭하지만, 사리事理를 판단할 줄 모른다고 생각했다. 이때 '비연성장'은 일정 기간 학습의 과정을 거쳐 훌륭한 성과를 얻은 것을 가리킨다. 오늘날에도 언어 또는 문장의 문채文采가 뛰어나며 자기의 논리를 이룬 상태를 뜻한다.

: 解文琪

조문석사
朝聞夕死

아침에 (도를) 듣고 저녁에 죽다

공자께서 말씀하셨다. "아침에 세상에 도道가 있다는 말을 들으면 저녁에 죽어도 여한이 없다子曰 朝聞道, 夕死可矣."(4.8)

아침에 인생의 이상理想을 이해하게 된다면 그날 밤 죽더라도 괜찮다는 뜻이다. '도道'는 삶에서 수행해야 할 도리로, 공자 사상에서 말하는 '인仁'이다. '인'의 이상에 대해 깨달을 수 있다면 (비록 실천하지 못하더라도) 선을 지향하는 신념에 의지하여 광명을 얻고 평온한 삶이라는 질적 변화를 거둘 수 있다. 오늘날

'조문석사'는 진리 또는 목표를 간절히 추구하는 태도를 비유하는 말로 쓰인다.

: 解文琪

무우불여기자
無友不如己者

자기와 뜻이 다른 자를 벗 삼지 않는다

공자께서 말씀하셨다. "군자가 중후하지 않으면 위엄이 없으니, 배움도 견고하지 못하다. 진실과 신의를 주장하며, (진실과 신의가) 자기와 비슷하지 않은 자를 벗하지 말고, 허물이 있으면 고치기를 꺼려하지 말아야 한다子曰 君子不重則不威, 學則不固. 主忠信, 無友不如己者. 過則勿憚改."(1.8)

도덕적으로 군자와 소인의 차이는 '뜻志'에 있다. 군자는 뜻을 세워 인仁을 행하기 때문에 중후한 덕의 위엄을 갖추려 한다. 또한 다양하게 배워 고루하지 않으며, 사람과 사귈 때 충신忠信을 원칙으로 삼는다. 따라서 벗을 사귈 때 뜻이 맞지 않는 사람과는 교류하지 않는다. '무우불여기자'의 '불여不如'는 자기보다 성취가 '못하다'라는 뜻이 아니라 '비슷하지 않다'는 뜻으로 해석해야 한다. 군자와 달리 소인은 사람과 사귈 때 영합하기 위해 듣기 좋은 말과 보기 좋은 얼굴빛을 하며 진실하지 않다. 따라서 '무우불여기자'는 "도道가 같지 않으면 서로 도모할 수 없다道不同, 不相爲謀"라는 말과 비슷한 뜻이다.(15.40)

: 陳淑娟

무가무불가

無可無不可

가한 것도 없고 불가한 것도 없다

> 나는 이들과 달리 가可한 것도 없고 불가不可한 것도 없다我則異於是, 無可無不可(18.8)

반드시 무엇을 하거나 하지 않음을 고집하지 않는다는 뜻이다. 공자는 일곱 명의 일민逸民을 언급하면서, 그들은 비록 뜻을 이루진 못했으나 자기만의 방식을 고수함으로써 정도正道를 실천했다고 평가했다. 그중 백이伯夷와 숙제叔齊는 용기를 발휘했고, 유하혜柳下惠와 소련少連은 선善을 행하는 데 전념했다. 우중虞仲과 이일夷逸은 지혜를 잘 활용했다. 그러나 공자 자신은 그들과 다르다고 했다. 무엇을 반드시 하겠다는 식으로 신념을 지키거나 이상을 실현하지는 않겠다고 말했다. 개인의 시운時運이나 도道의 완성은 운명에 달린 것으로서, 개인이 선택하여 장악할 수 있는 것은 다만 하늘이 부여한 사명을 받아들여 실천하는 것임을 깨달았기 때문이다. 그러한 사명에 직면했을 때는 진실하고 능동적인 태도로 직분에 최선을 다하고, 선을 행하는 노력을 지속하고, 가장 높은 인생의 이상에 도달하고자 해야 함을 주장했다. 달리 말해 공자는 두루 배워 고루함에 빠지지 않고 세상의 변화에 흔들리지 않을 수 있는 지혜를 기르는 자세가 가장 훌륭하다고 생각했다. 또한 자기중심적인 사람이 되지 않으려 노력하고, 선행을 널리 전파하는 것을 목적으로 말하고 행동하고 생각해야 한다고 했다. 공자 스스로도 사심 없이 진실하고자 했고, 지혜와 용기를 잘 활용하고자 했으며, 시기에 적절히 대응하면서 시종일관하게 덕행을 실천하려 노력했다. 이러한 공자에 대해, 맹자는 성인聖人을 집대성하고 "성스러움을 겸하여 상황에 맞게 행동한 사람聖之時者"이라고 칭송했다.(14.28; 『맹자』 「만장 하」)

: 楊舒淵

무벌선무시로
無伐善無施勞

선행을 자랑하지 않고 수고로운 일을 남에게 베풀지 않는다

안연이 말했다. "제 선행을 자랑하지 않으며, 수고로운 일을 남에게 베풀지 않기를 원합니다顔淵曰 願無伐善, 無施勞."(5.25) 공자가 제자들에게 자신의 포부를 말해보라고 했을 때 안회가 대답한 내용이다. 안회의 포부는 자기를 버리고 사심 없는 경지를 지향한 것이다. 반면 자로가 밝힌 포부는 자신의 수레·말·옷·솜두루마기를 벗과 나누고, 그것을 벗들이 망가뜨려도 섭섭해 하지 않기를 바랐다. 공자의 포부는 노인들을 편안하게 하고, 벗들이 서로 신뢰할 수 있도록 하고, 청년들이 보살핌을 받을 수 있도록 해주는 것이다.

: 解文琪

무구비어일인
無求備於一人

한 사람에게 모든 것을 갖추기를 요구하지 말아야 한다

주공周公은 백금伯禽에게 정치의 도리를 가르칠 때 지도자로서 관원들에게 완벽함을 요구하지 말라고 일깨웠다. 저마다 성격과 수양의 정도가 다르고 직무에 따른 조건도 다르기 때문이다. 군자는 상대의 능력을 잘 파악하여 적재적소에 등용하고 아랫사람의 재덕才德에 맞는 임무와 직위를 부여할 수 있어야

한다.(18.10)

: 楊舒淵

무신불립
無信不立

신뢰가 없으면 존립할 수 없다

"예로부터 사람은 누구나 죽기 마련이지만, (나라에 대한) 백성의 믿음이 없으면 (나라가) 존립할 수가 없다自古皆有死, 民無信不立."(12.7)

자공이 다스림에 대해 묻자, 공자는 식량과 군비軍備가 충분하고 백성이 지도자를 의지하게 하는 것이라고 했다. 부득이 그중 한 가지를 택해야 한다면, 군비와 식량을 포기하더라도 백성의 신뢰만은 얻어야 한다고 했다. 백성으로부터 신뢰를 얻지 못한 다스림은 그들의 삶을 고통스럽게 할 뿐만 아니라 희망도 줄 수 없기 때문이다. 즉 백성을 교화敎化할 수 있어야 안정되고 조화로운 나라를 만들 수 있다.

: 陳慧玲

무위이치
無爲而治

인위적인 행위 없이 천하를 다스리다

공자께서 말씀하셨다. "인위적인 행위 없이 천하를 다스린 자는 순임금이실 것이다! 무엇을 하셨겠는가? 자기 몸을 공손히 하고 바르게 임금의 자리에 앉아 계셨을 뿐이다子曰 無爲而治者其舜也與! 夫何爲哉? 恭己正南面而已矣."(15.5)

『노자』에도 '무위이치'의 주장이 있다. 그러나 공자가 말하는 것은 문자 그대로 '아무 것도 하지 않는 다스림'이 아니라, 공손하고 단정한 태도로 다스리는 것이다. 즉 군주가 몸소 선을 실천하면 모든 사람들이 '윗사람을 본받아上行下效' 자연스럽게 선한 길로 나아갈 수 있다는 것이다. 그런 의미에서 공자는 순임금이 '무위이치'를 실천한 군주라고 평가했다. 오늘날의 '무위이치'는 주로 도가道家의 사상을 가리킨다. 이는 자연의 이치에 따르고자 하는 철학으로서 공자의 뜻과 상당한 차이가 있다.

: 陳弘智

무적무막
無適無莫

오로지하는 것도 없고 그러지 않음도 없다

공자께서 말씀하셨다. "군자는 천하의 일에 대해 오로지하는 것도 없으며 그러지 않음도 없으니, 오직 도의에 따를 뿐이다 子曰 君子之於天下也, 無適也, 無莫也, 義之與比."(4.10)

공자는 입신立身과 처사處事를 천하에 두는 군자라면 배척하는 일도 없어야 하고 선망하는 일도 없이, 오직 도의道義와 함께해야 한다고 생각했다. '의義'의 원래 뜻은 '마땅함宜'으로서, 어떤 일이든 '마땅함'에 들어맞아야 적절해지는 것이다. 이 '마땅함'을 판단하는 일은 선을 택하는 문제와 관계가 있다. '무적무막'은 세상일에 대하여 배척하지 않고 부러움으로 선망하지 않는 자세를 뜻한다. 또한 사람 사이에서 편파적이거나 친분으로 차별하지 않는 태도를 가리킨다.

: 解文琪

발분망식 낙이망우
發憤忘食 樂以忘憂

분발하여 먹는 것도 잊고 즐거우면 근심을 잊어버리다

공자께서 말씀하셨다. "자네는 어찌 '그분의 사람됨은 (알지 못하면) 분발하여 먹는 것도 잊고, 즐거우면 근심을 잊어버려 늙음이 장차 닥쳐오는 것도 모른다'라고 말하지 않았느냐子曰 女奚不曰 其爲人也, 發憤忘食, 樂以忘憂, 不知老之將至云爾?"(7.19)

'발분망식'은 학습이나 일에 열중하여 먹는 것도 잊는다는 뜻이고, '낙이망우'는 매우 즐거워 걱정을 잊는다는 뜻이다. 초楚나라 대부 섭공葉公은 자로子路에게 공자가 어떤 사람인지 물었으나 자로는 대답하지 않았다. 자로가 섭공에게 대답하지 않은 이유는 아마 공자와 같은 인물을 묘사하기 어려웠기 때문인 듯하다. 공자가 스스로에 대해 묘사한 '먹는 것을 잊음忘食' '근심을 잊음忘憂' '늙음을 잊음忘老'이란 보통사람으로선 해결하기 어려운 과제다. 따라서 이 성어는 공자가 꾸준히 노력하고 전심전력으로 배우고 일을 처리하며, 그의 마음이 충실하고 인을 행하는 의지가 굳건하며, 즐거움이 마음의 만족에서 나오며 외부의 현실조건에 괴롭지 않고 자연적인 생명의 한계조차도 그에게 영향을 주지 못했음을 나타낸다. 오늘날은 매우 부지런히 전심전력으로 몰두해 걱정을 잊을 만큼 즐거운 상황을 형용한다.

:陳維浩

신종추원
愼終追遠

윗사람의 상례를 신중히 치르고 먼 조상을 추모하다

증자가 말했다. "윗사람의 상례를 신중히 치르고, 먼 조상을

추모하면 백성의 덕이 두텁다曾子曰 慎終追遠, 民德歸厚矣."(1.9)

'종'은 생명이 다한 것을 가리킨다. '신종'은 슬퍼하는 마음으로 신중히 상례喪禮를 치름으로써 죽은 자에 대한 존경과 그리움을 표현하는 것이다. '신종'은 산 자로 하여금 생명을 소중히 여기고 덕을 닦아 생명의 의의를 깨닫게 하는 의미가 있다. '원'은 오래전에 돌아가신 조상이며, '추원'은 그 조상들에게 정기적으로 제사를 드리는 것이다. '추원'은 자기의 근본을 잊지 않게 하고 감사함을 간직하게 하는 의미가 있다. 즉 '신종추원'은 사람의 행동거지를 관대하고 인자하게 한다. 증삼曾參은 사회에서 신종愼終과 추원追遠이 이루어질 수 있다면 사회 풍조가 순박하고 선량해지며 어질고 너그러워질 뿐만 아니라 백성의 도덕이 향상될 것이라고 했다.

: 陳淑娟

경사후식
敬事後食

맡은 일을 신중하게 처리하고 봉록을 뒤로 한다

공자께서 말씀하셨다. "임금을 섬기되 자기가 맡은 일을 신중하게 처리하고 봉록은 나중으로 해야 한다子曰 事君, 敬其事而後其食."(15.38)

군주를 섬길 때 녹봉보다 자신의 직분에 성실해야 한다는 말이다. 자기의 책임과 도의道義를 가벼이 여겨선 안 된다는 의미를 강조한 것이다. 오늘날에는 '경기사이후기식'을 줄여서 '경사후식敬事後食'이라 하는데, 그 의미는 군주를 섬기는 데 한정되지 않는다. 어떤 일을 하든 먼저 최선을 다한 후에 보수를 생각하라는 뜻으로 언급된다.

: 陳弘智

경귀신이원지
敬鬼神而遠之

귀신을 공경하되 멀리하다

공자께서 말씀하셨다. "백성의 의로움에 힘쓰고, 귀신을 공경하되 멀리한다면 지혜롭다고 할 수 있을 것이다子曰 務民之義, 敬鬼神而遠之, 可謂知矣."(6.22)

번지樊遲가 지혜에 대해 묻자 공자가 대답한 내용이다. 백성을 위한 일들을 열심히 하고 귀신에 대해서는 공경하면서도 적당한 거리를 유지하는 것이라고 했다. 공자는 귀신을 부정하거나 의심한 것이 아니라, 귀신을 대할 때 사람으로서 책임을 지녀야 한다는 뜻이다. 즉 "창생을 묻지 않고 귀신을 묻는不問蒼生問鬼神"[당나라 이상은李商隱의 「영가생영가생詠賈生」에 나오는 구절] 태도를 보여서는 안 된다는 것이다. 오늘날에는 귀신에 대해 공경하는 마음을 갖되 미신迷信하지 않는 태도를 말한다.

: 解文琪

온량공검양
溫良恭儉讓

온화하고 선량하고 공경하고 절제하며 겸손하다

스승께서는 온화함, 선량함, 공경, 절제, 겸손으로써 얻으신다 夫子溫良恭儉讓以得之.(1.10)

춘추시대는 표면적으로는 주 왕조의 천하였지만, 실제로는 각 나라의 제후들이 다스렸다. 공자는 여러 나라를 다니면서 자신의 정치적 이상을 공개적으로 제창했으며 그 나라의 정사에 관한 논의를 나누었다. 이러한 점에 의문이 생긴 진항陳亢은 그 나라의 정치에 관한 이야기를 스승이 요청하신 것인지, 그들이 자발적으로 들려주려 한 것인지를 자공子貢에게 물었다. 이에 스승께선 온화, 선량, 공경, 자제, 겸손으로써 여러 나라로부터 신뢰를 얻어서 그러한 기회가 만들어진 것이라고 자공이 답했다. 그리고 남들이 권모술수로 그 나라의 내정內政을 탐색하는 방법과는 다르다는 말을 덧붙였다. 공자의 수양이 이러한 경지에 이르렀다고 해서 개성이 없었던 것은 아니다. '온량공검양' 이라는 다섯 가지 자세는 공자가 군신君臣을 만날 때의 태도로서 그 자리에서는 개성을 드러낼 필요가 없었기 때문이다. 오늘날 이 성어는 온화하고 겸허하며 공격적이지 않은 성품을 표현하는 말로 쓰인다.

: 陳淑娟

온고지신
溫故知新

예전에 배운 것을 익히고 새로운 것을 안다

공자께서 말씀하셨다. "예전에 배운 것을 익히고 새로운 것을 알면 남의 스승이 될 수 있다子曰 溫故而知新, 可以爲師矣."(2.11)
이 성어는 인재를 교육하는 교육자로서 공자 자신에 대한 기대를 말해준다. '온고'는 지식의 배우거나 기능을 익히는 것을 가리킨다. 넓은 의미로 볼 때 한 가지 지식 또는 기능을 깊이 익힌 사람은 다른 사람의 스승이 될 수 있다. '지신'은 교육자가 끊임없이 '온고'하는 과정을 통해 새로운 도리를 깨달은 것으로써 제자들을 깨우치는 것이다. 이렇게 해야 스승다운 스승이 될 수 있다. 깊이 생각하고 수양한 자하子夏는 호학好學에 대한 견해를 밝힘으로써 공자로부터 배운 '온고지신'의 정신을 강조했다. 이른바 배움을 좋아한다는 것은 날마다 자신이 알지 못하던 새로운 것을 깨닫고, 달마다 예전에 배운 것을 익혀서 잊지 않는 것이다.(19.5) 오직 끊임없이 배우기를 좋아하는 사람만이 바람직한 스승이 될 수 있다.

: 陳淑娟

호련지기
瑚璉之器

호련과 같은 그릇

자공이 자신에 대한 평가를 청하자, 공자는 종묘宗廟의 귀중한 호련瑚璉과 같다고 했다. 호련은 기장과 조를 담는 종묘의 옥기玉器로, '호련지기'는 중대한 임무를 맡을 만한 재능을 뜻한다. 또는 호련과 같이 고귀한 품격을 뜻하기도 한다.(5.3)

: 解文琪

당인불양
當仁不讓

인을 실천해야 할 때는 (누구에게도) 양보하지 않는다

> 공자께서 말씀하셨다. "인仁을 맞이했을 때는 스승에게도 양보하지 않는다當仁, 不讓於師."(15.36)

공자는 스승이나 제자나 '인'을 인생의 목표로 삼아 서로 권면하기 때문에 제자들이 스승에게 양보할 필요가 없다고 생각했다. 오늘날 사용되는 '당인불양'은 원뜻과 비슷하다. 그러나 원문의 마지막 두 글자 '어사於師'를 생략하여 당사자가 스승과 제자로 한정되지 않는다. 모든 사람은 자기가 해야 할 일에 직면했을 때 능동적으로 힘껏 노력해야 함을 강조한다.

: 陳弘智

의이위상
義以爲上

의를 숭상한다

공자께서 말씀하셨다. "군자는 의義를 숭상한다子曰 君子義以爲上."(17.23)

도의道義를 숭상한다는 뜻이다. 용맹을 좋아하는 자로가 군자는 용맹을 숭상하는지를 묻자, 공자는 군자가 숭상하는 것은 도의라고 했다. 또한 군자가 용맹하기만 하고 도의가 없으면 난을 일으키며, 소인이 용맹하기만 하고 도의가 없으면 도적질을 할 것이라고 덧붙였다. 군자의 용맹은 선을 행하는 데 쓰이는 도덕적 용기이기 때문에 자신의 이상을 실현하고자 할 때는 목숨도 기꺼이 희생할 수 있다.

: 楊舒淵

군이부당
群而不黨

여러 사람과 어울리되 편당을 짓지 않는다

공자께서 말씀하셨다. "군자는 엄격하되 다투지 않고, 많은 사람과 어울리되 편당을 짓지 않는다子曰 君子矜而不爭, 群而不黨."(15.22)

공자는 자중하여 남과 다투지 않으며, 여러 사람과 잘 어울리되 패거리를 만들지 않아야 군자라 할 수 있다고 했다. '군이부당'은 사적인 친분으로 인해 공의公義를 무시하지 않는다는 뜻이다. 오늘날에도 원뜻과 큰 차이가 없다. 많은 사람과 잘 어울리지만 사적인 집단을 만들지 않는 것을 뜻한다.

: 陳弘瞽

만인궁장
萬仞宮牆

만 길이나 되는 궁궐의 담장

자공이 말했다. "궁궐의 담장에 비유하면 나의 담장은 어깨에 미쳐 집 안의 좋은 것들을 들여다볼 수 있지만, 스승의 담장은 몇 길이나 된다. 문으로 들어가지 않으면 종묘의 아름다움과 많은 백관百官을 볼 수 없다. 그 문을 들어간 자가 드물다 子貢曰 譬之宮牆, 賜之牆也及肩, 窺見室家之好. 夫子之牆數仞, 不得其門而入, 不見宗廟之美, 百官之富. 得其門者或寡矣."(19.23)

자공은 자신과 공자의 재덕才德을 집 담장의 높이에 비유함으로써 스승의 높은 재덕을 부각시켰다. 후대 사람들은 공자의 높은 재덕을 좀더 강조하기 위해 담장의 높이를 '만 길萬仞'로 바꿨다.

: 許詠晴

도부동불상위모
道不同不相爲謀

도가 같지 않으면 함께 일을 도모하지 않는다

공자가 말했다. "도道가 같지 않으면 서로 일을 도모하지 말아야 한다 子曰 道不同, 不相爲謀."(15.40)

공자는 사람들의 뜻은 각자 다르기 때문에 인생의 이상도 다를 수 있다고 했다. 따라서 스스로 바른길을 붙들었음을 확신한 공자도 관용과 존중을 태도로써 다른 사람의 자유를 부정하지 않았다. 다만 서로의 도에 대해서는 논의를 나눌 필요가 없다고 생각했다. 오늘날에도 공자 당시의 뜻과 큰 차이가 없다. 웬만해선 사상 또는 의견이 다른 사람들과 함께할 일을 만들지 않아야 함을 뜻한다.

: 陳弘智

도청도설
道聽塗說

길에서 듣고 길에서 말하다

　　공자가 말했다. "길에서 듣고 길에서 말하면 덕 있는 자에게 버림을 받는다子曰 道聽而塗說, 德之棄也."(17.14)

공자는 소문을 듣고 이곳저곳에 퍼뜨리는 것은 덕행의 수행에 위배되는 것이라 생각했다. 도덕을 수양하려면 반드시 보고 듣고 성찰하여 그중 가장 좋은 것을 본받아야 하며, 언행 또한 신중해야 한다. 소문을 검증하지도 생각하지도 않고 소문을 퍼뜨리는 짓은 수신修身과 정반대로 행동하는 것이다.

: 楊舒淵

과유불급
過猶不及

지나침은 미치지 못함과 같다

자공이 공자에게 자장과 자하 중 누구의 언행과 태도가 더 훌륭한지를 물었다. 공자는 자장의 언행은 과도하게 급진적이고, 자하의 언행은 다소 미흡한 면이 있다고 대답했다. 그리고 과도하게 급진적인 것과 부족한 것 모두 바람직하지 않으므로 중도中道를 따라야 함을 강조했다. 사람은 살아가는 과정에서 종종 성격으로 인한 문제에 부딪히며, 어떤 일을 하는 태도에도 영향을 끼친다. 과도한 것도 미흡한 것도 적당하지 않다. '과유불급'은 일을 할 때 정도에 알맞게 해야 함을 뜻하며, 비슷한 말로는 '흡여기분恰如其分'이 있다.(11.16)

: 陳慧玲

포식종일   배불리 먹고 하루 종일 마음 쓰는 데가 없다
무소용심
            공자가 말했다. "배불리 먹고 하루 종일 마음 쓰는 데가 없어
飽食終日   선 곤란하다子曰 飽食終日, 無所用心, 難矣哉."(17.22)
無所用心
온종일 배불리 먹고 어떤 일도 생각하지 않는 것을 뜻한다. 공자는 삶이란 그저 몸을 만족시키기 위한 것이 아니라고 생각했다. 몸을 만족시키는 데 시간을 허비하고 자신의 잠재력을 일깨우는 노력을 하지 않으면 올바른 삶을 살아갈 수 없다. 그렇게 시간을 보내는 것은 주사위 던지고 장기 두는 오락에만 골몰하는 것보다도 더 나쁘다고 여겼다.

: 楊舒淵

몽주공   꿈에서 주공을 보다

夢周公
            공자께서 말씀하셨다. "심하구나, 나의 노쇠老衰함이여. 오래되었구나, 내 다시 꿈에서 주공周公을 보지 못함이여子曰 甚矣 吾衰也, 久矣吾不復夢見周公."(7.5)

원래의 뜻은 선현先賢을 기리는 것이다. 생각하면 꿈을 꾸게 된다. 공자는 천하를 바로잡고 예악禮樂을 만든 주공周公을 존경하여 따르고자 했다. 그런 대상을 오랫동안 꿈에서 뵙지 못했다는 말은 자신의 포부를 펼쳐 이상을 실현할 기회가 점점 희

미해졌음에 대한 탄식이다. 오늘날 '몽주공'은 단지 자거나 꿈을 꾸는 상태를 비유하는 관용어가 되었다. 예컨대 "수업 시간에 학생들이 '꿈에서 주공을 만나고' 있었다"라는 식이다.

: 陳維浩

찰언관색
察言觀色

남의 말을 살피고 얼굴빛을 관찰하다

"통달이란 정직함을 바탕으로 삼고 의義를 좋아하며, 남의 말을 살피고 안색을 살피며, 잘 헤아려 몸을 낮추는 것이니, 이렇게 하면 나라에 있어도 반드시 통달하며 집안에 있어도 반드시 통달한다夫達也者, 質直而好義, 察言而觀色, 慮以下人. 在邦必達, 在家必達"(12.20)

자장이 공자에게 선비(독서인)는 어떻게 해야 통달할 수 있는지 물었다. 공자는 통달한 사람은 정직과 정의를 좋아하며, 진지하게 상대의 말을 듣고 얼굴빛을 관찰하며 모든 일을 겸손하게 처리한다고 했다. 선비가 유명해지기만 바라고 통달하고자 하지 않는다면, 충직하고 온후한 척해도 실제 행동은 다르게 드러난다. 그러나 자기는 좋다고 믿어 의심치 않는다. 오늘날 '찰언관색'은 다른 사람을 관찰하는 능력이 뛰어남을 뜻한다.

: 陳慧玲

화기소장
禍起蕭牆

재난이 문 안에서 일어나다

"나는 계손의 근심이 전유에 있지 않고 문 안에 있을까 두렵다吾恐季孫之憂, 不在顓臾, 而在蕭牆之內也."(16.1)

재앙과 난리는 내부에서 일어난다는 뜻이다. 계강자季康子가 노魯나라의 속국인 전유顓臾를 정벌하려는 원인을 분석하면서 공자가 한 말이다. 계강자는 전유에 가까운 채읍采邑 비성費城이 위협받는다는 것을 핑계로 노나라 군주와 권력다툼을 한 것이라고 판단했다. 즉 계강자가 노나라 군주에 충성하는 전유를 공격한 것은 노 애공에 대한 위세라고 공자는 본 것이다.

: 楊舒淵

진선진미
盡善盡美

지극히 아름답고 지극히 좋다

공자가 순임금의 음악인 「소」를 평하며 "지극히 아름답고 지극히 좋다"고 하고, 무왕의 음악인 「무」를 평하며 "지극히 아름답지만 지극히 좋지는 않다"고 했다 子謂『韶』 盡美矣, 又盡善也. 謂『武』 盡美矣, 未盡善也.(3.25)

원래는 공자가 음악에 대한 감상을 표현한 말이다. 순임금이 남겼다는 악무인 「소韶」를 감상하고 난 공자는 음악과 춤의 예술 형식이 더할 나위 없이 아름다우며, 내용과 정신의 도덕성 또한 지극히 선하다고 찬탄했다. 주 무왕이 주紂를 토벌한 내용을 담은 악무인 「무」를 감상하고 나서는 "지극히 아름답지만 지극히 좋지는 않다"고 했다. 그 이유는 첫째, 순임금은 군주의 자리를 넘길 때 선양禪讓 제도에 따랐으나, 무왕은 무력으로 쟁취했다. 둘째, 순임금은 50여 년간 널리 덕정德政을 펼쳐 만민을 덮을 만한 선덕善德을 쌓았으나, 무왕의 재위 기간은 6년으로서 덕치德治를 지극히 펼칠 기회가 없었다. 따라서 무왕을 찬미한 「무」 역시 지극한 경지에 이르지 않았다고 평한 것이다. 오늘날 '진선진미'는 완벽하고 완전한 사물을 가리킨다.

: 陳淑娟

무일가옹
舞佾歌雍

팔일무를 추고 옹을 노래하다

계씨가 가묘의 뜰에서 팔일무를 추다季氏八佾舞於庭.(3.1)

삼가三家가 「옹」을 부르면서 제사상을 물리다三家者以雍徹.(3.2)

노나라 경대부卿大夫가 예제禮制를 참월한 두 가지 행위를 가리킨다. '무일'은 계평자季平子가 가묘家廟의 뜰에서 천자만이 할 수 있는 팔일무八佾舞를 거행한 것이다. '가옹'은 노나라 삼가三家 대부가 조상 제사에 천자의 예를 사용한 것으로, 『시경』 「주송周頌·옹雍」의 시를 부르며 제사물품을 거두었다. 공자는 두 사실을 지적하며 비판했다.

: 陳淑娟

회인불권
誨人不倦

남을 가르치기를 게을리 하지 않는다

공자께서 말씀하셨다. "묵묵히 마음속에 기억하며, 배우기를 싫어하지 않으며, 남을 가르치기를 게을리 하지 않는 것 중에 어느 것이 나에게 있는가?子曰 默而識之, 學而不厭, 誨人不倦, 何有於我哉."(7.2)

공자는 인내심을 가지고 가르치기를 게을리 하지 않는 태도를 자기의 원칙으로 삼았다. 공자는 15세 이상이라면 가르치지 않은 적이 없었다고 했다.(7.7) 공자는 배우려는 사람에게는 가르침을 베풀고자 했으며, 궁금한 것을 해결해주고자 했다. 또한 가르칠 때 제자를 차별하지 않고 동등하게 대했다.(15.39) 시골에서 15세가 안 된 소년이 가르침을 청했을 때 공자가 받아들이자 제자들이 곤혹스러워했다. 공자는 그가 찾아온 것은 진보하기를 바라고 퇴보하기를 바라지 않아서인데 비난할 필요는 없다고 했다.(7.29) 이를 통해 공자의 교육관을 알 수 있다. 공자는 중국 최초로 민간의 강학講學 풍조를 일으킨 교육가다. 전하는 바에 따르면, 제자가 3000명이고 현능자賢能者는 72명이라고 한다. 평생을 교육에 바친 그의 원칙과 태도는 후세에 훌륭한 모범을 남겼다.

: 陳維浩

경구비마
輕裘肥馬

값비싼 갖옷과 살진 말

공자께서 말씀하셨다. "적赤이 제나라에 갈 때 살진 말을 타고 값비싼 갖옷을 입었다. 내가 듣기로 '군자는 곤궁한 자를 돌봐주되 부유한 자를 계속 돌봐주지는 않는다'고 했다子曰 赤之適齊也, 乘肥馬, 衣輕裘. 吾聞之也, 君子周急不繼富."(6.4)

염구冉求가 공서적公西赤에게 과도하게 많은 급료를 내준 것을 공자가 논평한 말이다. 공서적이 제나라로 파견을 가게 되자 염구는 공서적의 어머니를 대신해 좁쌀을 신청했다. 공자는 원래 6두斗 4승升을 내주었으나 염구의 요청에 별도로 2두斗 4승升을 내주었다. 염구는 결국 800두斗를 공서적에게 주었다. 공자는 공서적이 제나라에 갈 때 살진 말이 끄는 수레를 타고 가볍고 따뜻한 솜두루마기를 입었다는 소식을 듣자, "군자는 곤궁한 처지의 사람을 돕되 재산을 늘려주지는 않는다"는 말을 인용해 염구의 행동이 적절하지 못함을 지적했다. 이 말은 사정이 다급한 자에겐 도움을 주어야 하지만 여유가 있는 자에게 도움을 더할 필요는 없다는 뜻이다. '경구비마'는 가볍고 따뜻한 가죽옷과 살진 말로서 생활이 부유한 것을 나타낸다. '비마경구肥馬輕裘'로도 사용된다.

: 解文琪

덕불고필유린
德不孤必有鄰

덕이 있는 사람은 외롭지 않고 반드시 이웃이 있다

공자께서 말씀하셨다. "덕이 있는 사람은 외롭지 않으니, 반드시 이웃이 있다子曰 德不孤, 必有鄰."(4.25)

공자는 덕이 있는 사람은 가까이 지내는 사람들이 있으며 그를 지지하기 때문에 외롭지 않을 것이라고 생각했다. '반드시 必'자를 통해 '인간의 본성은 선善을 지향한다'는 공자의 신념을 알 수 있다. 많은 사람들이 덕이 있는 사람을 가까이한다는 것은 선과 악에 대한 자연적 반응을 나타내는 것이기 때문이다. '덕불고필유린'은 공자의 신념을 반영하는 말이며, 그 신념은 공자 사상의 일관된 바탕이다.

: 解文琪

낙이불음
樂而不淫

즐거워하면서도 바름을 잃지 않다

공자께서 말씀하셨다. "「관저」는 즐겁되 바름을 잃지 않고, 슬프되 조화를 해치지 않는다子曰 「關雎」, 樂而不淫, 哀而不傷."(3.20)

「관저關雎」는 『시경』 「국풍·주남周南」의 제1편이다. 한 남자가 흠모하는 여인을 향한 사랑을 표현한 시다. 옛사람들은 제1편의 제목으로 관련된 몇 편을 개괄했기 때문에 공자는 「관저」를 통해 『시경』을 심미적으로 평가했다. '낙이불음'에서 '음淫'은 과도하다는 뜻이다. 공자는 「관저」의 문사文詞와 음악 연주가 즐거우면서도 절제를 잃지 않아 탐닉하지 않게 한다고 생각했다.

: 陳淑娟

포호빙하
暴虎馮河

맨손으로 호랑이를 때려잡고 맨몸으로 강을 건너다

공자께서 말씀하셨다. "나는 맨손으로 호랑이를 때려잡고 맨몸으로 황하를 건너다가 죽어도 후회하지 않는 자와 함께하지 않을 것이다. 반드시 일을 만나면 두려워하고 계획 세우기를 좋아하여 성공하는 자와 함께할 것이다子曰 暴虎馮河, 死而無悔者, 吾不與也. 必也臨事而懼, 好謀而成者也."(7.11)

맨손으로 호랑이를 잡고 맨몸으로 강을 건너는 위험한 행위를 두려워하지 않는다는 것은 용맹하지만 계획이 없음을 뜻한다. 공자는 용감한 품덕을 중시했으며, 인을 행하는 과정의 필수불가결한 조건으로 여겼다. 나약한 사람은 행동으로 도의道義를 실천하지 않기 때문이다.(14.4) 그러나 혈기의 용맹함에만 의지하면 큰 과오를 짓게 되므로 반드시 도리와 배움의 뒷받침을 받아야 한다. 배우지 않으면 사리를 깨달을 수 없으며, 용맹함만 있으면 제멋대로 행동하게 된다.(17.8) 도리와 규범이 없는 용맹함은 난을 일으키거나 도적질을 하게 만든다.(17.23)

: 陳維浩

축적불안
踧踖不安

공경하여 안절부절 못하다

"임금이 계실 때에는 공손하고 삼갔으나 근엄하셨다君在, 踧踖如也, 與與如也."(10.2)

'축적'은 공경하고 삼가는 태도로, 조정에서 군주를 대하는 공자의 모습을 묘사한 것이다. 공자는 군주 앞에서 신중한 언행으로 공경했으며 긴장감을 지니되 불안해하지 않았다. 후세는 '불안不安'을 덧붙여 '축적불안'이라는 말을 파생시켰는데, 이는 경외와 초조함이 섞인 마음을 뜻한다. 비슷한 표현으로는 좌립난안坐立難安(안절부절 못하다), 탐특불안忐忑不安(불안한 모양)이 있으며, 반대되는 표현으로는 처지태연處之泰然(태연자약하다), 이연자득怡然自得(즐거워하고 만족해하다) 등이 있다.

: 陳慧玲

학이불사
學而不思

배우기만 하고 생각하지 않는다

공자께서 말씀하셨다. "배우기만 하고 생각하지 않으면 얻음이 없다子曰 學而不思則罔."(2.15)

공자가 생각하는 이상적인 학습 태도는 배움과 생각을 병행하는 것이다. 이때 생각[思]이란 능동적으로 성찰하고 이해하는 것이다. 즉 학습자가 책 또는 스승으로부터 지식을 받기만 하고 그 안의 이치를 스스로 생각하지 않으면 쉽게 배우고 쉽게 잊을 뿐만 아니라 지식의 정수를 깨닫지 못해 생활에 적용할 수가 없다. 원문 속의 '망罔'은 깨달음이 전혀 없음을 가리킨다. 이 구절의 다음 문장은 "생각만 하고 배우지 않으면 위태롭다 思而不學則殆"이다.

: 陳淑娟

학이불염
學而不厭

배우기를 싫어하지 않다

공자께서 말씀하셨다. "묵묵히 마음속에 새기고, 배우기를 싫어하지 않으며, 남을 가르치기를 게을리 하지 않는 것 중 어느 것이 나에게 있는가子曰 默而識之, 學而不厭, 誨人不倦, 何有於我哉?"(7.2)

성실하게 배우는 것을 싫증내지 않는 자세를 뜻한다. 이것이 곧 공자의 학습 태도이다. 공자는 분발하여 열심히 공부할 때는 먹는 것도 잊으며 시간에 따른 신체의 퇴화조차도 배움에 대한 열정을 방해할 수 없다고 했다.(7.19) 공자의 풍부한 학식은 오랫동안 성실히 배운 것이 쌓인 결과로, 그는 '호학好學'을 자기의 대표적인 특징이라 여겼다. 공자는 열 가구가 사는 작은 마을에도 자기처럼 책임감 있고 신용을 지키는 사람은 반드시 있겠지만, 자기처럼 배우기를 좋아하는 사람은 없을 것이라고 했다.(5.27; 7.20) 또한 품성을 닦는 것 역시 배움을 토대로 해야 함을 강조했다. 어떤 품성을 갖추려 하면서 배움이라는 이성적 토대를 쌓지 않으면 그릇된 결과로 흐르기 쉽다는 것이다.(17.8) 공자가 평생을 바쳐 거둔 공로와 업적은 15세에 학습에 뜻을 세우면서 시작된 것이다. 이로써 '호학'의 중요성을 알 수 있다.(2.4)

: 陳維浩

학이우즉사
學而優則仕

배우되 여력이 있으면 벼슬을 한다

자하子夏가 말했다. "벼슬을 하되 여력이 있으면 배우고, 배우되 여력이 있으면 벼슬을 해야 한다子夏曰 仕而優則學, 學而優則仕."(19.13)

배워서 깊이 깨달은 바가 있다면 벼슬을 해야 한다는 독려의 뜻이다. 옛사람들은 평생토록 배워야 한다는 도리를 실천하려 했다. 즉 벼슬에 나아가면 집정執政하면서도 여유가 있을 때마다 배움을 통해 자기를 보강하려 했다. 또한 배움의 성과를 얻으면 벼슬에 나아가 백성을 위해 일하고 평안한 나라를 일구고자 했다. 오늘날에는 관직을 얻어 정치를 하는 것뿐만 아니라 직장을 얻는 것도 벼슬이라 할 수 있다. 그리고 현대에는 다양한 직업이 있고 교육이 널리 보급되었기 때문에 단독적으로 '학이우즉사'를 하는 경우가 많다. '학우즉사學優則仕'로 표현하기도 한다.

: 許詠晴

학습
學習

배우고 익히다

공자께서 말씀하셨다. "배우고 때에 맞게 익히면 기쁘지 않겠는가子曰 學而時習之, 不亦說乎."(1.1)

'학이시습지 불역열호'란 사람됨과 처세의 도리를 배우고 적당한 때에 그것을 검증하고 익히는 즐거움을 강조한 말이다. 따라서 '학'과 '습'은 학문을 탐구하는 두 단계를 뜻한다. '학'은 배워서 아는 것을 가리키며, '습'은 익히고 실천하는 것을 가리킨다. 오늘날에는 두 자를 결합하여 학문 탐구와 관련된 넓은 개념으로 사용되고 있다. 예컨대 지식의 습득, 연습, 연수, 연구, 수강 등을 포괄한다. 『논어』에서 말하는 배움의 범주는 대체로 사람됨과 처세의 도리이며, 배움의 내용은 당시의 지식과 기술이다. 즉 오경五經과 육예六藝를 학습함으로써 유용한 인재가 된다. 여기에 배움의 방법인 생각(즉 학습자의 성찰과 이해)을 병행해야 옛것을 익히고 새로운 것을 배워 융통성 있는 인재가 된다.

: 陳淑娟

학무상사
學無常師

배움에는 일정한 스승이 없다

"스승께서 어디에서인들 배우지 않으시며, 어찌 일정한 스승이 있겠는가夫子焉不學, 而亦何常師之有?"(19.22)

위衛나라 대부 공손조公孫朝가 자공子貢에게 공자가 어디에서 배웠는지 물었다. 그러자 자공은 '어찌 일정한 스승이 있겠는가'라고 답했다. 이에 앞서 자공은 주 왕조 문왕文王과 무왕武

王의 교화가 이룬 성취는 사라지지 않고 세상 각지에 흩어져 있다고 했다. 재덕才德이 탁월한 사람은 그 중요한 부분을 파악하고, 재덕이 평범한 사람은 사소한 부분을 파악한다고도 했다. 즉 문왕과 무왕의 교화가 이룬 성취가 곳곳에 있으니 두루 가르침을 청한 공자에겐 일정한 스승이 없다는 뜻이다. 오늘날 '학무상사'란 배우기를 좋아하는 사람은 각 분야의 전문가에게 가르침을 구하기 때문에 일정한 스승이 있을 수 없음을 뜻한다.

: 許詠晴

택선이종
擇善而從

선한 것을 선택하여 따르다

공자께서 말씀하셨다. "세 사람이 길을 가면 그 가운데 반드시 나의 스승이 있으니, 선한 것은 가려서 따르고, 선하지 못한 것은 거울로 삼아 고쳐야 한다子曰 三人行, 必有我師焉. 擇其善者而從之, 其不善者而改之."(7.22)

좋은 것을 선택하여 따르고 배우는 자세를 뜻한다. 공자는 배우고자 하는 뜻이 있다면 주변 사람들의 장점과 단점을 통해 배울 수 있다고 했다. 그들의 장점은 따르고 단점은 경계하는 것이다. 따라서 '세 사람이 길을 가면 그 가운데 반드시 나의 스승이 있다'고 한 것이다. 공자는 다른 사람으로부터 배운 장점을 계속 견지하여 성실히 실천하는 것, 즉 '택선고집擇善固執'을 더욱 중시했다.

: 陳維浩

전전긍긍
戰戰兢兢

두려워하고 조심하다

"『시경』에 이르기를 '두려워하고 조심하기를 깊은 못에 임한 듯이 하고, 얇은 얼음판을 밟는 듯이 한다'고 했다 『詩』云 戰戰兢兢, 如臨深淵, 如履薄冰."(8.3)

경계하고 삼가며 두려워하는 모양을 형용한 것이다. 증삼은 만년에 병이 들자 제자들을 집으로 불러 모았다. 그리고 『시경』「소아·소민小旻」을 인용하여 경계하고 삼가며 두려워하는 태도로 몸을 소중히 해야 함을 일깨웠다. 이는 부모에게 효도하고 자기 삶에 대해 책임을 지는 것으로, 법을 어겨 형벌을 얻지 말라는 교훈이다.

: 陳維浩

응대진퇴
應對進退

(손님에게) 응대하고 나아가거나 물러섬

자유가 말했다. "자하의 제자들은 물 뿌리고 청소하고 응대하고 진퇴하는 예절에 대해서는 괜찮으나, 이는 지엽적인 일이다 子游曰 子夏之門人, 小子當洒掃應對進退, 則可矣, 抑末也."(19.12)

자유子游가 자하의 제자들을 논평한 말이다. 자유는 자하의 제자들이 손님들을 응대하고 진퇴하는 예절에 관한 일은 할 수 있음을 인정했다. '응대'는 대화할 때 응답하는 것이고 '진퇴'는 손님을 만나고 물러날 때의 예절이다. 그러나 이러한 예절은 덜 중요하게 생각했다. 오늘날 '응대진퇴'는 대인관계에서 말과 행동으로 교류하는 것을 가리킨다.

: 許詠晴

장면이립
牆面而立

담장을 마주하고 서다

"사람으로서 「주남」과 「소남」을 배우지 않으면 담장을 마주하고 서 있는 것과 같다人而不爲「周南」, 「召南」, 其猶正牆面而立也與."(17.10)

공자는 백어伯魚에게 『시경』의 「주남周南」과 「소남召南」을 깊이 읽지 못하면 담장을 마주한 것처럼 아무것도 볼 수 없고 어디로도 갈 수 없다고 가르쳤다. 시는 자기의 감정을 표현하는 중요한 매개로서, 타인과의 적절한 관계를 맺게 해주기 때문이다. 「주남」 편과 「소남」 편의 시들은 주로 부부 관계를 중심으로 한 일상생활의 지침을 담고 있는데, 공자는 이 시들로써 수신제가修身齊家를 독려하고 있다.

: 楊舒淵

획죄어천
獲罪於天

하늘에 죄를 짓다

왕손가가 물었다. "아랫목 신에게 잘 보이기보다는 차라리 부뚜막 신에게 잘 보이는 것이 낫다는 말은 무슨 뜻입니까?" 공자께서 말씀하셨다. "그렇지 않다. 하늘에 죄를 지으면 빌어야 할 곳이 없다王孫賈問曰 與其媚於奧, 寧媚於竈. 何謂也. 子曰 不然, 獲罪於天, 無所禱也."(3.13)

왕손가王孫賈는 위衛나라 대부로, 공자에게 당시 유행하는 성어成語의 의미를 물었다. '아랫목 신[奧]'은 집의 서남쪽 모퉁이의 신으로서 지위가 존귀하다. '부뚜막 신[竈]'은 음식을 책임지는 신으로 실용적 가치를 상징한다. 아랫목 신과 부뚜막 신은 당시의 유명 인사, 즉 위나라 영공靈公의 부인 남자南子와 실권을 장악한 대부 미자하彌子瑕를 암시한다. 따라서 '아랫목 신에게 잘 보이기보다는 차라리 부뚜막 신에게 잘 보이는 것이 낫다'는 종교적인 은유隱喩는 권세에 대한 비교와 기회를 엿보아 이익을 구하려는 심리가 담겨 있다. 이러한 인식에 마주한 공자는 만물의 주재자이며 중재자인 '하늘'에 호소했다. 하늘은 세상의 가치도덕을 주재하는 대상이기 때문에 일시적인 권세에 영합하기보다는 양심에 근거하고 도의道義에 따라 처세해야 한다고 생각했다. 그런데 도의를 저버리고 양심에 부끄러운 행동을 하는 것은 하늘에 죄를 짓는 일이니, 빌어야 곳마저 없게 된다고 했다.

: 陳淑娟

임사이구
臨事而懼

일에 임하여 신중하다

공자께서 말씀하셨다. "맨손으로 범을 잡고 맨몸으로 황하를 건너다가 죽어도 후회하지 않겠다는 자와는 함께 하지 않을 것이니, 반드시 일에 임하여 신중하고 계획하기를 좋아하여 성공하는 자와 함께할 것이다 子曰 暴虎馮河, 死而無悔者, 吾不與也; 必也臨事而懼, 好謀而成者也."(7.11)

조심하고 신중하게 일을 처리하는 태도를 가리킨다. 자로가 공자에게 군대를 거느린다면 누구와 함께할 것인지 묻자, 공자는 용감하기만 한 사람과는 함께하지 않을 것이며 두려워할 줄 알아서 신중히 계획을 세우는 자와 함께하겠다고 했다. 어떤 상황에 처하든 신중한 태도로 대응해야 한다는 뜻이다. 더욱이 군대를 인솔하는 일은 생명의 안위에 관계된 중요한 임무이므로 더욱 신중을 기해야 할 일이다. 증삼은 공자의 이러한 가르침에 근거해 『시경』의 구절을 인용하여 깊은 못에 임한 듯이, 얇은 얼음판을 걷는 듯이 몸조심을 해야 한다고 했다. 공자가 요구한 신중한 태도다.(8.3)

: 陳維浩

임연리박
臨淵履薄

깊은 못에 임한 듯 얇은 얼음판을 밟는 듯

"『시경』에 이르기를 '두려워하고 조심하여 깊은 못에 임한 듯이, 얇은 얼음판을 밟는 듯이 한다'고 했다 『詩』云 戰戰兢兢, 如臨深淵, 如履薄冰."(8.3)

깊은 못을 만난 듯, 얇은 얼음판을 밟은 듯, 경계하고 삼가며 두려워한다는 것이다. 증삼은 만년에 병이 들자 제자들을 집으로 불러 모았다. 그리고 『시경』「소아·소민」을 인용하여 경계하고 삼가며 두려워하는 태도로 신중히 처신해야 함을 일깨웠다. 조금만 방심해도 생명이 위험해지므로 매사에 집중하고 조심하라는 것이다. 이것은 곧 효도이며 자기 삶을 책임지는 자세다.

: 陳維浩

거직조저왕
舉直錯諸枉

정직한 사람을 뽑아 부정한 사람 위에 놓다

노나라 애공이 공자에게 어떻게 해야 백성이 따르는지 가르침을 청했다. 공자는 인간의 본성이 선善을 지향한다는 신념을 바탕에 두어, 정직한 사람을 뽑아 부정한 사람 위에 두라는 답안을 제시했다. 그렇게 하면 백성이 믿고 따르겠지만, 반대로 '부정한 사람을 뽑아 정직한 사람 위에 둔다면 백성은 따르지 않을 것이라고 했다.(2.19) 공자는 번지樊遲에게도 똑같은 가르침을 주면서 그로써 부정한 사람을 정직하게 만들 수 있다고 했다. '거직조저왕'은 정치적으로 인재를 적재적소에 잘 등용한다는 표현이기도 하다. 예컨대 순임금이 천하를 통치할 때 고요皐陶를 발탁했고, 탕임금이 천하를 통치할 때 이윤伊尹을 발탁함으로써 바람직하지 못한 자들과 저절로 멀어지게 되었다.(12.22)

: 陳淑娟

은거방언
隱居放言

숨어 살면서 거리낌 없이 말하다

"우중과 이일은 숨어 살면서 하고 싶은 말을 마음껏 했으며, 몸의 청렴함을 지켰고, 벼슬을 버림은 권도에 맞았다虞仲夷逸, 隱居放言, 身中淸, 廢中權."(18.8)

어지러운 세상을 피해 살면서도 하고 싶은 말을 하고 청렴한 품격을 지킨 우중虞仲과 이일夷逸의 처세에 대해 공자는 환란을 피하는 행위이며 법도에도 합당하다고 평가했다. 그들의 은거는 세속에 물들지 않고 지혜롭게 대하는 태도이며, 그릇된 자들과 한패가 되어 악행을 저지르지 않고 청렴으로써 자신의 이상을 고수했기 때문에 미혹되지 않았다고 했다.

: 楊舒淵

예지용화위귀
禮之用和爲貴

예를 적용할 때는 조화를 귀하게 여긴다

유약有若은 "예제를 적용함에는 조화를 귀하게 여긴다禮之用, 和爲貴"라고 했다.(1.12) 『예기』「곡례」에서는 "예禮란 (관계의) 멀고 가까움을 정하고, 의심되거나 미심쩍은 것을 결정하고, (경우에 따라) 같고 다름을 분별하고, 옳고 그름을 밝히는 것이다夫禮者所以定親疏, 決嫌疑, 別同異, 明是非也"라고 했다. 예의 본질은 존비귀천尊卑貴賤의 등급과 원근친소遠近親疏를 구분하여 다양한 관계의 도리를 정함으로써 행위의 옳고 그름을 명확히 밝히는 것이다. 그러나 구분의 차이를 지나치게 강조하면 인간관계를 갈라놓는 결과를 낳는다. 그런 이유로 유약은 조화로움을 형성하는 것이 가장 귀하다고 한 것이다. 일반적인 예악禮樂 제도의 목적 역시 위계 간의 조화로움을 이루는 것이다. "음악이란 서로 다른 꾸밈으로써 서로 친애하게 하는 것이다樂者, 異文合愛者也"라는 말이 바로 그러한 뜻이다.(『예기』「악기」) 무엇보다 예는 질서와 규범의 제도를 건립하는 데 중요한 기준이 된다. 유약은 이 점에 대해서도 설명했다. 예악이 통용되지 않는 상황도 있는데, 조화만을 알고 조화롭게 할 뿐 예로써 절제하지 못하면 예를 이룰 수 없다고 했다.

: 陳淑娟

예괴악붕
禮壞樂崩

예악이 무너지다

"군자가 3년 동안 예禮를 행하지 않으면 예가 반드시 무너지고, 3년 동안 음악을 익히지 않으면 음악이 반드시 무너질 것입니다君子三年不爲禮, 禮必壞; 三年不爲樂, 樂必崩."(17.21)

예의禮儀가 황폐해지고 음악이 어지러워졌다는 뜻이다. 재아宰我는 공자에게 삼년상을 지켜야 하는 이유를 물었다. 재아는 군자가 3년이나 예를 중단하면 예의가 황폐해지고 3년이나 연주하기를 중단하면 음악이 어지러워질 것을 걱정한 것이다. 그러므로 인문人文의 제도와 교화를 유지하려면 군자가 삼년상을 지킬 필요가 없다고 판단했다. 재아는 윤리교범이 사람의 심리와 감정에 호응한 것이라는 점을 간과했다. 즉 일정한 상례 기간을 지키지 않으면 마음이 편할 수 없기 때문이다. 마찬가지로 군자가 예를 행하고 음악을 연주함은 그저 형식적으로 예기禮器와 악기를 다루는 것이 아니다. 진실한 마음이 없으면 이러한 예의와 음악은 보존될지언정 삶의 바른길로 이끄는 효과는 사라질 것이다. 이른바 '예괴악붕'은 3년간 예악을 중단했기 때문이 아니라 사람들이 진정성을 잃은 데서 초래되는 것이다.(3.3)

: 楊舒淵

예양위국
禮讓爲國

예와 겸양으로써 나라를 다스리다

공자께서 말씀하셨다. "예와 겸양으로써 나라를 다스릴 수 있는가? (그렇게 한다면 나라를 다스림에) 무슨 어려움이 있겠는가?

예와 겸양으로써 나라를 다스리지 못한다면 예를 어찌하겠는 가子曰 能以禮讓爲國乎, 何有. 不能以禮讓爲國, 如禮何?"(4.13)

공자는 예의와 겸양의 태도로써 정치를 펼친다면 나라는 어렵지 않게 다스려질 수 있으나, 그렇게 하지 못한다면 설령 예가 있더라도 제 기능을 발휘할 수 없다고 생각했다. 통치자는 의식儀式을 중시하여 형식만 갖추지 말고 예의 정신으로써 다스리기를 희망했다.

: 解文琪

단사표음
簞食瓢飮

소쿠리 밥과 표주박 물

공자께서 말씀하셨다. "어질구나, 안회여. 밥 한 그릇과 물 한 바가지를 먹고 마시면서 누추한 시골에 사는 근심을 남들은 견뎌내지 못하는데, 안회는 그 즐거움을 바꾸지 않으니, 어질구나, 안회여子曰 賢哉, 回也! 一簞食, 一瓢飮, 在陋巷, 人不堪其憂, 回也不改其樂. 賢哉, 回也!"(6.11)

공자는 다른 사람이라면 견딜 수 없는 빈궁한 생활에도 덕행의 즐거움과 맞바꾸지 않은 안회의 덕행을 크게 칭찬했다. 이는 안회가 내면의 가치를 중시하여 끊임없는 선행善行을 할 때 삶도 충만해진다는 깨달음을 얻었음에 대한 칭찬이다. '단사표음'은 가난하고 고생스러운 현실과 정도正道의 즐거움을 바꾸지 않는다는 의미가 담긴 말이다. 안빈낙도安貧樂道의 의미와 같다.

: 解文琪

회사후소
繪事後素

그림 그리는 일은 흰 색을 나중에 칠해 완성한다

자하는 공자에게 "예쁜 웃음에 보조개가 예쁘며, 아름다운 눈에 눈동자가 선명함이여! 흰 색으로 채색을 한다巧笑倩兮, 美目盼兮, 素以爲絢兮"(『시경』「위풍衛風·석인碩人」)라는 구절의 뜻을 물었다. 그 뜻은 타고난 미모를 지녀 치장할 필요 없이 흰 옷만 입어도 사람들을 매료시킨다는 뜻이다. 공자는 이를 "그림 그리는 일은 (색을 칠하고) 나중에 흰 색을 칠한다繪事後素"라고 표현했다. '회사'는 회화繪畫를 뜻하며 '후소'는 고대 그림에서 먼저 여러 색을 칠하고 마지막에 흰색으로 그 사이를 칠하여 여러 색이 부각되게 하는 것이다. 공자의 말은 예禮가 흰 색 바탕처럼 본연의 아름다움을 드러냄을 은유한 것이다. 사람들은 예를 꾸밈[文飾]으로 생각하여 정작 이러한 꾸밈의 설계가 사람 본연의 감정과 느낌을 적절히 표현하기 위함이라는 사실을 잊는다. 공자는 좋은 인성이 먼저이고, 예의 꾸밈으로 도움을 받아 인문人文의 아름다움을 더한다는 점을 지적한 것이다. 자하는 문학에 뛰어난 제자답게 즉각 '예가 나중이다禮後乎'라는 도리를 깨달았고, 이에 공자의 칭찬을 받았다.(3.8)

: 陳淑娟

휼이부정
譎而不正

속이고 바르지 않다

공자께서 말씀하셨다. "진 문공은 속이고 바르지 않았으며, 제 환공은 바르고 속이지 않았다子曰 晉文公譎而不正, 齊桓公正而不譎."(14.15)

공자는 '휼譎'과 '정正'으로써 진 문공과 제 환공의 행동양식을 묘사했다. '휼'은 권모술수를 잘 이용하는 뜻이며, '정'은 합법적 또는 공개적 규범을 뜻한다. 공자 당시에 '휼이부정'은 정치적인 행위를 논평할 때 올바르지 않고 속이는 행위를 가리키며, 오늘날에는 주로 교활하고 정직하지 않은 개인의 품행을 평가하는 의미로 쓰인다.

: 陳弘智

관과지인
觀過知仁

(사람들의) 잘못을 살펴보면 어짊을 알 수 있다

공자께서 말씀하셨다. "사람의 과실은 유類에 따라 제각각이니, 그 사람의 과실을 보면 인仁한 지를 알 수 있다子曰 人之過也, 各於其黨. 觀過, 斯知仁矣."(4.7)

공자는 사람들이 저지르는 잘못은 본인의 성격에 따르게 마련이라고 생각했다. 따라서 어떤 사람의 잘못을 보면 그의 인생의 바른길이 어디에 있는지 알 수 있다고 말했다. '관과지인'은 잘못을 관찰하고 그 사람의 성격을 보면 그 사람이 어떻게 인생의 바른길을 가야 하는지 알 수 있다는 뜻이다.

: 解文琪

찬견앙고
鑽堅仰高

파고들수록 견고하고 우러러볼수록 높다

안연이 크게 탄식하며 말했다. "스승의 도道는 우러러볼수록 높고, 파고들수록 견고하며, 바라보면 앞에 계시다가도 어느덧 뒤에 계신다顔淵喟然嘆曰 仰之彌高, 鑽之彌堅, 瞻之在前, 忽焉在

後."(9.11)

안회가 공자의 인격과 학문의 위대함을 찬탄한 말이다. 스승은 머리를 들어 우러러볼수록 높게 느껴지고, 깊이 배울수록 견고하여 알 수가 없다고 했다. 안회는 공자가 가장 높이 평가한 제자이며, 공문孔門 제자 그 누구보다 배움이 깊은 존재였다. 그토록 끊임없이 수양을 하고 열심히 배운 안회였으나 스승의 위치는 아득하여 다다를 수 없을 만큼 심오한 경지에 있는 존재였다. 오늘날 '찬견앙고'는 깊이 연구함을 비유하는 말로 쓰인다.

: 陳維浩

찬수개화
鑽燧改火

불씨를 일으키는 나무를 바꾸다

계절에 따라 불을 일으키는 나무를 주기적으로 사용했다는 뜻으로, 1년의 시간을 비유하는 말이다. 나무로 불을 지피던 옛날에는 계절마다 불을 지피기에 적합한 나무 종류가 있었다. 지금은 유실된 『주서周書』「월령月令」의 기록을 보면, 봄에는 느릅나무와 버드나무를 사용했고 여름에는 대추나무와 살구나무를 사용했다. 늦은 여름에는 뽕나무와 산뽕나무를 사용했고 가을에는 상수리나무와 졸참나무를 사용했으며, 겨울에는 회화나무와 박달나무를 사용했다. 재아는 상례를 일년상으로 바꿔야 함을 주장하는 근거로서 불을 지피는 나무의 사용 주기를 예로 들었다. 자연계가 1년을 순환 주기로 하는 것처럼 사람도 일 년을 주기로 물자를 운용한다고 했다. 그러나 재아는 갓난아기는 3년이 지나야 부모의 품을 벗어나는 인간의 생리적 특성을 간과했다. 따라서 재아의 이러한 유추는 온전히 합당하다고 할 수는 없다.(17.21)

: 楊舒淵

역자 후기

푸페이룽傅佩榮 교수는 타이완 출신의 중국철학자로서 타이완대학 철학과 교수를 역임했다. 그는 미국 예일대학에서 위잉스余英時 교수의 지도아래 중국 고대 종교철학으로 박사학위를 받은 후 선진유가철학, 도가철학, 주역철학 등으로 연구영역을 넓혀 나갔다. 『논어』『맹자』『노자』『장자』『주역』 등 100권이 넘는 저서를 펴낸 그는 국가문예상國家文藝獎과 중정문화상中正文化獎을 수상하는 등 명실공히 타이완의 대표 인문학자로 손꼽힌다. 2000년대부터는 중국 베이징대학, 칭화대학, 런민대학, 저장대학 등에서 동양철학 관련 초청강연을 했으며, 2016년 정년퇴직 이후에도 활발하게 연구하고 있는 원로학자다.

서문에서도 밝혔듯이 『공자사전』은 푸 교수와 그의 제자들이 공동으로 집필한 책이다. 각 장의 서두에 있는 머리말 형식의 짧은 글을 제외하고 총 621개 항목으로 이루어진 방대한 저서다. 간혹 공저로 출판된 책을 보면 본문 내용이 중복되거나 통일되지 않은 서술이 있는 경우가 있다. 그러나 이 책은 기획 단계부터 매우 세밀하게 계획하여 집필에 착수했기 때문에 이런 우려를 말끔히 해소하고 있다. 독자들도 책의 몇 장만 넘겨보면 쉽게 확인할 수 있다.

『공자사전』의 번역은 1)역사 배경, 3)전장제도, 4)철학사상을 진성수가 담당하고 2)인물, 5)고사성어와 부록은 고영희가 책임져 초벌 번역을 한 후 상호교차 검토를 통해 탈고했다. 책의 중요 내용은 1)역사 배경, 2)인물, 3)전장제도, 4)철학사상, 5)고사성어 등 5개 부분으로 구성되어 있다. 책의 후반부에는 『논어』의 전문과 공자연표, 공자주유열국지도를 부록으로 실어 독자들의 편의를 도모했다. 5개 부분 중 분량이 가장 많은 4)철학사상은 다시 (1)논리와 지식이론, (2)인성론과 윤리학, (3)형이상학과 종교철학, (4)정치철학, (5)교육과 예술철학 등으로 나뉘어 있다. 1)역사 배경 중 '나라 및 지역'에는 구이九夷, 호향互鄕, 광匡으로부터 추鄒, 전유顓臾, 위魏까지 37개 항목이 있다. '사건'에는 공자가 어머니를 묻다[孔子葬母], 공자의 관직 생활[孔子仕途]로부터 공자가 기린이 잡히자 글쓰기를 그침[孔子絶筆於獲麟], 공자의 죽음[孔子之死]까지 27개 항목이 있다. 2)인물 중 '공자와 제자들'에는 공자孔子, 자하子夏, 자공子貢으로부터 안회顔回와 그의 아버지 안로顔路까지 33개 항목이 있고, '참고할 인물'로 공자의 후학인 맹자孟子와 순자荀子가 있다. '정치 및 유명한 인물'에는 자문子文, 자우子羽로부터 유비孺悲, 거백옥蘧伯玉까지 103개 항목이 있다. 3)전장제도에는 사士, 여자女子로부터 종고(鐘鼓), 나儺까지 43개 항목이 있다. 4)철학사상 중 '논리와 지식이론'에는 중인中人으로부터 거일반삼擧一反三까지 12개 항목, '인성론과 윤리학'에는 일이관지一以貫之로부터 구懼까지 94개 항목, '형이상학과 종교철학'에는 천天으로부터 기驥까지 22개 항목, '정치철학'에는 재才로부터 양讓까지 20개 항목, '교육과 예술철학'에는 오경五經으로부터 권權까지 30개 항목이 있다. 5)고사성어에서는 일언이폐지一言以蔽之부터 찬수개화鑽燧改火까지 200개 항목이 있다.

40년 가깝게 유교철학을 공부하고 가르치면서도 가끔 익숙한 용어나 인명·지명 등의 정확한 뜻이 궁금할 때가 있다. 급한 마음에 각종 공구서를 동원해보지만 부족한 설명 때문에 찜찜한 느낌이 들 때가 종종 있었다. 그것이 운명이 되었을까? 어느 날 출판사로부터 『공자사전』 번역을 의뢰받고는 1초의 망설임도 없이 승낙했다. 번역작업을 시작하면서 한글 번역의 부담은 그다지 큰 문제가 되지 않았다. 중국어 원문이 명료하고 깔끔하게 정리된 점도 있지만 무엇보다도 그동안 아쉬웠던 중요 개념들이 하나씩 정리된다는 기쁨이 있었기 때문이다. 이 책의 최고 장점은 『논어』에 등장하는 인·지명이나 주요 사건들을 정확하게 파악할 수 있다는 점이다. 특히 독자의 편의를 위해 『논어』에서 인용한 문장은 편명과 장수를 정확하게 표기하여 책의 후반부에 있는 『논어』 전문을 통해 바로 확인할 수 있게 했다.

푸페이룽 교수의 『논어』 해석은 주희의 『논어집주論語集註』와는 다른 부분이 적지 않다. 여기에서는 4가지만 간략하게 설명해 보고자 한다. 첫째, 『논어』의 첫 구절인 "子曰 學而時習之, 不亦說乎"(1.1)에 대해 주희는 '時習之'를 '때때로 익히다'로 해석하지만, 푸 교수는 '때에 맞게 익히다'라고 해석한다.(고사성어 '학습' 항목 참조) 둘째, "가난하여도 아첨하지 않으며 부유하여도 교만하지 않으면 어떻습니까?"(1.15)라는 자공子貢의 질문에 대한 공자의 대답을 "가난해도 즐거워하는 것만 못하다未若貧而樂"라고 해석한 주희의 해석에 대해 푸 교수는 문제를 지적한다. 푸 교수는 황간본皇侃本 『논어』에 '빈이락貧而樂' 뒤에 '도道'를 붙여 '빈이락도貧而樂道'라 표기했고, '락樂'의 의미에 대해 정현鄭玄이 "즐거움은 도道에 뜻을 둔 것을 말한다樂謂志於道"라고 주석한 것을 근거로 제시하며 의미나 이치로 볼 때 주희의 해석은 전혀 옳지 않다고 말한다.(고사성어 '빈이락도' 항목 참조) 셋째, 공자가 자신의 인생을 돌아보며 언급한 이순耳順에 대해 통행본의 '육십이이순六十而耳順'이 아닌 '육십이순六十而順'을 주장하며 4가지 근거를 제시한다.(고사성어 '육십이순' 항목 참조) 넷째, 자하子夏가 예禮에 관해 묻는 질문에 대한 공자의 대답인 회사후소繪事後素를 "그림 그리는 일은 흰 바탕이 마련된 뒤에 하는 것이다"라고 해석한 주희의 해석이 잘못되었다고 말한다. 그 근거로서 고대古代의 회화는 먼저 여러 색을 칠한 다음 마지막에 각각의 색과 색 사이를 흰색으로 칠해 여러 색채가 더욱 두드러지게 했기 때문이라고 말한다.(고사성어 '회사후소' 항목 참조) 이처럼 푸 교수의 『논어』 해석은 우리에게 익숙한 『논어집주』에 얽매이지 않으며, 매우 독창적이다. 특히 통행본 『논어』가 주희의 견해에 따라 498개 문장으로 되어 있는 것을 푸 교수는 고본古本 『논어』와 양보쥔楊伯峻 등의 다양한 주석서註釋書를 참고하여 511개 문장으로 재편집하였다. 이러한 푸 교수의 『논어』 해석은 일찍이 『傅佩榮解讀論語』(臺北: 立緖文化, 1999)로 출간된 후 2023년에 출판된 개정판을 통해 확인할 수 있다. 이 밖에도 한국인에게 익숙한 사서오경四書五經의 범위를 넘어 십삼경十三經과 『노자』『장자』『묵자』『한비자』까지 다양한 동양고전을 인용하여 설명하며 모든 원전의 출처를 정확하게 밝히고 있다. 이것은 이 책의 효용가치를 극대화시키고 있는 지점이기도 하다. 누구나 유교 관련 고전을 읽다가 궁금한 용어나 단어가 나오면 그냥 『공자사전』을 넘겨보면 쉽게 해결할 수 있다. 단순한 단어 설명을 넘어 중요한 개념의 유래와 그 함의까지 자세하게 설명하고 있기 때문이다. 마치 등산이나 운동을 할 때 목이 마르면 물로 수분을 보충하듯이 『공자사전』은 바로 그런 책이다. 이런 점에서 중국 고대사상이나 동양철학을 전공하는 연구자 혹은 인문학에 관심이 있는 일반 독자들에게 매우 유용하게 활용될 수 있는 책이라고 생각한다. 부디 많은 독자에게 도움이 되길 바란다.

2025년 10월
역자를 대표하여 진성수 씀.

부록_ 논어 전문

學而第一

[1·1]

子曰: "學而時習之, 不亦說乎? 有朋自遠方來, 不亦樂乎? 人不知而不慍, 不亦君子乎?"

[1·2]

有子曰: "其爲人也孝弟, 而好犯上者, 鮮矣; 不好犯上, 而好 作亂者 未之有也. 君子務本, 本立而道生. 孝弟也者, 其爲仁之本與!"

[1·3]

子曰: "巧言令色, 鮮矣仁."

[1·4]

曾子曰: "吾日三省吾身: 爲人謀而不忠乎? 與朋友交而不信乎? 傳不習乎?"

[1.5]

子曰:"道千乘之國, 敬事而信, 節用而愛人, 使民以時."

[1.6]

子曰:"弟子入則孝, 出則弟, 謹而信, 汎愛眾而親仁. 行有餘力, 則以學文."

[1.7]

子夏曰:"賢賢易色, 事父母能竭其力, 事君能致其身, 與朋友交言而有信. 雖曰未學, 吾必謂之學矣."

[1.8]

子曰:"君子不重則不威, 學則不固. 主忠信, 無友不如己者. 過則勿憚改."

[1.9]

曾子曰:"慎終追遠, 民德歸厚矣."

[1.10]

子禽問於子貢曰:"夫子至於是邦也, 必聞其政; 求之與? 抑與之與?"子貢曰:"夫子溫, 良, 恭, 儉, 讓以得之; 夫子之求之也, 其諸異乎人之求之與!"

[1.11]

子曰:"父在觀其志, 父沒觀其行, 三年無改於父之道, 可謂孝矣."

[1·12]

有子曰: "禮之用, 和爲貴, 先王之道斯爲美, 小大由之. 有所不行, 知和而和, 不以禮節之, 亦不可行也."

[1·13]

有子曰: "信近於義, 言可復也. 恭近於禮, 遠恥辱也. 因不失其親, 亦可宗也."

[1·14]

子曰: "君子食無求飽, 居無求安, 敏於事而愼於言, 就有道而正焉.可謂好學也已."

[1·15]

子貢曰: "貧而無諂, 富而無驕, 何如?" 子曰: "可也. 未若貧而樂道, 富而好禮者也." 子貢曰: "『詩』云: '如切如磋, 如琢如磨.' 其斯之謂與?" 子曰: "賜也, 始可與言『詩』已矣! 告諸往而知來者."

[1·16]

子曰: "不患人之不己知, 患不知人也."

爲政第二

[2·1]

子曰: "爲政以德, 譬如北辰, 居其所而衆星共之."

[2·2]

子曰:"『詩』三百, 一言以蔽之, 曰: 思無邪."

[2·3]

子曰:"道之以政, 齊之以刑, 民免而無恥. 道之以德, 齊之以禮, 有恥且格."

[2·4]

子曰:"吾十有五而志於學, 三十而立, 四十而不惑, 五十而知天命, 六十而[耳]順, 七十而從心所欲不踰矩."

[2·5]

孟懿子問孝. 子曰:"無違." 樊遲御, 子告之曰:"孟孫問孝於我, 我對曰:'無違.'" 樊遲曰:"何謂也?" 子曰:"生, 事之以禮; 死, 葬之以禮, 祭之以禮."

[2·6]

孟武伯問孝. 子曰:"父母唯其疾之憂."

[2·7]

子游問孝. 子曰:"今之孝者, 是謂能養. 至於犬馬, 皆能有養. 不敬, 何以別乎?"

[2·8]

子夏問孝. 子曰:"色難. 有事, 弟子服其勞; 有酒食, 先生饌; 曾是以爲孝乎?"

[2·9]

子曰: "吾與回言終日, 不違如愚. 退而省其私, 亦足以發, 回也不愚."

[2·10]

子曰: "視其所以, 觀其所由, 察其所安; 人焉廋哉? 人焉廋哉?"

[2·11]

子曰: "溫故而知新, 可以爲師矣."

[2·12]

子曰: "君子不器."

[2·13]

子貢問君子. 子曰: "先行其言, 而後從之."

[2·14]

子曰: "君子周而不比, 小人比而不周."

[2·15]

子曰: "學而不思則罔, 思而不學則殆."

[2·16]

子曰: "攻乎異端, 斯害也已."

[2·17]

子曰:"由, 誨女知之乎! 知之爲知之, 不知爲不知, 是知也."

[2·18]

子張學干祿. 子曰:"多聞闕疑, 愼言其餘, 則寡尤; 多見闕殆, 愼行其餘, 則寡悔. 言寡尤, 行寡悔, 祿在其中矣."

[2·19]

哀公問曰:"何爲則民服?"孔子對曰:"舉直錯諸枉, 則民服; 舉枉錯諸直, 則民不服."

[2·20]

季康子問:"使民敬忠以勸, 如之何?"子曰:"臨之以莊, 則敬; 孝慈, 則忠; 舉善而教不能, 則勸."

[2·21]

或謂孔子曰:"子奚不爲政?"子曰:"『書』云:'孝乎惟孝, 友于兄弟, 施於有政.'是亦爲政, 奚其爲爲政?"

[2·22]

子曰:"人而無信, 不知其可也. 大車無輗, 小車無軏, 其何以行之哉?"

[2·23]

子張問: "十世可知也?" 子曰: "殷因於夏禮, 所損益可知也. 周因於殷禮, 所損益可知也. 其或繼周者, 雖百世可知也."

[2·24]

子曰: "非其鬼而祭之, 諂也. 見義不爲, 無勇也."

八佾第三

[3·1]

孔子謂季氏八佾舞於庭: "是可忍也, 孰不可忍也!"

[3·2]

三家者以「雍」徹. 子曰: "'相維辟公, 天子穆穆.' 奚取於三家之堂?"

[3·3]

子曰: "人而不仁, 如禮何? 人而不仁, 如樂何?"

[3·4]

林放問禮之本. 子曰: "大哉問! 禮, 與其奢也, 寧儉; 喪, 與其易也, 寧戚."

[3.5]

子曰:"夷狄之有君, 不如諸夏之亡也."

[3.6]

季氏旅於泰山. 子謂冉有曰:"女弗能救與?"對曰:"不能."子曰:"嗚呼, 曾謂泰山不如林放乎?"

[3.7]

子曰:"君子無所爭, 必也射乎. 揖讓而升下而飲, 其爭也君子."

[3.8]

子夏問曰:"巧笑倩兮, 美目盼兮, 素以爲絢兮.'何謂也?"子曰:"繪事後素."子夏曰:"禮後乎?"子曰:"起予者商也. 始可與言詩已矣."

[3.9]

子曰:"夏禮吾能言之, 杞不足徵也. 殷禮吾能言之, 宋不足徵也. 文獻不足故也.足, 則吾能徵之矣."

[3.10]

子曰:"禘自既灌而往者, 吾不欲觀之矣."

[3.11]

或問禘之說. 子曰:"不知也. 知其說者之於天下也, 其如示諸斯乎!"指其掌.

[3·12]

祭如在. 祭神如神在. 子曰: "吾不與祭如不祭."

[3·13]

王孫賈問曰: "與其媚於奧, 寧媚於竈.' 何謂也?" 子曰: "不然, 獲罪於天, 無所禱也."

[3·14]

子曰: "周監於二代, 郁郁乎文哉! 吾從周."

[3·15]

子入大廟, 每事問. 或曰: "孰謂鄹人之子知禮乎? 入大廟每事問." 子聞之曰: "是禮也."

[3·16]

子曰: "射不主皮, 爲力不同科, 古之道也."

[3·17]

子貢欲去告朔之餼羊. 子曰: "賜也, 爾愛其羊, 我愛其禮."

[3·18]

子曰: "事君盡禮, 人以爲諂也."

[3·19]

定公問: "君使臣, 臣事君, 如之何?" 孔子對曰: "君使臣以禮, 臣事君以忠."

[3·20]

子曰: "「關雎」, 樂而不淫, 哀而不傷."

[3·21]

哀公問社於宰我, 宰我對曰: "夏后氏以松; 殷人以柏; 周人以栗, 曰: '使民戰栗.'" 子聞之曰: "成事不說, 遂事不諫, 既往不咎."

[3·22]

子曰: "管仲之器小哉!" 或曰: "管仲儉乎?" 曰: "管氏有三歸, 官事不攝, 焉得儉?" "然則管仲知禮乎?" 曰: "邦君樹塞門, 管氏亦樹塞門. 邦君爲兩君之好有反坫, 管氏亦有反坫; 管氏而知禮, 孰不知禮?"

[3·23]

子語魯大師樂曰: 樂其可知也. 始作, 翕如也; 從之, 純如也, 皦如也, 繹如也. 以成."

[3·24]

儀封人請見, 曰: "君子之至於斯也, 吾未嘗不得見也." 從者見之. 出曰: "二三子何患於喪乎? 天下之無道也久矣! 天將以夫子爲木鐸."

[3·25]

子謂「韶」: "盡美矣, 又盡善也." 謂「武」: "盡美矣, 未盡善也."

[3·26]

子曰: "居上不寬, 爲禮不敬, 臨喪不哀, 吾何以觀之哉?"

里仁第四

[4·1]

子曰: "里仁爲美, 擇不處仁, 焉得知?"

[4·2]

子曰: "不仁者, 不可以久處約, 不可以長處樂. 仁者安仁, 智者利仁."

[4·3]

子曰: "唯仁者, 能好人, 能惡人."

[4·4]

子曰: "苟志於仁矣, 無惡也."

[4·5]

子曰: "富與貴, 是人之所欲也; 不以其道得之, 不處也. 貧與賤, 是人所惡也; 不以其道得之, 不去也. 君子去仁, 惡乎成名? 君子無終食之間違仁, 造次必於是, 顛沛必於是."

[4·6]
子曰: "我未見好仁者, 惡不仁者. 好仁者, 無以尚之; 惡不仁者, 其爲仁矣, 不使不仁者加乎其身. 有能一日用其力於仁矣乎? 我未見力不足者. 蓋有之矣, 我未之見也."

[4·7]
子曰: "人之過也, 各於其黨. 觀過, 斯知仁矣."

[4·8]
子曰: "朝聞道, 夕死可矣!"

[4·9]
子曰: "士志於道, 而恥惡衣惡食者, 未足與議也."

[4·10]
子曰: "君子之於天下也, 無適也, 無莫也, 義之與比."

[4·11]
子曰: "君子懷德, 小人懷土; 君子懷刑, 小人懷惠."

[4·12]

子曰: "放於利而行, 多怨."

[4·13]

子曰: "能以禮讓爲國乎, 何有? 不能以禮讓爲國, 如禮何?"

[4·14]

子曰: "不患無位, 患所以立. 不患莫己知, 求爲可知也."

[4·15]

子曰: "參乎! 吾道一以貫之." 曾子曰: "唯." 子出, 門人問曰: "何謂也?" 曾子曰: "夫子之道, 忠恕而已矣."

[4·16]

子曰: "君子喻於義, 小人喻於利."

[4·17]

子曰: "見賢思齊焉, 見不賢而內自省也."

[4·18]

子曰: "事父母幾諫, 見志不從, 又敬不違, 勞而不怨."

[4·19]

子曰:"父母在, 不遠遊, 遊必有方."

[4·20]

子曰:"三年無改於父之道, 可謂孝矣."

[4·21]

子曰:"父母之年, 不可不知也. 一則以喜, 一則以懼."

[4·22]

子曰:"古者言之不出, 恥躬之不逮也."

[4·23]

子曰:"以約失之者鮮矣."

[4·24]

子曰:"君子欲訥於言而敏於行."

[4·25]

子曰:"德不孤, 必有鄰."

[4·26]

子游曰:"事君數, 斯辱矣; 朋友數, 斯疏矣."

公冶長第五

[5·1]

子謂公冶長: "可妻也, 雖在縲絏之中, 非其罪也." 以其子妻之. 子謂南容: "邦有道不廢, 邦無道免於刑戮." 以其兄之子妻之.

[5·2]

子謂子賤: "君子哉若人! 魯無君子者, 斯焉取斯?"

[5·3]

子貢問曰: "賜也何如?" 子曰: "女器也." 曰: "何器也?" 曰: "瑚璉也."

[5·4]

或曰: "雍也, 仁而不佞." 子曰: "焉用佞? 禦人以口給, 屢憎於人. 不知其仁, 焉用佞?"

[5·5]

子使漆彫開仕. 對曰: "吾斯之未能信." 子說.

[5·6]

子曰: "道不行, 乘桴浮於海. 從我者, 其由與?" 子路聞之喜. 子曰: "由也, 好勇過我, 無所取材."

[5·7]

孟武伯問:"子路仁乎?"子曰:"不知也."又問. 子曰:"由也, 千乘之國, 可使治其賦也, 不知其仁也.""求也何如?"子曰:"求也, 千室之邑, 百乘之家, 可使爲之宰也, 不知其仁也.""赤也何如?"子曰:"赤也, 束帶立於朝, 可使與賓客言也, 不知其仁也."

[5·8]

子謂子貢曰:"女與回也孰愈?"對曰:"賜也何敢望回? 回也聞一以知十, 賜也聞一以知二."子曰:"弗如也, 吾與女弗如也."

[5·9]

宰予晝寢. 子曰:"朽木不可雕也, 糞土之牆不可杇也. 於予與何誅?"子曰:"始吾於人也, 聽其言而信其行; 今吾於人也, 聽其言而觀其行. 於予與改是."

[5·10]

子曰:"吾未見剛者."或對曰:"申棖."子曰:"棖也慾, 焉得剛?"

[5·11]

子貢曰:"我不欲人之加諸於我也, 吾亦欲無加諸人."子曰:"賜也, 非爾所及也."

[5·12]

子貢曰:"夫子之文章, 可得而聞也. 夫子之言性與天道, 不可得而聞也."

[5·13]

子路有聞, 未之能行, 唯恐有聞.

[5·14]

子貢問曰: "孔文子何以謂之'文'也?" 子曰: "敏而好學, 不恥下問, 是以謂之文也."

[5·15]

子謂子產: "有君子之四道焉: 其行己也恭, 其事上也敬, 其養民也惠, 其使民也義."

[5·16]

子曰: "晏平仲善與人交, 久而敬之."

[5·17]

子曰: "臧文仲居蔡, 山節藻梲, 何如其知也?"

[5·18]

子張問曰: "令尹子文三仕爲令尹, 無喜色, 三已之, 無慍色. 舊令尹之政, 必以告新令尹. 何如?" 子曰: "忠矣." 曰: "仁矣乎?" 曰: "未知, 焉得仁?" "崔子弑齊君, 陳文子有馬十乘, 棄而違之. 至於他邦, 則曰: '猶吾大夫崔子也.' 違之. 之一邦, 則又曰: '猶吾大夫崔子也.' 違之. 何如?" 子曰: "清矣." 曰: "仁矣乎?" 曰: "未知, 焉得仁?"

[5·19]

季文子三思而後行. 子聞之曰: "再, 斯可矣."

[5·20]

子曰:"甯武子邦有道則知, 邦無道則愚. 其知可及也, 其愚不可及也."

[5·21]

子在陳, 曰:"歸與! 歸與! 吾黨之小子狂簡, 斐然成章, 不知所以裁之."

[5·22]

子曰:"伯夷, 叔齊不念舊惡, 怨是用希."

[5·23]

子曰:"孰謂微生高直? 或乞醯焉, 乞諸其鄰而與之."

[5·24]

子曰:"巧言, 令色, 足恭, 左丘明恥之, 丘亦恥之. 匿怨而友其人, 左丘明恥之, 丘亦恥之."

[5·25]

顏淵, 季路侍. 子曰:"盍各言爾志?"子路曰:"願車馬衣裘, 與朋友共敝之而無憾." 顏淵曰:"願無伐善, 無施勞."子路曰:"願聞子之志."子曰:"老者安之, 朋友信之, 少者懷之."

[5·26]

子曰:"已矣乎, 吾未見能見其過而內自訟者也."

[5·27]

子曰: "十室之邑, 必有忠信如丘者焉, 不如丘之好學也."

雍也第六

[6·1]

子曰: "雍也, 可使南面."

[6·2]

仲弓問子桑伯子. 子曰: "可也簡." 仲弓曰: "居敬而行簡, 以臨其民, 不亦可乎? 居簡而行簡, 無乃大簡乎?" 子曰: "雍之言然."

[6·3]

哀公問: "弟子孰爲好學?" 孔子對曰: "有顔回者好學, 不遷怒, 不貳過. 不幸短命死矣. 今也則亡, 未聞好學者也."

[6·4]

子華使於齊, 冉子爲其母請粟. 子曰: "與之釜." 請益. 曰: "與之庾." 冉子與之粟五秉. 子曰: "赤之適齊也, 乘肥馬, 衣輕裘. 吾聞之也: 君子周急不繼富."

[6·5]

原思爲之宰, 與之粟九百, 辭. 子曰: "毋! 以與爾鄰里鄕黨乎!"

[6·6]

子謂仲弓, 曰: "犁牛之子騂且角, 雖欲勿用, 山川其舍諸?"

[6·7]

子曰: "回也, 其心三月不違仁, 其餘則日月至焉而已矣."

[6·8]

季康子問: "仲由可使從政也與?" 子曰: "由也果, 於從政乎何有?" 曰: "賜也可使從政也與?" 曰: "賜也達, 於從政乎何有?" 曰: "求也可使從政也與?" 曰: "求也藝, 於從政乎何有?"

[6·9]

季氏使閔子騫爲費宰. 閔子騫曰: "善爲我辭焉! 如有復我者, 則吾必在汶上矣."

[6·10]

伯牛有疾, 子問之, 自牖執其手, 曰: "亡之, 命矣夫, 斯人也而有斯疾也! 斯人也而有斯疾也!"

[6·11]

子曰: "賢哉, 回也! 一簞食, 一瓢飲, 在陋巷, 人不堪其憂, 回也不改其樂. 賢哉, 回也!"

[6·12]

冉求曰: "非不說子之道, 力不足也." 子曰: "力不足者, 中道而廢. 今女畫."

[6·13]

子謂子夏曰: "女爲君子儒, 無爲小人儒."

[6·14]

子游爲武城宰. 子曰: "女得人焉耳乎?" 曰: "有澹臺滅明者, 行不由徑, 非公事, 未嘗至於偃之室也."

[6·15]

子曰: "孟之反不伐, 奔而殿, 將入門, 策其馬曰: '非敢後也, 馬不進也.'"

[6·16]

子曰: "不有祝鮀之佞, 而有宋朝之美, 難乎免於今之世矣."

[6·17]

子曰: "誰能出不由戶? 何莫由斯道也?"

[6·18]

子曰: "質勝文則野, 文勝質則史. 文質彬彬, 然後君子."

[6·19]

子曰: "人之生也直, 罔之生也幸而免."

[6·20]

子曰: "知之者不如好之者, 好之者不如樂之者."

[6·21]

子曰: "中人以上, 可以語上也; 中人以下, 不可以語上也."

[6·22]

樊遲問知. 子曰: "務民之義, 敬鬼神而遠之, 可謂知矣." 問仁. 曰: "仁者先難而後獲, 可謂仁矣."

[6·23]

子曰: "知者樂水, 仁者樂山. 知者動, 仁者靜. 知者樂, 仁者壽."

[6·24]

子曰: "齊一變, 至於魯; 魯一變, 至於道."

[6·25]

子曰: "觚不觚, 觚哉! 觚哉!"

[6·26]

宰我問曰: "仁者, 雖告之曰'井有仁焉', 其從之也?" 子曰: "何爲其然也? 君子可逝也, 不可陷也; 可欺也, 不可罔也."

[6·27]

子曰: "君子博學於文, 約之以禮, 亦可以弗畔矣夫!"

[6·28]

子見南子, 子路不說. 夫子矢之曰: "予所否者, 天厭之! 天厭之!"

[6·29]

子曰: "中庸之爲德也, 其至矣乎! 民鮮久矣."

[6·30]

子貢曰: "如有博施於民而能濟衆, 何如? 可謂仁乎?" 子曰: "何事於仁, 必也聖乎! 堯舜其猶病諸! 夫仁者, 己欲立而立人, 己欲達而達人. 能近取譬, 可謂仁之方也已."

述而第七

[7·1]

子曰: "述而不作, 信而好古, 竊比於我老彭."

[7.2]

子曰: "默而識之, 學而不厭, 誨人不倦, 何有於我哉?"

[7.3]

子曰: "德之不修, 學之不講, 聞義不能徙, 不善不能改, 是吾憂也."

[7.4]

子之燕居, 申申如也, 夭夭如也.

[7.5]

子曰: "甚矣吾衰也, 久矣吾不復夢見周公."

[7.6]

子曰: "志於道, 據於德, 依於仁, 游於藝."

[7.7]

子曰: "自行束脩以上, 吾未嘗無誨焉."

[7.8]

子曰: "不憤不啟, 不悱不發. 舉一隅不以三隅反, 則不復也."

[7.9]

子食於有喪者之側, 未嘗飽也.

[7·10]

子於是日哭, 則不歌.

[7·11]

子謂顏淵曰:"用之則行, 舍之則藏, 惟我與爾有是夫."子路曰:"子行三軍則誰與?"
子曰:"暴虎馮河, 死而無悔者, 吾不與也. 必也臨事而懼, 好謀而成者也."

[7·12]

子曰:"富而可求也, 雖執鞭之士, 吾亦爲之, 如不可求, 從吾所好."

[7·13]

子之所愼: 齊, 戰, 疾.

[7·14]

子在齊聞「韶」, 三月不知肉味, 曰:"不圖爲樂之至於斯也."

[7·15]

冉有曰:"夫子爲衛君乎?"子貢曰:"諾, 吾將問之."入, 曰:"伯夷, 叔齊何人也?"
曰:"古之賢人也."曰:"怨乎?"曰:"求仁而得仁, 又何怨?"出, 曰:"夫子不爲也."

[7·16]

子曰:"飯疏食飲水, 曲肱而枕之, 樂亦在其中矣. 不義而富且貴, 於我如浮雲."

[7·17]

子曰:"加我數年,五十以學『易』,可以無大過矣."

[7·18]

子所雅言:『詩』,『書』,執禮,皆雅言也.

[7·19]

葉公問孔子於子路,子路不對.子曰:"女奚不曰:'其爲人也,發憤忘食,樂以忘憂,不知老之將至云爾.'"

[7·20]

子曰:"我非生而知之者,好古,敏以求之者也."

[7·21]

子不語:怪,力,亂,神.

[7·22]

子曰:"三人行,必有我師焉:擇其善者而從之,其不善者而改之."

[7·23]

子曰:"天生德於予,桓魋其如予何?"

[7·24]

子曰: "二三子以我爲隱乎? 吾無隱乎爾. 吾無行而不與二三子者, 是丘也."

[7·25]

子以四敎: 文, 行, 忠, 信.

[7·26]

子曰: "聖人, 吾不得而見之矣; 得見君子者, 斯可矣." 子曰: "善人, 吾不得而見之矣, 得見有恆者斯可矣. 亡而爲有, 虛而爲盈, 約而爲泰, 難乎有恆矣."

[7·27]

子釣而不綱, 弋不射宿.

[7·28]

子曰: "蓋有不知而作之者, 我無是也. 多聞, 擇其善者而從之; 多見而識之; 知之次也."

[7·29]

互鄕難與言. 童子見, 門人惑. 子曰: "與其進也, 不與其退也, 唯何甚? 人潔己以進, 與其潔也, 不保其往也."

[7·30]

子曰: "仁遠乎哉? 我欲仁, 斯仁至矣."

[7·31]

陳司敗問:"昭公知禮乎?"孔子曰:"知禮."孔子退, 揖巫馬期而進之, 曰:"吾聞君子不黨, 君子亦黨乎? 君取於吳, 爲同姓, 謂之吳孟子. 君而知禮, 孰不知禮?"巫馬期以告. 子曰:"丘也幸, 苟有過, 人必知之."

[7·32]

子與人歌而善, 必使反之, 而後和之.

[7·33]

子曰:"文莫吾猶人也, 躬行君子, 則吾未之有得."

[7·34]

子曰:"若聖與仁, 則吾豈敢? 抑爲之不厭, 誨人不倦, 則可謂云爾而已矣."公西華曰:"正唯弟子不能學也."

[7·35]

子疾病, 子路請禱. 子曰:"有諸?"子路曰:"有之;「誄」曰:'禱爾于上下神祇.'"子曰:"丘之禱久矣."

[7·36]

子曰:"奢則不孫, 儉則固. 與其不孫也, 寧固."

[7·37]

子曰: "君子坦蕩蕩, 小人長戚戚."

[7·38]

子溫而厲, 威而不猛, 恭而安.

泰伯第八

[8·1]

子曰: "泰伯, 其可謂至德也已矣. 三以天下讓, 民無得而稱焉."

[8·2]

子曰: "恭而無禮則勞, 愼而無禮則葸, 勇而無禮則亂, 直而無禮則絞. 君子篤於親, 則民興於仁; 故舊不遺, 則民不偸."

[8·3]

曾子有疾, 召門弟子曰: "啟予足! 啟予手! 『詩』云: '戰戰兢兢, 如臨深淵, 如履薄冰.' 而今而後, 吾知免夫! 小子."

[8·4]

曾子有疾, 孟敬子問之. 曾子言曰: "鳥之將死, 其鳴也哀; 人之將死, 其言也善. 君子所貴乎道者三: 動容貌, 斯遠暴慢矣; 正顏色, 斯近信矣; 出辭氣, 斯遠鄙倍矣.

豆之事, 則有司存."

[8·5]

曾子曰: "以能問於不能, 以多問於寡; 有若無, 實若虛, 犯而不校; 昔者吾友嘗從事於斯矣."

[8·6]

曾子曰: "可以託六尺之孤, 可以寄百里之命, 臨大節而不可奪也; 君子人與? 子人也."

[8·7]

曾子曰: "士不可以不弘毅, 任重而道遠. 仁以爲己任, 不亦重乎? 死而後已, 不亦遠乎?"

[8·8]

子曰: "興於詩, 立於禮, 成於樂."

[8·9]

子曰: "民可使由之, 不可使知之."

[8·10]

子曰: "好勇疾貧, 亂也. 人而不仁, 疾之已甚, 亂也."

[8·11]

子曰:"如有周公之才之美, 使驕且吝, 其餘不足觀也已."

[8·12]

子曰:"三年學, 不至於穀, 不易得也."

[8·13]

子曰:"篤信好學, 守死善道. 危邦不入, 亂邦不居. 天下有道則見, 無道則隱. 邦有道, 貧且賤焉, 恥也. 邦無道, 富且貴焉, 恥也."

[8·14]

子曰:"不在其位, 不謀其政."

[8·15]

子曰:"師摯之始,「關雎」之亂, 洋洋乎盈耳哉!"

[8·16]

子曰:"狂而不直, 侗而不愿, 悾悾而不信, 吾不知之矣."

[8·17]

子曰:"學如不及, 猶恐失之."

[8·18]

子曰:"巍巍乎, 舜禹之有天下也而不與焉."

[8·19]

子曰:"大哉堯之爲君也! 巍巍乎! 唯天爲大, 唯堯則之. 蕩蕩乎, 民無能名焉. 巍巍乎其有成功也, 煥乎其有文章."

[8·20]

舜有臣五人而天下治. 武王曰:"予有亂臣十人." 孔子曰:"才難, 不其然乎? 唐虞之際, 於斯爲盛. 有婦人焉, 九人而已. 三分天下有其二, 以服事殷, 周之德, 其可謂至德也已矣."

[8·21]

子曰:"禹, 吾無間然矣. 菲飲食而致孝乎鬼神, 惡衣服而致美乎黻冕, 卑宮室而盡力乎溝洫. 禹, 吾無間然矣."

子罕第九

[9·1]

子罕言利與命與仁.

[9·2]

達巷黨人曰:"大哉孔子! 博學而無所成名."子聞之, 謂門弟子曰:"吾何執? 執御乎? 執射乎? 吾執御矣."

[9·3]

子曰:"麻冕, 禮也; 今也純; 儉, 吾從眾. 拜下, 禮也; 今拜乎上, 泰也. 雖違眾, 吾從下."

[9·4]

子絕四: 毋意, 毋必, 毋固, 毋我.

[9·5]

子畏於匡, 曰:"文王既沒, 文不在茲乎? 天之將喪斯文也, 後死者不得與於斯文也; 天之未喪斯文也, 匡人其如予何?"

[9·6]

大宰問於子貢曰:"夫子聖者與? 何其多能也?"子貢曰:"固天縱之將聖, 又多能也." 子聞之, 曰:"大宰知我乎! 吾少也賤, 故多能鄙事. 君子多乎哉? 不多也."

[9·7]

牢曰:"子云:'吾不試, 故藝.'"

[9·8]

子曰: "吾有知乎哉? 無知也. 有鄙夫問於我, 空空如也. 我叩其兩端而竭焉."

[9·9]

子曰: "鳳鳥不至, 河不出圖, 吾已矣夫!"

[9·10]

子見齊衰者, 冕衣裳者與瞽者, 見之, 雖少必作; 過之必趨.

[9·11]

顏淵喟然嘆曰: "仰之彌高, 鑽之彌堅, 瞻之在前, 忽焉在後. 夫子循循然善誘人, 博我以文, 約我以禮, 欲罷不能. 既竭吾才, 如有所立卓爾. 雖欲從之, 末由也已."

[9·12]

子疾病, 子路使門人爲臣. 病間, 曰: "久矣哉, 由之行詐也! 無臣而爲有臣. 吾誰欺? 欺天乎! 且予與其死於臣之手也, 無寧死於二三子之手乎? 且予縱不得大葬, 予死於道路乎?"

[9·13]

子貢曰: "有美玉於斯, 韞而藏諸, 求善賈而沽諸?" 子曰: "沽之哉, 沽之哉, 我待賈者也."

[9·14]

子欲居九夷. 或曰: "陋, 如之何?" 子曰: "君子居之, 何陋之有?"

[9·15]

子曰: "吾自衛反魯, 然後樂正, 雅頌各得其所."

[9·16]

子曰: "出則事公卿, 入則事父兄, 喪事不敢不勉, 不爲酒困, 何有於我哉?"

[9·17]

子在川上, 曰: "逝者如斯夫, 不舍晝夜."

[9·18]

子曰: "吾未見好德如好色者也."

[9·19]

子曰: "譬如爲山, 未成一簣, 止, 吾止也. 譬如平地, 雖覆一簣, 進, 吾往也."

[9·20]

子曰: "語之而不惰者, 其回也與!"

[9·21]

子謂顔淵, 曰: "惜乎, 吾見其進也, 未見其止也."

[9·22]

子曰:"苗而不秀者有矣夫! 秀而不實者有矣夫!"

[9·23]

子曰:"後生可畏, 焉知來者之不如今也? 四十, 五十而無聞焉, 斯亦不足畏也已."

[9·24]

子曰:"法語之言, 能無從乎? 改之爲貴. 巽與之言, 能無說乎? 繹之爲貴. 說而不繹, 從而不改, 吾末如之何也已矣."

[9·25]

子曰:"主忠信, 毋友不如己者, 過則勿憚改."

[9·26]

子曰:"三軍可奪帥也, 匹夫不可奪志也."

[9·27]

子曰:"衣敝縕袍與衣狐貉者立, 而不恥者, 其由也與? '不忮不求, 何用不臧?'"子路終身誦之. 子曰:"是道也, 何足以臧?"

[9·28]

子曰:"歲寒, 然後知松柏之後彫也."

[9·29]

子曰:"知者不惑,仁者不憂,勇者不懼."

[9·30]

子曰:"可與共學,未可與適道;可與適道,未可與立;可與立,未可與權."

[9·31]

"唐棣之華,偏其反而. 豈不爾思? 室是遠而."子曰:"未之思也,夫何遠之有?"

鄉黨第十

[10·1]

孔子於鄉黨,恂恂如也,似不能言者. 其在宗廟朝廷,便便言,唯謹爾.

[10·2]

朝,與下大夫言,侃侃如也;與上大夫言,誾誾如也. 君在,踧踖如也,與與如也.

[10·3]

君召使擯,色勃如也,足躩如也. 揖所與立,左右手,衣前後,襜如也. 趨進,翼如也. 賓退,必復命曰:"賓不顧矣."

[10·4]

入公門, 鞠躬如也, 如不容. 立不中門, 行不履閾. 過位, 色勃如也, 足躩如也, 其言似不足者. 攝齊升堂, 鞠躬如也, 屏氣似不息者. 出, 降一等, 逞顏色, 怡怡如也, 沒階, 趨進, 翼如也. 復其位, 踧踖如也.

[10·5]

執圭, 鞠躬如也, 如不勝. 上如揖, 下如授. 勃如戰色, 足蹜蹜如有循. 享禮, 有容色. 私覿, 愉愉如也.

[10·6]

君子不以紺緅飾, 紅紫不以爲褻服. 當暑, 袗絺綌, 必表而出之. 緇衣, 羔裘; 素衣, 麑裘; 黃衣, 狐裘. 褻裘長, 短右袂. 必有寢衣, 長一身有半. 狐貉之厚以居. 去喪, 無所不佩. 非帷裳, 必殺之. 羔裘玄冠不以弔. 吉月, 必朝服而朝.

[10·7]

齊, 必有明衣, 布. 齊必變食, 居必遷坐.

[10·8]

食不厭精, 膾不厭細. 食饐而餲, 魚餒而肉敗, 不食. 色惡, 不食, 臭惡, 不食. 失飪, 不食, 不時, 食. 割不正, 不食, 不得其醬, 不食. 肉雖多, 不使勝食氣. 唯酒無量, 不及亂. 沽酒市脯, 不食. 不撤薑食, 不多食.

[10·9]

祭於公, 不宿肉.祭肉不出三日. 出三日, 不食之矣.

[10·10]

食不語, 寢不言.

[10·11]

雖疏食菜羹, 必祭, 必齊如也.

[10·12]

席不正, 不坐.

[10·13]

鄉人飲酒, 杖者出, 斯出矣.

[10·14]

鄉人儺, 朝服而立於阼階.

[10·15]

問人於他邦, 再拜而送之.

[10·16]

康子饋藥, 拜而受之. 曰:"丘未達, 不敢嘗."

[10·17]

廄焚, 子退朝, 曰:"傷人乎?"不問馬.

[10·18]

君賜食, 必正席先嘗之. 君賜腥, 必熟而薦之. 君賜生, 必畜之. 侍食於君, 君祭, 先飯.

[10·19]

疾, 君視之, 東首, 加朝服, 拖紳.

[10·20]

君命召, 不俟駕行矣.

[10·21]

入太廟, 每事問.

[10·22]

朋友死, 無所歸, 曰:"於我殯."

[10·23]

朋友之饋, 雖車馬, 非祭肉, 不拜.

[10·24]

寢不尸, 居不客.

[10·25]

見齊衰者, 雖狎必變. 見冕者與瞽者, 雖褻必以貌. 凶服者式之, 式負版者. 有盛饌, 必變色而作. 迅雷風烈必變.

[10·26]

升車, 必正立, 執綏. 車中, 不內顧, 不疾言, 不親指.

[10·27]

色斯舉矣, 翔而後集. 曰:"山梁雌雉, 時哉時哉!"子路共之, 三嗅而作.

先進第十一

[11·1]

子曰: "先進於禮樂, 野人也; 後進於禮樂, 君子也. 如用之, 則吾從先進."

[11·2]

子曰: "從我於陳蔡者, 皆不及門也."

[11·3]

德行: 顏淵, 閔子騫, 冉伯牛, 仲弓. 言語: 宰我, 子貢. 政事: 冉有, 季路. 文學: 子游, 子夏.

[11·4]

子曰:"回也, 非助我者也, 於吾言無所不說."

[11·5]

子曰:"孝哉閔子騫! 人不間於其父母昆弟之言."

[11·6]

南容三復「白圭」, 孔子以其兄之子妻之.

[11·7]

季康子問:"弟子孰爲好學?"子對曰:"有顏回者好學, 不幸短命死矣. 今也則亡."

[11·8]

顏淵死, 顏路請子之車以爲之. 子曰:"才不才, 亦各言其子也. 鯉也死, 有棺而無. 吾不徒行, 以爲之, 以吾從大夫之後, 不可徒行也."

[11·9]

顏淵死. 子曰:"噫! 天喪予! 天喪予!"

[11·10]

顏淵死, 子哭之慟. 從者曰:"子慟矣!"曰:"有慟乎? 非夫人之爲慟而誰爲?"

[11·11]

顏淵死, 門人欲厚葬之. 子曰: "不可." 門人厚葬之. 子曰: "回也, 視予猶父也, 予不得視猶子也. 非我也, 夫二三子也."

[11·12]

季路問事鬼神. 子曰: "未能事人, 焉能事鬼?" "敢問死?" 曰: "未知生, 焉知死?"

[11·13]

閔子侍側, 誾誾如也; 子路, 行行如也; 冉有, 子貢, 侃侃如也. 子樂. 曰: "若由也, 不得其死然."

[11·14]

魯人爲長府. 閔子騫曰: "仍舊貫, 如之何? 何必改作?" 子曰: "夫人不言, 言必有中."

[11·15]

子曰: "由之瑟, 奚爲於丘之門?" 門人不敬子路. 子曰: "由也升堂矣, 未入於室也."

[11·16]

子貢問: "師與商也孰賢?" 子曰: "師也過, 商也不及." 曰: "然則師愈與?" 子曰: "過猶不及."

[11·17]

季氏富於周公, 而求也爲之聚斂而附益之. 子曰: "非吾徒也. 小子鳴鼓而攻之可也."

[11·18]

柴也愚, 參也魯, 師也辟, 由也喭.

[11·19]

子曰: "回也其庶乎, 屢空. 賜不受命而貨殖焉, 億則屢中."

[11·20]

子張問善人之道. 子曰: "不踐跡, 亦不入於室."

[11·21]

子曰: "論篤是與, 君子者乎? 色莊者乎?"

[11·22]

子路問: "聞斯行諸?" 子曰: "有父兄在, 如之何其聞斯行之?" 冉有問: "聞斯行諸?" 子曰: "聞斯行之." 公西華曰: "由也問聞斯行諸, 子曰 '有父兄在'; 求也問聞斯行諸, 子曰: '聞斯行之.' 赤也惑, 敢問." 子曰: "求也退, 故進之; 由也兼人, 故退之."

[11·23]

子畏於匡, 顏淵後. 子曰: "吾以女爲死矣." 曰: "子在, 回何敢死?"

[11·24]

季子然問: "仲由, 冉求可謂大臣與?" 子曰: "吾以子爲異之問, 曾由與求之問. 所謂大臣者, 以道事君, 不可則止. 今由與求也, 可謂具臣矣." 曰: "然則從之者與?" 子曰: "弑父與君, 亦不從也."

[11·25]

子路使子羔爲費宰. 子曰: "賊夫人之子." 子路曰: "有民人焉, 有社稷焉, 何必讀書, 然後爲學?" 子曰: "是故惡夫佞者."

[11·26]

子路, 曾晳, 冉有, 公西華侍坐. 子曰: "以吾一日長乎爾, 毋吾以也. 居則曰: '不吾知也!' 如或知爾, 則何以哉?" 子路率爾而對曰: "千乘之國, 攝乎大國之間, 加之以師旅, 因之以饑饉; 由也爲之, 比及三年, 可使有勇, 且知方也." 夫子哂之. "求! 爾何如?" 對曰: "方六七十, 如五六十, 求也爲之, 比及三年, 可使足民. 如其禮樂, 以俟君子." "赤! 爾何如?" 對曰: "非曰能之, 願學焉. 宗廟之事, 如會同, 端章甫, 願爲小相焉." "點, 爾何如?" 鼓瑟希, 鏗爾, 舍瑟而作, 對曰: "異乎三子者之撰." 子曰: "何傷乎? 亦各言其志也." 曰: "莫春者, 春服既成, 冠者五六人, 童子六七人, 浴乎沂, 風乎舞雩, 詠而歸." 夫子喟然嘆曰: "吾與點也!" 三子者出, 曾晳後. 曾晳曰: "夫三子者之言何如?" 子曰: "亦各言其志也已矣." 曰: "夫子何哂由也?" 曰: "爲國以禮, 其言不讓, 是故哂之." "唯求則非邦也與?" "安見方六七十; 如五六十, 而非邦也者?" "唯赤則非邦也與?" "宗廟會同, 非諸侯而何? 赤也爲之小, 孰能爲之大?"

顏淵第十二

[12·1]

顏淵問仁. 子曰:"克己復禮爲仁. 一日克己復禮, 天下歸仁焉. 爲仁由己, 而由人乎哉?"顏淵曰:"請問其目."子曰:"非禮勿視, 非禮勿聽, 非禮勿言, 非禮勿動."顏淵曰:"回雖不敏, 請事斯語矣."

[12·2]

仲弓問仁. 子曰:"出門如見大賓, 使民如承大祭. 己所不欲, 勿施於人. 在邦無怨, 在家無怨."仲弓曰:"雍雖不敏, 請事斯語矣."

[12·3]

司馬牛問仁. 子曰:"仁者, 其言也訒." 曰:"其言也訒, 斯謂之仁已乎?"子曰:"爲之難, 言之得無訒乎!"

[12·4]

司馬牛問君子. 子曰:"君子不憂不懼."曰:"不憂不懼, 斯謂之君子已乎?"子曰:"內省不疚, 夫何憂何懼?"

[12·5]

司馬牛憂曰:"人皆有兄弟, 我獨亡."子夏曰:"商聞之矣:'死生有命, 富貴在天. 君子敬而無失, 與人恭而無禮. 四海之內 皆兄弟也. 君子何患乎無兄弟也?"

[12·6]

子張問明. 子曰: "浸潤之譖, 膚受之愬, 不行焉, 可謂明也已矣. 浸潤之譖, 膚受之愬, 不行焉, 可謂遠也已矣."

[12·7]

子貢問政. 子曰: "足食, 足兵, 民信之矣." 子貢曰: "必不得已而去, 於斯三者何先?" 曰: "去兵." 子貢曰: "必不得已而去, 於斯二者何先?" 曰: "去食. 自古皆有死, 民無信不立."

[12·8]

棘子成曰: "君子質而已矣, 何以文爲?" 子貢曰: "惜乎, 夫子之說君子也! 駟不及舌. 文猶質也, 質猶文也. 虎豹之鞟猶犬羊之鞟."

[12·9]

哀公問於有若曰: "年饑, 用不足, 如之何?" 有若對曰: "盍徹乎?" 曰: "二, 吾猶不足, 如之何其徹也?" 對曰: "百姓足, 君孰與不足? 百姓不足, 君孰與足?"

[12·10]

子張問崇德辨惑. 子曰: "主忠信, 徙義, 崇德也. 愛之欲其生, 惡之欲其死, 旣欲其生又欲其死, 是惑也."

[12·11]

齊景公問政於孔子. 孔子對曰: "君君, 臣臣, 父父, 子子." 公曰: "善哉! 信如君不君, 臣不臣, 父不父, 子不子, 雖有粟, 吾得而食諸?"

[12·12]
子曰: "片言可以折獄者, 其由也與?" 子路無宿諾.

[12·13]
子曰: "聽訟, 吾猶人也. 必也使無訟乎."

[12·14]
子張問政. 子曰: "居之無倦, 行之以忠."

[12·15]
子曰: "博學於文, 約之以禮, 亦可以弗畔矣夫!"

[12·16]
子曰: "君子成人之美, 不成人之惡. 小人反是."

[12·17]
季康子問政於孔子. 孔子對曰: "政者, 正也. 子帥以正, 孰敢不正?"

[12·18]
季康子患盜, 問於孔子. 孔子對曰: "苟子之不欲, 雖賞之不竊."

[12·19]

季康子問政於孔子曰:"如殺無道, 以就有道, 何如?"孔子對 曰:"子爲政, 焉用殺? 子欲善而民善矣. 君子之德風, 小人之德草. 草上之風, 必偃."

[12·20]

子張問:"士何如斯可謂之達矣?"子曰:"何哉? 爾所謂達者?"子張對曰:"在邦必聞, 在家必聞."子曰:"是聞也, 非達也. 夫 達也者, 質直而好義, 察言而觀色, 慮以下人. 在邦必達, 在家必達. 夫聞也者, 色取仁而行違, 居之不疑. 在邦必聞, 在家必聞."

[12·21]

樊遲從遊於舞雩之下, 曰:"敢問崇德, 修慝, 辨惑."子曰:"善哉問! 先事後得, 非崇德與? 攻其惡, 無攻人之惡, 非修慝與? 一朝之忿, 忘其身以及其親, 非惑與?"

[12·22]

樊遲問仁. 子曰:"愛人."問知. 子曰:"知人."樊遲未達. 子曰:"舉直錯諸枉, 能使枉者直."樊遲退, 見子夏曰:"鄉也吾見於夫子而問知, 子曰: '舉直錯諸枉, 能使枉者直', 何謂也?"子夏曰:"富哉言乎! 舜有天下, 選於眾, 舉皋陶, 不仁者遠矣. 湯有天下, 選於眾, 舉伊尹, 不仁者遠矣."

[12·23]

子貢問友. 子曰:"忠告而善道之, 不可則止, 毋自辱焉."

[12·24]

曾子曰:"君子以文會友,以友輔仁."

子路第十三

[13·1]

子路問政. 子曰:"先之勞之."請益, 曰:"無倦."

[13·2]

仲弓爲季氏宰, 問政. 子曰:"先有司. 赦小過, 舉賢才."曰:"焉知賢才而舉之?"子曰:"舉爾所知; 爾所不知, 人其舍諸?"

[13·3]

子路曰:"衛君待子而爲政, 子將奚先?"子曰:"必也正名乎!"子路曰:"有是哉, 子之迂也! 奚其正?"子曰:"野哉, 由也! 君子於其所不知, 蓋闕如也. 名不正, 則言不順; 言不順, 則事不成; 事不成, 則禮樂不興; 禮樂不興, 則刑罰不中; 刑罰不中, 則民無所措手足. 故君子名之必可言也, 言之必可行也. 君子於其言, 無所苟而已矣."

[13·4]

樊遲請學稼, 子曰:"吾不如老農."請學爲圃. 曰:"吾不如老圃."樊遲出. 子曰:"小人哉, 樊須也! 上好禮, 則民莫敢不敬; 上好義, 則民莫敢不服; 上好信, 則民莫敢不用情.夫如是, 則四方之民襁負其子而至矣, 焉用稼?"

[13·5]

子曰: "誦『詩』三百, 授之以政, 不達; 使於四方, 不能專對; 雖多, 亦奚以爲?"

[13·6]

子曰: "其身正, 不令而行; 其身不正, 雖令不從."

[13·7]

子曰: "魯衛之政, 兄弟也."

[13·8]

子謂衛公子荊, "善居室. 始有, 曰: '苟合矣.' 少有, 曰: '苟完矣.' 富有, 曰: '苟美矣.'"

[13·9]

子適衛, 冉有僕. 子曰: "庶矣哉!" 冉有曰: "既庶矣, 又何加焉?" 曰: "富之." 曰: "既富矣, 又何加焉?" 曰: "教之."

[13·10]

子曰: "苟有用我者, 期月而已可也, 三年有成."

[13·11]

子曰: "'善人爲邦百年, 亦可以勝殘去殺矣.' 誠哉是言也!"

[13.12]

子曰:"如有王者, 必世而後仁."

[13.13]

子曰:"苟正其身矣, 於從政乎何有? 不能正其身, 如正人何?"

[13.14]

冉子退朝, 子曰:"何晏也?" 對曰:"有政." 子曰:"其事也. 如有政, 雖不吾以, 吾其與聞之."

[13.15]

定公問:"一言而可以興邦, 有諸?" 孔子對曰:"言不可以若是, 其幾也, 人之言曰:'爲君難, 爲臣不易.' 如知爲君之難也, 不幾乎一言而興邦乎?" 曰:"一言而喪邦, 有諸?" 孔子對曰:"言不可以若是, 其幾也, 人之言曰:'予無樂乎爲君, 唯其言而莫予違也.' 如其善而莫之違也, 不亦善乎? 如不善而莫之違也, 不幾乎一言而喪邦乎?"

[13.16]

葉公問政. 子曰:"近者說, 遠者來."

[13.17]

子夏爲莒父宰, 問政. 子曰:"無欲速, 無見小利. 欲速則不達; 見小利則大事不成."

[13·18]

葉公語孔子曰: "吾黨有直躬者, 其父攘羊, 而子證之." 孔子曰: "吾黨之直者異於是: 父爲子隱, 子爲父隱. 直在其中矣."

[13·19]

樊遲問仁. 子曰: "居處恭, 執事敬, 與人忠. 雖之夷狄, 不可棄也."

[13·20]

子貢問曰: "何如斯可謂之士矣?" 子曰: "行己有恥, 使於四方, 不辱君命, 可謂士矣." 曰: "敢問其次?" 曰: "宗族稱孝焉, 鄉黨稱弟焉." 曰: "敢問其次?" 曰: "言必信, 行必果, 硜硜然 小人哉! 抑亦可以爲次矣." 曰: "今之從政者何如?" 子曰: "噫! 斗筲之人, 何足算也?"

[13·21]

子曰: "不得中行而與之, 必也狂狷乎! 狂者進取, 狷者有所不爲也."

[13·22]

子曰: "南人有言曰: '人而無恆, 不可以作巫醫.' 善夫! '不恆其德, 或承之羞.'" 子曰: "不占而已矣."

[13·23]

子曰: "君子和而不同, 小人同而不和."

[13·24]

子貢問曰:"鄉人皆好之,何如?"子曰:"未可也.""鄉人皆惡之,何如?"子曰:"未可也;不如鄉人之善者好之,其不善者惡之."

[13·25]

子曰:"君子易事而難說也. 說之不以道, 不說也; 及其使人也, 器之. 小人難事而易說也. 說之雖不以道, 說也; 及其使人也, 求備焉."

[13·26]

子曰:"君子泰而不驕, 小人驕而不泰."

[13·27]

子曰:"剛, 毅, 木, 訥, 近仁."

[13·28]

子路問:"何如斯可謂之士矣?"子曰:"切切偲偲, 怡怡如也, 可謂士矣. 朋友切切偲偲, 兄弟怡怡."

[13·29]

子曰:"善人教民七年, 亦可以即戎矣."

[13·30]

子曰:"以不教民戰, 是謂棄之."

憲問第十四

[14·1]

憲問恥. 子曰: "邦有道, 穀, 邦無道, 穀, 恥也." "克, 伐, 怨, 欲不行焉, 可以爲仁矣?" 子曰: "可以爲難矣, 仁則吾不知也."

[14·2]

子曰: "士而懷居, 不足以爲士矣."

[14·3]

子曰: "邦有道, 危言危行; 邦無道, 危行言孫."

[14·4]

子曰: "有德者必有言, 有言者不必有德. 仁者必有勇, 勇者不必有仁."

[14·5]

南宮适問於孔子曰: "羿善射, 奡盪舟, 俱不得其死然. 禹稷躬稼而有天下." 夫子不答. 南宮适出, 子曰: "君子哉若人, 尚德哉若人!"

[14·6]

子曰: "君子而不仁者有矣夫, 未有小人而仁者也."

[14·7]

子曰:"愛之, 能勿勞乎? 忠焉, 能勿誨乎?"

[14·8]

子曰:"爲命, 裨諶草創之, 世叔討論之, 行人子羽修飾之, 東里子產潤色之."

[14·9]

或問子產, 子曰:"惠人也."問子西. 曰:"彼哉! 彼哉!"問管仲. 曰:"人也. 奪伯氏駢邑三百, 飯疏食, 沒齒無怨言."

[14·10]

子曰:"貧而無怨難, 富而無驕易."

[14·11]

子曰:"孟公綽爲趙魏老則優, 不可以爲滕薛大夫."

[14·12]

子路問成人. 子曰:"若臧武仲之知, 公綽之不欲, 卞莊子之勇, 冉求之藝, 文之以禮樂, 亦可以爲成人矣."曰:"今之成人者何必然? 見利思義, 見危授命, 久要不忘平生之言, 亦可爲成人矣."

[14·13]

子問公叔文子於公明賈曰:"信乎, 夫子不言, 不笑, 不取乎?"公明賈對曰:"以告者過也. 夫子時然後言, 人不厭其言; 樂然後笑, 人不厭其笑; 義然後取, 人不厭其取." 子曰: "其然, 豈其然乎?"

[14·14]

子曰: "臧武仲以防求爲後於魯, 雖曰不要君, 吾不信也."

[14·15]

子曰: "晉文公譎而不正, 齊桓公正而不譎."

[14·16]

子路曰: "桓公殺公子糾, 召忽死之, 管仲不死." 曰: "未仁乎?" 子曰: "桓公九合諸侯, 不以兵車, 管仲之力也. 如其仁, 如其仁."

[14·17]

子貢曰: "管仲非仁者與? 桓公殺公子糾, 不能死, 又相之." 子曰: "管仲相桓公, 霸諸侯, 一匡天下, 民到於今受其賜. 微管仲, 吾其被髮左衽矣. 豈若匹夫匹婦之爲諒也, 自經於溝瀆而莫之知也."

[14·18]

公叔文子之臣大夫僎與文子同升諸公. 子聞之曰: "可以爲'文'矣."

[14·19]

子言衛靈公之無道也. 康子曰: "夫如是, 奚而不喪?" 孔子曰: "仲叔圉治賓客, 祝鮀治宗廟, 王孫賈治軍旅. 夫如是, 奚其喪?"

[14·20]

子曰: "其言之不怍, 則爲之也難."

[14·21]

陳成子弑簡公. 孔子沐浴而朝, 告於哀公曰: "陳恆弑其君, 請討之." 公曰: "告夫三子!" 孔子曰: "以吾從大夫之後, 不敢不告也. 君曰: '告夫三子'者!" 之三子告, 不可. 孔子曰: "以吾從大夫之後, 不敢不告也."

[14·22]

子路問事君, 子曰: "勿欺也, 而犯之."

[14·23]

子曰: "君子上達, 小人下達."

[14·24]

子曰: "古之學者爲己, 今之學者爲人."

[14·25]

蘧伯玉使人於孔子. 孔子與之坐而問焉, 曰: "夫子何爲?" 對曰: "夫子欲寡其過而未能也." 使者出. 子曰: "使乎! 使乎!"

[14·26]

子曰: "不在其位, 不謀其政." 曾子曰: "君子思不出其位."

[14·27]

子曰: "君子恥其言而過其行."

[14·28]

子曰: "君子道者三, 我無能焉: 仁者不憂, 知者不惑, 勇者不懼." 子貢曰: "夫子自道也."

[14·29]

子貢方人. 子曰: "賜也賢乎哉? 夫我則不暇."

[14·30]

子曰: "不患人之不己知, 患其不能也."

[14·31]

子曰: "不逆詐, 不億不信, 抑亦先覺者, 是賢乎!"

[14·32]

微生畝謂孔子曰: "丘何爲是栖栖者與? 無乃爲佞也乎?" 孔子曰: "非敢爲佞也, 疾固也."

[14·33]

子曰:"驥不稱其力, 稱其德也."

[14·34]

或曰:"以德報怨, 何如?"子曰:"何以報德? 以直報怨, 以德報德."

[14·35]

子曰:"莫我知也夫!"子貢曰:"何爲其莫知子也?"子曰:"不怨天, 不尤人, 下學而上達, 知我者其天乎!"

[14·36]

公伯寮愬子路於季孫. 子服景伯以告, 曰:"夫子固有惑志於公伯寮, 吾力猶能肆諸市朝."子曰:"道之將行也與, 命也; 道之將廢也與, 命也. 公伯寮其如命何!"

[14·37]

子曰:"賢者辟世, 其次辟地, 其次辟色, 其次辟言."子曰:"作者七人矣."

[14·38]

子路宿於石門. 晨門曰:"奚自?"子路曰:"自孔氏."曰:"是知其不可而爲之者與?"

[14·39]

子擊磬於衛, 有荷蕢者而過孔氏之門者, 曰:"有心哉! 擊磬乎!"既而曰:"鄙哉, 硜硜乎? 莫己知也, 斯已而已矣!'深則厲, 淺則揭.'"子曰:"果哉! 末之難矣."

[14·40]

子張曰:"『書』云:'高宗諒陰, 三年不言.'何謂也?"子曰:"何必高宗, 古之人皆然. 君薨, 百官總己以聽於冢宰三年."

[14·41]

子曰:"上好禮, 則民易使也."

[14·42]

子路問君子. 子曰:"修己以敬."曰:"如斯而已乎?"曰:"修己以安人."曰:"如斯而已乎?"曰:"修己以安百姓. 修己以安百姓, 堯舜其猶病諸?"

[14·43]

原壤夷俟. 子曰:"幼而不孫弟, 長而無述焉, 老而不死, 是爲賊."以杖叩其脛.

[14·44]

闕黨童子將命. 或問之曰:"益者與?"子曰:"吾見其居於位也, 見其與先生並行也. 非求益者也, 欲速成者也."

衛靈公第十五

[15·1]

衛靈公問陳於孔子. 孔子對曰:"俎豆之事, 則嘗聞之矣; 軍旅之事, 未之學也."明日遂行.

[15·2]

在陳絕糧. 從者病, 莫能興. 子路慍見曰: "君子亦有窮乎?" 子曰: "君子固窮, 小人窮斯濫矣."

[15·3]

子曰: "賜也, 女以予爲多學而識之者與?" 對曰: "然, 非與?" 曰: "非也, 予一以貫之."

[15·4]

子曰: "由, 知德者鮮矣."

[15·5]

子曰: "無爲而治者其舜也與! 夫何爲哉? 恭己正南面而已矣."

[15·6]

子張問行. 子曰: "言忠信, 行篤敬, 雖蠻陌之邦, 行矣. 言不忠信, 行不篤敬, 雖州里, 行乎哉? 立則見其參於前也, 在輿則見其倚於衡也, 夫然後行." 子張書諸紳.

[15·7]

子曰: "直哉史魚! 邦有道, 如矢; 邦無道, 如矢. 君子哉蘧伯玉! 邦有道, 則仕; 邦無道, 則可卷而懷之."

[15·8]

子曰: "可與言而不與之言, 失人; 不可與言而與之言, 失言. 知者不失人, 亦不失言."

[15·9]

子曰: "志士仁人, 無求生以害仁, 有殺身以成仁."

[15·10]

子貢問爲仁. 子曰: "工欲善其事, 必先利其器. 居是邦也, 事其大夫之賢者, 友其士之仁者."

[15·11]

顔淵問爲邦. 子曰: "行夏之時, 乘殷之輅, 服周之冕, 樂則「韶」,「舞」. 放鄭聲, 遠佞人. 鄭聲淫, 佞人殆."

[15·12]

子曰: "人無遠慮, 必有近憂."

[15·13]

子曰: "已矣乎! 吾未見好德如好色者也."

[15·14]

子曰: "臧文仲其竊位者與! 知柳下惠之賢而不與立也."

[15·15]

子曰: "躬自厚而薄責 於人, 則遠怨矣."

[15·16]

子曰: "不曰 '如之何, 如之何' 者, 吾末如之何也已矣."

[15·17]

子曰: "群居終日, 言不及義, 好行小慧, 難矣哉!"

[15·18]

子曰: "君子義以爲質, 禮以行之, 孫以出之, 信以成之. 君子哉!"

[15·19]

子曰: "君子病無能焉, 不病人之不己知也."

[15·20]

子曰: "君子疾沒世而名不稱焉."

[15·21]

子曰: "君子求諸己, 小人求諸人."

[15·22]

子曰: "君子矜而不爭, 群而不黨."

[15·23]

子曰:"君子不以言舉人, 不以人廢言."

[15·24]

子貢問曰:"有一言而可以終身行之者乎?" 子曰:"其恕乎! 己所不欲, 勿施於人."

[15·25]

子曰:"吾之於人也, 誰毀誰譽? 如有所譽者, 其有所試矣. 斯民也, 三代之所以直道而行也."

[15·26]

子曰:"吾猶及史之闕文也, 有馬者借人乘之, 今亡矣夫!"

[15·27]

子曰:"巧言亂德, 小不忍則亂大謀."

[15·28]

子曰:"眾惡之, 必察焉; 眾好之, 必察焉."

[15·29]

子曰:"人能弘道, 非道弘人."

[15·30]

子曰:"過而不改, 是謂過矣."

[15·31]

子曰:"吾嘗終日不食, 終夜不寢, 以思; 無益, 不如學也."

[15·32]

子曰:"君子謀道不謀食. 耕也, 餒在其中矣; 學也, 祿在其中矣. 君子憂道不憂貧."

[15·33]

子曰:"知及之, 仁不能守之, 雖得之, 必失之. 知及之, 仁能守之. 不莊以涖之, 則民不敬. 知及之, 仁能守之, 莊以涖之. 動之不以禮, 未善也."

[15·34]

子曰:"君子不可小知而可大受也, 小人不可大受而可小知也."

[15·35]

子曰:"民之於仁也, 甚於水火. 水火, 吾見蹈而死者矣, 未見蹈仁而死者也."

[15·36]

子曰:"當仁, 不讓於師."

[15·37]

子曰: "君子貞而不諒."

[15·38]

子曰: "事君, 敬其事而後其食."

[15·39]

子曰: "有教無類."

[15·40]

子曰: "道不同, 不相爲謀."

[15·41]

子曰: "辭達而已矣."

[15·42]

師冕見, 及階, 子曰: "階也." 及席, 子曰: "席也." 皆坐, 子告之曰: "某在斯, 某在斯." 師冕出, 子張問曰: "與師言之道與?" 子曰: "然, 固相師之道也."

季氏第十六

[16·1]

季氏將伐顓臾. 冉有, 季路見於孔子曰: "季氏將有事於顓臾." 孔子曰: "求! 無乃爾是過與? 夫顓臾, 昔者先王以爲東蒙主, 且在邦域之中矣, 是社稷之臣也. 何以伐爲?" 冉有曰: "夫子欲之, 吾二臣者, 皆不欲也." 孔子曰: "求! 周任有言曰: '陳力就列, 不能者止.' 危而不持, 顚而不扶, 則將焉用彼相矣? 且爾言過矣. 虎兕出於柙, 龜玉毀於櫝中, 是誰之過與?" 冉有曰: "今夫顓臾, 固而近於費. 今不取, 後世必爲子孫憂." 孔子曰: "求! 君子疾夫舍曰欲之而必爲之辭. 丘也聞有國有家者, 不患貧而患不均, 不患寡而患不安. 蓋均無貧, 和無寡, 安無傾. 夫如是, 故遠人不服, 則修文德以來之. 旣來之, 則安之. 今由與求也, 相夫子, 遠人不服, 而不能來也; 邦分崩離析, 而不能守也; 而謀動干戈於邦內. 吾恐季孫之憂, 不在顓臾, 而在蕭牆之內也."

[16·2]

孔子曰: "天下有道, 則禮樂征伐自天子出; 天下無道, 則禮樂征伐自諸侯出. 自諸侯出, 蓋十世希不失矣; 自大夫出, 五世希不失矣; 陪臣執國命, 三世希不失矣. 天下有道, 則政不在大夫. 天下有道, 則庶人不議."

[16·3]

孔子曰: "祿之去公室五世矣. 政逮於大夫四世矣. 故夫三桓之子孫微矣."

[16·4]

子曰: "益者三友, 損者三友. 友直, 友諒, 友多聞, 益矣. 友便辟, 友善柔, 友便佞, 損矣."

[16·5]

孔子曰: "益者三樂, 損者三樂. 樂節禮樂, 樂道人之善, 樂多賢友, 益矣. 樂驕樂, 樂佚遊, 樂宴樂, 損矣."

[16·6]

孔子曰: "侍於君子有三愆: 言未及之而言謂之躁, 言及之而不言謂之隱, 未見顏色而言, 謂之瞽."

[16·7]

孔子曰: "君子有三戒: 少之時, 血氣未定, 戒之在色; 及其壯也, 血氣方剛, 戒之在鬪; 及其老也, 血氣既衰, 戒之在得."

[16·8]

子曰: "君子有三畏: 畏天命, 畏大人, 畏聖人之言. 小人不知天命而不畏也, 狎大人, 侮聖人之言."

[16·9]

孔子曰: "生而知之者上也; 學而知之者次也; 困而學之, 又其 次也; 困而不學, 民斯爲下矣."

[16·10]

孔子曰:"君子有九思: 視思明, 聽思聰, 色思溫, 貌思恭, 言思忠, 事思敬, 疑思問, 忿思難, 見得思義."

[16·11]

孔子曰:"見善如不及, 見不善如探湯. 吾見其人矣, 吾聞其語矣. 隱居以求其志, 行義以達其道. 吾聞其語矣, 未見其人也."

[16·12]

齊景公有馬千駟, 死之日, 民無德而稱焉. 伯夷叔齊餓於首陽之下, 民到于今稱之. "誠不以富, 亦祇以異." 其斯之謂與?

[16·13]

陳亢問於伯魚曰:"子亦有異聞乎?"對曰:"未也. 嘗獨立, 鯉趨而過庭. 曰:'學詩乎?'對曰:'未也.''不學詩, 無以言.'鯉退而學詩. 他日, 又獨立, 鯉趨而過庭. 曰:'學禮乎?'對曰:'未也.''不學禮, 無以立.'鯉退而學禮. 聞斯二者."陳亢退而喜曰:"問一得三: 聞詩, 聞禮, 又聞君子之遠其子也."

[16·14]

邦君之妻, 君稱之曰夫人, 夫人自稱曰小童; 邦人稱之曰君夫人, 稱諸異邦曰寡小君; 異邦人稱之, 亦曰君夫人.

陽貨第十七

[17·1]
陽貨欲見孔子, 孔子不見, 歸孔子豚. 孔子時其亡也, 而往拜之. 遇諸塗. 謂孔子曰: "來! 予與爾言." 曰: "懷其寶而迷其邦, 可謂仁乎? 曰不可. 好從事而亟失時, 可謂知乎? 曰不可. 日月逝矣, 歲不我與." 孔子曰: "諾, 吾將仕矣."

[17·2]
子曰: "性相近也, 習相遠也."

[17·3]
子曰: "唯上知與下愚不移."

[17·4]
子之武城, 聞弦歌之聲. 夫子莞爾而笑, 曰: "割雞焉用牛刀?" 子游對曰: "昔者偃也聞諸夫子曰: '君子學道則愛人, 小人學道則易使也.'" 子曰: "二三子! 偃之言是也. 前言戲之耳."

[17·5]
公山弗擾以費畔, 召, 子欲往. 子路不說, 曰: "末之也, 已, 何必公山氏之之也?" 子曰: "夫召我者, 而豈徒哉? 如有用我者, 吾其爲東周乎?"

[17·6]

子張問仁於孔子. 孔子曰:"能行五者於天下爲仁矣.""請問之."曰:"恭, 寬, 信, 敏, 惠. 恭則不侮, 寬則得眾, 信則人任焉, 敏則有功, 惠則足以使人."

[17·7]

佛肸召, 子欲往. 子路曰:"昔者由也聞諸夫子曰:'親於其身爲不善者, 君子不入也.' 佛肸以中牟畔, 子之往也, 如之何?"子曰:"然, 有是言也. 不曰堅乎, 磨而不磷; 不曰白乎, 涅而不緇. 吾豈匏瓜也哉? 焉能繫而不食?"

[17·8]

子曰:"由也, 女聞六言六蔽矣乎?"對曰:"未也.""居! 吾語女. 好仁不好學, 其蔽也愚; 好知不好學, 其蔽也蕩; 好信不好學, 其蔽也賊; 好直不好學, 其蔽也絞; 好勇不好學, 其蔽也亂; 好剛不好學, 其蔽也狂."

[17·9]

子曰:"小子何莫學夫詩? 詩, 可以興, 可以觀, 可以群, 可以怨. 邇之事父, 遠之事君; 多識於鳥獸草木之名."

[17·10]

子謂伯魚曰:"女爲「周南」,「召南」矣乎? 人而不爲「周南」,「召南」, 其猶正牆面而立也與!"

[17·11]

子曰:"禮云禮云, 玉帛云乎哉? 樂云樂云! 鐘鼓云乎哉?"

[17·12]

子曰:"色厲而內荏, 譬諸小人, 其猶穿窬之盜也與?"

[17·13]

子曰:"鄉原, 德之賊也."

[17·14]

子曰:"道聽而塗說, 德之棄也."

[17·15]

子曰:"鄙夫可與事君也與哉? 其未得之也, 患不得之. 既得之, 患失之. 苟患失之, 無所不至矣."

[17·16]

子曰:"古者民有三疾, 今也或是之亡也. 古之狂也肆, 今之狂也蕩; 古之矜也廉, 今之矜也忿戾; 古之愚也直, 今之愚也詐而已矣."

[17·17]

子曰:"巧言令色, 鮮矣仁."

[17·18]

子曰:"惡紫之奪朱也, 惡鄭聲之亂雅樂也, 惡利口之覆邦家者."

[17·19]

子曰:"予欲無言."子貢曰:"子如不言, 則小子何述焉?"子曰:"天何言哉? 四時行焉, 百物生焉, 天何言哉?"

[17·20]

孺悲欲見孔子, 孔子辭以疾. 將命者出戶, 取瑟而歌, 使之聞之.

[17·21]

宰我問:"三年之喪, 期已久矣. 君子三年不爲禮, 禮必壞; 三年不爲樂, 樂必崩. 舊穀既沒, 新穀既升, 鑽燧改火, 期可已矣."子曰:"食夫稻, 衣夫錦, 於女安乎?"曰:"安!""女安, 則爲之! 夫君子之居喪, 食旨不甘, 聞樂不樂, 居處不安, 故不爲也. 今女安, 則爲之!"宰我出. 子曰:"予之不仁也! 子生三年, 然後免於父母之懷. 夫三年之喪, 天下之通喪也, 予也有三年之愛於其父母乎!"

[17·22]

子曰:"飽食終日, 無所用心, 難矣哉! 不有博弈者乎! 爲之, 猶賢乎已."

[17·23]

子路曰:"君子尚勇乎?"子曰:"君子義以爲上, 君子有勇而無義爲亂, 小人有勇而無義爲盜."

[17·24]

子貢曰: "君子亦有惡乎?" 子曰: "有惡, 惡稱人之惡者, 惡居下流而訕上者, 惡勇而無禮者, 惡果敢而窒者." 曰: "賜也, 亦有惡乎?" "惡徼以爲知者, 惡不孫以爲勇者, 惡訐以爲直者."

[17·25]

子曰: "唯女子與小人爲難養也, 近之則不孫, 遠之則怨."

[17·26]

子曰: "年四十而見惡焉, 其終也已."

微子第十八

[18·1]

微子去之, 箕子爲之奴, 比干諫而死. 孔子曰: "殷有三仁焉."

[18·2]

柳下惠爲士師, 三黜, 人曰: "子未可以去乎?" 曰: "直道而事人, 焉往而不三黜? 枉道而事人, 何必去父母之邦?"

[18·3]

齊景公待孔子, 曰: "若季氏, 則吾不能; 以季, 孟之間待之." 曰: "吾老矣, 不能用也."孔子行.

[18·4]

齊人歸女樂, 季桓子受之, 三日不朝, 孔子行.

[18·5]

楚狂接輿歌而過孔子曰:"鳳兮鳳兮! 何德之衰? 往者不可諫, 來者猶可追. 已而已而, 今之從政者殆而!"孔子下, 欲與之言. 趨而辟之, 不得與之言.

[18·6]

長沮, 桀溺耦而耕, 孔子過之, 使子路問津焉. 長沮曰:"夫執輿者為誰?"子路曰:"為孔丘."曰:"是魯 孔丘與?"曰:"是也."曰:"是知津矣."問於桀溺, 桀溺曰:"子為誰?"曰:"為仲由."曰:"是魯孔丘之徒與?"對曰:"然."曰:"滔滔者天下皆是也, 而誰以易之? 且而與其從辟人之士也, 豈若從辟世之士哉?"耰而不輟. 子路行以告, 夫子憮然曰:"鳥獸不可與同群, 吾非斯人之徒而 誰與? 天下有道, 丘不與易也."

[18·7]

子路從而後, 遇丈人, 以杖荷蓧. 子路問曰:"子見夫子乎?"丈人曰:"四體不勤, 五穀不分, 孰為夫子?"植其杖而芸. 子路拱而立. 止子路宿, 殺雞為黍而食之, 見其二子焉. 明日, 子路行以告. 子曰:"隱者也."使子路反見之. 至則行矣. 子路曰:"不仕無義. 長幼之節不可廢也, 君臣之義, 如之何其 廢之? 欲潔其身而亂大倫. 君子之仕也, 行其義也. 道之不行, 已知之矣."

[18·8]

逸民: 伯夷, 叔齊, 虞仲, 夷逸, 朱張, 柳下惠, 少連. 子曰: "不降其志, 不辱其身, 伯夷, 叔齊與!" 謂: "柳下惠, 少連, 降志辱身矣, 言中倫, 行中慮, 其斯而已矣." 謂: "虞仲, 夷逸, 隱居放言, 身中清, 廢中權. 我則異於是, 無可無不可."

[18·9]

大師摯適齊, 亞飯干適楚, 三飯繚適蔡, 四飯缺適秦. 鼓方叔入於河, 播武入於漢, 少師陽, 擊磬襄入於海.

[18·10]

周公謂魯公曰: "君子不施其親, 不使大臣怨乎不以. 故舊無大故, 則不棄也, 無求備於一人."

[18·11]

周有八士: 伯達, 伯适, 仲突, 仲忽, 叔夜, 叔夏, 季隨, 季騧.

子張第十九

[19·1]

子張曰: "士見危致命, 見得思義, 祭思敬, 喪思哀, 其可已矣."

[19·2]

子張曰:"執德不弘, 信道不篤, 焉能爲有? 焉能爲亡?"

[19·3]

子夏之門人問交於子張. 子張曰:"子夏云何?" 對曰:"子夏曰:'可者與之, 其不可者拒之.'" 子張曰:"異乎吾所聞. 君子尊賢而容眾, 嘉善而矜不能. 我之大賢與, 於人何所不容? 我之不賢與, 人將拒我, 如之何其拒人也?"

[19·4]

子夏曰:"雖小道, 必有可觀者焉; 致遠恐泥, 是以君子不爲也."

[19·5]

子夏曰:"日知其所亡, 月無忘其所能, 可謂好學也已矣."

[19·6]

子夏曰:"博學而篤志, 切問而近思, 仁在其中矣."

[19·7]

子夏曰:"百工居肆以成其事, 君子學以致其道."

[19·8]

子夏曰:"小人之過也必文."

[19·9]

子夏曰: "君子有三變: 望之儼然, 即之也溫, 聽其言也厲."

[19·10]

子夏曰: "君子信而後勞其民, 未信, 則以爲厲己也. 信而後諫, 未信, 則以爲謗己也."

[19·11]

子夏曰: "大德不踰閑, 小德出入可也."

[19·12]

子游曰: "子夏之門人, 小子當洒掃應對進退, 則可矣, 抑末也. 本之則無, 如之何?" 子夏聞之, 曰: "噫! 言游過矣! 君子之道, 孰先傳焉? 孰後倦焉? 譬諸草木, 區以別矣. 君子之道, 焉可誣也? 有始有卒者, 其惟聖人乎!"

[19·13]

子夏曰: "仕而優則學, 學而優則仕."

[19·14]

子游曰: "喪致乎哀而止."

[19·15]

子游曰: "吾友張也, 爲難能也, 然而未仁."

[19·16]

曾子曰:"堂堂乎張也, 難與並爲仁矣."

[19·17]

曾子曰:"吾聞諸夫子:'人未有自致者也, 必也親喪乎!'"

[19·18]

曾子曰:"吾聞諸夫子:'孟莊子之孝也, 其他可能也; 其不改父之臣與父之政, 是難能也.'"

[19·19]

孟氏使陽膚爲士師, 問於曾子. 曾子曰:"上失其道, 民散久矣. 如得其情, 則哀矜而勿喜."

[19·20]

子貢曰:"紂之不善, 不如是之甚也. 是以君子惡居下流, 天下之惡皆歸焉."

[19·21]

子貢曰:"君子之過也, 如日月之食焉. 過也, 人皆見之; 更也, 人皆仰之."

[19·22]

衛公孫朝問於子貢曰:"仲尼焉學?"子貢曰:"文武之道, 未墜於地, 在人. 賢者識其大者, 不賢者識其小者, 莫不有文武之道焉. 夫子焉不學, 而亦何常師之有?"

[19·23]

叔孫武叔語大夫於朝曰: "子貢賢於仲尼." 子服景伯以告子貢. 子貢曰: "譬之宮牆, 賜之牆也及肩, 窺見室家之好. 夫子之牆數仞, 不得其門而入, 不見宗廟之美, 百官之富, 得其門者或寡矣. 夫子之云, 不亦宜乎!"

[19·24]

叔孫武叔毀仲尼. 子貢曰: "無以爲也.仲尼不可毀也.他人之 賢者, 丘陵也, 猶可踰也; 仲尼, 日月也, 無得而踰焉. 人雖欲自絶, 其何傷於日月乎? 多見其不知量也."

[19·25]

陳子禽謂子貢曰: "子爲恭也, 仲尼豈賢於子乎?" 子貢曰: "君子一言以爲知, 一言以爲不知, 言不可不愼也. 夫子之不可及也, 猶天之不可階而升也. 夫子之得邦家者, 所謂立之斯立, 道之斯行, 綏之斯來, 動之斯和. 其生也榮, 其死也哀, 如之何其可及也?"

堯曰第二十

[20·1]

堯曰: "咨! 爾舜! 天之曆數在爾躬, 允執其中, 四海困窮, 天祿永終." 舜亦以命禹. 曰: "予小子履敢用玄牡, 敢昭告于皇皇后帝: 有罪不敢赦. 帝臣不蔽, 簡在帝心. 朕躬有罪, 無以萬方; 萬方有罪, 罪在朕躬." 周有大賚, 善人是富. "雖有周親, 不如仁人. 百姓有過, 在予一人." 謹權量, 審法度, 修廢官, 四方之政行焉. 興滅國, 繼絕世, 舉 逸民, 天下之民歸心焉. 所重: 民, 食, 喪, 祭. 寬則得眾, 信則民 任焉, 敏則有功, 公則說.

[20·2]

子張問於孔子曰:"何如斯可以從政矣?"子曰:"尊五美, 屏四惡, 斯可以從政矣."子張曰:"何謂五美?"子曰:"君子惠而不費, 勞而不怨, 欲而不貪, 泰而不驕, 威而不猛."子張曰:"何謂惠而不費?"子曰:"因民之所利而利之, 斯不亦惠而不費乎? 擇可而勞之, 又誰怨? 欲仁而得仁, 又焉貪? 君子無眾寡, 無小大, 無敢慢, 斯不亦泰而不驕乎? 君子正其衣冠, 尊其瞻視, 儼然人望而畏之, 斯不亦威而不猛乎?"子張曰:"何謂四惡?"子曰:"不教而殺謂之虐; 不戒視成謂之暴; 慢令致期謂之賊; 猶之與人也, 出納之吝謂之有司."

[20·3]

子曰:"不知命, 無以爲君子也; 不知禮, 無以立也; 不知言, 無以知人也."

부록_ 공자 연표

연도			나이	사적
기원전	주周 왕조	노魯나라		
770	평왕平王 1	효공孝公 37		• [중국] 주 왕조는 평왕이 수도를 낙읍雒邑(오늘날 허난河南 뤄양洛陽)으로 옮기면서 동주東周 시대로 접어들었다.
753	18	혜공惠公 16		• [세계] 로물루스가 로마 성을 세워 로마 왕정 시대를 열었다.
725	46	44		• [중국] 이즈음에 철학자 관중管仲이 태어났다.
707	환왕桓王 13	환공桓公 5		• [중국] 주 왕조 환왕桓王이 정鄭나라를 토벌할 때 수갈繻葛에서 교전했다. 환왕은 어깨에 화살을 맞아 패했다.
685	장왕莊王 12	장공莊公 9		• [중국] 제齊나라 환공桓公이 즉위했다. 관중管仲을 재상으로 등용하고 정치를 개혁했다.
651	양왕襄王 1	희공僖公 9		• [중국] 제齊나라 환공桓公이 제후들을 규구葵丘에 모았다. 주 왕조의 천자가 사람을 보내 참석시키고 제나라가 패주霸主임을 정식으로 인정했다.
632	양왕 20	희공 28		• [중국] 진晉나라 문공文公이 제후들을 천토踐土에 모았고 주 왕조의 천자가 사람을 보내 참석시켰다. 진 문공晉文公이 패주가 되었다.
624	양왕 28	문공文公 3		• [세계] 이즈음에 고대 그리스의 첫 번째 철학자 탈레스Thales가 태어났다.
594	정왕定王 13	선공宣公 15		• [세계] 솔론Solon이 아테네 수석 집정관을 맡아 정치를 개혁하여 아테네 민주정치의 기초를 다졌다.
580	간왕簡王 6	성공成公 11		• [세계] 이즈음에 철학자 피타고라스Pythagoras가 태어났다.

563	영왕靈王 9	양공襄公 10		• [세계] 이즈음에 불교의 시조 석가모니가 태어났다.
551	21	22	1	• 공자가 출생했다. 공자는 주력周曆 동東 10월 경자庚子, 즉 하력夏曆 8월 27일이자 서력西曆 9월 28일에 태어난 것으로 추산된다. 출생지는 노魯나라 창평향昌平鄕 추읍陬邑(오늘날 산둥山東 취푸曲阜) 동남쪽의 니산尼山 근처다.(『사기』「공자세가」;『곡량전穀梁傳』양공襄公 21년
549	23	24	3	• 공자의 아버지 숙량흘叔梁紇이 죽자 방산防山(오늘날의 취푸曲阜 동쪽)에 묻혔다.(『사기』「공자세가」,『공자가어孔子家語』「본성해本姓解」) 이후 공자는 어머니 안징재顔徵在를 따라 노魯나라 도성 곡부曲阜의 궐리闕里로 이사했다.
548	24	25	4	• [중국] 제齊나라 대부 최저崔杼가 군주인 장공莊公을 시해하고 장공의 동생 저구杵臼를 옹립해 제나라 경공景公이 즉위했다.
547	25	26	5	• [중국] 위衛나라 대부 영희甯喜가 상공殤公을 시해했다. 이에 위나라 제후 간衎이 복위復位되어 헌공獻公이 되었다.
546	26	27	6	• 어린 공자는 제사용품과 고기음식을 담는 그릇인 조두를 진열하고 제사를 올리는 의식을 모방하는 놀이를 하며 자랐다. 확실한 연도를 알 수 없다.(『사기』「공자세가」)
544	경왕景王 1	29	8	• 제자 염백우冉伯牛가 태어났다. • [노나라] 여름, 계무자季武子가 변읍卞邑을 취해 세력을 키우자 양공襄公이 언짢았다. 오吳나라 공자公子 계찰季札이 나라를 대표해 노나라를 방문했다. 계찰은 노나라에서 주 왕조의 예악을 참관했다.
543	2	30	9	• [중국] 채蔡나라 세자世子 반般이 아버지 경후景侯를 시해하고 스스로 임금이 되어 채蔡나라 영후靈侯가 되었다.

542	3	31	10	• 제자 자로子路가 태어났다. • 〔노나라〕 6월, 양공襄公이 죽자 자야子野가 즉위했다. 9월, 자야가 죽자 계무자季武子는 아직 동심童心을 가진 19세의 공자公子 주禂를 소공昭公으로 세웠다.
541	4	소공昭公 1	11	• 〔중국〕 초楚나라 공자公子 위圍는 조카인 초나라 왕 겹오郟敖를 시해하고 스스로 영왕靈王이 되었다.
540	5	2	12	• 〔노나라〕 봄, 한선자韓宣子가 진晉나라를 대표해 노나라를 방문했다. 『역상易象』과 『노춘추魯春秋』를 보고 "주례周禮가 모두 노나라에 남아 있다"라고 찬탄했다.
539	6	3	13	• 〔세계〕 페르시아 제국이 바빌론성을 점령해 신바빌로니아 왕국을 멸망시켰다.
537	8	5	15	• 공자는 스스로 "나는 15세에 학문에 뜻을 두었다"라고 말했다.(2.4) 공자가 공부한 것은 사람됨과 처세의 도리였다. 일정한 스승은 없었으나, 가르침을 구할 때는 항상 겸허한 자세로 예법에 따랐다. 오경五經의 지식과 육예六藝의 기술에서 인생의 정도正道에 대한 구체적 내용을 배웠다.(3.15; 6.27; 19.22) • 〔노나라〕 1월, 사구司寇가 중군中軍을 폐지하고 삼가三家가 공실公室의 군軍을 4등분했다. 당시 군역[軍]과 세금[賦]은 하나로 통일되었는데, 군을 나눈다는 것은 세금을 나눈다는 것이다. 4등분한 세금 중 계씨季氏가 절반을 취하고 대권을 장악했고, 나머지는 맹씨孟氏와 숙씨叔氏가 취했다. 이후 공실空室의 권력은 점차 약화되었다.
536	9	6	16	• 제자 민자건閔子騫이 태어났다. • 〔중국〕 정鄭나라는 형서刑書를 구리솥에 주조하고 법치法治를 밝혔다. 당시 자산子産은 집정대부執政大夫였다.

535	10	7	17	• 대략 공자가 17세가 되기 전, 어머니 안징재顏徵在가 죽었다. 어려서 아버지를 여읜 공자는 아버지의 묘소 위치를 몰랐기 때문에 일단 어머니의 빈소를 오보지구五父之衢에 차렸다. 신중하게 아버지 묘소 자리를 알아낸 뒤 어머니를 방산防山에 묻었다.(『사기』「공자세가」) • 계평자季平子가 연회를 베풀어 선비士人들을 초대했다. 상喪중이었던 공자가 참석을 하려 했지만, 계씨季氏의 가신家臣 양화陽貨가 참석 자격이 없다면서 안으로 들이지 않았다.(『사기』「공자세가」) • [노나라] 3월, 맹희자孟僖子가 노나라 군주를 수행해 초楚나라를 방문했는데 의식절차를 잘 몰라서 돕지 못했다. 11월, 계무자季武子가 죽고 계평자가 즉위했다. 노나라는 숙손소자叔孫昭子가 집정했다. • [세계] 이즈음에 철학자 헤라클레이토스 Heraclitus가 태어났다.
534	11	8	18	• [중국] 초나라가 진陳나라를 멸망시켰다.
532	13	10	20	• 공자는 송宋나라 사람 올관씨亓官氏를 아내로 맞았다. 『공자가어』에는 공자가 19세 때 아내를 맞았다고 기록했다. 그러나 20세 때 관례冠禮를 치러야 아내를 맞을 수 있는 고대의 제도를 고려하면, 이 무렵의 일로 추정된다.(『공자가어』「본성해」)
531	14	11	21	• 공자는 젊었을 때부터 제사나 상례를 돕는 일에 종사했다. 만년에는 대부의 상례에서 장례의식을 돕기도 했다.(9.16;『예기禮記』「단궁檀弓 하下」) • 이 무렵 공자는 계씨 문하에서 위리委吏, 승전乘田 등 직위를 맡아 창고와 목장의 관리를 책임졌다.(『맹자孟子』「만장萬章 하下」;『사기』「공자세가」) 공자는 "나는 어려서 가난했기 때문에 비천한 일을 많이 해야 했다" "나는 관직에 등용되지 않았기 때문에 기술을 익힐 수 있었다"라고 했다. 이처럼 공자는 젊었을 때 가난하고 지위가 낮아 시련이 많았으나, 그 과정에서 다양한 능력을 기르고 넓은 아량과 포부를 키울 수 있었다.(9.6; 9.7) • 공자의 아들 공리孔鯉가 태어났다. '공리'라는 이름은 노나라 소공昭公이 축하 선물로 잉어를 하사하여 지어졌다.(『공자가어』「본성해」) • [중국] 초나라가 채蔡나라를 멸망시켰다.

530	15	12	22	• [노나라] 10월, 계씨季氏의 가신家臣 남괴南蒯가 비읍費邑에서 반란을 일으켰으나, 실패 후 제齊나라로 도망갔다.
529	16	13	23	• [중국] 초楚나라에 내란이 일어나 초나라 영왕靈王이 자살했다. 그의 동생 공자公子 비比도 즉위한 지 얼마 안 되어 강제로 자살했다. 결국 막내인 공자公子 기질棄疾이 즉위했는데, 그가 평왕平王이다. 평왕은 정세를 안정시키기 위해 진陳나라와 채蔡나라의 국권을 회복시켰다. • [중국] 진晉나라 소공昭公이 평구平丘에서 제후들을 소집했다.
525	20	17	27	• 담郯나라의 군주가 노나라에서 조회朝會를 했다. 담자郯子는 소호씨少皞氏의 후예로서 고대의 관제官制에 대해 해박했다. 공자는 담자를 만나 가르침을 청했다.(『좌전左傳』 소공昭公 17년) • [세계] 페르시아 제국이 이집트를 정복해 이집트 제27왕조를 세웠다.
522	23	20	30	• 공자는 스스로 "30세에 자립했다"라고 말했다. 그는 자립 후 일을 처리하는 모든 과정을 예에 따르고 정도正道를 걷기로 결심했다.(2.4) 이 무렵부터 그에게 가르침을 구하는 제자들이 따랐고 '학문을 강론해 덕을 닦으며講學修德' '나라를 다스려 백성을 이롭게 하는 것治國利民'을 목표로 하는 사생師生 단체가 형성되었다. • 제자 금뢰琴牢는 자신의 벗인 종로宗魯가 죽자 조의弔意를 표하고자 했다. 그러나 공자는 종로가 주인에게 충성했지만 반란을 도왔으니 의롭지 못한 행동을 한 것이며, 그러한 충심은 옳고 그름을 분별하지 못한 맹목적인 충성[愚忠]이라고 하며 금뢰의 조의를 말렸다.(『좌전』 소공 20년; 『공자가어』 「자공문子貢問」) • 제자 중궁仲弓, 염구冉求, 재아宰我가 태어났다.
521	24	21	31	• 제자 안회顔回가 태어났다.
520	25	22	32	• 제자 자공子貢이 태어났다. • [중국] 주 왕조 경왕景王이 죽었다. 왕자 맹猛이 도왕悼王에 즉위했다. 왕자 조朝가 반란을 일으켜 도왕을 죽이고 스스로 왕이 되었다. 이후 진晉나라가 공격하여 왕자 개丐를 경왕敬王에 옹립했다.

519	경왕敬王 1	23	33	• [중국] 왕자 조朝가 도성 낙읍雒邑을 점거했다. 경왕敬王이 성 밖의 적천狄泉에 거해 두 왕이 대치하는 국면이 되었다.
518	2	24	34	• 공자는 노나라 군주의 후원을 얻어 주周나라를 방문했다. 이 무렵에 노자老子를 만나 예禮에 대해 물었고,(『사기』「공자세가」; 『사기』「노자한비열전老子韓非列傳」) 장홍萇弘에게 음악을 물었다.(『예기禮記』「악기樂記」; 『공총자孔叢子』「가언嘉言」) • [노나라] 2월, 맹희자孟僖子가 죽었다. 맹희자는 노나라 소공昭公을 수행해 초楚나라를 방문했을 때 예법에 능숙하지 못해 의식절차를 돕지 못했다. 이를 부끄럽게 여긴 맹희자는 임종 때 그의 두 아들 맹의자孟懿子와 남궁경숙南宮敬叔에게 "예가 없으면 설 수 없다"며 반드시 공자에게 예를 배울 것을 당부했다.(『좌전』 소공 7년)
517	3	25	35	• 노나라의 삼가三家가 예를 어기고 권력을 독점하는 일이 심각해졌다. 그들은 천자天子의 기준을 도용하여 집안 제사의식에서 『시경詩經』「옹雍」편을 노래했다. 심지어 계평자季平子는 집안 뜰에서 팔일무八佾舞를 거행했다. 공자는 「옹」편의 내용이 삼가의 제사에 맞지 않으며, 예제를 참월한 계평자의 행위에 대해서는 "이것을 견딜 수 있다면, 무엇인들 견디지 못하겠는가"라고 했다.(3.1; 3.2) • 공자는 노나라의 내란을 피하기 위해 제齊나라로 가서 고소자高昭子의 집에 머물렀다.(『사기』「공자세가」) • 태산泰山을 지날 때 공자는 한 여인이 가혹한 정치를 피해 가족들이 호랑이에게 물려 죽은 곳에 여전히 살고 있는 것을 보고 "가혹한 정치는 호랑이보다 무섭다"라고 탄식했다.(『공자가어』「정론해正論解」) • [노나라] 9월, 노나라에 내란이 일어났다. 소공昭公에게 죄를 지은 계평자가 소공의 토벌에 저항하기 위해 맹씨孟氏, 숙씨叔氏를 이끌고 공격했다. 소공이 패배하여 제齊나라로 도주했다. 10월, 소공을 불러들이려 한 숙손소자叔孫昭子가 죽고, 계평자가 노나라의 집정을 이어받았다. • [중국] 여름, 진晉나라가 황보黃父에 제후들을 불러 모아 주周왕실의 왕자 조朝의 왕위다툼 문제를 논의했다.

516	4	26	36	• 공자는 제齊나라에 머물렀다. 이때 제나라의 대악관大樂官과 음악에 대해 논했다. 그는 「소韶」곡을 듣고 "3개월 동안 고기 맛을 알지 못했다"라는 미담을 남겼다.(7.14) 제나라 경공景公이 공자에게 여러 차례 정치의 방법에 대해 물었으며, 니계尼谿 땅에 봉하려 했으나 대부 안평중晏平仲의 저지로 성사되지 않았다.(『사기』「공자세가」) • [중국] 주 왕조 경왕敬王이 진晉나라의 도움을 받아 도성인 낙읍雒邑으로 돌아왔다. 왕자 조朝는 초나라로 도주했다.
515	5	27	37	• 제齊나라 대부가 공자를 해치려 하고 경공景公이 공자를 등용하지 못하자 공자는 노나라로 돌아갔다.(18.3; 『좌전』 소공 27년; 『사기』「공자세가」) • 공자가 노나라로 돌아가는 길에 제나라 영토인 영嬴과 박博 사이를 지났다. 마침 오吳나라 공자公子 계찰季札이 제나라에서 자국으로 돌아가는 길에 아들을 위해 상례喪禮를 치르고 있었다. 공자는 계찰이 예의禮儀에 조예가 깊은 것을 알고 있어 예를 참관하러 그곳에 갔다.(『예기禮記』「단궁檀弓 하下」) • [노나라] 가을, 진晉나라가 호扈에 제후들을 불러 모아 노나라 소공昭公을 받아들이고자 했다. • [중국] 오吳나라 공자公子 광光이 군주 요僚를 시해하고 스스로 제위에 올랐는데, 그가 합려闔閭다. 합려는 오자서伍子胥와 손무孫武를 등용해 오나라를 강성하게 만들었다.
514	6	28	38	• [노나라] 봄, 노나라 소공昭公이 진晉나라로 가 건후乾侯의 집에 머물렀다. • [세계] 이즈음에 철학자 파르메니데스 Parmenides가 태어났다.
513	7	29	39	• [중국] 진晉나라 조간자趙簡子와 중항문자中行文子가 범선자范宣子의 형서刑書에 근거해 법률을 구리솥에 주조해 형정刑鼎을 만들었다.

512	8	30	40	• 공자는 스스로 "40세에 미혹되지 않았다"라고 말했다. 그는 '배움에 뜻을 둔志於學' 이후 덕행을 수양하고 학문을 강습하여, 점차 '의를 행하여 선을 향하는行義遷善' 학문과 식견의 체계를 이루었다. 그는 약 40세가 되었을 때 이성이 감정의 영향에 흔들리지 않았으며 이해利害와 경중輕重을 분별하여 미혹에서 벗어났다.(2.4, 12.10, 12.21) • [중국] 오吳나라가 서徐나라를 멸망시켰다.
510	10	32	42	• [노나라] 12월, 오랜 기간 망명생활을 한 소공昭公이 건후乾侯의 집에서 병사했다. • [중국] 진晉나라는 제후들을 모아 주 왕조 왕실의 새로운 도성 성주成周를 건축했다.
509	11	정공定公 1	43	• [노나라] 여름, 계평자季平子의 지지를 얻은 소공昭公의 동생 공자公子 송宋이 정공定公으로 즉위했다. 가을, 소공의 영구靈柩가 노나라로 돌아왔다. 계씨季氏는 노공묘魯公墓 남쪽에 묻었는데, 이로써 소공의 묘지를 노나라 선왕들의 묘지와 분리시켰다. • [세계] 로마는 왕정 시대를 마감하고 공화국 시대를 열었다.
507	13	3	45	• 맹의자孟懿子의 소개를 받은 주邾나라 대부가 주은공邾隱公을 대신해 공자에게 관례冠禮에 대해 물었다.(『좌전』 정공定公 3년; 『공자가어』 「관송冠頌」) • 제자 자하子夏가 태어났다.
506	14	4	46	• 제자 자유子游가 태어났다. • [중국] 오吳·채蔡·당唐 등 3개국이 초楚나라를 침략하여 도성 영郢을 장악했다. 초나라 소왕昭王은 운鄖나라와 수隨나라로 피신했다. 이후 진秦나라의 군사적 도움을 받아 이듬해 영郢을 탈환했다.

505	15	5	47	• 전해지는 바에 따르면, 계환자季桓子가 우물을 파다가 양 모양의 흙으로 된 항아리[土罐]를 얻었는데 공자에게 물을 때는 개의 형상이라고 했다. 그러나 공자는 문헌을 토대로 양일 것이라고 답변했다.(『사기』「공자세가」) • 노나라의 대부 이하 관리들은 예를 어기고 윗사람에게 저항하는 일이 자주 발행했다. 정치가 혼탁한 것을 보고 공자는 벼슬에 나가지 않기로 했다. 이때 공자는 『시詩』『서書』『예禮』『악樂』을 정리하는 데 힘썼다. 공자에게 가르침을 구하고자 따르는 제자들이 점차 많아졌다.(『사기』「공자세가」) • 제자 증삼曾參이 태어났다. • 〔노나라〕 6월, 계평자季平子가 죽고 계환자가 대부의 자리를 계승했다. 계씨의 가신인 양화陽貨가 계환자를 감옥에 가두었다. 10월, 양화는 계환자의 일족인 공하막公何藐을 죽이고 계환자와 동맹하여 국정을 주도하기 시작했다.
504	16	6	48	• 〔노나라〕 2월, 양화陽貨는 노나라 군주를 따라 정鄭나라를 침략하고 광성匡城을 빼앗았다. 이 일은 훗날 공자가 광匡땅에서 곤경에 처하는 원인이 되었다. 8월, 양화는 노나라 군주를 비롯한 삼환三桓과 주사周社에서 동맹을 맺고, 귀족들과 박사毫社에서 동맹을 맺어 오보지구五父之衢에서 신에게 제사했다. 이로써 양화는 정식으로 집정의 지위를 얻었다. 이때 노나라의 정치는 공자가 말한 "대부의 가신이 나라의 운명을 잡고 있다"는 무도無道의 상황으로 전락했다.(16.2)

503	17	7	49	• 노나라의 권세를 쥔 양화陽貨는 공자가 방문해 주길 바랐으나 공자가 찾아가지 않자, 공자에게 선물을 보내어 공자가 감사인사를 하러 오게 만들었다. 공자는 양화가 집에 없는 틈을 타 인사를 하러 갔다가 돌아오는 길에 양화와 마주치게 되었다. 양화는 공자에게 되도록 빨리 벼슬에 나오라고 권했고, 공자는 제안을 받아들였다. 그러나 공자는 2년 후 양화가 쫓겨난 뒤에야 비로소 노나라 중도재中都宰를 맡았다.(17.1; 『사기』 「공자세가」) • 제자 자장子張이 태어났다. • 〔노나라〕 2월, 제齊나라는 운鄆과 양관陽關 두 곳을 노나라에게 반환했다. 양화陽貨가 이 땅을 점거해 차지했다.
502	18	8	50	• 공자는 스스로 "50세에 하늘의 명을 알았다"라고 말했다. 그는 깊은 도덕적 수양과 철저한 자기각성을 통해 천명天命은 자신이 움켜쥘 수 없는 운명인 동시에, 모든 사람이 자주적으로 선을 행할 수 있는 사명이라는 것을 깨달았다. 그리고 자신의 천명은 정교政敎를 통해 천하가 바른길로 돌아오게 하고, 택선고집擇善固執하여 지극한 선을 지향하게 하며, 어쩔 수 없는 운명에도 계속 최선을 다하는 것이라고 생각했다.(2.4, 18.7) • 계씨季氏의 가신家臣 공산불요公山弗擾는 비읍費邑을 점령하고 양화陽貨와 손잡고 계씨에게 반란을 일으켰다. 이때 공자에게 도움을 청했다. 공자는 공산불요에게 협조하여 노나라를 태평하게 다스리고자 했으나 결국 가지 않았다.(17.5; 『좌전』 정공 8년) • 〔노나라〕 겨울, 계오季寤·숙손첩叔孫輒·공산불요公山弗擾 등 5명은 삼가三家에게 신임을 받지 못했다. 양화는 이 기회를 틈타 삼가의 실권자들을 제거하고 자신과 계오, 숙손첩이 그 자리를 대신하려 했다. 그러나 계평자季平子를 살해하려다 실패하고 삼가의 연합공격을 받아 양관陽關으로 도주했다.

501	19	9	51	• 양화陽貨의 반란이 평정된 후, 공자는 처음 벼슬에 나가 노나라 중도재를 맡았다.(오늘날 산동성 원상현汶上縣 서쪽) • 공자는 중도재 재직 기간에 부모를 생전에 잘 봉양하고 사후에 후하게 장사하는 각종 예의절차를 명확히 규정했다. 추진한 지 1년이 지나자 효과가 탁월하여 각지에서 이를 본받았다. 노나라 정공定公은 공자에게 그러한 방법으로 노나라를 다스리면 어떻겠냐고 물었다. 공자는 "천하에 대해서도 가능하다雖天下可乎"라고 대답했다.(『사기』「공자세가」;『공자가어』「상로相魯」) • 〔노나라〕 6월, 노나라 군대가 양관陽關을 토벌하자 양호陽虎는 제나라로 도주했다. 이후 진晉나라에서 조간자趙簡子의 신하가 되었다. • 〔중국〕 정鄭나라를 집정하는 사천駟歂이 대부 등석鄧析을 살해했다. 사천이 등석을 죽이면서 사용한 율법은 등석이 지은 『죽형竹刑』(죽간竹簡에 쏜 형법. 형정刑鼎보다 열람하고 보급하기 편리함)이었다.

500	20	10	52	• 공자는 노魯나라의 소사공小司空을 맡은 후 얼마 안 되어 사구司寇로 승진하여 대부가 되었으며, 국가의 사법과 옥정형법獄政刑罰을 통괄하여 다스렸다. • 노나라와 제齊나라가 협곡에서 회맹할 때 공자는 예상禮相으로서 노나라 군주를 수행했다. 그는 외교적 예의에 따라 일을 처리하고 군사적으로도 대비를 하여 제나라가 점령한 토지를 돌려받는 데 기여함으로써 노나라는 중대한 외교적 승리를 거두었다. (『좌전』 정공 10년; 『사기』 「공자세가」) • 공자는 사구를 맡을 때, 자신이 소송을 처리하는 방법은 다른 사람들과 비슷하다고 했다. 다만 소송 사건이 다시 발생하지 않기를 바라는 마음으로 처리할 뿐이었다. 즉 교화敎化가 널리 이루어져 사람들이 법을 지키고 예를 중시하여 소송 사건이 없어지기를 바랐다.(12.13) • 공자는 노나라 소공昭公의 묘지와 노나라 공실公室의 묘지를 연결하는 통로를 건설했다. 이로써 소공의 묘가 더 이상 선왕들의 묘와 격리되지 않도록 했다.(『좌전』 정공 1년; 『공자가어』 「상로相魯」) • [노나라] 여름, 노나라와 제나라가 협곡에서 회맹會盟했다. 여름과 가을, 숙씨叔氏의 가신家臣 후범侯犯이 후읍郈邑을 점거해 반란을 일으킨 후 패배해 제나라로 도주했다. • [세계] 이 즈음에 클라조메나이Clazomenae 출신의 철학자 아낙사고라스Anaxagoras가 태어났다.

499	21	11	53	• 공자는 사구司寇의 신분으로 최고 행정장관의 업무를 대신 처리해 계환자季桓子의 국정을 도왔다. 처음에는 공자의 능력이 의심을 받았지만, 3년이 지나자 노나라가 크게 다스려졌다.(『여씨춘추呂氏春秋』「악성樂成」;『사기』「공자세가」) • 노나라 정공定公은 계씨季氏의 지지를 받아 왕위를 계승했기 때문에 삼가三家의 세력에 대항하기 어려웠다. 이 무렵 정공은 공자에게 군신君臣의 도리를 물었다. 공자는 군주는 예제禮制에 따라 신하를 부리고 신하는 직분에 충실하여 군주를 섬겨야 한다고 대답했다.(3.19) • 전해지는 바에 따르면, 공자가 재상의 일을 겸한 지 7일 뒤 노나라 대부 소정묘少正卯를 죽였다. 이 일은 선진先秦 시대의 문헌『순자荀子』에만 기록되어 있으며, 동일한 단락에 기재된 역사적 사실에도 착오가 있다. 또한 공자가 주장한 덕치德治, 예컨대 "그대는 정사를 돌보는 일에 어찌 죽임을 쓰십니까?"와 같은 발언들을 볼 때 이 사실은 진위를 따져보아야 한다. 『순자』에 이러한 내용이 담긴 의도는 별도로 생각해볼 수 있다.(12.19;『순자』「유좌宥坐」;『사기』「공자세가」) • 〔노나라〕 정鄭나라와 평화 협정을 맺고 진晉나라를 이반하기 시작했다. 제齊·정鄭·위衛·노魯 4개국의 관계가 호전되었다. • 〔중국〕 진晉나라에 내분이 일어나고 육경六卿이 공실公室을 업신여기면서 패업霸業이 쇠락했다. 동맹을 맺었던 제후들이 진나라를 점차 멀리했다.

498	22	12	54	• 공자는 나라의 예제禮制로 따져볼 때 신하는 사적인 군사를 소유하면 안 되며, 대부는 성읍城邑에 100치雉의 높은 장벽을 가져서는 안 된다고 노魯 정공定公에게 말했다. 또한 '타삼도墮三都', 즉 계씨季氏의 비읍費邑, 숙씨叔氏의 후읍郈邑, 맹씨孟氏의 성읍成邑에 세운 높은 장벽을 허물 것을 건의했다. 계씨와 숙씨도 이러한 조치에 지지를 표명했다. 삼가三家의 가신家臣이 사읍私邑을 점거하고 반란을 일으키는 것도 막을 수 있기 때문이다. 계씨의 가재家宰를 맡은 자로子路가 그 일을 추진하게 되었다. 그러나 숙씨가 후읍의 높은 장벽을 허물고 계씨가 비읍의 장벽을 부수려 하자, 공산불요公山弗擾와 숙손첩叔孫輒이 비읍 사람들을 이끌고 정공과 삼환三桓을 습격했다. 공자가 군사를 파견해 토벌하자 공산불요와 숙손첩이 제나라로 도망갔고, 비읍의 장벽은 순조롭게 제거되었다. 마지막으로 성읍의 장벽을 허물 때 맹씨가 암암리에 반대하여 성과를 거두지 못했다. '타삼도'에 실패하자 궁실宮室과 사가私家의 갈등이 심화되었고, 자로가 비방을 받으면서 공자에게도 타격을 입혔다. 공자는 정치적 이상을 실현하는 데는 여러 조건이 얽혀 있어 모두 하늘이 결정할 뿐이라고 했다.(14.36;『좌전』정공 12년;『사기』「공자세가」) • [노나라] 여름, 노나라는 타삼도 정책을 실시했다. 삼가 성읍의 높은 장벽을 허물고 궁실 이외의 군사적 역량을 감축하는 것이었다. 비읍과 후읍의 장벽을 잇달아 허물었다. 겨울인 12월, 노 정공은 성읍을 포위했으나 성공 직전에 실패했다.

| 497 | 23 | 13 | 55 | • 공자는 노나라를 떠나 위衛나라에 도착했다.
• 봄, 제齊나라는 노나라가 공자의 다스림 속에서 패업霸業을 이룰까 두려워 가무歌舞에 능한 미녀들과 훌륭한 말들을 노나라 군주에게 선물로 보냈다. 제나라의 선물을 받은 계환자季桓子와 군주는 함께 정사에 태만했다. 자로子路가 공자에게 노나라를 떠날 것을 권하자 공자는 군주와 계씨의 태도를 더 보고 결정하기로 했다. 이후 노나라가 교제郊祭를 거행했다. 예제에 따라 제사고기를 대부에게 보내야 하는데, 공자는 고기를 받지 못했다. 자신이 더 이상 군주의 신임을 얻지 못함을 깨달은 공자는 좋은 군주를 얻어 도道를 행할 기회를 찾아 제자들과 위衛나라로 향했다. 이후 14년 동안 열국을 주유했다.(18.4; 『사기』「공자세가」)
• 공자는 제사고기를 받지 못하자 서둘러 노나라를 떠났다. 사리에 밝지 못한 사람들은 공자가 제사고기 한 점을 문제 삼았다고 했으나, 사리에 밝은 사람들은 노나라 군주가 예를 잃었기 때문에 공자가 떠났음을 알았다. 맹자는 사람들이 노나라 군주를 탓하지 않게 하기 위해 공자를 소심한 위인으로 취급했다고 생각했다.(『맹자』「고자告子 하」)
공자가 제나라 군주에게 등용되지 못했을 때 '밥을 지으려고 물에 담가둔 쌀을 건져서 서둘러 떠난 것接淅而行'과는 달리, 자신의 모국인 노나라를 떠날 때는 천천히 떠나려 했다. 노 정공 또는 계씨가 사람을 보내 만류해주기를 기대한 것이다. 이는 고향을 위해 능력을 발휘하고자 하는 마음이며, 모국에 대한 깊은 애정의 표현이다.(『맹자』「만장 하」) |

497	23	13	55	• 공자 일행이 위나라 변경인 의성儀城에 이르자 국경을 지키는 관리가 공자를 만나고자 했다. 공자와 만난 관리는 공자의 제자들에게 관직을 잃은 것을 걱정하지 말라고 하면서, "세상의 도가 쇠퇴하고 무너진 지 오래되었으니 하늘이 장차 공자를 백성을 교화하는 목탁으로 삼을 것"이라고 했다. (3.24) • 공자는 위나라에 가서 영공靈公을 만났다. 영공은 공자가 노나라에서 받았던 봉록만큼 내주며 공자를 극진히 예우했다. 이후 공자가 반란을 도모한 대부 공숙술公叔戌과 결탁했다는 모함을 받았다. 이 일로 영공의 신뢰를 얻지 못하는 상황에 처한 공자는 위나라에 머문 지 10개월 만에(이듬해 봄에) 떠났다.(『사기』「공자세가」) • [노나라] 봄, 계환자는 제나라가 보낸 여악기女樂伎와 말들을 받아 여러 날 동안 정사를 돌보지 않고 군주와 더불어 여흥에 취했다. 교제郊祭 후에도 공자에게 제사고기를 보내지 않아 예를 어겼다. 이로 인해 공자는 노나라를 떠나게 되었다. • [위衛나라] 위나라 대부 공숙술公叔戌은 집안이 부유해 교만했다. 그러나 그의 아버지 공숙문자公叔文子는 부유하지만 교만하지 않고 능력 있는 신하였다. 공숙술의 성품과 영공靈公의 탐욕을 보고 사어史魚는 공숙술이 곧 죽을 것이라고 예언했다. 결국 공숙 술의 교만함이 영공의 불만을 샀고, 그가 영공의 부인 남자南子 일당을 전복시키려 하자 남자는 그가 반란을 도모한다고 공격했다. 이듬해 봄 영공이 그를 내쫓고 재산을 몰수하자 그는 노나라로 도주했다. • [중국] 진晉나라에서 8년간의 내란이 시작되었다. 지知·한韓·조趙·위魏 등 사가四家와 범씨范氏·중항씨中行氏가 공격했다. 겨울, 설薛나라 사람이 군주 비比를 시해하자 공자公子 이夷가 즉위했다. 그가 설혜공薛惠公이다.

496	24	14	56	•위나라를 떠난 공자는 진陳나라로 가고자 했다. 공자 일행이 광읍匡邑을 지날 때 그곳 사람들은 예전에 군대를 이끌고 그곳을 침략했던 양화陽貨로 착각하고, 공자 일행을 사로잡았다. 오해가 풀리긴 했지만 위급한 상황에서 일행들이 뿔뿔이 흩어지게 되었으며, 그 와중에 공자는 안회가 죽은 줄 알았다. 광읍에서 도망친 후 공자 일행은 포읍蒲邑을 지났다. 당시 위나라 대부 공숙술公叔戌이 반란을 일으키자 포 땅 사람들은 공자 일행을 포위하고는 함께 위나라 군대와 싸울 것을 요구했다. 제자 공양유公良孺는 공자를 욕보이지 않게 하기 위해 칼을 뽑아 들고 여러 사람들을 모아 맞섰다. 포 땅 사람들은 그의 용맹함에 놀라서 공자가 위나라에 가지 않겠다고 맹세해주면 풀어주겠다고 했다. 그러한 맹세는 스스로 원해서 한 것이 아니기 때문에 공자는 포읍을 떠나자마자 위나라로 향했다. 위나라에 돌아온 공자는 대부 거백옥蘧伯玉의 집에 머물렀다.(11.23, 『사기』「공자세가」) •〔위나라〕 1월, 공숙술이 포읍에서 반란을 일으켰는데, 패하자 노나라로 갔다. 가을, 태자 괴외蒯聵가 남자南子를 죽이려다 실패하자 송宋나라로 도주했다. 영공靈公은 괴외의 무리들을 모두 내쫓았다. •〔중국〕 오吳나라 왕 합려闔閭가 월越나라에 패하고 중상을 입었다. 귀국 후 죽자 아들 부차夫差가 즉위했다.

| 495 | 25 | 15 | 57 | • 공자는 위衛나라를 떠나 노나라로 돌아왔다.
• 위나라 영공靈公이 공자를 초대하여 나들이를 하는데, 자신과 남자南子가 탄 마차 다음 마차에 공자를 태워 뒤따르게 했다. 그리고 환관 옹거雍渠를 세 번째 마차에 태웠다. 마차 행렬이 많은 사람들 앞을 과시하며 지나자, 여러 나라에 이름이 알려진 공자가 영공을 지지하는 것처럼 보였다. 공자는 이를 수치스럽게 느끼고 영공은 덕행德行을 좋아하기보다는 미색美色을 좋아한다는 말을 남기고 다시 위나라를 떠났다.(9.18; 『사기』「공자세가」)
• 주邾나라 은공隱公이 1월 노나라로 조회를 왔다. 자공子貢이 예를 참관하러 갔는데, 두 군주 모두 예를 무시하고 절도가 없는 것을 보고 곧 나라가 패망할 것이라고 했다. 5월 노 정공定公이 죽자, 공자는 불행히도 말 많은 자공의 예언이 적중했다고 했다. 이때 공자는 이미 노나라에 들어와 있었던 것으로 추정된다.(『좌전』 정공 15년)
• [노나라] 1월, 주나라 은공이 노나라로 조회를 왔다. 5월, 노 정공이 죽고 공자公子 장將이 즉위했다. 그가 노魯 애공哀公이다. |

| 494 | 26 | 애공哀公 1 | 58 | • 공자는 노나라에서 위나라로 갔다. 진晉나라에 가고자 했지만 성사되지 않아 결국 위나라도 떠났다.
• 오吳나라는 월越나라를 함락하고 수레 하나에 꽉 들어찰 만큼 많은 해골을 얻었다. 사자使者를 노魯나라로 보내 공자에게 역사와 전설에 관해 물었다.(『국어國語』「노어魯語 하」)
• 공자가 위나라로 돌아오자 위 영공靈公은 예우했지만 등용하지 못했다. 결국 공자는 진나라에 가서 조간자趙簡子를 방문하고자 했다. 일행이 황하 동쪽 기슭에 이르러 아직 위나라에서 벗어나지 않았을 때, 조간자가 자신을 도왔던 두명독竇鳴犢과 순화舜華를 죽였다는 소식을 들었다. 낙담한 공자는 진나라에 가려던 뜻을 접었다.(『사기』「공자세가」)
• 진晉나라에 내란이 일어나자 위衛나라와 제齊나라 모두 참여했다. 위 영공이 공자에게 군사의 진陣을 치는 방법에 대해 묻자, 영공이 도리에 맞게 개혁하지 않으리라는 것을 짐작한 공자는 완곡하게 자신은 예의禮儀에 관한 일만 안다고 했다. 이튿날 공자는 위나라를 떠났다.(15.1)
• 〔중국〕 봄, 오나라가 월나라를 침략하여 월나라 도성인 회계會稽를 함락했다. 월왕 구천勾踐이 평화협정을 요청하자 오나라 왕 부차夫差가 응했다. 여름~가을, 제나라와 위나라는 포위당한 범씨范氏와 중항씨中行氏를 풀어주기 위해 진晉나라를 두 차례 토벌했다.
• 〔세계〕 로마 평민들이 성산聖山으로 철수하는 운동을 벌여 처음으로 귀족을 향해 권리를 쟁취하고 평민에 대한 대우를 개선할 것을 요구했다. 이후 로마 정치체제 역시 귀족공화국에서 점차 '평민-귀족공화국'으로 바뀌었다. |

493	27	2	59	• 위나라를 떠난 공자는 조曹나라를 거쳐 송宋나라에 이르렀다. 화를 당하고 정鄭나라로 피신했다. • 공자는 송宋나라에서 경공景公을 만났다. 그러나 경공은 공자의 건의에 관심이 없었다.(『설원說苑』「정리政理」) 공자는 송나라 사마司馬인 환퇴桓魋가 거대한 석관[石槨]을 만드는 것을 비판하여 환퇴의 군사에게 죽임을 당할 뻔했다. 이에 공자와 일행은 옷을 바꿔 입고 여러 길로 흩어져 몰래 정나라로 갔다. 정나라 사람들은 제자들과 헤어져 실의에 빠진 공자의 모습을 상갓집 개로 표현했다.(『맹자』「만장萬章 상」;『사기』「공자세가」;『공자가어』「곡례자공문曲禮子貢問」) • 『사기』에 "정나라를 지나다過鄭"가 아닌 "정나라로 가다適鄭"로 기록되어 있고, 『논어』와 『좌전』에서 공자가 자산子産을 추앙한 점을 감안하면 공자는 정나라에서 잠시 머물렀던 것으로 보인다.(5.16:『좌전』소공 20년) • 〔위나라〕 여름, 위나라 영공이 죽자 손자 첩輒이 즉위했다. 그가 출공出公이다. • 〔중국〕 채蔡나라 소후昭侯가 오吳나라에 의탁했다. 초楚나라의 압박에 도성都城을 주래州來로 옮겼다.

492	28	3	60	• 공자는 정鄭나라에서 진陳나라에 이르렀다. 이후 4년 동안 공자는 진, 채蔡 그리고 근처의 초楚나라를 자주 오갔다. 이때 군주와 조정의 신하들 그리고 섭공葉公 등 지방관리, 접여接輿 등의 은둔자와 왕래했다. • 공자는 "60세에 (귀가) 순해졌다"라고 말했다. 55세부터 68세까지 열국을 주유하는 고난의 세월을 보내면서 공자는 '천명을 앎知天命'에서 '천명을 두려워함畏天命'으로 나아갔다. 이로써 천명의 순종과 실천에 대한 구체적인 의미를 깨닫게 되었다(2.4) 다른 사람이 보기에 이러한 공자는 '하늘이 내린 목탁'이며, '안 될 줄 알면서도 행하는 자'였다.(3.24; 14.38) 공자는 광읍匡邑과 송宋나라에서 죽을 고비를 겪었을 때도 하늘에 호소함으로써 자신이 천명에 따름을 나타냈다.(7.23; 9.5) • 공자가 진나라에 도착한 후 우선 사성정자司城貞子의 집에 머물렀다. 이후 진나라 민공湣公이 귀한 손님의 예로써 그를 대접했다.(『사기』「공자세가」; 『공자가어』「변물辯物」) 같은 해 노나라 종묘에 화재가 발생했다. 공자는 이 소식을 듣고 불의 신인 축융祝融을 부른 것은 환桓과 희僖의 묘廟일 것이라고 했다. 이 말은 사후에 입증되었다.(『좌전』 애공哀公 3년) • 계환자季桓子는 죽기 전 자신이 공자를 잘못 대우하여 노나라가 강성해질 기회를 놓쳤다고 탄식했다. 그리고 계강자에게 노나라 집정을 맡으면 반드시 공자를 노나라로 불러들이라고 당부했다.(『사기』「공자세가」) • 〔노나라〕 5월, 노나라 종묘에 화재가 일어나 환桓과 희僖의 궁이 불탔다. 가을, 계환자가 죽고 계강자가 노나라 집정을 계승했다. • 〔세계〕 페르시아 왕 다리우스 1세가 그리스를 공격하여 전쟁이 발발했다. 여러 차례 큰 전투가 있었고 기원전 449년 양측이 '칼리아스 평화조약'을 맺으면서 전쟁이 끝났다.

491	29	4	61	•계환자季桓子의 장례가 끝난 후, 계강자季康子는 공자를 노나라로 불러들이려 하자 공지어公之魚가 반대했다. 계강자가 이번에도 공자를 중용하지 못한다면 계씨는 또다시 각국의 웃음거리가 될 것이라는 이유였다. 결국 계강자는 염구冉求를 불러들여 정사를 돕도록 했다.(『사기』「공자세가」) •〔중국〕 공손편公孫翩이 채蔡나라 소후昭侯를 사살射殺했다. 초楚나라는 채나라 유민遺民들을 초나라 내 부함負函으로 이주시켜 별도의 집촌을 만들었다. 이 지역 또한 채蔡라고 불렸다.
490	30	5	62	•필힐佛肸은 범씨范氏와 중항씨中行氏의 영지인 중모읍中牟邑에서 조간자를 필두로 한 진晉나라 군대에 대항하며, 공자에게 도움을 청했다. 공자가 필힐에게 가려고 하자 자로子路가 그 이유를 물었다. 공자는 설령 난세에 처해 있고 필힐도 반란군이기는 하지만, 자신이 도道를 행하려는 의지는 확고하다고 했다. 또한 적당한 기회를 만나면 능력을 발휘해야 마땅하니, 이름은 박瓜이지만 먹지 못하는 '바가지별匏瓜星'이 될 수는 없다고 했다.(17.7; 18.6;『좌전』애공 5년) •〔중국〕 범소자范昭子와 중항문자中行文子가 제齊나라로 도주했다. 범씨范氏와 중항씨中行氏가 패배하여 진나라의 내란이 종식되었다. •〔세계〕 아테네 군대가 두 번째 쳐들어온 페르시아 군단을 마라톤에서 크게 무찔렀다.

| 489 | 31 | 6 | 63 | •공자가 진陳나라와 채蔡나라 사이를 거쳐 초나라로 향했다. 초나라 땅 부함負函에서 머문 뒤 북쪽으로 향해 위나라로 돌아왔다.

•공자는 초楚나라 소왕昭王의 초빙에 응해 진나라와 채나라 사이를 통과하여 초나라로 가려 했다. 진나라와 채나라 대부들은 초나라가 강성해지는 것을 두려워하여 공자 일행을 황야에서 포위했다. 당시 상황은 매우 위태로웠다. 공자 일행은 진나라나 채나라의 군신들과 왕래가 없었으므로 도움을 얻기 어려웠다. 이에 공자 일행은 굶주림과 병에 시달렸으며, 자로子路조차 신념을 잃기도 했다. 공자는 궁지에 몰려도 원칙을 고수하는 자가 군자이며, 이것이 소인과 다른 점이라고 강조했다. 안회顏回 역시 스승에게는 올바른 신념이 있으므로 우매한 위정자나 부패한 세상을 위해 이상을 낮출 필요가 없다고 했다. 안회가 깊이 있는 대답을 하자, 공자는 안회가 부유해지면 그의 집사가 되고 싶다고 했다. 제자들의 마음이 한결 가벼워지자 공자는 자공을 초나라에 보내 도움을 요청했다. 결국 초나라 소왕이 군사를 보내 공자 일행을 위기에서 벗어나게 해주었다.(15.2;『맹자』「진심盡心 하」;『사기』「공자세가」)

•공자는 재아宰我를 초楚나라 소왕昭王에게 보내어 만나게 했다. 재아는 소왕에게 성실하고 적절하게 공자의 이상을 전달했고, 이후 소왕은 서사書社 700리의 토지를 공자에게 분봉하고자 했다. 그러나 영윤令尹 자서子西가 이를 반대했다. 공자는 재덕才德을 겸비했으며, 외교·군사·행정 분야에 자공·자로·재아 같은 제자가 있지만, 소왕에게는 공자의 제자만 한 신하가 없으니 공자에게 토지를 내주는 것은 결코 초나라에 복이 되지 않을 것이라는 것이다. 이에 소왕은 자신의 생각을 단념했다. 가을, 소왕은 성보城父의 진중에서 병으로 죽었다. 공자는 위나라로 돌아가고자 초나라를 떠났다.(『사기』「공자세가」;『공총자孔叢子』「기의記義」) |

488	32	7	64	• 공자가 위나라로 오자 위 출공出公이 그를 등용하고자 했다. 자로子路는 공자에게 등용되면 가장 먼저 무엇부터 하실 것인지 물었다. 공자는 "반드시 이름을 바로잡을 것이다!"라고 대답했다. 당시 위나라가 부자간에 왕위를 다투는 국면에 처한 것은 영공靈公이 도道를 잃었기 때문이니, 가장 중요한 일은 군신부자君臣父子의 명분을 바로잡는 것이며, 이것이 가능해야 '이름이 바르게 되고 말이 순리에 맞아名正言順' 정무를 추진할 수 있다고 했다.(13.3) • [노나라] 여름, 오吳나라가 노나라와 증鄫에서 회맹할 때 노나라에 소·양·돼지를 100마리씩 보낼 것을 요구했다. 이에 계강자季康子가 자공子貢을 오나라 태재太宰 비嚭에게 보냈다. 자공은 주례周禮를 말함으로써 예에 어긋난 요구를 철회하도록 만들었다.
487	33	8	65	• [노나라] 3월, 오吳나라 왕 부차夫差가 노나라를 공격했다. 공자의 제자 유악有若이 결사대에 참여하여 밤에 오나라 군대를 기습함으로써 철수하게 만들었다. • [중국] 송宋나라 경공景公이 조曹나라를 멸망시키고 조나라 백작 양陽을 죽였다.
485	35	10	67	• 공자의 아내 올관씨亓官氏가 죽었다. • [중국] 제나라 사람이 도공悼公을 시해하자 공자公子 임壬이 즉위했다. 그가 제 간공簡公이다.

| 484 | 36 | 11 | 68 | • 공자는 위나라에서 노나라로 돌아와 열국을 주유하는 생활을 마감했다. 이후 교육 사업에 전념하여 벼슬에 나가지 않았다. (9.15)

• 염구冉求, 자공子貢 등이 행정·외교·군사에서 뛰어났기 때문에 노나라 집정 대부 계강자季康子는 공자를 예로써 노나라에 불러들이고자 했다. 당시 위나라에서는 부자지간에 왕위를 다투고 신하가 예를 저버리는 상황이 매우 심각했다. 공자도 더 이상 위나라에 머물고 싶지 않아 요청을 수락했다. 노나라로 돌아온 공자는 국로國老로 받들어졌으며, 애공哀公과 계강자가 정사에 대한 가르침을 자주 청했다.(『좌전』 애공 11년; 『사기』 「공자세가」)

• 공자의 관직생활에 대해 맹자는 다음과 같이 정리를 했다. 공자가 노나라에서 벼슬을 한 것은 계환자季桓子가 집정하는 가운데 도를 행할 만한 가능성을 보았기 때문이다. 또한 위나라에서 두 번 벼슬을 한 것은 위나라 영공靈公이 예로써 공자를 대하고 출공出公이 기꺼이 현자賢者로서 모셨기 때문이다. 그러나 공자의 목표는 정도正道를 널리 시행하는 것이었기 때문에 위정자의 지지를 얻지 못하면 그곳을 떠났다.(『맹자』 「만장 하」)

• 공자는 노나라로 돌아온 뒤 교육에 힘썼다. 오경五經을 줄이고 수정하거나 저술했다. 특히 그는 성왕聖王의 유언遺言이 담겨 있고 성인聖人의 도를 드러내는 『역경易經』을 좋아했다. 그는 노나라 역사서인 『춘추春秋』를 첨삭하여 역사적 사실을 평가하고 대의大義를 밝혀 세상을 바로잡는 경전으로 만들었다. 공자가 인재를 양성할 때 가장 중시한 것은 품성이었다. 훌륭한 품성을 갖춘 자가 '인문을 변화시켜 완성化成人文'하기를 바랐다. 그가 배출한 인재는 사과四科 십철十哲, 3000제자로서 그중 육예六藝에 정통한 사람만 72명이었다.(1.6; 9.11; 『맹자』 「이루離婁 하」; 『사기』 「공자세가」)

• 〔노나라〕 봄, 제齊나라가 노나라를 공격했다. 염구冉求는 계씨를 위해 좌사左師를 이끌고 제나라 군대를 격퇴했다. 여름, 오나라와 노나라가 제나라를 공격했고 애령艾陵에서 제나라 군대를 크게 무찔렀다. |

483	37	12	69	•1월, 계강자季康子가 공자의 반대에도 불구하고 세율이 더 높아진 전부田賦(토지를 기준으로 부과되는 세금) 정책을 추진하려 했다. 계씨의 가재家宰인 염구는 노나라 군주보다 부유한 계씨를 위해 백성을 착취하는 데 도왔다. 공자는 대의大義를 소홀히 한 염구를 더 이상 동도同道로 여기지 않았으며, 염구의 동료들에게 북을 울려 그를 비판하라고 했다.(11.17;『좌전』애공 12년) •공자의 손자 공급孔伋이 태어났다. •[세계] 이즈음에 불교의 시조인 석가모니가 죽고, 철학자 고르기아스Gorgias of Leontini가 태어났다.
482	38	13	70	•공자는 "70세에는 마음이 하고자 하는 대로 하여도 법도에 어긋남이 없다"라고 했다.(2.4) 만년에 이른 공자는 자신의 삶이 선을 향한 본성의 요구에 호응할 수 있음을 깨닫게 되었다. 신체적 욕망이나 내면의 깨달음이 행동으로 이어질 때 법도에 어긋남이 없었다. 공자의 삶과 철학은 서로 비추어 빛났다. 그는 진실하고 자주적으로 예禮의 요구를 실현하고 그 속에서 즐거워하며 근심이 없었다.(6.7; 12.1; 16.7) •공자의 아들 공리孔鯉가 죽었다. •[노나라] 노나라 애공哀公, 진나라 정공定公, 오나라 왕 부차夫差가 황지黃池에서 만났다. •[중국] 오나라 왕 부차가 황지에서 제후들과 만나고 진나라와 패주霸主를 다투었다. 월나라 왕 구천勾踐이 기회를 틈 타 오나라 도성을 공격하고 오나라 태자 우友를 죽였다.

481	39	14	71	• 안회顔回가 세상을 떠났다. 대도大道를 계승할 수 있고 자식과도 같았던 제자를 잃게 되자 공자는 매우 애통해 했다. 공자는 "하늘이 나를 버리는구나"라고 탄식했다.(『공양전』 애공 14년) • 봄, 공자는 노나라 서쪽 외곽에서 기린麒麟이 잡혔다는 소식을 듣고 『춘추』의 집필을 멈췄다. 그리고 "나의 도道는 끝났구나!"라고 했다. 성인聖人이 도道를 행하면 나타난다는 어진 짐승인 기린이 사람들에게 잡혀 죽은 것처럼 어지러운 세상을 바로잡고 사람들에게 선을 행하도록 하기 위해 쓴 자신의 저서에서 이상적인 대동大同세계를 미리 보여주었다.(『공양전』 애공 14년; 『사기』 「공자세가」) • 가을, 제나라 대부 진성자陳成子가 군주를 시해했다. 공자는 예에 따라 목욕재계한 후 노 애공哀公에게 출병을 주청했다. 이에 애공은 삼경三卿에게 보고하라고 대답했다. 공자가 삼경에게 보고했지만 그의 건의는 받아들여지지 않았다. 이 일은 주 왕조 천자 아래로 종법예제宗法禮制가 이미 유명무실해졌음을 확연히 나타내준다. 정도正道를 고수하는 것이 쓸데없는 간섭을 하는 상황이 되었다.(14.21) • 〔중국〕제나라 대부 진성자가 간공簡公을 시해하고 간공의 동생 오鰲를 군주로 세웠다. 그가 제평공齊平公이다. 진성사는 스스로 재상이 되어 정권을 독점하고 제멋대로 정치를 했다. • 〔세계〕이즈음에 철학자 프로타고라스Protagoras가 태어났다.
480	40	15	72	• 자로가 위나라 정쟁政爭에 휘말려 죽었다. 공자는 이상을 펼치고자 타국을 떠돌아다닐 때 함께 해준 제자와 벗들을 잃게 되자 "하늘이 나를 끊으시는구나"라고 크게 탄식하면서 하늘이 도를 행하는 자신의 길을 끊어버리려 한다고 했다.(『공양전』 애공 14년) • 〔중국〕위나라 출공出公이 아버지 괴외蒯聵에 의해 쫓겨났다. 이듬해 1월 출공은 노나라로 도주했다. 괴외는 스스로 왕이 되었고, 그가 장공莊公이다.

479	41	16	73	• 공자가 세상을 떠났다. 주력周曆 4월 기축己丑이므로 하력夏曆으로는 2월 11일, 서력西曆으로는 3월 4일에 사망한 것으로 추산된다. 곡부성曲阜城 북쪽 사수泗水가 근처에 묻혔다. 많은 제자들이 그를 위해 삼년상을 지냈다. 자공子貢은 다시 3년간 공자의 묘를 지켰다. 이후 100여 세대가 공자의 묘 근처에 집을 짓고 살아 촌락을 이루었다. 이 마을의 이름을 공리孔里라 한다.(『좌전』 애공 16년; 『사기』 「공자세가」)
469	원왕元王 7	애공哀公 26		• [세계] 이즈음에 철학자 소크라테스Socrates가 태어났다.
468	정정왕 貞定王 1	27		• [중국] 이즈음에 철학자 묵자墨子가 태어났다.
460	정정왕 貞定王 9	도공 悼公 8		• [세계] 이즈음에 철학자 데모크리토스Democritus가 태어났다.
450	정정왕 貞定王 19	18		• [중국] 이즈음에 철학자 열자列子가 태어났다. • [세계] 로마가 12동판법을 반포했다.
431	고왕 考王 10	원공 元公 6		• [세계] 그리스 지역에 스파르타와 아테네를 중심으로 한 2대 동맹의 펠로폰네소스 전쟁이 발했다. 기원전 404년 스파르타 군대가 아테네 성을 함락하자 전쟁이 종식되었다.
427	고왕 14	10		• [세계] 철학자 플라톤Plato이 태어났다.
420	위열왕 威烈王 6	17		• [중국] 이즈음에 철학자 고자告子가 태어났다.
400	안왕 安王 2	목공 穆公 16		• [중국] 이즈음에 철학자 신불해申不害가 태어났다.
395	안왕 7	21		• [중국] 이즈음에 철학자 양주楊朱와 신도愼到가 태어났다.
390	12	26		• [중국] 이즈음에 철학자 상앙商鞅이 태어났다.
384	18	32		• [세계] 철학자 아리스토텔레스Aristotle가 태어났다.
372	열왕 烈王 4	공공 共公 11		• [중국] 이즈음에 철학자 맹자孟子가 태어났다.

370	6	13		•〔중국〕 즈음에 철학자 혜시惠施가 태어났다.
368	현왕 顯王 1	15		•〔중국〕 이즈음에 철학자 장자莊子가 태어났다.
324	45	경공 景公 20		•〔중국〕 이즈음에 철학자 추연鄒衍이 태어났다.
320	신정왕 愼靚王 1	평공 平公 3		•〔중국〕 이즈음에 철학자 공손룡公孫龍이 태어났다.
313	난왕 赧王 2	10		•〔중국〕 이즈음에 철학자 순자荀子가 태어났다.
290	25	문공 文公 13		•〔중국〕 이즈음에 철학자 여불위呂不韋가 태어났다.
281	34	22		•〔중국〕 이즈음에 철학자 한비韓非가 태어났다.
256	59	경공 頃公 24		•〔노나라〕 초楚나라 고열왕考烈王이 노나라를 멸했다. 노나라 경공頃公은 폐위되었다. •〔중국〕 진秦나라 소양왕昭襄王은 동주東周를 멸했다. 주 왕조의 난왕赧王이 죽었다.
221				•〔중국〕 진秦나라 왕 정政은 6개국을 통일하고 진秦왕조를 세웠다. 그가 진시황秦始皇이다.

부록_ 공자 주유 열국 지도
지도 속 숫자는 공자의 나이

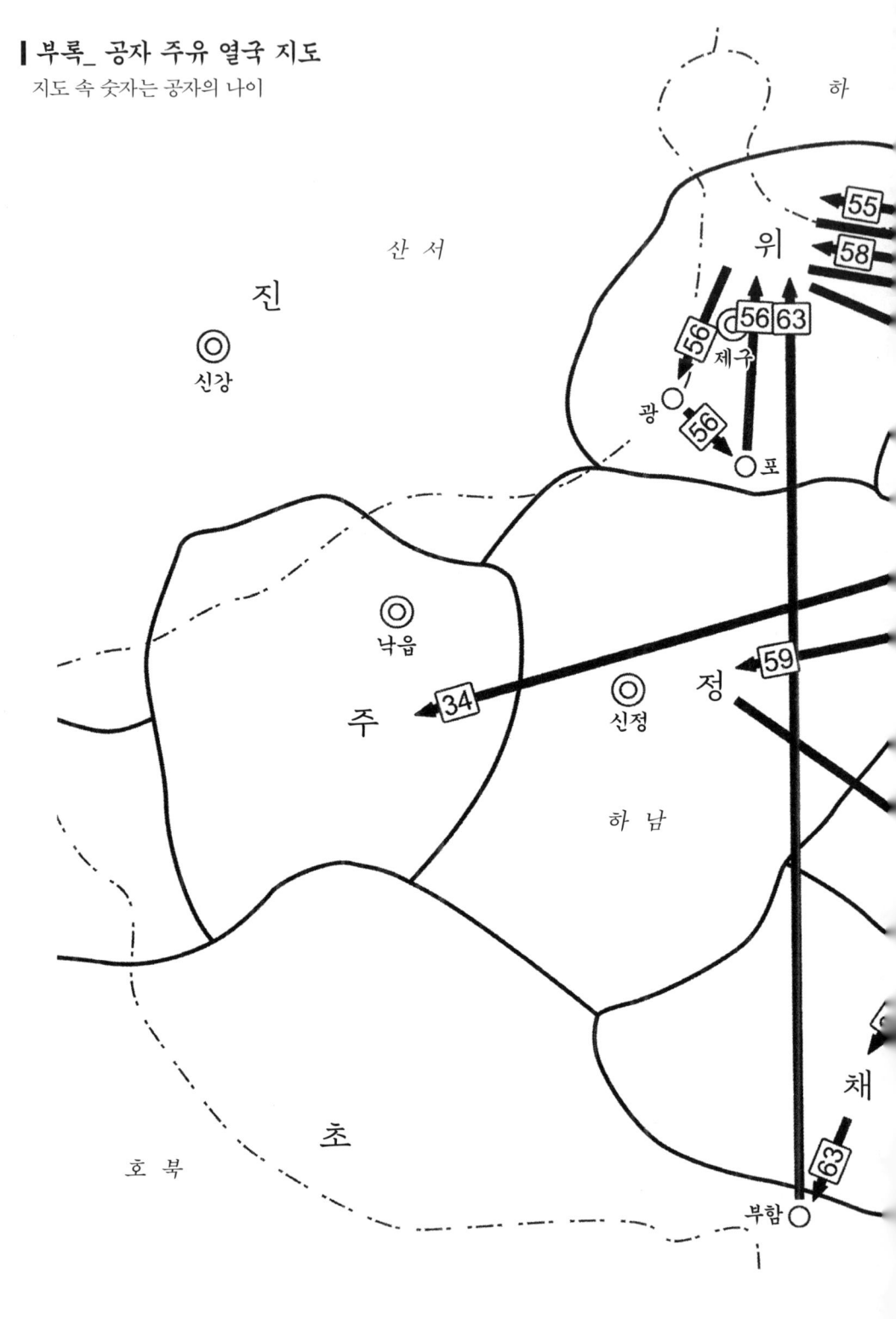

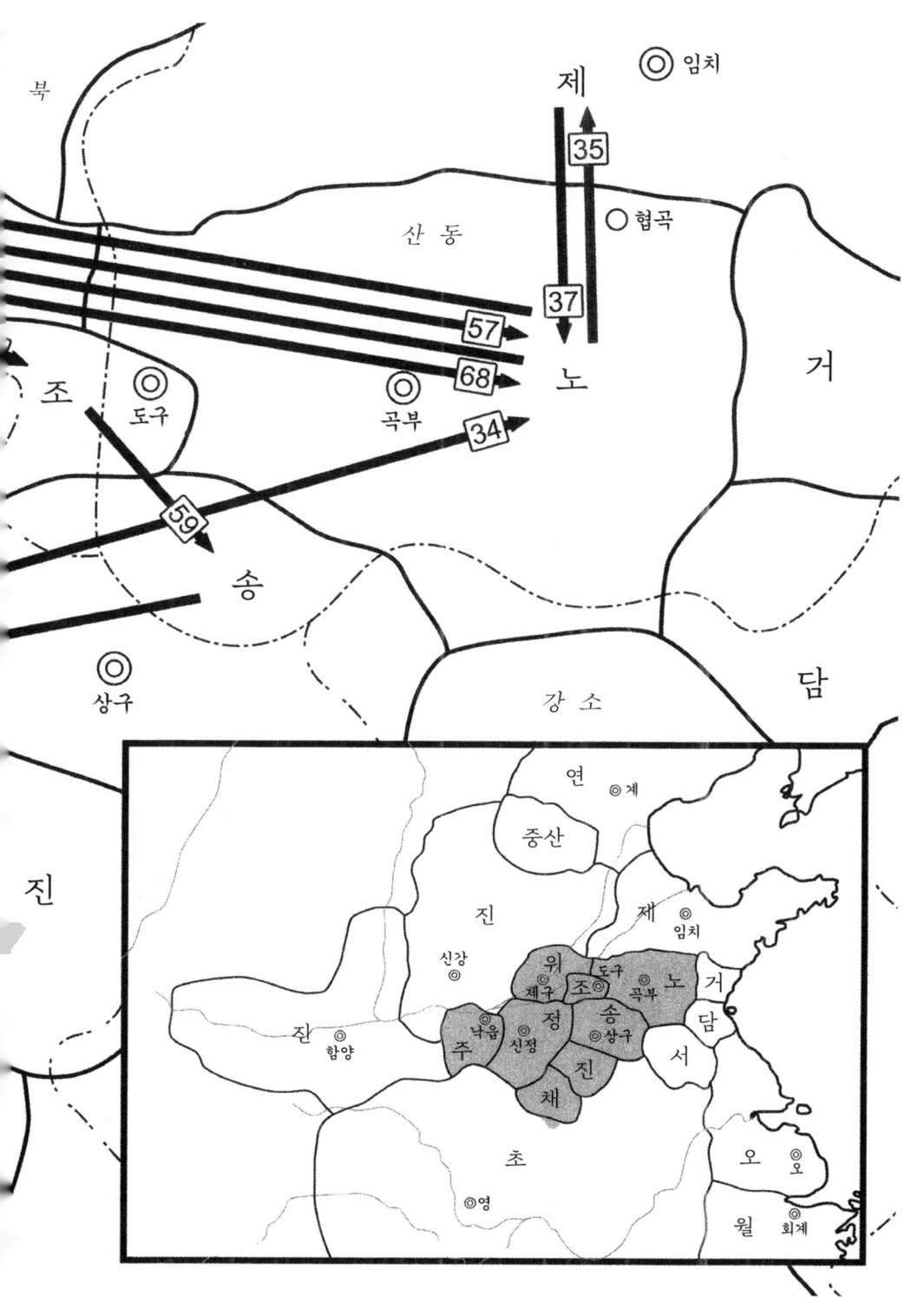

찾아보기

一劃

일이관지一以貫之 236, 240
일언이폐지一言以蔽之 426
일조지분一朝之忿 426

二劃

구이九夷 12, 398, 554
인지장사기언야선人之將死其言也善 427
인이불인人而不仁 428

三劃

삼인행필유아사三人行必有我師 428
삼십이립三十而立 429
삼월부지육미三月不知肉味 430
삼월불위인三月不違仁 430
삼년지상三年之喪 192, 257, 269
삼년유성三年有成 431
삼사이행三思而行 431
삼성오신三省吾身 432
삼군三軍 193, 285, 445

상지하우上知下愚 435
하학상달下學上達 436
사士 43, 188, 249, 252, 269-270, 278, 296, 329, 373, 385
대부大夫 88, 109, 131, 188, 190, 326, 423
대사大師 190
대묘大廟 191
대신大臣 83, 89, 104, 134, 144, 363, 368, 371, 377
여자女子 189
자문子文 117, 196, 317
자우子羽 34, 106, 117, 175, 201
자서子西 21, 28, 61, 118, 132, 169-170
자복경백子服景伯 118, 121, 441
자하子夏 26, 64, 74, 80-81, 89, 93, 106, 129, 164, 231, 357, 419, 451, 463-464, 492, 508, 525, 539
자상백자子桑伯子 119
자공子貢 20, 28, 30, 33, 56, 58, 60-62, 66, 73, 76, 91, 100, 107, 123, 153, 169, 201, 211, 215, 224, 236, 240, 248, 260, 276, 294, 296, 319, 330, 347, 434, 436, 440
자장子張 78, 81, 93, 103, 117, 154, 157, 159-160, 177, 189, 196, 228, 274, 297, 310, 312, 314, 372-373, 382, 398, 405, 490, 501, 507, 515
자산子産 118, 120, 132, 175, 328
자유子游 19, 75, 80, 93, 106, 301, 449, 464, 467, 514, 542
자절사子絶四 228, 242, 274
자로子路 28, 37, 48, 54, 73, 76, 81, 88, 102,

134, 173, 181, 248, 251, 284, 286, 312, 338, 398, 440, 452, 459, 522
소불인즉란대모小不忍則亂大謀 433
공욕선기사工欲善其事 435
기소불욕물시어인己所不欲勿施於人 433
기욕립이립인己欲立而立人 434
간록干祿 261, 298, 372, 377, 385
재才 397

四劃

부재기위불모기정不在其位不謀其政 373
불기불구不伎不求 439
불사주야不舍晝夜 440
불치하문不恥下問 440
부득기사不得其死 440-441
불득기문이입不得其門而入 441
불천노불이과不遷怒不貳過 442
중인中人 223, 397
중행中行 249, 272, 299
중용中庸 86, 240, 249, 295, 332, 333, 489
중도이폐中道而廢 444
호향互鄕 13
오십이지천명五十而知天命 437
오미사악五美四惡 314-315, 325, 373, 383, 402
오경五經 70, 72, 234, 236, 388, 390, 394, 405, 412, 540
인仁 25-26, 32, 75, 81, 84, 89, 91-92, 96-97, 99, 101, 105, 108, 116-117, 120, 124, 129, 133, 143, 152, 159-160, 164, 177, 220-221, 227, 229, 231-232, 235, 237, 241-244, 246-247, 249, 253-255, 257, 261-262, 264, 266, 270-271, 274-277, 280, 282-283, 287, 293, 295-297, 300-301, 303-306, 310-311, 314-317, 320, 322-324, 328-329, 334-335, 340-342, 349-350, 352-356, 358, 361, 367, 371, 382, 385, 389-390, 392, 395, 397, 399, 402, 407, 412-413, 416, 418-422, 428, 430, 433-435, 438, 449, 453, 457-458, 460, 464, 468, 472-473, 477, 486, 492, 499-502, 506, 508, 511-512, 516-517, 526, 551
인자仁者 153, 168, 172, 174, 229, 240-241, 246-248, 253, 256-257, 259, 285, 287, 296, 301, 310-311, 315, 323, 334, 401, 434, 458, 473, 508
인자지자용자仁者知者勇者 442
내성불구內省不疚 443
공산불요公山弗擾 28, 47, 50, 121
공서적公西赤 83, 205, 214, 534
공백료公伯寮 119, 121
공야장公冶長 84
공양유公良孺 56, 85
공숙문자公叔文子 122, 171
공명가公明賈 122
공손조公孫朝 123, 540
육십이순六十而順 437-438
육언육폐六言六蔽 438
육예六藝 30, 70, 72, 234, 236, 388, 392, 394, 402-403, 423, 540
분붕리석分崩離析 444
절절시시切切偲偲 248, 278

절차탁마切磋琢磨 224, 236
필부匹夫 194, 445
필부불가탈지匹夫不可奪志 445
승당입실升堂入室 446
변장자卞莊子 125, 286
우友 34, 248-250, 262, 272, 278, 283, 302, 396, 424, 449
천天 246, 291, 310, 319, 325, 347, 350-352, 363, 367, 381, 403, 463, 555
천자天子 42, 146, 194, 326, 345, 350-351, 410, 420
천명天命 71, 115, 119, 121, 162, 230, 235, 253, 285, 291, 329, 347-350, 352, 355-356, 358, 360, 363, 367, 381, 383, 401, 418-419, 436-437
천도天道 230, 329, 347, 351, 418
천종지재天縱之才 448
부인夫人 193
공자의 죽음孔子之死 66
공자의 관직생활孔子仕途 40
공자가 노나라를 떠나다孔子去魯 51
공자가 춘추를 짓다孔子作春秋 63
공자가 진나라와 채나라에서 곤경에 처하다孔子困於陳蔡 60
공자가 남자를 만나다孔子見南子 57
공자가 광 땅에서 구금되다孔子拘匡 55
공자의 후대孔子後代 125
공자가 노나라의 사구가 되다孔子爲魯司寇 46
공자가 포 땅에서 맹약을 요구받다孔子要盟於蒲 56
공자의 조상孔子祖先 124

공자가 담자에게 배우다孔子問學於郯子 41
공자가 항탁에게 배우다孔子問學於項橐 41
공자가 노자에게 예를 묻다孔子問禮於老子 42
기린이 잡히자 공자가 글쓰기를 그치다孔子絶筆於獲麟 66
공자가 삼가의 '옹'을 논평하다孔子評三家歌雍 44
공자가 계씨의 팔일무를 논평하다孔子評季氏舞八佾 43
공자가 어머니를 장사지내다孔子葬母 39
공자가 소정묘를 죽이다孔子誅少正卯 50
공자가 삼도를 무너뜨리다孔子墮三都 48
공자가 진나라로 가다孔子適陳 58
공자가 초나라로 가다孔子適楚 61
공자가 제나라에 가다孔子適齊 44, 430
공자가 위나라로 가다孔子適衛 53
공자가 정나라로 가다孔子適鄭 58
공자가 사양에게 거문고를 배우다孔子學琴於師襄 59
공자가 옥사를 결단하다孔子斷獄
공자가 노나라로 돌아가다孔子歸魯 62
공자가 우물을 파서 양을 얻은 사건을 해석하다孔子釋穿井獲羊 46
공리孔鯉 71-72, 86, 109, 125, 208, 354, 420
소련少連 126, 499, 518
심心 115, 252-253, 295, 307, 506
수족무조手足無措 446
문文 109, 122, 129-130, 137, 145, 172, 174, 233, 249, 258, 326, 337, 340, 392, 394-396, 404-405, 416, 440, 449, 470, 509, 513
문질빈빈文質彬彬 164, 249, 337, 447
목탁木鐸 72, 195, 264, 348

비간比干 25, 123, 152, 172, 247
부모지방父母之邦 448
견마지양犬馬之養 448
왕손가王孫賈 127, 543

五劃

세숙世叔 34, 118, 127, 175
영윤令尹 21, 28, 61, 169, 196
이문회우以文會友 449
이직보원以直報怨 450
이덕보원以德報怨 450-451
염백우冉伯牛 87, 353, 357
염구冉求 37, 62, 87, 92, 105, 147, 204, 407, 423, 534
북신北辰 352
점占 307, 350, 352
사어史魚 127, 185
사공司空 135, 142, 145, 196
사도司徒 24, 135, 142, 145, 197
사마司馬 16, 25, 89, 135, 142, 145, 158, 197, 444, 451
사마우司馬牛 89
사구司寇 27, 32, 35, 40, 48, 50, 71, 96, 146, 161, 182, 195, 197-198, 385-386
사십이불혹四十而不惑 451
사해지내개형제四海之內皆兄弟 451
사체불근오곡불분四體不勤五穀不分 452
좌구명左丘明 128, 250
교언영색巧言令色 454

미지생언지사未知生焉知死 454
본립이도생本立而道生 453
정명正名 34, 73, 114, 221, 224-225, 227, 373, 376, 381
민民 199
생이지지生而知之 456
용행사장用行舍藏 456
신정申棖 90, 307
백규지점白圭之玷 455
입立 254, 422, 424, 438

六劃

중궁仲弓 90, 113, 119, 131, 295, 433
중숙어仲叔圉 63, 129
임중도원任重道遠 457
이윤伊尹 24, 106, 129, 150, 546
선생후생先生後生 254
선진先進 396
선난후획先難後獲 458
형刑 226, 375, 383, 385
광匡 13, 18, 72, 214, 554
위언위행危言危行 459
각득기소各得其所 460
명정언순名正言順 373, 381, 458
인재시교因材施教 224, 233, 390, 396, 398, 406, 409
이일夷逸 130, 171, 338, 518, 546
호好 225, 260, 315, 317
호모이성好謀而成 461

수사선도守死善道 460
안安 256-257, 335, 374-375
안즉위지安則爲之 460
성인成人 203, 257, 263, 284, 358, 417, 422, 423
성인지미成人之美 462
곡굉지락曲肱之樂 466
곡부曲阜 14, 35, 39, 47, 50, 133
유사有司 200
유시유졸有始有卒 465
유붕자원방래有朋自遠方來 465
유항자有恆者 253, 258-259, 274, 286, 299, 307, 311, 352, 360, 401
유약有若 92, 183, 270, 338, 453, 546
유교무류有教無類 389, 397, 399, 413-414
주장朱張 131
후목불가조朽木不可雕 463
사死 288, 353
사생유명부귀재천死生有命富貴在天 463
사이무회死而無悔 464, 536, 544
노이불사시위적老而不死是爲賊 467
노팽老彭 131, 498
색色 256, 259, 267, 278, 289, 318-319, 337, 365, 381
행行 232, 260, 276, 296, 301, 305, 373, 380, 385, 404, 413, 470
행인行人 200
행기유치行己有恥 466
행불유경行不由徑 467

七劃

백씨伯氏 132
백이伯夷 92, 132, 139, 150, 209, 247, 518
백금伯禽 35, 133, 138, 212, 263, 519
필힐佛肸 22, 134, 363, 505
영佞 262
극기복례克己復禮 468
극벌원욕克伐怨欲 468
이利 255, 262, 291, 314, 322
군자君子 229, 248-249, 258, 260-261, 263, 273-274, 283, 292, 294, 299-302, 311, 314, 318, 320, 324, 329, 334, 336-337, 342-343, 350, 356, 358-359, 374, 376, 403, 419
군자구사君子九思 398
군자삼계君子三戒 266, 293
군자삼외君子三畏 291, 355
군자불기君子不器 470
군자지쟁君子之爭 469
군자고궁君子固窮 471
군자탄탕탕君子坦蕩蕩 471
오吳 15, 27, 59, 61, 77, 169, 448
곡삭告朔 201
균무빈화무과안무경均無貧和無寡安無傾 374
효孝 80, 102, 143, 166, 255, 267, 269-270, 291, 319, 341, 364, 366, 390, 397, 408, 453
송宋 13, 15-16, 25, 32, 36, 55, 58, 72, 85, 134, 167, 182, 214
송조宋朝 134, 159
무마기巫馬期 94
제弟 269, 278

지志 243, 270, 326, 329, 407, 438
기杞 16, 214
속수束脩 398, 399, 413
구인득인求仁得仁 472
구생해인求生害仁 473
광狂 249, 272, 293, 299, 304, 365
수이불실秀而不實 473
견리사의見利思義 475
견선여불급見善如不及 476
견의용위見義勇爲 477-478
견과자송見過自訟 478
견현사제見賢思齊 478
언言 80, 221, 225-226, 231, 239, 245, 261, 275-276, 280, 292, 294-295, 301, 333, 336-337, 361, 373, 381, 386, 409, 412, 420
언불급의言不及義 474-475
언필유중言必有中 474
이인위미里仁爲美 475

八劃

사군事君 302, 319, 372, 376, 414
간간은은侃侃誾誾 479
내자가추來者可追 479
동侗 272, 304
양단兩端 221, 224, 228, 236, 243, 256, 407, 414
구신具臣 89, 144, 372, 377
숙씨叔氏 51, 135
숙손무숙叔孫武叔 118, 135, 441

숙제叔齊 92, 132, 136, 209, 247, 518
주周 12-13, 17-18, 20, 23, 28, 31, 34-35, 37-38, 55, 66-67, 70, 73, 84, 90, 98, 107, 137-138, 140, 167, 171, 193, 212, 217, 344, 347, 349-350, 370-371, 382-383, 416, 445, 480
주공周公 14-15, 17, 35-36, 44, 133, 137, 191, 214, 220, 233, 340, 371, 519, 530
주 문왕周文王 15, 18, 123, 137, 148, 155, 157, 498
주임周任 139
주이불비周而不比 480
주 무왕周武王 15-16, 22, 24-25, 27, 31-33, 35-36, 58-59, 133, 152, 172, 393, 532
명命 231, 239, 245, 263, 266, 280, 300, 349-351, 353, 356, 360, 437, 442, 463, 466, 484
화和 273, 374, 402
화이부동和而不同 481
고固 273, 292, 331
맹자孟子 18, 23, 51, 53, 64-65, 76, 79, 87, 93, 98, 103, 109-113, 115-116, 119, 125, 129, 133, 139-141, 150, 161, 165, 177, 184, 226, 270, 272, 281, 296, 303, 316, 322, 324, 368, 402-403, 418, 438, 477, 498, 518, 553, 555
맹지반孟之反 141
맹공작孟公綽 32, 36, 38, 141, 293
맹씨孟氏 44, 51, 135, 142-143, 178
맹무백孟武伯 84, 142-144
맹경자孟敬子 143, 427
맹의자孟懿子 142-143
계자연季子然 144
계문자季文子 145, 232, 431, 462

계씨季氏 23, 51, 71, 82, 88, 91, 104, 121, 135, 139, 144-145, 166, 178, 182, 204, 407, 494

계평자季平子 43-44, 145-146, 533

계환자季桓子 52, 62, 145-147, 179

계강자季康子 37, 49, 62, 87, 145, 147, 182-183, 331, 444, 531

계력季歷 15, 138, 148, 157, 171

복부제宓不齊 94, 265

충忠 92, 241, 242, 261, 272, 274, 277, 283, 295, 377, 395, 404, 413, 470

충고忠告 275, 277

충고선도忠告善道 481

작怍 275

이이怡怡 278, 330

성性 112, 115, 240, 246, 253, 267, 276, 303, 310, 333, 338, 347, 352-353, 361, 367, 398, 407, 428

성상근습상원性相近習相遠 277, 407, 482

괴력난신怪力亂神 350, 358

방리이행放利而行 483

명明 60, 128, 228, 272

역교易教 298, 307, 326, 352, 356, 360, 400, 423

동산東山 18

송백松柏 359

송백후조松柏後凋 483

무성武城 19

하불출도河不出圖 484

하도河圖 359, 365, 484

직直 272, 277

직도사인直道事人 487

지知 125, 175, 224, 229, 236, 248-249, 305, 313, 337, 351, 390, 396-397, 399, 413, 438, 484-486

지지호지락지知之好之樂之 484

지지위지지知之爲知之 485

지기불가이위지知其不可而爲之 485-486

지자知者 229-231, 280, 286-287, 313

지자요수인자요산知者樂水仁者樂山 486

사직社稷 377

공공여야空空如也 487

근열원래近說遠來 488

장저長沮 148, 282

비례물시非禮勿視 488

조두俎豆 202

九劃

신信 261, 275-276, 282, 292, 303-304, 325, 336, 375, 380-381, 395, 404, 408, 470

관례冠禮 202, 205

용勇 92, 125, 248-249, 264, 282, 284, 288, 294, 296, 298, 320, 322, 477

용자勇者 259, 285-287, 343, 359-360, 367

남자南子 53, 134, 149, 180-181, 543

남궁괄南宮适 95, 153, 163, 265, 332, 403, 455

애哀 288, 292, 294, 312

애이불상哀而不傷 489

애긍물희哀矜勿喜 490

위威 288

위이불맹威而不猛 491, 507

대고이고待賈而沽 494
후생가외後生可畏 255, 493
노怒 289, 312-313, 318
사思 224, 228-229, 231-234, 236, 242, 322, 337, 358, 382, 399, 406
사불출위思不出位 373, 491
사이불학思而不學 492
원怨 288-289, 315, 318, 408, 420
원천우인怨天尤人 492-493
기래지즉안지既來之則安之 495
기왕불구既往不咎 495
시가인숙불가인是可忍孰不可忍 494
유하혜柳下惠 126, 149, 448, 499, 518
수사洙泗 19
위정이덕爲政以德 224, 496
외畏 291, 319, 351, 493
긍矜 288, 291, 312
우禹 16, 21, 24, 58, 92, 95, 106, 109, 114, 150-151, 166, 179, 216, 401
주紂 24-25, 132, 152, 167, 307, 532
미美 258, 310, 371, 374, 401, 416, 462
예羿 95, 153
묘苗 360, 497
묘이불수苗而不秀 497
정貞 292, 336
부함負函 20
술이부작述而不作 498
강지욕신降志辱身 499
풍행초언風行草偃 500
식食 260, 366, 378, 380, 403
식불어침불언食不語寢不言 499

十劃

수기안인修己安人 500
강剛 267, 293, 307
강의목눌剛毅木訥 301, 501
원헌原憲 96, 468
원양原壤 153, 325, 468
곡哭 293, 412
당체지화唐棣之華 361
하夏 16, 18, 21, 67, 84, 107, 151, 172, 370, 383, 420, 498
손孫 294
재宰 82, 203
재아宰我 96, 192, 208, 244, 257, 316, 354, 460, 463, 495
사射 205, 292, 392, 394, 402
사면師冕 154
사지師摯 154, 190
사양師襄 59, 123, 155
서恕 227, 241-242, 275, 294-295, 433
치恥 271, 276, 286, 295, 297-298, 301-302, 315, 334, 343, 383, 385
공恭 296, 302, 331, 386
회悔 298
여旅 204
시時 324, 365, 403
진晉 17, 25, 27, 31-32, 36-38, 59, 77, 134, 156, 167, 191, 210, 363, 365, 505
진 문공晉文公 550
안평중晏平仲 156
서교書敎 229, 404, 409

환퇴桓魋 16, 25, 89, 158
은 고종殷高宗 157
태泰 298
태산泰山 22, 88
태백泰伯 15, 148, 157, 171, 332
침윤지참浸潤之譖 501
견狷 249, 272, 299
질疾 300-301, 366
병病 300, 366
익자삼우益者三友 252, 502
익자삼락益者三樂 503
축타祝鮀 135, 159
신神 91, 230, 319, 358, 361-363, 367, 378
진秦 17, 23-24, 31-32, 34, 38, 99, 114, 169, 191, 196
순자荀子 51, 61, 113, 170, 555
인訒 301
탁고기명託孤寄命 504
욕辱 277, 296, 301, 307
고시高柴 98, 398
귀鬼 230, 355, 358, 362, 364

十一劃

포과匏瓜 363, 505
포과공현匏瓜空懸 363, 505
유여자여소인난양唯女子與小人難養 504
상商 1516, 24, 32, 35, 84, 123, 151, 188, 344, 370, 383, 420
상구商瞿 99

문問 232, 305, 397, 399
최자崔子 159-160
서인庶人 188, 204-205
서부교庶富敎 375, 380, 383
종심소욕불유구從心所欲不踰矩 506
환患 300, 302, 334
환득환실患得患失 414, 507
공공悾悾 303
정情 253, 266, 303, 338, 341, 412
접여接輿 159, 365, 479
계발啓發 405, 409
민敏 261, 273, 304
조曹 25, 72, 214
망이생외望而生畏 507
욕欲 253, 267, 277, 293, 295, 305, 313, 335
욕속즉부달欲速則不達 508
욕파불능欲罷不能 509
살신성인殺身成仁 246, 508
심려천게深厲淺揭 510
이단異端 406
제祭 358, 362-363, 366, 378
제례祭禮 205-206, 364
수羞 259, 307, 352, 401
습習 224, 234, 277, 330, 403, 407
장莊 260, 289, 380
거보苢父 26, 75
피발좌임被髮左袵 511
눌언민행訥言敏行 511
빈이락도貧而樂道 513, 556
조차전패造次顚沛 512
담郯 26, 41

야인野人 207, 281
진陳 13, 27-28, 33, 55, 58, 61, 72, 85, 94, 100, 160-161, 169, 214, 471, 505, 515
진항陳亢 100, 312, 524
진문자陳文子 159-160
진사패陳司敗 160, 184
진성자陳成子 161, 179, 184
장보章甫 205

十二劃

할계언용우도割雞焉用牛刀 514
노勞 297, 317, 408
박문약례博文約禮 409, 513
선善 71-73, 75, 89, 100, 108, 111, 115, 126, 159-160, 162, 166, 220-221, 229, 237, 239, 243, 246, 249, 253, 258, 266, 276-277, 279-280, 282, 292, 298, 303, 306-308, 311, 314, 322, 324-326, 328, 331, 347, 353, 355, 374, 382, 388, 401-402, 416, 419, 428, 437, 460-461, 476, 500-501, 503, 506, 518, 535, 545
선인善人 256, 258-259, 298, 308, 310
희喜 292, 311, 343
상喪 189, 207, 257, 288, 294, 355, 363, 380, 419
요堯 58, 94, 161, 264
오奡 95, 163
부이호례富而好禮 514
순순선유循循善誘 406, 408
혹惑 231-232, 282, 307, 312, 317, 358

혜惠 149, 314, 376
혜이불비惠而不費 515
오惡 296, 314
비연성장斐然成章 516
증삼曾參 92, 101, 189, 225, 241, 395, 398, 427, 432, 523
증점曾點 102, 211, 213, 272
조문석사朝聞夕死 516
극자성棘子成 163
곽椁 208
탕湯 21, 24, 36, 164
무불여기자無友不如己者 517
무가무불가無可無不可 282, 518
무벌선무시로無伐善無施勞 519
무구비어일인無求備於一人 519
무신불립無信不立 520
무위이치無爲而治 166, 497, 520
무적무막無適無莫 521
금뢰琴牢 30, 103
영무자甯武子 164, 282
소식음수疏食飮水 510
발분망식낙이망우發憤忘食樂以忘憂 522
순舜 21, 24, 35, 92, 94, 114, 162, 165, 264, 281, 353, 393
고觚 209
비읍費邑 27, 47, 49, 99, 104, 121
일민逸民 126, 130-131, 171, 209, 337-338, 517
향원鄉原 289, 315, 325
민자건閔子騫 92, 104, 268
양화陽貨 13, 55, 166,

아언雅言 391, 404-405, 409, 412
순順 373, 381, 438

十三劃

미자微子 25, 167, 172, 247
미생무微生畝 168
미생고微生高 168, 279
애愛 316, 408
온慍 289, 317
신종추원愼終追遠 522
손익損益 382
경敬 143, 269, 274, 291, 318, 362-363, 381
경사후식敬事後食 523
경귀신이원지敬鬼神而遠之 524
초楚 16, 20, 27-28, 59-60, 98, 114, 169, 180, 214, 479, 522
초 소왕楚昭王 20, 28, 60-61, 98, 169
온溫 296, 319, 331, 386
온량공검양溫良恭儉讓 524
온고지신溫故知新 525
호련瑚璉 77, 211, 526
호련지기瑚璉之器 526
슬瑟 210, 412, 415, 417
당인불양當仁不讓 526
만인궁장萬仞宮牆 528
군이부당群而不黨 481, 527
의義 71, 83, 112, 116, 189, 260, 263, 266, 273, 286, 288, 292, 316, 329, 322, 329, 336-337, 365, 372-373, 377, 385, 399, 407, 521, 526, 531
의이위상義以爲上 527
성聖 84, 116, 247-248, 266, 271, 291, 301, 322-324, 403, 413
섭葉 29, 169
섭공葉公 20, 29, 169, 279, 488, 522
우중虞仲 130, 157, 171, 338, 518, 546
시교詩教 227, 254, 262, 291, 361, 409-410, 412, 417, 420
적賊 294, 316, 324, 378, 467
과過 325, 342, 352, 401
과유불급過猶不及 529
도道 7, 51, 54, 72, 92-93, 95-96, 100, 106-107, 111, 128, 224, 227, 244, 246-247, 250, 254, 263, 270-271, 275, 277, 295, 309-310, 312, 317, 320, 322, 326, 337, 352, 355, 357-358, 372, 376-378, 385, 403, 406-407, 424, 428, 442, 444, 448, 453, 456, 459, 484, 487, 497, 512-513, 516-518, 528, 551, 556
도부동불상위모道不同不相爲謀 528
도청도설道聽塗說 528
달達 260, 329
달항당達巷黨 30, 342, 394
치雉 365, 403
포식종일무소용심飽食終日無所用心 529

十四劃

선僕 122, 171
몽주공夢周公 530

찰언관색察言觀色 531
가歌 294, 412, 417
칠조개漆雕開 104-105
진선진미盡善盡美 532
화기소장禍起蕭牆 531
체禘 206, 211
기자箕子 25, 124, 152, 168, 172, 247
관중管仲 32, 118, 173, 176, 215, 247, 511
문일지십聞一知十 233
장문중臧文仲 150, 174
장무중臧武仲 175, 282
무일가옹舞佾歌雍 533
무우舞雩 213
포蒲 30, 34, 56
비침裨諶 34, 118, 127, 175
회誨 277, 399, 412
회인불권誨人不倦 533
열說 329, 366
조趙 17, 31, 38, 113
경구비마輕裘肥馬 534
비부鄙夫 302, 413
봉鳳 360, 365
제齊 16, 19, 23, 31, 40, 44, 46, 77, 110, 136, 154, 176-177, 179, 214, 247, 364, 511
제齊 366, 380
제 환공齊桓公 550
자최齊衰 213
제 장공齊莊公 177
제 경공齊景公 32, 40, 45, 47, 156, 159, 177, 198
제 간공齊簡公 179

十五劃

검儉 263, 274, 296, 299, 330, 341, 386
관寬 382
덕德 26, 227, 246, 249, 256, 259, 267, 270, 286-287, 307, 313, 315, 325, 331, 340, 350, 352-353, 367, 371, 376, 385, 401, 403, 496
덕불고필유린德不孤必有鄰 535
덕치德治 21, 73, 220, 248, 257, 297, 303, 333, 340, 353, 374, 380, 383, 532
우憂 300, 302, 334, 343
포호빙하暴虎馮河 536
락樂 289, 311-312, 330, 334, 380, 407, 513
악樂 79, 375, 387, 389-390, 392, 394, 396, 413-414, 416-417, 422, 428
낙이불음樂而不淫 536
악교樂教 412-413, 416, 422
번지樊遲 105, 129, 164, 230, 274, 307-308, 313, 397, 427, 458, 524, 546
등滕 32-33, 36, 38
직稷 95, 106, 109, 179, 377
곡穀 360, 385
채蔡 20, 27-29, 33, 72, 104, 169, 471
위衛 13, 25, 30, 33-34, 53-57, 62, 72, 74, 76, 83, 85, 87, 99, 103, 105, 122, 127, 129, 134, 149, 159, 163-164, 171, 180,
위 공자형衛公子荊 180
위 출공衛出公 180
위 영공衛靈公 181
량諒 283, 292, 335
제후諸侯 67, 214

현賢 252, 336, 338, 371
질質 149, 337, 396
축적불안踧踖不安 537
정鄭 13, 34, 55, 58, 72, 214
노魯 13-14, 19, 26, 35, 42, 44, 182-184, 214, 265, 531
노 정공魯定公 27, 40, 46-48, 51, 53, 55, 72, 179, 182, 198
노 애공魯哀公 58, 60-62, 66, 93, 98, 105, 131, 147, 154, 155, 161, 179, 183, 191, 202, 442, 496, 531
노 소공魯昭公 26, 41, 44-45, 86, 104, 184

十六劃

유儒 294, 417-419
학學 224, 228, 23-234, 236, 242-243, 249, 252, 255-256, 271, 273-274, 282, 288-289, 293, 305, 319, 325, 329-330, 371, 373, 378, 380, 392, 396-397, 399, 405, 407, 412, 423-424
학이불사學而不思 537
학이불염學而不厭 538
학이우즉사學而優則仕 539
학습學習 540
학무상사學無常師 540
전전긍긍戰戰兢兢 542
택선이종擇善而從 541
담대멸명澹臺滅明 19, 80, 106, 467
경磬 191, 215, 217, 415, 417

홍관군원興觀群怨 419
거일반삼舉一反三 224, 228, 234, 236, 406, 555
거직조저왕舉直錯諸枉 545

十七劃

유비孺悲 184, 211, 356, 412, 555
응대진퇴應對進退 320, 542
장면이립牆面而立 546
획죄어천獲罪於天 543
임사이구臨事而懼 544
임연이박臨淵履薄 545
설薛 33, 36, 38
추鄒 36, 554
은隱 280, 337
은거방언隱居放言 546
불면黻冕 216

十八劃

빈殯 216
예禮 17-18, 54, 71, 74-75, 79, 83, 86, 89, 100, 108-109, 112, 115, 123, 126, 174, 191, 217, 226, 233, 239, 243-246, 248, 252, 254-255, 260-261, 266, 269, 273, 279-280, 287-288, 297, 302, 307, 313, 316, 319, 322, 330, 335, 337-338, 341, 354, 362-364, 375, 377, 380-382, 385-387, 390, 392, 394, 396, 399, 402-403, 408-409, 417-420, 422, 428, 468, 470,

477, 479, 509, 513, 547, 550, 556
예지본禮之本 288, 331, 340-341, 364, 382, 422
예지용화위귀禮之用和爲貴 547
예교禮敎 254, 403, 409, 420
예괴악붕禮壞樂崩 548
예양위국禮讓爲國 548
단사표음簞食瓢飮 549
안회顔回 554
안로顔路 554
전유顓臾 37, 88, 139, 377, 444, 531, 554
위魏 17, 31, 34, 37-38, 74, 110, 441, 554

十九劃

도禱 300-301, 366
회사후소繪事後素 550, 556-557
예藝 125, 394, 422, 449
휼이부정譎而不正 550

二十劃

종고鐘鼓 217
당黨 30, 341-342

二十一劃

나儺 217, 555

구櫃 288, 291, 298, 312, 334, 342
거백옥蘧伯玉 53, 127, 185, 265, 555

二十二劃

권權 273, 363, 372, 377, 423, 555
청송聽訟 385

二十四劃

양讓 294, 296, 331, 386

二十五劃

관과지인觀過知仁 551

二十六劃

기驥 333, 367

二十七劃

찬견앙고鑽堅仰高 551
찬수개화鑽燧改火 552

공자사전
공자와 『논어』의 모든 것

초판인쇄 2025년 12월 15일
초판발행 2025년 12월 23일

엮음·감수 푸페이룽
옮긴이 진성수·고영희
펴낸이 강성민 이은혜
마케팅 정민호 박치우 한민아 이민경 박진희 황승현 김경언
브랜딩 함유지 박민재 이송이 박다솔 조다현 김하연 이준희
제작 강신은 김동욱 이순호
펴낸곳 (주)글항아리 | **출판등록** 2009년 1월 19일 제406-2009-000002호

주소 경기도 파주시 문발로 214-12, 4층
전자우편 bookpot@hanmail.net
전화번호 031-955-2689(마케팅) 031-941-5161(편집부)
팩스 031-941-5163
ISBN 979-11-6909-469-6 93140

잘못된 책은 구입하신 서점에서 교환해드립니다.
기타 교환 문의 031-955-2661, 3580

www.geulhangari.com